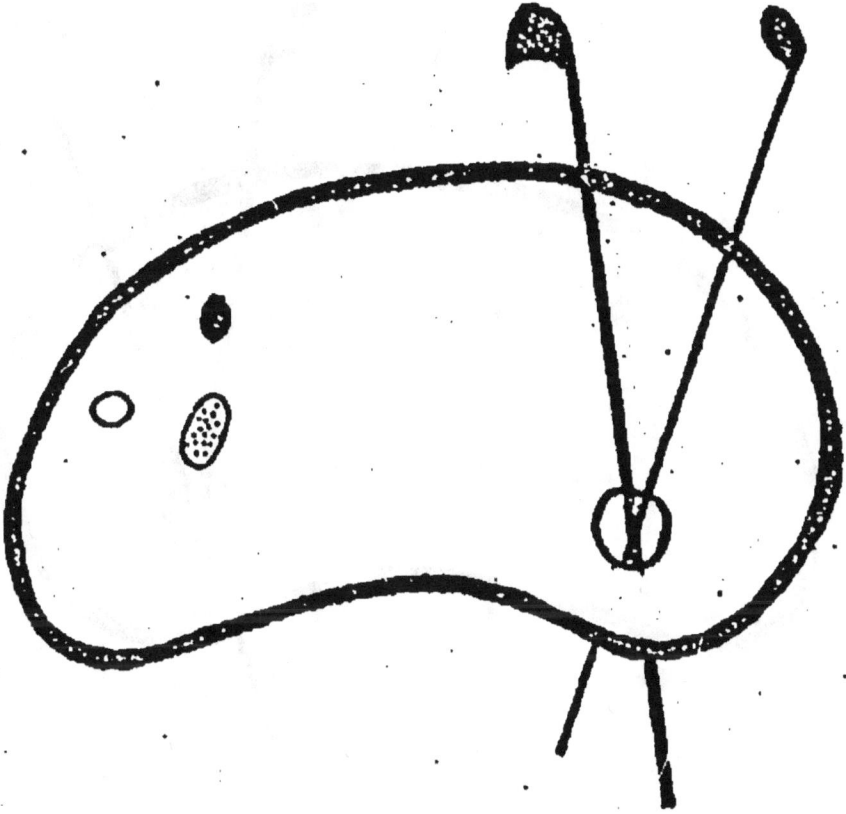

DEBUT D'UNE SERIE DE DOCUMENTS
EN COULEUR

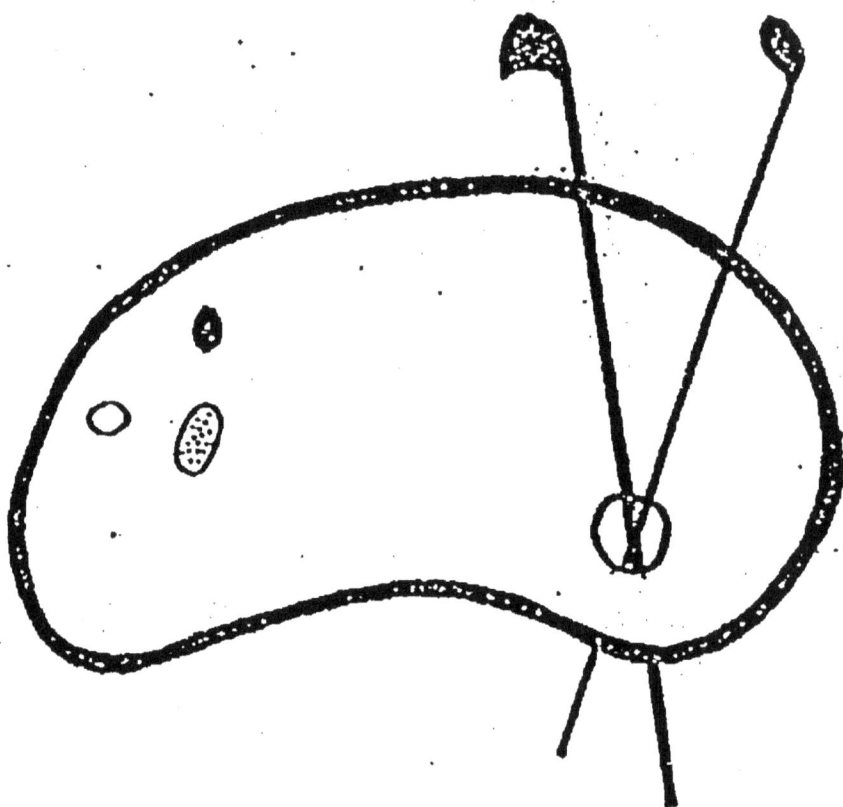

FIN D'UNE SERIE DE DOCUMENTS
EN COULEUR

L'ÉLOQUENCE PARLEMENTAIRE

PENDANT

LA RÉVOLUTION FRANÇAISE

L'ÉLOQUENCE PARLEMENTAIRE

PENDANT

LA RÉVOLUTION FRANÇAISE

LES ORATEURS

DE

L'ASSEMBLÉE CONSTITUANTE

PAR

F.-A. AULARD

PROFESSEUR DE LITTÉRATURE FRANÇAISE A LA FACULTÉ DES LETTRES DE POITIERS

PARIS

LIBRAIRIE HACHETTE ET Cie

79, BOULEVARD SAINT-GERMAIN, 79

1882

A MONSIEUR GASTON BOISSIER

DE L'ACADÉMIE FRANÇAISE

HOMMAGE DE SON ÉLÈVE RECONNAISSANT.

INTRODUCTION

———◆———

CONNAISSANCES SUPPOSÉES CHEZ LE LECTEUR. — DU TEXTE DES DISCOURS

Si personne n'a encore entrepris d'étudier avec méthode l'éloquence parlementaire pendant la Révolution, si on tente aujourd'hui pour la première fois d'écrire ce chapitre de notre histoire littéraire, ce n'est pas que le sujet soit ingrat, car les chefs-d'œuvre abondent, ou étranger aux préoccupations présentes, car les questions débattues dans les assemblées révolutionnaires demeurent actuelles. C'est plutôt que la matière semblait brûlante encore, et qu'on ne croyait pas possible de juger, au point de vue littéraire, une éloquence dont les passions étaient les nôtres. Aujourd'hui, après un siècle écoulé, ou peu s'en faut, ne peut-on lire d'un esprit critique les discours des Constituants et des Conventionnels ? Ce n'est pas le temps seul qui nous a rendus impartiaux, c'est aussi, c'est plutôt, hélas ! l'oubli. A force d'être négligée comme dangereuse, cette glorieuse page de notre littérature s'est effacée, a disparu. Quelques noms éclatants surnagent seuls dans notre mémoire ; mais où sont les œuvres ? La prudence et la peur les ont reléguées, pendant la Restauration, dans leurs poudreux in-folios, qui les tiennent enfouies et les gardent. Il est vraiment temps d'exhumer et de faire revivre, je ne dis pas Mirabeau, dont la gloire n'a jamais pâli, mais Barnave, mais Cazalès, en attendant Robespierre, Vergniaud,

Danton et Saint-Just : ce sont nos Démosthènes et nos Cicérons à nous, ou, si cette comparaison choque, ce sont nos Pitts, nos Shéridans et nos Fox. Les maîtres de notre tribune politique méritent une place à côté des maîtres de la chaire chrétienne, qui n'auront certes pas à rougir de ce voisinage : Barnave ne vaut-il pas Massillon ? Vergniaud est-il inférieur à Bourdaloue ?

Nous ne les jugerons pas cependant d'après la méthode classique : il s'agit avant tout de les faire connaître, puisqu'on les a oubliés, du moins comme orateurs. C'est par de nombreux extraits de leurs discours, par l'exposition de leur conduite et de leurs idées politiques que nous essaierons d'expliquer leur éloquence, évitant, autant que possible, les formules d'admiration ou de blâme, dont le goût du lecteur ne nous saurait aucun gré.

Dans ce volume, consacré à la Constituante, on ne retrouvera pas quiconque a parlé à la tribune de cette assemblée, mais ceux-là seulement qui nous ont paru dignes du titre d'orateurs. On remarquera peut-être une certaine disproportion entre les biographies : nous n'avons pas voulu rappeler ce qui se trouve partout et répéter des détails trop célèbres. Nous supposons que le lecteur connaît l'histoire de la Révolution, et nous lui prêtons aussi, comme nous allons l'indiquer, la connaissance de certains antécédents déjà exposés dans des livres bien connus.

I

Si on est tenté de croire que nous avons exagéré à plaisir la nouveauté de notre sujet, qu'on se pose cette question : que sait-on, au sortir du collège, sur l'éloquence révolutionnaire ? que sait un homme du monde sur les orateurs de la Constituante, de la Législative et de la Convention ? Il a étudié l'histoire de France dans un manuel classique, et le cours du professeur n'a guère développé ce manuel. Il n'ignore pas que de nombreux orateurs ont parlé, que leur parole a été passionnée, tragique, violente, non sans enflure ni sans mauvais goût. Quelques apostrophes célèbres de Danton, quelques mots concis de Siéyès lui reviennent à la mémoire. On lui a dit que Mirabeau fut un grand orateur, et il se figure une parole orageuse, troublée et troublante, parfois pénible et obscure, propre surtout aux apostrophes virulentes, aux réponses foudroyantes. On lui a parlé des bonnes intentions, de la vertu et des malheurs des Girondins, et on lui a dit qu'ils étaient éloquents ; mais il ne connaît pas leurs discours, et il peut se demander si les héros du poème en prose de Lamartine ne doivent pas leur réputation d'orateurs encore plus à leurs infortunes qu'à leur mérite personnel. De Robespierre, il se rappelle une figure froide, hypocrite, odieuse, et il conjecture une éloquence à l'avenant. C'est à peu près tout ce qu'il sait au sortir du collège sur l'éloquence révolutionnaire. Quant à y voir un genre littéraire comparable à l'éloquence classique, à l'éloquence d'un Démosthène, d'un Cicéron ou d'un Bossuet, il n'y a pas songé. Vergniaud et Robespierre n'ont jamais figuré sur le programme d'aucun baccalauréat, et telle est l'influence des études classiques sur les esprits les plus libres, qu'il faut un effort, une audace d'imagination pour prêter à ces hommes farouches les qualités des vrais orateurs, et supposer qu'ils puissent un jour figurer, à titre de modèles, dans un traité de rhétorique.

Peut-être, cependant, pour peu qu'il ait l'esprit curieux, aura-t-il été séduit par la lecture de quelques fragments de cette éloquence révolutionnaire. Il veut en savoir davantage. Les noms des grands historiens de la Révolution sont connus de lui ; le voilà lisant d'abord le plus court, le plus abordable, je veux parler de M. Mignet. Je connais peu de lectures aussi captivantes pour un esprit sincère. L'histoire

de la Constituante, notamment, dont nous voulons nous
occuper dans ce volume, y est tracée de main de maître, à
la Tacite, et, ce qui intéresse davantage notre chercheur, des
portraits d'orateurs s'y rencontrent en assez grand nombre.
Il est impossible d'oublier le portrait des deux célèbres
contre-révolutionnaires Cazalès et Maury. Celui de Barnave
s'impose à l'esprit et s'y grave à jamais. Quelques citations,
choisies parmi les passages les plus nobles et les plus délicats des discours, coupent le récit d'après un art savant.
La matière de cette grande éloquence nous apparaît aussi
élevée que les motifs d'inspiration d'un Cicéron ou, dans
Salluste, d'un César. On songe aux modèles classiques, à ce
Conciones, appris par cœur au lycée. On est sûr qu'il y a là une
véritable éloquence, et on commence à brûler de la connaître,
ce qui prouve qu'on ne la connaît pas encore, et que le livre de
M. Mignet ne suffit pas à notre dessein. L'ouvrage considérable
de M. Thiers va donner quelques aliments de plus à la curiosité, mais sans la satisfaire. Ici, les citations sont nombreuses, mais courtes, et si l'historien est impartial, s'il n'est
aveuglé par aucun des préjugés des écrivains hostiles à la
Révolution, il y a chez lui, bien à son insu, des préoccupations de l'idéal classique, qui guident encore plus ses choix
que le soin de la vérité, et les exigences d'un goût sévère et
orthodoxe lui font éviter toutes les citations où les règles de
la rhétorique traditionnelle paraissent trop ouvertement
violées. M. Louis Blanc, préoccupé de soutenir une thèse,
néglige le point de vue littéraire, et ne nous donne aucune
idée de l'art des orateurs de la Convention. Je me trompe : il
nous initie indirectement à la lecture de leurs discours par
son style même, style un peu suranné aujourd'hui, visiblement inspiré par l'étude de Rousseau, de ce Rousseau qui a
été le grand maître de rhétorique de la Montagne. Quant à
Michelet, il fait revivre à nos yeux toute l'éloquence révolutionnaire; on voit l'orateur à la tribune : visage, geste, voix,

tout y est. L'historien ne craint pas la réalité : l'expression
triviale, pittoresque, injurieuse, obscène même, ne l'effraie
pas. En vérité, on assiste aux séances, comme si on était
caché dans cette loge du *Journal logographique*, d'où on pouvait tout entendre et tout voir sans être vu. C'est une résurrection, et une résurrection magique. Et pourtant elle ne
nous satisfait pas complètement l'esprit, et, le livre fermé, le
charme tombe.

Alors le désir vient de remonter aux sources et d'approcher
des textes. On se procure la collection du *Moniteur* ou le recueil de documents parlementaires publié par Buchez et
Roux, recueil si commode, si complet, et qui contient tant
de pièces qu'on ne trouve que là. On approche enfin de la
réalité; on va la saisir, et on la saisit en effet, en grande partie. Les volumes succèdent aux volumes, et, pour ne parler
que de l'Assemblée constituante, on arrive en quelques semaines à en connaître toutes les délibérations. On a lu les
séances orageuses tenues sous le coup de l'émotion populaire,
et ces longs et beaux débats, vraiment parlementaires, où la
Constitution fut discutée et votée. Il semble qu'on n'ait plus
rien à savoir, et pourtant l'impression qui domine, après
cette longue lecture, n'est-ce pas la fatigue, un certain malaise intellectuel, et, tranchons le mot, un véritable sentiment d'ennui ? On se sent comme déçu. On n'a pas retrouvé
l'enthousiasme excité en soi par la lecture de Mignet, de
Thiers et de Michelet. Ces discussions, qui semblaient trop
courtes dans les historiens, sont trop longues dans le *Moniteur*. Ces discours, qu'on avait supposés si colorés, semblent
ternes, froids, souvent secs et subtils. On ne comprend pas
tout très bien, et la vraie source de l'ennui, c'est de ne pas
comprendre.

Serait-ce que l'époque révolutionnaire, trop lointaine, n'a
plus pour nous qu'un intérêt historique ? Non : les sujets de
discussion sont les mêmes ; on discute les mêmes grands in-

térêts sociaux que de nos jours. Les idées des Constituants ne sont-elles pas aussi actuelles que celles des membres du parlement français en 1881 ? La différence est dans la forme. Ces orateurs ne parlent pas la même langue que nous. Leur langue a vieilli, s'est obscurcie parfois ; c'est la langue du temps. Notre chercheur se voit donc obligé d'apprendre cette langue du temps, et d'étudier les autres manifestations littéraires de l'époque, notamment les cahiers électoraux, véritables bréviaires des Constituants, et les journaux, leurs conseillers quotidiens. Il verra que la forme littéraire à la mode en 1789 est celle de Rousseau, de Montesquieu, des encyclopédistes, des économistes, des patriotes. La forme voltairienne n'est point imitée, parce qu'elle est inimitable ; c'est la pensée qui s'exprime presque sans voile.

Aussitôt des études considérables se proposent à l'esprit ; d'abord il faut lire Rousseau, tout Rousseau, mais surtout l'*Émile* et le *Contrat social*. On devra se pénétrer de tous les procédés de style de Jean-Jacques, de son éloquence passionnée et colorée ; on devra étudier la manière dont il met ses idées en scène, manière faite pour le peuple, ses apostrophes, ses nombreuses figures de rhétorique. Quelqu'un qui veut étudier l'éloquence révolutionnaire ne saurait trop pâlir sur Rousseau : tout l'*Émile* et tout le *Contrat* ont été débités par tranches à la tribune des assemblées. Le même travail sera nécessaire pour Montesquieu, de qui procèdent les constitutionnels, les partisans du système parlementaire anglais et, en général, les Constituants. Quand on aura lu en outre l'Encyclopédie et les économistes, qu'on y aura ajouté les philosophes, comme d'Holbach, les deux gros volumes de Raynal, Diderot (1) et l'œuvre si populaire de Mably, sera-ce tout ? Il faudra con-

---

(1) « Diderot est, suivant moi, l'Isocrate qui a présidé aux exercices de notre tribune », dit avec exagération, mais non sans quelque vérité, Charles Nodier, dans ses *Souvenirs, épisodes et portraits*, Paris, 1831, 2 v. in-8 (I, 117).

naître ce qu'était au xviii° siècle cette presse dont la lecture assidue forme aujourd'hui et nos orateurs parlementaires et le public de nos orateurs. La presse? Mais existait-il des journaux politiques avant 1789? Non, sans doute; seulement on suppléait au journal par les feuilles volantes, les pamphlets (1); chaque incident politique était commenté par une nuée de brochures plus ou moins clandestines, dont les titres seuls rempliraient de gros volumes. Si le xix° siècle est le siècle des journaux, le xviii° fut le siècle des brochures. C'était comme la monnaie des œuvres de Montesquieu, de Rousseau et des gros volumes de l'Encyclopédie. Opposition et pouvoir s'y complaisaient. Le ministère avait des pamphlétaires à sa solde, et ces polémiques se répandaient dans toute la France, mais surtout dans les villes. Spirituelles ou bêtes, violentes ou malignes, elles ne lassaient jamais la curiosité populaire. C'est dans ces lectures que le public faisait, fit son éducation politique. C'est là que naquit la langue parlementaire, tour à tour pédante et vive, grossière et raffinée, souvent obscure pour nous, comme les idées mêmes de ces pamphlets, mais claire alors pour tous et adaptée à la disposition présente des esprits. Ajoutons que ces pamphlets affectent souvent la forme de discours, d'allocutions pittoresques : il s'y trouve parfois de la véritable éloquence, et celui qui s'y est plu, qui en connaît un grand nombre, n'est pas dépaysé quand il aborde la lecture du *Moniteur*. Il ne s'ennuie plus : il comprend.

Ces pamphlets ne rendront cependant pas compte du tour classique de certains discours, de ces souvenirs de la Grèce et de Rome, de cette raideur un peu emphatique qui caractérise plusieurs orateurs. Il faudra s'occuper d'une autre question, et se demander quelle a été l'éducation des hommes de la

_____

(1) Parfois ces brochures prenaient un caractère de périodicité, comme les *Nouvelles ecclésiastiques*, clandestines.

Révolution ; les plus âgés furent élevés chez les Jésuites qu'on expulse en 1762, mais dont la méthode restera, et il faudra étudier cette méthode qui est encore, pour la rhétorique, celle de nos lycées. Là le *Conciones* est la Bible de l'élève ; il fut celle d'un Robespierre et d'un Danton. Ce *Conciones*, on ne l'imite pas seulement à la tribune, on le cite ; on donne les noms de ses héros à ses adversaires et à ses amis ; on prend pour modèles un Scipion, un Fabius, un Canuléius ; il semble en vérité que ces orateurs de l'école siègent et votent, surtout à la Convention. Mais notre curieux ne devra pas se contenter de cette vue un peu courte ; il devra étudier tout le système de l'éducation au xviii° siècle et remonter plus haut encore.

Il comprend maintenant ce qu'est la forme de ces discours, il n'en est plus choqué ; lecteur récent des grands écrivains du xviii° siècle, des pamphlétaires, instruit des méthodes de rhétorique que l'on suivait dans les collèges, il n'est plus dépaysé à une séance de la Constituante ou de la Convention, et quand, de l'étude de la forme, il voudra passer à celle du fond et se demander où les orateurs ont pris les idées qu'ils expriment, la réponse à cette question se trouvera dans le même Montesquieu, dans le même Rousseau. Toute la matière de l'éloquence révolutionnaire est là. « La Révolution, a-t-on dit souvent, était faite dans les esprits avant d'être commencée dans les actes. »

Sera-ce tout ? Les études préalables seront-elles enfin terminées ? La personne de bonne volonté et de moyenne culture que nous supposons pourra-t-elle enfin apprécier les discours mêmes des orateurs de la Révolution ? Il s'en faudra de beaucoup, et l'étude la plus considérable restera encore à entreprendre. On en sentira soi-même le besoin, et voici comment.

Dès les premières séances des États généraux, alors que s'engage la fameuse discussion sur la vérification des pouvoirs, d'où est sortie la Révolution, on est surpris de voir que les députés discutent sinon avec méthode, du moins avec une certaine expérience des choses parlementaires, et comme si ce n'était pas la première fois qu'ils assistassent à des délibérations semblables. Leur éloquence n'est pas celle qu'on attendrait d'hommes qui n'ont jamais été députés politiques. Les formes dont ils se servent ont évidemment déjà été employées avant eux, et ils obéissent à une sorte de tradition. Existait-il donc, avant les États de 89, des assemblées délibérantes, et y a-t-il eu des écoles pratiques où l'on pût apprendre l'éloquence parlementaire? Était-ce, par exemple, l'assemblée des notables? Mais elle fut trop restreinte et trop éphémère pour instruire les hommes politiques du XVIII° siècle. D'ailleurs, un petit nombre seulement des Constituants avaient fait partie de cette assemblée. En avaient-ils du moins lu les débats? Non, puisqu'on ne publiait que les procès-verbaux des séances officielles et plénières, et que ces séances étaient remplies tout entières par un monologue du roi ou d'un ministre. C'est dans leurs bureaux que les notables discutaient, prononçaient des discours, mais à huis-clos et sans publicité ; on ne connut alors de leur éloquence que ce qui transpira dans le public, et nous n'en connaissons aujourd'hui que quelques traits rapportés par Hardy et par le continuateur de Bachaumont : ainsi nous possédons les protestations écrites des bureaux contre les assertions mensongères de Calonne, qui avait publiquement affirmé être d'accord avec les notables sur tous les points essentiels. Les notables parurent très énergiques, très patriotes, et parlèrent, dit-on, avec une fermeté que la composition de cette assemblée ne faisait nullement prévoir. On peut donc dire que certaines qualités de l'éloquence des Constituants, l'énergie, la constance, l'imperturbabilité, se montraient déjà dans les délibérations des notables. Leur seconde assemblée, en agitant la question brûlante de savoir dans quelle forme les États seraient convoqués, effleura d'avance plusieurs des grands *motifs* de l'éloquence révolutionnaire.

D'autres modèles oratoires furent donnés par les Parlements, dont on connaît le rôle politique. Leurs remontrances, répandues partout et lues avidement, sont d'un style noble et élevé, qui, à coup sûr, mit à la mode la gravité et la dignité dans l'éloquence. Citons seulement deux de ces morceaux oratoires publiés à la veille de la Révolution. Quand le duc d'Orléans et deux conseillers furent arrêtés, le Parlement de Paris s'exprima ainsi dans sa remontrance du 8 décembre 1789 :

« ..... Le dernier de vos sujets n'est pas moins intéressé au succès de nos réclamations que le premier prince de votre sang. Oui, Sire, non seulement un prince de votre sang, mais tout Français puni par Votre Majesté, et surtout puni sans être entendu, devient nécessairement le sujet de l'alarme publique. La liaison de ces idées n'est pas l'ouvrage de votre Parlement, elle est celui de la nature, elle est le cri de la raison, elle est le principe des plus saintes lois, de ces lois qui sont gravées dans toutes les consciences, qui s'élèvent dans la vôtre, et nous assurent l'approbation intime de Votre Majesté ; de ces lois qui ne séparent point, dans les vues d'ordre public, la liberté des citoyens avec l'autorité du prince, et placent la sûreté personnelle à la tête de toutes les propriétés ; de ces lois enfin que de fidèles ministres n'oseraient pas combattre, parce qu'on *ne peut les violer*, suivant les magnifiques expressions de M. Bossuet, sans ébranler les fondements de la terre et préparer la chute des empires. La cause de M. le duc d'Orléans et des deux magistrats est donc, sans nous, par la seule force de ces principes, la cause du trône, dont la justice est l'unique fondement, et de la nation, qui ne peut être heureuse que par la justice..... »

Et, le 11 avril 1788, le Parlement fait en ces termes l'apologie du droit d'enregistrement :

« Le greffe de votre Parlement, Sire, est un dépôt inviolable. C'est là que se conservent les titres de vos sujets, et ceux

même de Votre Majesté. Si l'autorité absolue pouvait en disposer, que deviendraient, dans un moment de crise ou d'erreur, ces monuments antiques qui d'âge en âge nous ont
transmis les droits du trône et ceux des peuples? Où retrou-
verait-on ces vérités nationales qui doivent régler le zèle des
magistrats? Arrachées de nos registres, elles se réfugieraient
dans nos cœurs, sans doute, et la force ne pourrait les atteindre dans ce dernier asile. Mais les archives de la magistrature
offrent l'exemple à côté du principe. On aime à retrouver,
dans ces vastes recueils, au-dessus de tout soupçon, les actes
généreux qui consacrent la puissance des lois et la fidélité de
leurs ministres. Nous y conservons avec soin les arrêts mémorables qui plus d'une fois ont affermi et rétabli sur le
trône votre auguste race; les actes conservatoires des droits
de la nation ne méritent pas moins et notre vigilance et l'im-
mortalité. D'ailleurs, il est des règles positives, il est des
droits particuliers dont les seuls titres sont les actes qui
les renferment. Le pouvoir d'anéantir ces actes ne peut
être avoué ni par la raison ni par la loi. La fortune publique, l'intérêt des familles en souffriraient également. Tout
doit être inaltérable dans les registres d'un tribunal, jusqu'à ses erreurs. La loi permet qu'on les répare, mais les
moyens n'en sont pas indifférents, et l'on ne peut s'empêcher
de reconnaître que la suppression arbitraire des minutes
d'un greffe ressemblerait moins à la réparation d'une erreur,
qu'à la violation d'un dépôt. »

Ces morceaux d'apparat frappèrent vivement les imaginations : on apprit à apporter, dans l'opposition la plus violente, de la tenue, de la bienséance et du sang-froid, et ces
modèles ne furent perdus ni pour les assemblées d'électeurs,
ni pour les États généraux eux-mêmes. Quant aux débats
intérieurs des Parlements et aux discours que prononcèrent
les conseillers dans des discussions souvent politiques, on ne
les publiait pas. Les orateurs de la Constituante purent-ils

se former, comme on l'a dit, à la lecture de ces discours? Ils
ne les connurent que par ouï-dire. Les Parlements ne furent
une école d'éloquence que pour ceux de leurs membres qui
devinrent députés, un Duport, un d'Esprémenil.

La véritable école des Constituants fut le barreau. Les plus
célèbres d'entre eux étaient avocats, comme Barnave, Thouret,
Target, Bergasse, Robespierre, et tant d'autres. Le lecteur
devra donc avoir étudié l'histoire de l'éloquence judiciaire au
XVIII° siècle, d'autant plus que les causes retentissantes de
l'époque ont ou reçoivent un caractère politique.

Souvent aussi, les avocats se réunissaient périodiquement
en des conférences où l'on ne traitait pas seulement des questions de droit, mais surtout des questions d'économie politique et de politique pure. Ainsi M. de Beaumetz avait fondé
et dirigeait à Arras une réunion semblable, qui était l'image
abrégée d'une assemblée législative.

La France de l'ancien régime, éprise d'éloquence et de
liberté, cherchait par tous les moyens à tromper son désir.
On parlait, on discourait partout, dans les salons, dans les
cercles, dans les dîners, et surtout dans les académies. Nombreuses, influentes, honorées, ces sociétés littéraires pullu-
laient; il n'était pas de province, pas de ville de quelque importance qui n'eût la sienne, avec séances publiques,
concours, harangues, solennités, où la parole jouait le premier rôle. C'étaient autant de tribunes ouvertes à qui se sentait orateur; le bien dire s'y conservait, s'y développait avec
un certain libéralisme politique. C'est ainsi que l'académie de
Dijon avait donné à Rousseau l'occasion de se faire connaître.
C'est ainsi que l'académie d'Arras offrit à Robespierre un auditoire devant lequel il satisfit et fixa son penchant à l'éloquence d'apparat.

La Franc-Maçonnerie, très-répandue en France au XVIII° siècle, donna aussi à plus d'un Constituant futur l'occasion de
s'exercer à la parole dans les assemblées générales de sa loge,

et des questions politiques étaient plus d'une fois débattues dans ces réunions secrètes.

Et comment ce goût de la politique s'était-il conservé en France à travers tant de siècles de despotisme? On devra, pour résoudre cette question, étudier le rôle des Parlements, leur opposition politique et religieuse aux deux derniers siècles, leur prétention de remplacer les États généraux interrompus depuis 1614, le rôle, la politique et l'éloquence de ces États généraux depuis leur établissement; il s'agira, non pas de trouver parmi les orateurs du xve et du xvie siècle des prédécesseurs à Mirabeau, mais seulement de constater la continuité de l'esprit politique et la permanence, sous diverses formes, des habitudes oratoires. On remontera ainsi jusqu'aux rudiments d'institutions parlementaires qui existaient à l'époque gallo-romaine, jusqu'au *Concilium Galliarum*, dont les États du xive siècle doivent reproduire les principaux traits. On saura de la sorte comment la France fut de tout temps une nation éprise de politique et de beau langage, et on s'expliquera mieux la soudaine éclosion d'éloquence politique à laquelle on assiste en 1789.

Je suppose donc que le lecteur a fait toutes ces études préparatoires, qu'il connait tous les *précédents* de la question. Ce n'est qu'ainsi préparé qu'il peut aborder l'étude de l'œuvre oratoire de l'Assemblée constituante.

II

Mais où trouverons-nous cette œuvre oratoire? Quel est le meilleur texte des discours? Je dis: le meilleur texte; quant au vrai texte, quant à la reproduction littérale des improvisations, telles qu'elles sont tombées de la tribune, il faut, sauf pour les derniers mois de la Constituante, s'en passer. Il n'y avait alors ni journal officiel, ni compte-rendu officiel *in extenso*. Quant au *Moniteur* ou *Gazette nationale*, cette feuille devait garder longtemps encore le caractère d'une entreprise privée. Où donc faut-il chercher le tableau le moins infidèle des débats?

Disons tout de suite que le *Moniteur* est en somme le recueil le plus complet, le plus exact des discours prononcés à l'Assemblée constituante. Montlosier l'appelle le *registre officiel du temps*, et une épigramme des *Actes des apôtres*, où les journaux patriotes sont tournés en dérision, compare en ces termes le *Moniteur* à ses confrères :

> Le *Moniteur*, à la marche plus lente,
> De l'Assemblée image très parlante (1).

Libéraux ou réactionnaires, les contemporains sont unanimes à louer la fidélité des comptes-rendus publiés par Panckouke (2), et c'est dans le *Moniteur* que Montlosier, Lameth, Bailly, Ferrières et les autres auteurs de mémoires puisent les fragments de discours qu'ils citent. La plupart des orateurs, notamment Mirabeau, remettaient, en descendant de la tribune, leur manuscrit au rédacteur du *Moniteur* présent à la séance. Quand Théodore de Lameth cherchait la preuve que Mirabeau avait altéré le texte de son discours sur le droit de paix et de guerre, pour l'envoyer aux départements, il se fit écrire par Hippolyte de Marcilly, rédacteur du *Moniteur*, l'attestation suivante : « Je renouvelle à M. Théodore de Lameth l'assurance que M. Mirabeau l'aîné nous a envoyé son discours, et que c'est sur le manuscrit qu'il nous a fourni, qu'on l'a imprimé *littéralement* dans le *Moniteur*; il est également vrai que M. de Mirabeau nous a envoyé directement sa réplique, imprimée aussi littéralement dans le *Moniteur*.

« *Signé :* HIPPOLYTE DE MARCILLY. »

Paris, le 14 juin 1790.

(1) Actes des Apôtres, IV, 118.
(2) Nous ne parlons, bien entendu, que du *Moniteur* des années 89, 90, 91. Pendant la Législative, et surtout pendant la Convention, ce journal mutile et défigure trop souvent ses comptes-rendus au gré du parti vainqueur.

Il est donc à peu près certain que tous les discours écrits étaient reproduits littéralement par le *Moniteur*. Quant aux discours improvisés, on analysait les moins remarquables, et on reproduisait les plus importants sur des notes prises en séance. Cette tâche était confiée à un habile journaliste, Maret, le futur duc de Bassano. Celui-ci, dès l'ouverture des États généraux, s'était installé à Versailles, suivant assidûment les séances et prenant des notes pour son propre compte. De ces notes, il formait un bulletin qu'il lisait dans les cercles et dans les salons. Le succès de ce Bulletin manuscrit fut tel que Maret se décida à le transformer en un journal imprimé, qui parut à partir du 12 septembre 1789. Le 2 février 1790, Panckouke proposa à Maret de réunir son Bulletin au *Moniteur*. Maret y consentit, à condition que le Bulletin conserverait son titre et s'associerait au journal sans y disparaître, et c'est à partir de cette date que commença le succès du *Moniteur*.

Arnault, dans ses intéressants *Souvenirs d'un Sexagénaire*, nous a tracé, en même temps qu'un portrait de ce parfait journaliste, un tableau curieux des difficultés que la presse avait alors à surmonter pour rendre compte des séances du Parlement :

« Bien que la littérature, dit-il, les nouvelles et la politique fussent admises à remplir les longues colonnes de cette feuille, les discussions de l'Assemblée en occupaient toujours la plus grande partie. C'était ce qu'on y cherchait avant tout ; comme cet article ne pouvait pas être traité avec trop de talent et de soin, c'est à Maret que la rédaction en était confiée. Personne ne s'en fût mieux tiré. Les peines qu'il prenait, les sacrifices qu'il s'imposait pour répondre à la confiance de l'éditeur, sont presque incroyables. Les journalistes n'avaient pas alors de places réservées, les meilleures appartenaient au premier qui s'y installait. Que faisait-il pour n'être devancé par personne ? Après avoir corrigé les épreuves du journal qui s'imprimait pendant la nuit, et donné quelques heures au sommeil, à la suite d'un repas fait à la hâte, il se rendait à la porte du manège où l'Assemblée siégeait, pour y attendre, en tête de la file qui ne tardait pas à s'allonger, l'heure où s'ouvrait cette porte qui ne s'ouvrait qu'à dix heures. Bien plus, comme il lui était arrivé quelquefois d'être devancé par des gens qui avaient été réveillés avant lui par le même intérêt, il prenait souvent le parti, quand l'objet de la discussion était d'une importance majeure, de passer la nuit à cette porte devant laquelle il bivouaquait, couché sur la place que la fatigue ne lui permettait plus de garder debout.

« Cela dura jusqu'à ce que les députés chargés de la police de la salle, reconnaissant l'intérêt qu'ils avaient à faciliter le travail des journalistes, assignèrent une loge particulière au *Moniteur* (1). »

Mais, avant l'entrée de Maret au *Moniteur*, ce journal se bornait, le plus souvent, à de sèches analyses, et, d'ailleurs il ne paraissait que depuis le 24 novembre 1789. Du 5 mai au 24 novembre, le public ne connut que très sommairement les travaux de l'Assemblée. Les comptes-rendus avaient rarement la forme dramatique que Maret leur donna. On résumait un discours en quelques lignes et en style indirect, et on ne citait textuellement que quelques phrases brillantes, inoubliables, comme certaines formules de Siéyès ou certaines apostrophes de Mirabeau.

Les historiens recommandent surtout, pour cette période, le *Courrier de Provence*, de Mirabeau, et le *Point du jour*, de Barrère. Mais le *Courrier de Provence* est plus remarquable par les articles de fond qui expriment la politique de Mirabeau que par ses comptes-rendus des séances, où les rédacteurs génevois de ce journal ne mettent en lumière que les

(1) Arnault, I, 214

incidents favorables aux desseins de leur directeur. Quant au *Point du jour* de Barrère, il ne doit sa grande réputation qu'à une flatterie du peintre David : dans le tableau du *Serment du jeu de paume*, à gauche du spectateur, un peu à l'écart du groupe des conjurés, un jeune homme écrit sur ses genoux ce qu'il entend, comme pour la postérité, et ce jeune homme est Barrère. Rien de plus sec, néanmoins, rien de plus insuffisant, que ses comptes-rendus des séances : ils ne sont pas inexacts, mais incomplets, et les qualités dont on loue le plus le *Point du jour*, sur la foi de la tradition, sont celles qui manquent le plus à ce journal (1).

Reste un compte-rendu plus ignoré et mieux fait que ceux de Barrère et des collaborateurs de Mirabeau. Je veux parler de la feuille publiée successivement sous les titres d'*États*, d'*Assemblée nationale*, de *Journal des États-généraux*, par un habile journaliste, Le Hodey de Saultchevreuil. Plus complet que le *Point du jour* et que le *Courrier de Provence*, ce journal présente souvent les débats sous une forme dramatique, quoique écourtée encore. C'est assurément là que les contemporains trouvèrent les renseignements les plus exacts avant la fonda-tion du *Moniteur* (2).

(1) Voir « *Le Point du jour*, ou résultat de ce qui s'est passé aux États généraux... (1789-1791)... par M. D***, député extraordinaire. — Paris, Cussac, 1790, etc., 17 vol. in-8, dont un d'introduction ». Bibliothèque nationale, L c² (142).

(2) Bibliothèque nationale, L c² (135) : « États, depuis le 1er juin jusqu'au 6 (tome Ier) (s. l.) 1789. — Assemblée nationale, tome II (Paris), Devaux et Gattey, 1789. — Journal des États généraux convoqués par Louis XVI, le 27 août 1789... rédigé par M. Le Hodey de Saultchevreuil. Tomes III-XXXV, Paris, Devaux et Gattey, 1789-1791. — Le tout en 35 vol. in-8 (paraissant trois fois par semaine). A partir du n° 21 (tome VI), l'auteur rompt avec son libraire, qui continue le journal, sous forme de concurrence, et sous le même titre que l'ouvrage original .... A partir du tome IV, le titre porte en plus : *Aujour-d'hui assemblée nationale permanente*, et à partir du tome XX : *ou Jour-nal logographique*. — L'en-tête des n°° porte, à partir du n° 8 (tome I) : *Assemblée nationale ;* à partir du n° 8 (tome IV) : *Assemblée nationale per-*

Mais nous avons aujourd'hui une ressource précieuse qui manquait aux contemporains , c'est l'*Introduction* de ce même *Moniteur*, publiée en l'an IV, et rédigée par Thuau-Grandville. Cette introduction comprend trois parties : 1° une histoire abrégée des institutions politiques et de l'esprit public en France avant 1789 ; 2° une série de comptes-rendus des séances de l'Assemblée depuis le 5 mai ; 3° une seconde édition, complète, sous forme dramatique, du compte-rendu de l'Assemblée du 24 novembre 1789 au 31 décembre de la même année, qui remplace avantageusement les courtes notices rédigées avant la venue de Maret.

Ce journal rétrospectif a été composé à l'aide du bulletin de Maret et des autres feuilles du temps. Plus complet qu'aucune d'elles, il ne nous dispense de recourir, en bien des cas, ni aux *États* de Le Hodey, ni au *Courrier de Provence*, ni même au *Point du Jour* ; mais aucune de ces feuilles ne pourrait le suppléer, tandis qu'à la rigueur il peut les suppléer toutes trois.

Au commencement de 1791, il surgit une concurrence redoutable pour le *Moniteur*, je veux parler du *Journal logographique* de Le Hodey de Saultchevreuil, qu'un prospectus, publié à la fin de 1790, annonçait en ces termes : « On se bornera à répéter, avec la plus minutieuse attention, tout ce qui se dit et se passe, sans rien ajouter et sans rien omettre. Une phrase, un mot, un geste, un mouvement, rien, absolument rien, ne sera oublié. Ce sera le miroir le plus fidèle de l'Assemblée nationale. En lisant ce journal, les habitants les plus retirés de cette capitale, ceux des campagnes, des provinces, des frontières, ceux même des pays étrangers seront, pour ainsi dire, présents aux séances de cet auguste Sénat, comme s'ils y assistaient en personne.

manente ; à partir du n° 19 (tome XIX) : *Assemblée nationale permanente, ou Journal logographique.* — Plusieurs numéros n'ont point d'intitulé ou portent seulement : *Suite du....* avec la date de la séance. »

« Ce journal paraîtra exactement tous les jours, à commencer du 1er janvier prochain [1791]. On recevra, dans la
matinée, le procès-verbal de la séance de la veille ; celui des
séances du soir sera joint à celui du lendemain. — Abonne-
ments : 66 livres pour Paris, 78 livres pour les provinces (1) ».

Il ne parût que le 7 janvier 1791, sous ce titre : *Assemblée
nationale permanente*, ou *Journal logographique*. Le premier
numéro contient la fin de la séance du 5 janvier et la séance
du 6 au matin.

Dès le 15 novembre 1790, les auteurs des procédés logographiques avaient obtenu de l'Assemblée une tribune pour
expérimenter leur invention (2), qu'il ne faut pas confondre
avec la sténographie. « Une vaste loge était pratiquée derrière
le fauteuil du président, en face de la tribune des orateurs.
De jeunes scribes, au nombre de quatorze ou de douze au
moins (3), étaient rangés autour d'une table ronde. Chacun
avait devant soi une provision de bandes longues et étroites de papier, divisées par des raies dans un même nombre
de compartiments, et portant chacune un numéro d'ordre
correspondant au rang des collaborateurs. Quelques mots de
la première phrase du discours prononcé à la tribune étaient
saisis par l'écrivain n° 1, qui, par un coup de coude ou tout
autre signal, avertissait le n° 2 de recueillir les mots suivants.
Le n° 2, après avoir exécuté sa tâche, transmettait le signal à
son camarade n° 3, qui prenait son contingent et avertissait
le n° 4; ainsi de suite jusqu'au n° 14 et dernier. Alors le n° 1
remplissait la seconde ligne de la même bande de papier, et

(1) Prospectus relié en tête du tome XIX du *Journal des États*. Ex.
de la Bibl. nationale.
(2) Pétition de M. Guiraut, citoyen de Bordeaux, qui semble avoir
été le véritable inventeur de la logographie. (*Moniteur* du 30 janvier
1792.) Il publia plus tard le *Logotachygraphe, journal de la Convention
nationale de France*, 2 janvier — 10 mai 1793.
(3) Le *Moniteur* du 15 octobre 1791 dit que la Législative conserva
leur *tribune* « aux *quinze* citoyens de la société logographique » .

ses camarades en faisaient autant. Les premières bandes étiquetées de 1 à 14 étant épuisées, on prenait les deuxièmes bandes, puis les troisièmes, jusqu'à ce que, l'improvisateur faisant place au lecteur d'un discours écrit, les écrivains logographes pussent se reposer d'un travail assidu et qui exigeait une grande contention d'esprit.

« A mesure que les bandes se trouvaient remplies, on les passait à des copistes qui les mettaient au net, en corrigeaient autant que possible les erreurs, et les livraient à l'impression. Si l'on eût connu alors le secret des presses mécaniques, on aurait pu, une heure après la séance, en distribuer la relation complète et fidèle. Mais ce double travail fait avec tant de précipitation entraînait beaucoup d'inexactitudes, surtout au milieu des débats tumultueux, qui sont précisément les plus importants à retracer dans les moindres détails (1). »

Ce journal, qui eut un grand succès, avait été fondé, dit-on, sur les conseils des Lameth et de Duport, après leur réconciliation avec la cour. Reprenant la politique de Mirabeau, ils voulaient discréditer l'Assemblée en donnant au public une image minutieusement exacte de ses débats. La liste civile faisait les frais de l'entreprise (2), et Louis XVI était bien chez lui quand au 10 août il se réfugia, avec sa famille, dans la loge du *Journal logographique*. Le journal fut ensuite supprimé par l'Assemblée comme suspect de contre-révolution (3).

(1) Breton, sténographe et élève de Bertin, art. *Logographie*, dans le *Dict. de la Conversation*.

(2) En effet, le *Journal logographique* reçut, dans l'espace de trois mois, une somme de 34,560 livres (Rapport de Valazé, séance du 6 novembre 1792). Mais une déclaration du Comité de surveillance, en date du 18 octobre 92, établit que Le Hodey n'avait personnellement rien reçu de la liste civile (*Moniteur* du 21 octobre 1792). Il fut plus tard chargé, par le Comité de salut public, d'une mission auprès des Girondins insurgés. (Cf. le discours de Louvet du 2 germinal an III.) Il devint, en 1799, chef du bureau des journaux et de l'esprit public.

(3) Voir, dans le *Moniteur*, les séances des 12, 17, 18 août 1792.

Ce fut dommage : notre *Journal officiel* lui-même, malgré l'exactitude de ses comptes-rendus sténographiques, ne nous donne pas toujours une image aussi vivante des débats parlementaires ; il supprime ou on lui fait supprimer les interruptions burlesques ou trop violentes, et les orateurs corrigent dans son imprimerie leurs fautes de langue et de style. Le *Journal logographique*, né malin, nous l'avons vu, se gardait bien de corriger les lapsus, les négligences des orateurs, surtout des patriotes. S'il saisissait une interruption scandaleuse, il l'imprimait toute vive. Je ne connais pas de document plus piquant, plus instructif sur les séances de l'Assemblée constituante.

Est-ce à dire qu'il faille se fier sans réserve au journal de Le Hodey ? Il pèche quelquefois par omission : si les Lameth se font huer, il n'en dit rien ; si Mirabeau obtient un grand succès, il l'atténue. Il est partial pour les *triumvirs*, qui visiblement corrigeaient les épreuves de leurs discours ; et il ne fait grâce à leurs adversaires d'aucun quolibet. On peut dire aussi qu'il est inexact à force d'exactitude : ces termes obscurs, ces lapsus, ces quiproquos qu'il transmet imperturbablement à la postérité, le geste et l'accent les corrigeaient, les atténuaient à la tribune. C'est trahir les orateurs que de livrer à la lecture toutes leurs erreurs d'improvisation. Souvent, pour comprendre, il faut recourir au *Moniteur* et à Maret, qui est moins complet dans le détail, mais donne toujours la note juste.

Quand je dis qu'il est moins complet, je veux dire qu'il ne sténographie pas, mais peu s'en faut. Entre Le Hodey et lui il s'établit une concurrence et une émulation dont nous profitons aujourd'hui. Il est évident que le rédacteur du *Moniteur* s'était fait un système personnel d'abréviations : il atteint presque, à lui seul, son redoutable rival pour l'exactitude matérielle, et il le dépasse toujours pour l'interprétation intelligente. Avec Le Hodey, on a tous les bruits de la séance ;

avec Maret, on en a l'esprit et le sens véritable. Nous citerons
plus d'une fois, parallèlement, la version du *Moniteur* et celle
du *Journal logographique*, et nous aurons toujours contrôlé
l'une par l'autre, donnant la plus claire des deux, quand il
nous faudra choisir.

En dehors de ces deux journaux, une série importante de
documents s'offre à nous : ce sont les discours publiés par les
auteurs eux-mêmes, soit à leurs frais, soit à ceux de l'Assemblée On sait que, quand un orateur avait obtenu quelque
faveur, l'Assemblée décrétait l'impression de son discours,
sans qu'elle s'engageât pour cela à en voter les conclusions.
Cette marque d'estime, un peu prodiguée d'ailleurs, s'adressait plus encore à la personne qu'aux idées. On remettait
alors son manuscrit à l'imprimeur de l'Assemblée, Baudoin,
et, si on avait improvisé, on écrivait son discours de mémoire. Dans ce cas, l'orateur ne se faisait pas faute d'ampli-
fier, d'arranger, de supprimer les passages les moins heureux, de refaire un autre discours (1). Nous ne devons
nous servir de ces documents qu'avec la plus grande défiance
et seulement pour contrôler les journaux, à moins que les
journaux, ce qui est fréquent pour les premiers mois, ne
donnent pas les discours imprimés à part.

Nous reproduirons donc, en général, le texte du *Moniteur;*
et quand nous emprunterons le compte-rendu d'un autre
journal, nous aurons soin d'en prévenir le lecteur.

---

(1) Cf. dans le *Journal logographique* un incident de la séance du 7
avril 1791, à propos de l'impression du discours de l'abbé Maury sur la
régence, et dans le compte-rendu (du *Moniteur*) de la séance du 15
juillet 1791, le refus que fait Goupil d'accepter l'impression de son discours sur l'inviolabilité royale, parce que, l'ayant improvisé, il ne saurait,
dit-il, l'écrire de mémoire.

LIVRE I

MŒURS PARLEMENTAIRES.

— · —

I

On sait que la salle des Menus, où eut lieu la séance royale d'ouverture du 5 mai 1789, fut affectée spécialement aux délibérations du Tiers-État. La dimension de cette salle, la plus vaste de celles qui existaient à Versailles en dehors du château, ne fut pas sans influence sur le caractère des délibérations des députés populaires, sur la nature de leur éloquence et sur l'énergie de leurs résolutions. En effet, tandis que le clergé et la noblesse délibéraient à huis-clos, ou peu s'en faut, par manque d'espace pour recevoir le public (1), un millier de personnes étrangères à l'Assemblée purent assister aux délibérations du Tiers, mêlées dans les premiers jours aux députés, puis massées dans les galeries dont la salle se trouvait toute garnie (2). Les contemporains disent que l'as-

(1) Cependant, quelques jours avant la réunion des ordres, la noblesse faisait agrandir la salle de ses délibérations, « et la minorité, qui plaidait pour les intérêts généraux, avait obtenu qu'on fît des tribunes pour le public ». (Bailly, t. I, p. 226.)

(2) Malouet, *Mémoires*, t. I, p. 295. — Les ministres furent tellement dépités de cette circonstance qu'ils eurent l'idée de faire démolir cette salle. « Croirait-on, écrit leur ami Malouet, que M. Necker ait eu la pensée de supposer un accident d'éboulement de terre, d'enfoncement des

pect de cette salle était vraiment majestueux, et que la scène
était digne du grand drame qui s'y jouait. Que les voix ordinaires dussent se forcer pour s'y faire entendre, cela n'est
pas douteux (1); mais que l'étendue du local et la nécessité
d'y parler très haut ait fait naître l'emphase et la déclamation, comme on l'a voulu, je ne crois pas qu'une semblable
conjecture soit entièrement admissible. La vérité, c'est surtout que la présence de nombreux spectateurs bannit peut-
être parfois de la tribune, aux dépens de l'exactitude, la familiarité des termes, l'aridité des statistiques, la sécheresse des
raisonnements. Déjà portés par leur éducation aux idées
générales, les Constituants les recherchaient d'autant plus à
la tribune que ce vaste public les y encourageait par ses
applaudissements ou les y ramenait par son silence et parfois même par ses sifflets. Mais, au début de la Révolution, il
s'agissait moins d'organiser, d'administrer, d'entrer dans les
détails d'une politique pratique, que de faire triompher certaines idées. Mise au service de ces idées, que devait formu-
ler la déclaration des droits, l'éloquence révolutionnaire ne
dévia pas de son but : elle ne tomba pas dans la déclamation,
et on peut dire que la présence et la faveur du public ne produisirent d'autre effet sur les orateurs parlementaires, à ces

caves des Menus, et de faire écrouler pendant la nuit la charpente de la
grande salle pour déplacer et installer séparément les trois ordres? C'est
à moi qu'il l'a dit : c'est dans la première huitaine de notre réunion
qu'il a eu cette idée, dont j'eus assez de peine à le détourner en lui en
faisant apercevoir les dangers. » (*Ibid.*)

(1) Biauzat écrit le 5 mai 1789 à ses électeurs : « La salle est majes-
tueuse, mais fort mal disposée pour que les députés s'y expliquent et s'y
entendent, du moins autant que je l'ai entrevu en apercevant que les places
des députés des trois ordres étaient formées avec des bancs placés horizonta-
lement ; je dis bancs, mais remarquez qu'ils sont rembourrés, et couverts
d'étoffe. Comment une assemblée de douze cents personnes pourra-t-elle
conférer d'une manière intelligible à tous lorsqu'il faudra que la voix de
celui qui parle rase et plane sur les têtes? » (*Lettres inédites de Biauzat*,
dans la *Revue politique et littéraire* du 29 mai 1875.)

premières heures si difficiles, que de les maintenir dans le sentiment de la réalité.

On a reproché à la Constituante de n'avoir pas dès l'origine réglementé la publicité de ses séances, et on veut la rendre responsable des fureurs des *tricoteuses* de 93 (1). La Constituante ne se crut pas le droit d'expulser le peuple du lieu de ses réunions. Dès le 28 mai, un mois avant la constitution de l'Assemblée, dans la réunion particulière du Tiers, un député ayant demandé le huis-clos, sa proposition fut rejetée.

Le doyen Bailly invita seulement les étrangers « à se retirer dans les traverses et dans les gradins, et non dans l'enceinte destinée aux députés, et à s'abstenir rigoureusement de tout signe d'improbation ou d'approbation, quelles que fussent et les opinions et les expressions. Tels étaient les principes de l'Assemblée, telle était sa convention avec le public, que le public n'a pas toujours tenue (2) ».

Cette question de la publicité des séances préoccupa l'Assemblée à l'époque même où le Tiers-Etat délibérait séparément. La cour était effrayée de cette assiduité des Parisiens aux séances des Communes : elle y voyait, non sans raison, un danger pour elle, un encouragement pour la Révolution naissante. « Il y avait longtemps, écrit Bailly à la date du 24 juin, que cette admission des étrangers, qui s'étendait jusqu'au peuple, inquiétait les ministres. » Mais, si plus tard les tribunes devaient exercer sur l'Assemblée une influence parfois exagérée, à cette époque de crise et de lutte contre le pouvoir absolu, elles lui apportaient une force, celle de l'opinion. En intimidant les partisans de l'ancien régime, le public des galeries fut au début le protecteur de la dignité de l'As-

---

(1) La peur trouble les souvenirs : Malouet et Mounier se persuadèrent après coup que leur vie avait été mise en danger par le public des tribunes dans les premières séances des Communes ! (Malouet, *Mémoires* t. I, p. 353. — Mounier, *Recherches, etc.*, II, 61.)

(2) Bailly, t. 1er, p. 82.

semblée, le gardien de sa sécurité. Quelques députés, et notamment Mirabeau (1), proposèrent de n'admettre que les personnes munies de billets; mais il répugna à l'Assemblée de paraître se cacher de la nation (2). On se borna à faire poser des barrières pour déterminer l'enceinte réservée aux députés. « Une sentinelle n'y laissait entrer que nos députés vérifiés (ceux du Tiers, avant la réunion des Ordres); et je me rappelle qu'un jour, dit Bailly, entendant du bruit à cette barrière, et m'en étant approché, on me dit que des députés nobles, pour éviter la foule du dehors, en avaient forcé la consigne et étaient assis sur des tabourets placés en dedans. J'allai à eux, et je leur dis que je ne pouvais souffrir de les y voir, que ce n'était pas là leur place, et qu'elle était sur les bancs, aux places destinées à la noblesse. Je les invitai à y passer, et sur le champ ils se retirèrent (3). »

Les tribunes mêlaient leurs applaudissements à ceux de l'Assemblée, au grand scandale des Anglais et des Suisses, comme Young et Dumont, qui assistaient non sans dédain aux premiers bégaiments de la liberté française. Bailly proposa un jour que l'on convînt de s'abstenir désormais de tout applaudissement. On se débarrassa de cette proposition désagréable par une plaisanterie bien française : on l'applaudit à tout rompre. Le grave Bailly ne put s'empêcher de sourire et se garda bien d'insister. Il reconnut lui-même que ces applaudissements avaient leurs bons effets. A ce moment-là, dit-il, « il fallait être approuvé, animé, électrisé. Tous les hommes sont hommes, c'est-à-dire faibles. Les sages, les législateurs de la nation étaient nouveaux, et, pour ainsi dire, enfants dans la carrière politique, et nous avions tous besoin du

(1) Séance du 4 septembre 1789.
(2) L'Assemblée revint plus tard sur cette décision : Mirabeau, pendant sa présidence, distribuait des billets à ses amis. (Cf. la correspondance avec Reybaz, pass.)
(3) Bailly, t. 1er, p. 226.

macte animo (1) ». La proposition de Bailly n'en devint pas moins un article du règlement; mais cet article, comme tant d'autres, devait demeurer à l'état de lettre morte.

Quand l'Assemblée se transporta à Paris, après les journées d'octobre, elle siégea dans la salle du Manège (2), après avoir tenu provisoirement quelques séances dans une des salles de l'Archevêché (3). Le *Moniteur* (4) donne quelques détails sur les préliminaires de cette transaction. On y lit que, dans la séance du 10 octobre, à Versailles, le président donne lecture d'une lettre écrite par les commissaires chargés de chercher à Paris un lieu pour tenir les séances de l'Assemblée : « Ils ont parcouru les endroits les plus vastes de la capitale; aucun ne leur a paru plus convenable que le Manège des Tuileries. On y établira les mêmes bancs ; mais les galeries destinées aux spectateurs ne pourront contenir que cinq ou six cents personnes. Les bureaux seront logés aux Feuillants et les comités à l'hôtel de la Chancellerie, place Vendôme ». On le voit, cette salle était beaucoup moins vaste que celle de Ver-

(1) T. 1er, p. 248.

(2) « Le long de la terrasse du nord du jardin des Tuileries, par la magnifique rue de Rivoli, monte et descend constamment, quand Paris est tranquille, une foule mêlée. De ces milliers d'hommes qui tous les jours, à pied, en voiture, à cheval, suivent ou traversent, sur ce point, la large chaussée, combien, ou plutôt combien peu qui savent qu'ils sont là sur un emplacement qui fut le centre d'action le plus important de la période révolutionnaire, et qu'ils foulent le petit espace de terre le plus fameux dans l'histoire de l'humanité au XVIIIe siècle ! — C'est là, en effet, sur ce point de la rue de Rivoli, que, de 1789 à 1800, s'élevait la salle du Manège, depuis longtemps disparue; cette salle des Parlements, histori-que dans l'univers entier, où siègent successivement, mais non sans inter-ruption, toutes les Assemblées nationales de la période révolutionnaire, la Constituante, la Législative, la Convention, et enfin le Conseil des cinq-cents. » (A. Schmidt, *Paris pendant la Révolution*, trad. Viollet, t. 1er, p. 1.)

(3) Cette salle était plus petite que celle des Menus et que celle du Manège. Le public s'y porta en si grande affluence, qu'une des tribunes s'écroula et blessa quelques députés. (*Moniteur*, n° 75.)

(4) N° 71.

sailles ; d'autre part, le nombre des députés était déjà
réduit, le 9 novembre 1789, jour où l'Assemblée prit possession du Manège, par l'émigration et par la désertion qui com-
mençaient. A Versailles, on comptait près de douze cents
députés, et de huit à neuf cents votants ; à Paris, le nombre
des votants pour les élections présidentielles s'abaisse de près
de deux cents. Mais on ne remarque pas que ce changement
de local ait corrigé les orateurs de la Constituante de leur prétendu penchant à l'emphase, comme le voudraient certains
théoriciens. On peut répondre, il est vrai, que le pli était pris,
et que ces cinq ou six cents spectateurs avaient derrière eux
tout le peuple de Paris avec lequel ils étaient, pour ainsi
dire, en une perpétuelle communication physique. « Cette
organisation était telle que les orateurs, les auditeurs des
galeries et les groupes formés à l'extérieur de la Chambre
pouvaient poursuivre un but commun dans une complète
harmonie (1). » De la terrasse des Feuillants on pouvait
entendre, par les fenêtres ouvertes, les éclats de la voix puissante de Mirabeau, et le public des tribunes n'était que
l'avant-garde de toute une armée levée pour la Révolution.
On peut dire que les orateurs de la Constituante parlaient
devant Paris même, comme sur une place publique, de même
que Démosthènes parlait aux Athéniens réunis sur l'Agora.
Aujourd'hui, quelques oisifs et quelques curieux occupent
seuls, aux séances ordinaires, les tribunes étroites de notre
parlement. Au temps de la Constituante, la nation tout
entière, représentée (à tort ou à raison) par ce Paris si rempli de provinciaux, prêtait l'oreille aux voix et aux nouvelles
qui partaient de cette enceinte où se décidaient, non de
menues affaires, mais une question de vie ou de mort
nationale. Telle était la nature tout exceptionnelle de la publicité des débats parlementaires dans les deux premières années

---

(1) Schmidt, *Paris pendant la Révolution*, t. 1er, p. 6.

de la Révolution, et, pour juger équitablement l'éloquence
des orateurs de ce temps-là, il ne faut pas oublier quelle
attente soulevaient leurs discours : la France entière les écoutait, haletante, anxieuse. C'étaient, pour la parole, d'autres
conditions que celles d'un débat parlementaire en 1881, dans
un régime établi, conditions plus périlleuses assurément,
mais plus hautes aussi et plus nobles. Si le goût classique
risquait de s'y corrompre, il y avait-là pour l'audace du
génie oratoire des occasions sublimes et heureuses. N'appré-
cions donc pas un Mirabeau ou un Cazalès à notre point de
vue de parlementaires déjà exercés, presque émoussés par le
sentiment de la sécurité politique : jugeons-les au point de
vue de ces Français de 1789, leurs auditeurs, luttant pour la
vie, épris de liberté, menacés de tous les maux, s'ils ne réali-
saient leur idéal ardent, amoureux de politique, de cette politique dont l'expérience ne les avait pas encore dégoutés...
C'est parmi ces hommes enthousiastes qu'il faut nous placer
par la pensée, c'est leurs espérances et leurs terreurs qu'il
nous faut tâcher de ressentir, si nous voulons avoir quelque
idée de cette éloquence si vivante et si neuve pour les contemporains, si surannée et si morte pour les sceptiques et les
délicats de 1881 (1).

II

Le règlement de l'Assemblée constituante, que nous reproduisons à la fin de ce volume, ne fut voté et mis en usage
que le 29 juillet 1789. On a vivement blâmé l'Assemblée
d'avoir vécu si longtemps sans règlement et, quand elle se

(1) Ce que nous disons des tribunes de la Constituante ne saurait s'appliquer sans réserves aux tribunes de la Convention. Quand cette Assemblée se fut transportée aux Tuileries, les tribunes étroites du nouveau
local furent accaparées par un public spécial, rarement renouvelé, qui
ne représentait ni le vrai Paris ni la France.

décida à s'en donner un, de n'avoir pas adopté purement et
simplement celui de la Chambre des communes anglaises.
Mirabeau avait déposé, sur le bureau du Tiers-État, un exem
plaire d'une brochure de sir Samuel Romilly, traduite par
Étienne Dumont, et intitulée : *Règlements observés dans la
chambre des Communes pour débattre les matières et pour voter* (1). L'Assemblé refusa de s'approprier ce règlement étranger. « Nous ne sommes pas Anglais, » répondit-on à Mirabeau, et, comme dit un peu naïvement Ét. Dumont, « on ne
donna pas la plus légère attention à cet écrit, qui fut imprimé; on ne daigna pas s'informer de ce qui se passait dans
un corps aussi célèbre que le parlement britannique (2) ». La
seconde partie de cette assertion est-elle bien exacte ? N'y
avait-il pas, à l'Assemblée constituante, tout un groupe qui
connaissait à fond le mécanisme et le jeu de la constitution
anglaise, et qui précisément se piquait de ne rien ignorer des
moindres détails du parlementarisme d'Outre-Manche ? Sans
doute. Montesquieu avait plutôt donné le goût d'étudier le
système anglais qu'il ne l'avait fait connaître. Mais, depuis,
1771, l'excellent livre du genevois Delolme, : *La Constitution
de l'Angleterre*, était populaire en France. Mallet du Pan.
dans ses articles politiques du *Mercure de France*, ne cessait
de paraphraser cet ouvrage et d'en répandre les idées. Plusieurs des journaux qui parurent après la convocation des
Etats généraux affectèrent, non sans quelque pédantisme, de
tourner une grande part de leur attention vers les débats de
la Chambre des communes et vers les affaires anglaises Ce
n'est pas de négligence à l'égard de l'Angleterre, c'est plutôt

---

(1) Cet opuscule a été réimprimé dans la *Tactique des Assemblées
législatives*, ouvrage extrait des manuscrits de M. Jérémie Bentham, jurisconsulte anglais, par Ét. Dumont, membre du Conseil représentatif du
canton de Genève, 2 vol. in-8, Genève et Paris, 1816. — Ce remarquable
ouvrage complète et explique les *Souvenirs* du même auteur.

(2) *Souvenirs*, p. 165.

d'*anglomanie* qu'il faut accuser les écrivains et les orateurs politiques de 1789. Mais cette anglomanie n'alla pas jusqu'à adopter, pour la naissante assemblée, les usages antiques, parfois surannés, souvent compliqués sans raison d'un parlement plusieurs fois séculaire. Un historien récent de la Révolution, qui a repris, en les aggravant, les critiques de Mallet du Pan, d'Étienne Dumont, de Mᵐᵉ de Staël, et de toute l'école génevoise, M. Taine, a vu dans la brochure de Romilly un code tout fait, auquel l'Assemblée n'avait qu'à se soumettre. Mais nous nous demandons si l'ingénieux philosophe a eu sous les yeux le petit écrit préconisé par Mirabeau, et s'il en a seulement parcouru les premières pages. Croit-il, par exemple, que l'Assemblée eût eu raison d'adopter l'article premier du règlement rédigé par sir Samuel Romilly ? « Tout membre qui parle dans l'Assemblée doit se tenir à sa place, debout et découvert, et adresser la parole à l'orateur (*speaker*), ou si la Chambre est en comité, à celui qui occupe le siège ». Voit-on d'ici Mirabeau renonçant à la tribune, parlant de sa place, tournant le dos au public, et adressant à M. de Clermont-Tonnerre, qui présidait ce jour-là, les terribles apostrophes et les pathétiques objurgations du discours sur la banqueroute ? Comme les délicats, qui font profession de railler la Révolution, se seraient moqués de ces naïfs Constituants, qui, par un acte *de raison raisonnante*, auraient volontairement emprisonné le libre génie français dans les formes étroites et gênantes du parlementarisme britannique ! Comme on eût ri de voir les députés de la nation française s'astreignant, dans leurs votes, à un cérémonial compliqué, à des évolutions dans des couloirs, ou asseyant leur président sur un sac de laine, par respect pour la sagesse de la plus sage des nations ! Sans doute le ridicule ne tuait plus en France ; il n'eût pas été mortel aux Constituants et n'aurait pas entravé la Révolution. Mais le vrai danger pour l'Assemblée française n'était pas dans la lettre même de ce règlement, si elle l'eût adopté, mais dans

l'esprit, dans les tendances de ces usages d'une nation grave,
digne et solennelle à l'excès. Tous les mouvements de la
vie parlementaire eussent été ralentis systématiquement ;
toute résolution soudaine, tout acte improvisé, tout élan
d'attaque ou de résistance seraient devenus impossibles. Or,
si la précipitation est un grave défaut pour un Parlement qui
délibère dans un état politique assuré, la possibilité de se résoudre à l'instant même était une condition vitale pour une
assemblée qui voulait faire une révolution. Le moindre retard,
la moindre hésitation pouvait tout perdre.

Le circonspect et bienveillant Bailly reconnaît lui-même
qu'au moment de la séance royale du 23 juin, l'Assemblée
avait tout lieu de craindre d'être enlevée et dispersée par la
force (1). Ces craintes expliqueront le caractère de l'éloquence des députés du Tiers à ce moment-là. Elles expliquent dès maintenant que leur énergie se soit défiée d'un
règlement étranger qui leur eût lié les mains et les eût livrés
à la violence royale. Admettons que ces craintes ne fussent
pas justifiées : le règlement anglais n'offrait-il pas d'autres
inconvénients ? Ne s'est-il pas réformé lui-même depuis, et
tout récemment ? A propos de certaines tentatives des obstructionnistes irlandais, la Chambre des communes ne s'est-elle
pas donné le droit de prononcer à l'occasion la clôture des
discussions ? Avant ce bill, les discussions n'avaient d'autres
limites que la bienséance ou la fatigue des orateurs, et, si la
Constituante avait adopté le règlement anglais, elle n'aurait
jamais pu sortir des questions qu'il aurait plu à la minorité
de faire traîner. Quelle arme pour la cour que ce droit de
faire entraver les débats par ses amis en les prolongeant

_____

(1) Bailly, t. Ier, p. 217. — Un témoin bien informé, le baron de
Staël-Holstein, gendre de Necker, écrit au roi de Suède, le 9 juillet
1789 : « Il est certain que, peu après la séance royale, le projet était
formé de faire arrêter trente députés et de disperser le reste ». *Corr.
dipl. du baron de Staël-Holstein*, Paris, 1881, 1 vol. in-8, p. 105.

indéfiniment! La Constitution de 91, dans ces conditions-là, eût-elle jamais été votée? Aurait-on jamais franchi cette première étape de la Révolution?

L'Assemblée crut plus sage de procéder comme les communes d'Angleterre avaient elles-mêmes procédé, c'est-à-dire en faisant son règlement peu à peu, à mesure que l'expérience en conseillait ou en imposait les dispositions. Quand elle le publia, elle se borna à consacrer et à fixer les usages qu'elle avait suivis et dont elle s'était bien trouvée. Les Anglais avaient fait moins encore : leurs règlements n'étaient même pas écrits, et la tradition seule les conservait. Sir Samuel Romilly avait recueilli et résumé, non sans peine, ces antiques coutumes, qui se trouvèrent alors écrites pour la première fois.

Mais pourquoi l'Assemblée ne s'occupa-t-elle pas plus tôt d'établir des usages parlementaires, de fixer des règles, de donner à son bureau des pouvoirs certains? Dans la salle des Menus, aux premières séances du Tiers, ce n'était que désordre et confusion inextricables.

« Quand j'entrai dans la salle des États généraux, dit Étienne Dumont, il n'y avait ni sujet de délibération, ni ordre quelconque. Les députés ne se connaissaient point les uns les autres; mais ils apprenaient par degrés à se connaître : ils se plaçaient partout indifféremment; ils avaient choisi les anciens pour présider ; ils passaient le jour à attendre, à débattre sur de petits incidents, à écouter les nouvelles publiques, et les députés des provinces apprenaient à connaître Versailles.

« La salle était continuellement inondée de visiteurs, de curieux qui se promenaient partout et se plaçaient dans l'enceinte même destinée aux députés, sans aucune jalousie de la part de ceux-ci, sans aucune réclamation de leur privilège (1). »

(1) Ét. Dumont, p. 43.

Mais Etienne Dumont donne aussitôt la raison de cette attitude : « Comme ils n'étaient pas constitués, dit-il, ils se regardaient plutôt comme faisant partie d'un club que d'un corps politique (1). »

On sait, en effet, que le Tiers-Etat passa plusieurs semaines dans une inaction volontaire, évitant de se constituer, pour ne pas consacrer ainsi la séparation des ordres. Les premiers discours des orateurs de la Constituante furent prononcés dans cette période qui s'étend du 5 mai au 17 juin 1789, période de quasi-immobilité parlementaire, où le Tiers-Etat, si je puis dire, piétinait sur place, en attendant la réunion des ordres, ou faisait à peine deux ou trois pas en avant, juste ce qu'il fallait pour que cette situation d'attente ne devînt pas intolérable pour ses membres (2). Comme il faut bien qu'un *modus vivendi* s'établisse dans une réunion quotidienne de plusieurs centaines de personnes, on convint peu à peu, tout en s'en défendant d'abord, de certains usages et de certaines défenses, dont l'ensemble forma l'embryon du règlement futur. Officiellement à l'état de chaos, le Tiers se constituait peu à peu en Assemblée, comme par la force des choses, si bien que, le jour où il se déclara constitué, il était déjà de fait une Assemblée délibérante, un corps politique avec ses organes essentiels.

Aux premiers jours, les choses se passèrent à peu près comme dans les réunions électorales de notre temps, dans les quelques instants qui précèdent la nomination du bureau. On rechercha les membres les plus âgés (3), et on les plaça au bureau, où ils se relayèrent, n'ayant guère d'autres fonc-

---

(1) Et. Dumont, p. 41.

(2) Cette inaction silencieuse et voulue des premières semaines apprit à l'Assemblée à se posséder et à se contenir ; ses débats porteront souvent la marque de cet effort grave et digne du début.

(3) La première séance (5 mai) fut présidée par Leroux, doyen d'âge. Il choisit six *assistants*. Cette séance fut assez tumultueuse : la foule avait pénétré dans la salle des Menus, pêle-mêle avec les députés.

tions que de contempler cette foule anxieuse, remuante, indignée, et pourtant contenue par un même dessein politique, ou de réprimer les orateurs dont les motions tendaient à faire renoncer l'Assemblée à l'expectative prudente qu'elle s'était imposée.

Bientôt voici l'usage qu'on adopta. On mit « un député de chaque gouvernement au bureau, c'est-à-dire autour d'un grand bureau placé au milieu de la salle. Tous ces députés, le doyen au milieu, étaient assis : ils faisaient les fonctions, le doyen, de président, les députés, de secrétaires, pour tenir des notes : l'Assemblée, non constituée, n'avait pas encore de secrétaires. Quand le doyen s'absentait, le plus âgé des députés prenait sa place ; et quand il était question de le remplacer, il était nommé par ces mêmes députés à la pluralité des suffrages (1) ».

Le 23 mai, on fit la motion de renouveler le doyen tous les huit jours et de rendre l'uniforme obligatoire. L'Assemblée, sans décider ces questions, arrêta de faire un règlement, quoique beaucoup hésitassent : faire un règlement, n'était-ce pas se constituer et reconnaître ainsi la distinction des ordres ? Aussi le règlement ne fut-il pas rédigé ; on se borna à adopter quelques règles provisoires (2).

Le 4 juin, jour de l'élévation de Bailly à la présidence (avec le titre de doyen), il n'y avait encore ni secrétaire, ni procès-verbal, toujours pour le même motif. « Les adjoints au bureau ou les députés du gouvernement tenaient des notes, et c'est sur ces notes qu'a été dressé le récit des séances jusqu'au 12 juin, et qui a été imprimé (3). »

A cette date, d'après Bailly, il n'y avait pas encore d'ordre dans l'Assemblée, ni de formes pour délibérer et pour re-

(1) Bailly, t. 1er, p. 88.
(2) Id., t. 1er, p. 72.
(3) Id., t. 1er, p. 95.

cucillir les suffrages. Le doyen n'avait que très peu d'ascendant. L'Assemblée n'était pas dirigée.

Bailly, instruit par les délibérations de l'assemblée des électeurs de Paris, dont il avait été président, apporta aux Communes « un espoir d'ordre qui n'y était pas connu ».

Avant lui, on ne votait que par l'appel nominal, ce qui entraînait des longueurs interminables. Il obtint, non sans peine, qu'on voterait par assis et levé dans les circonstances ordinaires, et qu'on réserverait l'appel nominal pour les votes très importants.

« La parole, dit-il, était une source éternelle de dispute, et il y avait à cet égard une grande confusion (1). » Bailly fit déclarer que nul ne parlerait sans avoir demandé la parole. Cette règle existait sans doute avant lui, mais elle était mal observée.

Les discussions ne finissaient pas, et on demandait toujours la parole. Bailly proposa une règle qui avait suffi à l'assemblée des électeurs : c'était que personne ne prît la parole, « une fois que la matière était à l'opinion ».

Mais la première fois qu'il voulut appliquer cette règle, elle fut violée aussitôt : « Lorsque je vins à mettre à l'opinion, quelqu'un voulut parler, je refusai la parole ; le député insista : je refusai de nouveau ; d'autres prirent parti, il s'éleva des murmures contre moi : je tins bon. Le bruit redoubla, et

(1) Les ennemis de la Révolution ont encore exagéré cette confusion. Opposons-leur le témoignage de Biauzat, qui écrit, le 18 mai 1789, à ses commettants : « L'ordre et la décence régnèrent dans l'Assemblée samedi. Le patriotisme et l'éloquence y brillaient. J'étais ravi d'admiration en lisant, dans les papiers-nouvelles d'Angleterre, au commencement des troubles de l'Amérique, les discours des votants pour ou contre l'opposition ; je leur connais aujourd'hui des égaux. Sans m'enorgueillir de tout ce que je trouve de beau et de grand dans le développement des opinions, puisque je n'y vois pas de propriétés à moi, je me félicite d'avoir vu sensiblement que nous ne sommes pas toujours légers, que notre nation a autant de force d'esprit et de vigueur d'âme que de loyauté et de franchise dans le caractère. »

il s'éleva un grand tumulte. L'Assemblée fut dans une agitation extrême, et je me trouvai fort embarrassé. Les esprits étaient partagés ; ceux qui désiraient que l'Assemblée prît une marche régulière, et fût assujettie à des lois constantes, sans lesquelles il n'y a point d'ordre, me criaient de ne pas céder. Je sentais bien qu'en reculant, je perdrais de ma force et de l'ascendant dont j'avais besoin pour diriger l'Assemblée. D'un autre côté, l'agitation et la chaleur étaient grandes ; il n'y avait point de lois écrites pour m'appuyer ; on ne peut faire admettre à un corps que celles qu'il veut bien recevoir. Je n'avais d'autre autorité que celle qu'il m'avait donnée. Je crus donc sage de faire céder mon autorité à la sienne, et de plier plutôt que de rompre. En vain on me conseillait de lever la séance, droit qu'on ne m'avait pas encore conféré ; et si j'eusse voulu me l'attribuer, je révoltais le plus grand nombre, et j'étais perdu. Je cédai donc complètement ; l'Assemblée fut satisfaite, et je fus vivement applaudi ; j'ose croire que cette affaire me gagna l'amitié de la presque totalité de mes collègues. On fut content de moi, et en effet je montrai à la fois et fermeté et sagesse (1). »

Le 6 juin, il est de nouveau question de faire un règlement. Mirabeau propose de former des *bureaux* pour une première discussion préalable : cette idée est accueillie sans être adoptée (2).

Mais dès le lendemain, 7 juin, on forme vingt bureaux de trente membres pour l'examen du règlement (3). On décide qu'ils s'assembleront tous les soirs (4).

(1) T. 1er, p. 103.
(2) Ibid., p. 117.
(3) Ibid., p. 121.
(4) Le 1er juillet, l'Assemblée, désormais au complet, décide, sur le rapport de Rabaut Saint-Etienne, qu'il y aura 30 bureaux de 40 membres chacun, « complets ou non complets ». (*Moniteur*, n° 13.)

Le 12 juin, on commence à faire chaque jour le *procès-verbal* des séances de l'Assemblée.

Le même jour, Bailly est désigné pour présider provisoirement. Il change son titre de doyen contre celui de *président*.

Le 13 juin, on arrête que le procès-verbal sera imprimé (1).

Le 19 juin, l'Assemblée, enfin constituée, forme les premiers comités, dont voici la liste :

1° Comité des subsistances ;

2° Comité de vérification et de contentieux ;

3° Comité de rédaction pour les adresses ;

4° Comité de règlement.

C'est ainsi que le futur règlement se formait peu à peu. Mais l'éloquence parlementaire ne fait pas encore beaucoup de progrès au milieu de cette incertitude et de ces tâtonnements des débuts. Les orateurs ne peuvent se faire entendre : leur voix est aussitôt couverte par les interruptions ou le bruit des conversations particulières, qui n'était pas encore, en ces temps primitifs, le résultat d'une tactique concertée. Nul moyen de faire taire les députés et le public. A cette date du 19 juin, l'Assemblée n'avait point encore d'huissiers pour faire faire silence (2), quoique Bailly eût proposé d'en établir. Le président n'avait que sa sonnette, qui manquait souvent son effet. « Dans un moment où je n'étais pas entendu, désespéré de ne pouvoir ramener l'ordre et le silence, je m'échappai à dire : « Messieurs, vous me tuerez ». Ce mot opéra sur-le-champ un profond silence, et fut suivi de preuves universelles de bonté ».

Le 2 juillet, on voit apparaître pour la première fois une

---

(1) Bailly, t. 1er, pp. 139-141. — On choisit pour imprimeur M. Baudouin, père des éditeurs de la collection des *Mémoires*.

(2) On en établit peu après. Cf. le Règlement, chap. v, art. 2.

expression elliptique qui deviendra classique et quotidienne : un député *réclame l'ordre du jour* (1).

La même séance, on décide que le président sera renouvelé tous les quinze jours, qu'il y aura six secrétaires et qu'ils seront renouvelés tous les mois.

Le lendemain 3 juillet, le duc d'Orléans est nommé président, et, sur son refus, on le remplace par l'archevêque de Vienne (2).

On nomme ensuite les six premiers secrétaires, qui furent : Grégoire, Mounier, Lally-Tollendal, Chapelier, Sieyès, Clermont-Tonnerre.

Le 11 juillet, des commissaires nommés pour examiner une motion font leur *rapport*.

Enfin, après une intéressante discussion sur le mode de votation (fixation de la majorité des suffrages à la moitié plus un), l'Assemblée adopte, le 29 juillet, un règlement dont la plupart des articles ne sont que la codification des usages en vigueur dans les débats antérieurs. Les autres articles, ceux qui avaient pour but de faire perdre aux députés certaines habitudes d'indiscipline, ne furent jamais observés. Il en est de même dans toutes les assemblées délibérantes : le règlement consacre et fixe jusqu'à un certain point les mœurs de ces assemblées, mais il ne les crée pas ni ne les change.

(1) Bailly, t. 1er, p. 274.

(2) Pour la question de la présidence, le Tiers n'obtint pas sans contestation que les deux autres ordres voulussent être présidés par un roturier. Quand, sur l'ordre du roi, la noblesse et le clergé se réunirent au Tiers, le 27 juin, le doyen du clergé, le cardinal de la Rochefoucauld, voulut prendre la présidence de l'assemblée. Bailly l'en empêcha avec adresse et dignité. « Les ci-devant présidents continuèrent à s'établir à la place d'honneur des banquettes, mais cette distinction tacite, qu'on ne chercha pas à leur disputer, ne tarda pas à disparaître. » Quant aux nouveaux députés réunis, « ils affectèrent une singularité qui ne dura que pendant quelques jours. Ils ne s'asseyaient point sur les banquettes ; ils semblaient ne pas vouloir faire acte de séance ; ils se tenaient debout derrière moi et entre les deux rangs de banquette du clergé et de la noblesse ». Cette opposition puérile dura peu. (Bailly, t. 1er, p. 253.)

Ce serait donc se tromper étrangement que de juger, d'après la lecture du règlement, des conditions dans lesquelles les orateurs prononçaient leurs discours. L'article 7 du chapitre II était ainsi conçu :

« Tous signes d'approbation ou d'improbation sont absolument défendus. »

L'abbé Maury apprit plus d'une fois, à ses dépens et à son profit, quel tumulte pouvait soulever un discours, sans que personne dans l'Assemblée songeât à invoquer cet article 7. Quant aux interruptions, également défendues, il faut reconnaître qu'elles furent assez rares, dans les jours qui suivirent la constitution de l'Assemblée. Beaucoup d'orateurs lisaient : on interrompt moins volontiers un lecteur qu'un improvisateur ; celui-ci prête davantage le flanc et, à son insu, sollicite et provoque l'auditeur, soit par le décousu de sa phrase, soit par les termes agressifs qui lui échappent. Mais peu à peu on s'enhardit à improviser, on s'enhardit à interrompre. Les interruptions, échappées d'abord à l'impatience, deviennent bientôt volontaires, préconçues, et font partie de toute une méthode de discussion. Un nouveau genre d'éloquence va naître, celle qui résume dans un trait incisif toutes les faiblesses d'une argumentation adverse. L'abbé Maury excellera dans ce genre d'escrime, que toutes les assemblées ont depuis interdit par leur règlement et encouragé par leur attitude.

L'article 2 du chapitre V dit que, « si les personnes étrangères qui ont des pétitions à présenter veulent parvenir immédiatement à l'Assemblée, elles s'adresseront à un des huissiers, qui les introduira à la barre, où l'un des secrétaires, averti par l'huissier, ira recevoir directement leur requête ».

Cet article avait assurément pour but d'interdire la parole aux pétitionnaires. L'Assemblée la leur accorda, cependant, toutes les fois qu'ils la demandèrent (1) ; souvent même ils la

(1) C'est le 26 juin, pour la première fois, qu'une députation demanda à être introduite. Elle était envoyée par le Palais-Royal. Bailly, qui

prirent malgré elle, et c'est ainsi que les Constituants entendirent, le 12 novembre 1790, la grande voix de Danton réclamant, au nom de Paris, le renvoi des ministres, et, malgré les interruptions indignées de l'abbé Maury, le tribun populaire put prononcer jusqu'au bout un discours de longue haleine imperturbablement débité. Ce n'est pas l'un des caractères les moins curieux des débats parlementaires à cette époque, que cette brusque irruption de la rue dans l'Assemblée et cette intervention du peuple de Paris, qui a, lui aussi, quand il le veut, son tour de parole dans la même salle que les députés, non loin de leur tribune, qu'il escaladera plus d'une fois au temps de la Convention.

III

L'Assemblée siégea tous les jours, ou peu s'en faut, le plus souvent deux fois par jour. L'heure de l'ouverture des séances varia souvent : celles du matin commencèrent d'abord à 10 heures, puis à 9 heures. Quoique l'Assemblée fût souvent en permanence, des incidents imprévus entravaient le cours de ses débats. Frappée de cet inconvénient, elle adopta, le 20 mars 1790, un ordre de travail dont elle résolut de ne plus se départir : elle arrêta qu'elle partagerait toutes les séances du matin entre les finances et ses travaux constitutionnels, et consacra celles du soir aux discussions particulières.

Voici le texte de ce règlement additionnel, qui fut, lui aussi, plus d'une fois violé. Mais c'est un document curieux sur l'aspect des séances parlementaires de cette époque, et ces

---

sentait l'irrégularité de cette demande, la fit cependant accueillir par l'Assemblée : il eût en effet été impolitique de la repousser. Mais l'abus devait venir bientôt.

documents n'abondent pas (1). On va voir qu'un ordre rigoureux tend à s'établir dans les débats de l'Assemblée, et que de grands progrès ont été faits depuis les premières séances des communes :

« L'Assemblée nationale, considérant qu'elle a déjà décrété que les lundis, mardis, mercredis et jeudis seront entièrement consacrés à la constitution, et les vendredis, samedis et dimanches aux finances, et que toutes autres affaires seront portées aux séances du soir, décrète :

1º Que dorénavant les séances du matin commenceront à neuf heures, excepté celle du dimanche qui commencera à onze heures ;

2º Que chaque séance du matin sera divisée en deux parties : la première, de neuf heures à une heure, sera employée à lire les procès-verbaux et à discuter la constitution et les objets majeurs d'intérêt général ; la seconde, à examiner des objets d'intérêt général moins importants et moins majeurs ;

3º Qu'elle n'entend cependant pas s'astreindre à ne point employer la séance entière aux objets les plus importants, quand les circonstances l'exigeront.

4º Afin que tous les députés soient instruits des matières dont l'Assemblée s'occupera, on affichera au bas de chaque tribune un tableau de l'ordre du lendemain, qui contiendra l'énumération des objets qui devraient être traités, ou qui auront été ajournés ;

5º Que tous les députés qui auront quelque motion importante à proposer en préviendront d'avance le président, afin

---

(1) Le *Moniteur* est muet sur beaucoup de détails de procédure parlementaire, et les Mémoires, sauf ceux de Bailly, sont rarement précis sur ce point. Ces Mémoires sont d'ailleurs moins nombreux pour la Constituante que pour la Convention. — Alexandre de Lameth pense que beaucoup de manuscrits curieux ont dû être détruits par prudence pendant la Terreur. (*Hist. de l'Ass. constituante*, t. 1er, p. 8.)

qu'on puisse afficher l'objet de la motion et le nom de son auteur ;

6· Que le comité de constitution présentera, le dimanche 28 de ce mois, la série ou tableau raisonné de tous les objets à décréter pour achever la constitution, et les articles nécessaires pour expliquer les décrets dans lesquels les principes ont été consacrés ;

7º Que l'Assemblée s'occupera, sans discontinuer, de décréter les projets de décrets relatifs aux finances et présentés par le comité ; et qu'ensuite elle reprendra, les jours désignés, le travail de la constitution, en commençant par l'ordre judiciaire ;

8º Que, dans l'espace de huit jours, les différents comités présenteront l'ordre de leurs travaux et dresseront le tableau des objets primitifs de leur travail et des objets qui leur ont été renvoyés ;

9º Que désormais il ne sera reçu de députation que dans les séances du soir ;

10º Qu'enfin, dans aucun cas, l'Assemblée ne lèvera la séance que le président ne l'ait prononcé. »

IV

Cependant la langue parlementaire se forme et s'enrichit d'un vocabulaire spécial, qui est, à peu de chose près, celui de nos orateurs contemporains. Nous avons vu apparaître les mots *ordre du jour, procès-verbal, bureaux, commission, rapport*, etc. Combien d'autres qui paraissent récents datent de 1789! La question des *mandats impératifs* est plus d'une fois discutée à l'Assemblée constituante. Ainsi, le 8 juillet, l'évêque d'Autun s'élève contre les « mandats impératifs limitatifs », disant que le député ne doit pas être lié pour une opinion, puisque l'opinion doit toujours être dépendante de la lumière de la discussion (1). D'autres expressions n'ont pas survécu ou se sont modifiées depuis. On disait, par exemple, *Opinions* pour *Discours parlementaires*, et on entendait par *Recueil d'opinions* ce que nous entendons par *Recueil de discours*. Cette manière de parler s'est conservée jusque vers 1830, et a disparu ensuite.

De même qu'au XVIIe siècle on écrivait *dans le trône* plutôt que *sur le trône*, les orateurs de la Révolution disaient *dans la tribune*, au lieu de : *à la tribune*. Les exemples de cette locution sont innombrables (2).

Pendant les premiers temps de l'Assemblée constituante, les orateurs appelaient les députés *Messeigneurs*. Les pétitions écrites sont adressées à *Nosseigneurs les députés*. Cet usage dura plusieurs mois, et survécut même à la nuit du 4 août. En effet, dans la séance du 23 août, au soir, le marquis de Gouy d'Arcy « commence son discours par le mot *Messieurs* ; mais quelques cris élevés du côté des communes l'avertissent de prononcer *Messeigneurs* ». Mais cette appellation ne tarde pas à disparaître.

Il se crée, à cette époque, un grand nombre de termes techniques pour désigner les différentes parties de la nouvelle administration, les fonctions nouvelles, les usages nouveaux. Ces substantifs font souche, et on en dérive une quantité de verbes et d'adjectifs qui permettent d'éviter les périphrases vagues, et d'apporter à la tribune le terme précis.

Mais cette création de mots nouveaux ne s'arrête pas dans les justes limites. La langue s'encombre de termes inutiles, mal formés ou faisant double emploi avec d'autres.

La grammaire ne souffre pas seule de ces néologismes, que nous signalerons à l'occasion. Le style oratoire en souffre,

---

(1) A ce propos, rappelons que, dès l'origine, on imprima les noms des votants, malgré les réclamations des timides. C'était là une mesure indispensable. Combien se fussent dérobés dans l'anonymat aux cahiers de leurs commettants !

(2) Cf. Maury, Œuvres, t. IV, p. 434 ; t. V, p 503, et pass.

surtout chez les orateurs médiocres. La phraséologie parlementaire commence à paraître. La pensée se noie à plaisir
dans un déluge d'expressions abstraites, vagues, redondantes,
de grands mots nouvellement forgés, de synonymes complai-
samment accumulés. Chez les rapporteurs des commissions,
chez les orateurs secondaires et de bonne volonté, qui se font
de certaines questions techniques une spécialité peu enviée,
cet abus va grandissant. Dès la seconde année de la Constituante, ce qu'on a appelé « le patois parlementaire » est né :
il est aujourd'hui florissant.

Les véritables orateurs eux-mêmes ne savent pas se garder
de ce français douteux et de ces formules toutes faites dont
l'emploi repose et rassure l'improvisateur, mais fatigue ceux
qui écoutent. Quelques discours de Mirabeau offrent des
exemples de ces négligences, et les meilleurs n'en sont pas
toujours exempts. Qu'arrive-t-il alors? C'est que la médiocrité,
écartée de la tribune par le sentiment de sa faiblesse, se rassure, au grand détriment de l'éloquence, et se hasarde à la
tribune, d'abord un cahier à la main, puis sans cahier, et à
l'aide de ce vocabulaire nouvellement institué, grâce à ces
phrases vides et si banales qu'elles vont à toutes les situations,
d'infimes parleurs se tirent d'affaire, se font illusion, croient et
font croire qu'ils ont prononcé un discours, parce qu'ils ont
laissé tomber de la tribune une partie des mots du dictionnaire parlementaire. Nous n'étudierons pas, quand nous la
rencontrerons dans le *Moniteur*, cette prose triviale et si
uniforme qu'elle semble émanée partout du même auteur.
Il n'y a rien là qui ait le moindre rapport avec l'art oratoire.

V

Nous commençons à savoir dans quelles conditions maté-
rielles est née l'éloquence parlementaire, dans quelle salle

parlaient les orateurs de la Constituante, quel public les
écoutait, quelles entraves et quelles facilités le règlement
apportait à l'exercice de la parole, comment ce règlement est
né de cet exercice même, enfin de quelle langue nouvelle on
usait tour à tour au profit et au dommage de l'art oratoire. Il
reste à préciser quelques traits de ce tableau encore trop
vague à notre gré, d'autant plus que certaines estampes du
temps pourraient égarer le lecteur et lui donner une idée
fausse de l'attitude des députés, pendant que l'orateur est à
la tribune. On représente souvent les députés du Tiers en
uniforme, graves et raides et symétriquement disposés sur de
longues rangées de bancs parallèles. C'est un souvenir de la
séance royale d'ouverture, où en effet tout se passa avec correction et solennité. Les députés du Tiers y portaient tous
leur costume. Ils l'avaient encore à la procession du 14 juin,
à Notre-Dame. Mais, quelques jours plus tard, « un tiers des
communes l'avait quitté (1) », au grand scandale de Bailly qui,
toujours un peu pédant, garda le sien même étant maire. Il
pensait que tous les fonctionnaires devaient porter un uniforme, et, quant aux députés, il écrivait cette phrase qui eût
bien étonné un Américain :

« N'est-il pas ridicule que cet homme (un étranger supposé), entrant à l'Assemblée, voie partout des bottines et
des cheveux roulés et qu'il retrouve aux législateurs le même
costume qu'aux jeunes sots, jadis écervelés, qu'il a rencon-
trés dans la rue ou à pied ou en wiski (2) ? »

Le Tiers-État, n'en déplaise à Bailly, avait de sérieux motifs
pour renoncer à son uniforme. On lui avait donné un costume
formé de celui des gens de robe et de celui des ecclésias-

_____

(1) Bailly, t. 1er, p. 137.
(2) Ibid., t. 1er, p. 270. Bailly pousse le formalisme très loin, par exemple jusqu'à se scandaliser de la fameuse apostrophe de Mirabeau au marquis de Dreux-Brézé : il est d'avis qu'en cette occasion *le président seul
devait parler.*

tiques : cet habit contrastait avec le caractère et la profession de la plupart des députés, et cela d'une manière un peu ridicule. Mais, si la cour leur avait imposé un costume spécial, c'était pour que les trois ordres fussent distingués en tout, et que, même mêlés, les yeux ne pussent pas les confondre. Dans sa première lettre à ses commettants, Mirabeau proteste, par la plume de Salaville, contre cette distinction de costume, « qui risque de perpétuer la distinction des ordres, qui est le *péché originel* de la nation (1) ».

Le 15 octobre 1789, « l'Assemblée, sur la demande de MM. Duport, de Montesquiou, de Menou, de Blacons, décide qu'il n'y aura désormais ni distinction de costumes, ni différences de places dans les séances et dans les cérémonies (2) ». Mais ici encore le règlement ne fait que consacrer ce que les mœurs avaient déjà établi (3).

(1) Voici, d'après le *Moniteur*, un extrait du règlement royal concernant les costumes :

« *Clergé.* — Les cardinaux en chape rouge, les archevêques et évêques en rochet, camail, soutane violette et bonnet carré ; les abbés, doyens, chanoines, curés et autres députés du second ordre du clergé, en soutane, manteau long et bonnet carré.

« *Noblesse.* — Tous les députés de l'ordre de la noblesse porteront l'habit à manteau d'étoffe noire de la saison, un parement d'étoffe d'or sur le manteau, une veste analogue au parement du manteau, culotte noire, bas blancs, cravate de dentelle, chapeau à plumes blanches retroussé à la Henri IV, comme celui des chevaliers de l'ordre. Il n'est pas nécessaire que les boutons de l'habit soient d'or.

« *Tiers-État.* — Les députés du Tiers-État porteront habit, veste et culotte de drap noir, bas noirs, avec un manteau court de soie ou de voile, tel que les personnes de robe sont dans l'usage de le porter à la cour, une cravate de mousseline, un chapeau retroussé de trois côtés sans ganses ni boutons, tel que les ecclésiastiques le portent lorsqu'ils sont en habit court. »

(2) *Moniteur.*

(3) Le 31 octobre 1789, sur la proposition du marquis de Foucauld, l'Assemblée décide que les députés pourront se couvrir la tête, « permission nécessaire aux vieillards et à ceux qui ont contracté cette habitude ».

V.

Tous les députés ne parurent pas à la tribune, mais le plus grand nombre prit la parole au moins une fois. D'après un calcul que nous avons fait au moyen des tables du *Moniteur*, 250 députés environ parlèrent plus de trois fois, et quatre-vingts d'entre eux prononcèrent, à plusieurs reprises, de véritables discours. Quinze au moins sont perpétuellement sur la brèche. Voici la liste de ceux dont les discours ou les motions obtinrent quelque attention :

D'AIGUILLON.
BAILLY.
BARRÈRE DE VIEUZAC.
BARNAVE.
DE BEAUMETZ.
BERGASSE.
BIAUZAT.
DE BOISGELIN.
BOISSY D'ANGLAS.
DE BONNAY.
BOUCHE.
BOUTEVILLE-DUMETZ.
BUZOT.
CAMUS.
DE CAZALÈS.
CHAPELIER.
DE CLERMONT-TONNERRE.
DE CUSTINE.
DANDRÉ.
DESMEUNIERS.
DUBOIS-CRANCÉ.
DUPONT.
DUPORT.

D'ESPRÉMÉNIL.
FRÉTEAU.
EMMERY.
GARAT aîné.
GARAT jeune.
GOUPIL-PRÉFELN.
GRÉGOIRE.
DE LAFAYETTE.
DE LALLY-TOLLENDAL.
DE LAMETH (Alexandre).
DE LAMETH (Charles).
LANJUINAIS.
LEBRUN.
LECOUTEULX-CANTELEUX.
LEPELLETIER-St-FARGEAU.
DE LIANCOURT.
MALOUET.
MARTINEAU.
MAURY.
DE MENOU.
MERLIN.
DE MIRABEAU aîné.
DE MIRABEAU jeune.

DE MONTESQUIOU.

DE MONTLOSIER.

MOUNIER.

MUGUET DE NANTHOU.

DE NOAILLES.

PÉTION DE VILLENEUVE.

PISON DU GALAND.

PRIEUR.

RABAUT-St-ÉTIENNE.

RAMEL-NOGARET.

RÉGNAULT DE St-JEAN-

D'ANGÉLY.

LA RÉVEILLIÈRE-LEPEAUX.

REWBELL.

ROBESPIERRE.

DE LA ROCHEFOUCAULD.

ROEDERER.

SAINT-MARTIN.

SIEYÈS.

TALLEYRAND-PÉRIGORD.

TARGET.

THIBAULT.

THOURET.

DE TOULONGEON.

DE TRACY.

TREILHARD.

TRONCHET.

VADIER.

VERNIER.

VIEILLARD.

DE VIRIEU.

VOIDEL.

DE VOLNEY.

VOULLAND.

WIMPFEN.

On remarquera que beaucoup de ces députés ont laissé un nom et joué un rôle. Ce n'est pas à dire, pour cela, que tous soient dignes du nom d'orateur : ce titre ne peut être accordé qu'à un petit nombre d'entre eux, et ceux-là seuls feront l'objet de cette étude.

VI

On a beaucoup critiqué et raillé l'inexpérience parlementaire des Constituants, surtout à propos de la manière dont les motions étaient préparées et discutées. « Point de concert, point de préparation ; on aimait, pour ainsi dire, à se voler des propositions, à introduire de contrebande un article qui n'était point à sa place, à surprendre l'Assemblée par quelque chose d'imprévu (1). » Lors des discussions sur la constitution, le comité de constitution ne dirigeait pas et était lui-

(1) Dumont, p. 159.

même sans règlement. « L'étude et la méditation n'entraient pour rien dans le plan de l'Assemblée ; tous les décrets se passaient presque à la pointe de l'épée.... (1). » Ces reproches d'Étienne Dumont se retrouvent plus d'une fois sous la plume de Mallet du Pan, et Mirabeau renchérit encore dans ses lettres intimes au comte de La Marck. A l'entendre, l'Assemblée est composée d'incapables et d'indisciplinables, et encore nous atténuons les injures auxquelles il s'abandonne dans ses confidences. La vérité, c'est que seul dans l'Assemblée Mirabeau avait deviné, à force de génie, tous les secrets de l'art de la politique que l'expérience seule pouvait apprendre à de moindres intelligences. Sans doute il devait beaucoup aux conseils et aux leçons de ses amis anglais et génevois ; mais on peut dire qu'il était né pour la vie parlementaire.

Les autres Constituants péchaient par inexpérience et par excès de zèle. Chacun se croyait de bonne foi tenu de réciter une partie des cahiers de ses commettants et obligé d'honneur à expliquer son mandat à la tribune. Les partis n'avaient pas encore appris à se grouper, à charger un de leurs membres le plus éloquent, le plus autorisé, à parler pour les autres. De là, dans les circonstances graves, ces monceaux de motions analogues et tendant au même but, qui encombraient le bureau du président. Parfois les « projets d'arrêtés » sont si nombreux que les secrétaires ne peuvent suffire à les lire, et qu'il s'en suit un grand tumulte (2). Dans les questions importantes, personne ne peut se résigner à ne pas motiver son vote. Quelquefois, on décide de faire deux tours d'appel, l'un pour les opinions développées, l'autre pour les simples avis (3).

Autre motif de confusion et d'interminable longueur : un orateur inscrit renonçait rarement à la parole, même si un

(1) Dumont, p. 159.
(2) Cf. la séance du 23 août 1789.
(3) Bailly, t. 1er, p. 83.

de ses amis politiques venait de parler dans le même sens, parfois dans les mêmes termes que lui. L'ordre des inscriptions était presque invariablement conservé, et la liste des orateurs épuisée jusqu'au bout (1). Les orateurs ne se répondent même pas les uns aux autres, comme on le voit dans la discussion sur le *Veto*. « Dès que la lice fut ouverte, on fit des listes d'orateurs pour et contre ; chacun d'eux venait tour à tour, armé de son cahier, et lisait une dissertation qui n'avait aucun rapport à celle qui venait d'être prononcée... Chaque orateur recommençait la question, comme si on n'avait rien dit jusqu'à lui (2). »

Il serait cependant exagéré de comparer cette grande discussion à une séance académique où on lirait plusieurs mémoires sur la même question ; mais il est certain que, souvent, les débats languissaient sans que l'attention des auditeurs fût néanmoins aussi fatiguée que nous pourrions le croire à distance. Ni les orateurs ni le public ne se lassaient de ces lieux communs et de ces dissertations un peu abstraites : elles étaient alors nouvelles, et ce qui était nouveau, ce dont les esprits ne pouvaient se lasser, c'était l'existence même de la tribune et la liberté de proclamer impunément ces droits de l'homme jusque-là relégués dans des livres réputés séditieux. Pendant deux années au moins, on fut sous le charme de cette éloquence politique dont la France lettrée avait si longtemps rêvé l'éclosion. Se plaindre de la longueur des discours et de la langueur des débats ! Mais le public des galeries n'avait qu'une crainte : c'était qu'un coup d'État ne renversât la tri-

---

(1) Le 3 août 1789, Bouche proposa « d'inviter M. le président d'avoir sur son bureau un sablier de cinq minutes seulement : quand l'un des bassins sera rempli, M. le président avertira l'orateur que son temps est passé ». Cette proposition burlesque fut accueillie avec enthousiasme par les *muets* de l'Assemblée ; mais Clermont-Tonnerre la fit repousser en prouvant, avec esprit, qu'il lui fallait plus de cinq minutes pour la réfuter jusqu'au bout.

(2) Dumont, pp. 151-152.

bune et que les baïonnettes ne fissent évanouir le rêve de la
nation enfin réalisé. Oui, telle était la joie et l'exaltation à
ces premières heures qu'on se demandait si cette Assemblée
et cette liberté apparues tout d'un coup n'allaient pas disparaître, laissant le pays dans les ténèbres et dans la servitude.
On jouissait délicieusement des institutions nouvelles et du
droit de parler et d'écouter librement. A ces premières heures
de confiance et d'amour, qui eût songé à reprocher aux orateurs leurs cahiers toujours volumineux, souvent monotones,
si leur pensée était patriotique ?

En effet, c'étaient bien des *cahiers* que les orateurs apportaient à la tribune, et ils lisaient presque tous leurs discours,
surtout au début (1). C'est le fait de toutes les assemblées
jeunes et inexpérimentées. Ne voyons-nous pas, de nos jours,
les ouvriers, dans leurs congrès, n'aborder la tribune qu'armés de manuscrits soigneusement rédigés ? A cette précaution
il y a deux causes : d'abord la défiance de soi-même, la crainte
de rester court ; en second lieu (et c'est peut-être la raison
prépondérante), la croyance un peu naïve à la puissance des
recettes de la rhétorique classique. Les discours de ceux qui
débutent dans la vie parlementaire se ressentent presque toujours de ces préoccupations littéraires. Ils composent leurs
harangues avec la même méthode qu'ils composaient leurs
devoirs de collège. Ce qui satisfaisait leurs maîtres leur semble
infaillible pour satisfaire de même le public. Les orateurs de
l'Assemblée constituante en étaient encore à ce point de vue,
et c'est pourquoi ils écrivaient leurs discours (2).

---

(1) « S'il y avait quelques discours importants, *comme ils étaient presque tous écrits*, Mirabeau avait soin de les demander pour nous [pour
les rédacteurs du *Courrier de Provence*]. » Dumont, p. 125.
(2) Un autre inconvénient de ce système est signalé en ces termes par
Et. Dumont : « Une grande partie des travaux qui se produisaient à la
tribune, dit-il, était manufacturée au dehors ; un Français ne se faisait
aucun scrupule de débiter un discours qu'il n'avait pas composé, et de

Ceux qui se dispensaient de cette préparation et qui improvisaient, comme Barnave et quelques autres, étonnèrent et subjuguèrent leur auditoire. On fut émerveillé de leur talent. On les considéra comme d'incomparables virtuoses, comme des orateurs doués d'une faculté supérieure et impossible à acquérir par l'étude. Ce n'est que plus tard qu'on marcha sur leurs traces et que, grâce à leur initiative, on se fit un autre idéal de l'éloquence parlementaire, idéal moins orné, moins convenu, plus accessible à la fois et plus élevé.

Alors les orateurs purent se répondre les uns aux autres et ne furent plus enchaînés par une argumentation préparée; alors on put se concerter pour une action commune et pour des déclarations dans le sens des événements qui se produisaient au cours de la discussion. Alors, il y eut véritablement discussion, et des objections imprévues firent naître des arguments imprévus. Alors, enfin, la parole eut toute sa puissance, et l'éloquence parlementaire fit prévoir ce qu'elle devait devenir en France, sous la Restauration et de nos jours. Mais ce résultat ne fut atteint que dans les derniers temps de l'Assemblée constituante. Mirabeau vit à peine ces premiers développements de la science politique. La Législative et la Convention, à ses débuts, profitèrent de cette expérience qui fut arrêtée, d'abord par la Terreur, puis par le despotisme.

VII

La conclusion de toutes ces remarques, c'est qu'il ne faut pas oublier, si l'on veut apprécier avec impartialité les premières

s'honorer de cette espèce d'imposture publique » (p. 162). Dumont exagère et généralise trop. Mais nous pouvons retenir, dès maintenant, de cette assertion, que Mirabeau n'était pas seul à user de semblables secours.

productions de l'éloquence parlementaire en France, combien l'Assemblée était, sinon neuve en matière de parole, du moins inexpérimentée dans la pratique du régime qu'elle inaugurait. Les Français d'alors ne furent pas frappés au même degré que les étrangers des bévues et des maladresses commises par l'Assemblée, et qui ont été singulièrement exagérées depuis qu'on a exhumé, il y a trente ans, les écrits de l'impeccable et infaillible Mallet du Pan, que certains critiques exaltent avec un zèle vraiment comique. Il faut cependant rappeler l'impression que faisait sur un observateur assez équitable une des premières séances du Tiers-État. Laissons la parole à Arthur Young, en nous rappelant qu'il voit et regarde en formaliste et en Anglais.

« Mon ami M. Lazowski et moi, écrit-il dans son *Voyage en France*, nous étions à Versailles à huit heures du matin. Nous allâmes immédiatement à la salle des États pour nous assurer de bonnes places dans la galerie. Il y avait déjà quelques députés et un auditoire assez nombreux. Le local est trop grand ; seuls les organes de stentor ou les voix du timbre le plus clair peuvent se faire entendre ; cependant les dimensions même de la salle, qui peut contenir deux mille personnes, donnent de la majesté à la scène. Elle était vraiment pleine d'intérêt. Le spectacle des représentants de vingt-cinq millions d'hommes, à peine sortis des misères de deux cents ans de pouvoir absolu, et appelés aux bienfaits d'une constitution plus libre, s'assemblant sous les yeux du public auquel les portes étaient ouvertes, ce spectacle, dis-je, était bien fait pour raviver toute flamme cachée, toute émotion d'un cœur libéral, pour me faire bannir toute idée que ce peuple s'était montré trop souvent hostile envers le mien, et pour me faire reposer les yeux avec plaisir sur le splendide tableau du bonheur d'une grande nation, de la félicité des millions d'hommes qui n'ont point encore vu le jour. M. l'abbé Sieyès ouvrit les débats. C'est un des principaux

zélateurs de la cause populaire; il ne pense pas à modifier
le gouvernement actuel, qui lui paraît trop mauvais pour
être modifié en rien ; mais ses idées tendent à le voir ren-
versé, car il est républicain et violent; c'est la réputation
qu'on lui fait généralement, et il la justifie assez par ses
pamphlets. Il parle sans grâce et sans éloquence, mais il
argumente très bien : je devrais dire : il lit, car il lisait, en
effet, un discours préparé. Sa motion, ou plutôt sa série de
motions, tendait à faire déclarer aux communes qu'elles se
considéraient comme l'assemblée des représentants reconnus
et vérifiés de la nation française, en admettant le droit de
tous les députés absents (de la noblesse et du clergé) d'être
reçus parmi eux, sur vérification de leurs pouvoirs. M. de
Mirabeau parla, sans le secours d'aucunes notes, pendant
près d'une heure, avec une chaleur, une animation, une
éloquence qui lui donnent droit au titre d'orateur. Il s'opposa, avec une grande force de raisonnement. aux mots
reconnus et *vérifiés* de la motion de l'abbé Sieyès, et proposa
à la place le nom de représentants du peuple français. puis
avança les résolutions suivantes : qu'aucune autre Assemblée
ne pût arrêter par un veto l'effet de leurs délibérations ; que
tous les impôts fussent déclarés illégaux et concédés seulement
pour la durée de la présente session et non au delà ; que les
dettes du roi fussent reconnues par la nation et payées sur
des fonds à ce destinés. On l'écouta avec attention, et on
l'applaudit beaucoup. M. Mounier, député du Dauphiné,
homme de grand renom, et qui a aussi publié quelques brochures très bien reçues du public, fit une motion différente :
de se déclarer les représentants légitimes de la majorité de la
nation, d'adopter le vote par tête, et non par ordre ; de ne
jamais reconnaître aux représentants du clergé et de la noblesse le droit de délibérer séparément.

M. Rabaut-Saint-Étienne, protestant du Languedoc, auteur, lui aussi, d'écrits sur les affaires présentes, homme de

talent considérable, parla à son tour pour émettre les propositions : que l'on se proclamât les représentants du peuple de France, que les impôts fussent déclarés nuls, qu'on les accordât seulement pour la durée de la session des États ; que la dette fût vérifiée et consolidée et un emprunt voté. Ce qui fut fort approuvé, sauf l'emprunt, que l'Assemblée rejeta avec répugnance. Ce député parle avec clarté et précision, et ne s'aide de ses notes que par intervalles. M. Barnave, un tout jeune homme, de Grenoble, improvisa avec beaucoup de chaleur et d'animation ; quelques-unes de ses phrases furent d'un rythme si heureux, et il les prononça de façon si éloquente, qu'il en reçut beaucoup d'applaudissements ; plusieurs membres crièrent *bravo !* Quant à leur manière générale de procéder, elle pèche en deux endroits : on permet aux spectateurs des tribunes de se mêler aux débats par leurs applaudissements et d'autres expressions bruyantes d'approbation, ce qui est d'une grossière inconvenance, et a même son danger ; car, s'ils peuvent exprimer leur approbation, ils peuvent en conséquence exprimer leur déplaisir, c'est-à-dire siffler, aussi bien que battre des mains, ce qui, dit-on, s'est produit quelquefois : de la sorte, ils domineraient les débats et influenceraient la délibération. En second lieu, il n'y a pas d'ordre parmi les députés eux-mêmes ; il y a eu plus d'une fois aujourd'hui une centaine de membres debout à la fois, sans que M. Baillie (Bailly) pût les ramener à l'ordre. Cela dépend beaucoup de ce qu'on admet des motions complexes ; parler dans une même proposition de leur titre, de leurs pouvoirs, de l'impôt, d'un emprunt, etc., etc., paraîtrait absurde à des oreilles anglaises, et l'est en effet. Des motions spéciales, fondées sur des propositions simples isolées, peuvent seules produire de l'ordre dans les débats, car on n'en finit pas lorsque 500 membres viennent tous motiver leur approbation sur un point, leur dissentiment sur un autre. Une assemblée délibérante ne devrait procéder aux affaires qu'après avoir établi les règles et l'ordre à suivre dans ses séances, ce qu'on fera seulement en prenant le règlement d'autres assemblées expérimentées, en confirmant ce que l'on y trouve d'utile, en modifiant le reste selon les circonstances. Comme je pris ensuite la liberté de le dire à M. Rabaut-Saint-Etienne, on aurait pu prendre dans le livre de M. Hatsel le règlement de la Chambre des Communes, on aurait ainsi épargné un quart du temps. On leva la séance pour le dîner. »

Nous laissons de côté les critiques et les railleries d'Arthur Young, dont nous avons déjà expliqué l'injustice et l'exagération à propos du règlement. Rappelons toutefois qu'aucune de nos assemblées politiques, si ce n'est la Convention, n'a réalisé autant de réformes et voté autant de lois utiles que cette Assemblée si gauche, dit-on, et si naïve, dont l'existence fut d'ailleurs relativement courte. Retenons seulement du récit de Young la fidélité et la vivacité des impressions. C'est le premier *compte-rendu de la séance* qui ait été écrit en France. Les articles des journaux relatifs à l'Assemblée nationale n'avaient pas encore ce caractère de fidélité pittoresque qu'ils affectent de nos jours (1). Voilà pourquoi les pages d'Young que nous venons de citer sont un témoignage presque unique pour l'histoire de l'éloquence parlementaire en 1789.

(1) Le style et les usages des feuilles politiques à cette époque se transformaient dans la même mesure et dans le même temps que le style oratoire. Ce n'est que peu à peu que les journaux s'adaptèrent aux nouveaux besoins de l'époque, aux nouvelles curiosités, et ils n'acquirent, si je puis dire, qu'un à un les organes dont aujourd'hui nous les voyons pourvus. Cf. Hatin et tous les historiens de la presse.

VIII

De nos jours, les différents partis qui composent une chambre de députés sont nettement classés et distingués les uns des autres. La Droite et la Gauche se subdivisent en trois ou quatre groupes, dont chacun a la prétention de représenter une politique déterminée. Si cette prétention n'est pas toujours fondée, si les tendances de plusieurs groupes se confondent quelquefois dans la même conduite politique, chaque groupe n'en a pas moins une existence à part et offre l'image d'un parlement en abrégé, avec son président, ses secrétaires, son questeur et ses débats intérieurs. Les nuances du parti y forment même comme une gauche, un centre et une droite, et il n'est pas rare d'entendre dire que tel député appartient à la partie du centre gauche qui confine au centre droit ou à la partie du même groupe qui confine à la gauche. La liste des membres d'un même groupe est arrêtée et existe imprimée, et si un membre fait partie de deux groupes à la fois, ce qui est rare, le phénomène est noté avec soin dans les comptes-rendus parlementaires. Les lecteurs les moins lettrés des journaux politiques pourraient énumérer les fractions du Parlement, et, dans ces fractions, les membres notables, ceux qui prennent le plus souvent la parole. A la Convention nationale, l'organisation des partis politiques n'était pas aussi savante encore ; mais ces partis se distinguaient assez clairement les uns des autres. On ne confondait guère un Montagnard avec un Girondin. A la Constituante, il n'en était pas de même, et l'existence des partis n'était encore qu'à l'état rudimentaire. On nommait, on se montrait certains orateurs qui s'exprimaient d'ordinaire dans le même sens. Mais ces orateurs parlaient le plus souvent en leur nom propre ; ceux qui votaient avec eux ne s'étaient engagés à aucun vote avant le moment du scrutin ; les groupements que produisait chaque vote étaient le résultat de la conformité actuelle des opinions ou des volontés, mais non d'un concert préalable (1). C'était plutôt d'autrui que d'eux-mêmes que ces groupes du Parlement recevaient le nom de partis. Le triumvirat Duport-Lameth-Barnave était une exception dans l'Assemblée, et encore ce triumvirat était-il un état-major sans armée sur laquelle il pût compter (2). Mirabeau fit d'inutiles efforts pour créer dans la Chambre un parti dont il aurait été le *leader :* il échoua devant l'inexpérience, l'amour-propre et, il faut le dire aussi, le scrupule de certains Constituants : ils répugnaient à s'enrégimenter et craignaient, en s'engageant d'avance à voter ensemble, d'aliéner leur liberté, et surtout de manquer aux cahiers de leurs électeurs. On se vantait volontiers de n'appartenir à aucun parti (3). De là l'incertitude et les contradictions des historiens, quand il s'agit d'énumérer les groupes et de les classer (4). Même la division en gauche et en droite, populaire

(1) Un motif très louable retarda et gêna la création des partis politiques. Les députés avaient une tendance naturelle à rechercher de préférence le voisinage de leurs collègues de la même province. Il y avait là des cadres tout prêts pour l'organisation de partis, analogues à ce que fut plus tard la Gironde. Mais la sagesse des patriotes évita, dès les premiers jours de mai 1789, cet écueil du fédéralisme contre lequel la Révolution se serait brisée. « Il y avait eu, écrit Bailly, une convention entre tous les députés, qui a toujours été observée : c'est de ne se point placer en groupe et par députation. » Cette convention retarda la formation des partis, auxquels les idées politiques durent seules servir de liens.

(2) « Jamais, dit Barnave en parlant de l'époque de l'Assemblée constituante, jamais on n'a moins combattu pour les hommes dans notre révolution ; chacun a combattu pour ses opinions, pour ses sentiments, pour ses intérêts individuels, en suivant la bannière de ceux qui paraissaient les défendre avec le plus d'énergie. Ainsi, chaque fois que les chefs ont changé de marche, ils ont changé d'armée. » (*Réflexions politiques sur la Révolution,* chap. 1er, § 2.)

(3) Malouet, *Mémoires,* t. 1er, p. 297 et 319.

(4) Pas de réunions particulières des groupes, puisque ces groupes n'existent pas. Un jour, avant le 6 octobre, 32 députés s'assemblèrent

dès les premiers temps de l'Assemblée, n'est pas assez tranchée pour qu'il soit possible de dresser une liste parallèle des députés de la gauche et des députés de la droite (1).

Le peuple de Paris, sans tenir compte des nuances, avait remarqué que les députés assis à la droite du président votaient le plus souvent contre les motions révolutionnaires, et que les autres soutenaient au contraire ces motions. Alors ces mots de droite et de gauche entrèrent dans le langage courant avec leur acception d'aujourd'hui, quoique plusieurs des membres qui siégeaient à droite fussent assez attachés aux idées nouvelles.

« Dès avant la réunion des ordres, dit le *Moniteur*, on avait remarqué, dans la chambre même du Tiers, que l'assemblée était divisée en deux sections séparées l'une de l'autre par le bureau du président (2), et, soit effet du hasard, soit que l'identité de sentiment engageât les amis du peuple à se rapprocher entre eux et à s'éloigner de ceux qui ne partageaient pas leurs opinions, on s'aperçut qu'ils affectionnaient le côté gauche de la salle, et qu'ils ne manquaient jamais

pour agiter la question du départ du roi. Parmi ces députés, il y avait Maury, Cazalès, d'Esprémenil, Mounier, Malouet, Bergasse, de Bonnay, de Virieu. Quel lien pouvait unir des hommes aussi différents, des opinions aussi opposées ? Cette tentative de groupement ne réussit pas, et une seconde réunion de la droite, qui eut lieu après le 5 octobre, ne fit que constater l'incompatibilité des humeurs et des opinions. Cent députés y assistèrent. On discuta la question de savoir s'il fallait quitter l'Assemblée. Mais on ne décida rien, chacun fit ce qu'il voulut. (Cf. Montlosier, *Mémoires*.)

(1) Ce n'est que le 29 juin 1791 que le départ entre les aristocrates et les patriotes s'opéra d'une manière nettement tranchée. A cette date, en effet, une protestation contre les mesures prises à l'égard du roi est signée par les députés dits aristocrates, depuis l'abbé Maury jusqu'à Malouet. Nous avons la liste des signataires (Buchez, 2e éd., t. v, p. 361) : ils sont au nombre de 288. En y ajoutant Cazalès, dont le nom manque et qui démissionna dix jours plus tard, et les quelques députés absents, on arrive à un total d'au moins 300 aristocrates.

(2) « La grande table étendue dans la largeur séparait les deux partis. » (Bailly, t. 1er, p. 155.)

de s'y réunir. Les habitués du côté droit s'attachèrent à les discréditer et à les entacher du titre de factieux ; ils donnèrent le nom de *coin du Palais-Royal* (1) à la partie de la salle qu'ils avaient adoptée, et comme les députés de Bretagne y paraissaient les plus assidus, les mesures vigoureuses et les projets républicains furent appelés *arrêtés bretons* (2). »

Ce n'est que lors du vote sur le *veto* que la distinction de la droite et de la gauche prit un caractère officiel. Si maintenant nous voulons nous faire une idée plus détaillée des subdivisions de la droite et de la gauche (3), les contradictions des contemporains à ce sujet nous laissent dans un certain embarras.

Mme de Staël trace comme il suit le tableau des partis (4) :

I. — DROITE. Elle la subdivise en trois partis : 1º les *intransigeants* de droite, ou ceux qui, « ne *transigeant* jamais avec les circonstances, croyaient faire le bien en aggravant le mal ». — 2º Le parti de la noblesse, avec Cazalès pour orateur. — 3º Le parti du clergé, dirigé par M. l'abbé Maury. Mais ce parti existait-il autrement que dans l'imagination de Mme de Staël ?

II. — PLAINE ou MARAIS. Constitutionnels anglais : Malouet, « administrateur de première force » ; Lally, « doué d'une

---

(1) On disait aussi *côté de la Reine*, par opposition au *côté du Palais-Royal*. Ces dénominations changent au moment de la translation dans la salle du Manège : « Par allusion à l'ancien usage de la nouvelle salle, on appela le côté droit *les noirs* ; le côté gauche, *les enragés* ou *les blancs* ; et le centre se donna le titre d'*impartiaux* ». (Buchez, 2e éd., t. II, p. 208.) Mais ces termes ne furent jamais populaires et tombèrent bientôt en désuétude.

(2) Nº 18.

(3) Le *Moniteur* ne mentionne jamais que la droite et la gauche, à l'Assemblée constituante. Il ne parle d'un *centre* que dans les derniers mois de la Législative, et encore emploie-t-il cette expression : *les membres du milieu de la salle*. (Séance du 1er juillet 1791.)

(4) *Considérations*, II, 6.

superbe éloquence » ; Mounier, « publiciste de la plus haute sagesse ».

III. — PARTI POPULAIRE. Mme de Staël le divise en 4 sections. Mais elle annonce cette division et ne la donne pas. Elle se contente d'énumérer les chefs de ce parti, en allant de droite à gauche, dans cet ordre :

La Fayette, Mirabeau, Duport, Barnave, Sieyès.

Et elle ajoute : « Les Montagnards formaient le quatrième parti du côté gauche. Robespierre était déjà dans leurs rangs, et le jacobinisme se préparait par leurs clubs » (1).

Quant au parti du duc d'Orléans, il n'avait pas d'existence réelle. Mirabeau avait bien vite reconnu que le duc n'était pas capable de jouer le rôle d'un Guillaume III.

Alexandre de Lameth, dans son *Histoire de l'Assemblée constituante*, complète et rectifie le tableau tracé par Mme de Staël. D'autres témoins oculaires, entre autres Montlosier, ont vanté l'exactitude et la fidélité des souvenirs de l'ancien Constituant, en ce qui concerne la division des partis. Nous allons citer ces pages si autorisées ; on y voit plus nettement qu'ailleurs la situation respective de ces partis auxquels les histoires de seconde main donnent une existence un peu factice.

« Pour bien comprendre, dit Lameth, la division des partis dans l'Assemblée, il n'est pas inutile de se représenter leur position respective dans la salle où elle tenait ses séances. C'était un parallélogramme : le fauteuil du président et le bureau du secrétaire étaient placés au milieu, et la tribune vis-à-vis. Tout ce qui siégeait à droite appartenait, plus ou

_____

(1) Le mari de Mme de Staël, le baron de Staël-Holstein, ambassadeur de Suède, écrit à son gouvernement, le 22 octobre 1789, que l'Assemblée [se divise en quatre partis : 1° les aristocrates ; 2° le parti intermédiaire entre les démocrates et les aristocrates (Mounier, Lally, etc.) ; 3° le parti ou plutôt la « conspiration du duc d'Orléans » ; 4° la « cabale » Duport-Barnave-Lameth. (*Corr. dipl.*, p. 110 et suiv.)

moins, au parti aristocratique, la gauche était formée par le parti patriote ; mais l'un et l'autre se subdivisaient d'une manière à peu près égale. A droite, à la partie la plus élevée, étaient placés les plus chauds partisans de la féodalité et de toute espèce de privilèges, comme d'Espréménil, le vicomte de Mirabeau, les plus violents des parlementaires. Le milieu était plus modéré ; on y voyait un grand nombre de curés et d'hommes sans opinion politique bien déterminée. La troisième partie avait pour chefs des membres qui n'étaient point étrangers aux grandes questions de droit public, mais qui n'auraient voulu peut-être que de légères améliorations à l'ordre ancien. On comptait parmi eux Cazalès, Malouet, Clermont-Tonnerre, l'évêque de Langres, Montlosier (1), malgré son enthousiasme pour les institutions féodales. Lally et Mounier en auraient fait partie s'ils n'eussent point abandonné l'Assemblée.

« La même disposition d'esprit et de sentiments avait classé, en sens inverse, les partis qui divisaient aussi le côté gauche : celui qui se rapprochait le plus du centre se composait des plus indécis, des hommes qui n'avaient point approfondi les questions politiques. Ils n'avaient point un système suivi, et votaient selon l'impulsion du moment ; cependant, ce qui est remarquable, c'est que beaucoup d'entre eux se sont laissés entièrement entraîner par la succession des événements, comme Merlin, Grégoire, Barrère, Camus, etc., etc., et dans un sens différent, les hommes qui ont rempli des emplois supérieurs sous l'Empire et qui ont été placés depuis dans la plus élevée de nos magistratures. Au-dessus d'eux étaient placés les membres qui constituaient le parti national et qui a eu la principale direction dans l'Assemblée. Les désigner, serait rappeler les noms de tous les hommes qui ont jeté le plus d'éclat dans la Révolution. L'extrémité du côté gauche

(1) Classification contestable, comme nous le verrons.

formait le noyau de ce qu'on a appelé depuis la Montagne. Là, siégeaient Robespierre, Buzot, Pétion et tous ceux qui poussaient à une révolution radicale (1). »

Cette division n'est complètement exacte que pour le milieu de la carrière de l'Assemblée constituante. Dans les premiers mois les subdivisions de la droite et de la gauche apparaissent à peine, et dans les derniers temps elles s'accentuent davantage. A ce moment, le parti des constitutionnels anglais s'émiette et tend à disparaître. Des absolutistes de l'extrême droite ont émigré, et au moment où l'Assemblée se sépare, la situation des partis est singulièrement changée. La fuite du roi et son arrestation ont radicalement modifié la politique générale de l'Assemblée : l'extrême gauche et les républicains prennent de l'influence et voient venir à eux beaucoup de modérés. Les espérances de ceux qui croyaient à l'établissement de la monarchie parlementaire et à la bonne foi du roi sont ruinées d'un coup, ou leur politique est toute désorientée. Mais un nouveau classement ne succède pas à l'ancien, faute de temps, puisque l'Assemblée n'a plus que trois mois à vivre, et puisque les Constituants, en interdisant leur propre réélections, se sont condamnés à mort politiquement et ont frappé de stérilité les dernières semaines de leur existence. A ce moment-là, il n'y a, à vrai dire, plus de partis, et l'opinion s'écarte de l'Assemblée expirante pour se tourner tout entière vers les futures élections à l'Assemblée législative.

Nous pouvons néanmoins tenir compte de la division établie par Lameth, et qui est vraie pour la plus grande partie de la carrière de l'Assemblée constituante. En faisant toutes nos réserves sur le sens qu'il faut attacher au mot *groupes politiques*, quand on parle de ces débuts du régime parlementaire, nous étudierons les principaux orateurs de la Constituante en les plaçant chacun au milieu de son groupe, dont nous appré-

---

(1) *Histoire de l'Assemblée constituante*, t. II, pp. 262-263.

cierons successivement les opinions et la conduite parlementaire.

Nous parlerons d'abord de Mirabeau, qui forme à lui tout
seul comme un parti dans l'Assemblée constituante : isolé à
la fois par son génie et par sa mauvaise renommée, il est aussi
le seul à posséder, sur le fonctionnement du régime nouveau, les idées qui ont prévalu depuis chez la plupart des mo-
narchistes parlementaires.

Puis nous passerons en revue les chefs des partis en allant
de droite à gauche, comme l'ont fait Lameth et Mme de Staël.
Cet ordre nous permettra de placer Mirabeau cadet à côté de
son aîné, dont il éclaire et complète la physionomie.

On comprend que nous ne pourrons étudier que les discours des orateurs notables, et voici, en définitive, l'ordre que
nous suivrons, en adoptant provisoirement, pour la désigna-
tion des groupes, les appellations aujourd'hui en usage :

1. Mirabeau.

2° EXTRÊME DROITE (*Absolutistes*) : Le vicomte de Mirabeau,
d'Esprémnil.

3° DROITE : L'abbé Maury, Cazalès, l'abbé de Montesquiou,
Montlosier, etc.

4° CENTRE DROIT (*Monarchiens* ou *Impartiaux*) : Malouet,
Mounier, Lally, Bergasse, Clermont-Tonnerre, Virieu.

5° CENTRE GAUCHE (*Patriotes*, club de 89) : Siéyès, Camus,
Grégoire, Rabaut Saint-Etienne, Thouret, Chapelier, Target,
Tronchet, de Beaumetz, Dandré, Barrère, La Fayette.

6° GAUCHE (*Triumvirat*, *Jacobins* première manière, puis
Feuillants) : Barnave, Duport, les Lameth.

7° Extrême gauche (*Républicains*, *Jacobins*) : Robespierre,
Pétion, Buzot.

LIVRE II

─━◆◆◆━─

MIRABEAU.

ÉDUCATION ORATOIRE DE MIRABEAU. — SA POLITIQUE. —
SES DISCOURS. — LA PART DE LA COLLABORATION. —
MIRABEAU A LA TRIBUNE.

Est-il besoin de dire que nous n'avons pas l'intention d'é-
tudier toute la vie et toute l'œuvre de Mirabeau? Une telle
étude dépasserait les limites que nous nous sommes tracées
en entreprenant cette histoire de l'éloquence parlementaire
pendant la Révolution. Ce sont plusieurs volumes, c'est toute
une vie d'écrivain et de chercheur qu'il faudrait consacrer à
ce grand homme, sans autre espérance peut-être que de léguer
à ceux qui viendraient ensuite des matériaux, des commencements, des ébauches. On devrait d'abord contrôler et rectifier
les Mémoires si abondants écrits par Lucas-Montigny, apologie
filialement partiale(1); on devrait obtenir et étudier minutieusement tous les papiers de la famille, dont M. de Loménie,
dans ses deux gros volumes, n'a pas débrouillé tout le chaos.
Ce procès domestique, si tragique et si digne de l'histoire, il
faudrait le juger de nouveau. La seule étude des plaidoiries
demanderait tout un volume. Resterait la vie privée de Mira-

(1) *Mémoires biographiques, littéraires et politiques de Mirabeau, écrits
par lui-même, par son père, son oncle et son fils adoptif* (Lucas-Montigny). Paris, 1834, 8 vol. in-8°.

beau émancipé, ses fautes, ses malheurs, ses maîtresses, ses intrigues, et enfin sa vie publique avant la Révolution, son rôle de diplomate, d'agent secret, de conseiller bénévole des ministres, de défenseur spontané des peuples. Et ce ne serait rien encore : on verrait se dresser devant soi une tâche infinie, l'étude des innombables écrits de ce moraliste, de ce pamphlétaire, de ce romancier, de cet inépuisable épistolographe. Tout d'abord la bibliographie de cette œuvre offrirait de grandes difficultés. La plupart des écrits de Mirabeau sont anonymes, et il est certain que beaucoup de ceux qu'on lui attribue ne sont pas de lui. Mais lesquels? Là-dessus Quérard, Brunet et les plus experts pâlissent vainement. Mirabeau, écrivain, nous apparaît comme un être collectif, impersonnel dont le nom sert de passeport à une foule de libelles et de gros livres disparates de style, assez semblables de pensée, enfants légitimes, ou bâtards, ou attribués, dont le célèbre polygraphe n'avoue ni ne récuse la paternité. Il prenait et donnait de toutes mains, tour à tour inspirateur et inspiré, ne distinguant plus lui-même son bien d'avec le bien d'autrui, sans amour propre, sans dignité, mais servant toujours la cause de la liberté. Même aux ouvrages dont il est sûrement l'auteur se mêle une part de collaboration ou de plagiat qu'on ne discernerait, si on la discernait jamais, qu'après de longues années d'ingrates recherches. Laissons donc à d'autres cette étude si longue et si tentante néanmoins, et bornons-nous à montrer l'orateur à la tribune de l'Assemblée constituante. Et encore, dans l'examen de l'éloquence du grand tribun, supposerons-nous que le lecteur est déjà au courant, qu'il a lu les discours de Mirabeau et quelques-uns des nombreux écrits consacrés à ces discours (1), et nous insisterons de préférence sur ces trois points : Quelle fut l'éducation ora-

(1) Voir notamment l'excellent livre de M. Reynald, *Mirabeau et la Constituante.*

toire de Mirabeau? Quelle était sa politique? Quelle est la part de la collaboration dans ses discours?

CHAPITRE Ier

ÉDUCATION ORATOIRE DE MIRABEAU.

Disons d'abord que nul homme ne fut jamais mieux préparé que lui à la carrière oratoire. Ces conditions de savoir universel réclamées par les anciens, il les remplissait mieux que personne en 1789. Sa lecture était prodigieuse, grâce aux longues années qu'il avait passées en prison. Ni au château d'If, ni au fort de Joux, ni au donjon de Vincennes, les livres ne lui furent interdits. Il en demande et en obtient de toutes sortes : romans, histoire, journaux, pamphlets, traités de géométrie, de physique, de mathématiques (1) affluent dans sa cellule, et, si on tente de les lui refuser, son éloquence irrésistible séduit et conquiert geôliers et gardiens. Loin d'être isolé, par sa captivité, du mouvement des idées, il reste en contact quotidien avec le développement intellectuel de son époque. C'est peu de lire : il prend des notes, fait des extraits, envoie chaque jour à Sophie un journal où ses impressions de lecteur tiennent autant de place que ses effusions d'amoureux, commente et traduit Tacite, compose son *Essai sur les lettres de cachet et sur les prisons d'État*, un essai sur la *Tolérance*, et, pour l'éducation de l'enfant que va lui donner sa maîtresse, une mythologie, une grammaire française, un cours de littérature ancienne et moderne; enfin, pour décider Sophie à vacciner cet enfant, un traité de l'inoculation. Ce ne sont là que ses griffonnages de prisonnier. Les livres qu'il publie attestent une diversité d'études plus grande encore : le commerce, la finance, les eaux de Paris, le magnétisme, l'agiotage, Bicêtre, l'économie politique, la statistique, il

(1) Au donjon de Vincennes, il demande « un étui de mathématiques ».

n'est aucun sujet à la mode à la fin du xviiie siècle, même la littérature obscène, qu'il n'ait abordé et qu'il n'ait traité avec éclat, scandale, succès. Il n'ignorait rien de ce qui intéressait ses contemporains et, ce qu'il avait appris, il se l'assimilait assez vite pour paraître l'avoir su de naissance. Oui, comme l'orateur antique, il pouvait discourir heureusement sur n'importe quel sujet et étonner l'Assemblée constituante de la variété de ses connaissances : qu'il s'agisse de politique générale, de finances, de mines ou de testaments, il paraît tour à tour spécialiste dans chacune de ces questions. Que dis-je, spécialiste ? Ceux-là même auxquels il doit sa science récente s'instruisent à l'entendre, et c'est ainsi que les rhéteurs d'Athènes et de Rome se représentaient l'orateur digne de ce nom : « Que Sulpicius, dit Cicéron, ait à parler sur l'art militaire, il aura recours aux lumières de Marius ; mais ensuite, en l'entendant parler, Marius sera tenté de croire que Sulpicius sait mieux la guerre que lui (1) ».

Mais si Mirabeau avait appris un peu de tout, ce n'était pas seulement pour devenir « un honnête homme » à la mode du xviie siècle, ou, comme nous disons aujourd'hui, par curiosité de dilettante : le but de ces études ne cessa d'être, à son insu peut-être, l'art de la parole. Directement ou indirectement, tout ce qu'il lit, tout ce qu'il écrit ne va qu'à perfectionner en lui ce don de l'éloquence qui lui était naturel. Tous ses livres sont des discours, et il n'écrit pas une phrase qui ne soit faite pour être lue à haute voix, déclamée. Même dans ses lettres d'amour, même dans ses confidences à Sophie, il est orateur, il s'adresse à un public que son imagination lui crée, et, après avoir tutoyé tendrement son amie, il s'écrie : « *Voyez* la Hollande, cette école et ce théâtre de tolérance... ». Disculpant sa maîtresse, il introduit par la pensée tout un auditoire dans sa cellule de Vincennes

___

(1) *De oratore* I, 15.

« *Voulez-vous*, dit-il dans une lettre à Sophie, qu'elle ait fait une imprudence? elle seule l'a expiée. Personne au monde, qu'elle et son amant, n'a été puni de leur erreur, si vous appelez ainsi leur démarche. Mais comment *nommerez-vous* le courage avec lequel elle a soutenu le plus affreux des vœux? la persévérance dans ses opinions et ses sentiments? la hauteur de ses démarches au milieu de la plus cruelle détresse? la décence de sa conduite dans des circonstances si critiques?... Si ce ne sont pas là des vertus, je ne sais ce que vous appellerez ainsi (1) ».

Il s'exerça plus directement à l'éloquence, du fond même de son cachot de Vincennes, dans les suppliques qu'il adressa aux ministres. N'est-ce pas une véritable péroraison que la fin de cette lettre à M. de Maurepas pour lui demander à prendre du service en Amérique ou aux Indes? « Ici, dit-il, j'ai cessé de vivre et je ne jouis pas du repos que donne la mort. J'y végète inutilement pour la nature entière. Laissez-moi mettre les mers entre mon père et moi. Je vous promets, Monsieur le comte, ah! oui, je vous jure qu'on ne rapportera de moi que mon extrait mortuaire, ou des actions qui démentiront bien haut mes lâches, mes perfides calomniateurs, et feront peut-être regretter les années qu'on m'a ôtées. Relégué au bout du monde, je ne serai pas moins prisonnier relativement à la France que je ne le suis ici; et le roi aura un sujet de plus qui lui dévouera sa vie (2). »

Le mémoire à son père, écrit de Vincennes, est un long plaidoyer qui marque un grand progrès dans l'éloquence de Mirabeau. C'est à la postérité qu'il s'adresse, c'est nous qui lui servons d'auditoire, et il nous charme et nous ravit, sans que jamais l'intérêt languisse. Tout est calculé avec un art surprenant pour rendre l'*Ami des hommes* odieux et son fils

---

(1) Ce point de vue a été finement développé par Sainte-Beuve, *Causeries du lundi*, t. IV.

(2) Lettre du 18 novembre 1778, citée par Lucas-Montigny, I, 268.

sympathique, et aucun effet ne manque, aucun trait ne tombe ou ne dévie. Son père l'avait exilé à Maurique, à cause des dettes qu'il avait contractées aussitôt après son mariage :

« Entière résignation de ma part, dit-il, profonde tranquillité, rigoureuse économie. Et ne croyez pas, s'il vous plaît, mon père, que ce fût impossible de trouver de l'argent. Non, je vous jure; je m'en fusse aisément procuré et à bon marché, la preuve en est, qu'au moment où je crus madame de Mirabeau grosse pour la seconde fois, je m'assurai des fonds nécessaires pour la réception de mon enfant à Malte, si son sexe lui permettait d'y entrer. Je trouvai, à 4 0|0, cet argent, que je laissai en dépôt jusqu'à l'événement. Si je n'empruntais pas, c'est donc parce que je ne voulais pas emprunter ; j'étais sévèrement résolu d'être invariablement rangé. Alors vous me fîtes interdire. »

Veut-on un exemple de narration rapide et de modestie oratoire ? Les Parlements Maupeou avaient la faveur du père de Mirabeau :

« On sait que les nouveaux parlementaires cabalaient avec véhémence contre nous [les nobles]. Mon beau-père lutta vigoureusement contre eux dans l'assemblée de la noblesse. On prétendit que j'avais contribué à l'échauffer et à le soutenir, ce dont assurément il n'avait pas besoin; car on ne peut être meilleur ami ni meilleur patriote. On opinait d'apparat. Le hasard fit que mon discours produisit quelque sensation. Nous triomphâmes. C'était un grand crime ; mais enfin, ce crime m'était commun avec tous les honnêtes gens, etc. »

La péroraison est longue et pathétique. Il faut en citer une partie pour montrer ce qu'était déjà Mirabeau dix ans avant son élection aux États généraux :

« Je vous ai supplié d'être juge dans votre propre cause ; je vous supplie de vous interroger dans la rigidité de votre devoir et le plus intérieur de votre conscience. Avez-vous le droit de me proscrire et de me condamner seul? de vous élever au-dessus des lois et des formes pour me proscrire? Quoi! mon père, vous, le défenseur célèbre et éloquent de la *propriété*, vous attentez, de votre simple autorité, à celle de ma personne! Quoi! mon père, vous l'*Ami des hommes*, vous traitez avec un tel despotisme votre fils! Quoi! mon père, on ne peut statuer sur la liberté, l'honneur ou la vie du moindre de vos valets, que sept juges n'aient prononcé, et vous décidez arbitrairement de mon sort! »

Alors, par un procédé familier aux avocats, il suppose que l'*Ami des hommes* fait lui-même son plaidoyer de son fils...

« Voilà, mon père, l'ébauche de ce que je pouvais dire. Ce n'est pas le langage d'un courtisan, sans doute; mais vous n'avez point mis dans mes veines le sang d'un esclave. J'ose dire: *je suis né libre*, dans des lieux où tout me crie: *non, tu ne l'es pas*. Et ce courage est digne de vous. Je vous adresse des vérités respectueuses, mais hautes et fortes, et il est digne de vous de les entendre et d'en convenir. . . . . .

« Je ne puis soutenir un tel genre de vie, mon père, je ne le puis. Souffrez que je voie le soleil, que je respire plus au large, que j'envisage des humains; que j'aie des ressources littéraires, depuis si longtemps unique soulagement à mes maux; que je sache si mon fils respire et ce qu'il fait. Permettez que je mette à vos pieds quelques propositions, entre lesquelles je vous prie de choisir. . . . .

« Je crois, mon père, qu'aucune de ces demandes n'est contraire à la justice. Quoi qu'il en soit, je jure par le Dieu auquel vous croyez, je jure par l'honneur, qui est le dieu de ceux qui n'en reconnaissent point d'autre, que la fin de cette année 1778 ne me verra point vivant au donjon de Vincennes. Je profère hardiment un tel serment: car la liberté de disposer de sa vie est la seule que l'on ne puisse ôter à l'homme, même en le gênant sur les moyens.

« Il ne tient maintenant qu'à vous, mon père, d'user de ce droit qu'avaient les Romains, et qui fait frémir la nature. Prononcez mon arrêt de mort, si vous êtes altéré de mon sang, et votre silence suffit pour le prononcer. Rendez-moi la liberté, ce bien inaliénable, cette âme de la vie, si vous vou-, lez que je conserve celle-ci. . . . .

« Si vous me redonnez la liberté, même restreinte, que je vous demande, la prison m'aura rendu sage ; car le temps qui court sur ma tête d'un pied bien moins léger que sur celle des autres mortels m'a éveillé de mes rêves. . . .

« Si tout me manque, si tout m'abandonne, j'obéirai à l'invitation de la nature, qui nous porte à nous délivrer de nos maux ; je me refugierai dans cet asile sûr, où l'on brave la persécution, où l'on dépouille la douleur, où la superstition même perd ses craintes ; où Dieu, plus indulgent et plus juste que les hommes, pardonne à nos faiblesse; où, plongés dans un éternel sommeil, les malheureux cessent de se plaindre, les méchants d'opprimer, les amants de répandre des pleurs et de se consumer dans d'inutiles désirs. . . . . »

Ainsi, Mirabeau passa une partie de sa vie à plaider sa cause auprès de son père, à chercher le point faible de cet homme cuirassé d'orgueil et de préjugés, plus difficile à émouvoir que ne le sera jamais l'Assemblée constituante, même en ses jours de méfiance... C'est un discours que le futur orateur recommence chaque jour et à chaque lettre qu'il écrit soit à son père soit au bailli. C'est un thème éternel qu'il ne cesse de traiter, dont il refait cent fois la forme, essayant ses forces à cette tâche ardue, s'assouplissant à cette gymnastique quotidienne, épurant, fortifiant son génie. Inappréciable service que rendit à son fils, bien malgré lui, le plus jaloux et le plus intraitable des tyrans domestiques, auquel l'éloquence même et le génie de sa victime déplaisaient! Il se trouva que Mirabeau dut à son père, à l'escrime terrible qu'il lui imposa par sa rigueur muette, quelque chose

de la prestesse et de la solidité de son jeu, et peut-être son
attitude impassible à la tribune.

Telle fut la première école de Mirabeau : c'est ainsi qu'il
préluda, par des *déclamations* dont le sujet était emprunté à
sa vie, aux exercices de la tribune politique. Il lui arrivait,
dans cette rhétorique, ce qui arrivait aux orateurs romains
dans leurs *suasories* et leurs *controverses* : il n'évitait pas le
mauvais goût, recherchait l'antithèse et le trait, tombait dans
ces défauts dont le contact du public et la vérité des choses
débarrassent plus tard les vrais orateurs, mais qui brillent
comme des qualités dans toutes les conférences de jeunes
avocats. Est-il de lui ou d'un déclamateur ancien, d'un Por-
cius Latro, ce trait que je rencontre dans une lettre écrite de
Vincennes à Mme Monnier : « Tout me manque, je n'ai ici
que la nourriture de bonne, sans doute parce qu'elle ne me
vient pas de mon père » ?

Une autre école plus sérieuse acheva de le former et de le
mûrir : ce furent ses procès, dans lesquels il voulut se défendre
lui-même. Le barreau l'attirait. En prison, chose singulière!
il est l'avocat consultant de ses geôliers, par bon cœur et
aussi pour satisfaire, ne fût-ce que par écrit, ses besoins oratoires. Ainsi, au château d'If, il compose un mémoire pour
le commandant Dallègre, qui avait un procès; au fort de
Joux, il écrit sur les affaires municipales de la ville de Pontar-
lier, et il rédige une défense d'un portefaix nommé Jeanret,
sans compter un mémoire sur les salines de Franche-Comté.
L'*Avis aux Hessois*, publié à Clèves (1777), pendant son séjour
en Hollande, est un véritable plaidoyer contre la traite des
blancs. Il collabora la même année à un mémoire publié par
sa mère contre son père. Enfin, prisonnier volontaire à Pon-
tarlier, il publie contre M. Monnier d'éloquents mémoires qui
lui procurent une transaction honorable et dont il peut dire
fièrement : « Si ce n'est pas là de l'éloquence inconnue à nos
siècles barbares, je ne sais ce que c'est que ce don du ciel si

précieux et si rare ». Enfin, son procès avec sa femme, qu'il
ne perdit que parce qu'il le plaida lui-même, mit le dernier
sceau à sa réputation par les qualités extrajuridiques qu'il y
déploya. Il s'y montra, sinon bon avocat, du moins grand
orateur, grand moraliste, grand acteur, soulevant et apaisant
d'un geste les plus tragiques passions, tour à tour tendre et
véhément, suppliant et impérieux, mêlant la modestie la plus
gracieuse à des colères de Titan. Il est admirable quand il
oppose, dans un de ses mémoires, sa générosité personnelle à
la dureté de ses adversaires :

« Eh ! qu'ai-je fait ? Qu'ai-je dit, depuis qu'il est question
de ce fatal procès, dont on ne doive me savoir gré? J'ai prié,
j'ai supplié, j'ai patienté ; j'ai reçu les injures avec calme, je
les ai redressées avec modération ; j'ai loué mon beau-père ;
j'ai vanté ma femme..... Je l'ai redemandée, à la vérité ! Mais,
ne le devais-je pas devant Dieu et les hommes ? L'ai-je fait
avec brusquerie, avec hauteur, avec précipitation ? Où vou-
lait-on que je vinsse montrer ma régénération, si ce n'est
dans ma patrie ? A quels témoins devais-je mes satisfactions,
si ce n'était à mes compatriotes? Quelle contrée a plus de
droits à l'hommage de mon repentir, au redressement de mes
erreurs et de mes torts, que celle qui fut le berceau de mes
pères, où tant d'affaires m'appelaient d'ailleurs, où j'étais le
gage nécessaire de mes créanciers trop nombreux ? Comment
était-il possible que j'y vinsse, que j'y demeurasse si voisin
de ma femme, sans lui offrir le tribut de mes premiers sentiments ? Ai-je fait autre chose ? Loin d'attenter à sa liberté, je
n'ai demandé que celle de la voir ; on me l'a refusée avec outrage ; on a repoussé tous mes vœux, on m'a déclaré, sans
retour, que j'étais *pour jamais* proscrit du sein de ma famille
adoptive, que ma femme m'était *pour jamais* ravie... Et ce
sont eux qui se jactent de leur modération ! Ce sont eux qui
se plaignent d'être *forcés* de rompre le silence !... Ils sont *forcés !...* Eh ! qui donc les a *forcés* de refuser toute conférence,

toute conciliation? d'accumuler outrages sur outrages? de publier, *pour première production,* un tissu d'horreurs et de calomnies? de me poignarder de la main d'un père irrité? »

Il s'éleva si haut dans sa plaidoirie du 29 juin 1783, qu'il força l'admiration même de son père. Celui-ci écrivit au bailli : « C'est dommage que tous ne l'entendissent pas : car il a tant parlé, tant hurlé, tant rugi, que la crinière du lion était blanche d'écume et distillait la sueur ». Quant à son adversaire, Portalis, « qu'il a fallu, écrit le bailli, emporter évanoui et foudroyé hors de la salle, il n'a plus relevé du lit depuis le terrible plaidoyer de cinq heures dont il le terrassa ».

Quelle préparation à la tribune que cette joûte oratoire avec un homme comme Portalis, devant une foule immense et à moitié hostile, au milieu d'une ville agitée de passions déjà politiques et révolutionnaires ! Et ce fut une bonne fortune pour Mirabeau de n'avoir remporté comme orateur, avant d'entrer dans la vie politique, que des succès difficiles. Quel piége en effet pour un homme public de débuter devant des auditoires bienveillants et gagnés d'avance, qui retrouvent et applaudissent leurs propres pensées sur ses lèvres, qui lui ôtent l'occasion de dissiper des préventions, de réfuter des interruptions, d'échauffer une atmosphère glacée, en un mot de s'instruire en luttant et de connaître toute l'étendue de ses forces ! Ces favoris d'un collège électoral, un Mounier, un Lally, arrivent au parlement émoussés par les louanges, ignorants d'eux-mêmes, faciles à déconcerter. A la première contradiction, qu'ils prennent pour un échec, ils s'irritent, se dégoûtent, se taisent ou s'en vont. Mirabeau ne connut pas ces fortunes dangereuses : il avait appris à plaider sa cause, de vive voix ou la plume à la main, dans les conditions les plus défavorables, contre l'universelle malveillance dont son père menait le chœur. Il sera bien difficile d'intimider un athlète si habitué au péril, si cuirassé contre le découragement : les orages parlementaires, les interruptions, et, ce qui est plus dangereux aux novices, les conversations qu'on devine et qu'on n'entend pas, ces difficultés ne seront pour lui que jeux d'enfant.

Mais, quand même Mirabeau aurait apporté au parlement une instruction plus étendue encore, une expérience oratoire plus consommée, un génie plus éminent, tous ces avantages n'auraient pas suffi à faire de lui un grand orateur politique, s'il ne s'y était joint une qualité suprême dont l'absence cause et explique l'infériorité parlementaire de plus d'un homme d'esprit : je veux parler du goût passionné des affaires publiques. Bien avant la réunion des États, il se fait donner une mission diplomatique à Berlin, visite les ministres, leur écrit, les conseille, considère comme de son ressort tout ce qui intéresse la politique de la France, chef de parti sans parti, journaliste sans journal, orateur sans tribune, homme public dans un pays où il n'y avait pas de vie publique. Éconduit, ridiculisé, calomnié, il ne se rebute pas : il faut qu'il fasse les affaires de la France, qu'il parle, qu'il écrive pour son pays. Il voit mieux et plus loin que les plus avisés ; il conseille et prédit la réunion des États généraux quand personne n'y songeait encore. Prisonnier, l'avenir de la France l'intéresse plus que le sien. Plaideur malheureux, il s'occupe moins de son procès que du procès intenté par la nation au despotisme. Perdu de dettes, il s'inquiète, du fond de sa misère, des finances de son pays. En veut-on une preuve ? Au moment où il songeait à forcer son père à rendre ses comptes de tutelle, il était venu de Liège à Paris pour consulter ses avocats et ses hommes d'affaires. Sa maîtresse, la tendre madame de Néhra, n'y tenant plus d'impatience et d'anxiété, court l'y rejoindre et lui demande des nouvelles de son procès : « Oui, à propos me dit-il, je voulais vous demander où j'en suis ? — Comment ! lui dis-je, ce voyage a été entrepris en partie pour vous en occuper : vous avez vu MM. Treilhard et Gérard de Meley ? — Moi ? dit-il ; non, en vérité : j'ai vu à peine

Vignon, mon curateur. J'ai eu bien d'autre chose à faire que
de penser à toutes ces bagatelles. Savez-vous dans quelle crise
nous sommes ? Savez-vous que l'affreux agiotage est à son
comble ? Savez-vous que nous sommes au moment où il n'y
aura peut-être pas un sou dans le Trésor public ? Je souriais
de voir un homme dont la bourse était si mal garnie y songer
si peu et s'affliger si fort de la détresse publique (1) ».

Il accumulait dans son portefeuille les statistiques, les renseignements sur l'opinion des provinces, une correspondance
énorme venue de tous les coins de la France, s'entourait de
collaborateurs et d'agents politiques, préparation à la vie
publique dont nous avons vu de nos jours un exemple célèbre,
mais dont on ne pouvait s'expliquer la raison sous l'ancien
régime. La seule carrière possible pour Mirabeau, c'était la
carrière d'homme d'État, d'orateur. Que cette carrière ne s'ouvrit par devant lui, que la Révolution tardât, ses vices ne
suffisant plus à le distraire, il mourait maniaque ou fou, à la
fois ridicule et déshonoré.

Cette vocation fatale, irrésistible, s'alliait à une santé de
fer, à une figure imposante dans sa laideur, à une voix sonore
et à un air de dignité noble et paisible. Ses défauts extérieurs,
choquants chez un homme privé, devenaient autant de qualités chez un tribun. Son attitude et son costume, de mauvais
ton dans un salon (2), s'harmonisaient, au contraire, à la tri-

(1) Fragments de mémoires de madame de Néhra publiés par Loménie,
Esquisses historiques et littéraires, p. 25.

(2) « En voyant entrer Mirabeau, M. de la Marck fut frappé de son
extérieur. Il avait une stature haute, carrée, épaisse. La tête, déjà forte
au delà des proportions ordinaires, était encore grossie par une énorme
chevelure bouclée et poudrée. Il portait un habit de ville dont les boutons, en pierres de couleur, étaient d'une grandeur démesurée ; des bou-
cles de soulier également très grandes. On remarquait enfin dans toute
sa toilette, une exagération des modes du jour, qui ne s'accordait
guère avec le bon goût des gens de la cour. Les traits de sa figure étaient
enlaidis par des marques de petite vérole. Il avait le regard couvert,
mais ses yeux étaient pleins de feu. En voulant se montrer poli, il

bune, avec sa tête éloquente, ses regards extraordinaires. En réalité, il n'avait tout son prix, au moral et au physique, que quand il parlait en public. Le Midi seul forme ces natures merveilleuses, faites pour la représentation, pour la vie tumultueuse en plein air, pour le contact incessant de la foule, natures que la solitude rapetisse et enlaidit, que la publicité grandit et transfigure, et pour lesquelles l'éloquence est le plus impérieux des besoins.

Tel était Mirabeau à la veille d'entrer dans la vie publique, réunissant dans sa personne toutes les conditions d'éloquence parfaite qu'ont énumérées un Cicéron et un Quintilien. Il semble qu'un tel homme, porté par la nature et par les circonstances, va dépasser ce Cicéron, qu'il aimait à lire, et qui sait ? atteindre Démosthène, d'autant plus que ces grandes vérités, ces admirables lieux communs qui ont fait vivre jusqu'à nous les harangues antiques, il aura la bonne fortune d'être le premier à les exprimer à la tribune française, qu'il inaugure. Un public tout neuf au plaisir d'écouter, voilà son auditoire. Les passions et les idées de toute la France, et de la France du XVIIIᵉ siècle encore philosophe, enthousiaste, héroïque, voilà la matière de ses harangues. Jamais le génie ne rencontra de si belles et de si faciles circonstances. Et pourtant, si sublimes que soient les accents du discours sur la banqueroute, si brillante que nous apparaisse

exagérait ses révérences ; ses premières paroles furent des compliments prétentieux et assez vulgaires. En un mot, il n'avait ni les formes ni le langage de la société dans laquelle il se trouvait, et quoique, par sa naissance, il allât de pair avec ceux qui le recevaient, on voyait néanmoins tout de suite à ses manières qu'il manquait de l'aisance que donne l'habitude du grand monde ....

« .....Mais, après le diner, M. de Meilhan ayant amené la conversation sur la politique et l'administration, tout ce qui avait pu frapper d'abord comme ridicule dans l'extérieur de Mirabeau disparut à l'instant. On ne remarqua plus que l'abondance et la justesse de ses idées, et il entraîna tout le monde par sa manière brillante et énergique de les exprimer. » (*Correspondance de Mirabeau et de La Marck*, I, 86.)

la carrière oratoire de Mirabeau, nous révions mieux. Après ces élans sublimes, pourquoi ces chutes, ces langueurs, ces sommeils ? Pourquoi la pensée du grand homme se dérobe-t-elle parfois comme à dessein, au lieu de se développer d'un discours à l'autre avec harmonie et clarté ? Pourquoi la déclamation succède-t-elle tout à coup à l'accent sincère, aux beautés solides et simples ? C'est qu'il manquait à Mirabeau un avantage que ses collègues de la Constituante possédaient presque tous : la considération publique. Aujourd'hui que nous ne voyons plus de l'orateur que le côté glorieux, nous ne pouvons nous figurer avec quel mépris il fut accueilli à Versailles. On ne lui parlait pas ; on considérait, même à gauche, sa présence comme un scandale. Outre que ce trans-fuge de la noblesse n'inspirait nulle confiance, une légende déshonorante s'attachait à son nom. Les calomnies de son père avaient fait leur chemin, et tous les vices semblaient marqués hideusement sur cette figure ravagée. L'*Ami des hommes*, qui avait obtenu contre son fils jusqu'à dix-sept lettres de cachet, avait laissé publier, lors du procès d'Aix, un recueil de ses lettres intimes où il disait de Mirabeau tout ce que pouvaient lui inspirer la haine et une colère ha-bilement attisée par M. de Marignane. Mauvais fils, disait-on, mauvais époux, mauvais père, Mirabeau pouvait-il être un bon citoyen ? Et encore on lui eût pardonné ses vices et ses crimes, mais on l'accusait d'avoir manqué même à l'honneur. On parlait tout haut de sa bassesse et de sa vénalité (1). Son éloquence au début étonnait, effrayait, ne convainquait pas. *On ne croyait pas ce qu'il disait.*

Il parvint à séduire, à arracher l'assentiment, à décider certains votes par l'éclat éblouissant de la vérité ; il obtint une grande influence, mais il n'atteignit jamais à l'*autorité*. Souvent son génie même se tournait contre lui, et plus les

(1) « Tout le monde, dit La Marck, le considérait comme vénal. » T. I, p. 102.

imaginations étaient flattées, plus les consciences résistaient.
Déboires, affronts, mépris les moins déguisés, il subit tout,
accepta tout, dans la pensée de se réhabiliter enfin. Il n'y
parvint jamais tout à fait. « Dans certains moments, écrit
Etienne Dumont, il aurait consenti à passer au travers des
flammes pour purifier le nom de Mirabeau. Je l'ai vu pleurer,
à demi suffoqué de douleur, en disant avec amertume : *J'ex-
pie bien cruellement les erreurs de ma jeunesse* (1). » Voilà
pourquoi il tombait quelquefois dans la déclamation. Désireux de donner au public une bonne idée de lui-même, il
n'y pouvait parvenir : le désaccord de sa vie et de ses paroles
était trop flagrant. Or, le triomphe de l'orateur, comme le dit
si bien un philosophe ancien, c'est de paraître à ses auditeurs tel qu'il veut paraître en effet. Et c'était bien là le but
secret de Mirabeau : il voulait paraître honnête. Mais, comme
l'ajoute Cicéron en termes qui s'appliquent cruellement au
pauvre grand homme, on n'arrive à cette éloquence suprême
que par la dignité de la vie : *id fieri vitæ dignitate* (2).

CHAPITRE II.

POLITIQUE DE MIRABEAU.

Quelle était la politique de Mirabeau? A cette question souvent posée, aucune réponse satisfaisante n'a été faite. Ceux
qui ont écrit avant la publication de la correspondance de
Mirabeau et de La Marck (1851) ne connaissaient, dans Mirabeau, que l'homme extérieur, que ses desseins avoués, que
sa politique officielle. Ceux qui ont écrit depuis n'ont plus vu

---

(1) *Souvenirs*, p. 287. — Il écrit, le 28 avril 1790, à La Fayette : « Je
suis sans cesse dévoré par ces vers rongeurs qui répandent un si cruel
poison sur ma vie, qui me rendent le moindre succès, la moindre faveur
populaire, une fois plus difficile à obtenir qu'à tout autre. » (*Corr. avec
La Marck*, II, 5.) — Et il répétait à La Marck : « Que l'immoralité de
ma jeunesse fait de tort à la chose publique ! »

(2) *De oratore*, I, 19.

que l'homme intérieur, que l'intrigant payé, que le conspirateur mystérieux. Là, dit-on, c'est un tribun, presque un démagogue ; ici c'est un Machiavel, un professeur de tyrannie. En public, il excite et lance la révolution ; en secret il la retient et semble lui préparer des pièges. Comment démêler sa véritable pensée au milieu de ces contradictions?

Écartons d'abord une hypothèse qui se présente tout de suite à l'esprit. Mirabeau, pourrait-on dire, n'eut pas à proprement parler de politique : il vécut d'expédients, au jour le jour, éloquent si le hasard lui faisait rencontrer la vérité, languissant ou obscur quand il se trompait. — Sans doute il n'est pas d'homme politique dont chaque pas soit guidé par un dessein immuable : il n'en est pas non plus qui ne rêve un certain état de chose plus heureux pour ses concitoyens et pour lui. Eh bien, Mirabeau croyait que l'état politique le plus souhaitable pour la France et pour lui-même, c'était un état mixte, moitié absolutisme et moitié liberté, où subsisteraient ce qui était supportable dans l'ancien régime et ce qui était immédiatement possible dans les systèmes nouveaux. Ce qu'il veut, c'est la monarchie parlementaire telle que nous l'avons eue vingt-cinq ans plus tard. Dans une note secrète pour la cour, écrite le 14 octobre 1790, il résume en ces termes les principes de sa politique :

« Que doit-on entendre par les bases de la Constitution ?

« Réponse :

« Royauté héréditaire dans la dynastie des Bourbons ; corps législatif périodiquement élu et permanent, borné dans ses fonctions à la confection de la loi ; unité et très grande latitude du pouvoir exécutif suprême dans tout ce qui tient à l'administration du royaume, à l'exécution des lois, à la direction de la force publique ; attribution exclusive de l'impôt au corps législatif; nouvelle division du royaume, justice gratuite, liberté de la presse ; responsabilité des ministres ; vente des biens du domaine et du clergé ; établissement d'une

liste civile, et plus de distinction d'ordres ; plus de privilèges ni d'exemptions pécuniaires ; plus de féodalité ni de
parlement; plus de corps de noblesse ni de clergé ; plus de
pays d'états ni de corps de province : — voilà ce que j'entends
par les bases de la Constitution. Elles ne limitent le pouvoir
royal que pour le rendre plus fort ; elles se concilient parfaitement avec le gouvernement monarchique. »

Dans sa pensée, le défenseur naturel des droits du peuple,
c'est le roi, et le soutien du roi, c'est le peuple. Appuyés
l'un sur l'autre, ils triomphent du clergé et de la noblesse, et
à cette alliance le roi gagne son pouvoir, le peuple sa liberté.
C'est la *démocratie royale* de Wimpfen, c'est l'idée de la Constituante et de la France en 1789.

Mais quelle est l'autorité la plus ancienne, la plus forte,
celle du roi ou celle du peuple ? Le 8 octobre 1789, cette
question se pose, à propos de la formule à employer pour la
promulgation des lois. Doit-on continuer à dire : *Louis, par
la grâce de Dieu...?* Oui, dit Mirabeau. — Et les droits du
peuple ? « Si les rois, répond-il, sont rois par la grâce de Dieu,
les nations sont souveraines par la grâce de Dieu. *On
peut aisément tout concilier.* » — Opérer cette conciliation
(non aisée, mais impossible), telle est la fonction du gouvernement, du ministère. — Conciliation ? non : assujettisse-
ment de l'un des deux souverains à l'autre, du corps à la
tête, du peuple au roi. Il faut flatter, duper, aveugler le peuple, lui faire accepter sa servitude comme une liberté, sous
prétexte qu'elle est volontaire. Gouverner, c'est capter l'opinion publique, et pour cette capture les moyens les plus cachés sont les plus efficaces. Que l'on ne recule devant aucune fraude pour duper le peuple : c'est pour le bonheur du
peuple.

Le mot de république, Mirabeau ne le prononce qu'avec
horreur ou risée. La république, c'est pour lui le retour à
l'état de barbarie ; c'est le chaos ; c'est la destruction de l'état

social. Et il montre cependant plus de sens politique que les rares républicains qui existaient alors, en ce qu'il craint l'arrivée prochaine de la république, tandis que ceux-là ne l'*espèrent* même pas. Il voit clair dans l'avenir, et, comme cela arrive, il se trompe sur les desseins de ses adversaires en leur attribuant la clairvoyance qu'il est seul à posséder. En voyant combien les Constituants ont affaibli le pouvoir royal, il ne peut s'imaginer qu'ils ne préparent pas secrètement les voies à la république, et il écrit à la cour, à cette même date du 14 octobre 1790 : « Je sais que... les législateurs, consultant les craintes du moment plutôt que l'avenir, hésitant entre le pouvoir royal dont ils redoutaient l'influence, et les formes républicaines dont ils prévoyaient le danger, craignant même que le roi ne désertât sa haute magistrature, ou ne voulût reconquérir la plénitude de son autorité (1) ; je sais, dis-je, qu'au milieu de cette perplexité, les législateurs n'ont formé, en quelque sorte, l'édifice de la constitution qu'avec des pierres d'attente, n'ont mis nulle part la clef de la voûte, *et ont eu pour but secret d'organiser le royaume de manière qu'ils pussent opter entre la république et la monarchie,* et que la royauté fût conservée ou inutile, selon les événements, selon la réalité ou la fausseté des périls dont ils se croiraient menacés. Ce que je viens de dire est le mot d'une grande énigme ».

C'était faire beaucoup d'honneur aux Lameth et à Barnave que de leur prêter des vues aussi profondes : les événements les menaient; ils ne se doutaient pas toujours du lendemain : comment croire qu'ils songeassent à un avenir qui, en 1790, semblait éloigné d'un siècle ?

Cette aversion de Mirabeau pour la démocratie pure et pour les théories du *Contrat social* s'exprime, dans sa bouche, par une apologie incessante du pouvoir royal. Fortifier ce pou-

---

(1) L'événement donna-t-il tort aux Constituants ?

voir, c'est son but, c'est son conseil sans cesse répété, à la tribune même : « Ne multipliez pas de vaines déclamations ; ravivez le pouvoir exécutif ; sachez le maintenir, étayez-le de tous les secours des bons citoyens ; autrement, la société tombe en dissolution, et rien ne peut nous préserver des horreurs de l'anarchie (1) ».

Son royalisme n'est pas seulement théorique : il se considère personnellement comme le champion nécessaire de la royauté. Ne croyons pas que le besoin d'argent l'ait rapproché de la cour. Non : il se sent né pour la servir et pour la bien servir, et, tout de suite, il s'offre. Quand cela ? en 1790, quand il succombe à la misère et que la situation politique l'effraie ? Non : à son arrivée dans la vie politique, à la première heure, à la première minute, au moment même où il songe à entrer aux États généraux, *cinq mois avant les élections*. Il écrit, le 28 décembre 1788, à M. de Montmorin : « Sans le concours, du moins secret, du gouvernement, je ne puis être aux États généraux..... En nous entendant, il me serait très aisé d'éluder les difficultés ou de surmonter les obstacles ; et certes il n'y a pas trop de trois mois pour se préparer, lier sa partie, et se montrer digne et influent *défenseur du trône* et de la chose publique (2) ».

Ce rôle de défenseur du trône, si beau qu'il pût paraître en 1788, est-il vraiment celui auquel son genre d'éloquence semblait destiner Mirabeau ? Pourquoi ne voulut-il pas être en effet une tribun populaire, le conseiller, l'interprète, l'initiateur de la démocratie ? Pourquoi, victime de l'ancien régime, ne rêva-t-il pas une république dirigée par sa voix puissante ?

Ses sentiments aristocratiques (3) lui venaient, non de l'é-

---

(1) Séance du 10 octobre 1789.
(2) La Marck, I, 311.
(3) « Par son caractère, et je puis même dire par ses principes, il était

ducation, mais de la naissance (1). C'est à son père qu'il
devait cet orgueil de caste qu'il ne prit jamais la peine de
cacher. On sait qu'après l'abolition des titres de noblesse, il
continua à se faire appeler Monsieur le comte, à sortir en voiture armoriée. Voilà la première raison pour laquelle il était
royaliste.

La seconde, c'est que, si l'absolutisme l'avait mis à Vincennes, le régime démocratique l'aurait laissé de côté, dans
les rangs obscurs. Il comprenait très bien que le dérèglement
de sa vie lui aurait fermé la carrière politique dans un pays
libre. La monarchie qu'on appelle parlementaire, ou plutôt
cette monarchie qu'il imaginait, dans laquelle le peuple et le
roi ne faisaient qu'un contre les ordres privilégiés, semblait
lui assurer un rôle digne de son génie. Il excellait, nous le
savons, dans l'éloquence et dans l'intrigue : la tribune du
parlement lui permettait d'être orateur, et la nécessité de concilier deux choses inconciliables, la souveraineté populaire
et la souveraineté royale, ouvrait un champ illimité à son
habileté un peu policière. Eblouir par son éloquence, séduire
par son adresse, jouer un beau rôle représentatif et, en secret,
préparer par de petits moyens, par des hommes secondaires,
de grands effets politiques, c'était là son idéal. Et que ne le
réalisa-t-il ? Les d'Orléans étaient sous sa main ; il pouvait
leur donner la royauté. C'était même le seul moyen de réaliser son rêve de monarchie mitigée. Mais dès qu'il vit le duc
d'Orléans, en 1788, chez le comte de La Marck, il le jugea et
dit « que ce prince ne lui inspirait ni goût ni confiance ».
Plus tard il répétait qu'*il n'en voudrait même pas pour son
valet.* C'est donc avec la branche aînée qu'il veut fonder le
seul régime dont il puisse être l'orateur et le ministre.

aristocrate ; mais son humeur et son éloquence l'entraînaient dans le parti
populaire. » La Marck, I, 109.

(1) « Il tenait beaucoup à sa naissance et souffrait de ne pouvoir vivre
selon le sang qu'elle lui assignait. » Ibid., I, 101.

Ses opinions, on le voit, sont fondées sur son intérêt, ou, si on aime mieux, sur l'intérêt de son génie. « Il lui faut, ce sont ses propres expressions, un grand but, un grand danger, de grands moyens, une grande gloire. » C'est heureux sans doute qu'il ait préparé les conditions les plus favorables à l'épanouissement de son éloquence, mais avouons que sa politique ne reposait sur aucune conviction morale. Et voilà la troisième raison pour laquelle il n'embrassa pas franchement et complètement la cause du xviiie siècle. Ses contemporains, philosophes et politiques, précurseurs et acteurs de la révolution, diffèrent de doctrine et de système: mais ils se rapprochent en un point, c'est qu'ils ont une foi ardente en l'humanité; ils la croient bonne, raisonnable, perfectible; ils l'aiment et la plaignent. Leur but est de lui ôter ses chaînes, de lui rendre ses droits, de l'amener à la virilité par la liberté. Ils croient fermement à la justice : c'est là l'évangile de 89, qu'aucune erreur, qu'aucun accident n'a encore obscurci. Cette foi est étrangère à Mirabeau : ce n'est ni sur la raison ni sur le droit qu'il compte pour établir son système, mais sur le génie, sur la ruse. Sa politique, toute florentine, est plus vieille ou plus jeune que cet âge. Quand, en décembre 1790, déjà payé par la cour, il présente son plan secret de résistance, le comte de La Marck écrit finement à Mercy-Argenteau : « Ce plan est trop compliqué, ainsi que vous l'avez remarqué, monsieur le comte, on dirait qu'il est fait pour d'autres temps et pour d'autres hommes. Le cardinal de Retz, par exemple, l'aurait très bien fait exécuter ; mais nous ne sommes plus au temps de la Fronde. »

Si la foi lui manquait, il la niait ou ne la voyait pas chez les autres. Il se refusait, ce trop fin politique, à croire au désintéressement de ce peuple de 89, affamé pourtant de justice. « Tous les Français, disait-il, veulent des places ou de l'argent ; on leur ferait des promesses, et vous verriez bientôt le parti du roi prédominant partout. » Il calomniait son temps, et, osons-le dire, le jugeait d'après lui-même. Non, ce n'est pas pour le bien-être que nos pères se levèrent contre la royauté. Le sens profond de la Révolution échappait à Mirabeau.

Dans les questions religieuses, qui sont la racine de toute politique, il montrait la même ingéniosité et le même aveuglement. Croirait-on qu'il ne s'était jamais sérieusement demandé si la liberté était compatible avec le catholicisme? Il n'a pas de solution pour ce grave problème. Dans son *Essai sur les lettres de cachet*, il prétend montrer qu'une société civile peut vivre sans détruire une religion hostile au principe même de cette société. Il suffit, dit-il, que les « ministres des autels soient circonscrits dans leur état », et il passe. Le même homme vote et défend la constitution civile du clergé, et ce n'est que des circonstances qu'il apprend l'hostilité irréconciliable de l'Église. En décembre 1789, il disait à sa sœur, madame du Saillant : « La liberté nationale avait trois ennemis : le clergé, la noblesse et les parlements. *Le premier n'est plus de ce siècle, et la triste situation de nos finances nous aurait suffi pour le tuer* (1).... » Telles sont les vues de ce grand esprit : il croit morts des hommes qui vont tuer la Révolution !

C'est qu'au fond il est indifférent en religion. Les grands problèmes qu'il appelle dédaigneusement métaphysiques n'ont jamais préocupé ce méridional. Les pensées hautes et générales sur la destinée de l'homme lui sont inconnues et répugnent à sa nature. Dans les discussions religieuses, il apporte une dextérité et un tact infinis, mais aucune idée supérieure. Il ne voit pas que là est toute la Révolution.

Qu'en résulte-t-il ? C'est qu'en éloquence comme en politique il ne demande pas ses succès à l'éternelle morale. On ne trouvera pas dans ses discours un seul de ces lieux communs

(1) La Marck, I, 428.

qui sont beaux dans tous les temps, nul appel à la conscience humaine ; nul élan vers une justice plus haute ; nul accent d'amour ou de pitié pour les hommes. Ces mots se trouvent, il le faut bien, dans ses harangues ; mais les choses mêmes n'y sont pas, puisqu'elles n'étaient pas dans son âme. Il y a des cordes que les orateurs de second ordre, un Rabaut Saint-Étienne, un Thouret, savent faire vibrer, et que Mirabeau ne touche jamais. Qu'on ne s'y trompe pas : c'est là le caractère de cet orateur, d'avoir été grand sans puiser son inspiration aux sources morales ; ç'a été son originalité et sa faiblesse à la fois.

Comment donc se fait-il applaudir ? D'abord par son incontestable patriotisme, par les paroles vraiment *nationales* (1) qu'il sait prononcer avec un accent vrai, et puis par là manière émouvante dont il parle de lui, encore de lui, et toujours de lui. C'est sans cesse son *moi* tragique et superbe qui occupe la scène. Ses discours ne sont qu'une vaste apologie de sa personne, un plaidoyer sans cesse renouvelé, une recherche acharnée et une revendication anxieuse de l'estime des hommes, qu'il va conquérir et qui lui échappe toujours. Le sentiment qui anime cette éloquence, ce n'est pas la dignité, c'est l'orgueil. Ange déchu, il vante ses fautes et justifie sa vie devant ses contemporains, exaltant dans un style passionné ses souffrances et ses colères. Que ce soit aux États de Provence, à l'Assemblée constituante, lors de l'affaire du Châtelet, ou encore dans sa correspondance secrète avec la cour, je retrouve partout cette même poursuite de la réhabilitation. C'est peu d'être admiré : il veut être estimé, et, naïvement, il intrigue pour forcer l'estime. L'Assemblée ne se lasse pas de cette magnifique apologie ; elle applaudit sans accorder ce qu'on lui demande, pas même la présidence, qu'on n'obtiendra qu'une fois, et encore en mendiant les voix de l'extrême droite. Le jour où Mirabeau touche au

(1) Lucas-Montigny l'appelle justement « un homme national, mais monarchique ». VI, 29.

ministère, à un honneur qui peut refaire sa réputation, l'Assemblée le précipite en souriant. Ses idées, elle les accueille,
elle les vote ; mais sa personne, elle n'en veut pas. Ses
oreilles sont flattées de cette éloquence incomparable ; sa
raison en est satisfaite : son cœur n'en est pas touché. C'est
un duel qui l'intéresse et qui désespère Mirabeau : il en meurt.

CHAPITRE III.

LES DISCOURS DE MIRABEAU.

Justifions ces remarques générales sur la politique et l'inspiration oratoire de Mirabeau par quelques exemples empruntés à ses principaux discours.

Aux États de Provence, il défend le règlement royal contre
la noblesse qui voulait faire les élections selon l'antique constitution de la « nation provençale ». C'est là pour lui un
admirable terrain, qui lui donne confiance et lui permet de
lutter contre le mépris de ses collègues : « Si la noblesse veut
m'empêcher d'arriver, disait-il, il faudra qu'elle m'assassine,
comme Gracchus ». Cependant les outrages dont on l'abreuva,
malgré sa bonne volonté, le forcèrent à prendre une allure
d'opposition qui était bien loin de ses principes. « Ces gens-
là, écrivait-il alors, me feraient devenir tribun du peuple
malgré moi, si je ne me tenais pas à quatre. » Il tenait néanmoins à l'estime de la noblesse et il chercha à se justifier
devant elle dans un discours que la prorogation des États l'empêcha de prononcer, mais qu'il fit imprimer et répandre.
C'est la première en date de ses justifications publiques :

« Qu'ai-je donc fait de si coupable ? J'ai désiré que mon
ordre fût assez habile pour donner aujourd'hui ce qui lui
sera infailliblement arraché demain ; j'ai désiré qu'il s'assurât le mérite et la gloire de provoquer l'assemblée des trois
ordres, que toute la Provence demande à l'envi..... Voilà le

crime de *l'ennemi de la paix !* ou plutôt j'ai cru que le peuple
pouvait avoir raison... Ah ! sans doute, un patricien souillé
d'une telle pensée mérite des supplices ! Mais je suis bien plus
coupable qu'on ne suppose, car je crois que le peuple qui se
plaint a toujours raison ; que son infatigable patience attend
constamment les derniers excès de l'oppression pour se résoudre à la résistance, qu'il ne résiste jamais assez longtemps
pour obtenir la réparation de tous ses griefs ; qu'il ignore
trop que, pour se rendre formidable à ses ennemis, il lui
suffirait de rester immobile (1), et que le plus innocent comme
le plus invincible de tous les pouvoirs est celui de se refuser
à faire..... Je pense ainsi ; punissez l'ennemi de la paix (2). »

S'adressant aux nobles et aux membres du clergé, il profère ces paroles menaçantes et souvent citées :

« Dans tous les pays, dans tous les âges, les aristocrates
ont implacablement poursuivi les amis du peuple, et si, par
je ne sais quelle combinaison de la fortune, il s'en est élevé
quelqu'un de leur sein, c'est celui-là surtout qu'ils ont frappé,
avides qu'ils étaient d'inspirer la terreur par le choix de la
victime. Ainsi périt le dernier des Gracques de la main des
patriciens ; mais, atteint du coup mortel, il lança de la poussière vers le ciel, en attestant les dieux vengeurs ; et de cette
poussière naquit Marius : Marius, moins grand pour avoir
exterminé les Cimbres, que pour avoir abattu dans Rome
l'aristocratie de la noblesse ! »

Dans une péroraison d'un caractère tout personnel, il tire
de très grands effets de l'affirmation de sa sincérité, affirmation qui n'était pas inutile :

« Pour moi, qui dans ma carrière publique n'ai jamais
craint que d'avoir tort ; moi qui, enveloppé de ma conscience

(1) C'est ce que fera le Tiers-État à Versailles, sur le conseil de
Mirabeau.
(2) Nous suivons le texte donné par Lucas-Montigny (V, 251) : il affirme
que ce texte de Mérilhou contient deux inexactitudes.

et armé de principes, braverais l'univers, soit que mes travaux et ma voix vous soutiennent dans l'assemblée nationale, soit que mes vœux seuls vous y accompagnent, de vaines clameurs, des protestations injurieuses, des menaces ardentes, toutes les convulsions, en un mot, des préjugés expirants, ne m'en imposeront pas. Eh! comment s'arrêterait-il aujourd'hui dans sa course civique, celui qui, le premier d'entre les Français, a professé hautement ses opinions sur les affaires nationales, dans un temps où les circonstances étaient bien moins urgentes, et la tâche bien plus périlleuse? Non, les outrages ne lasseront pas ma constance; j'ai été, je suis, je serai jusqu'au tombeau l'homme de la liberté publique, l'homme de la Constitution. Malheur aux ordres privilégiés, si c'est là plutôt être l'homme du peuple que celui des nobles: car les priviléges finiront, mais le peuple est éternel. »

Exclu de l'assemblée de la noblesse comme *non-possédant*, c'est avec déchirement (1) qu'il se sépara des hommes de sa condition, et qu'il se vit forcé de prendre un masque de tribun. Cette aristocratie provinciale fut assez aveugle pour voir en Mirabeau un séditieux; elle le traitait volontiers d'*enragé*. A quoi il répondait: « C'est une grande raison de m'élire, si je suis un chien enragé; car le despotisme et les priviléges mourront de ma morsure ». Mais ce n'est là qu'un accès de colère: ce prétendu démagogue, quelques jours plus tard, calme le peuple de Marseille, soulevé contre une taxe du pain, par les conseils les plus sages, les plus modérés. Et pourquoi le peuple doit-il se résigner? pour faire plaisir au roi. C'est le grand argument par lequel il termine une proclamation où il avait mis à la portée de tous quelques vérités économiques:

(1) « Il m'a répété plusieurs fois que si, en Provence, l'ordre de la noblesse ne l'avait pas repoussé, il se serait trouvé placé naturellement dans une autre direction. » La Marck, I, 109.

« Oui, mes amis, on dira partout : Les Marseillais sont de
bien braves gens, le roi le saura, ce bon roi qu'il ne faut pas
affliger, ce bon roi que nous invoquons sans cesse ; et il vous
en aimera, il vous en estimera davantage. Comment pourrions-nous résister au plaisir que nous lui allons faire, quand
il est précisément d'accord avec nos plus pressants intérêts ?
Comment pourriez-vous penser au bonheur qu'il vous devra,
sans verser des larmes de joie ? »

Nous avons dit que Mirabeau ne partageait ni ne comprenait l'enthousiasme de ses contemporains, et qu'il traitait de
métaphysique le culte des principes. Dans un des premiers
discours qu'il prononça aux États généraux, il formula en ces
termes son empirisme politique :

« N'allez pas croire que le peuple s'intéresse aux discussions
métaphysiques qui nous ont agités jusqu'ici. Elles ont plus
d'importance qu'on ne leur en donnera sans doute : elles
sont le développement et la conséquence du principe de la
représentation nationale, base de toute constitution. Mais le
peuple est trop loin encore de connaître le système de ses
droits et la saine théorie de la liberté. Le peuple veut des
soulagements, parce qu'il n'a plus de forces pour souffrir ; le
peuple secoue l'oppression, parce qu'il ne peut plus respirer
sous l'horrible faix dont on l'écrase ; mais il demande seulement de ne payer que ce qu'il peut et de porter paisiblement sa misère....

« Il est cette différence essentielle entre le métaphysicien,
qui, dans la méditation du cabinet, saisit la vérité dans son
énergique pureté, et l'homme d'État, qui est obligé de tenir
compte des antécédents, des difficultés, des obstacles ; il est,
dis-je, cette différence entre l'instructeur du peuple et l'administrateur politique, que l'un ne songe qu'à *ce qui est*, et
l'autre s'occupe de *ce qui peut être*.

« Le métaphysicien, voyageant sur une mappemonde (1),

(1) Séance du 15 juin 1789. Il écrivait en même temps à un de ses

franchit tout sans peine, ne s'embarrasse ni des montagnes, ni des déserts, ni des fleuves, ni des abîmes ; mais quand on veut arriver au but, il faut se rappeler sans cesse qu'on marche sur la terre , et qu'on n'est plus dans le monde idéal. »

Faut-il s'étonner que ce cours de politique appliquée n'ait pas été chaudement accueilli ? Ce n'était certes pas le moment, en juin 1789, de se rappeler qu'on « marchait sur la terre », et de quitter le « monde idéal ». Il fallait au contraire ne pas regarder les difficultés, les périls, les baïonnettes dont on était entouré; marcher la tête haute, les yeux fixés vers l'idéal populaire et vaincre, comme on le fit, par la foi. Que les communes, au contraire, eussent recours aux recettes d'une politique prudente, elles étaient perdues. N'est-ce pas d'ailleurs un piège que leur tend Mirabeau, quand, dans ce même discours, il propose à ses collègues de s'intituler *représentants du peuple français ?* Comment fallait-il entendre le mot *peuple ?* Etait-ce *populus* ou *plebs ?* N'y avait-il pas à craindre que la cour ne voulût comprendre *plebs* et que le Tiers ne se trouvât avoir consacré la distinction des ordres ? L'abbé Sieyès vit le danger, retira sa formule (*Assemblée des représentants connus et vérifiés*) et se rallia à celle de Legrand (*Assemblée nationale*), qui contenait déjà la Révolution. Quant à Mirabeau, il affecta de ne pas comprendre le sens des objections et, en rhéteur, répondant à ce qu'on ne lui disait pas,

---

amis : « On est irrité de ce que je suis toujours aux partis modérés ; mais je suis si convaincu qu'il y a une différence énorme entre voyager sur la mappemonde et en réalité sur la terre ; je le suis tellement que vos commettants s'intéressent extrêmement peu à vos discussions métaphysiques, tout importantes qu'elles puissent être, et que nous ne pourrons compter vraiment sur leur appui qu'alors que nous toucherons directement au pot-au-feu ; je le suis tellement que le meilleur moyen de faire avorter la révolution, c'est de trop demander, — que je mériterai encore longtemps cet honorable reproche. » (Lettres à Mauvillon, p. 467.)

il s'indigna du mépris où l'on tenait ce beau mot de peuple :

« Je persévère dans ma motion et dans la seule expression qu'on en avait attaquée, je veux dire la qualification de *peuple français* ; je l'adopte, je la défends, je la proclame, par la raison qui la fait combattre.

« Oui, c'est parce que le nom du peuple n'est pas assez respecté en France, parce qu'il est obscurci, couvert de la rouille du préjugé ; parce qu'il nous présente une idée dont l'orgueil s'alarme et dont la vanité se révolte ; parce qu'il est prononcé avec mépris dans les chambres des aristocrates ; c'est pour cela même, Messieurs, que nous devons nous imposer, non-seulement de le relever, mais de l'ennoblir, de le rendre désormais respectable aux ministres et cher à tous les cœurs. Si ce nom n'était pas le nôtre, il faudrait le choisir entre tous, l'envisager comme la plus précieuse occasion de servir ce peuple qui existe, ce peuple qui est tout, ce peuple que nous représentons, dont nous défendons les droits, de qui nous avons reçu les nôtres, et dont on semble rougir que nous empruntions notre dénomination et nos titres. Ah ! si le choix de ce nom rendait au peuple abattu de la fermeté, du courage!...

« Représentants du peuple, daignez me répondre. Irez-vous dire à vos commettants que vous avez repoussé ce nom de peuple ? que si vous n'avez pas rougi d'eux, vous avez pourtant cherché à éluder cette dénomination qui ne vous paraît pas assez brillante ? qu'il vous faut un titre plus fastueux que celui qu'ils vous ont conféré ? Eh ! ne voyez-vous pas que le nom de *représentants du peuple* vous est nécessaire, parce qu'il vous attache le peuple, cette masse imposante sans laquelle vous ne seriez que des individus, de faibles roseaux qu'on briserait un à un ! Ne voyez-vous pas qu'il vous faut le nom du peuple, parce qu'il donne à connaître au peuple que nous avons lié notre sort au sien, ce qui lui apprendra à reposer sur nous toutes ses pensées, toutes ses espérances !

« Plus habiles que nous, les héros bataves qui fondèrent la

liberté de leur pays prirent le nom de *gueux* ; ils ne voulurent que ce titre, parce que le mépris de leurs tyrans avait
prétendu les en flétrir, et ce titre, en leur attachant cette
classe immense que l'aristocratie et le despotisme avilissaient,
fut à la fois leur force, leur gloire et le gage de leur succès.
Les amis de la liberté choisissent le nom qui les sert le mieux,
et non celui qui les flatte le plus ; ils s'appelleront les *remon-
trants* en Amérique, les *pâtres* en Suisse, les *gueux* dans les
Pays-Bas. Ils se pareront des injures de leurs ennemis ; ils
leur ôteront le pouvoir de les humilier avec des expressions
dont ils auront su s'honorer. » (Séance du 16 juin.)

Ces déclamations furent accueillies par des murmures mérités, et le rôle que Mirabeau joua en cette circonstance critique ne contribua pas peu à éloigner de lui la confiance de
l'Assemblée. Que voulait-il donc ? Maintenir les ordres privilégiés ? Nous avons vu qu'il les considère comme un obstacle à la liberté, et qu'il les supprime dans ses programmes
secrets. Il voulait seulement embarrasser la marche des communes dont l'audace l'inquiétait déjà, comme elle inquiétait
la cour. Le « défenseur du trône » tremblait, dès les premier jours de la Révolution, pour le pouvoir royal. Il voulait
que les communes soumissent leurs décrets à la sanction de
Louis XVI. Cette sanction, ce *veto* était pour lui le palladium
des libertés publiques : « Je crois, avait-il dit la veille, le *veto*
du roi tellement nécessaire, que j'aimerais mieux vivre à
Constantinople qu'en France, s'il ne l'avait pas ».

A cette époque, Mirabeau n'avait encore aucune relation
avec la cour ; mais l'attitude qu'il venait de prendre semblait
devoir le désigner à l'attention du roi. Il se posait en conci-
liateur entre les deux partis. Il marquait d'avance les limites
de la Révolution. Voyant qu'on ne venait pas à lui, il alla,
par l'entreprise de Malouet, voir Necker. Il en reçut l'accueil
le plus injurieux. Justement dépité, il changea d'allure, résolut de montrer sa force et sa popularité et de s'imposer en

menaçant. C'est ainsi qu'il faut expliquer les discours démocratiques par lesquels il releva le courage de l'Assemblée, après
la séance royale du 23 juin, et notamment l'apostrophe au marquis de Dreux-Brézé. Cette apostrophe si célèbre a donné le
change sur la véritable politique de Mirabeau : l'attitude
qu'il prit ce jour-là est restée fixée dans la mémoire populaire. La légende représente le prétendu tribun montrant du
doigt la porte au courtisan terrifié, sortant à reculant comme
devant le roi. Ce coup de théâtre fit de Mirabeau l'idole du
peuple, comme s'il avait ce jour-là vraiment menacé le pouvoir absolu. La cour fut effrayée de cette infraction insolente
à l'étiquette, si bien que de part et d'autre on se trompa sur
les véritables intentions du grand orateur, et l'on vit une politique là où il n'y avait qu'une boutade, qu'un accès d'impatience et de colère.

Il fut inquiet lui-même d'avoir révélé d'un geste et d'un
mot la fragilité du pouvoir royal, et dans la séance du 27 juin
il essaya visiblement de réparer son imprudence :

« Messieurs, je sais que les événements inopinés d'un jour
trop mémorable ont affligé les cœurs patriotes, mais qu'ils ne les
ébranleront pas. A la hauteur où la raison a placé les représentants de la nation, ils jugent sainement les objets, et ne sont
point trompés par les apparences qu'au travers des préjugés
et des passions on aperçoit comme autant de fantômes.

« Si nos rois, instruits que la défiance est la première sagesse de ceux qui portent le sceptre, ont permis à de simples
cours de judicature de leur présenter des remontrances, d'en
appeler à leur volonté mieux éclairée ; si nos rois, persuadés
qu'il n'appartient qu'à un despote imbécile de se croire infaillible, cédèrent tant de fois aux avis de leurs Parlements,
— comment le prince qui a eu le noble courage de convoquer
l'Assemblée nationale n'en écouterait-il pas les membres
avec autant de faveur que des cours de judicature, qui défendent aussi souvent leurs intérêts personnels que ceux des

peuples? En éclairant la religion du roi, lorsque des conseils violents l'auront trompé, les députés du peuple assureront leur triomphe; ils invoqueront toujours la liberté du monarque; ce ne sera pas en vain, dès qu'il aura voulu prendre sur lui-même de ne se fier qu'à la droiture de ses intentions et de sortir du piège qu'on a su tendre à sa vertu... »

Et il proposait une adresse aux commettants aussi rassurante pour le roi que pour le peuple :

« Tels nous nous sommes montrés depuis le moment où vous nous avez confié les plus nobles intérêts, tels nous serons toujours, affermis dans la résolution de travailler, de concert avec notre roi, non pas à des biens passagers, mais à la condition même du royaume ; déterminés à voir enfin tous nos concitoyens, dans tous les ordres, jouir des innombrables avantages que la nature et la liberté nous promettent, à soulager le peuple souffrant des campagnes, à remédier au découragement de la misère, qui étouffe les vertus et l'industrie, n'estimant rien à l'égal des lois qui, semblables pour tous, seront la sauvegarde commune ; non moins inaccessibles aux projets de l'ambition personnelle qu'à l'abattement de la crainte ; souhaitant la concorde, mais ne voulant point l'acheter par le sacrifice des droits du peuple ; désirant enfin, pour unique récompense de nos travaux, de voir tous les enfants de cette immense patrie réunis dans les mêmes sentiments, heureux du bonheur de tous, et chérissant le père commun dont le règne aura été l'époque de la régénération de la France. »

Le lendemain de la prise de la Bastille, l'Assemblée résolut de demander pour la troisième fois au roi le renvoi des troupes, et Mirabeau, s'adressant à la députation, improvisa ce discours, qui porte à un si haut degré l'empreinte de son génie, et qui fut inspiré par une colère non jouée :

« Eh bien ! dites au roi que les hordes étrangères dont nous sommes investis ont reçu hier la visite des princes, des princesses, des favoris, des favorites, et leurs caresses, et leurs exhortations, et leurs présents ; dites-lui que, toute la nuit, ces satellites étrangers, gorgés d'or et de vin, ont prédit dans leurs chants impies l'asservissement de la France, et que leurs vœux brutaux invoquaient la destruction de l'Assemblée nationale ; dites-lui que, dans son palais même, les courtisans ont mêlé leurs danses au son de cette musique barbare, et que telle fut l'avant-scène de la Saint-Barthélemy.

« Dites-lui que ce Henri dont l'univers bénit la mémoire, celui de ses aïeux qu'il voulait prendre pour modèle, faisait passer des vivres dans Paris révolté, qu'il assiégeait en personne, et que ses conseillers féroces font rebrousser les farines que le commerce apporte dans Paris fidèle et affamé. »

Sur ces entrefaites, on annonce la visite du roi, et quelques historiens prétendent que ce fut Mirabeau qui conseilla de ne pas applaudir et ajouta : « Le silence du peuple est la leçon des rois ». Quand même il aurait prononcé ces paroles qui, avec l'apostrophe à la députation, sont les plus fortes qu'il se soit permises publiquement contre le roi, on ne peut pas dire qu'il ait manqué un instant à son rôle de « défenseur du trône ». L'indignation et l'écœurement que lui faisait éprouver la politique de la cour expliquent aisément ces sorties. Et puis, ne voulait-il pas faire peur à l'entourage de Louis XVI, affirmer une fois de plus son influence populaire, et, en se mettant au premier rang des révolutionnaires, se désigner plus nettement comme l'homme indispensable ?

Cette intention s'accuse plus clairement, le 16 juillet, quand il présente un projet d'adresse au roi pour le renvoi des ministres. Mounier proteste, au nom de la séparation des pouvoirs, et s'attire cette réplique, où se trouvent les idées les plus sages, les plus vraies de Mirabeau, celles aussi qu'il a le plus à cœur :

« Vous oubliez que nous ne prétendons point à placer ni déplacer les ministres en vertu de nos décrets, mais seulement

à manifester l'opinion de nos commettants sur tel ou tel ministre. Eh! comment nous refuseriez-vous ce simple droit de
déclaration, vous qui nous accordez celui de les accuser, de
les poursuivre, et de créer le tribunal qui devra punir ces
artisans d'iniquités dont, par une contradiction palpable,
vous nous proposez de contempler les œuvres dans un respectueux silence? Ne voyez-vous donc pas combien je fais aux
gouverneurs un meilleur sort que vous, combien je suis plus
modéré? Vous n'admettez aucun intervalle entre un morne
silence et une dénonciation sanguinaire. Se taire ou punir,
obéir ou frapper, voilà votre système. Et moi, j'avertis avant
de dénoncer, je récuse avant de flétrir, j'offre une retraite à
l'inconsidération ou à l'incapacité avant de les traiter de crimes. Qui de nous a plus de mesure et d'équité?

« Mais voyez la Grande-Bretagne: que d'agitation populaire
n'y occasionne pas ce droit que vous réclamez! C'est lui qui
a perdu l'Angleterre.... L'Angleterre est perdue! Ah! grand
Dieu! quelle sinistre nouvelle! Eh! par quelle latitude s'est-
elle donc perdue (1), ou quel tremblement de terre, quelle
convulsion de la nature a englouti cette île fameuse, cet inépuisable foyer de si grands exemples, cette terre classique des
amis de la liberté?.... Mais vous me rassurez..... L'Angleterre
fleurit encore pour l'éternelle instruction du monde : l'Angleterre développe tous les germes d'industrie, exploite tous

_____

(1) Étienne Dumont (p. 151) dit que c'est là un mot de collaborateur
(de Duroveray se moquant de Brissot devant Mirabeau). D'ailleurs
Mounier n'avait pas dit *perdue*. « Il est à craindre, avait-il dit seulement, que la demande faite par le préopinant ne porte quelque
atteinte à la liberté et à la puissance que doit avoir le roi dans la
formation de son ministère. Refuser la confiance à un ministre à qui
le roi a donné la sienne serait de la part de l'Assemblée nationale une
manière indirecte d'obliger le roi à le renvoyer, et un tel droit dans
l'Assemblée y ferait naître une multitude d'intrigues pour faire tomber
du ministère ses ennemis, et pour s'y faire porter soi-même; c'est là un
des plus grands abus du parlement d'Angleterre et une des causes qui
portent le plus d'orages soit dans la constitution, soit dans le ministère. »
(*Moniteur.*)

les filons de la prospérité humaine, et tout à l'heure encore elle vient de remplir une grande lacune de sa constitution avec toute la rigueur de la plus énergique jeunesse, et l'imposante maturité d'un peuple vieilli dans les affaires publiques..... Vous ne pensiez donc qu'à quelques discussions parlementaires (là, comme ailleurs, ce n'est souvent que du parlage, qui n'a guère d'autre importance que l'intérêt de la loquacité) ; ou plutôt c'est apparemment la dernière dissolution du parlement qui vous effraie. »

Nous avons dit que Mirabeau faisait peu de cas des « principes métaphysiques », et il le prouva en s'abstenant de paraître à la nuit du 4 août et en blâmant autant qu'il le pouvait sans se dépopulariser, non l'insuffisance des sacrifices consentis, mais l'enthousiasme avec lequel on avait procédé. Il n'en parle jamais qu'avec mauvaise humeur, comme d'une puérilité. Il fut cependant rapporteur du comité chargé d'élaborer la déclaration des droits, mais rapporteur plus docile que convaincu. Tantôt il demande l'ajournement, tantôt que la déclaration ne figure pas en tête, mais à la fin de la Constitution. Il faut lire dans Étienne Dumont combien Mirabeau et ses collaborateurs se moquaient du rapport qu'il déposa. Cette « métaphysique » leur semble un jouet d'enfant.

Il était encouragé dans son mépris pour l'idée révolutionnaire par Étienne Dumont et les Génevois pédants qui l'entouraient, mais surtout par son intime, le comte de La Marck, prince d'Arenberg, étranger député au parlement français par suite d'un vieux droit féodal, ancien serviteur de l'Autriche, conseiller de la reine, ami de Mercy-Argenteau et âme de ce que le peuple appelait justement le comité autrichien. « Le comte Auguste de La Marck, dit madame de Campan, se dévoua à des négociations utiles au roi auprès des chefs des factieux (1). » Ce fin diplomate, cet intrigant émérite capta

(1) *Mémoires*, t. II, ch. 16.

bientôt la confiance de Mirabeau, quoiqu'il siégeât à l'extrême-droite : « Avec un aristocrate comme vous, lui disait Mirabeau, je m'entendrai toujours facilement ». La Marck fut charmé de trouver si monarchique celui qu'il prenait pour un démagogue. Il caressa son rêve d'être ministre et lui reprocha son opposition : « Mais, répondait Mirabeau, quelle position m'est-il donc possible de prendre? Le gouvernement me repousse, et je ne puis que me placer dans le parti de l'opposition, qui est révolutionnaire, ou risquer de perdre ma popularité, qui est ma force (1) ».

C'est à ce moment, encore pur d'argent, qu'il prononce son discours sur le *veto* (1ᵉʳ septembre), qui reflète fidèlement ses hésitations et ses contradictions intimes.

Son raisonnement est celui-ci :

Le roi a les mêmes intérêts que le peuple : ce qu'il fait pour lui-même, il le fait pour le peuple. Or les représentants peuvent former une aristocratie dangereuse pour la liberté. C'est contre cette aristocratie que le *veto* est nécessaire. Les représentants auront aussi leur *veto*, le refus de l'impôt. — C'est la théorie de la *démocratie royale* que nous connaissons déjà. — Voici l'objection telle que Mirabeau la présente :

« Quand le roi refuse de sanctionner la loi que l'Assemblée nationale lui propose, il est à supposer qu'il juge que cette loi est contraire aux intérêts nationaux, ou qu'elle usurpe sur le pouvoir exécutif qui réside en lui et qu'il doit défendre; dans ce cas, il en appelle à la nation, elle nomme une nouvelle législature, elle confie son vœu à ses nouveaux représentants, par conséquent elle prononce ; il faut que le Roi se soumette ou qu'il dénie l'autorité du tribunal suprême auquel lui-même en avait appelé. »

Et il avoue la toute puissance de cette objection en termes

---

(1) La Marck, I, 99.

curieux, qui montrent combien peu il se laissait prendre à ses propres sophismes :

« Cette objection est très spécieuse, *et je ne suis parvenu à en sentir la faiblesse* qu'en examinant la question sous tous ses aspects ; mais on a pu déjà voir et l'on remarquera davantage encore :

« 1° Qu'elle suppose faussement qu'il est impossible qu'une seconde législature n'apporte pas le vœu du peuple ;

« 2° Elle suppose faussement que le roi sera tenté de prolonger son *veto* contre le vœu connu de la nation ;

« 3° Elle suppose que le *veto suspensif* n'a point d'inconvénients, tandis qu'à plusieurs égards il a les mêmes inconvénients que si l'on n'accordait au roi aucun *veto* (1). »

Si le roi n'a pas le droit de s'opposer à certaines lois, il les exécutera à contre-cœur ; peut-être même usera-t-il de violence ou de corruption envers l'Assemblée. Si, au contraire, il a sanctionné les lois, il s'est engagé par cela même à les faire exécuter fidèlement. C'est ainsi que le *veto* devient le *Palladium* des libertés publiques, d'après Mirabeau.

Il reprend donc l'attitude qu'il avait prise lors de la discussion sur la dénomination de l'Assemblée. Ce n'est plus l'homme qui apostropha Dreux-Brézé, c'est un candidat à la faveur royale. Le peuple de Paris, qui n'était pas dans le secret, ne voulut pas en croire ses oreilles : le soir même on répétait au Palais-Royal que Mirabeau avait parlé contre l'infâme *veto*.

Cependant La Marck prenait chaque jour plus d'influence sur l'idole populaire. En septembre 1789, peu après ce discours, il lui prêta cinquante louis et s'engagea à renouveler ce prêt chaque mois. Il acquit ainsi le droit de morigéner le grand orateur et il en usa : « Dans plusieurs circonstances,

(1) Cette apologie embarrassée du pouvoir royal n'en prouve-t-elle pas l'inutilité ?

dit-il, lorsque je fus irrité de son langage révolutionnaire à
la tribune, je m'emportai contre lui avec beaucoup d'humeur... Eh bien ! je l'ai vu alors répandre des larmes comme
un enfant et exprimer sans bassesse son repentir avec une
sincérité sur laquelle on ne pouvait se tromper (1) ». Il est
le mentor de Mirabeau, qui lui écrit : « Je boite sans soutien
quand j'ai été vingt-quatre heures sans vous voir (2) » ; et :
« Allez, mon cher comte, et faites à votre tête, car vous en
savez plus que moi, et votre jugement exquis vaut mieux
que toute la verve de l'imagination ou les élans de la sensibilité toujours mobile (3) ». Ce La Marck fut le mauvais
génie de Mirabeau : il l'enfonça chaque jour davantage dans
les idées de réaction, lui faisant honte de ses tendances libérales, surveillant sévèrement son éloquence factieuse. Veut-
on une preuve de cette influence ? Dès que La Marck s'ab-
sente, voyage, Mirabeau s'émancipe, et La Marck écrit qu'il
est affligé « de le voir rentrer de plus en plus dans les idées
révolutionnaires (4) ». Mais dès que le tentateur revient,
Mirabeau se modère et se calme.

Après les journées du 5 et du 6 octobre (auxquelles il ne
prit aucune part, puisqu'il passa ces deux jours chez La
Marck), il remit à celui-ci un mémoire pour *Monsieur*, où il
conseille au roi de se retirer en Normandie, d'y appeler
l'Assemblée, et dans ses conversations avec son ami, il va
jusqu'à conseiller et appeler de ses vœux la guerre civile
« qui retrempe les âmes ». Tout le mois d'octobre se passe
en intrigues ; on lui laisse entrevoir le ministère, et néanmoins la reine dit à La Marck : « Nous ne serons jamais assez

---

(1) La Marck, I, 108
(2) 22 octobre 1789.
(3) 5 novembre 1789. — Parfois La Marck se permet de critiquer les
discours de Mirabeau au point de vue littéraire.
(1) I, 135.

malheureux, je pense, pour être réduits à la pénible extrémité de recourir à Mirabeau ». Cependant, il a besoin d'une
grande place très lucrative. On lui propose l'ambassade de
Constantinople : il refuse. La Fayette lui offre cinquante mille
francs pris sur la partie de la liste civile dont il a la disposition. Mais ce qu'il veut, c'est le ministère (1). Enfin il va faire
sauter Necker sur la question des subsistances et il espère le
remplacer, quand ses espérances sont à jamais brisées par le
décret de l'Assemblée du 7 novembre 1789, qui interdit l'accès
du ministère aux députés. A cette occasion, il prononça un
discours éloquent, ironique, désespéré. Après avoir brièvement résumé sa doctrine et montré l'utilité d'un ministère
pris dans le Parlement, il déclara ces principes si évidents
que la proposition devait avoir un but secret, qu'elle devait
viser ou l'auteur de la motion ou lui-même : « Je dis d'a-
bord l'auteur de la motion, parce qu'il est possible que sa
modestie embarrassée ou son courage mal affermi aient re-
douté quelque grande marque de confiance, et qu'il ait voulu
se ménager le moyen de la refuser en faisant admettre une
exclusion générale. (Ironie écrasante : il s'agit d'un Blin!)...
Voici donc, Messieurs, l'amendement que je vous propose :
c'est de borner l'exclusion demandée à M. de Mirabeau, député des communes de la sénéchaussée d'Aix ». Quel commentaire à ce discours que la lecture des lettres de Mirabeau
de septembre et d'octobre, dont chaque ligne exprime son
désir fiévreux d'être ministre! Le vote de cette proposition
(absurde, d'ailleurs) fut pour lui un coup terrible.

C'est en mars 1790 que la cour se décide enfin à faire
demander à La Marck, par l'intermédiaire de Mercy-Argen-

---

(1) Il ne faut pas s'étonner qu'il ait néanmoins, le 30 octobre, prononcé sur les biens du clergé un discours qui dut déplaire à la cour : la
destruction des privilèges était pour lui, nous le savons, le salut de la
royauté.

teau (1), de revenir en France (il était aux Pays-Bas), et d'offrir à Mirabeau, non pas le ministère, mais la fonction de
conseiller secret. Menée à l'insu du cabinet, la négociation
aboutit, et Mirabeau remet un plan écrit (10 mars 1790) : il
s'agit surtout de faire évader le roi et de traiter avec La
Fayette, ou de l'écarter et de le perdre. La reine, enchantée,
offre de payer les dettes de Mirabeau, 208,000 livres. Le roi
remet à La Marck, pour Mirabeau, quatre bons de 250,000
livres chacun, payables à la fin de la législature. Mirabeau
ne devait jamais toucher ce million, puisqu'il mourut avant
cette date ; mais il toucha des appointements fixes de 6,000
francs par mois, plus 300 francs pour son secrétaire et confi-
dent De Comps. Quand ces conditions furent fixées, « il laissa
échapper, dit La Marck, une ivresse de bonheur, dont l'excès,
je l'avoue, m'étonna un peu ». Il prit, malgré les représen-
tations de La Marck, un grand train de maison, chevaux,
domestiques, table ouverte, et fit des achats considérables de
livres rares, dont il avait la passion. Enfin, le 3 juillet 1790, il
eut avec la reine, à Saint-Cloud, une entrevue secrète dont
il sortit enthousiasmé pour « la fille de Marie-Thérèse... le
seul homme que le roi ait près de lui ». Il remit des notes
secrètes pleines de conseils conformes à sa politique machia-
vélique, poussant le roi à renvoyer Necker, ce qu'on voulait
bien, et à l'appeler lui-même au ministère, ce qu'on ne voulait à aucun prix. Il dut le comprendre, se résigna à son
rôle mystérieux et resta le chef d'une camarilla obscur. Il
voulait du moins que son autorité fût, sinon apparente, du
moins sérieuse et durable, et il proposait en ces termes la
formation d'un *ministère secret :*

« Puisqu'on est réduit à choisir de nouveaux ministres, on
doublerait sur-le-champ leurs forces, ou plutôt on aurait un
ministère secret à l'abri des orages, susceptible d'une grande

_____

(1) Voir la très curieuse conversation de Mercy et de La Marck, I, 138.

durée, propre à correspondre et avec la cour et avec les conseils du dehors, capable des combinaisons les plus habiles, et dont les ministres, sans que leur amour-propre en fût blessé, ne seraient que les organes ; car l'art de s'emparer de l'esprit des chefs, l'art de les maîtriser sans qu'ils le voulussent, sans même qu'ils s'en doutassent, serait le premier trait d'habileté des hommes dont je veux parler... De tels hommes pourraient avoir les rapports les plus étendus, sans qu'aucune de leurs liaisons éveillât la méfiance. Livrés à une longue carrière, ils conserveraient, d'un ministère à l'autre, le fil des mêmes idées, des mêmes projets, et l'on pourrait enfin établir l'art de gouverner sur des bases permanentes (1). »

Il n'obtint même pas ce ministère secret, il ne fut même pas un conseiller écouté ; on lisait ses *notes* et on n'en tenait pas compte ; on ne comprenait même pas à quel grand politique on avait affaire. « Eh quoi ! disait-il amèrement, en nul pays du monde, la balle ne viendra-t-elle donc au joueur (2) ? » Et voici comment il appréciait cette cour à laquelle il se vendait : « Du côté de la cour, oh ! quelles balles de coton ! quels tâtonneurs ! quelle pusillanimité ! quelle insouciance ! quel assemblage grotesque de vieilles idées et de nouveaux projets, de petites répugnances et de désirs d'enfants, de volontés et de *nolontés*, d'amour et de haines avortées (3) !... Ils voudraient bien trouver, pour s'en servir, des êtres amphibies qui, avec le talent d'un homme, eussent l'âme d'un laquais (4). »

Il méprise ceux qui sont aux affaires : « Jamais des animalcules plus imperceptibles n'essayèrent de jouer un plus grand drame sur un plus vaste théâtre. Ce sont des cirons

(1) Note secrète du 29 octobre 1790, La Marck, II, 291.
(2) La Marck, I, 413.
(3) Ibid., I, 460.
(4) Ibid., I, 411.

qui imitent les combats des géants (1) ». Quant à l'Assemblée,
dont il ne peut obtenir l'estime, il la hait et, dans son grand
mémoire de décembre 1790, qui est tout un plan de gouvernement par la corruption, il indique cyniquement les moyens de perdre l'Assemblée trop populaire : « J'indiquerai,
dit-il, quelques moyens de lui tendre des pièges pour dévoiler
ceux qu'elle prépare à la nation ; d'embarrasser sa marche
pour montrer son impuissance et sa faiblesse ; d'exciter sa
jalousie pour éveiller celle des corps administratifs ; enfin,
de lui faire usurper de plus en plus tous les pouvoirs pour
faire redouter sa tyrannie (2) ». Ici, ne craignons pas de le
dire, il est un traître, et il excuse d'avance ceux qui expulse-
ront ses cendres du Panthéon.

Ainsi, conseiller secret de la cour, mais conseiller à demi
dédaigné, orateur *payé, mais non vendu,* en ce sens qu'il ne
changeait pas d'opinion pour de l'argent, mais qu'il recevait le
salaire de ses services (3), âprement désireux d'être ministre
et désespérant de le devenir, à la fin ennemi haineux de cette
assemblée dont il ne pouvait forcer la confiance, tel il fut
depuis le 10 mars 1790 jusqu'à sa mort, et c'est à cette lumière
qu'il faut lire ses discours. En voici trois que nous exami-
nerons rapidement à ce point de vue: le discours sur le droit
de paix et de guerre (20 et 22 mai 1790) ; le discours sur l'a-
doption du drapeau tricolore (21 octobre 1790), et le discours
sur le projet de loi relatif aux émigrés (28 février 1791).

On sait dans quelles circonstances la discussion fut ouverte
sur le droit de paix et de guerre. L'Angleterre armait contre
l'Espagne : le ministère français, alléguant le pacte de famille, demanda les fonds nécessaires pour armer quatorze vaisseaux. Mais à qui appartient le droit de déclarer la guerre ?

(1) La Marck, I, 456.
(2) Ibid., II, 447.
(3) « Ai-je pensé autre chose, disait-il aussi, que de servir selon mes
principes ? » Ibid., II, 92.

A la nation, d'après Lameth, Barnave et les patriotes. Au roi, d'après Mirabeau, et il prononce un discours confus, embarrassé, louche, où il met en lumière l'inconvénient d'accorder ce droit au Corps législatif :

« Voyez les assemblées politiques ; c'est toujours sous le charme de la passion qu'elles ont décrété la guerre. Vous le connaissez tous, le trait de ce matelot qui fit, en 1740, résoudre la guerre de l'Angleterre contre l'Espagne. *Quand les Espagnols, m'ayant mutilé, me présentèrent la mort, je recommandai mon âme à Dieu et ma vengeance à ma patrie.* C'était un homme bien éloquent que ce matelot ; mais la guerre qu'il alluma n'était ni juste ni politique : ni le roi d'Angleterre ni les ministres ne la voulaient ; l'émotion d'une assemblée, quoique moins nombreuse et plus assouplie que la nôtre aux combinaisons de l'insidieuse politique, en décida.....

« Ecartons, s'il le faut, les dangers des dissensions civiles. Eviterez-vous aussi facilement celui des lenteurs des délibérations sur une telle matière ? Ne craignez-vous pas que votre force publique ne soit paralysée, comme elle l'est en Pologne, en Hollande et dans toutes les Républiques ? Ne craignez-vous pas que cette lenteur n'augmente encore, soit parce que notre constitution prend insensiblement les formes d'une grande confédération, soit parce qu'il est inévitable que les départements n'acquièrent une grande influence sur le Corps législatif ? Ne craignez-vous pas que le peuple, étant instruit que ses représentants déclarent la guerre en son nom, ne reçoive par cela même une impulsion dangereuse vers la démocratie, ou plutôt l'oligarchie ; que le vœu de la guerre et de la paix ne parte du sein des provinces, ne soit compris bientôt dans les pétitions, et ne donne à une grande masse d'hommes toute l'agitation qu'un objet aussi important est capable d'exciter ? Ne craignez-vous pas que le Corps législatif, malgré sa sagesse, ne soit porté à franchir lui-même les limites de ses pouvoirs par les suites presque inévitables qu'entraîne l'exercice du droit de la guerre et de la paix ? Ne craignez-vous pas que, pour seconder le succès d'une guerre qu'il aura votée, il ne veuille influer sur sa direction, sur le choix des généraux, surtout s'il peut leur imputer des revers, et qu'il ne porte sur toutes les démarches du monarque cette surveillance inquiète qui serait par le fait un second pouvoir exécutif?

« Ne comptez-vous encore pour rien l'inconvénient d'une assemblée non permanente, obligée de se rassembler dans le temps qu'il faudrait employer à délibérer ; l'incertitude, l'hésitation qui accompagneront toutes les démarches du pouvoir exécutif, qui ne saura jamais jusqu'où les ordres provisoires pourront s'étendre ; les inconvénients, même d'une délibération publique sur les motifs de faire la guerre ou la paix, délibérations dont tous les secrets d'un État (et longtemps encore nous aurons de pareils secrets) sont souvent les éléments ? »

Le roi aura donc le droit de paix et de guerre, mais avec l'obligation de convoquer aussitôt le Corps législatif, qui siégera pendant toute la guerre et réunira auprès de lui la garde nationale.

Or, quel était le but de Mirabeau en prononçant ce discours ? De trancher une question de « métaphysique » gouvernementale ? Il la jugeait sans doute peu importante. Mais, attaché à la cour depuis le 10 mars, il cherchait à réaliser les plans secrets qu'il lui soumettait. Tous ces plans se résument en ceci : que le roi se retire dans une place forte, et qu'entouré de l'armée il commence, s'il le faut, cette guerre civile « qui retrempe les âmes ». En attribuant au roi le droit de paix et de guerre, Mirabeau ne songe qu'à lui donner le commandement de la force armée. La Marck l'avoue : « L'autorité du roi, dit-il, ne pouvait être rétablie que par la force armée ; il fallait donc mettre cette force à sa disposition. L'opinion de

Mirabeau sur le droit de paix et de guerre, qui est sans doute, de tous ses travaux législatifs, celui qui lui a fait le plus d'honneur, n'avait pas d'autre but (1). »

Ce n'est pas sans hésitation que Mirabeau s'était décidé à cette démarche, exigée sans doute par la cour, et dont il sentait toute la gravité. La veille, il avait sondé les dispositions de ses ennemis, les Triumvirs. « Il était venu, dit Alexandre de Lameth, s'asseoir sur le banc immédiatement au-dessus du mien, afin de pouvoir causer avec moi. — Eh bien ! lui dis-je, nous allons donc être demain en dissentiment, car on assure que le décret que vous proposerez ne sera guère dans les principes... — Qui a pu vous dire cela ? Je n'ai communiqué mon projet à personne. — Si l'on ne m'a pas dit la vérité, il ne tient qu'à vous de me détromper ; montrez-le-moi. — Si vous voulez nous coaliser, j'y consens, répond Mirabeau en se penchant vers moi. — Mais nous sommes tous coalisés, repris-je à mon tour, car si vous voulez sincèrement la liberté et le bien public, vous nous trouverez toujours à côté de vous. — Ce n'est pas ici le lieu de nous expliquer, ajouta-t-il ; mais, si vous voulez aller dans le jardin des Feuillants, je vous y suivrai. Je m'y rendis, et il vint promptement m'y rejoindre. Il me fit lire son décret ; je ne le trouvai point clair, je le combattis. Il répliqua par l'exposition de ses motifs. Nous ne pûmes nous accorder, et, comme il n'était pas sans inconvénient d'être aperçu en conversation suivie avec Mirabeau, je lui proposai de se rendre le soir chez Laborde, où il me trouverait avec Duport et Barnave (2). »

Là, on chercha à séduire Mirabeau en lui offrant toute la gloire de la prochaine discussion. Il paraissait tenté, mais répétait qu'il avait des engagements, et disait qu'il *avait fait le calcul des voix*, qu'il était sûr de la victoire.

(1) La Marck, I, 271.
(2) Lameth, II, 280.

On sait comment, au contraire, il fut vaincu par Barnave, mais sut se ménager une retraite en faisant remettre la discussion au lendemain, et, le lendemain, obtint un succès d'éloquence qui masqua sa défaite.

Il fit plus : il trouva moyen de désavouer et d'altérer son discours pour ressaisir la popularité qui lui échappait. Impopulaire en effet, il était perdu, et la cour le repoussait dédaigneusement. Or, quand on sut au dehors dans quel sens il avait parlé, ce fut une explosion de surprise et de douleur. C'est alors qu'on cria dans les rues le fameux libelle : *Grande trahison découverte du comte de Mirabeau,* où on lisait : « Prends garde que le peuple ne fasse distiller dans ta gueule de vipère de l'or, ce nectar brûlant, pour éteindre à jamais la soif qui te dévore ; prends garde que le peuple ne promène ta tête, comme il a porté celle de Foulon, dont la bouche était remplie de foin. Le peuple est lent à s'irriter, mais il est terrible quand le jour de sa vengeance est arrivé ; il est inexorable, il est cruel ce peuple, à raison de la grandeur des perfidies, à raison des espérances qu'on lui fait concevoir, à raison des hommages qu'on lui a surpris ».

Effrayé de son impopularité naissante, il modifia son discours pour l'impression, et l'envoya, ainsi modifié, aux 83 départements. Dans le texte du *Moniteur,* il déniait formellement au corps législatif le droit de délibérer directement sur la paix et sur la guerre ; dans le texte destiné aux départements, il déplaçait la question et se demandait seulement s'il était juste que le corps législatif délibérât *exclusivement,* et se bornait à proposer que le roi concourût à la déclaration de guerre Mirabeau, évidemment, se rétractait, mais ne voulait point paraître le faire. Alexandre de Lameth publia alors une brochure intitulée : « Examen du discours du comte de Mirabeau sur la question du droit de paix et de guerre, par Alexandre Lameth, député à l'Assemblée nationale, juin 1790 ». Il y dévoile la mauvaise foi de Mirabeau et publie, en deux colonnes parallèles, les deux éditions de son discours, en soulignant les passages modifiés.

Voici quelques-uns de ces passages :

· Dans son discours, Mirabeau avait dit que les hostilités de fait étaient la même chose que la guerre, et que le corps législatif, ne pouvant empêcher ces hostilités, ne pouvait empêcher la guerre. Il imprime maintenant *état de guerre* partout où il avait mis *guerre*, et il prend *état de guerre* dans le sens d'*hostilité de fait*, disant que si le Parlement ne peut pas empêcher l'état de guerre, il peut empêcher la guerre, mais à condition d'être d'accord avec le roi, ce qui est juste l'opposé de ce qu'il avait dit à la tribune.

Dans la première édition, on lit :

« Faire délibérer directement le corps législatif sur la paix et sur la guerre,..... ce serait faire d'un roi de France un stathouder, etc. »

2ᵉ éd. : « Faire délibérer *exclusivement* le corps législatif, etc. »

1ʳᵉ éd. : « Ce serait choisir, entre deux délégués de la nation, celui qui..... est cependant le moins propre sur une telle matière à prendre des délibérations utiles. »

2ᵉ éd. : « ..... celui qui ne peut cependant prendre seul et exclusivement de l'autre des délibérations utiles sur cette matière. »

Ces contradictions peu honorables s'expliquent d'elles-mêmes sans se justifier, si l'on connaît la politique secrète de Mirabeau, qui est de tromper le peuple pour son bien, c'est à-dire pour le roi, puisque le roi, c'est le peuple.

C'est pour reconquérir cette popularité qui lui échappe et pour masquer sa servitude que, parfois, il retrouve des accents de tribun, et, oubliant son rôle d'homme payé, soulage sa conscience par une magnifique apologie de la Révolution. Tel il apparaît quand, le 21 octobre 1790, il glorifie avec colère le

drapeau tricolore que l'on hésitait à substituer au drapeau
blanc sur la flotte nationale :

« Hé bien, parce que je ne sais quel succès d'une tactique
frauduleuse dans la séance d'hier a gonflé les cœurs contre-
révolutionnaires, en vingt-quatre heures, en une nuit, toutes les idées sont tellement subverties, tous les principes sont
tellement dénaturés, on méconnait tellement l'esprit public,
qu'on ose dire à vous-mêmes, à la face du peuple qui nous entend, qu'il est des préjugés antiques qu'il faut respecter,
comme si votre gloire et la sienne n'étaient pas de les voir
anéantir, ces préjugés qu'on réclame! Qu'il est indigne de
l'Assemblée nationale de tenir à de telles bagatelles, comme
si la langue des signes n'était pas partout le mobile le plus
puissant pour les hommes, le premier ressort des patriotes
et des conspirateurs, pour le succès de leur fédération ou de
leurs complots! On ose, en un mot, vous tenir froidement
un langage qui, bien analysé, dit précisément : Nous
nous croyons assez forts pour arborer la couleur blanche, c'est-à-dire la couleur de la contre-révolution... (*Murmures violents de la partie droite ; les applaudissements de la
gauche sont unanimes*), à la place des odieuses couleurs de la
liberté ! Cette observation est curieuse sans doute, mais son
résultat n'est pas effrayant. Certes, ils ont trop présumé...
(*Au côté droit :*) Croyez-moi, ne vous endormez pas dans une
si périlleuse sécurité, car le réveil serait prompt et terrible!...

(Au milieu des applaudissements et des murmures, on entend ces mots : *C'est le langage d'un factieux.*)

« Calmez-vous, car cette imputation doit être l'objet d'une
controverse régulière ; nous sommes contraires en faits ; vous
dites que je tiens le langage d'un factieux (*Plusieurs voix de
la droite : Oui! oui!*)

« Monsieur le président, je demande un jugement, et je pose
le fait... (*Murmures.*) Je prétends, moi, qu'il est, je ne dis
pas irrespectueux, je ne dis pas inconstitutionnel, je dis pro-

fondément criminel de mettre en question si une couleur destinée à nos flottes peut être différente de celle que l'Assemblée nationale a consacrée, que la nation, que le roi ont adoptée, peut être une couleur suspecte et proscrite ! Je prétends que les véritables factieux, les véritables conspirateurs sont ceux qui parlent des préjugés qu'il faut ménager, en rappelant nos antiques erreurs et les malheurs de notre honteux esclavage ! (*Applaudissements.*)

« Non, Messieurs, non ! leur sotte présomption sera déçue ; leurs sinistres présages, leurs hurlements blasphémateurs seront vains ! Elles vogueront sur les mers, les couleurs nationales ! elles obtiendront le respect de toutes les contrées, non comme le signe des combats et de la victoire, mais comme celui de la sainte confraternité des amis de la liberté sur toute la terre, et comme la terreur des conspirateurs et des tyrans (1) !... »

Vertement tancé par son ami La Marck pour cette sortie « démagogique », il lui répond avec orgueil: « Hier, je n'ai point été un démagogue ; j'ai été un grand citoyen, et peut-être un habile orateur. Quoi ! ces stupides coquins, enivrés d'un succès de pur hasard, nous offrent tout platement la contre-révolution, et l'on croit que je ne tonnerai pas ! En vérité, mon ami, je n'ai nulle envie de livrer à personne mon honneur et à la cour ma tête. Si je n'étais que politique, je dirais : « J'ai besoin que ces gens-là me craignent ». Si j'étais leur homme, je dirais : « Ces gens-là ont besoin de me craindre ». Mais je suis un bon citoyen, qui aime la gloire, l'honneur et la liberté avant tout, et, certes, Messieurs du rétrograde me trouveront toujours prêt à les foudroyer (2). »

(1) « Certes, dit le comte de La Marck, à moins d'être dans le secret, il était impossible de supposer dans cette occasion que l'homme qui parlait ainsi à la tribune correspondait en même temps avec la cour, et s'occupait à reconstituer la monarchie. » (*Intr.*, p. 213.)

(2) La Marck, II, 251.

Hélas ! une des causes de cette grande colère, c'était aussi qu'il avait appris que la cour se faisait conseiller, à son insu, par Bergasse. Blessé, indigné, il fut pour un instant l'homme que le peuple croyait voir en lui. Mais cet accès d'indépendance tomba vite ; on revint à lui, et il se justifia, s'excusa : « Mon discours, écrit-il à la cour, qu'une attaque violente rendit très vif, c'est-à-dire très oratoire, fut cependant tourné tout entier vers l'éloge du monarque. Voilà ma conduite ; qu'on la juge (1) ! »

Dès lors, le *ministre secret* resta docile et ne prononça plus de discours révolutionnaires. Il rendit à l'Assemblée mépris pour mépris, toujours soupçonné, toujours applaudi, s'enfonçant davantage dans les intrigues secrètes et se faisant l'illusion qu'on allait exécuter ses plans. Quand le comité de constitution proposa une loi contre les émigrés, il s'éleva avec force contre cette loi qui, à ses yeux, avait surtout l'inconvénient de mettre entre les mains de l'Assemblée une prérogative du pouvoir exécutif. Il combattit la motion avec hauteur :

« La formation de la loi, dit-il, ne pouvant se concilier avec les excès, de quelque espèce qu'ils soient, l'excès du zèle est aussi peu fait pour préparer la loi que tous autres excès. Ce n'est pas l'indignation qui doit proposer la loi, c'est la réflexion, c'est la justice, c'est surtout elle qui doit la porter ; vous n'avez pas voulu faire à votre comité de constitution l'honneur que les Athéniens firent à Aristide, vous n'avez pas voulu qu'il fût le propre juge de la moralité de son projet de loi ; mais le frémissement qui s'est manifesté dans l'Assemblée en l'entendant a montré que vous étiez aussi bons juges de cette moralité qu'Aristide lui-même, et que vous aviez bien fait de vous en réserver la juridiction. Je ne ferai pas à l'Assemblée cette injure, de croire qu'il soit nécessaire de démontrer que les trois articles qu'il vous propose

(1) La Marck, II, 266.

auraient pu trouver une digne place dans le code de Dracon, mais que certes ils n'entreront jamais dans les décrets de l'Assemblée nationale de France.

« Ce que j'entreprendrais de démontrer peut-être, si la discussion portait sur cet aspect de la question, c'est que la barbarie même de la loi qu'on vous propose est la plus haute preuve de l'impraticabilité de cette loi. (*On crie d'une partie du côté gauche :* non ; *et applaudissements du reste de la salle.*) J'entreprendrai de démontrer et je le ferai, si l'occasion s'en présente, que nul autre mode légal, puisqu'on veut donner cette épithète de légal, puisqu'on l'a donnée jusqu'ici du moins à toutes les promulgations faites par les autorités légitimes, qu'aucun autre mode légal qu'une commission dictatoriale n'est possible contre les émigrations. Certes je n'ignore pas qu'il est des cas urgents, qu'il est des situations critiques où des mesures de police sont indispensablement nécessaires, même contre les principes, même contre les lois reçues : c'est là la dictature de la nécessité. Comme la société ne doit être considérée alors que comme un homme tout-puissant dans l'état de nature, certes cette mesure de police doit être prise, on n'en doute pas. Or le corps législatif formera la loi ; dès lors que cette proposition aura reçu la sanction du contrôleur de la loi ou du chef suprême de la police sociale, nul doute que cette mesure de police ne soit aussi sacrée, tout aussi légitime, tout aussi obligatoire que toute autre ordonnance sociale. Mais entre une mesure de police et une loi, il est une distance immense; et vous le sentez assez, sans que j'aie besoin de m'expliquer davantage.

« Messieurs, la loi sur les émigrations est, je le répète, une chose hors de votre puissance, d'abord en ce qu'elle est impraticable, c'est-à-dire infaisable ; et il est hors de votre sagesse de faire une loi que vous ne pouvez pas faire exécuter, et je déclare que moi-même, en anarchisant toutes les parties de l'empire, il m'est prouvé, par la série d'expériences de toutes les histoires, de tous les temps et de tous les gouvernements, que, malgré l'exécution la plus tyrannique, la plus concentrée dans les mains des Busiris, une loi contre les émigrants a toujours été inexécutée, parce qu'elle a toujours été inexécutable. (*Applaudissements*, *murmures*.) Une mesure de police statuée et mise à exécution par une autorité légitime est sans doute dans votre puissance.

« Il resterait à examiner s'il est dans votre devoir, c'est-à-dire s'il est utile et convenable, si vous voulez appeler et retenir en France les hommes autrement que par le bénéfice des lois, autrement que par le seul attrait de la liberté. Car, encore une fois, de ce que vous pouvez prendre une mesure, il ne s'ensuit pas que vous deviez statuer sur cette mesure de police ; c'est donc une tout autre question ; et si je m'étendais davantage sur ce point, je ne serais plus dans la question. La question est de savoir si le projet que propose le comité est délibérable, et je le nie. Je le nie, déclarant que, dans mon opinion personnelle (ce que je demanderais à développer, si j'en trouvais l'occasion), je serais, et j'en fais serment, délié à mes propres yeux de tout serment de fidélité envers ceux qui auraient eu l'infamie d'établir une inquisition dictatoriale. (*Applaudissements; murmures du côté gauche.*)

« Certes, la popularité que j'ai ambitionnée (*Murmures à gauche*), et dont j'ai eu l'honneur de jouir comme un autre, n'est pas un faible roseau, c'est un chêne dont je veux enfoncer la racine en terre, c'est-à-dire dans l'imperturbable base des principes de la raison et de la justice.

« Je pense que je serais déshonoré à mes propres yeux, si, dans aucun moment de ma vie, je cessais de repousser avec indignation le droit, le prétendu droit de faire une loi de ce genre : entendons-nous ; je ne dis pas de statuer sur une mesure provisoire, je ne dis pas de statuer sur une mesure de police, mais de faire une loi contre les émigrations et les émigrants : je jure de ne lui obéir dans aucun cas, si elle était faite. J'ai l'honneur de vous proposer le décret suivant :

« L'Assemblée nationale, ouï le rapport de son comité de constitution, considérant qu'aucune loi sur les émigrants ne peut se concilier avec les principes de sa constitution, passe à l'ordre du jour (1). » *(Grands murmures du côté gauche.)*

Dans cette phrase souvent répétée : *je jure de ne lui obéir en aucun cas,* la lecture des notes secrètes nous montre autre chose qu'une figure oratoire. Mirabeau tendait à déconsidérer les décrets de cette Assemblée qu'il voulait perdre et ruiner, parce qu'elle répugnait à sa politique contre-révolutionnaire. Ce discours est la formule parlementaire des théories dont il entretenait le comte de La Marck et la reine.

Nous avons dit que ce n'était pas aux principes de la morale éternelle, à la conscience humaine, que Mirabeau demandait son inspiration oratoire. Met-il en lumière une seule grande vérité dans les discours que nous avons cités ? La forme est véhémente, le fond est une série d'arguments ingénieusement combinés, mais tous empruntés au sentiment de l'intérêt. Prenons maintenant le discours le plus célèbre de Mirabeau, et, dans ce discours, les passages que l'on cite comme chefs-d'œuvre d'éloquence.

Deux emprunts successifs avaient échoué. Necker propose un plan de finances réalisant diverses économies, mais dont la mesure la plus grave était un impôt provisoire d'un quart du revenu. Mirabeau, très habilement, propose de voter ce plan auquel on n'a rien à substituer immédiatement, et d'en laisser la responsabilité au ministre (26 septembre 1789).

(1) Texte du *Journal logographique,* séance du 28 février 1791. C'est un des rares discours de Mirabeau que ce journal put reproduire, puisqu'il ne parut que trois mois avant la mort du grand orateur.

« ... Deux siècles de déprédation, dit Mirabeau, et de brigandages ont creusé le gouffre où le royaume est près de s'engloutir ; et il faut le combler, ce gouffre effroyable. Eh bien ! voici la liste des propriétaires français : choisissez parmi les plus riches, afin de sacrifier moins de citoyens, mais choisissez ; car ne faut-il pas qu'un petit nombre périsse pour sauver la masse du peuple ? Allons, ces deux mille notables possèdent de quoi combler le déficit ; ramenez l'ordre dans vos finances, la paix et la prospérité dans le royaume ; frappez, immolez sans pitié ces tristes victimes, précipitez-les dans l'abime ; il va se refermer... Vous reculez d'horreur.... hommes inconséquents, hommes pusillanimes ! Eh ! ne voyez-vous donc pas qu'en décrétant la banqueroute, ou, ce qui est plus odieux encore, en la rendant inévitable sans la décréter, vous vous souillez d'un acte mille fois plus criminel ; car, enfin, cet horrible sacrifice ferait du moins disparaître le *déficit.* Mais croyez-vous, parce que vous n'aurez pas payé, que vous ne devrez plus rien ? Croyez-vous que les milliers, les millions d'hommes qui perdront en un instant, par l'explosion terrible ou par ses contre-coups, tout ce qui faisait la consolation de leur vie, et peut-être leur unique moyen de la sustenter, vous laisseront paisiblement jouir de votre crime ? Contemplateurs stoïques des maux incalculables que cette catastrophe vomira sur la France ; impassibles égoïstes qui pensez que les convulsions du désespoir et de la misère passeront comme tant d'autres, et d'autant plus rapidement qu'elles seront plus violentes, êtes-vous bien sûrs que tant d'hommes sans pain vous laisseront tranquillement savourer les mets dont vous n'aurez voulu diminuer ni le nombre, ni la délicatesse ?... Non, vous périrez, et dans la conflagration universelle que vous ne frémissez pas d'allumer, la perte de votre honneur ne sauvera pas une seule de vos détestables jouissances.

. . . .

« Votez donc ce subside extraordinaire ; puisse-t-il être suffisant ! Votez-le, parce que, si vous avez des doutes sur les moyens (doutes vagues et non éclairés), vous n'en avez pas sur sa nécessité, et sur notre impuissance à le remplacer, immédiatement du moins. Votez-le, parce que les circonstances publiques ne souffrent aucun retard, et que nous serions comptables de tout délai. Gardez-vous de demander du temps, le malheur n'en accorde jamais..... Eh ! Messieurs, à propos d'une ridicule motion du Palais-Royal, d'une risible insurrection qui n'eut jamais d'importance que dans les imaginations faibles, ou les desseins pervers de quelques hommes de mauvaise foi, vous avez entendu naguère ces mots forcenés : *Catilina est aux portes de Rome, et l'on délibère* (1) ! Et certes, il n'y avait autour de nous ni Catilina, ni périls, ni factions, ni Rome..... Mais aujourd'hui la banqueroute, la hideuse banqueroute est là ; elle menace de consumer, vous, vos propriétés, votre honneur... et vous délibérez ! »

Le succès de Mirabeau fut prodigieux. « Il parlait, dit un témoin oculaire, avec cet enthousiasme qui maitrise le jugement et les volontés. Le silence du recueillement semblait lier toutes les pensées à des vérités grandes et terribles. Le premier sentiment fit place à un sentiment plus impérieux ; et comme si chaque député se fût empressé de rejeter de sur sa tête cette responsabilité redoutable dont le menaçait Mirabeau, et qu'il eût vu tout à coup devant lui l'abime du déficit appelant ses victimes, l'Assemblée se leva tout entière, demanda d'aller aux voix et rendit à l'unanimité le décret (2). »

(1) Goupil de Préfeln avait dit, dans la séance du 31 août 1789 : « Catilina est aux portes de Rome. Catilina menace d'égorger les sénateurs, et l'on fait la futile et frivole question : *Y a-t-il lieu de délibérer ?* Certes, quand nous sera-t-il permis de délibérer, si ce n'est dans ce moment ? » (*Moniteur.*)

(2) Ferrières, I, 257. Et Rabaut Saint-Etienne écrit : « Plus éloquent qu'il ne l'ait jamais été, grand par son geste, par sa contenance et par sa voix, Mirabeau la décida [l'Assemblée] à décréter de confiance la mesure proposée par M. Necker. »

Assurément, ce discours si brillant, si animé, si rapide, n'est pas exempt de rhétorique ; mais la rhétorique ne déplaisait pas toujours aux Constituants, et l'*air de bravoure* qu'on leur chanta les souleva de leurs bancs. S'ils se laissèrent aller à l'enthousiasme, c'est que Mirabeau leur demandait tout autre chose que leur confiance, un vote de salut public où sa personne n'était pour rien. Ces artistes, ces amateurs de beau langage ne furent-ils pas heureux d'applaudir au talent de l'orateur sans avoir à donner à l'homme la marque d'estime qu'ils lui ont toujours refusée ? Quoi qu'il en soit, notons que, dans cette belle tirade sur la banqueroute, aucun principe de haute morale ni de haute politique n'est invoqué ; c'est pourquoi elle a peut-être un peu vieilli ; c'est pourquoi, tout en l'admirant, nous ne craignons pas d'y trouver des traces de déclamation. Cet *abîme, ces hommes qui reculent*, toute cette rhétorique pouvait être cachée par l'attitude et le geste ; elle paraît aujourd'hui et nous empêche d'assimiler cette tirade aux beaux endroits des orateurs antiques.

La vraie inspiration de Mirabeau, avons-nous dit, c'est son *moi*. Il est surtout grand, simple, sincère, quand il parle de lui pour se défendre et se louer. Nulle déclamation, nulle recherche ; rien de factice ou d'apprêté. Ecoutez-le, quand il répond à Barnave vainqueur, le 22 mai 1790 :

« C'est quelque chose, sans doute, pour rapprocher les oppositions, que d'avouer nettement sur quoi l'on est d'accord et sur quoi l'on diffère. Les discussions amiables valent mieux pour s'entendre que les insinuations calomnieuses, les inculpations forcenées, les haines de la rivalité, les machinations de l'intrigue et de la malveillance. On répand depuis huit jours que la section de l'Assemblée nationale qui veut le concours de la volonté royale dans l'exercice du droit de la paix et de la guerre est parricide de la liberté publique ; on répand les bruits de perfidie, de corruption ; on invoque les vengeances populaires pour soutenir la tyrannie des opinions. On dirait qu'on ne peut, sans crime, avoir deux avis dans une des questions les plus délicates et les plus difficiles de l'organisation sociale. C'est une étrange manie, c'est un déplorable aveuglement que celui qui anime ainsi les uns contre les autres des hommes qu'un même but, un sentiment indestructible, devraient, au milieu des débats les plus acharnés, toujours rapprocher, toujours réunir; des hommes qui substituent ainsi l'irascibilité de l'amour-propre au culte de la patrie, et se livrent les uns les autres aux préventions populaires (1).

« Et moi aussi, on voulait, il y a peu de jours, me porter en triomphe; et maintenant on crie dans les rues : *La grande trahison du comte de Mirabeau*..... Je n'avais pas besoin de cette grande leçon pour savoir qu'il est peu de distance du Capitole à la roche Tarpéienne; mais l'homme qui combat pour la raison, pour la patrie, ne se tient pas si aisément pour vaincu (2). Celui qui a la conscience d'avoir bien mérité de son pays, et surtout de lui être encore utile ; celui que ne rassasie pas une vaine célébrité, et qui dédaigne les succès d'un jour pour la véritable gloire; celui qui veut dire la vérité, qui veut faire le bien public, indépendamment des mobiles mouvements de l'opinion populaire, cet homme porte avec lui la récompense de ses services, le charme de ses peines et le prix de ses dangers; il ne doit attendre sa moisson, sa destinée, la seule qui l'intéresse, la destinée de son nom, que du temps, ce juge incorruptible qui fait justice à tous. Que ceux qui prophétisaient depuis huit jours mon opinion sans la connaître, qui calomnient en ce moment mon discours sans l'avoir compris, m'accusent d'encenser des idoles impuissantes au moment où elles sont renversées, ou d'être le vil stipendié des hommes que je n'ai pas cessé de

---

(1) « Ici Mirabeau se tourne du côté de Barnave. » Ferrières, II, 35.

(2) « En prononçant ces derniers mots, Mirabeau regarde d'un œil fier les Lameth. » (Id., ibid.)

combattre (1); qu'ils dénoncent comme un ennemi de la révolution celui qui peut-être n'y a pas été inutile, et qui,
cette révolution fût-elle étrangère à sa gloire, pourrait là
seulement trouver sa sûreté; qu'ils livrent aux fureurs du
peuple trompé celui qui depuis vingt ans combat toutes les
oppressions, qui parlait aux Français de liberté, de constitution, de résistance, lorsque ses calomniateurs suçaient le lait
des cours et vivaient de tous les préjugés dominants : que
m'importe ? les coups de bas en haut ne m'arrêteront pas
dans ma carrière (2). »

Cet exorde superbe, digne de l'antique, força l'admiration
des plus implacables adversaires de Mirabeau. Là, rien n'a
vieilli, tout est vivant parce que tout est vrai.

Les mêmes qualités apparaissent dans la courte apologie
qu'il fit de lui-même à propos des prétendues révélations de
l'agent secret, Thouard de Riolles (11 septembre 1790) :

« Depuis longtemps, dit-il, mes torts et mes services, mes
malheurs et mes succès, m'ont également appelé à la cause
de la liberté ; depuis le donjon de Vincennes et les différents
forts du royaume où je n'avais pas élu domicile, mais où j'ai
été arrêté pour différents motifs, il serait difficile de citer un
fait, un écrit, un discours de moi qui ne montrât pas un
grand et énergique amour de la liberté. J'ai vu cinquante-
quatre lettres de cachet dans ma famille ; oui, Messieurs,
cinquante-quatre, et j'en ai eu dix-sept pour ma part : ainsi
vous voyez que j'ai été partagé en aîné de Normandie. Si cet
amour de la liberté m'a procuré de grandes jouissances, il
m'a donné aussi de grandes peines et de grands tourments.

_____

(1) Voici en quoi il ne ment pas : il est le stipendié de la cour, c'est
vrai ; mais il combat le ministère par lequel on le dit payé.
(2) « Mirabeau descendit de la tribune au bruit d'applaudissements
redoublés, laissant le dépit et la confusion sur le visage de Barnave et
des Lameth, la haine et le désir de la vengeance dans leur cœur : aucun
cependant ne tenta de lui répondre. » Ferrières, II, 36.

Quoi qu'il en soit, ma position est assez singulière: la semaine prochaine, à ce que le comité me fait espérer, on fera un rapport d'une affaire où je joue le rôle d'un conspirateur factieux ; aujourd'hui on m'accuse comme un conspirateur contre-révolutionnaire. Permettez que je demande la division. Conspiration pour conspiration, procédure pour procédure ; s'il faut même supplice pour supplice, permettez du moins que je sois un martyr révolutionnaire. »

Inutile de dire que, dans cette circonstance, Mirabeau ne jouait pas la comédie. La Marck s'y trompa cependant et le félicita cyniquement de son habile mensonge. Mais Mirabeau s'indigna que son ami n'eût pas senti la sincérité de son accent. « En vérité, mon cher comte, lui écrivit-il brutalement, je suis bien catin, mais je ne le suis pas à ce point (1). »

Quand il se défendit, à propos de la procédure du Châtelet, d'avoir pris part aux journées du 5 et du 6 octobre 1789, son éloquence triste et véhémente produisit une grande impression qu'aujourd'hui encore on ressent en lisant ce long et admirable plaidoyer (2 octobre 1790). L'exorde est un modèle de convenance et de dignité :

« Ce n'est pas pour me défendre que je monte à cette tribune ; objet d'inculpations ridicules dont aucune ne m'est prouvée et qui n'établirait rien contre moi lorsque chacune d'elles le serait, je ne me regarde point comme accusé ; car si je croyais qu'un seul homme de sens (j'excepte le petit nombre d'ennemis dont je tiens à honneur les outrages) pût me croire accusable, je ne me défendrais pas dans cette assemblée. Je voudrais être jugé, et votre juridiction se bornant à décider si je dois ou ne dois pas être soumis à un jugement, il ne me resterait qu'une demande à faire à votre justice, et qu'une grâce à solliciter de votre bienveillance, ce serait un tribunal

_____

(1) La Marck, II, 92.

« Mais je ne puis pas douter de votre opinion, et si je me présente ici, c'est pour ne pas manquer une occasion solennelle d'éclaircir des faits, que mon profond mépris pour les libelles, et mon insouciance trop grande peut-être pour les bruits calomnieux, ne m'ont jamais permis d'attaquer hors de cette assemblée; qui, cependant, accrédités par la malveillance, pourraient faire rejaillir sur ceux qui croiront devoir m'absoudre je ne sais quels soupçons de partialité. Ce que j'ai dédaigné, quand il ne s'agissait que de moi, je dois le scruter de près quand on m'attaque au sein de l'Assemblée nationale, et comme en faisant partie.

« Les éclaircissements que je vais donner, tout simples qu'ils vous paraîtront sans doute, puisque mes témoins sont dans cette assemblée, et mes arguments dans la série des combinaisons les plus communes, offrent pourtant à mon esprit, je dois le dire, une assez grande difficulté.

« Ce n'est pas de réprimer le juste ressentiment qui oppresse mon cœur depuis une année, et que l'on force enfin à s'exhaler. Dans cette affaire, le mépris est à côté de la haine, il l'émousse, il l'amortit, et quelle est l'âme assez abjecte pour que l'occasion de pardonner ne lui semble pas une jouissance !

« Ce n'est pas même la difficulté de parler des tempêtes d'une juste révolution sans rappeler que, si le trône a des torts à excuser, la clémence nationale a eu des complots à mettre en oubli; car, puisqu'au sein de l'Assemblée le roi est venu adopter notre orageuse révolution, cette volonté magnanime, en faisant disparaître à jamais les apparences déplorables que des conseillers pervers avaient données jusqu'alors au premier citoyen de l'empire, n'a-t-elle pas également effacé les apparences plus fausses que les ennemis du bien public voulaient trouver dans les mouvements populaires, et que la procédure du Châtelet semble avoir eu pour premier objet de raviver ?

« Non, la véritable difficulté du sujet est tout entière dans l'histoire même de la procédure; elle est profondément odieuse, cette histoire. Les fastes du crime offrent peu d'exemples d'une scélératesse tout à la fois si déshonorée et si malhabile. Le temps le saura, mais ce secret hideux ne peut être révélé aujourd'hui sans produire de grands troubles. Ceux qui ont suscité la procédure du Châtelet ont fait cette horrible combinaison que, si le succès leur échappait, ils trouveraient dans le patriotisme même de celui qu'ils voulaient immoler le garant de leur impunité; ils ont senti que l'esprit public de l'offensé tournerait à sa ruine ou sauverait l'offenseur... Il est bien dur de laisser ainsi aux machinateurs une partie du salaire sur lequel ils ont compté; mais la patrie commande ce sacrifice, et certes elle a droit encore à de plus grands.

« Je ne vous parlerai donc que des faits qui me sont purement personnels; je les isolerai de tout ce qui les environne. Je renonce à les éclairer autrement qu'en eux-mêmes et par eux-mêmes; je renonce, aujourd'hui du moins, à examiner les contradictions de la procédure et ses variantes, ses épisodes et ses obscurités, ses superfluités et ses réticences, les craintes qu'elle a données aux amis de la liberté et les espérances qu'elle a prodiguées à ses ennemis; son but secret et sa marche apparente; ses succès d'un moment et ses succès dans l'avenir; les frayeurs qu'on a voulu inspirer au trône, peut-être la reconnaissance que l'on a voulu en obtenir. Je n'examinerai la conduite, les discours, le silence, les mouvements, le repos d'aucun acteur de cette grande et tragique scène; je me contenterai de discuter les trois principales accusations qui me sont faites, et de donner le mot d'une énigme dont votre comité a cru devoir garder le secret, mais qu'il est de mon honneur de divulguer. »

Ce discours dura plusieurs heures: mais il fut écouté dans un religieux silence, et l'Assemblée décréta qu'il n'y avait pas lieu à accusation. Jamais, à notre avis, Mirabeau ne fut plus éloquent que dans ce long plaidoyer : c'est que ce jour-là il fut honnête et sincère.

CHAPITRE IV.

LA PART DE LA COLLABORATION DANS LES DISCOURS DE MIRABEAU.

I.

Mirabeau était-il l'auteur de tous les discours qu'il apportait à la tribune ? Ses contemporains n'hésitaient pas à le nier. Dans les feuilles royalistes, dans les *Actes des Apôtres*, on lui reprochait tous les jours ses plagiats oratoires. On nommait ses « faiseurs », surtout Duroveray et Dumont. A l'Assemblée constituante, c'était pour tous un sujet de conversation médisante, sans étonnement néanmoins et sans que personne se scandalisât. Les plus graves auteurs de Mémoires, comme le marquis de Ferrières, sont formels sur ce point. Un autre collègue de Mirabeau, le duc de Lévis, n'était que l'écho de tous les entretiens du temps, quand il disait dans ses *Souvenirs :* « Le comte de Mirabeau prononça à la tribune de l'Assemblée nationale un assez grand nombre de discours écrits ; plusieurs rapports sur des objets intéressants portent aussi son nom. Il est certain que *la plupart de ces pièces ne sont pas de lui ;* on nomme l'auteur de l'adresse aux troupes, du discours sur le *veto,* du rapport sur les monnaies, etc., etc. » Enfin Châteaubriand, qui assistait fréquemment aux séances de la Constituante, et qui, par son compatriote Chapelier, connut Mirabeau et d'autres députés de la gauche, écrivit dans ses *Mémoires d'outre-tombe :* « On lui fournissait des discours pour la tribune : il en prenait ce que son esprit pouvait amalgamer à sa propre substance. » Et un collègue de Mirabeau disait de lui qu'il *était une espèce de tronc où beaucoup de personnes déposaient leurs opinions.*

Il résulte de ces témoignages, tous émanés de témoins oculaires, que, d'après l'opinion générale, Mirabeau recevait d'autrui des discours tout faits et les lisait tels quels, ou à peu près identiques, à l'Assemblée. Les journaux hostiles à la Révolution faisaient seuls semblant de s'en indigner. Les Constituants souriaient peut-être de la faiblesse du grand homme ; mais ils n'y voyaient aucune indélicatesse. Eux-mêmes, dans les premiers mois de la session, lisaient leurs discours, à l'exception de Barnave et de Cazalès ; habitués aux conversations mondaines en petit comité et à demi-voix, quelques-uns redoutaient un public de douze cents personnes, sans compter les galeries, et une tribune d'où l'on ne pouvait se faire entendre qu'en élevant la voix très haut, à cause de l'étendue démesurée de la salle. Combien durent, à l'exemple de Mirabeau, se faire aider (1) et, moins sincères que lui, qui permettait à ses auxiliaires de se vanter de leur collaboration, cacher soigneusement ce qu'ils devaient à quelque plume anonyme et exercée ! Les méfaits littéraires de ces orateurs médiocres, que cette habitude de lire enhardit trop souvent, n'intéressent pas la critique : ils expliquent cependant comment Mirabeau, si vraiment il fit tant d'emprunts à ses collaborateurs, rencontra chez ses collègues une indulgence si générale.

Ce n'est que beaucoup plus tard que ces assertions des contemporains furent considérées comme injurieuses et qu'on y vit une accusation d'improbité littéraire. L'opinion publique a toujours veillé avec un soin presque jaloux sur la gloire de Mirabeau : elle ne souscrivit pas à l'expulsion de ses cendres hors du Panthéon ; elle s'obstina, jusqu'à la publication

(1) Voir plus haut (p. 54, note 2) les renseignements qu'Et. Dumont donne à ce sujet.

de la correspondance avec La Marck et peut-être même après,
à repousser les accusations de vénalité ; elle récusa, comme
autant de calomnies, les affirmations d'Etienne Dumont,
dont les *Souvenirs* posthumes, publiés en 1832, contiennent
de si curieuses révélations sur les collaborateurs de Mirabeau. Jules Janin, dans le *Journal des débats* du 21 août 1832,
s'indigna aussitôt contre Etienne Dumont et dédaigna de répondre aux confidences, si précises et si détaillées, que l'ami
intime de l'orateur avait laissées dans ses papiers. La conclusion de la presse, à cette époque, fut que d'infimes auxiliaires pouvaient bien avoir fourni quelques matériaux au grand
orateur français, mais que celui-ci avait transformé ces matériaux en les revêtant de son style. Cette opinion s'établit
si solidement qu'il parut de mauvais goût de la combattre. De
nouvelles preuves, même irréfutables, apportées par M. Plan
qui en 1874 publia la correspondance de Mirabeau et de
Reybaz (1), passèrent à peu près inaperçues, comme s'il y
avait chose jugée et qu'il ne fallût pas toucher à une telle
gloire, même pour faire un triage honorable, la débarrasser
de l'alliage et la réduire à elle-même. Soyons sûrs au contraire qu'ainsi épurée cette gloire n'en brillera que d'un plus
vif éclat. Qu'y a-t-il d'irrespectueux à distinguer le faux
Mirabeau du vrai Mirabeau, à les comparer l'un à l'autre,
et à se former ainsi une opinion moins vague de cette éloquence plus admirée que connue ? On ne lit guère, en effet,
les discours de Mirabeau : on aime mieux les louer sur la
parole des historiens de la Révolution, et notre curiosité
languit souvent quand nous ouvrons les œuvres mêmes
de Mirabeau. D'où viennent donc ces mécomptes qui nous
arrêtent bientôt et nous font tomber le livre des mains?
Est-ce la faute de l'orateur ou la nôtre si, émus d'abord

---

(1) *Un collaborateur de Mirabeau*, par Ph. Plan, Genève et Paris,
1874, in-18.

par des harangues vivantes encore de passion ou de raison,
nous sommes bientôt lassés par de longs et froids développements, par des périodes obscures ou incolores,
et si toute la force de notre admiration ne nous défend
pas d'une certaine fatigue? Ne faut-il pas s'en prendre
plutôt au collaborateur, et notre admiration, qu'un aveugle respect finirait par affaiblir, ne se rassurera-t-elle
pas, quand nous saurons que notre ennui ne nous
vient pas de Mirabeau, mais de Reybaz, de Dumont
ou de Duroveray? On pourra faire alors, au point de vue littéraire (1), un choix dans les œuvres de l'orateur français,
et lire surtout les discours qui sont tout entiers à lui, sans
craindre de s'y fatiguer ou de s'y méprendre. Mais cette
hypothèse suppose la solution du problème de la collaboration. Cette solution, nous ne prétendons pas, en l'état présent de nos informations, la donner complète et définitive.
Toutefois, si le problème n'est pas entièrement résolu,
ne sera-t-il pas intéressant et utile d'en avoir précisé les
données?

II.

Ceux qui pensent, comme nous, que la part de la collaboration a été considérable et que les discours improvisés peuvent seuls être considérés avec certitude comme l'œuvre de
Mirabeau, rencontrent d'abord deux objections qui, au moment de la publication du livre de Dumont, ont fait le tour
de la presse. On dit que rien ne nous autorise à prêter à
Mirabeau ces mauvaises mœurs littéraires, et on demande
en second lieu pourquoi ce génie si riche aurait emprunté si
avidement à de plus pauvres que lui.

La première objection suppose qu'on n'a pas lu les écrits

---

(1) Au point de vue historique, les discours rédigés par les collaborateurs ont la même importance que les autres. Mirabeau en a ou inspiré
ou accepté les idées : elles font partie intégrante de sa politique.

de Mirabeau antérieurs à 1789. Certes, on est bien excusable de n'avoir pas entrepris cette pénible lecture : l'intérêt de ces livres a disparu avec les circonstances qui les avaient inspirés, et, sauf les *Lettres écrites du donjon de Vincennes*, aucun de ces pamphlets philosophiques et politiques ne porte la trace des qualités qui font vivre les œuvres de l'esprit. Le style, nous l'avons vu, est toujours oratoire et annonce, en plus d'un endroit, la vocation véritable de Mirabeau ; mais il n'est jamais original. La phrase est calquée sur celle de Rousseau, de Mably et de Raynal. Souvent même, Mirabeau emprunte aux disciples de ces écrivains des passages entiers, sans presque jamais les citer. Ses cahiers de notes et d'extraits passent peu à peu dans ses écrits, même dans les plus intimes. Les lettres à Sophie, par exemple, contiennent plus d'un passage emprunté aux brochures du jour qu'il trouvait moyen de recevoir dans sa prison. A un épanchement amoureux succède brusquement une théorie sur la liberté de la presse, sur l'économie politique ou sur la politique étrangère qui avait frappé le prisonnier dans une récente lecture, et qu'il ne peut s'empêcher d'insérer dans ces lettres brûlantes, sans informer sa maîtresse des sources auxquelles il puise. Garat avait fait un relevé plaisant (1) de ces emprunts, qui justifient presque le jugement sévère du père de Mirabeau : « C'est... un pillard qui n'aura jamais de bonne foi, écrivait l'Ami des hommes à son frère le bailli, le 6 mars 1782. Son érudition n'est que journaux pillés, affirmation. Il croit savoir les langues et n'est que grammaticien

---

(1) Dont Et. Dumont entendit la lecture chez Talleyrand : « C'était un examen du pillage et des plagiats dont elle [la correspondance] était composée. L'auteur, écrivant à sa maîtresse d'effusion de cœur, copiait des pages entières de plusieurs écrits qui paraissaient alors. *Écoute, ma bonne amie, je vais verser mon cœur dans le tien...*, et cette confidence intime était la transcription littérale d'un article du *Mercure de France* ou d'une page d'un roman nouveau. » *Souvenirs*, p. 272.

dans la sienne. Enfin, il ne sait rien, et ne peut rien comme manche, et il peut tout comme outil ; car, quand il t'aura volé une idée, il a tant de confiance et d'audace qu'il la fera tout de suite ronfler en belles phrases, fût-ce la plus petite idée : c'est machinal. — Et puis, réussir et exécuter ! — Il n'a pas même notre mémoire ; je lui ai dit tout cela : avec cela, il t'enchantera dans des moments par la vérité et l'énergie de ses raisonnements (1). » Les biographies sont remplies, en outre, de détails sur les collaborateurs qu'il sut s'attacher dès qu'il eut un nom, sur Chamfort, qui travailla à son pamphlet contre l'ordre des Cincinnati, sur Cerutti, sur Mauvillon, ce major prussien qui composa presqu'à lui seul l'immense *Tableau de la Monarchie prussienne*, publié par Mirabeau, après un séjour de deux mois en Allemagne. Toute une bibliothèque de traités, de pamphlets, de lettres politiques, parut sous son nom ou lui fut attribuée. La gêne pécuniaire, où son père le laissait, excuse la plupart de ces publications formées d'emprunts à peine déguisés, faites à coups de ciseaux ou écrites entièrement par des amis obligeants et séduits. Assurément Mirabeau n'est pas étranger à son œuvre : il provoquait, revoyait, retouchait cette profusion d'écrits. Mais il est incontestable qu'il manquait de scrupule, qu'il s'abaissa à plus d'une supercherie littéraire, que le plagiat ne lui répugnait pas, et, quant aux collaborateurs, qu'il arriva à l'Assemblée constituante entouré d'auxiliaires dévoués et travaillant sous ses ordres. Il excellait à démêler la spécialité de chacun, à secouer les paresses les plus rebelles, à faire penser les intelligences, pour recueillir toute cette production à son profit. Si on le veut, c'est une des preuves de son génie d'avoir su discipliner et dresser tant de personnes à concourir à son œuvre. Retenons surtout que, lorsqu'on connaît les habitudes de travail de Mirabeau, on est moins surpris de le voir, à

(1) Lettre au bailli, 6 mars 1782, citée par Lucas-Montigny, III, 184.

l'Assemblée constituante, s'aider de collaborateurs et, sans scrupule, s'approprier leurs travaux.

La seconde objection à laquelle il faut répondre, c'est l'invraisemblance d'une telle collaboration, en ce sens que si Mirabeau pouvait demander à ses auxiliaires de lui préparer ses discours, il n'avait pas besoin d'eux pour les composer et les rédiger : c'était, dit-on, l'œuvre propre de son génie, et il n'est pas croyable qu'il l'ait abandonnée à personne. Une réponse plausible a déjà été faite à cet argument : c'est que Mirabeau avait accepté des occupations écrasantes. Son immense correspondance s'étendait à tous les points du royaume, et il ne laissait tomber aucune relation épistolaire, parce qu'il voyait là le principal levier de son influence et de sa popularité. Bientôt il entra, nous l'avons vu, en pourparlers avec la cour et il remettait périodiquement au comte de La Marck de longues et savantes consultations sur la politique, qui, celles-là, étaient bien son œuvre pour le fond et pour la forme. Nous ne parlons pas du *Courrier de Provence*, dont il abandonna bientôt la rédaction au groupe génevois ; mais ses relations mondaines, son assiduité aux séances de l'Assemblée, et surtout ses plaisirs lui laissaient-ils le temps d'écrire ses discours? Mais cette réponse ne nous satisfait pas entièrement. Mirabeau était né orateur : l'éloquence était sa vocation, sa grande joie, et il s'y livrait avec un entier abandon de son être, malgré les réprimandes de La Marck, qui dans l'orateur voyait toujours reparaître le révolutionnaire. S'il avait pu, il aurait donc su trouver du temps pour écrire lui-même ses discours. Aura-t-on même tout expliqué, si on parle des accès de paresse intellectuelle auxquels il était sujet, et de sa nonchalance toute provençale qui se mêlait chez lui à une activité fiévreuse. et lui faisait parfois gaspiller les heures les plus précieuses d'une vie occupée jusqu'à l'encombrement? La véritable explication, à notre avis, c'est qu'il n'avait pas le don du style. Ouvrez ses livres: pas une

phrase ne porte une marque qui la distingue de la banalité
de ce temps-là. Stendhal a dit qu'un homme a du style
quand, rencontrant une phrase de lui dans une gazette, on
la lui attribue sans hésiter. Or les phrases de l'*Essai sur les
lettres de cachet* ou des *Doutes sur la liberté de l'Escault*, si on
les rencontrait anonymes, à qui les attribuerait-on ? Mirabeau, sauf dans quelques lettres tracées à la diable, ne sait
pas écrire. A tête reposée, la plume lui tombe des mains.
S'il n'est pas emporté par un élan passionné, il ne la ressai-
sit que pour tracer péniblement des lignes qui n'expriment
pas sa pensée. « Quand j'ai peur ou que j'ai du chagrin,
écrivait-il à Mᵐᵉ du Saillant en 1780, je fais bien lentement de l'académique; et cela est bien plat, bien bête et ne
persuade personne. » Cette boutade pourrait s'appliquer, en
l'atténuant, aux écrits de longue haleine, aux œuvres médi-
tées dans le silence du cabinet. La méditation porte malheur
à cet orateur né pour improviser : pendant qu'il cherche
l'expression, son imagination se refroidit, sa pensée se voile,
et il est obligé de se contenter du plus vague des *à peu près*.
« Si je veux être doux, onctueux et mesuré, disait-il à Dumont, je deviens insipide, et mon style flasque me fait mal
au cœur (1). » Or, comme l'éloquence politique exige souvent ces qualités de douceur, d'onction et de mesure, Mirabeau, habitué déjà à se faire aider, fait appel à ceux de ses
amis qui sont doués de ces qualités, et deux d'entre eux les
possèdent naturellement et par profession : je veux parler
des ministres protestants Dumont et Reybaz. C'est par eux
précisément que nous avons le plus de détails sur la part qui
revient aux collaborateurs dans les discours de Mirabeau.
Seulement, Dumont affirme sans prouver, tandis que Reybaz
nous a laissé des preuves. Examinons donc d'abord les documents que nous fournit Reybaz : à cette lumière sûre, nous

(1) Et. Dumont, p. 109.

pourrons mieux juger ensuite les assertions, si controversées, de l'auteur des *Souvenirs*, et, du connu, nous pourrons peut-être conclure à l'inconnu.

III.

Reybaz, comme tous les collaborateurs de Mirabeau, fut un homme de mérite, et qui ne dut pas seulement au grand orateur l'honorable notoriété attachée à son nom pendant la Révolution française, notoriété un instant disparue, mais remise en lumière par l'intéressante notice biographique de M. Plan. Né à Nyon, dans le pays de Vaud, en 1737, il fit ses études à Genève, entra dans la carrière évangélique en 1765, et exerça les fonctions de précepteur dans une famille de notables du pays, les Labat de Grandcour. Deux ans plus tard, on le trouve en France, où, par l'entremise de l'encyclopédiste de Jaucourt, il est chargé de terminer l'éducation d'un jeune comte suédois, petit-fils du général Lewenhaupt. « Cette fin d'éducation, dit son biographe, se fit en voyages, en visites chez les hommes distingués de l'époque, chez Voltaire, entre autres, qui connaissait Reybaz et qui le traitait fort bien. » Peu après, il épousa une jeune veuve, madame Marchinville, Génevoise, admiratrice passionnée de Rousseau. Il devint lui-même « bourgeois » de Genève, et ses idées libérales le mêlèrent à la révolution populaire dont le triomphe fut si court et qu'arrêta l'intervention étrangère, en 1782. Cette révolution, aujourd'hui oubliée ou mal connue, est racontée tout au long dans les Mémoires de Mallet du Pan. L'ancien gouvernement rétabli, un *édit de pacification* fut imposé à l'acceptation des Génevois. Ceux qui refusèrent de le jurer furent exilés, et parmi ces exilés se trouvèrent Duroveray et Clavière, le futur ministre des finances. Quant à Reybaz, il partit pour Paris avec sa femme. Il ne manquait pas de fortune, et put se livrer à son goût pour la physique et les mathématiques. Accueilli dans l'hospitalière maison de Panckouke, il collabora au *Mercure de France*, dont Mallet du Pan rédigeait avec tant d'éclat la partie politique. C'est par Clavière, Dumont et Duroveray, déjà groupés autour de Mirabeau, qu'il connut le grand orateur, dont il resta jusqu'à la fin le collaborateur assidu.

Mirabeau mort, Reybaz, après un court séjour à Genève, se retira à Londres, chez son ami David Chauvet, un des proscrits de 1782, dont la maison était devenue un véritable centre génevois. Il revint à Paris quand la neutralité de Genève et son indépendance furent menacées par l'armée de Montesquiou et plaida utilement, auprès de Clavière, alors ministre des finances, la cause de leur patrie commune. Chargé en récompense de remplir par intérim les fonctions de ministre de Genève à Paris, il fut définitivement appelé à ces fonctions en 1794 et, en présentant ses lettres de créance à la Convention, il prononça un discours si heureux, que l'Assemblée en vota l'impression et la traduction dans toutes les langues. On suspendit le drapeau de Genève dans la salle des séances, et, au transfert des cendres de J.-J. Rousseau, Reybaz fut invité à figurer en tête du cortège, à la droite du président de la Convention. J'insiste à dessein sur ce succès oratoire de Reybaz : c'est une réponse sans réplique aux admirateurs aveugles et maladroits de Mirabeau, qui réduisent à peu de chose la part de ses collaborateurs, donnant comme argument péremptoire que ceux-ci, abandonnés à eux mêmes,. rentrèrent dans le néant. Reybaz, on le voit, sut au contraire, dans une occasion grave et délicate, faire valoir lui-même les qualités d'esprit dont Mirabeau avait tiré tant de profit, et il est certain qu'il fut au moins une fois éloquent pour son propre compte (1).

(1) Ce discours habile et éloquent fut prononcé dans la séance du 6 fructidor an II. (Voir le *Moniteur* du 25 août 1794.) Reybaz avait déjà,

En 1796, il donna sa démission, à la suite d'intrigues formées contre lui à Genève. Son gendre, le poète danois Bag-
gesen, nous apprend, dans sa notice autobiographique récemment publiée, qu'il avait perdu toute sa fortune pendant la
Révolution. En 1801, devenu Français, il allait être nommé au
Corps législatif, quand il tomba en enfance, à la suite d'une
attaque de paralysie. Il mourut en 1804, ne laissant d'autre
œuvre qu'un recueil de sermons prêchés dans sa jeunesse ;
chaque sermon était précédé d'un hymne « analogue » au
sujet traité. C'était un homme de bien et une âme candide.

Nous connaissons la vie de Reybaz, et nous pouvons maintenant raconter avec quelque détail l'histoire de ses relations
avec Mirabeau et énumérer, grâce aux lettres de celui-ci, les
services littéraires qu'il lui rendit, en précisant la nature de
ces services. Disons d'abord qu'il avait hésité longtemps à
répondre aux invitations de Mirabeau : son austérité se méfiait. M. Plan a même retrouvé un billet d'Etienne Dumont,
renouvelant une invitation verbale pour une réunion chez
Mirabeau, et au bas duquel Reybaz avait écrit : « Je n'ai pas
voulu y aller ». Mais Mirabeau, habitué aux avanies que lui
valaient les scandales de sa jeunesse, ne se rebuta pas pour si
peu, déploya toutes ses séductions, mit en œuvre toutes ses
coquetteries et attira peu à peu le rigide Génevois. Personne
en effet, si prévenu qu'il fût, ne pouvait résister à ce char-
meur : « Quand Mirabeau croyait avoir besoin de moi, écrit
Dumont, il me disait du bien de mes amis, il me parlait de
Genève; c'était une espèce de *ranz des vaches;* il m'amollissait
et me subjuguait. » Nous savons aussi qu'un des attraits de
la société de Mirabeau était une familiarité cordiale et ingénue,
qui supprimait dans les formes tout ce qui éloigne, pour en

non sans succès, prononcé un discours, quand il fut chargé de l'*intérim.*
Ce discours fut adressé au conseil exécutif provisoire, le 19 décembre
1792. (*Moniteur* du 4 janvier 1793.)

garder seulement ce qui rapproche. Il laissait de côté, dès les
premières entrevues, les phrases de convention, simplifiant
ce cérémonial de compliments qui, à la fin du xviii⁽ siècle,
tenait encore tant de place dans la conversation. Si cette
négligence choquait les gens de cour et déplaisait dans les
salons, où Mirabeau dut s'imposer, elle mettait singulièrement
à l'aise les plébéiens, les hommes du Tiers, et les flattait d'autant plus dans leur amour-propre que Mirabeau tenait à sa
noblesse et n'aimait pas qu'on parût n'y pas songer. Il rem-
plaçait donc l'étiquette mondaine par une politesse à lui, qui
semblait venir du cœur et qu'on eût dit improvisée particu- --
lièrement pour l'interlocuteur du moment. Avec Mirabeau,
disent les contemporains, il fallait, bon gré, mal gré, se montrer
ce qu'il était alors, c'est-à-dire bon garçon, beau rieur et
ennemi de tout salamalec. « Monsieur le Comte » voulait que
ses amis fussent avec lui comme entre eux, et en cela il restait
grand seigneur et homme d'ancien régime, rapprochant les
conditions sociales sans les confondre et tutoyant plus qu'il
ne se laissait tutoyer. Sa conversation, gênée d'abord avec les
patriciens, fut avec les bourgeois de la Constituante un mélange de bonne grâce, d'impertinence naïve, de camaraderie
franche, de confiance cordiale, auquel se laissèrent prendre
isolément (1), malgré ses brusques retours de grossièreté
méridionale, les hommes auxquels il voulut faire sa cour, afin
de les posséder, d'en user jusqu'à l'abus, de leur prendre
leurs idées, leurs paroles, leurs écrits, leur talent. Que dis-je,
prendre? Il se faisait donner le tout, et on était encore l'obligé;
on le remerciait d'admettre dans son vaste et noble magasin
d'idées, selon le mot de Camille Desmoulins, des conceptions
qui sans lui n'auraient pas pu s'imposer à l'attention de la
France et de l'Europe (2). Lui mort, on s'aperçut peut-être

(1) Réunis, ils le méprisaient, nous le savons, et lui refusaient toute
marque publique de confiance.
(2) « Quand j'ai travaillé pour Mirabeau, dit Et. Dumont, il me sem-

qu'on avait été dupe ; mais il était trop tard pour protester.

Reybaz sentait ce danger ; mais il craignait surtout les familiarités du grand homme et voulait rester libre et digne. Mirabeau, avec son génie, jugea dès le premier jour et ce talent et ce caractère. Il vit que Reybaz ne lui saurait aucun gré de camaraderies, irrésistibles pour d'autres, et que cet homme modeste avait la plus haute idée de sa respectabilité personnelle. C'est par une déférence cérémonieuse qu'il va le gagner d'autant plus sûrement que personne n'aura été l'objet de semblables égards de la part de Mirabeau. Reybaz savait, sentait tout cela, et lui qui craignait sans doute d'être traité, comme les autres, en camarade ou en secrétaire, lui pour qui le droit, dont usait Duroveray, de tancer vertement l'orateur, n'eût pas été une compensation du manque d'égards, il dut être surpris et flatté, en recevant, le 30 septembre 1789, du tribun mal élevé qu'il avait évité, le billet cérémonieux que voici :

« Je vous assure, Monsieur, que vous feriez une œuvre de bien public profondément estimable et utile de venir à Versailles. Mais quand ? Ce soir. Et quand votre aimable famille pourra-t-elle vous suivre ? Demain chevaux et chariot seront aux ordres de Mᵐᵉ Clavière, et après-demain chevaux et carrosse seront aux ordres de vos dames ; mais Genève, vos amis, la France, et s'il faut pour vous plaire le *minuendo*, moi, nous aurions demain matin un extrême besoin de vous. J'ai donc l'honneur de vous proposer d'aller vous prendre ce soir, c'est-à-dire dans une heure, pour venir à Versailles.

« Vous connaissez mes sentiments respectueux.

« Le comte DE MIRABEAU. »

blait que j'avais le plaisir d'un homme obscur qui aurait changé ses enfants en nourrice et les aurait introduits dans une grande famille : il serait obligé de les respecter quoiqu'il fût leur père. » *Souvenirs*, p. 109.

La seconde lettre que nous ayons est datée du 4 janvier 1790. Ces trois mois avaient suffi pour prendre possession de Reybaz. C'est maintenant chose faite. Déjà il travaille pour Mirabeau, qui affecte de le traiter encore plus en conseiller politique qu'en collaborateur. Veut-il obtenir un discours sur la peine de mort et sur les établissements préliminaires à la réforme de la jurisprudence criminelle ? « J'abandonne à votre sagesse, dit-il, ma conduite en cette occasion très délicate. Je prendrai peut-être la liberté de vous envoyer cinq ou six pages de bavardage à cet égard; car voilà deux ou trois nuits que ce sujet me poursuit, et il faut me délivrer de ce spectre; mais ce n'est qu'à vous que je devrai de le faire tout à fait évanouir. »

En mai 1790, Mirabeau parle de sa « reconnaissance » : il a donc déjà profité des travaux de Reybaz. S'agit-il du discours sur le droit de paix et de guerre, dont il annonce, dans la même lettre, l'envoi d'un exemplaire, de ce fameux discours qui, imprimé, se trouva offrir un sens tout différent et plus favorable à la popularité de Mirabeau ? C'est peu probable, puisque les contemporains attribuaient ce discours à Pellenc. Mais Reybaz a pu fournir des notes, des matériaux, ou revoir le travail de Pellenc.

Le 28 mai, Mirabeau commande à Reybaz un discours sur le mariage des prêtres. Il est impossible d'être plus pressant, plus impératif dans le fond et plus courtois dans la forme :

« Ce que je voudrais bien montrer, c'est que permettre le mariage des prêtres est, d'un côté, le seul moyen de les faire entrer dans la Révolution et de les y attacher, et de l'autre une bonne manière de donner des officiers de morale estimables à la société. Si je parlais à un penseur moins accoutumé à la méditation de ces sortes de matières, je me permettrais d'indiquer quelques accessoires du sujet, et surtout ceux relatifs à la législation matrimoniale, qu'il sera bien utile de présenter du moins. Si je parlais à un homme d'un goût moins sûr, je

remarquerais combien ici le tact des convenances oratoires
est peut-être le premier gage du succès; mais c'est à M. Reybaz que je m'adresse, et je n'ai qu'une inquiétude, c'est que
sa modestie excessive ne mette en souffrance et ma gratitude
et ma délicatesse. Je le supplie d'agréer mes salutations cordiales et mon hommage respectueux. »

Robespierre ayant pris les devants, et, comme dit Mirabeau,
escamoté la motion sur le mariage des prêtres, le discours fut
écrit, mais non prononcé. Lucas-Montigny le publia en 1835,
avec cet avertissement : « Des trois minutes que nous possédons et qui, écrites par deux copistes qu'occupait habituellement Mirabeau, sont surchargées de corrections autographes
de celui-ci, nous choisissons le texte qui nous paraît le plus
travaillé, et qui, selon toute apparence, devait être porté à la
tribune ».

En 1874, M. Plan imprima le *brouillon* de Reybaz, en faisant
remarquer que celui-ci, homme d'ordre, avait intitulé ainsi
les feuillets contenant les discours sur le mariage des prêtres.
Lui-même a dû modifier et corriger sa première inspiration,
et l'on remarque, d'ailleurs, des différences entre le brouillon
et le texte donné par Lucas-Montigny. Des corrections ont
été faites. De qui proviennent-elles ? de Reybaz ou de Mirabeau ? De tous deux, probablement. Il faut bien dire que la
question serait plus claire, si Lucas-Montigny avait publié le
fac-simile du texte du copiste avec les corrections autographes
de Mirabeau. Mais Lucas-Montigny ne voulait pas faire la
lumière : il eût craint (bien à tort) de ternir ainsi la gloire
de son père adoptif. Quoi qu'on en pense, supposons que tous
les changements soient le fait de Mirabeau : ce n'en est pas
moins le même discours, et l'œuvre de Reybaz subsiste entière.
Le démontrer, en mettant d'un bout à l'autre les deux textes
en regard, ce serait abuser inutilement de la patience du
lecteur et prouver l'évidence. Mieux vaut, en partant de l'hypothèse que l'orateur modifia lui-même le discours, étudier

quelques-unes de ces modifications et marquer les différences
les plus notables : on devinera ainsi comment Mirabeau
retouchait les travaux qu'on lui apportait, ou, si les retouches
ne sont pas de lui mot pour mot, comment il voulait que ses
collaborateurs se corrigeassent eux-mêmes.

Ces différences entre les deux textes se rencontrent surtout dans la première partie du discours. Le texte de Lucas-
Montigny est beaucoup plus long que le brouillon ; les précautions oratoires y sont plus développées ; les arguments
tirés de l'histoire ecclésiastique y sont placés dans un jour
plus vif. C'est que les Constituants se croyaient, pour la plupart, aussi bons catholiques que dégagés des attaches ultra-
montaines : il fallait tâcher de leur prouver qu'en permettant
le mariage des prêtres, ils ne seraient pas en désaccord avec
le vrai christianisme, ils ne se heurteraient qu'à de récentes
théories consacrées par l'ambition des papes : ceux-ci, d'après
Mirabeau et les philosophes du xviii° siècle, avaient interdit
le mariage aux prêtres afin de les trouver plus dociles et plus
maniables. Ce qu'avait fait la politique, la politique pouvait
bien le détruire, sans toucher au dogme. Quoi que l'on pense
de cette vue un peu courte et bornée, il faut reconnaître que
de semblables arguments convenaient à l'esprit et aux passions de l'Assemblée : ils eussent touché son patriotisme,
sans inquiéter sa foi. Déjà présentés dans la première version
du discours, ils sont encore fortifiés dans la seconde et y
acquièrent plus de force et plus de portée.

A en juger par cet écrit, nul ne possédait mieux que Reybaz l'art de ne pas blesser l'auditeur, même hostile, et de ne
choquer aucune bienséance. En ce sujet scabreux, la réserve
naturelle de l'homme est encore accrue par les pudeurs professionnelles du ministre protestant. Il semble pourtant que
son langage ait parfois paru trop vif encore à Mirabeau.
Chose étrange! l'auteur de l'*Erotica biblion*, ce débauché
perdu de renommée, était doué d'un tact si exquis des conve-

nances parlementaires, il savait si bien ce qu'il ne fallait pas
dire à la tribune, qu'il corrigea ou fit corriger par Reybaz,
comme trop cru, le passage suivant de la version primitive :

« Je vais plus loin, Messieurs, et je soutiens que ce serait aux
dépens de l'ordre public que les religieux seraient rentrés
dans la société, si vous ne leviez pas le dernier obstacle qui
les empêche de s'unir à elle par toute espèce de liens honnêtes et légitimes. Représentez-vous des milliers de religieux
sortis en peu de temps des cloîtres et répandus soudain dans
le monde. *Je ne veux point être ici l'écho des rigides censeurs
des mœurs monastiques (la malignité peut avoir outré les peintures); je ne parlerai même pas des longs effets de la solitude
et de l'abstinence pour enflammer l'imagination, ni de ces passions d'autant plus ardentes qu'elles ont été longtemps conte-
nues;* je vous représenterai seulement des milliers de céliba-
taires rendus tout à coup à la société, frappés de mille objets
nouveaux, en proie à mille sensations qu'ils n'ont point été
appelés à combattre. *N'est-il pas à craindre que, sans armes
contre tant de séductions, un grand nombre n'y cède au détriment des mœurs publiques?* N'est-il pas à craindre qu'on ne
voie peut-être paraître au grand jour plus de désordres éclatants que la malice même n'en a peint de cachés dans le fond
des cloîtres ? »

Les deux phrases soulignées n'existent plus dans le texte
définitif. Déjà Mirabeau, si libre jadis, ne craignait pas seulement de choquer son auditoire par de telles peintures: il
évitait avec soin tout ce qui eût pu rappeler en lui le pamphlétaire trop célèbre par sa licence et ses violences. Cette
philosophie du XVIII° siècle, dans laquelle il s'était trempé aux
années de captivité et d'étude, il n'en apporte à la tribune
que les conséquences les plus acceptées et les plus réalisables:
elle perd, dans la bouche de l'orateur, l'allure militante,
presque batailleuse, que lui avaient donnée les encyclopédistes
et leurs disciples. Les plaisanteries contre le clergé, les

sarcasmes indignés contre la vie cloîtrée. les peintures éro-
tiques de la *Religieuse,* toute cette guerre a fait son temps. On
a détruit : il faut édifier. ou plutôt relever l'édifice en le réparant, en supprimant avec précaution les parties ruineuses.
Ce n'est point par des épigrammes philosophiques que Mirabeau compte faire triompher sa motion : c'est par des raisons
politiques tirées de l'histoire. Ce n'est pas en faisant rire des
prêtres qu'il espère détruire un abus clérical, mais en
rassurant, par un ton sérieux, la conscience des auditeurs.
Le véritable homme d'Etat, à la tribune, doit être grave et se
garder de l'esprit facile : voilà un des principes de la rhétorique de Mirabeau.

A quoi bon faire rire d'hommes que beaucoup respectent,
surtout quand ces hommes ne sont pas encore des ennemis,
quand il faut les concilier, non les blesser, en faire des citoyens, et non pas des êtres douteux, ni laïques ni prêtres?
Le moine qui sortait du couvent en 1790 avait soif de dignité
humaine et civique, et plus d'un, jeté brusquement à la lumière, s'effarait, avait honte, rougissait. Quoi de plus politique que de les rassurer et de les traiter en hommes
plutôt qu'en moines, si l'on ne voulait que les uns se mis-
sent à haïr l'esprit révolutionnaire, les autres à l'ou-
trer? Les arrière-pensées de Mirabeau, on le voit, tendent
toujours à une politique conservatrice, qui se devine dans ce
simple travail de correction.

Mais, nous l'avons dit, le défaut de Reybaz n'est pas la violence dans l'expression : il est plutôt mou, souvent terne,
plus solide que brillant : il manque de trait. Or, le trait, c'est
la grande préoccupation de Mirabeau (1). Il aime et recherche

_____

(1) « Mirabeau, qui connaissait si bien ses auditeurs, ne montait
jamais à la tribune sans avoir préparé ce qu'il appelait *le trait*, c'est-
à-dire une tournure piquante et singulière qui aiguisait sa pensée et
surprenait un applaudissement. » (Dumont, *Tactique des Assemblées
législatives*, t. II, p. 365.)

les images qui saisissent et ne s'oublient pas. Mais il ne veut
pas les prodiguer : il en place dans un discours deux ou trois,
et tâche de les choisir si heureuses et de les disposer si bien
que, sur un fond rendu moins lumineux à dessein, elles se
détachent nettement, *quasi lumina orationis.* Ces *lumières*
manquent dans la première version, surtout au début, où la
pensée se traîne. On se représente volontiers, à la lecture de
ces phrases incolores, de ce raisonnement paresseux, quoique sensé, Mirabeau, impatienté, dictant ce passage fort et
brillant que nous ne trouvons pas dans le brouillon :

« La Constitution française doit-elle donc demeurer si im-
parfaite, que sous son empire on puisse trouver encore des
individus qui jouissent des bienfaits de la patrie, sans appartenir à la patrie? qui seront protégés par les mêmes lois que
les vrais citoyens, et qui seront dispensés des plus essentielles
de ces lois? qui, à la face des hommes, pourront, que dis-je?
devront abjurer la qualité d'hommes ; et qui, toujours stériles
parmi les abeilles de la ruche politique, essaieront de réaliser
une théorie que la nature combat sans cesse, que la société
ne peut reconnaître sans se détruire ? »

Quant aux corrections de détail et de style, elles abondent,
surtout dans la première partie : car la seconde moitié des
discours est, à quelques mots près, identique dans les deux
versions. Mais l'exemple le plus remarquable de ces corrections de forme, c'est l'exorde même, si lourd dans le manuscrit de Reybaz, si allégé dans celui de Mirabeau. On
nous permettra de citer ces deux textes : rien n'est plus propre à éclaircir cette question si controversée de la collaboration :

« Vous avez beaucoup fait pour la société, beaucoup pour
les mœurs, lit-on dans le brouillon de Reybaz, beaucoup pour
la religion, quand vous avez appliqué les règles de la plus
saine raison, de la politique la mieux calculée, à la réforme
de la constitution ecclésiastique ; quand, après avoir assuré

le service de l'autel, l'entretien de ses ministres, le soulagement des pauvres, vous avez fait rentrer dans les mains de
la nation des biens trop souvent détournés de cet usage;
quand vous avez rendu à la liberté les religieux que des engagements téméraires retranchaient du monde ; quand vous
avez assorti le nombre des officiers du culte, leur salaire, leur
juridiction à notre nouvelle constitution politique; quand,
enfin, élaguant un arbre chargé de branches ambitieuses et
de rameaux dévorants, vous avez travaillé à rendre le tronc
plus vigoureux, les fruits plus abondants et plus salutaires.
Vous avez, dis-je, beaucoup fait alors pour l'ordre public ;
votre ouvrage serait imparfait encore, mais il demeurerait
mal affermi, si vous ne le couronniez par une loi infiniment
juste et désirable, et si, en affranchissant les ecclésiastiques
d'un célibat forcé, vous ne les rendiez entièrement à la
patrie. »

Donnons maintenant le texte adopté par Mirabeau : « La
France vous doit la réforme de la constitution ecclésiastique,
grande et difficile opération que la sagesse même ne peut tenter qu'à des époques excessivement rares. Vous avez rendu à
la nation des biens trop souvent détournés de leur destination
primitive et véritable. Vous lui avez rendu des milliers
d'hommes que des engagements téméraires en séparaient,
quoiqu'elle les nourrît dans son sein ; mais vous ne les lui
avez pas encore restitués citoyens. En déterminant le nombre
des officiers du culte, leur salaire, l'étendue de leurs emplois,
vous les avez soumis plutôt que liés à notre nouvelle constitution ; vous les avez réunis dans le monde, mais non dans
l'État; et vous n'auriez pas assez fait pour la religion, ni pour
la patrie, si votre ouvrage n'était pas couronné par une loi
que vous avez déjà méditée, par une loi dont l'effet serait de
délivrer à jamais de la chaîne du célibat les ecclésiastiques
qui ne voudraient plus la porter. »

Avec tant de mots, l'interminable phrase de Reybaz ne disait rien de plus, et d'ailleurs comment la lire à la tribune sans perdre haleine ? Mirabeau, avec raison, s'inquiétait beaucoup des repos, des points d'arrêt dans les périodes de ses discours. Lecteur incomparable, il avait conscience des secrets de son art, et souvent, si l'on veut s'expliquer pourquoi, dans la version définitive, tel mot est changé, telle phrase est coupée, telle épithète retranchée ou ajoutée, il faut se reporter aux règles de la lecture à haute voix, que le grand orateur, d'après les contemporains, appliquait à merveille. Ici, c'est pour respirer que Mirabeau a séparé une phrase en deux ; là, c'est pour éviter une consonance pénible qu'il a remplacé tel substantif par un synonyme. Souvent, un mot déplacé change tout le système et changera toute la fortune d'une phrase : la voilà oratoire, c'est-à-dire facile à lire, à entendre et à comprendre. Reybaz, la plume à la main, n'y avait pas songé ; mais Mirabeau qui, dit-on, se fait souvent lire à haute voix les discours qu'on lui prépare, n'a garde de s'y tromper : il arrête d'un geste le lecteur, provoque la correction, j'imagine, plutôt qu'il ne l'essaie lui-même, se fait relire aussitôt le passage remanié, et ne l'accepte que s'il satisfait pleinement son oreille exercée.

N'oublions pas cependant que s'il demandait à Reybaz de se corriger lui-même, c'était avec infiniment de précautions et d'excuses. Nous en avons la preuve dans un de ces billets cérémonieux où il affecte de lui parler à la troisième personne :

« Demain matin, lui écrit-il le 27 août 1790, si je ne le dérange pas, j'irai causer avec lui sur le mariage des prêtres. Je ne sais pourquoi il m'attend pour les corrections ou retranchements ; *car il a certainement la dictature.* Je ne me rappelle que l'idée de la chasteté comme perfection qui revient dans la seconde partie, mais absolument sous d'autres formes. Enfin nous verrons. Je prie Monsieur Reybaz d'agréer mon hommage. »

C'est le même jour qu'il prononça son premier discours sur les assignats. M. de Montesquiou, après avoir fait, au nom du comité de finances, un rapport sur la liquidation de la dette publique, posait ainsi la question à l'Assemblée : « Les effets donnés en remboursement seront-ils en quittance de finance ou en assignats-monnaie, à la volonté des créanciers à rembourser ? ou seront-ils l'un et l'autre ? » Mirabeau, on le sait, conclut à rembourser la totalité de la dette exigible en assignats-monnaie, sans intérêts ; à mettre en vente sur-le-champ la totalité des domaines nationaux, et à ouvrir à cet effet des enchères dans tous les districts ; à recevoir, en paiement des acquisitions, les assignats, à l'exclusion de l'argent et de tout autre papier ; enfin, à brûler les assignats à mesure de leur rentrée. « Ce discours, dit le *Moniteur*, est souvent interrompu par des applaudissements, et l'Assemblée en décrète l'impression presque à l'unanimité. » On voit que Mirabeau remporta ce jour-là un de ses plus grands succès de tribune, et il le dut entièrement à Reybaz, comme le prouve la curieuse lettre qu'on va lire et dont il ne faut pas retrancher un seul mot :

« Je vous envoie tous les compliments que m'a valu l'excellent discours dont vous m'avez doté. Ne soyez pas fâché des deux ou trois mots que j'y ai dissimulés : ils resteront dans l'impression ; mais j'ai craint que l'Assemblée fût quelquefois ou plutôt ne se crût un peu trop gourmandée. Ainsi j'ai ôté (seulement pour la prononciation) le mot *Bien*, etc. Maintenant je vous assure : 1o que le succès a été énorme ; 2o que cela passera. Je vous demande la permission d'aller corriger les épreuves avec vous. Je vous demande aussi d'exercer sur-le-champ la dictature la plus absolue sur le discours, où vous voulez bien donner droit de cité au petit nombre de pages que j'y ai ajoutées. — *Vale et me ama.* 27 août 1790. »

« Au reste, je me suis aperçu que l'écriture, toute char-

mante qu'elle soit, est un peu petite à la tribune. Mes res-
pects aux pieds du secrétaire (1).

« *N. B.* Suivez avec un grand soin les *Moniteurs*, afin de
nous tenir prêts à une réplique. »

Cette lettre vraiment extraordinaire, et qui se commente
elle-même sans que nous ayons besoin d'en préciser la portée,
n'est-elle pas la justification de toutes les assertions des contemporains et des prétendues calomnies d'Etienne Dumont?
Est-il possible encore de nier, de contester, d'épiloguer?
Ainsi Mirabeau, à l'occasion, n'hésitait pas à prononcer un
discours dont il n'avait composé que quelques parties, et il
se plaisait à reconnaître toute sa dette dans une lettre pleine
de franchise et de reconnaissance émue! Et cette dette n'était
pas mince en vérité : car ce discours, médiocre pour la forme,
est remarquablement pensé et composé. L'Assemblée ne pouvait manquer de goûter de si bons arguments exposés avec
ordre et clarté. Ses perplexités, ses angoisses patriotiques,
que cette terrible question financière éveillait sans cesse,
furent singulièrement calmées par cet optimisme souriant qui
anime le discours de Reybaz. Mais il fallait que l'Assemblée
fût bien habituée aux changements de style de Mirabeau
pour ne pas s'étonner des précautions et des atténuations
excessives dont il affaiblit, comme à dessein, sa pensée d'ordinaire si vigoureuse. Un an plus tôt, le 26 septembre 1789,
il avait remporté le plus brillant triomphe oratoire de sa vie,
en montrant à l'Assemblée éperdue l'abîme béant de la banqueroute. Avec quelle froideur aujourd'hui, s'imitant lui-
même, il parle en ces termes de ce même abîme : « Si nous
n'y pensons pas, nous sommes comme des aveugles qui voudraient jouer le rôle d'oculistes, et nous nous acheminons in-
considérément, nous conduisons nous et la nation vers un

(1) C'était probablement Mlle Reybaz.

abîme ; car, Messieurs, il n'en faut pas douter, il est ouvert, cet abîme ; il s'agrandit devant nous. »

Nul doute que Mirabeau, s'il eût lui-même composé son discours, n'eût évité avec soin de rappeler cette métaphore célèbre, déjà historique, et de l'apporter de nouveau à la tribune. Quant au mot de *banqueroute* dont il avait tiré un si grand effet, Reybaz l'évite avec soin et parle de la chose sans la nommer, croyant en augmenter l'horreur par une savante et naïve prétérition : « Je vois déjà, fait-il dire à Mirabeau, le ministre des finances venir dolemment nous présenter un nouveau certificat de notre ruine, et nous proposer ce qui ne pourra pas même nous sauver, au prix de la honte, d'éternelles suspensions, des atermoiements indéfinis, des retards de rentes ; c'est-à-dire ce que nous avons repoussé jusqu'ici avec tant d'horreur, mais ce qui nous atteindra enfin et nous enveloppera malgré nous ; *ce que je n'ose même nommer, tant ce nom seul doit révolter cette Assemblée* ». L'éloquence de Mirabeau n'avait pas de ces timidités rusées, qui manquent toujours le but dans une assemblée politique. Les préoccupations littéraires guident la plume de Reybaz : elles sont étrangères à l'éloquence de Mirabeau dans les occasions, heureusement fréquentes, où sa parole improvisée exprime sa pensée dans une forme sobre et définitive.

Mais, la plume à la main, eût-il fait mieux que Reybaz ? N'était-il pas incapable du détail de la composition littéraire et de ces utiles tâtonnements où l'esprit des écrivains de profession devient fécond, et où son génie, en se refroidissant, se stérilisait ? Il avait conscience de son infériorité sur ce point et en faisait à moitié l'aveu dans une lettre du 5 octobre 1790, où il propose à Reybaz de s'occuper d'un plan d'éducation nationale : « Le recueillement et la méditation nous sont entièrement ravis ; il nous est devenu presque impossible d'organiser un grand travail, lors même que nous en aurions des matériaux préparés. Jugez si nous pouvons nous flatter de saisir les idées mêmes d'un sujet si profond, si vaste, dont on n'a encore observé attentivement pas même les superficies. Venez à notre aide.... »

Reybaz ne vint point à son aide dans cette occasion, mais il rédigea le second discours sur les assignats, prononcé dans la séance du 27 septembre 1790, le plus long de tous les discours de Mirabeau. Ces deux discours se ressemblent trop pour n'être pas sortis de la même plume, et si nous n'avons pas un remerciement de Mirabeau aussi décisif pour cette réplique que pour le premier discours, les nombreux billets adressés à Reybaz pendant tout le mois de septembre ne laissent guère de doute sur la nouvelle dette contractée envers l'obligeant Génevois. L'orateur le harcèle de recommandations, d'avis, de scrupules, lui envoyant toutes les brochures parues sur le même sujet, les discours prononcés pour ou contre au Club de 1789, et s'inquiétant de ce que son collaborateur travaille si loin de lui. On voit, on devine, en lisant ces lettres, que le secret désir de Mirabeau eût été d'avoir Reybaz chez lui, de le tenir sous sa main, de lire par-dessus son épaule le brouillon commencé... Mais Reybaz sut éviter cette férule et, sagement, resta chez lui. Il semble même s'être plus d'une fois cabré à certaines vivacités de son correspondant, à certains conseils trop impérieusement donnés. Mirabeau est alors obligé de calmer son amour-propre; il excelle en pareil cas à revenir sur ses pas, à se faire souple, à complimenter modestement, art courtisanesque dont jadis s'indignait son père, l'intraitable *Ami des hommes* : « Certainement, écrit Mirabeau à Reybaz, s'il est un homme au monde qui sache allier la sévérité des principes et de polémique à celle de la décence et du goût, cet homme est vous; et loin de vous demander d'en sortir, je vous prierais d'y rester religieusement, si cette prière n'était pas purement oiseuse ou même ingrate ».

Du 1er octobre au 15 novembre, nous voyons Reybaz occupé à préparer un grand discours contre le projet d'imposer les rentes. Mais ce discours ne fut pas prononcé, et Mirabeau se contenta de combattre la proposition Lavenue en quelques phrases très courtes, dans la séance du 3 décembre 1790. Reybaz lui reprocha, semble-t-il, de ne s'être pas servi de son travail, et Mirabeau lui répondit, dans les derniers jours de sa vie : « Vous n'êtes pas juste, mon très cher monsieur, si vous me reprochez un des plus grands chagrins que j'aie eus à l'Assemblée nationale et un des grands actes de perversité machinés contre moi dans icelle. Je veux dire la non-lecture de l'excellent discours sur *l'irréductibilité des rentes*. Et certes, MM. les machinateurs n'en sont plus où ils en étaient, et j'ai barre sur eux ; ainsi cela n'arrivera plus. Si donc le bon ange de la France ou le mien vous tiraient un peu l'oreille, ils me rendraient un grand service et sans vous donner beaucoup de peine, car plusieurs morceaux de ce discours non prononcé pourraient être employés avec beaucoup de convenance et le plus grand succès. »

Dans ses dernières lettres, Mirabeau demande un discours sur les successions en ligne directe, un discours sur le duel et un discours sur la peine de mort. Content des promesses de son collaborateur, il lui écrit, le 27 mars 1791, ces lignes mélancoliques et émues, qu'il ne croyait pas être un suprême adieu :« Me voilà tranquille sur la peine de mort, mais chez vous il n'y a que la tête d'active ; chez moi, tout l'est. Le bonheur vous a gâté, si pourtant le chef-d'œuvre de la vie n'est pas d'être heureux et de rendre heureux ce qui nous entoure. Le malheur m'a acéré, stimulé, incendié, et je brûle encore lorsque je ne suis plus que cendre. Souffrez donc que j'essaie toujours de vous échauffer un peu ».

Cinq jours plus tard, Mirabeau mourut, et, le 2 avril 1791, Talleyrand monta à la tribune de l'Assemblée nationale et raconta la visite qu'il avait faite la veille à Mirabeau. « M. Mirabeau, dit-il, dans cet instant était encore un homme public, et c'est sous ce rapport qu'on peut regarder comme un débris précieux les dernières paroles qui ont été arrachées à l'immense proie que la mort vient de saisir. Rassemblant tout son intérêt sur la suite des travaux de cette Assemblée, il a vu que la loi sur les successions était à l'ordre du jour. Il a témoigné de la peine de ne pas assister à cette discussion, et c'était avec des regrets pareils qu'il paraissait évaluer la mort. Mais comme son opinion sur l'objet qui vous occupe est écrite, il me l'a confiée pour vous la lire en son nom. Je vais remplir ce devoir. Il n'est pas un seul des applaudissements que cette opinion va mériter qui ne doive reporter dans le cœur une émotion profonde. L'auteur de cet écrit n'est plus : je vous apporte son dernier ouvrage ; et telle était la réunion de son esprit et de sa pensée, également voués à la chose publique, qu'en l'écoutant vous assistez presque à son dernier soupir. »

Le discours posthume de Mirabeau fut écouté avec respect et dans un silence solennel. Mais cette scène dut attrister ceux des amis du défunt qui étaient dans le secret et qui savaient de qui ce discours était l'œuvre. Aujourd'hui nous ne pouvons pas en douter : M. Plan a retrouvé le brouillon de Reybaz, qui est identique, à quelques phrases près, au texte donné par le *Moniteur*. Encore ces légères différences peuvent-elles, sans invraisemblance, être considérées comme introduites par Reybaz lui-même, quand il transcrivit son brouillon. « Pour expliquer l'importance que nous attachons à ce mot de *brouillon*, dit M. Plan, il nous paraît bon de noter que Reybaz, homme de très grand ordre, cotait avec soin ses moindres papiers, et que ce mot se trouvait écrit sur le rouleau de *feuillets détachés* concernant le célibat des prêtres et le droit de tester, tandis que sur le *cahier* relatif aux rentes viagères, il y avait *Discours*. »

Ce dernier discours, que M. Plan n'a pas cru devoir publier, n'est autre que le discours sur l'*irréductibilité des rentes via-*

gères, que Mirabeau regrettait si fort de n'avoir pu prononcer. S'il eût vécu davantage, il aurait donc accru encore sa dette envers Reybaz, qui devenait de plus en plus son collaborateur en titre, et semblait avoir trouvé dans le sentiment même des services qu'il rendait à Mirabeau et à la cause libérale un ample dédommagement de ses peines et d'un travail hâtif qui convenait peu à sa nature lente et scrupuleuse. Quant à son amour-propre, il ne souffrait pas de cet *incognito :* Mirabeau était alors trop haut placé, il était trop visiblement l'homme de génie de la Révolution, pour qu'il y eût la moindre humiliation à jouer auprès de lui le rôle d'auxiliaire, même ignoré du public. De plus, le grand homme ne ménageait pas à Reybaz, nous l'avons vu, les témoignages d'estime et les attentions délicates : le mérite du bon Génevois se trouvait de la sorte largement payé. C'était, à coup sûr, son avis, et si on a le droit d'être d'une autre opinion et peut-être de juger différemment les procédés de Mirabeau, rien ne nous autorise en tout cas à plaindre son collaborateur Reybaz, qui resta toujours libre de rompre le pacte, et qui fut séduit, fasciné, mais jamais violenté ni contraint, ni, en quoi que ce soit, trompé.

IV.

Nous savons donc maintenant que Reybaz fournissait à Mirabeau des discours tout faits et que Mirabeau se bornait à les retoucher. Nous avons donné une idée de ces retouches : si notables qu'elles paraissent, sont-elles assez considérables pour que la paternité de l'œuvre ne doive pas être laissée à Reybaz? Dire que ces discours sont de Mirabeau parce qu'il les a revus et corrigés, ne serait-ce pas abuser des termes? On a objecté que Mirabeau faisait comme Molière : il prenait son bien où il le trouvait. Molière a emprunté des scènes entières, je le reconnais : a-t-il emprunté à quelque collaborateur une comédie toute faite, en se bornant à en modifier quelques passages ou à en corriger quelques détails de style (1)? S'il l'avait fait, pourrait-on dire que cette pièce fût vraiment l'œuvre de Molière? En tant qu'œuvres écrites, les discours prêtés par Reybaz doivent donc être restitués à Reybaz : tout au plus pourrions-nous reconnaître, si nous ne craignions le reproche de paradoxe, que Mirabeau y a collaboré. Quoi qu'il en soit, nous pouvons déjà rendre hommage sur deux points à la véracité, tant contestée, d'Etienne Dumont. Il dit en effet : « Reybaz écrivait beaucoup pour lui et avait fait ses discours sur les assignats et plusieurs autres ». Il ajoute que le discours sur les testaments, que Mirabeau remit avant sa mort à l'évêque d'Autun, était, *à sa connaissance intime, un ouvrage de M. Reybaz*. Cette double assertion est aujourd'hui pleinement confirmée.

Faut-il ajouter foi aux autres confidences d'Etienne Dumont? Sans doute nous n'avons d'autre preuve de sa véracité que sa parole même. Mais ne trouvons-nous pas, dans le caractère et dans la vie du penseur Génevois, des raisons d'ajouter foi à son témoignage? Le désintéressement et la modestie la plus rare signalèrent cette existence consacrée tout entière à autrui (2). Quand Dumont quitta Genève, en 1782, après

_____

(1) Cette justification de Mirabeau par l'exemple de Molière a été indiquée par M. Ed. Besson, dans une trop courte notice sur les plagiats oratoires de Mirabeau. (*Mémoires de la société d'émulation du Doubs*, 1877, 5° série, t. II.)

(2) « Dans toute sa marche à travers la vie, dit Macaulay, il ne s'est jamais mis en avant, il n'a jamais poussé ses voisins, il ne s'est jamais ouvert un chemin à coups de coude, il n'a pratiqué aucune de ces petites habiletés qui font réussir les petites gens. Il avait tous les droits possibles à s'asseoir au haut bout de la table, mais il s'est mis à la dernière place, et il a mérité de s'entendre dire : « Mon ami, monte plus haut ». Personne n'était plus capable que lui d'acquérir un renom personnel et indépendant, mais il s'est toujours attaché à d'autres, il a travaillé à élever l'édifice de leur réputation, il s'est contenté de recevoir, pour sa part et sa récompense, ce qui débordait et rejaillissait de la pleine mesure de leur gloire. » Macaulay, *Essai sur les Souvenirs d'Etienne Dumont* (juillet 1832), traduction de M. Guillaume Guizot.

un séjour à Pétersbourg, où il exerça les fonctions de pasteur de l'église française réformée, il se rendit en Angleterre pour élever les fils de lord Landsdown. Celui-ci lui confia bientôt sa bibliothèque, dont il fit une des plus belles d'Europe. S'avançant chaque jour davantage dans la confiance de lord Landsdown, il ne tarda pas à lui rendre des services analogues à ceux qu'il rendra plus tard à Mirabeau : il faisait pour lui des recherches et des rédactions relatives aux objets qu'il devait traiter à la tribune. C'est chez lui qu'il connut sir Samuel Romilly et Jérémie Bentham. Il vint en France au commencement de 1789, s'y lia avec Mirabeau, le quitta en 1791, peu de semaines avant sa mort, passa un an à Genève, et revint en Angleterre, où il devint l'*alter ego* de Bentham et lui fut encore plus utile qu'il ne l'avait été à Mirabeau. Ce fut pendant vingt années, de la part de Dumont, une collaboration de tous les instants. Il prêta généreusement à Bentham toutes les ressources de son esprit clair, délié, méthodique. Il débrouilla la confusion des idées du maître, et, si je puis dire, clarifia ce génie un peu obscur. Les traductions françaises ou plutôt les *adaptations* des ouvrages de Bentham publiées par Dumont propagèrent dans toute l'Europe la gloire du philosophe anglais, et Dumont, qui ajoutait le meilleur de son talent à chacun de ces volumes, se dérobait modestement derrière son ami. Un Français disait de ce traducteur généreux : « Signer n'était pas lui faire un vol, c'était le débarrasser d'une responsabilité ». Les Anglais eux-mêmes ont reconnu et les services et le désintéressement du compagnon d'études de Bentham : « M. Dumont, dit Macaulay, était admirablement propre à suppléer à ce qui manquait à M. Bentham. Il l'emportait sur tous les écrivains français par les qualités mêmes par lesquelles les écrivains français l'emportent sur ceux de toutes les autres nations : la netteté, la clarté, la précision, la concision. Si M. Dumont n'eût pas été de ce monde, M. Bentham n'en eût pas moins été un grand homme ; mais il eût été un grand homme pour lui tout seul (1) ». Je ne parle pas du mérite littéraire du collaborateur de Mirabeau ; le livre des *Souvenirs* excitait l'admiration de Gœthe comme celle de Macaulay. Et ce ne sont pas seulement quelques anecdotes piquantes qui font la valeur de ces mémoires sur la Constituante et la Législative : aucun contemporain n'a observé plus profondément et n'a jugé avec plus de finesse, malgré un certain pédantisme, les hommes et les choses de la Révolution. La *Tactique des assemblées législatives* publiée sous le nom de Bentham et de Dumont, mais dont la seconde partie est l'œuvre exclusive de ce dernier, présente un tableau du vrai régime parlementaire qui n'a pas été dépassé.

Encore plus que celui de Reybaz, le talent d'Etienne Dumont dément le préjugé de ceux qui croient trancher la question de la collaboration en disant : Après la mort de Mirabeau, ses collaborateurs n'ont rien produit. L'œuvre d'Etienne Dumont, encore vivante, proteste contre cette affirmation légère et vingt fois répétée. A coup sûr, Mirabeau et Bentham reçurent de leur ami plus qu'ils ne lui donnèrent, et tous deux aimaient d'ailleurs à reconnaître leur dette. Dumont cependant n'était pas né collaborateur : il accepta ce rôle par modestie et par bonté d'âme. Son amour-propre y trouvait aussi son compte : il aimait à avoir raison en petit comité, avec une élite d'hommes de valeur. Il n'était pas insensible au plaisir de conseiller secrètement l'orateur qui, aux yeux de l'Europe, personnifiait la Révolution. Il n'enviait pas la lumière et le bruit de la scène : les compliments que le grand acteur, rentré dans la coulisse, prodiguait à son spirituel souffleur, et l'estime que lui marquait une société choisie, suffisaient à cette nature discrète, un peu timide, toujours généreuse et désintéressée.

Croit-on qu'un tel homme, qui toute sa vie se déroba à la

(1) Macaulay, *Essai sur les* Souvenirs *d'Etienne Dumont.*

renommée, dont la modestie est attestée par tous ceux qui
l'ont connu, ait voulu, dans ses Mémoires posthumes, se vanter et tromper la postérité à son avantage? Faut-il admettre,
avec Lucas-Montigny, défenseur trop intéressé de la réputation de Mirabeau, que, s'il avait vécu plus longtemps, il aurait
effacé de ses *Souvenirs* des erreurs et des exagérations échappées à une plume trop rapide? Etienne Dumont n'était ni
léger ni de mauvaise foi. C'est un témoin sûr, dont les antécédents sont irréprochables. Nous pouvons accepter sa déposition, qui n'attaque en rien la gloire de Mirabeau, mais qui
fait un partage légitime et, sans vanterie et sans prétention,
tend à restituer aux amis génevois de l'orateur ce que chacun
d'eux lui a prêté.

Mais, dira-t-on, comment Lucas-Montigny réfute-t-il les
dires si catégoriques d'Etienne Dumont? Il ne les réfute pas :
il s'en attriste, il s'en irrite, il donne à entendre que l'auteur
des *Souvenirs* a, par irréflexion et par orgueil, altéré la vérité.
Puis, dans son dépit filial, il laisse échapper des aveux qui
confirment et complètent singulièrement ceux d'Etienne
Dumont. Il déclare que l'homme qui a le plus collaboré au
discours de Mirabeau, c'est son secrétaire Pellenc (1), auquel
Dumont n'attribue que les deux discours sur les biens du
clergé, et qui, d'après l'auteur des *Mémoires de Mirabeau*, se
refusa jusqu'à sa mort à des aveux qu'il jugeait indiscrets, et
défendit à Lucas-Montigny de faire aucune recherche sur

(1) Pellenc, jeune avocat marseillais, se dévoua en 1784 à la défense
de Mirabeau à Aix, alors que tout le barreau l'avait abandonné. En 1789,
il vint encore à lui au moment de son élection. Mirabeau le séduisit
par ses idées anglaises et l'emmena à Paris. Après la mort de Mirabeau,
il passa en Angleterre et s'y lia avec Fox, Wilberforce, Romilly et
Brougham. Il alla ensuite se fixer en Autriche, où le premier ministre
baron de Thugut l'attacha, comme conseiller impérial, à la chancellerie
d'Etat. De 1809 à 1832, il fut utilisé en France, comme publiciste, au
ministère des affaires étrangères. C'était, on le voit, un esprit souple. Il
mourut en 1833. Son fils fut préfet de l'Isère.

cette question de la collaboration. Celui-ci, pour confondre les Génevois, parle cependant des *nombreux travaux* que Pellenc avait faits pour son maître. Il ajoute seulement « que la distinction de ces travaux serait fort difficile, d'autant que Mirabeau, après en avoir indiqué et souvent tracé le système et le plan, revenait parfois sur les détails, quoiqu'il avouât l'infériorité de son propre style, moins châtié, moins pur que celui de son habile auxiliaire ». Il est évident, d'après cette demi-confidence, que Pellenc a écrit pour Mirabeau des discours entiers, puisque Mirabeau se bornait à revenir sur les détails. Mais Lucas-Montigny, en maladroit défenseur, laisse échapper un aveu beaucoup plus grave, quand il dit : « Du reste, ce sont surtout ses doctrines et ses principes, leur enchaînement et leur fixité, qui forment sa gloire d'homme d'état, dont aucun collaborateur n'aurait osé revendiquer une part, *si ce n'est celui, peut-être, dont nous parlions tout à l'heure*, et qui, s'il vivait encore, nous reprocherait sévèrement le peu que nous en avons dit (1) ». On devine que le « modeste » Pellenc s'était attribué, dans ses conversations avec Lucas-Montigny, un rôle plus important que celui qu'il avait joué réellement. Rédacteur de discours, il le fut à coup sûr; — mais inspirateur politique? Est-ce vraisemblable pour qui connaît la manière dont Mirabeau le traitait? Dumont raconte que, lors de la discussion sur les biens du clergé, Mirabeau, furieux de l'absence de Pellenc, l'envoie chercher et l'apostrophe ainsi : « Étiez-vous à l'Assemblée? — Non. — Comment! vous n'y étiez pas? Voilà vos procédés à mon égard! Voilà les embarras où vous me jetez!.... Maury a parlé pendant près d'une heure.... Que pouvez-vous répondre à un discours que vous n'avez pas entendu? Vous aimerez mieux en écrire un autre contre moi, je vous connais bien; mais je vous déclare qu'il me faut pour demain matin une réfutation

_____

(1) *Mémoires*, tome VIII.

complète. Vous trouverez dans les papiers du soir quelque extrait de son discours (1) ». Pellenc hésitait : Mirabeau le prit à la gorge et le poussa violemment contre le mur. Pellenc s'exécuta, travailla toute la nuit et remit le lendemain matin un discours qui ne put être prononcé, mais que Dumont approuva, élagua et publia dans le *Courrier de Provence*. Evidemment ce Pellenc, qui se laissait brusquer de la sorte, n'était pas le conseiller politique de Mirabeau, à la pensée maîtresse duquel personne ne collabora ; mais il fut l'homme à tout faire, le rédacteur ordinaire des discours écrits, et sa plume facile rendait à Mirabeau des services de tous les instants.

V

Il faut renvoyer aux *Souvenirs* d'Etienne Dumont ceux qui sont curieux de plus amples détails sur les auxiliaires de Mirabeau. Duroveray, Reybaz, Pellenc, Dumont, Clavières étaient, pour ainsi dire, les collaborateurs en titre. D'autres collaborèrent par occasion, comme Frochot, le jeune De Comps, second secrétaire de Mirabeau, et cet abbé Lamourette qui, auteur de *Méditations de l'âme avec son Dieu*, trouvait que l'abbé Grégoire « croyait en Dieu cent fois plus qu'il ne faut ». Nous avons déjà dit un mot de Chamfort, dont Mirabeau faisait le plus grand cas : il lui avait préparé un discours sur les Académies que l'orateur admirait fort et qu'il appelait *une excellente Lucianide*. Ce discours ne fut pas prononcé, et Chamfort l'utilisa dans sa diatribe contre l'Académie française (2). Ils avaient l'un pour l'autre la plus vive sympathie et une admiration non jouée. Chamfort disait que Mirabeau était « précisément le briquet qu'il fallait à son fusil », et Mirabeau lui

(1) *Souvenirs*, p. 224.
(2) 1791. In-8°.

trouvait *une tête électrique*. D'autres s'y *électrisaient* aussi, au dire des contemporains , et le spirituel écrivain passait pour inspirer plus d'un homme politique. « Sans suivre assidûment, dit Arnault, les travaux de l'Assemblée constituante, il venait assez fréquemment à Versailles où l'appelaient ses relations avec quelques députés dont il traduisait les pensées, ou par l'organe desquels il publiait les siennes. D'après ce qu'il m'a dit, M. l'évêque d'Autun lui aurait plus d'une obligation de ce genre, et Mirabeau lui-même aussi (1). » On disait en effet qu'il avait collaboré au rapport de Talleyrand sur l'instruction publique. Quant à Mirabeau, il lui prêtait ses mots et ses traits. « Un jour que Barnave, qui était très fier de sa prestesse à parler, venait de répondre à l'improviste à un discours préparé, Chamfort, qui était à causer avec Mirabeau sur les marches de la tribune, disait que la facilité était un beau talent, à condition de n'en pas user. Mirabeau saisit cette expression pour 'son exorde et débuta ainsi : *J'ai dit depuis longtemps que la facilité était un des plus beaux dons de la nature, mais à condition de n'en pas user ; et ce que je viens d'entendre ne me fait pas changer d'avis* (2). » — Une lettre de Mirabeau à Chamfort du 5 octobre 1790 indique bien que le subtil moraliste était pour lui un conseiller plutôt littéraire que politique :

« Je suis vivement pressé, mon cher Chamfort, de faire exécuter le joli projet dont je vous ai parlé, celui de recueillir ce que j'appelle des vignettes littéraires et philosophiques pour un catalogue raisonné (3) : il faut donc que je m'en occupe et que je vous prie de vous en occuper assez vous-même pour vous y attacher. Il serait nécessaire, mon bon ami, que je susse quels sont parmi les grands noms vos élus, vos favoris :

---

(1) *Souvenirs d'un sexagénaire*, I, 208.
(2) Etienne Dumont.
(3) Sans doute il s'agit de cette trop somptueuse bibliothèque que La Marck reprochait à Mirabeau d'acquérir ostensiblement.

puis-je compter que les poètes grecs et latins seront de ce nombre ? Si vous y joigniez nos grands maîtres français, je serais bien riche ; et si vous aviez le courage d'aller jusqu'à l'élite des auteurs de mémoires et des moralistes, je le serais jusqu'à faire envie. Un mot sur cela, mon bon ami, comme aussi sur notre dessein de nous réunir pour rire civiquement sur les académies. *Vale et me ama* (1). »

D'autres collaborèrent à leur insu peut-être et malgré eux, comme le marquis de Casaux, orateur écouté et applaudi au Club de 1789, dont Mirabeau reproduisit presque mot pour mot, dans son discours sur le *Veto*, plusieurs pages extraites de la *Simplicité de l'idée d'une Constitution* (2). Michelet a même écrit, mais sans preuves, que ce discours est tout entier l'œuvre de Casaux. A combien d'autres Mirabeau ne fit-il pas de menus emprunts ? Toutefois ces petites dettes ne l'obligent pas outre mesure et, s'il s'était borné à s'approprier quelques phrases ou quelques idées, ses discours n'en seraient pas moins tout entiers à lui, et la recherche de ces détails n'intéresserait que l'érudition.

Mais nous pouvons déjà, à l'aide des documents trouvés dans les papiers de Reybaz et des *Souvenirs* de Dumont interprétés à la lumière de ces documents et complétés encore par les aveux échappés à Lucas-Montigny, commencer une liste des discours dont Mirabeau n'est vraisemblablement pas l'auteur.

Voici cette liste. Le titre de chaque discours est suivi du nom de l'auteur présumé de ce discours.

I. — Deuxième discours sur la dénomination de l'Assemblée, réplique à Thouret, du 16 juin 1789 : Et. Dumont.

---

(1) *Lettres de Mirabeau à Chamfort*, Paris, an v, in-8°.
(2) Voir notre étude sur Casaux et Mirabeau, dans les *Annales de la Faculté des Lettres de Bordeaux*, n° de décembre 1880, sous ce titre : *Un plagiat oratoire de Mirabeau*.

II. — Projet d'adresse de l'Assemblée nationale à ses commettants, 27 juin 1789 : Et. Dumont.

III. — Discours sur le renvoi des troupes, 8 juillet 1789 : Et. Dumont.

IV. — Adresse au roi sur le même objet, 9 juillet 1789 : Et. Dumont.

V. — Discours sur le *veto*, 1er septembre 1789 : marquis de Casaux (en partie, tout au moins).

VI. — Adresse de l'Assemblée à ses commettants, 3 octobre 1789 : Et. Dumont.

VII. — Discours sur l'exclusion des faillis, 27 octobre 1789: Duroveray.

VIII. — Sur l'inscription civique des jeunes gens, 28 octobre 1789 : Et. Dumont.

IX. — Discours sur les biens du clergé, 30 octobre 1789 : Pellenc.

X. Deuxième discours sur les biens du clergé, 2 novembre 1789 : Pellenc.

XI. — Discours sur la proposition de Lanjuinais que les députés ne puissent être ministres, 7 novembre 1789 : Duroveray.

XII. — Discours sur la gradualité des fonctions publiques, 10 décembre 1789 : Et. Dumont.

XIII. — Discours sur le droit de paix et de guerre, 20 mai 1790 : Pellenc (d'après Montlosier).

XIV. — Discours sur les assignats, 27 août 1790 : Reybaz.

XV. — Discours sur la constitution civile du clergé, 26 novembre 1790 : Lamourette.

XVI. — Adresse aux Français sur la constitution civile du clergé, 14 janvier 1791 : Lamourette.

XVII. — Rapport sur la situation politique des puissances étrangères à l'égard de la France, 28 janvier 1791 : les paragraphes relatifs à l'Angleterre sont l'œuvre d'Etienne Dumont.

XVIII. — Discours posthume sur les successions en ligne directe, lu par Talleyrand le lendemain de la mort de Mirabeau : Reybaz.

Nous savons donc à qui l'on peut attribuer dix-huit des discours de Mirabeau. Mais à qui reviennent les autres ? Quelle est toute la part de Pellenc et de Duroveray, par exemple ? Nous le saurons peut-être quand de nouvelles correspondances seront exhumées et publiées. Mais la question de déterminer ce qui revient à chaque collaborateur est une question secondaire. L'important, n'est-ce pas d'avoir établi que la collaboration s'étendit à l'ensemble des discours écrits ? Que Mirabeau ait composé lui-même, d'un bout à l'autre, quelques-uns de ces discours, c'est possible, quoique peu vraisemblable. Que plusieurs passages émanent directement de sa plume, c'est probable, et, si l'on veut, certain ; ces exceptions ne font que confirmer notre conclusion, et le critique qui, sur un extrait d'un discours écrit, dirait : Voilà le style de Mirabeau, risquerait de se tromper lourdement. Si maintenant on compare, ce qui est aisé, ces discours aux discours improvisés, on verra qu'ils diffèrent entre eux comme la médiocrité diffère du génie. Là, c'est une langue parlementaire correcte, saine et ordinaire ; ici, c'est un rythme d'une ampleur parfaite, ce sont des élans de passion et de raison qui rappellent les grands maîtres de l'éloquence. Plus je poursuis cette comparaison, plus je suis tenté d'affirmer, si on pouvait affirmer en ces matières, que Mirabeau n'a jamais rédigé une seule de ces judicieuses et froides harangues.

Mais une telle affirmation ne reposerait que sur une donnée de sentiment ou d'instinct littéraire. Bornons-nous à notre conclusion purement négative, et à constater que nous n'avons pas le droit d'attribuer à Mirabeau lui-même aucun des discours qu'il a lus à la tribune, d'autant plus que cette conclusion ne sera complète que si nous répondons à une dernière objection, qui a dû déjà se présenter à l'esprit du lecteur.

Comment se fait-il, dira-t-on, que ces œuvres sages et moyen-
nes d'un ministre protestant ou d'un obscur secrétaire aient
été goûtées et applaudies de l'Assemblée constituante, comme
les discours sublimes que Mirabeau improvisa? Sans doute
ceux-ci produisirent un plus grand effet et fondèrent sa réputation oratoire. Mais, quoi qu'en dise Châteaubriand, si
médiocre et si infidèle observateur, les discours écrits ne
furent quelquefois pas moins décisifs que les autres. Le *Moniteur*, qui reproduit rarement les impressions de l'Assemblée,
mentionne des applaudissements presque toutes les fois que
Mirabeau prit la parole. Pour ne donner qu'un exemple, le
discours sur les assignats, œuvre de Reybaz, obtint le plus vif
succès. Et cependant on se doutait, à la réflexion, qu'on
n'avait pas applaudi l'œuvre de Mirabeau, et lui-même devait
sentir, en plus d'un endroit, grâce aux intuitions subites de
la tribune, les défectuosités de ce qu'il débitait. Nous
répondrons d'abord que, sur cette question de l'originalité des
discours de Mirabeau, on en devinait encore plus qu'on en
savait, et que, quand il montait à la tribune, un cahier à la
main, on ne songeait guère aux « faiseurs » attitrés. On était
tout entier à l'attente et au charme du grand spectacle dont
on allait jouir. C'est que l'action tenait une grande place dans
l'éloquence de Mirabeau. Ses qualités de lecteur, nous l'avons
vu, étaient merveilleuses. Il savait s'approprier tout ce qu'il
disait. Sa diction savante et aisée animait à propos les phrases
languissantes des Génevois, coupait telle période trop longue,
donnait de l'haleine à telle phrase essoufflée. A ce premier
travail de correction, dont le discours sur le mariage des prêtres nous a donné un exemple, succédait une série de retouches instantanées, improvisées. Sans modifier le style de ses
auxiliaires, il lui donnait, par le débit, la force et la chaleur
qui lui faisaient défaut, semblable à ces comédiens habiles qui,
tout en respectant un rôle mal écrit, prêtent à des phrases
molles et ternes une fermeté et une couleur dont s'émerveille

l'auteur lui-même de la pièce. Molé, de la Comédie française,
ne lui disait-il pas naïvement : « Ah ! monsieur, vous avez
manqué votre vocation ! » Barnave, qui comparait Mirabeau
« à mademoiselle Saint-Val l'aînée », nous apprend que le
discours sur les successions, lu par Mirabeau aux Jacobins,
avait produit une grande impression, et que le même discours,
lu par Talleyrand à la tribune de l'Assemblée, parut terne et
sans chaleur. Il attribue ce phénomène à la puissance de
l'action chez Mirabeau et il appelle ses qualités de geste et de
débit *une déclamation*, « déclamation, dit-il, qui étonnait
dans les commencements et qu'on trouvait extraordinaire-
ment affectée, mais qui acquérait un grand charme par l'habitude, et qui contribuait si puissamment à l'effet de ses discours que ceux qui lui ont entendu prononcer, dans les Jacobins, son ouvrage sur les successions, et qui l'ont entendu
lire, après sa mort, par un homme qui, cependant, débite
très bien, avaient peine à croire que ce fût le même (1) ».
Voilà l'explication naturelle de l'énigme : Mirabeau transfor-
mait par son génie de lecteur et d'acteur ces pages qui nous
paraissent froides aujourd'hui et auxquelles seul il a pu
donner la vie. La collaboration s'arrête aux marches de cette
tribune que Mirabeau occupait en maître, avec tous les dons
de l'heure même, avec ces qualités qui ne survivent pas et
qui sont perdues même pour les lecteurs du lendemain.

Les contemporains pouvaient donc oublier le rôle que
jouaient les amis de l'orateur dans la préparation des discours. C'était toujours Mirabeau qu'ils entendaient et qu'ils
voyaient. Que leur importaient les secrets de l'officine ? Mais
nous, à qui échappe cette impression des contemporains et
qui nous la figurons à grand'peine et à l'aide des mémoires
du temps, nous avons le droit d'être plus difficiles et de ne
pas compromettre notre admiration en confondant les œuvres

(1) Barnave, *Réflexions politiques sur la Révolution*, ch. **XIV**.

d'un Reybaz avec celle d'un Mirabeau. Voulons-nous donc goûter l'orateur français comme nous goûtons Démosthène et Cicéron ? Les discours improvisés sont à notre portée, nombreux, variés, exactement recueillis en général, et dûment authentiques. Là seulement est le vrai Mirabeau.

CHAPITRE V

MIRABEAU A LA TRIBUNE.

Nous avons parlé de l'*action* de Mirabeau qui donnait la vie même aux discours qu'il empruntait à un Reybaz ou à un Pellenc. Comment se faire, aujourd'hui que les contemporains ont disparu, une idée de cette action ? Est-il possible de montrer Mirabeau à la tribune ? Pourrions nous donner autre chose qu'une image de fantaisie ? Bornons-nous à citer quelques souvenirs des contemporains.

Voici d'abord une impression de femme : « On remarquait surtout, dit madame de Staël, le comte de Mirabeau, et il était difficile de ne pas le regarder longtemps, quand on l'avait une fois aperçu ; son immense chevelure le distinguait entre tous. On eût dit que sa force en dépendait comme celle de Samson. Son visage empruntait de l'expression à sa laideur même; et toute sa personne donnait l'idée d'une puissance irrégulière, mais enfin d'une puissance telle qu'on se la représentait dans un tribun du peuple ».

« Je vais, dit Dulaure, décrire la figure de Mirabeau. Sa stature était moyenne. Ses membres musclés, ses formes athlétiques, correspondaient à la force de son âme. Sa tête volumineuse, couverte d'une chevelure abondante ; de plus son visage, dont les ravages de la petite vérole avaient déformé les traits, constituaient sa laideur. Mais la largeur de son front, l'évasement de ses temporaux, signes du génie, son œil vif et perçant, la chaleur de son action, embellissaient sa figure, et lui composaient une physionomie éloquente qui subjuguait ses auditeurs, et les disposait d'avance à soumettre leur opinion à la sienne. »

Mais c'est Etienne Dumont qui nous donne les détails les plus précis :

« Il comptait parmi ses avantages son air robuste, sa grosseur, des traits fortement marqués et criblés de petite vérole. *On ne connaît pas*, disait-il, *toute la puissance de ma laideur*, et cette laideur il la croyait très belle. Sa toilette était fort soignée. Il portait une énorme chevelure artistement arrangée, et qui augmentait le volume de sa tête. *Quand je secoue*, disait-il, *ma terrible hure, il n'y a personne qui osât m'interrompre.....*

« A la tribune, il était immobile (1). Ceux qui l'ont vu savent que les flots roulaient autour de lui sans l'émouvoir, et que même il restait maître de ses passions, au milieu de toutes les injures..... Dans les moments les plus impétueux, le sentiment qui lui faisait appuyer sur les mots, pour en exprimer la force, l'empêchait d'être rapide. Il avait un grand mépris pour la volubilité française..... Il n'a jamais perdu la gravité d'un sénateur ; et son défaut était peut-être un peu d'apprêt et de prétention à son début.....

---

(1) « A la tribune, dit au contraire Victor Hugo, plus de table, plus de papier, plus d'écritoire hérissée de plumes, plus de cabinet solitaire, plus de silence et de méditation, mais un marbre qu'on peut frapper, un escalier qu'on peut monter en courant : une tribune, espèce de cage de cette sorte de bête fauve, où l'on peut aller et venir, marcher, s'arrêter, souffler, haleter, croiser ses bras, crisper ses poings, peindre sa parole avec son geste, et illuminer une idée avec un coup d'œil. » Lucas-Montigny a déjà signalé cette description romanesque, qui est juste le contre-pied de la vérité. Je ne connais pas d'exemple plus curieux de fantaisie historique. Il est évident que le grand poète n'a pris aucun renseignement, ouvert aucun livre. A ce nom, *Mirabeau !* son imagination s'est éveillée, et il a peint un orateur idéal qui n'a pas le plus lointain rapport avec le Mirabeau réel. Même observation pour le Mirabeau de Lamartine.

« La voix de Mirabeau était pleine, mâle, sonore ; elle remplissait l'oreille et la flattait (1) ; toujours soutenue, mais flexi-
ble, il se faisait entendre aussi bien en la baissant qu'en l'élevant ; il pouvait parcourir toutes les notes, et prononçait les
finales avec tant de soin, qu'on ne perdait jamais ses derniers
mots. Sa manière ordinaire était un peu traînante. Il
commençait avec quelque embarras, hésitait souvent, mais
de manière à exciter l'intérêt. On le voyait, pour ainsi dire,
chercher l'expression la plus convenable, écarter, choisir,
peser les termes, jusqu'à ce qu'il se fût animé, et que les
soufflets de la forge fussent en fonction. »

On voit combien Victor Hugo a tort de prétendre, dans un
portrait resté célèbre, que Mirabeau se démenait à la tribune et faisait de grands gestes :

« Malheur à l'interrupteur ! s'écrie le poète. Mirabeau fon-
dait sur lui, le prenait au ventre, l'enlevait en l'air, le fou-
lait aux pieds. Il allait et venait sur lui, et le broyait, il le
pilait. Il saisissait dans sa parole l'homme tout entier, quel
qu'il fût, grand ou petit, méchant ou nul, boue ou poussière,
avec sa vie, avec son caractère, avec son ambition, avec ses
vices, avec ses ridicules ; il n'omettait rien, il n'épargnait
rien, il ne manquait rien ; il cognait désespérément son ennemi sur les angles de la tribune ; il faisait trembler, il faisait rire ; tout mot portait coup, toute phrase était flèche, il
avait la furie au cœur ; c'était terrible et superbe, c'était une
colère bonne. »

Au contraire, Mirabeau répondait très mal aux objections.
C'était là son point faible. « Ce qui lui manquait, dit Étienne
Dumont, comme orateur politique, c'était l'art de la discussion dans les matières qui l'exigeaient : il ne savait pas
embrasser une suite de raisonnements et de preuves ; il ne
savait pas réfuter avec méthode ; aussi, était-il réduit à

(1) Arnault parle de la voix *argentine* de Mirabeau apostrophant
Dreux-Brézé. (*Souvenirs d'un sexagénaire*, I, 179.)

abandonner des motions importantes lorsqu'il avait lu son
discours, et après une entrée brillante, il disparaissait et
laissait le champ à ses adversaires ; ce défaut tenait en partie
à ce qu'il embrassait trop et ne méditait pas assez. Il s'avançait avec un discours qu'on avait fait pour lui, et sur lequel
il avait peu réfléchi : il ne s'était pas donné la peine de prévoir les objections et de discuter les détails ; aussi était-il
bien inférieur sous ce rapport à ces athlètes que nous voyons
dans le parlement d'Angleterre.

Les colères léonines que prête à Mirabeau la légende
inventée par Victor Hugo n'ont jamais existé que dans l'imagination du poète. Mirabeau était toujours calme et grave.
Son sang-froid était imperturbable, et Étienne Dumont en
cite un exemple étonnant :

« Ce qui est incroyable, c'est qu'on lui faisait parvenir au
pied de la tribune, et à la tribune même, de petits billets au
crayon ; qu'il avait l'art de lire ces notes tout en parlant , et
de les introduire dans le corps de son discours avec la plus
grande facilité. Garat le comparait à ces charlatans qui dé-
chirent un papier en vingt pièces, l'avalent aux yeux de tout
le monde, et le font ressortir tout entier. »

On sait maintenant tout ce que les contemporains nous ont
dit de précis sur le physique et l'action de Mirabeau. On sait
aussi quelle était sa politique et, autant qu'on peut le con-
jecturer, jusqu'à quel point ses discours lui appartiennent.
On peut entreprendre , avec ce fil conducteur, une lecture qui autrement ennuierait et rebuterait. Nous avons donc
atteint notre but, qui était de mettre le lecteur à même de
goûter les œuvres du grand orateur : d'autres les ont jugées
et les jugeront mieux et avec plus de loisir que nous ne pouvons le faire dans ce livre.

LIVRE III

L'EXTRÊME DROITE.

CHAPITRE Ier

MIRABEAU-TONNEAU.

Si l'on veut étudier le rôle de l'extrême droite à l'Assemblée constituante et s'expliquer cette petite guerre de chaque jour qu'elle fit à la majorité, ce tapage, ces cris, ce tumulte préparé et éclatant juste à point, ces efforts parfois heureux pour faire perdre aux patriotes leur sang-froid et leur modération, il ne faut pas demander à Cazalès ni même au fougueux abbé Maury le secret d'une politique puérile, qui voulait discréditer la Révolution et qui ne discrédita que les royalistes. Sur les bancs où siégeait le petit groupe des absolutistes, un gros corps au ventre énorme, moins assis qu'étalé, attirait aussitôt l'attention. Lally-Tollendal, le plus gras des hommes sensibles, comme on l'appelait, semblait d'une corpulence modeste en comparaison de ce colosse; quand celui-ci montait à la tribune, il l'occupait tout entière et en interdisait l'accès aux députés qui auraient voulu, selon la liberté du temps, se placer à côté de l'orateur afin de l'entendre de plus près. Il fallait savoir que cet homme si encombrant était le frère de Mirabeau : on ne l'eût certes

pas deviné. Autant la figure de l'orateur populaire, ravagée,
couturée et laide d'une laideur transfigurée par le port et le
regard, donnait l'idée d'un génie exceptionnel ; autant les
traits réguliers, assez beaux sans doute, mais empâtés de celui
qu'on surnomma Mirabeau-Tonneau (1), annonçaient une âme
calme, une vie rangée, un caractère fade, — et un talent nul. Il
n'en était rien cependant, et les amis politiques du vicomte le
jugeaient tout autrement. L'un d'eux, Bertrand de Molleville,
le trouve mieux doué que son frère (2). D'autres, moins
aveuglés par l'esprit de parti, lui reconnaissent du sens et
de l'esprit naturel. Il est certain qu'il joua un rôle, rôle factice et oublié, mais qui nous montrera sous un jour nouveau
l'attitude des royalistes à la Constituante et quels furent en
89 les aïeux des modernes *tapageurs* parlementaires. D'ailleurs,
il s'agit d'un Mirabeau, et notre attention est due à tous les
membres de cette famille extraordinaire dont Mirabeau-
Tonneau disait avec une fausse modestie : « Dans une autre
famille, je passerais pour un mauvais sujet et un homme d'esprit ; dans la mienne, je suis un sot et un honnête homme ».

I

André-Boniface-Louis, d'abord chevalier, puis vicomte de
Mirabeau, né au Bignon le 30 novembre 1754, fut reçu parmi
les chevaliers de Malte dès l'année qui suivit sa naissance,
et, quoique fils cadet, tint la première place dans l'affection
de son père, ce partisan féodal du droit d'ainesse en toutes

---

(1) Les caricatures, par allusion à sa grosse taille et à sa gourmandise,
l'affublaient d'un tonneau et donnaient à ses petites jambes la forme de
bouteilles. — Duc de Lévis, p. 219.

(2) « Il avait plus d'esprit et de talent naturel, mais moins d'instruction que son frère ainé. » Bertrand de Molleville, III, 199.

choses, cet aîné si impérieux lui-même et parfois si hautain
vis-à-vis de son cadet, le bailli. Pendant que le futur orateur
était pourchassé, privé d'argent, emprisonné par l'*Ami des
hommes*, celui-ci traitait le vicomte en enfant gâté, et son entourage, plus inexorable que lui pour le captif de Vincennes,
n'avait que des caresses et de l'admiration pour le jeune
André-Boniface. Cette préférence s'explique-t-elle par les vices
et les incartades de Mirabeau? Le vicomte était pire. Leur
père ne pouvait pardonner à l'aîné ses dettes sans cesse re-
nouvelées; le cadet en fit peut-être davantage. L'aîné aimait
les femmes; le cadet était crapuleux. Celui-là recherchait la
bonne chère, et, une fois payé par la cour, étonnait Paris du
luxe de sa table, de ce luxe auquel le pauvre Camille Desmoulins craignait de se laisser corrompre ; celui-ci s'enivrait
jusqu'à rouler dans le ruisseau et ne mêla jamais à ses déver-
gondages ce grain de fantaisie et cet élan de passion qui font
pardonner à Mirabeau même les lettres écrites du donjon de
Vincennes. Si le marquis haïssait son aîné, il aurait dû mé-
priser son fils cadet. Mais il avait, même pour ses avilisse-
ments, une secrète indulgence, lui qui gardait pourtant une
tenue si austère jusque dans l'irrégularité de son faux ménage, et il ne suffit pas de dire, avec un biographe, que
l'enfant était beau et caressant, quand son frère, défiguré par
la petite vérole, laissait entrevoir un caractère indomptable,
ou que leur grand'mère, si écoutée du marquis, préférait
André-Boniface à Gabriel. La véritable et secrète raison,
c'est que cet homme orgueilleux et singulièrement épris de
sa race se retrouvait et retrouvait ses ancêtres dans le plus
jeune de ses fils, et le cherchait vainement et non sans colère
dans celui qu'il appelait ironiquement le « grand homme ».
Les Mirabeau, si peu semblables à leur province natale,
étaient depuis plusieurs siècles célèbres par leur farouche
obstination : l'orateur était souple, malléable, s'adaptant
comme un autre Alcibiade aux hommes et aux choses. De

tout temps, les Mirabeau avaient été fougueux, intempérants, excessifs en tout ; mais l'orgueil était pour quelque chose dans leurs chutes ou leurs vices, et le trait de la race avait été de s'entêter dans la faute, une fois commise, de la glorifier et de transformer des passions en opinions : au contraire, le prisonnier de Vincennnes manquait d'amour-propre, convenait de ses torts, demandait pardon et se laissait aller aux entraînements de ses sens sans y chercher autre chose que le plaisir, en homme du xviii⁰ siècle. Le père de Mirabeau avait un style tourmenté, archaïque, pittoresque, toujours original, et ne ressemblant de près ou de loin ni à la clarté de Voltaire, ni à l'éloquence de Rousssseau, ni à la concision de Montesquieu, ni surtout à la déclamation diffuse des Raynal et des Mably. L'auteur de l'*Essai sur les lettres de cachet* n'a pas de style, il écrit comme tout le monde écrivait ; grand plagiaire des Gazettes et du *Mercure*, il l'est impunément, et quand il mêle à ses lettres à Mᵐᵉ Monnier de longs morceaux dérobés à la brochure ou au journal d'hier (1), je défie qu'on s'en aperçoive, si l'on n'est prévenu. Ces tirades écrites par n'importe qui ne sont ni plus ni moins banales que la page suivante, qui est de Mirabeau pour les idées, du premier venu pour la forme ; au lieu qu'une phrase de son père, jetée au milieu des *Mémoires* de Lucas-Montigny, tire les yeux aussitôt et se fait reconnaître, sans qu'il faille recourir à la note placée au bas de la page.

Voilà ce que se disait le marquis, quand il songeait à son fils aîné ; voilà ce qu'il écrit en vingt endroits de sa correspondance avec le bailli. C'est à cause de cette différence, croyons-nous, qu'il était injuste pour celui qui devait illustrer son nom. Le pauvre captif s'humilie, écrit des lettres attendrissantes, promet d'être sage et s'étonne de voir que, plus il se fait souple, plus son père est rigide : c'est, je le répète, que

---

(1) Voir plus haut, p. 131.

le père ne reconnaît pas sa race dans cette âme changeante, et, s'il ne peut nier au fond de son cœur que cet enfant est un enfant de génie, il s'indigne qu'il ne le soit pas à la mode des Mirabeau. Le vicomte lui rappelle davantage le caractère de la famille. D'abord, il en a le style, et on le verra bien quand ses lettres auront été publiées par les héritiers de M. de Loménie. Ses pamphlets, d'ailleurs, en donnent la preuve et, dans ses discours même, à travers les infidélités et les à peu près du compte-rendu analytique, on retrouve une ou deux fois le tour original de l'*Ami des hommes*. Ainsi, à propos des débats sur la forme de la sanction royale, il dira : « Ces décrets sont des dispositions sages, mais susceptibles de beaucoup d'observations. Ils rompent d'une manière trop prompte les liens qui attachaient toutes les classes à l'ordre public ; c'est couper des nœuds qu'on pouvait démêler. On vous a dit qu'il fallait décombrer avant de bâtir ; mais les fondements anciens sont quelquefois plus solides, et d'habiles architectes savent les conserver ». Avez-vous lu une seule lettre du marquis ? C'est sa manière, c'est sa phrase familière, c'est son bon sens, et l'on dirait que le physiocrate lui-même a écrit à quelque disciple ou coreligionnaire : « Il faut décombrer avant de bâtir ».

Mais, si Mirabeau cadet avait le style de son père, peut-on dire que les qualités de la race, courage, orgueil, dignité, volonté, se retrouvaient en lui ? D'abord il avait le courage physique de son aïeul Antoine, l'homme au collier de fer, et nous le verrons dégaîner à tout propos et hors de propos. Quant à l'orgueil et à la volonté, il n'en possédait que les doublures, c'est-à-dire la vanité et l'entêtement. Mais un père s'y trompe aisément, et si, pour nous, le gros Mirabeau-Tonneau n'est que la caricature de sa race, pour le marquis il en était véritablement le portrait, si bien que ce bretteur débauché flattait l'amour-propre du père, autant que l'orateur le blessait et le déchirait à son insu.

II

Résumons en peu de mots la vie de Mirabeau cadet, avant
son élection aux États généraux, et sans entrer dans le détail
des circonstances extraordinaires qui marquèrent sa jeunesse,
et qui ne seront bien connues qu'après la publication des
notes inédites de M. de Loménie, rappelons les incidents qui
peuvent mieux faire apprécier l'orateur et le pamphlétaire. Il
reçut une éducation soignée, mais irrégulière, d'abord chez
le marquis, puis aux Barnabites de Montargis, ensuite dans
diverses pensions. En 1772, il entre dans le régiment où son
frère avait servi sous le nom de Pierre Buffière, et se signale
bientôt en diverses affaires, montrant du courage dans la
répression de ces innombrables émeutes que la famine provoquait sans cesse pendant les dernières années de l'ancien
régime. Mais, las du service où il n'avance pas, faute de conduite, il se rend en 1776 à Malte pour y faire son temps de
service réglementaire sur les vaisseaux de l'Ordre. Impliqué
dans une orgie nocturne, pendant laquelle les fanaux sus-
pendus au-dessus des statues des saints avaient été brisés, il
est emprisonné longtemps au fort de Vicazoli, puis renvoyé
en France en 1778.

Nommé enfin capitaine, il s'embarque pour l'Amérique en
1780, quoique malade, prend part à différentes rencontres
navales, se distingue dans la guerre de l'Indépendance à
York-Town, sous La Fayette et Rochambeau ; à Saint-Eusta-
che, sous Bouillé ; et à Brimston-Hill, où il est blessé d'un
biscaïen à la cuisse. Envoyé en France en 1782, pour rendre
compte des événements, conjointement avec le chevalier de
Livarot, il est nommé colonel du régiment de Touraine, qui
fait campagne en Amérique, s'embarque de nouveau, subit
deux naufrages et se bat contre les Anglais avec la plus

grande bravoure, si bien que le marquis écrit au bailli le 17 août 1782 : « Je trouve que ce pauvre diable gagne assez bien ses éperons ». Et il ajoute, faisant sans doute allusion à une demande d'argent que lui avait adressée le vicomte : « On a de la force d'âme dans notre race, quand on n'est pas bâtard. Je t'avouerai que je n'ai senti que la manière mâle dont il termine sa lettre, *le sentiment de dire qu'il est de notre race et sorte,* et de dire que je ne l'avais fait que pour cela, et payer en volonté et services à sa patrie les distinctions de son état. Je n'aurai que trop le temps de songer avec quoi faire flèche pour le soutenir ; mais, au fait, quand ils voudront être comme cela, ils m'auront la moelle (1) ».

De retour en France, au lieu de faire ses vœux comme chevalier de Malte, ce qui lui aurait valu une commanderie, il épousa en 1788 Mˡˡᵉ de Robien : c'est par lui que le nom ne périra pas.

Il fut envoyé aux États généraux par la noblesse de la sénéchaussée de Limoges, où sa mère avait des domaines considérables, et s'y fit remarquer dès les premières séances par l'excentricité de son caractère, la verve de son esprit insouciant, et surtout par le contraste de ses opinions politiques avec celles de l'illustre député d'Aix. C'est dans ce contraste, il faut le dire, qu'il puisa presque toute sa célébrité ; il accentua encore ces différences de caractère et d'idées, quand il vit que le hasard lui offrait là un rôle bruyant à jouer, une galerie nombreuse pour écouter ses saillies, et de grossières et piquantes satisfactions pour sa vanité altérée de vengeance. Vengeance de quoi? Que lui avait fait son frère? Il semble que Mirabeau ait toujours été bon et indulgent pour son cadet, quoique celui-ci fît profession de croire et de répéter toutes les calomnies débitées en Provence contre le prisonnier de Vincennes, quoiqu'il eût adopté et exagéré encore toutes les

_____

(1) Lucas-Montigny, t. VIII, pp. 80-87.

antipathies de leur père. Mais la bonté de Mirabeau était le
résultat de sa supériorité intellectuelle; si *bon enfant* qu'il
voulût être, il jugeait de haut et, sans le vouloir, dédaignait,
oubliait, passait outre, étalait toute sa force d'âme, exaspérait
ce gros écervelé en évitant de se mettre à sa portée et en ne
sentant même pas les piqûres de ses bons mots. Le rêve du
vicomte aurait été de forcer son aîné à compter avec lui, et il
eût préféré la haine à cette clémence dédaigneuse. Aussi prit-
il à tâche de se faire haïr du grand homme et, — ce fut son
châtiment, — Mirabeau disparut avant qu'il eût pu faire
naître dans son âme ce sentiment qui eût du moins « rapproché les distances ». L'orateur révolutionnaire ne savait pas
haïr; à propos de son cadet, il écrivait au bailli, le 25 octobre 1789 : « Le défaut de concorde domestique m'a assez
causé de maux pour que je doive sentir tout le prix de l'union
fraternelle, et je me croirais bien malheureux si je pouvais
prévoir que jamais aucune diversité d'opinions fût capable de
diminuer et d'affaiblir le tendre attachement que j'ai pour le
second neveu de mon oncle ».

Mirabeau disait souvent en parlant des discordes de sa famille : « Nous sommes la race d'Atrée et de Thyeste ». Mais
ces querelles avec son frère n'eurent rien de tragique, et les
contemporains semblent s'être beaucoup amusés de la petite
guerre (inconvenante au fond et assez lâche) entreprise, sans
grief aucun, par un frère contre son frère. Dès le début de sa
carrière politique, Mirabeau-Tonneau eut un rêve invraisemblable, inouï : il voulut être orateur de premier ordre et lutter
d'éloquence avec son frère. Cette prétention parut si ridicule,
que tout le monde rit au nez du gros homme, même le marquis, lequel, consulté, eut une réponse terrible. En effet,
Cazalès racontait à Frochot, en 1804, devant Lucas-Montigny,
que le vicomte avait soumis à son père le manuscrit d'un
discours qu'il voulait prononcer à la tribune. L'Ami des hommes lui renvoya le discours avec cette apostille : « Quand on

a un frère comme le vôtre aux États généraux, et qu'on est vous, on laisse parler son frère et on garde le silence ».

Le malheureux ne garda pas le silence; ses amis de l'extrême droite le poussèrent à la tribune dans presque toutes les discussions auxquelles son frère se mêla. Ils trouvaient piquant, lorsqu'un Mirabeau avait parlé en faveur de la Révolution, qu'un autre Mirabeau plaidât aussitôt la thèse opposée. Ils affectaient de l'applaudir tout autant que Cazalès et que Maury, de vrais orateurs ceux-là, mais l'un de petite noblesse, l'autre roturier, et qui durent plus d'une fois, en se voyant égaler ce grotesque, faire d'amères réflexions. Ce n'est pas que ni l'un ni l'autre brillât par la tenue, par la correction ; mais ils étaient nés tous deux pour la tribune, ils avaient le goût des affaires, et, avec une sincérité inégale, d'égales prétentions à une politique suivie : on les prenait volontiers pour des chefs de partis. Quel nom donner au contraire à Mirabeau-Tonneau, qui n'a d'autre opinion politique qu'une haine aveugle de la Révolution personnifiée dans son frère, ni d'autre talent que l'art de plaisanter gaiement dans un cercle de ses égaux? Ce talent, il le force jusqu'à faire l'orateur, et presque toujours sans grâce, balbutiant quand il improvise, lisant mal de froides et vides harangues quand il lit (à la mode du temps), et n'étant original que quand il parle de lui et retrouve à la tribune le ton de la conversation.

III

Il faut laisser de côté les longs discours qu'il a lus au milieu de l'indifférence et de l'inattention générale, et dont le *Moniteur* nous donne des résumés encore trop longs, par exemple ses discours sur les finances ou sur l'organisation judiciaire. On n'y trouverait ni style ni vues personnelles. Ce sont d'ennuyeux mémoires, composés peut-être pour une modique somme par quelque Giboyer d'alors à la solde du vicomte, et dont tout l'intérêt est d'avoir été débités pour réfuter ou pour attaquer Mirabeau. Le vicomte n'est amusant et ses paroles n'expriment son caractère que lorsqu'il est interrompu, qu'il soulève un tumulte, lorsque ses outrages ont provoqué l'outrage. Ce ferrailleur est alors dans son élément ; ce rôle, que joue actuellement les *obstructionnistes* irlandais à la Chambre des communes, il l'aime et le recherche. Faire du bruit, gaspiller le temps de l'Assemblée, discréditer le régime parlementaire, voilà sa politique, et quand il y mêle quelque diffamation à l'adresse de son frère, il donne toute sa mesure. Lui qui semble intimidé et décontenancé quand il parle et qu'on l'écoute, il est à son aise et se sent chez lui quand l'Assemblée lui renvoie ses injures, quand la tribune est assiégée par la gauche indignée et que les poings fermés le menacent de toutes parts : cette grosse masse de chair ne s'émeut pas ; il reste ferme à son poste, *mole sud stat*, et songe en souriant au duel du lendemain.

La première fois qu'il vint prendre séance, au moment de la réunion des trois ordres, son entrée dut exciter une vive curiosité. On savait qu'il avait juré à ses électeurs de ne jamais se réunir au Tiers, et ce serment, boutade toute méridionale, ne laissait pas que de l'embarrasser. Heureusement pour lui, « le président, dit le *Moniteur*, de l'aveu de la Chambre [de la Noblesse], le délia de ce serment indiscret, et il se mit en marche avec les autres ». Il ne faut pas trop le regretter pour l'Assemblée : s'il gêna souvent ses délibérations, en revanche il la dérida plus d'une fois au milieu de ses graves travaux et la reposa un instant. Par exemple, il fit sourire, un peu à ses dépens, quand il prit part à la discussion sur l'article de la Déclaration relatif à la liberté des cultes : « Voudriez-vous donc, s'écria-t-il dans la séance du 22 août 1789, en permettant les cultes, faire une

religion de circonstance ? Chacun choisira une religion analogue à ses passions. La religion turque deviendra celle des
jeunes gens ; la religion juive, celle des usuriers ; la religion
de Brama, peut-être celle des femmes ».

On voit qu'à la tribune son esprit n'est pas toujours de
bon aloi ; mais quelle idée aussi de faire de l'esprit à la tribune de la Constituante! C'était se condamner à toujours
avoir tort ; dans ces tragiques circonstances, rire c'était gri-
macer, et le vicomte avait mauvaise grâce, devant les patriotes de 1789, à pirouetter sur ses talons rouges : à ce jeu
et devant cette galerie, il perdait vite l'équilibre, comme
dans la question des biens du clergé, où ses plaisanteries
firent presque toutes long feu. Interrompu au début de son
discours : « Il me paraît, s'écrie-t-il, que la logique des
poumons est aussi nécessaire dans cette Assemblée que la
logique du raisonnement ». Passant ensuite du plaisant au
sévère, il combat la proposition de l'évêque d'Autun avec les
arguments ordinaires. Il parle aussi de la colère possible de
Dieu, mais non sans une pudeur réjouissante, disant : *La
Providence, car il y en a une...*

Son frère lui répond et débute en ces termes : « Le préopinant a commencé par vous dire qu'il ne traitait pas la
question du juste ou de l'injuste, parce qu'il veut éviter un
piège ; en ce cas, Messieurs, je suis un grand dresseur de
pièges ». « Je demande, interrompt le vicomte, acte de la
déclaration de M. le comte de Mirabeau. » Quelle fausse note
que cette boutade! C'est pourtant, à l'Assemblée, presque
tout l'esprit du vicomte, cet esprit tant exalté par les pamphlétaires royalistes. Il s'abaisse bientôt aux gamineries, surtout contre son frère : par exemple, dans la séance du 3 mai
1790, il monte à la tribune en même temps que lui et l'écrase
de sa corpulence. Ce n'est qu'après une longue discussion
qu'il cède la place à Mirabeau.

Parfois, il semble avoir été ivre, et il est certain qu'il arriva gris à l'Assemblée le 15 décembre 1789, pendant les débats sur l'affaire du parlement de Rennes.

« M. Robespierre, dit le *Moniteur*, commençait à développer quelques idées sur cette affaire, lorsque la salle a retenti de ces mots : *Non, cela n'est pas vrai !* Personne ne s'est mépris sur l'organe, et chacun, en reconnaissant M. le vicomte de Mirabeau, a voté pour qu'il fût rappelé à l'ordre. Le tumulte et la confusion se sont introduits dans la salle. M. le vicomte de Mirabeau est monté à la tribune ; on a demandé qu'il ne fût pas écouté ; il est resté plus d'une heure sans vouloir désemparer. L'Assemblée, fatiguée d'une résistance qu'il ne nous appartient pas de qualifier, paraît acquiescer à la proposition d'insérer dans le procès-verbal qu'*un membre ayant manqué à l'ordre*, la question avait été ajournée.

« M. le duc de Liancourt observe que, chacun des membres se trouvant compris dans cette généralité, il faut nommer M. le vicomte de Mirabeau comme ayant manqué de respect à l'Assemblée.

« On va aux voix, et la motion de M. de Liancourt est adoptée. Au milieu du tumulte on a entendu M. le baron de Menou dire que *la plus belle grâce que l'on pourrait faire à M. le vicomte de Mirabeau, était de croire qu'il n'était pas de sang-froid.*

« On reprend la discussion de l'affaire de Rennes. M le vicomte de Mirabeau monte à la tribune, et l'Assemblée consent à l'entendre. Son discours se ressent du trouble de son âme. »

Il ne protesta pas contre ce compte-rendu du *Moniteur*, et parut enchanté du scandale produit et de l'affront qu'il croyait faire à l'Assemblée en se présentant devant elle en état d'ivresse : rien ne sentait plus son gentilhomme que d'être pris de vin en présence des Barnave, des Duport, des Rabaut Saint-Étienne et autres roturiers buveurs d'eau. Et

puis, ce bouffon voulait qu'on parlât de lui et forçait l'attention par des tours d'écolier, singeant jusqu'à la fidélité héroïque. Après la séance du 4 février 1790, où Louis XVI
adopta la Constitution, il brisa son épée et voulut faire un
mot à la Plutarque : « Puisque le roi renonce à son
royaume, un gentilhomme n'a plus besoin d'épée pour le
défendre ». On haussa les épaules, mais on avait tourné la tête :
c'était tout ce que voulait le vicomte. Quelques jours plus
tard, le 8 février, il prêta, comme tous les Constituants, son
serment civique, mais avec toutes sortes de grimaces et une
mise en scène de bateleur. Le président interpellait par
oui ou par non les membres qui devaient jurer selon la
formule ; quand ce fut le tour du vicomte, il voulut faire un
discours : « M. le vicomte de Mirabeau reste à la tribune
pendant quelque temps, dit le *Moniteur*. Il en descend ; on
croit qu'il se dispose à sortir ; on applaudit. Il remonte à sa
place ; la grande majorité se lève à l'instant. On entend
plusieurs voix prononcer : *Faites le sortir !* (1) »

IV

Ce besoin de faire du bruit, il ne le satisfaisait pas seulement à l'Assemblée ; il était aussi un des héros de la rue,
provoquant les passants, formant des attroupements autour
de lui, et serré de près, menacé, s'en tirant par un bon mot.
Voici, à ce sujet, une charmante anecdote du marquis de
Ferrières :

« Le vicomte de Mirabeau, dit-il, attaché en fanatique au
parti de la cour, uniquement parce que le comte de Mirabeau, son frère, était l'âme du parti populaire, fut plusieurs

(1) Le système qui consiste à retirer pour la forme les termes blâmés
date de lui. (Voir la séance du 5 octobre 1789, *Moniteur*, n° 68.)

fois sur le point d'être la victime de cette haine du peuple
contre la noblesse. Le vicomte avait du courage, de l'esprit,
de la gaieté, et quelquefois de ces reparties heureuses qui
lui faisaient pardonner ses extravagances chevaleresques. Se
trouvant un jour investi dans les Tuileries par une troupe
de Jacobins et de gens de la populace, qui faisaient retentir à
ses oreilles le cri fraternel et civique de *la lanterne*, le
vicomte se retourne et, saluant d'un air ouvert la foule qui
le suit, chante ces deux vers de l'opéra d'*Iphigénie* :

> Que j'aime à voir les hommages flatteurs
> Qu'ici l'on s'empresse à me rendre !

« Ce trait de sang-froid et de gaieté française désarma tout
le monde ; les applaudissements, les bravos succédèrent aux
injures et aux menaces ; le vicomte fut reconduit avec honneur. »

Ses querelles avec la multitude ne se terminaient pas toujours ainsi. Mais que lui importait, pourvu que les journaux
parlassent de lui ? Il fut l'objet, à sa grande joie, de nombreux
pamphlets, anonymes à la mode du temps, qu'il se faisait un
plaisir d'aller dénoncer à la tribune, copiant en cela l'abbé
Maury, qui se plaignait souvent à l'Assemblée d'invectives
populaires provoquées par lui-même. Il existe par exemple,
un pamphlet intitulé : *Indécence inouïe du vicomte de Mirabeau
et de l'abbé Maury envers la Nation*. On y raconte comment le
vicomte et l'abbé furent hués au sortir de l'Assemblée pendant
la discussion sur les biens du clergé. Nous reproduisons fidèlement l'orthographe et la ponctuation :

« Mais comme comme toute vérité fâche, les épithètes d'a-
ristocrates, ont indisposés M. le vicomte de Mirabeau qui est
entré dans une colère qui tenoit de la râge ; et dans son extravagance il a eût l'audace de tirer son épée et d'en menacer
le peuple. Les bons patriotes sans s'étonner d'une chaleur si
peu mesurée ont ri des menaces qui leur étoient faites. Mais

des personnes indignés de cette conduite ont requis la garde
qui a accompagné le plus poliment possible M. l'errageant,
au district où après un moment de calme et la digestion d'un
verre d'eau il a été conduit à son domicile avec promesse de
ne plus se porter à une pareille indécence » (p. 2.-3).

Duelliste enragé, il fut presque toujours malheureux sur
le terrain. En Amérique, il fut blessé quatre fois en quatre
rencontres dans le même mois. En France, il eut toujours
l'épée à la main. Son frère évitait les duels, et on peut dire
sans raillerie que, de bonne foi, il se gardait pour la patrie.
Le vicomte affectait de se battre d'autant plus et parlait de
la lâcheté de Mirabeau. Ces calomnies n'empêchèrent pas le
grand orateur d'aller le voir, quand il fut blessé dans son
duel avec le comte Latour-Maubourg. Mirabeau-Tonneau
recompensa cette démarche par ce trait spirituel et méchant:
« Je vous remercie de votre visite: elle est d'autant plus gratuite, que vous ne me mettrez jamais dans le cas de vous en
rendre une pareille ».

Ivre un jour, il insulta la foule, du balcon du restaurant
Beauvilliers, au Palais-Royal. On monte pour le jeter dans
la rue : il s'adosse à un mur et tient bon, l'épée à la main (1),
jusqu'à ce qu'une patrouille vienne le délivrer. Son frère le
gourmande : « Eh ! de quoi vous plaignez-vous ? répondit-il.
De tous les vices de la famille vous ne m'avez laissé que celui-
là ! » La riposte était heureuse, on le voit, et le tour de la
phrase vif et bien français. C'est dans ces saillies improvisées
qu'il excelle, et là est le meilleur de sa réputation. Ses mots,
qui, lancés de la tribune, manquent leur effet, réussissent
presque tous dans les cafés, dans les couloirs de l'Assemblée,

(1) M. Taine, voulant prouver que la vie des royalistes était continuellement menacée au commencement de la Révolution, écrit : « Une
autre fois, le vicomte de Mirabeau est *obligé* de mettre l'épée à la main ».
(*La Révolution*, I, 172.) Voilà une *obligation* qui ne coûtait guère au
valeureux vicomte.

dans la rue même. Le succès ajoute encore à son esprit et à
sa verve ; il est le loustic autorisé de la droite et n'a plus qu'à
ouvrir la bouche pour faire rire. Tous les bons mots qui se
font à la Constituante, on les lui prête, comme il arrive en
pareil cas : il est le marquis de Boissy de ce temps-là.

Il s'était lié d'étroite amitié avec deux hommes d'esprit,
aussi réactionnaires que lui, le marquis de Belbeuf, conseiller
au parlement de Rouen, et le comte de Montlosier, le futur
auteur du célèbre *Mémoire à consulter,* fort clérical dans
ce temps-là et défenseur acharné des biens du clergé. Le
Mémoire de Montlosier a fait du tort à ses *Mémoires* (1), dont
peu d'historiens de la Révolution paraissent avoir profité.
Les anecdotes y abondent sur les orateurs de la droite, et notamment sur le vicomte. Montlosier se lia très vite avec Mirabeau-Tonneau. Ils en vinrent à se tutoyer et à dîner ensemble
tous les soirs au Palais-Royal. « Comme le vicomte était gour-
mand, dit Montlosier, ses dîners étaient fort chers. Il se con-
tentait d'une bouteille de vin de Bordeaux; mais à la fin du
dîner il lui fallait une bouteille de liqueur des îles, qu'il ava-
lait presque entière. » Des amis venaient parfois causer avec
eux, et ils eurent l'idée de recueillir les saillies du vicomte
en deux pamphlets : *Les dîners du vicomte de Mirabeau* et *La
tasse de café sans sucre.* C'est là, d'après Montlosier, que prirent
naissance les *Actes des Apôtres.* Les deux amis rencontrèrent
le garde du corps Peltier, l'encouragèrent à fonder la feuille
royaliste et y collaborèrent. Mais quelle fut l'importance de
cette collaboration? Voilà ce que nous ignorons. Dans la
droite, tout le monde se piquait un peu de collaborer aux
Actes des Apôtres, et il est fort difficile de dire au juste de
quelle plume est sorti chaque numéro de la célèbre publication. Je crois pourtant à la tradition qui attribue au vicomte
les épigrammes en vers dont ce recueil est rempli; mais il

(1) *Mémoires de M. le comte de Montlosier,* Paris, 1829, 2 vol. in-8°.

n'y a pas là de quoi le féliciter. D'abord, la plupart de ces
vers sont dirigés contre Mirabeau, et contiennent contre lui
les imputations les plus infâmes, distillées avec une haine
vraiment fraternelle. Il fallait être plus qu'un adversaire pour
fouiller ainsi dans la vie privée du grand homme et en dénaturer les détails les plus intimes ; un frère seul en était capable : *agnosco fratrem*. Mais le plus grave, c'est qu'on ne
trouve aucun esprit dans ces vers : il faut avoir parcouru ce
trop fameux journal pour savoir combien il est indigne de sa
renommée et de quel fatras ennuyeux il se compose. Mais de
tous les pamphlets de Mirabeau-Tonneau, celui qui fit le plus
de bruit et, sinon le meilleur, du moins le plus goûté des
contemporains, ce fut la *Lanterne magique*, revue satirique
dont il parut trois numéros, peu de temps après les événements du 5 juin 1789, et dont voici le début :

« La voici, la voilà, Messieurs, Mesdames, la lanterne magique nationale, la pièce vraiment curieuse. Vous allez voir ce
que vous n'avez jamais vu, ce que l'aurore de la liberté seule
pouvait produire : le despotisme et l'aristocratie, le despote
et les aristocrates, traités par la *nation* comme le diable l'a
été autrefois par le bienheureux saint Michel. Vous verrez les
guerriers citoyens, les citoyens guerriers, les héros de la
Bastille, les troupes légères des faubourgs Saint-Antoine et
Saint-Marcel, les chasseurs des barrières, les capucins tra-
vestis en sapeurs, les dames de la nation, et les nonnes dé-
froquées, et toute l'armée patriotique, et l'illustre Coupe-tête,
et le bon duc d'Orléans, et le Châtelet, et la lanterne, et toutes
les merveilles de la Révolution. Enfin vous allez voir ce que
vous allez voir, la vue n'en coûte rien ; on rend l'argent aux
mécontents, et nous payons à bureaux ouverts, comme la
caisse d'escompte payera au mois de juillet. »

Suit une généalogie burlesque de l'Assemblée et de la
Constitution : « Necker engendra les emprunts viagers, les
emprunts viagers engendrèrent le déficit, le déficit engendra

Calonne, Calonne engendra les notables, les notables engen-drèrent l'archevêque de Sens, l'archevêque de Sens engendra la cour plénière, la cour plénière engendra le mécontente-ment, le mécontentement engendra Necker, Necker engendra la double représentation et la nouvelle convocation, qui en-gendrèrent les curés et les avocats, qui engendrèrent l'Assem-blée nationale, qui engendra la prétendue Constitution, et la prétendue Constitution engendra l'anéantissement des re-venus et la banqueroute, le papier-monnaie et la ruine du royaume, la destruction de la noblesse, du clergé et des par-lements et de la prison du roi : ces derniers rejetons, enfants parricides, pourront bien assassiner leur mère ». C'était là, il faut bien le dire, toute la philosophie de l'histoire pour la noblesse française à la fin de 1789 ; ces écervelés croyaient qu'en évitant quelques petites fautes, en donnant un porte-feuille à telle coterie plutôt qu'à telle autre, on eût empêché la Révolution française.

Le vicomte parle même avec beaucoup de liberté de Louis XVI, prisonnier dans son palais : « Voyez-vous un gros papa de bonne mine, appuyé sur cette croisée, triste et rêveur, et dissipant ses soucis poignants à prendre des mouches au vol... ». Il est à remarquer que les jugements les plus sévères sur Louis XVI ont été portés par les royalistes les plus ar-dents. La légende qui attribue au roi martyr le plus grand cœur et les plus vastes pensées n'a commencé que de nos jours. Quant à Marie-Antoinette, dont on veut faire une sainte, elle paraissait frivole, je ne dis pas aux plus frivoles des courtisans, mais à des royalistes de vieille roche, comme au père des Mirabeau, qui s'indignait de sa légèreté et de ses plaisirs bruyants. C'est parmi les Constituants du côté gauche que l'Autrichienne trouvera les plus enthousiastes cham-pions. Quel absolutiste parla d'elle avec une admiration plus passionnée que le tribun Mirabeau, dans ses lettres à La Marck ? Et trouva-t-elle un chevalier plus tendrement dé-

voué que Barnave, celui que le vicomte appelle dans son
pamphlet le beau Barnave, Narcisse-Barnave ? Personne, à la
Constituante, ne manquait de respect pour la famille royale:
elle fut perdue par ses fautes, par celles de son parti ; et si,
pour elle, la déconsidération précéda la chute, cette déconsidération était d'origine aristocratique. C'est de la cour
qu'étaient partis d'abord les traits les plus envenimés
contre la réputation de Marie-Antoinette et le prestige de
Louis XVI ; et qui donc à Versailles, avant les jours tragiques, feignait de croire au sérieux de la reine ou à l'intelligence du roi ?

Quand les royalistes se mirent à défendre leurs princes, ils
les défendirent mal avec leurs pamphlets irrévérencieux et
souvent orduriers. Les *Actes des Apôtres* sont remplis d'anecdotes obscènes et platement obscènes : que pensait le public
d'une reine qui faisait ses délices d'une semblable lecture ?
Les pamphlets que publia Mirabeau-Tonneau, moins grave-
leux, donnent une pauvre idée de ceux qui encourageaient
des publications injurieuses pour quiconque, dans l'Assemblée, voulait la liberté avec le roi. Les amis de la Constitution furent bien punis d'avoir caressé cette folle chimère :
toute la boue du ruisseau fut lancée sur eux par les stipen-
diés de la liste civile, et plus ils étaient modérés, plus ils
recevaient d'insultes. Pauvres et sottes gens que ces Bourbons ! D'une main, ils donnent six mille francs par mois à
Mirabeau l'orateur; de l'autre, ils soldent les plus vils pamphlétaires pour insulter leur plus fidèle défenseur, celui
dont ils payaient les services à prix d'or. Dans cette guerre
faite au malheureux grand homme, le grotesque vicomte
est comblé, non pas d'or, mais d'augustes encoura-
gements. Une bonne partie de la *Lanterne* est consacrée à
déverser la honte sur Mirabeau ou à essayer contre lui
de l'arme du ridicule, arme bien impuissante en 1789.
Plusieurs tableaux de la *Lanterne magique* retracent sa

carrière politique. Voici, par exemple, la procession des
États à Versailles : « Voyez, dit le vicomte, comme le peuple
applaudit : c'est le grand comte de Mirabeau ; admirez sa
frisure, la mieux soignée de toutes ; l'air content de lui-
même qui le caractérise ; il sourit à ses approbateurs, il leur
rendra en motions les bienfaits dont ils veulent bien le combler. Il cause avec M. Bouche, son collègue : c'est une contenance ; et les applaudissements redoublent ; ils l'accompagnent jusqu'à l'église Saint-Louis ; laissons-le aller sur les
ailes de la gloire. »

Voilà pour le ridicule : voici pour l'odieux. Au trente-
unième tableau, la *Lanterne* nous montre l'hôtel où demeure
Mirabeau : « D'où a tiré ce palais, ces meubles magnifiques,
le crapuleux maître de céans? Qui, à Paris, ignore qu'il a
passé sa vie dans les prisons ou les hôtels garnis? Voici son
adresse, qu'il m'a donnée deux fois en quinze jours : *Le
comte de Mirabeau, rue et hôtel de Richelieu, meublé. Le comte
de Mirabeau, rue et hôtel de Coquéron* (sic), *meublé.* C'était là
qu'étroitement logé dans une seule chambre, il végétait en
compilant ou imprimant des libelles qu'il avait escroqués.
Et ce malheureux a des hôtels, des équipages, depuis qu'il
est député : ce métier est donc bien lucratif... » Un an plus
tard, l'assertion du vicomte eût été la pure vérité ; mais, à
la fin de 1789, Mirabeau en était réduit à emprunter quelques
louis au comte de La Marck et vivait dans le dénûment le
plus complet.

L'accusation de lâcheté revient encore. Le vingt-huitième
tableau du second numéro de la *Lanterne* nous fait voir
l'abbé Maury assailli par une troupe de furieux. « Mirabeau,
accoutumé au meurtre, se précipite sur un adversaire sans
armes ; c'en est fait... Mais... où fuit ce valeureux champion ? Aurait-il vaincu? Non : la fermeté de Maury le décon-
certe, et il s'éloigne d'un ennemi qu'il faut combattre...
selon son usage. »

V.

Parfois, cependant, Mirabeau-Tonneau arrive au véritable
esprit, à l'esprit naturel et gai des grands seigneurs lettrés du
XVIIIe siècle. Nous avons dit qu'à la tribune il est moins
mauvais quand il parle de lui-même : il en est ainsi quand
il écrit, et il s'est moqué fort agréablement de sa personne
et de ses défauts dans un aimable libelle, intitulé : *Voyage
national de Mirabeau cadet*. Il le composa à l'occasion d'une
aventure qui fit grand bruit alors et qui provoqua un vif et
intéressant débat à l'Assemblée constituante. C'est une page
d'histoire un peu oubliée, qui aura pour nous un autre intérêt encore que de mettre en lumière, chez Mirabeau-Tonneau, le talent du causeur et du pamphlétaire : on va voir
comment la Révolution pénétra dans l'armée et en modifia
rapidement l'esprit, malgré la résistance désespérée des officiers royalistes.

On sait que le vicomte était colonel du régiment de Touraine, avec lequel il avait fait la campagne d'Amérique, et
mérité la décoration, singulièrement placée sur sa poitrine,
de l'ordre républicain de Cincinnatus. Brave jusqu'à la
folie, il était soldat dans l'âme, et le colonel se retrouvait
toujours en lui, même dans la vie parlementaire, comme à
cette réunion de la droite, aux Capucins, que nous racontent
si plaisamment le *Mémoires* de Montlosier. Il y avait là beaucoup de vieux abbés et de vieux évêques. « Le peuple étant
entré dans le jardin et nous ayant lancé des pierres à travers
les vitres, nous nous levâmes de surprise. Le vicomte de
Mirabeau de suivre la ligne en criant: *Alignement, messieurs, alignement !* Voilà le cardinal de La Rochefoucauld et les autres évêques de s'aligner en effet. Je me rete-
nais, mais je ne pouvais m'empêcher d'éclater de rire. »

Quoi de surprenant qu'un semblable colonel fût adoré de ses hommes ? Le vicomte l'était en effet et se croyait maître même de leurs opinions. Aussi, en juin 1790, apprenant que son régiment, en garnison à Perpignan, a cassé deux de ses officiers et les a remplacés lui-même, il n'hésite pas à partir pour le faire rentrer dans le devoir. Mais ce voyage ne fut pas heureux pour lui, et il vit bientôt que, pour être aimé des soldats, il fallait avant tout aimer la Révolution.

Le 17 juin 1790, l'Assemblée reçut une lettre des officiers municipaux de Perpignan, datée du 13, au sujet d'une étrange et nouvelle escapade du vicomte, qui avait emporté furtivement les *cravates* des drapeaux de son régiment. Mais laissons parler les officiers municipaux de Perpignan ; leur style est curieux :

« Nosseigneurs, la ville de Perpignan est dans les plus cruelles alarmes. Chefs de la commune, nous avions protégé M. le vicomte de Mirabeau, colonel du régiment de Touraine. M. le marquis d'Aguylas, notre maire, l'avait reçu chez lui et lui avait donné asyle et hospitalité. Le régiment avait demandé, obtenu et porté ses drapeaux et sa caisse dans la même maison. Ce lieu était sacré. Pour calmer le régiment, M. le maire avait répondu du dépôt ; mais il avait eu la bonne foi de laisser ces drapeaux dans un cabinet attenant la chambre de M. de Mirabeau, sous la sauvegarde de l'honneur de cet officier. Ce dépôt a été violé, Nosseigneurs. M. de Mirabeau, invité hier par la municipalité, qui voyait que le retour de la tranquillité publique dépendait de son départ, a quitté aujourd'hui notre ville à cinq heures du matin. Sur les dix heures, le régiment est venu prendre ses enseignes ; mais quelle a été sa surprise lorsqu'il les a vues dénaturées ! Les cravates ont manqué. Le régiment s'est plaint : il a demandé raison à notre respectable maire, qui, rempli d'honneur, blanchi dans le service de la patrie, n'a pu qu'accuser M. de

Mirabeau, qui en avait été le détenteur, de les avoir em-
portées. »

Le régiment, exaspéré, se saisit du maire, malgré les protestations de la municipalité, et l'enferma, comme otage, dans
la citadelle. On envoya des courriers aux villes situées sur la
route de Paris, avec invitation d'arrêter Mirabeau et de lui
reprendre les cravates. Mais s'il est arrêté et ramené à Perpignan, la municipalité craint de ne pouvoir lui sauver la
vie, et si les cravates ne sont pas retrouvées, les jours du maire
sont en danger.

Au même instant, l'Assemblée reçoit une lettre de Castelnaudary annonçant l'arrestation du vicomte. On a retrouvé
les cravates dans ses malles. Perpignan a écrit : « Envoyez
les cravates et gardez Mirabeau ». Voilà Mirabeau prisonnier
et étroitement gardé, quoique député et inviolable. Aussitôt
il demande qu'on le fasse mettre en liberté. L'Assemblée
ajourne sa décision au lendemain et se borne à envoyer son
président chez le roi, pour obtenir l'élargissement immédiat
du maire de Perpignan.

Cependant, l'opinion s'emparait de cet incident, sans en
voir le côté comique, et tout Paris donnait des proportions
tragiques à l'incartade du vicomte. Plusieurs libelles paraissaient et racontaient que Mirabeau cadet avait ensanglanté
les rues de Perpignan : le combat avait duré cinq heures, et
1,200 personnes avaient perdu la vie. Maury se plaignit amèrement, à la tribune, de ces calomnies qui pouvaient coûter
la vie à celui dont il s'honorait plus que jamais, disait-il,
d'être l'ami. Le fougueux abbé feignait de voir dans ces pamphlets une provocation à l'assassinat. Malouet demanda des
poursuites, et il dénonça notamment les *Révolutions de France
et de Brabant* de Camille Desmoulins. L'Assemblée écarta ces
dénonciations, et rendit un décret qui chargeait les municipalités de veiller à la sûreté de Mirabeau, et renvoyait son
affaire aux comités. Enfin, sur la proposition de Mirabeau

l'aîné, qui plaida la cause de son frère avec autant de tact que de dévouement, elle rappela aux municipalités le décret d'inviolabilité, et ordonna que le vicomte vînt immédiatement lui rendre compte de sa conduite.

Il fut devancé par une députation du régiment de Touraine, de la municipalité et de la garde nationale de Perpignan, qui venait donner des explications à l'Assemblée et qui fut admise à la barre. Un soldat du régiment prononça un petit discours, très habile, évidemment lu ou appris par cœur, où l'indiscipline de ses camarades était ingénieusement excusée. Il paraît, d'après le récit du soldat, que, le 19 mai précédent, quelques grenadiers avaient été se promener hors ville. Ils rencontrent des bourgeois, « se réunissent et rentrent gaiement et sans tumulte dans la ville, précédés d'un tambour qu'ils avaient fait appeler ». Voilà un tambour qui, soit dit sans attaquer les braves grenadiers de Touraine, a un peu l'air d'être prémédité, tout comme la rencontre avec les « bourgeois ». C'était évidemment une véritable manifestation politique : l'armée fraternisait avec la population révolutionnaire. « Mais, comme dit très bien le grenadier, cet accord, qui, sans contredit, remplit le vœu de la nation, pouvait-il désobliger quelqu'un? » Il désobligea trois officiers du régiment qui crièrent aux soldats : « Vous vous déshonorez ! » « Nous nous honorons », répondirent-ils. Les officiers dégainent, se font obéir, mettent le tambour en prison et chargent M. Maréchal, adjudant, d'exécuter des ordres sévères. M. Maréchal était haï et datait d'avant 89. Les soldats refusèrent de lui obéir, le déclarèrent, à l'unanimité, indigne de remplir ses fonctions, et le remplacèrent par un certain Rochefort, que le commandant, M. d'Iverlay, dut accepter. Quant aux trois officiers, ils partirent, quoique les soldats, d'après leur avocat, fussent tout prêts à « oublier ». Arrive Mirabeau : il parle en maître, se présente au milieu de ses hommes après avoir refusé d'écouter leurs députés, et, mécontent de leur attitude,

dégaine, en blesse trois et met le reste en fuite, avec l'aide ue
six de ses officiers. Nous retrouvons là le ferrailleur témé-
raire, qui, au Palais-Royal, tenait toute une foule en respect
avec la pointe de son épée. Il se bat maintenant avec tout son
régiment, et il a le dernier mot. Mais son prestige de colonel
est perdu : il le sent et s'enfuit le lendemain matin, laissant
à ses officiers le soin de faire réintégrer l'adjudant cassé et de
punir les coupables, ce qu'ils ne purent faire. C'est alors que
les soldats s'aperçoivent de la disparition des cravates et em-
prisonnent le maire. Pour le coup, c'est une révolte ouverte.
Le grenadier-orateur affirme qu'on leur offrit mille écus s'ils
se soumettaient. Ils refusent fièrement et, comme on leur
objecte leur serment de fidélité, prêté la veille, ils répondent
qu'ils n'ont pas seulement juré d'être fidèles au roi, mais de
l'être aussi et d'abord à la nation et à la Constitution. Or,
leurs officiers sont ouvertement hostiles à la Constitution, et
le vicomte de Mirabeau est l'ami de tous les contre-révolutionnaires. Comment peuvent-ils leur obéir ?

C'était là, en effet, le point délicat. Si les soldats avaient
tort de se révolter, les officiers étaient encore plus coupables
de combattre la Constitution, et le plaidoyer du soldat de
Touraine fut fréquemment interrompu par les applaudissements de la majorité de l'Assemblée.

Ces applaudissements redoublèrent lorsque M. Siau, médecin, député de la garde nationale de Perpignan, vint faire
l'éloge des soldats de Touraine et peignit leur douleur touchante quand ils trouvèrent leurs drapeaux mutilés. « Le
célèbre Thurel, le plus ancien soldat de la France, à la tête
des vétérans, montrant à mes concitoyens son triple médail-
lon, leur redemandait les enseignes qu'il avait suivies pendant quatre-vingts ans, sous trois rois victorieux. » M. Siau
termine en promettant que « la fidélité des Français du département des Pyrénées-Orientales sera immuable comme les
montagnes au pied desquelles ils habitent... »

M. Riquetti le jeune, comme on l'appelait depuis l'abolition des titres nobiliaires, arriva le lendemain à Paris et présenta aussitôt sa défense à la tribune. Il fut spirituel, modéré et, contre son habitude, très digne. Il fit d'un ton de bonne humeur fort amusant le récit de son voyage et l'aveu indirect de ses maladresses. Il aimait beaucoup le maire de Perpignan et avait rendu les cravates dès qu'il avait appris le danger qu'il courait. « On a dit qu'on avait trouvé les cravates dans mes malles ; cela est faux : elles étaient là... sur ma poitrine. On n'aurait pu les avoir qu'en me tuant. » Il raconte qu'à Castelnaudary le peuple avait d'abord voulu le massacrer et que, quand il fut mis en liberté, le même peuple se pressa autour de lui avec joie et cria : « Il a sa grâce, nous en sommes bien aises : il a l'air d'un bon homme ». Il explique que c'était son devoir, à lui colonel, de rétablir la discipline dans son régiment. Il a été reçu sans respect. Les soldats lui avaient demandé de venir leur parler et, comme il s'y refusait, il les avait entendus dire qu'il fallait qu'il descendît, qu'il n'avait pas besoin de faire toilette, qu'il était bien f... pour cela.

Arrivant enfin à l'affaire des cravates, il expliqua dans quelle intention il les avait soustraites. Il voulait les porter au roi. Le roi les aurait envoyées dans une ville éloignée de Perpignan, en invitant les soldats à venir y rejoindre leurs enseignes : les bons y seraient venus, les mauvais seraient restés, et on aurait ainsi reconstitué Touraine avec les éléments demeurés fidèles. Le vicomte se trompait de date : ce stratagème un peu chevaleresque eût réussi peut-être au XVIe siècle; mais, en 1790, les *cravates* n'auraient réuni personne autour d'elles.

Ces débats intéressèrent et instruisirent l'Assemblée: elle vit quel était l'état des esprits dans l'armée, combien la Révolution pouvait compter sur les soldats, et combien était miné le pouvoir des officiers aristocrates. Reconstituer le corps des officiers et les cadres de l'armée, telle était l'œuvre aussi difficile que nécesaire qui s'imposait déjà et dont la mésaventure de Mirabeau cadet avait signalé l'urgence.

Toutefois, on ne statua pas immédiatement sur le cas du vicomte : les comités furent chargés de présenter un rapport ; ce rapport ne fut déposé que quelque temps après l'émigration de celui qui en était l'objet, et l'Assemblée décréta une première fois d'accusation, comme voleur des cravates de son régiment, ce collègue qu'elle devait décréter de nouveau comme émigré et comme ennemi public. Son frère, toujours généreux, tenta vainement de s'opposer au premier de ces décrets, disant qu'un député démissionnaire n'était plus justiciable de l'Assemblée ; il trouva, sur le fond même, un argument heureux et infiniment flatteur pour le régiment de Touraine : « C'est par une erreur, excusable sans doute, mais bien palpable, qu'on vous a entretenus d'une déchirure de drapeaux, à propos de l'enlèvement des cravates. Le régiment de Touraine, connu par ses services distingués, surtout. en Amérique, en est revenu avec des drapeaux si déchirés, qu'il était impossible de les déchirer encore. » (Séance du 30 août 1790.) Voilà comment Mirabeau se vengeait des insultes de son frère.

VI.

Nous avons dit que le vicomte imprima, à l'occasion de cette équipée burlesque, mais honorable en somme, un récit plaisant de son voyage dans le Midi, sous le titre de : *Voyage national de Mirabeau cadet*, 1790, in-8. C'est un récit charmant, plein de modestie et d'*humour* ; jamais la plume de Mirabeau-Tonneau n'a couru plus légère, et si l'on songe que ce badinage fut composé par un homme que de graves dangers menaçaient encore, on l'appréciera peut-être davantage. Ainsi, quelle bonne humeur dans ce récit de sa mésaventure à Vermanthon ! Il y avait rencontré la garde nationale des lieux environnants, qui fêtait encore le retour de la Fédération :

« Ces messieurs aperçurent des uniformes dans les voitures, et sur-le-champ les arrêtèrent et vinrent offrir des biscuits, du vin, et porter la santé de la nation à leur camarade (c'est la dénomination qu'ils voulurent bien nous donner). Quoique enfoncé dans la voiture, j'aurais eu de la peine à me rendre imperceptible, et on profita d'une petite lucarne que j'avais à ma droite pour me proposer de prendre part à la libation. Je m'y prêtai de bonne grâce : « Vive la nation ! vive la garde nationale de Vermanthon ! » Tels furent les cris au bruit desquels nous vidâmes nos verres. Le commandant de la troupe, qui vint pour trinquer avec moi, me reconnut et cria : « C'est M. de M....... » Aussitôt les échos répétèrent: « Vive le comte de M....... ! » En pareil cas, on ne connaît que lui dans la famille. Je crus devoir avertir que je n'étais pas le comte, mais le vicomte, leur observant qu'il était bon de connaître les gens avec qui l'on buvait. Quelques personnes dirent : « C'est l'aristocrate ! » Cela apaisa un peu les cris de joie. »

On lui proposa de changer d'opinion : « Messieurs, dit-il, puisque vous connaissez le vicomte de M......., vous connaissez aussi sa stabilité dans ses principes et dans ses opinions ; la conviction seule qu'ils sont mauvais peut l'en faire changer, et je doute que vous ayez la prétention de le lui prouver. » Les personnes les plus à portée de moi dirent : « Il a raison » ; les autres le répétèrent; on cria : « Vive le vicomte de M....... ! » Les drapeaux me saluèrent, on fit une décharge de mousqueterie, et on me combla, en partant, de bénédictions. De mauvais plaisants dirent que j'avais aristocratisé la ville. »

Quant à son affaire de Perpignan, il la raconte du ton le plus leste et le plus dégagé : « J'ai été visité, fêté, complimenté, exalté, sérénadé pendant deux jours ; menacé, insulté pendant trois autres, et poursuivi ensuite, lorsque je ne fuyais pas... » Il n'insiste pas, sentant plus que personne tout le ridicule de l'aventure. Toutefois, rien n'est comique comme le récit de sa captivité à Castelnaudary. Il y est gardé à vue dans la salle basse de la mairie ; la garde nationale laisse la porte entr'ouverte, et toute la population vient le voir dormir. Il est la bête curieuse, le « rhinocéros de la foire ». « Mais, poursuit-il, un proverbe italien dit qu'en caressant l'enfant, respectant le vieillard, ayant de bonnes paroles à la bouche et le bonnet à la main, on fait ce qu'on veut dans une maison. Cela peut s'étendre à une ville, à une nation, et cette manière d'être me coûte d'autant moins, qu'elle est dans mes principes et dans mes habitudes. » Il séduit ses gardiens, joue au trictrac avec eux, gagne la population entière, si bien que, quand il est délivré, on l'acclame.

Il revient par Toulouse, Montauban et Limoges, après avoir passé par Brives : « J'arrivai à Brives, dit-il, à la pointe du jour. Je ne sus que depuis que cette bonne ville avait brigué l'honneur de me pendre, et qu'on y faisait journellement, en m'attendant, des motions tendant à l'accomplissement de ce vœu patriotique ; heureusement pour moi, le civisme sommeillait, et je passai sans être reconnu. Ne connaissant pas les dispositions de mes chers commettants à mon égard, je résolus de fermer les jalousies de ma voiture et de traverser rapidement la province, qui m'a fait assurément beaucoup d'honneur en me députant aux États généraux, mais qui eût pu beaucoup mieux choisir pour mon repos. »

A Étampes, menacé, il s'en tire par un bon mot : « Je fis rire quelques-uns de mes voisins, ce qui est un grand avantage, car dès longtemps je suis convaincu que faire rire son adversaire les armes à la main, c'est le tuer ».

Il avait eu soin de passer de nuit à Orléans : « Le patrio-

tisme connu de la capitale de l'Orléanais me faisait un devoir,
écrit-il plaisamment, de me soustraire aux empressements de
ses habitants. »

VII.

On sait qu'il ne tarda pas à émigrer, et que, de l'autre côté
du Rhin, il fit encore plus de tapage qu'à l'Assemblée nationale. Nul, parmi les émigrés, ne joua plus bruyamment au
matamore, et les innombrables caricatures du temps relatives aux hommes de Coblentz n'omettent jamais sa silhouette
grotesque. Si le succès eût répondu à ses intentions, il eût
pu faire beaucoup de mal: ses *hussards de la mort*, levés,
équipés, soldés, commandés par lui, formèrent une troupe
de 3,000 hommes. Mais l'humeur fantasque et indisciplinée
de leur chef, la jalousie des autres émigrés, le mauvais vouloir des princes et de leurs alliés semblent avoir annihilé la
petite armée de Mirabeau-Tonneau. Une correspondance du
Moniteur, datée de Dourlach, le 10 août 1792, nous donne de
curieux détails sur les rebuffades et les disgrâces essuyées
par le vicomte dans son propre parti :

« Le prince de Hohenlohe vient de chasser ignominieuse-
ment Mirabeau avec sa troupe. Ce chef voulut résister ; on le
menaça de coups de canon. Il paraît que sa forfanterie avait
depuis longtemps indisposé les généraux autrichiens. On s'en
débarrasse, surtout parce qu'il a manifesté la volonté de
conduire son corps lui seul, sans recevoir d'ordres supérieurs.
Mirabeau a été obligé de passer le Rhin et de rentrer en
Souabe. Il a voulu prendre poste dans les environs de Phi-
lipsbourg ; mais on dit que l'évêque de Spire le menace de
lui envoyer les troupes du cercle du Haut-Rhin. Il a voulu
s'établir à Kehl, et le commandant autrichien l'a forcé de dé-
guerpir. »

Il mourut quelques semaines plus tard, à Fribourg (en Brisgau), le 15 septembre 1792, d'apoplexie, selon l'acte de décès, des suites d'un duel, selon quelques personnes. Mais sa sœur, Mme du Saillant, a raconté à Lucas-Montigny qu'il s'enferra lui-même dans l'épée d'un de ses officiers sur lequel il s'élançait pour lui refuser sa porte, fin bien digne d'un tel bretteur. Le prince d'Esterhazy lui fit rendre les honneurs dus aux feld-maréchaux, et il fut inhumé près de Salzbach, sur le lieu même où Turenne avait été tué le 27 juillet 1675, comme se complaisent à le dire tous les biographes.

Tel fut Mirabeau-Tonneau, orateur médiocre, pamphlétaire malicieux et souvent spirituel, bon homme et mauvais frère, très épris de ce point d'honneur qui était la morale de la noblesse française. Comme elle, il ne comprit rien à cette Révolution dont son frère avait, sinon compris tout l'esprit, du moins prévu la marche. Il voulut, avec tant d'autres, la tuer par le persiflage; mais ces brocards, qui eussent été de mortelles blessures dans un salon, piquèrent à peine les orateurs révolutionnaires : le patriotisme et l'éloquence furent plutôt excités par ces mesquines et quotidiennes attaques, qui firent perdre à la royauté ses défenseurs les plus éclairés. L'esprit français, dont le vicomte et ses amis prétendirent continuer les traditions, ne brilla, dans cette guerre de plume, que d'un médiocre éclat : style et idées, tout est faux, tout est suranné dans ces libelles, sauf dans le *Voyage national*, et l'ironie même, invincible en d'autres temps, s'émousse moins par l'abus qu'on en fait que par l'insensibilité des personnes attaquées. Au fond, que reprochent sans cesse les pamphlets royalistes aux Constituants, à Chapelier, à Barnave, à Bailly, à tous les patriotes? d'être de mauvais ton, d'ignorer les manières de la cour et de ne pas s'habiller comme il faut, si bien que, pour ces étourneaux, l'apostrophe au marquis de Brézé est moins un acte de courage qu'un manquement grave à l'étiquette. Les courtisans croient qu'ils désarçonnent ces avocats, ces médecins, ces curés de village en leur lançant des traits dont eux-mêmes mourraient : ceux-ci n'y prennent pas garde, ne connaissant pas les puérilités dont on leur parle, et n'ont au cœur qu'un respect loyal pour ce roi qui les trompe et, faiblesse ou perfidie, veut les envelopper et s'enveloppe lui-même dans son inextricable duplicité. Quant à Mirabeau-Tonneau, il ne voit, ne sait rien, ne se doute de rien : il personnifie toute une classe de Français à cette époque et, à ce titre, mérite l'attention des historiens. Il éclaire aussi la figure de son frère par ce contraste quotidien qui faisait l'amusement des contemporains. Si l'on veut avoir une vision complète de Mirabeau à la tribune, il faut se le représenter harcelé d'injures ou de plaisanteries par son grotesque cadet, pauvre diable vaniteux, spirituel et né pour d'autres temps, qui eût été peut-être à sa place dans ce XVIᵉ siècle où chaque jour on pouvait lancer un coup d'épée et un bon mot, mais dépaysé et mal à son aise au milieu d'une révolution populaire.

CHAPITRE II

D'ESPRÉMÉNIL.

A côté de Mirabeau-Tonneau siégeait le grave d'Espréménil, aussi passionné que son turbulent voisin, aussi impopulaire, presque aussi bruyant, mais plus instruit, plus intelligent, plus éloquent. Sa vie appartient à l'histoire des événements qui ont précédé la Révolution française, et nous n'avons pas à la raconter ici. Avocat du roi au Châtelet, puis conseiller au Parlement, il se rendit célèbre par son attitude dans l'affaire du Collier et les accusations qu'il n'hésita pas à lancer contre Marie-Antoinette. Sa célébrité devint de la gloire quand il défendit les droits du Parlement dans la séance royale du 24 novembre 1787. C'est alors qu'il demanda à Louis XVI la convocation des États généraux avec tant d'éloquence que le flegmatique monarque en fut ému. « Sire, dit-il au roi, d'un mot vous allez combler tous les vœux : un enthousiasme universel va passer en un clin d'œil de cette enceinte dans la capitale, de la capitale dans tout le royaume. Un pressentiment qui ne me trompera pas m'en donne l'assurance : je le lis dans les regards de Votre Majesté ; cette intention est dans son cœur, cette parole est sur ses lèvres : prononcez-la, Sire, accordez-la à l'amour de tous les Français... » A ce moment il s'arrêta..., tous les yeux étaient fixés sur l'orateur et sur le roi ; un léger nuage d'embarras et de doute ne le disputait que bien faiblement à la bonté, à l'attendrissement que le roi ne cherchait plus à dissimuler. Il résista cependant, mais il avoua le lendemain à l'archevêque de Paris qu'il avait été au moment d'oublier les résolutions de son conseil et d'interrompre le discours, pour accorder ce qui lui était demandé... (1). »

Son emprisonnement mit le comble à sa popularité, et son arrestation avait provoqué un mot héroïque. Quand l'officier chargé de l'arrêter ainsi que le conseiller Goislard se présenta au Parlement et demanda qu'on lui fît connaître Duval d'Esprémenil et Goislard, « tous ces messieurs s'écrièrent par acclamation : Nous sommes tous MM. Duval et Goislard ; faites-nous prisonniers, nous vous suivrons (2). » Quand d'Esprémenil sortit de prison, il était un des cinq ou six personnages, comme Beaumarchais, Mirabeau et Bergasse, sur qui la France avait les yeux fixés comme sur les plus brillants champions de la liberté. On voyait en lui le type et la personnification du parlementarisme.

C'était en effet un rigide et courageux parlementaire, mais rien de plus, et l'opinion publique, en transfigurant sa résis-

(1) Sallier, *Barreau français.*
(2) Extrait des Registres du Parlement.

tance héroïque au despotisme, n'apercevait pas les limites très
étroites de son libéralisme. Quand il semblait défendre les
droits de la France, il ne défendait en réalité que ceux du Parlement; il n'avait pas d'autre visée que de maintenir et d'accroître les prérogatives de sa compagnie. Il n'était animé que
de l'esprit de corps et il poussait l'infatuation professionnelle
jusqu'à s'imaginer que la Révolution aboutirait au triomphe
du Parlement. Il disait à Montlosier, à la fin de 1789 : « Et
moi aussi, Monsieur, j'ai eu confiance au peuple ; je me suis
bien trompé : le roi que je maudissais est un ange ; le peuple
que j'invoquais est une furie. Au surplus, rassurez-vous :
tout ceci finira par un arrêt du Parlement. » Le souffle de 89
n'était pas en lui.

Aussi l'étonnement et le scandale furent-ils grands quand,
député de la noblesse parisienne à ces Etats qu'il avait si
ardemment demandés, on le vit siéger à l'extrême droite et
combattre toutes les réformes, même les plus modérées.
L'opinion publique, comme il arrive, ne reconnut pas qu'elle
avait mal jugé l'homme : elle préféra expliquer par de petits
faits ce prétendu changement, et il courut dans Paris des anecdotes naïves dont voici un échantillon curieux :

« Si ses principes ont changé avec les événements, s'il se
jeta avec si peu de décence et de retenue dans le parti qu'on
appelait *les noirs*, s'il fit, pendant toute la session de la Constituante, le rôle d'un valet de cour, on attribue ce changement
à un bon mot de Mᵐᵉ de Polignac qui, dans un dîner de
parade, avait dit hautement qu'on mît les sceaux devant
M. d'Espréménil. Elle parlait des sceaux (*sic*) à rafraîchir, et
l'on débita qu'il avait cru voir dans ce calembour le présage
de sa nomination au ministère de la justice (1). »

Il est plus vrai de dire que d'Espréménil, dès avant 89,

(1) *Portraits des personnages célèbres de la Révolution*, par Bonneville,
avec un *Tableau historique* par Quénard. Paris, 1796, 3 vol in-4°.

avait donné plus d'une preuve de sa timidité et de son étroitesse d'esprit. Mais le magistrat indépendant avait fait oublier
en lui l'homme dévot et autoritaire. Non content de s'opposer
avec acharnement à la réhabilitation du malheureux Lally (1),
il avait dénoncé au Parlement le prospectus de la nouvelle
édition de Voltaire préparée par Beaumarchais. Chaque fois
que, dans sa compagnie, on avait parlé de tolérance religieuse,
il s'était levé pour combattre cette innovation impie. A ces
idées rétrogrades, se mêlaient des chimères ridicules : Mesmer
et même Cagliostro n'eurent pas de plus fervent adepte (2).

Chimérique et réactionnaire, tel se montra en effet d'Espréménil à l'Assemblée constituante. Quant à son amour
pour l'ancien régime, c'était chez lui affaire de conviction
(et l'opinion publique était injuste en niant sa sincérité sur
ce point). Mais il est certain que ses intérêts personnels étaient
d'accord avec sa politique. Il avait épousé, disait-on, une ancienne maîtresse du ministre Clugny, « qui avait trouvé
moyen d'assurer à cette femme une forte pension sur le trésor
public ». Et on ajoutait malignement que « la suppression
de toutes les faveurs de ce genre fut en grande partie ce qui
rallia d'Espréménil à la cabale aristocratique (3) ». Le peuple,
qui pardonnait quelquefois leurs incartades à Maury et à
Cazalès, même au gros Mirabeau-Tonneau, n'avait pour
d'Espréménil qu'un mépris haineux : il le traitait en renégat.

Dans ces conditions d'impopularité violente (4), d'Espréménil perdit une partie de ses moyens oratoires. « Il n'était
plus sous le costume et dans le lieu de ses premiers triom-

---

(1) Qu'un de ses oncles eût été juge de Lally, ce n'était pas, comme
on l'a dit, une excuse.

(2) *Notice* (anonyme) *sur la vie de d'Espréménil*, en tête de ses *Discours et opinions*. Paris, 1823, in-8o. (T. IV de la *Collection des orateurs
français.*)

(3) Bonneville et Quénard.

(4) « Necker, qui ne l'aimait pas, n'épargnait ni son argent ni ses
pamphlets pour le dépopulariser. » (Bonneville et Quénard.)

phes ; il n'était plus dans un corps de magistrature ; il parlait le langage des formes à des innovateurs, en présence du
peuple (1). » Les formes ! on en lisait le culte et l'amour sur
cette figure un peu ingrate, sur ce front carré et uni, dans la
structure de cette forte mâchoire. Avec cela, un air d'obstination tranquille et une voix argentine (2) qui faisaient contraste avec la violence du langage. Sans doute, la précision
de son style étonna d'abord et rendit attentive cette assemblée, la plus éprise de beau langage qui fut jamais. Mais
cette haine aveugle de la Révolution, ce parti-pris injuste et
invincible finirent par lasser : on n'écouta plus d'Espréménil,
ou quand on l'écouta, ce fut pour le huer. Ainsi, quand il eut
l'impudence de lire à la tribune, le 29 septembre 1790, tout
un plan de contre révolution, un député proposa de renvoyer ce plan *au comité d'aliénation*, et on appela désormais
d'Espréménil *le fou de l'Assemblée* (3). Il ne restait pas en arrière
et traitait à l'occasion le président de j... f...... Une autre fois,
il dit au chef d'une députation populaire admise à la barre :
« Excusez, je vous prie, notre président ; il ne sait pas ce
qu'il dit ».

Nous ne citerons qu'un exemple de son éloquence, dont la
violence est un peu uniforme, et qui ne s'exprimait jamais
qu'en brèves et virulentes harangues. Voici le discours qu'il
prononça dans la séance du 25 février 1791, à propos de l'inviolabilité royale. Il y blâme l'abbé Maury comme trop modéré, et provoque en même temps une intéressante manifestation chez les royalistes :

« Je demande la parole, dit-il, contre l'ajournement... Il
fallait un intérêt aussi majeur que celui qui vous occupe
pour me ramener à la tribune. (*On rit.*) Je ne demande point
la faveur de l'Assemblée, je la prie seulement de m'enten-

(1) Bonneville et Quénard.
(2) Montlosier, II, 233.
(3) Mirabeau l'avait surnommé *Crispin-Catilina*. (Dumont, 296.)

dre ; et ce qui rend ma situation plus pénible à la tribune, c'est que j'y viens combattre mon illustre et courageux ami M. l'abbé Maury. (*On rit. Applaudissements à droite.*) Je rends hommage à la pureté de ses principes ; mais je le prie de ne point familiariser son éloquence et son génie (*On rit et on murmure*)... je le prie de ne jamais familiariser l'attention de l'Assemblée nationale et de la nation avec des projets de loi et des principes, même en les combattant , qui sont directement contraires à la fidélité que nous devons tous au roi. Que dis-je ? Vous l'avez arrêté au moment où il allait vous développer les conséquences de l'inviolabilité qui subsistait d'après vos décrets. Vous l'avez arrêté au moment où il allait vous prouver que le projet de décret qui vous est présenté est absolument contraire à l'inviolabilité qui entoure la personne sacrée du roi, laquelle, pour me servir d'une expression vraiment française, est exempte dans tous les cas de toute juridiction.

« De quel droit, Messieurs, votre comité ose-t-il appeler le roi un simple fonctionnaire public ? (*On rit.*) Nous savons les idées que la plupart de ceux qui m'écoutent attachent à cette expression. De quel droit votre comité vient-il vous proposer de confondre dans une même dénomination le suppléant d'un député à l'assemblée nationale avec M. le dauphin et l'héritier présomptif de la couronne ? (*Murmures.*) Je ne suis pas surpris, Messieurs, que des personnes qui se permettent des expressions aussi nouvelles en France, aussi peu respectueuses, aussi contraires aux idées qui nous ont gouverné jusqu'à présent (*Grande acclamation*), aient enfin terminé leur incroyable projet par vous proposer d'infliger au roi une peine ; et cette peine n'est rien moins que la déchéance du trône. (*Murmures du côté gauche.*)

« Convenons d'abord d'un principe sans lequel il est impossible de nous entendre. La personne du roi est-elle sacrée, est-elle inviolable, est-elle exempte de toute juridiction, est-elle au dessus de toute peine qui puisse être prononcée par la loi ou par quelque tribunal ? J'interpelle tous les Français, j'interpelle tous les fidèles serviteurs du roi, je déclare qu'ils ne peuvent, sous peine d'être réellement infidèles à leur roi et à leur propre serment, qu'aucun autre n'a pu ni effacer ni contrebalancer, adhérer à de telles propositions. (*Grands murmures.*)

« *M. le Président* : Monsieur, vous ne devez pas oublier, ni personne, le serment que vous avez prononcé, que l'assemblée nationale a décrété, et ce serait y manquer que de dire qu'aucun des serments dont vous parlez a pu les détruire. (*A gauche, applaudissements ; à droite, brusque interruption. M. de Montlosier se lève et crie :* Vive le roi ! *De la main et de la canne, il commande de répéter ce cri, et le cri est répété par ceux sur qui le geste animé de M. de Montlosier avait fait impression ; mais la majorité de l'Assemblée démontre par un froid silence la pureté de ses intentions et l'erreur de ces messieurs.*) (1)

Tel était l'ordinaire succès de l'éloquence du fougueux parlementaire : ses discours provoquaient de tumultueuses explosions de royalisme ; mais ils n'eurent jamais la moindre influence sur les débats de l'Assemblée, d'autant plus que ses collègues eux-mêmes finirent par accepter à son égard l'opinion de la rue et par le soupçonner de mauvaise foi. Camille Desmoulins cite, à ce sujet, un trait qui souligne à merveille et cette mauvaise foi et les préoccupations de secte et de corps qui aveuglaient d'Espréménil. C'était le 4 mai 1791. L'Assemblée venait de décider qu'elle n'annexerait pas Avignon : « *Eh bien !* dit en triomphant M. Duval d'Espréménil à un patriote, au sortir de la séance, *je vous le disais bien que votre Assemblée nationale, par sa corruption, vous ferait regretter les parlements. Le parlement d'Aix renouvelait de dix ans en dix*

---

(1) *Journal logographique*, séance du 25 février 1791. — Le recueil des discours de d'Espréménil ne reproduit que le texte du *Moniteur*, qui tronque volontiers les paroles des orateurs de l'extrême droite.

ans, *pour la France, les actes conservatoires du Comtat, et voici que l'Assemblée nationale vient de démembrer Avignon de la France.* Notez que le pendard de robin qui fait cet aveu, en sa qualité de membre du Cul-de-sac et d'ennemi de tout bon décret, venait de voter le démembrement et de prononcer *non* à l'appel nominal, et appréciez les aristocrates, qui avouent eux-mêmes que, pour diffamer l'Assemblée nationale, ils disent *non* quand leur conscience dit *oui* ».

Le malheureux paya de sa tête ces griefs : il fut guillotiné en 1794, et montra jusqu'au dernier moment la plus grande fermeté. Placé dans la charrette fatale à côté du pauvre Chapelier qui lui demandait auquel d'entre eux s'adressaient les hu!es de la foule, il répondit avec sang-froid : *A tous deux.*

LIVRE IV

LA DROITE.

CHAPITRE I.

L'ABBÉ MAURY.

Si nous ne plaçons pas l'abbé Maury en compagnie des intransigeants et des tapageurs de l'extrême droite, ce n'est pas qu'il se montre moins violent que d'Espréménil, moins bruyant que le vicomte de Mirabeau : au contraire, il les égale en fanatisme et, à l'occasion, les dépasse en grossièreté. Mais il diffère d'eux par son importance politique, par son influence sur la droite absolutiste, dont il eût été le chef et le *leader*, si les partis s'étaient soumis alors à une discipline, et, comme orateur, il diffère des deux royalistes que nous venons d'étudier, en ce qu'il apporte dans l'exercice de la parole de visibles préoccupations littéraires. Ce sont les lettres qui l'ont désigné à la politique et, toute sa vie, prêtre et député, dans sa haute fortune et dans sa disgrâce, il reste ce qu'il fut à ses débuts : un homme de lettres.

I

Sa biographie se trouve partout, aussi abondante, que dis-je? plus abondante qu'on le voudrait. Il vécut en scène et provoqua sans cesse l'attention publique. Sa personnalité occupe dans les écrits et dans les mémoires du temps une place disproportionnée avec sa valeur, qui était véritable, mais moindre que sa réputation. Le soin qu'il prit d'occuper de lui ses contemporains a tourné, après sa mort, contre les intérêts de sa mémoire. Rien de ce qui concerne sa vie n'excite plus la curiosité. Les anecdotes, parfois piquantes, dont il est le héros, ont eu le tort de paraître avoir été arrangées par lui-même, et les faits y sont visiblement distribués, peut-être même inclinés, de manière à faire voir dans son meilleur jour la personnalité du vaniteux abbé. L'anecdote de la lanterne et quelques autres ont été à coup sûr, je ne dis pas inventées, mais composées par lui-même. Elles trainent partout, on les voit venir de loin et on les omet volontiers dans sa lecture. Connaissez-vous ce trait, cent fois répété? Dans la diligence qui le mena pour la première fois à Paris, il fit voyage avec deux jeunes gens. L'un, étudiant en médecine, lui dit : « Je veux être membre de l'Académie des sciences et médecin du roi. » C'était Portal, qui fut ce qu'il voulait être. L'autre : « Je deviendrai avocat général. » C'était Treilhard, qui le devint. A quoi Maury répartit : « Moi, je deviendrai prédicateur du roi et l'un des quarante de l'Académie française. » M. Poujoulat (1) qui a conté, lui vingtième, cette historiette, s'émerveille et s'attendrit. N'en retenons pour notre part que le trait décisif du personnage : l'aplomb, l'impudence, l'ambition (2). Il a préparé tout un

---

(1) *Maury, sa vie et ses œuvres.* Paris, 1874, in-18.

(2) « Un seul sentiment, une passion unique le dominait, l'ambition ; et il n'y avait point de poste si élevé auquel il ne prétendit parvenir. « On peut tout ce qu'on veut », répétait-il dans ses épanchements. Sa confiance en lui-même était sans bornes. Une audace imperturbable le soutenait aussi dans les positions les plus difficiles ; c'était le caractère distinctif de sa physionomie ; *on l'eût pris pour un grenadier déguisé en séminariste.* » (Arnault, **I,** 223.) Thibaudeau l'appelle *un vrai grenadier politique.*

dossier où la postérité trouvât la matière d'un panégyrique.
Mais le dossier est trop en ordre. La postérité se méfie et
s'attache de préférence aux grands hommes plus modestes et
plus cachés dans leur vie privée.

Notons donc seulement qu'il était fils d'un cordonnier de
Valréas. Son origine plébéienne explique sa vigoureuse car-
rure, sa tournure vulgaire, ses manières cyniques, et surtout
son manque de tact. Mais, comme dit judicieusement M. Poujoulat, « les grands talents n'ont rien à perdre à l'obscurité
d'une origine ». Ce cordonnier était beau parleur et pérorait
dans les carrefours : du moins une tradition locale l'affirme.
L'éloquence de Maury a précisément, aux bons endroits, une
saveur populaire. Il excelle aux « propos de gueule », et les
femmes des halles à Paris, quand elles ne l'injurient pas, l'embrassent et le tiennent pour l'un des leurs (1), admirant ses
larges épaules, ses mollets carrés, sa corpulence athlétique (2).

Il débuta par des éloges et se poussa par des panégyriques.
Les uns et les autres ont été, hélas ! publiés. Nous les avons
lus, et dans cette lecture fastidieuse nous n'avons rien trouvé
qui fît prévoir en Maury l'orateur politique. Rien de plus
froid, rien de plus factice : c'est une littérature d'enfant pro-
dige. Il reçut les ordres à Sens, où le cardinal de Luynes,
émerveillé de ses réponses, le fit asseoir parmi les examina-
teurs. Enfin il prêcha devant le roi et montra du brillant et
de la souplesse, sauf le jour où il s'aperçut qu'en peignant
trop au vif la laideur du vice, il faisait, sans le vouloir, une
épigramme *ad hominem*. Il rompit les chiens assez prestement
et s'écria : « Ainsi parlait saint Jean Chrysostôme (3)! » Ses

---

(1) Voir à ce sujet, dans Montlosier, t. II, p. 214, une anecdote trop
crue pour qu'il soit possible de l'imprimer en 1881.

(2) Arnault, t. 1er, p. 225.

(3) « Ce qui aurait paru impertinent dans la bouche d'un prestolet
parut sublime dans celle d'un père de l'Église. On l'eût applaudi, s'il
eût été permis d'applaudir devant le roi, même à la comédie. Fier de ce

biographes commentent ce trait avec amour. En 1783, il mit le comble à sa réputation d'orateur sacré par le panégyrique de saint Vincent de Paul, froide et languissante dissertation écrite dans une langue correcte, et qui lui valut un bénéfice de 20,000 livres de rente. Entre temps, les couronnes académiques ne lui avaient pas manqué, et il était devenu lui-même académicien en remplacement de Pompignan.

Il est certain qu'il occupa la chaire avec succès et qu'il plut au monde. Mais il se garda de la théologie : morale, économie politique, philosophie, humanité, gouvernement, administration (1), il touche à tous les sujets, sauf aux dogmes chrétiens. « C'est dommage ! faisait-on dire à Louis XVI, si l'abbé Maury nous avait parlé un peu de religion, il nous aurait parlé de tout. » Depuis longtemps déjà les sermons n'étaient plus des sermons, mais de véritables discours, ou mieux des *conférences*. A la Constituante, l'abbé se trouva tout préparé à la parole laïque.

Faut-il passer sous silence son *Traité sur l'éloquence de la chaire ?* Assurément non. Ce qu'il y avait de bon en lui, il l'a mis dans ce livre, antérieur de douze ans à ses débuts dans la politique. S'il le remania et le grossit en 1810, on peut dire que le fond même de l'œuvre existait longtemps avant que Maury abordât la tribune. Chose inattendue, ce n'est pas un traité de rhétorique scolaire, selon les recettes traditionnelles, avec toutes les puérilités que les maîtres se transmettaient sans autre préoccupation que d'accroître le nombre des règles et de renchérir en subdivisions inutiles. Maury sait rompre dès les premières lignes avec cette tradition d'école pour remonter à la méthode de Fénelon, de Quintilien, de Cicéron et des Grecs. Il ne professe pas ; il s'en-

succès : *Leur en ai-je donné du saint Jean Chrysostôme !* disait-t-il en style de grenadier, quand ses amis vinrent le complimenter... » (Arnault, *Souvenirs*, t. 1er, p. 224.)

(1) Poujoulat, p. 37.

tretient avec son lecteur et donne son avis sans l'imposer. Il ne croit pas à l'infaillibilité des règles et offre à vrai dire peu de règles. Mais, prédicateur expérimenté, il fait part de son expérience, note ses impressions, étudie les souvenirs de sa vie d'orateur, démêle finement l'état de son âme, quand lui-même cherchait ses idées, les trouvait, les disposait, les exprimait. Plusieurs chapitres de ce traité sont de véritables confessions littéraires, des confessions complètes, qu'il fait avec émotion, avec franchise et avec une pleine conscience de toutes les phases de son propre développement intellectuel. Cet homme sans dignité, sans caractère, qui fut assez souvent un rhéteur à l'Assemblée, mérite d'être cru et inspire la confiance quand il livre les secrets de son art. Cet art, il en est épris passionnément, il y croit, il en jouit, il l'a *vécu* en toute sincérité, et lui qui fera si bon marché de son honneur, qui se montrera si léger dans la vie, parfois cynique, toujours ambitieux, et ambitieux d'un idéal inférieur, il atteint jusqu'à l'éloquence quand il disserte sur les moyens dont il use pour émouvoir et convaincre les hommes par la parole. Quelques morceaux du *Traité* sont comme des discours à l'exorde habile et à la péroraison touchante, qui font regretter au lecteur de ne pas s'exercer aussi à cet art oratoire afin d'en connaître les joies. Ces joies, Maury les connut et les goûta, mais bruyantes, troublées, interrompues et renaissantes, sans cesse mêlées de déboires et de succès. Il mena grand bruit toute sa vie, vécut entouré d'applaudissements, de sifflets, de scandale, et, jusqu'en 1792, toujours en vue. Mais, chose notable! il connut aussi les joies plus discrètes et plus profondes, si chères aux anciens, de la composition solitaire, du travail intime. La volupté de créer par l'intelligence ne lui fut pas étrangère. « C'est un enchantement, dit-il, qu'il faut avoir éprouvé pour s'en former l'idée. » (Chap. 38.) C'est pour avoir éprouvé cet enchantement qu'il est, malgré l'incohérence de sa vie, un véritable lettré.

Dans son traité, il fait preuve d'une liberté d'esprit qui
serait singulière aujourd'hui chez un prêtre. Son goût n'a
rien d'étroit, et il prétend ne se régler que sur le bon sens et
la nature. Ses principes sont ceux de la grande critique littéraire du xviie siècle, mais il ne jure sur aucune autorité, et
ne cite Boileau que quand Boileau a raison. Il cherche à
former avec les leçons de l'expérience « une poétique pratique ». Le style pompeux n'a pas d'ennemi plus déclaré, et
la maxime chère aux académiciens et aux prédicateurs, qui
recommande de n'employer que les termes les plus généraux,
il ose la combattre, lui qui ne la suivra que trop dans ses
discours. Je crois que le premier au xviiie siècle, il sentit la
faiblesse et le vide du *Discours sur le style*. A coup sûr, il est
le premier qui se soit moqué de cette harangue trop admirée,
et rien n'est plus fin ni plus piquant que sa critique des
théories littéraires de Buffon, qu'on impose encore de nos
jours dans les écoles. Sans trop de préjugés, il admire le
génie où il croit le trouver. Il est excellent sur Bossuet, dont
il découvrit presque les sermons, et sur Massillon, dont il
blâme éloquemment la morale fondée sur le bon goût. Ce
n'était pas non plus le fait d'un critique vulgaire de dis-
cerner, comme il l'a fait, les défauts de style du *Petit Carême*,
et de remettre à leur vraie place, malgré les préjugés de ses
contemporains, les autres sermons que, sur la foi de Voltaire,
on ne lisait plus. Mais ses bonnes intentions et ses droites
théories n'empêchent pas sa nature, qui était moins distinguée
que sa doctrine, de paraître parfois. Il fait pompeusement
l'éloge de la simplicité, qu'il veut aimer, qu'il n'aime pas.
Son idéal est le Père Bridaine, dont l'éloquence, d'après les
exemples qu'il cite, n'était pas exempte de charlatanisme.
Bridaine jouait ses sermons, comme on joue un mélodrame,
et y introduisait, avec de grossières péripéties, une émotion
grossière, que Maury admire beaucoup trop, pour un académicien. Cette prédilection fait déjà deviner en lui, malgré ses

succès d'académie, le rhéteur dont le rêve, jamais réalisé, sera de plaire à la foule, au besoin à la populace.

Il n'a pas les pudeurs et il cache les haines du prêtre. Il sait parler des philosophes sans les injurier. Nos séminaristes, s'ils lisent encore cet excellent livre, ce que je ne crois pas, doivent être bien étonnés d'y trouver, par exemple, un éloge de l'éloquence de Rousseau et du style de Voltaire, dont il cite souvent les écrits avec honneur, si bien que chez lui le prêtre ne fait presque jamais tort au lettré. A vrai dire, il oublie plus d'une fois pour quelle classe de lecteurs il écrit ; il cite de préférence les anciens ; il s'adresse aux gens du monde, et ses préceptes s'appliquent à tous les genres de parole A plusieurs reprises il écrit : « Mais c'est spécialement pour les orateurs sacrés que j'écris ». On l'avait oublié, et il l'avait oublié lui-même. La vérité, c'est qu'il est au fond du cœur aussi peu prêtre que possible. Confesser et catéchiser n'est pas sa vocation : il est né pour la plus laïque des dignités ecclésiastiques, pour le cardinalat.

II

Ce chapeau de cardinal joue un grand rôle dans sa carrière et dans ses convictions politiques. Quand il revint, après le 14 juillet, reprendre définitivement possession de son siège à l'Assemblée constituante, il dit à ses amis : « Je périrai dans la Révolution ou, en la combattant, je gagnerai le chapeau de cardinal ». Idéal médiocre, quand des deux parts on luttait pour de si hautes pensées. Mais l'abbé se calomniait. Une autre ambition le jetait dans la lice : il rêvait d'être le premier orateur politique de la France et, il faut le dire, une telle ambition n'avait rien de ridicule. L'auteur du *Traité de l'Éloquence*, le prédicateur mondain, l'écrivain facile que nous avons vu à l'œuvre, ne pouvait-il pas, sans présomption, se croire le mieux préparé pour un concours oratoire? Certes, dans une conférence Molé, si de semblables gymnases parlementaires eussent existé alors, il eût brillé. Si l'Académie avait proposé comme thème un discours politique modèle, il aurait obtenu le premier prix. Mais, à l'Assemblée constituante, il ne s'agissait pas de couronnes ni de concours, et bien peu songeaient à la gloire littéraire, aux éloges de La Harpe. On parlait pour agir, pour gagner des voix ; c'était une lutte et une bataille pour des intérêts d'un autre ordre que ceux que l'on débattait dans les chaires du Lycée. Maury est presque le seul qui ait songé à ce que disait de son éloquence un Marmontel ou un Suard. Il rêva de figurer un jour dans les traités de rhétorique, comme le créateur du genre délibératif dans le royaume de France. L'éloquence, pour lui, n'est pas un moyen, mais un but.

Pourquoi siégea-t-il à droite? Pourquoi fut-il l'ennemi le plus acharné de la Révolution? D'abord, parce qu'il pouvait dire, avec l'abbé d'une chanson populaire d'alors : *Ah! j'ai perdu mon bénéfice*, sur l'air de : *Ah! j'ai perdu mon Eurydice* (1). La Révolution lui enlevait en effet 20,000 livres de rente. Mais il risquait de perdre plus que cela, c'est-à-dire, cette gloire littéraire dont il était si fier et qu'il voyait d'une nature telle, qu'elle ne pouvait s'épanouir que dans une atmosphère monarchique. L'avènement du peuple allait supprimer les salons, et, avec les salons, les auditeurs du panégyrique de saint Vincent de Paul. Mais l'abbé Maury émigra avant cette disparition de son auditoire, et il put jouir de la vie mondaine pendant toute la durée de la Constituante.

(1) On lui demandait : « Comment se fait-il que vous haïssiez si fort la Révolution »? Il répondit : « Pour deux raisons : la première, et c'est la meilleure, c'est qu'elle m'enlève mes bénéfices ; la seconde, c'est que, depuis trente ans, j'ai trouvé les hommes si méchants, en particulier et pris un à un, que je n'attends rien de bon d'eux en public et pris collectivement ». (Lombard de Langres.)

Arnault, qui l'a rencontré souvent, prétend même qu'il ne
fut jamais plus à la mode dans la société polie qu'en 1790.
« Maury, dit-il, se plaisait beaucoup dans la société, il aimait
à y trouver la compensation des avanies qu'il lui fallait
souvent essuyer à la tribune, et à occuper l'attention générale
dans les salons où naguère il était à peine aperçu. L'attitude
qu'il y affectait était assez plaisante. Établi là, comme par
droit de conquête, il parlait de la manière la plus absolue,
il disait tout ce qui lui venait dans l'esprit sans trop s'embarrasser des convenances. C'est à dîner surtout qu'écartant tout
déguisement, il se révélait tout entier, mangeant beaucoup,
buvant à l'avenant, et plaçant dans les trèves qu'il accordait
à sa mâchoire plutôt qu'à son appétit, soit une anecdote philosophique, soit une bribe de sermon, soit un passage du
discours qu'il venait de prononcer, soit enfin une histoire
graveleuse, un conte de nature à déconcerter même une
femme de cour (1). » Maury, on le voit, était ingrat envers la
Révolution, qui lui permettait tant de sans-gêne. Mais il prévoyait que dans la démocratie qui s'annonçait, il n'y aurait
pas de place pour son talent et pour son caractère, et il
n'avait pas tort.

Quelle fut sa politique à l'Assemblée constituante ? Toute
négative, sauf en ce qui concernait les intérêts de son ordre,
dont il s'efforça, avec un zèle trop visiblement intéressé, de
maintenir tous les privilèges. Quant au reste, quant au gouvernement de la France, il n'avait là-dessus aucune vue quelconque. Pas une idée ne se rencontre dans ses discours qui
fasse partie d'un système ou d'un plan. Ce qu'il veut, il n'en
sait rien. Désire-t-il conserver l'antique absolutisme sans
modification ? Rien ne l'indique, mais rien non plus n'indique le contraire. Quels conseils faudrait-il donner au roi ?
Que ferait-il s'il était ministre ? Il n'en sait rien ; il vit au

(1) Arnault, t. 1er, p. 222. — Il a tort d'avancer que Maury était « à
peine aperçu dans les salons » avant 1789.

jour le jour, pérorant, injuriant la gauche, contrecarrant tous les desseins des révolutionnaires, sans programme, sans ligne de conduite, se taisant ou parlant selon que sa fantaisie le sollicite. Toujours applaudi par la droite, son rôle fait illusion. Au premier abord on croit à un concert, à une entente : rien de tout cela ne lui vaut cette faveur. On l'applaudit parce qu'il parle bien et dans le sens de certaines passions, et ceux qui l'applaudissent n'ont pas plus d'idées politiques que lui. A ce point de vue, c'est un grand embarras d'expliquer la *matière* de l'éloquence des orateurs de la droite : ils donnent tous contre l'ennemi en enfants perdus, chacun à sa tête, comme la chevalerie française à Azincourt, contre les bataillons pressés de la gauche ; ils ne font rien de ce qu'il faudrait pour être pris au sérieux. C'est au contraire à droite un parti pris d'étourderie, d'insolence, de persiflage. Écoutez ce qu'en pense un aristocrate plus sensé que les autres :

« Je ne saurais m'empêcher de remarquer la conduite impolitique des nobles et des évêques, dit le marquis de Ferrières (1). Comme ils ne tendaient qu'à dissoudre l'assemblée, qu'à jeter la défaveur sur ses opérations, loin de s'opposer aux mauvais décrets, ils étaient d'une indifférence à cet égard que l'on ne saurait concevoir. Ils sortaient de la salle lorsque le président posait la question, invitant les députés de leur parti à les suivre ; ou bien, s'ils demeuraient, ils leur criaient de ne point délibérer. Les clubistes, par cet abandon, devenus la majorité de l'Assemblée, décrétaient tout ce qu'ils voulaient. Les évêques et les nobles, croyant fermement que le nouvel ordre de choses ne subsisterait pas, hâtaient avec une sorte d'impatience, dans l'espoir d'en avancer la chute, et la ruine de la monarchie et leur propre

_____

(1) T. II, p. 122. Singulier homme que ce Ferrières ! Signataire de la déclaration royaliste du 29 juin 1791, il la juge sévèrement (t. II, p.407).

ruine. A cette conduite insensée, ils joignaient une insouciance insultante, et pour l'Assemblée, et pour le peuple qui assistait aux séances. Ils n'écoutaient point, riaient, parlaient haut, confirmant ainsi le peuple dans l'opinion peu favorable qu'il avait conçue d'eux ; et au lieu de travailler à regagner sa confiance et son estime, ils ne travaillaient qu'à acquérir sa haine et son mépris. Toutes ces sottises venaient de ce que les évêques et les nobles ne pouvaient se persuader que la Révolution était faite depuis longtemps dans l'opinion et dans le cœur de tous les Français. Ils s'imaginaient, à l'aide de ces faibles digues, contenir un torrent qui grossissait chaque jour. Ils ne faisaient qu'amonceler ses eaux, qu'occasionner plus de ravages, s'entêtant avec opiniâtreté à l'ancien régime, base de toutes leurs actions, de toutes leurs oppositions, mais dont personne ne voulait. Ils forçaient, par une obstination maladroite, les révolutionnaires à étendre leur système de révolution au-delà même du but qu'ils s'étaient proposé. »

Et quel était le motif d'une telle conduite, que l'abbé Maury personnifiait mieux que personne ? Ferrières encore va nous le dire :

« Cette conduite des nobles et des évêques serait inexplicable, si l'on ne remontait pas à la source de toutes leurs erreurs. On leur parlait sans cesse des forces des puissances étrangères, d'une invasion prochaine en France. Les gardes nationales, ajoutait-on, fuieraient au premier choc ; les troupes de ligne, sans chefs, se débanderaient ; le peu qui demeurerait sous les drapeaux ne soutiendrait pas l'approche des Allemands et des Prussiens. Selon eux, tout ce qui n'était pas né noble ne pouvait avoir du courage. Ils ne voyaient pas que le courage des nobles tenait lui-même à un sentiment factice nommé l'honneur ; que la nouvelle Constitution venait de créer un honneur pour le peuple, comme l'ancien gouvernement en avait créé un pour les nobles ; qu'alors l'homme du peuple devait l'emporter sur le noble, parce que, n'étant pas ainsi que le noble élevé dans la mollesse, plus accoutumé que lui à la peine, à la fatigue, aux privations, ayant plus de forces physiques, tous les avantages sont de son côté (1). »

Oui, cette folle noblesse méprisait les hommes de 1789, et se riait de ses vainqueurs, sans craindre de les exaspérer par ses brocards. Maury, le fils du cordonnier de Valréas, acquérait ses bonnes grâce en flattant cette manie, qui était toute sa politique. Seulement, là où d'autres raillaient et faisaient parade, il étalait la violence et l'injure, se vantant de faire mordre la poussière à ses adversaires, attitude de lutteur et de ces athlètes de foire si chers à ses compatriotes du Comtat : l'insulte d'abord, puis le coup de poing. On va voir que ces comparaisons ne sont nullement risquées.

Le 22 janvier 1790, dans une discusion orageuse sur les finances, l'abbé Maury insulte l'Assemblée en ces termes : « Je demande à ceux de cette Assemblée à qui la nature a refusé tout autre courage que celui de la honte ce qu'ils pourront répondre..... »

« A ces mots, dit le *Moniteur*, des clameurs s'élevèrent ; on ne se contenta pas de réclamer l'ordre, on a demandé que l'opinant fût puni. On ne parlait de rien moins que de le bannir de l'Assemblée et de le faire rappeler par ses commettants. Enfin, après de longs et tumultueux débats il a été décrété, sur la motion de M. le comte de Mirabeau, qu'on s'en tiendrait à ce que M. l'abbé Maury fût censuré de la censure inscrite dans les registres. »

Voilà pour les injures, dont il serait trop long de citer les autres exemples. Voici pour les voies de fait.

Il lui arrive de menacer le président du poing, même quand ce président s'appelle M. de Noailles. Ainsi, dans la séance du

(1) Ferrières, tome II, p. 179.

2 mars 1791, l'abbé Debouvan vient de refuser de prêter le serment pur et simple : il descend de la tribune.

« Plusieurs voix, dit le *Moniteur* (1), s'élèvent dans la partie gauche : *Sortez, sortez !*

« M. l'abbé Debouvan s'arrête et se mêle à quelques membres de la partie droite. — M. l'abbé Maury descend de sa place, et va parler à M. l'abbé Debouvan.

« M. l'abbé Debouvan sort de la salle au milieu des applaudissements de l'Assemblée.

« *M. le président.* M. l'abbé n'est pas admis membre de cette Assemblée.

« M. l'abbé Maury demande la parole. La partie gauche réclame l'ordre du jour.

« M. l'abbé Maury s'avance au milieu de la salle, et semble du geste menacer le président. — Plusieurs voix : *A l'Abbaye, à l'Abbaye !*

(1) Voici le récit du *Journal logographique :*

« *M. le suppléant* [de l'évêque de Tours, abbé Debouvan] : Dois-je répéter la formule et ce que je dis dans la tribune ? (*Murmures.*)

M. d'André : Il doit dire : Je le jure, ou : Je ne le jure pas, et il ne peut parler qu'il n'ait prêté le serment.

Le suppléant, sans mot dire, descend de la tribune, se retire du côté droit : tous les membres du côté gauche se lèvent et demandent qu'on le fasse sortir.

M. le président : Messieurs, le suppléant de M. l'évêque de Tours n'est pas admis par l'Assemblée. (Grands applaudissements par la majorité.)

M. l'abbé Maury : Je demande la parole contre vous, monsieur le président. (Et il monte à la tribune et se mouche. *A l'ordre du jour, à l'ordre du jour !* crie-t-on, surtout à gauche.)

M. le président : J'annonce à l'Assemblée nationale que c'est contre moi que M. l'abbé Maury a la parole.

M. Dubois des Guays : Je demande l'ordre du jour sur la proposition de M. l'abbé Maury.

Plusieurs voix : L'ordre du jour, l'ordre du jour !

M. le président : Messieurs, quand on n'est pas embarrassé de répondre, on ne doit pas craindre d'être interpellé.

On crie dans une grande partie de la salle : *A l'Abbaye, à l'Abbaye, l'abbé Maury !* D'autres membres persistent à demander l'ordre du jour. M. le président met l'ordre du jour aux voix, et il est adopté. »

« M. l'abbé Maury continue à gesticuler ; il monte à la tribune.

« *M. le président.* J'annonce que c'est contre moi que M. l'abbé Maury réclame la parole. Je la demande pour lui.

« La partie gauche réclame de nouveau l'ordre du jour.

« *M. le président.* Je sollicite la parole pour M. l'abbé Maury. (La gauche : *Non, non, à l'ordre du jour !*)

« *M. Dandré.* M. le président, vous n'avez pas droit d'accorder la parole contre le vœu de l'Assemblée, vous devez faire exécuter le décret.

« La partie gauche se lève en réclamant à grands cris l'ordre du jour.

« *M. l'abbé Maury.* A l'ordre, M. Dandré ! (On entend de toutes parts ces mots : *A l'Abbaye, à l'Abbaye, à l'Abbaye !*)

« L'Assemblée passe de nouveau à l'ordre du jour.

« M. l'abbé Maury reste à la tribune. On lui parle, on le presse. — Il en descend. — On applaudit. »

Un moyen oratoire particulièrement cher à l'abbé Maury et emprunté sans doute aux célèbres portefaix d'Avignon, c'est de faire mine de briser le mobilier de l'Assemblée pour en lancer les fragments à la tête des patriotes. Ce procédé tout méridional d'intimidation, il le met notamment en pratique dans la discussion sur l'adoption du drapeau tricolore par la marine (21 octobre 1790). Ne pouvant obtenir la parole, il monte à la tribune. « On demande à aller aux voix, dit le *Moniteur.* Il entre en fureur, et saisit la tribune et l'ébranle, comme pour la lancer du côté gauche. »

Il usa de cet artifice dans d'autres occasions, mais en y ajoutant d'autres preuves de sa force physique. Il se signala surtout dans la séance du 25 juin 1790, à propos du mode de vente des biens du clergé. Nous avons deux récits de cet incident bouffon. Les voici :

Maury répondait avec véhémence à l'évêque d'Autun. « Le duc de Larochefoucauld, écrit Ferrières, réclame la parole pour

répondre, dit-il, aux injures de l'abbé Maury. Il se présente
à la tribune. L'abbé Maury, ferme dans son poste, saisit le
duc par les épaules, lui fait faire une ou deux pirouettes et
l'oblige de lui céder la place. Des éclats de rire partent du côté
droit, des cris de fureur s'élèvent du côté gauche (1). »

Le second récit est plus pittoresque et plus complet :

« Un membre du côté gauche veut se placer à ses côtés et
parler à sa place. L'abbé le prend par l'épaule, lui fait faire
deux pirouettes et rouler dans la salle; un huissier vient le
ramasser : j'ai eu idée que c'était le duc de Larochefoucauld.
Un autre se présente : il en fait autant. A la fin cependant,
voilà tout le côté gauche qui s'émeut et paraît vouloir s'a-
vancer vers lui. Maury entre en fureur, saisit la tribune
comme pour la lancer. J'entendis la tribune craquer; elle se
trouva retenue par deux forts tenons de fer, sans quoi elle
allait voler en éclats. Le président appelle les huissiers au
secours de la tribune; les membres se replacent sur leur
siège (2). »

L'Assemblée, on le voit, était patiente. Elle se contenta de
rire de ce pugilat et, comme elle se blasait, Maury chercha
d'autres effets. Le 4 août 1790, il se retira avec une partie de
la droite, à l'occasion d'un décret sur les prêtres réfractaires.
Avant de se retirer, il se retourna et salua ironiquement
l'Assemblée. C'était une fausse sortie : il reparut à la séance
du 8 août, plus bruyant que jamais (3).

---

(1) Ferrières, t. II, p. 69. Le *Moniteur* constate le fait : « M. Larochefoucauld se présente pour demander la parole. M. l'abbé Maury le pousse
hors de la tribune par les épaules. »

(2) Montlosier, tome II, p. 54. Cf. dans le *Moniteur* la séance du 6
nov. 1790.

(3) Nous ne citons guère que les impressions des contemporains. Voici
cependant un court portrait de l'abbé Maury qui résume, en termes
frappants, toutes ces impressions: « Violent, brutal même, porté aux
colères de la Bible plutôt qu'aux mansuétudes persuasives du Nouveau
Testament, l'abbé Maury avait la menace, il avait l'emportement, il

III

Cette violence de l'abbé Maury se remarquait même dans ses discours de longue haleine : l'attitude y était provocante, le geste agressif. Il ne soulevait pas seulement les interruptions : il en avait besoin. En y répondant, il reprenait de la force et de l'élan, comme le géant de la fable en touchant la terre. Il y comptait d'avance pour réchauffer son éloquence, et le plus cruel tour qu'on pût lui jouer, c'était de l'écouter sans mot dire. La gauche eut cette cruauté à son égard dans la séance du 27 novembre 1790. La droite l'avait envoyé à la tribune pour soutenir la protestation des évêques contre la constitution civile du clergé :

« L'abbé Maury, dit Ferrières, impatient, colère, s'animant par la contradiction, était très propre à remplir le rôle dont on le chargeait..... Alexandre Lameth occupait le fauteuil ; il maintint, pendant la discussion, le plus grand calme et le plus profond silence. En vain l'abbé Maury chercha-t-il à se faire interrompre, s'interrompit-il lui-même, se plaignit-il qu'on ne voulait pas l'entendre ; en vain, abandonnant et reprenant le sujet principal de son discours, se perdit-il dans les digressions les plus étrangères, interpella-t-il personnellement Mirabeau, et lui jeta-t-il vingt fois le gant de la parole ; au moindre mouvement d'impatience qui s'élevait dans l'Assemblée : Attendez, monsieur l'abbé, disait Alexandre Lameth, avec un sang-froid désespérant, je vous ai promis la parole, je vous la maintiendrai. Il se tournait vers les in-

avait la vigueur. Robuste de corps et d'âme, sans crainte aux pugilats de la rue comme aux duels de la dialectique, il y avait dans ce défenseur du clergé, jetant des cartels d'éloquence à Mirabeau, impatient dans sa fougue, quelque chose de frère Jean des Entommeures ». (Edmond et Jules de Goncourt, *Histoire de la Société française pendant la Révolution*, 4° édition, p. 122.)

terrupteurs : Messieurs, écoutez M. l'abbé Maury, il a la
parole ; je ne souffrirai pas qu'on l'interrompe. S'adressant
ensuite avec un ris malin aux députés qui étaient auprès de
lui : Vous le voyez, l'abbé Maury voudrait bien qu'on l'inter-
rompît, qu'on le forçât de quitter la tribune ; il fait tout ce
qu'il peut pour qu'on lui impose silence, afin d'avoir un
prétexte de dire qu'on refuse de l'entendre et de crier à l'oppression. Il n'aura pas même ce petit plaisir, je lui maintiendrai la parole malgré lui-même..... En effet, les révolutionnaires, entrant dans les sentiments d'Alexandre Lameth,
semblaient muets, impassibles ; après deux grandes heures de
divagations tantôt éloquentes, tantôt ennuyeuses, l'abbé
Maury descendit de la tribune, furieux de ce qu'on ne l'en
avait pas chassé, et si hors de lui, qu'il ne songea pas même
à prendre des conclusions (1). »

Ce récit du marquis de Ferrières n'est pas exact de tout
point. Le *Moniteur* enregistre un assez grand nombre de
murmures. Mais il est visible que l'Assemblée se contint
longtemps et que l'abbé Maury provoquait les interruptions.
Comme il semblait atteindre son but, le président fit cette
observation : « Quelques murmures que l'on fasse entendre
pour ôter la parole à M. l'abbé Maury, quelque chose qu'il
fasse pour la perdre, je vous préviens que je la lui maintiendrai tant que l'Assemblée, par une délibération expresse,
n'en aura pas décidé autrement (2). »

(1) Ferrières, t. II, p. 187.
(2) Sainte-Beuve, si exact d'ordinaire, si bien informé, n'est pas un
guide sûr quand il étudie les hommes de la Révolution. Il travaille
alors de seconde ou de troisième main. Ainsi, dans les *Causeries du
lundi*, t. IV, p. 210, il cite le passage des Mémoires de Ferrières et dit
que sans cette clef on ne peut comprendre le discours de Maury, quand
on le lit dans ses œuvres ou dans Buchez et Roux. Or, l'*Histoire parlementaire* fait suivre immédiatement le discours de Maury du commentaire de Ferrières. Il est évident que Sainte-Beuve n'avait pas étudié
les sources.

Jamais l'abbé Maury ne se fit plus provocant. Que pouvait-il trouver, en effet, de plus irritant pour la majorité que de l'inviter, comme il le fit, à attendre, pour la constitution civile du clergé, la réponse du pape?

« La réponse du pape n'est pas encore parvenue au roi, et il est impossible que cela soit autrement. Il a reçu la lettre à la fin du mois d'août : la congrégation vaque toujours pendant les mois de septembre et d'octobre, et ce n'est qu'en novembre que recommence le cours ordinaire de ses travaux. Le pape, à qui le divin auteur de la religion chrétienne a déféré le gouvernement de l'Église, ne peut prendre que trois partis : ou il ne répondra rien, ou il acceptera purement et simplement la proposition du roi, ou il refusera de donner son approbation à vos décrets. Sans doute, le pape répondra. Les égards dus à une grande nation, portion précieuse de l'Église, vous sont un sûr garant de l'intérêt avec lequel il examinera ce qui lui est demandé (1) par les représentants de cette nation. (Plusieurs voix s'élèvent dans la partie gauche : *Nous n'avons rien demandé.*) Je dis que vous devez attendre avec d'autant plus de confiance la réponse du pape, que son silence serait une approbation. L'autorité de cette cour exige des délais inévitables dans un examen aussi essentiel. La congrégation du pape est formée; il a nommé vingt-quatre cardinaux, qui tous ont des théologiens particuliers dont ils consultent les lumières pour les apporter au sénat ecclésiastique. La nation française peut attendre avec confiance la réponse du Saint-Siège. Il paraîtrait bien extraordi-

---

(1) Quand Maury fit imprimer son discours, il en modifia singulièrement la forme, supprimant cette interruption et changeant l'expression inexacte qui l'avait amenée : « Les égards qu'il doit à une si grande nation, à une portion si précieuse de l'Église catholique, dont il est le chef, nous sont un sûr garant de l'extrême intérêt avec lequel il examine dans ce moment même tous les moyens de concilier, autant qu'il est en son pouvoir, le vœu de la majorité de cette assemblée avec sa conscience, son honneur et ses principes. » (*Œuvres*, t. v, p. 431.)

naire que le roi ayant consulté le pape, on n'attendit pas une réponse qui n'a essuyé que des délais inévitables de forme. »

C'est dans le même discours que, voulant sans doute se faire applaudir, il compare l'Assemblée au sérail du sultan, exemple du mauvais Maury, violent à froid et à faux :

« On vous invite, par un seul acte, à exercer tout à la fois le pouvoir de l'Église, l'autorité du législateur et la puissance du magistrat. C'est cette réunion de pouvoirs que je vous dénonce à vous-mêmes comme la violation de vos décrets. Je dénonce à vos lumières et à votre justice cette scandaleuse coalition. S'il est vrai que vous puissiez supprimer de plein droit les chaires épiscopales, vous agissez tout à la fois en pontifes, en magistrats ; et si l'on disait à 500 lieues de Paris qu'il existe dans le royaume une puissance assez forte pour être en même temps juges, pontifes et législateurs, on ne soupçonnerait pas que ce fût en France, mais dans le sérail de Constantinople (1). (*Des éclats de rire partent de plusieurs parties de la salle.*) Dans ces malheureuses contrées, on a vu d'imbéciles despotes ordonner en législateurs, en califes et en cadis ; mais ce ne sera pas dans une nation qui parle de liberté, que des principes qui constituent le despotisme seront opposés à ceux qui demandent la protection des lois et la liberté dont on ne nous parle que pour nous en priver. »

(1) Texte publié par Maury :

« Ah ! si l'on disait, à cinq cents lieues de Paris, qu'il existe dans le monde une puissance à laquelle sont dévolues les fonctions de pontifes, de législateurs et de juges, ce ne serait pas sans doute dans cette capitale, ce serait dans le *divan* de Constantinople ou d'Ispahan que l'on croirait devoir en chercher le modèle !

IV

Il improvisait, et voici comment il se préparait à parler, dans les cas où il ne s'élançait pas à la tribune *ex abrupto* : il écrivait son discours, puis déchirait son manuscrit, et cherchait à se rappeler, non les mots, mais la distribution et l'enchaînement des idées. Lui-même a fait cette confidence à Montlosier (1).

Il confirme cet aveu dans une note placée en tête d'un de ses discours imprimés : « Je n'écris jamais aucune de mes opinions, dit-il ; et, toutes les fois que je monte à la tribune, je me livre à l'inspiration du moment. »

Pris à l'improviste dans la discussion sur la loi de régence (22 mars 1791) et mis au défi de prononcer un discours, il demanda cinq ou six minutes de répit et parla longuement et heureusement (2).

---

(1) Montlosier, t. II, p. 236.

(2) « *M. Thouret :* M. l'abbé Maury qui a beaucoup à dire, qui nous promet des détails.....

M. l'abbé Maury : J'ai annoncé que j'étais prêt à parler, et, j'en demande pardon aux rieurs, je le suis en effet. (*Plusieurs voix de la partie gauche :* Parlez !) Il s'agit de donner un régent au royaume, et non un régent à moi. Vous me permettrez bien de suivre l'ordre de mes idées, et je demande cinq à six minutes pour aller prendre chez moi des notes dont j'ai besoin.

M. l'abbé Maury sort de la salle. — M. Cazalès monte à la tribune. » (*Moniteur* du 23 mars 1791.) — Voici le compte-rendu du *Journal logographique :* « *M. l'abbé Maury :* J'ai dit à l'Assemblée nationale que j'étais prêt à traiter la question de la régence, et j'en demande pardon aux rieurs..... (On lui dit : *Commencez.*) Comme il s'agit de donner un régent au royaume et non pas à moi, vous me permettrez de suivre mes idées. Beaucoup de personnes sont prêtes à parler ; et moi, Messieurs, je demande à l'assemblée six ou sept minutes pour aller prendre chez moi des notes. Que quelqu'un monte à la tribune en attendant. (On rit et on crie : *C'est juste ; allez, allez !*) »

M. Maury sort aussitôt. »

Il suit de là que les discours qu'il a publiés en brochures et qui ont été réunis dans ses œuvres ont été rédigés après coup. Il refaisait le lendemain, de mémoire, ceux de ces discours qui avaient réussi et les dictait. « On m'a tant pressé, dit-il à propos d'un de ces discours, de rechercher dans ma mémoire ce que j'avais dit sur les propriétés du clergé, que je rends ici fidèlement et à la hâte le fond de la forme de mes idées, relativement à cette importante question de droit public. J'ai écrit comme j'avais parlé, en développant rapidement les notes très courtes qui me servaient de canevas (1). »

En réalité, Maury modifiait profondément ses discours avant de les livrer à la publicité. Il changeait les passages trop choquants, atténuait les maladresses, développait les points qu'il n'avait pu qu'indiquer à la tribune. Les yeux fixés sur le compte-rendu du *Moniteur*, il prenait à tâche d'embellir ce compte-rendu, rapportant, non ce qu'il avait dit, mais ce qu'il aurait dû dire. Les différences entre les deux textes, comme on a pu en juger tout à l'heure dans le dis- cours sur la constitution civile du clergé, sont assez notables pour que nous soyons obligés de nous méfier des discours imprimés par les soins de Maury lui-même.

Il y a plus. Quelques-uns de ces discours n'ont été écrits par lui que de longues années plus tard, pendant les loisirs de son séjour en Italie. On admire et on exalte sa mémoire à ce propos. Nous le voulons bien; mais cette mémoire pou- vait-elle, à un semblable intervalle, lui rappeler la forme de ses harangues, surtout une forme improvisée? Il avait, paraît- il, refait de la sorte tous ses discours ou à peu près, et plu- sieurs sont encore inédits. Nous ne nous en plaignons pas. S'ils ajoutaient des titres à l'écrivain, ils ne nous apprendraient rien de nouveau sur l'orateur. Ils risqueraient même de nous

(1) *Œuvres*, t. IV, p. 367.

donner une idée fausse de son talent (1). Bornons-nous donc au *Moniteur* dont le texte, si incomplet qu'il soit pour les premières opinions de M. l'abbé Maury, est, dans l'ensemble, le seul authentique.

V

Retracer toute la carrière oratoire de Maury à la Constituante, serait chose fastidieuse et inutile. Aucun lien ne réunit entre elles les différentes opinions qu'il a émises. Il n'y a aucune suite et aucun progrès dans sa politique, ou plutôt, nous l'avons vu, il n'a pas de politique, et ceux qui l'applaudissent n'en ont pas davantage. Contentons-nous donc d'énumérer les quatre ou cinq grandes circonstances où il parla, et de citer quelques passages caractéristiques de ses discours.

Rappelons d'abord que, dans la chambre du clergé, il fut un de ceux qui s'opposèrent le plus à la réunion des ordres. Epouvanté par la prise de la Bastille, il s'enfuit et, le 27 juillet, l'Assemblée reçut une lettre des officiers municipaux de Péronne annonçant « l'arrestation de M. l'abbé Maury (à son passage dans cette ville), qui, sous prétexte d'aller solliciter de nouveaux pouvoirs de ses commettants, paraissait vouloir prendre une route opposée à celle qui devait le ramener à l'Assemblée nationale. » L'Assemblée fit exécuter le décret du 23 juin qui assurait l'inviolabilité de ses membres et ordonna la mise en liberté de l'abbé Maury. La même aventure arrivait en même temps à Cazalès, à d'Espréménil et à l'abbé de Calonne, qui s'enfuirent, furent arrêtés, relâchés et moralement contraints de revenir à leur poste, un peu ridiculisés et d'autant plus violents.

(1) Les passages les plus célèbres de l'abbé Maury, ceux notamment que cite M. Géruzez, dans les quelques pages (fort incomplètes) qu'il a consacrées à l'éloquence révolutionnaire, n'ont jamais été *dits* par lui et ne ressemblent presque en rien au texte correspondant du *Moniteur.*

Il prit la parole pour la première fois dans la séance du · 23 août, à propos de l'affaire du procureur du roi à Falaise, et pour s'élever contre les empiètements du pouvoir législatif sur le domaine du pouvoir exécutif. « Je ne connais pas, dit-il, de despotisme plus monstrueux. » Mirabeau lui rappela spirituellement qu'il venait d'être mis en liberté par un acte de ce despotisme.

Le 29 août, il parla de nouveau pour combattre le projet de Duport relatif à la circulation des grains ; mais le *Moniteur* se contente encore d'analyser son discours en quelques lignes.

Le 3 septembre, il prononce en faveur du *veto* absolu un long discours que le *Moniteur* reproduit dans la forme directe, mais en l'abrégeant et en le mutilant. Je ne vois à y relever qu'un éloge de la liberté de la presse (1), qui servira de contrepoids au *veto* absolu. — On voit que Maury n'est pas encore l'orateur de la droite.

Toutefois, son influence grandit rapidement, et dans la séance du 10 septembre il est soutenu par la droite quand il propose un blâme énergique contre la municipalité de Rennes, qui, dans une lettre à l'Assemblée, avait déclaré le *veto* inadmissible. Il faut l'intervention de Mirabeau et de Chapelier pour que cette proposition soit écartée.

Laissant de côté quelques discours secondaires, imparfaitement recueillis d'ailleurs, il faut arriver au grand débat sur les biens du clergé, qui assura son autorité et fonda sa réputation d'orateur politique de premier ordre.

Dès le 24 septembre, dans une escarmouche qui précéda la grande bataille, il proteste contre le projet d'imposer les

---

(1) « Les hommes, dans ce siècle éclairé, ne doivent-ils pas se fier à la grande, à l'irrésistible puissance de l'opinion publique? C'est la presse qui la forme ; cette presse est libre ; il n'y a plus de despote à craindre, et le genre humain est sauvé. » (Texte du *Point du jour*. — Barrère analyse, réfute et ne reproduit textuellement que quelques phrases.)

biens du clergé, et demande que l'Assemblée mette sous la sauvegarde de la nation la dette du clergé, et qu'elle prenne en considération les décimes que le clergé a payés d'avance.

Rappelons, le *Moniteur* à la main, quel fut l'ordre des débats dans cette célèbre discussion, qui commença le 13 octobre 1789.

La proposition de Mirabeau, présentée en même temps que celle de l'évêque d'Autun, était ainsi conçue :

« Qu'il soit déclaré : 1° Que tous les biens du clergé sont la propriété de la nation, sauf à pourvoir d'une manière convenable à la décence du culte et à la subsistance des ministres des autels ;

« 2° Que les appointements des curés ne seront pas au-dessous de 1200 livres, non compris le logement. »

Montlosier ouvrit la discussion et prononça un discours favorable à la proposition, mais avec des réserves qu'il résume ainsi : « La nation peut-elle disposer des biens du clergé ? Oui. La nation est-elle propriétaire ? Non. Le clergé peut-il être dépossédé ? Oui. Les titulaires peuvent-ils l'être ? Non ; à moins qu'ils ne soient indemnisés et dédommagés par la nation. »

Camus cherche ensuite à prouver que le clergé est vraiment propriétaire ; l'abbé de Rastignac annonce qu'il va publier tout un volume sur la question ; l'abbé Dillon affirme que la nation peut reprendre au clergé ses biens et que le clergé fera sagement de les lui donner de lui-même. « On doit remettre à un bienfaiteur ce qu'on a obtenu de sa générosité, quand ce bienfaiteur lui-même est dans une telle position qu'il ne peut exister sans la remise de son bienfait. » L'abbé d'Eymar parle dans le sens opposé. Barnave défend la motion de Mirabeau avec les vrais arguments. C'est à lui que répond l'abbé Maury.

Malheureusement le *Moniteur*, dans son compte-rendu rétrospectif, ne donne qu'un résumé très sec de ce premier discours (1). Nous ne pouvons donc le faire connaître. Mais comme il contient deux tirades qui firent le plus grand effet et restèrent célèbres, cette fois, par exception, nous ferons un emprunt, faute de mieux, au texte rédigé après coup par l'abbé Maury.

La première de ces tirades est dirigée contre les agioteurs :

« Ne confondons point des capitalistes irréprochables avec les avides agioteurs de la Bourse ; là se rassemble de toutes les extrémités du royaume et de toutes les contrées de l'Europe une armée de prêteurs, de spéculateurs, d'intrigants en finance, toujours en activité entre le trésor royal et la nation pour arrêter la circulation du numéraire par l'extension illimitée des effets publics ; là, un commerce fondé sur l'usure décourage et appauvrit le vrai commerce national, l'industrie productive du royaume, et condamne l'administration à l'inertie, tantôt en l'abaissant sous le poids du besoin, tantôt en déplaçant son activité. Ecoutez ces marchands de crédit qui trafiquent des deniers de l'Etat, à la *hausse* ou à la *baisse* ; ils ne demandent pas si la récolte est abondante, si le pauvre peuple peut élever le salaire de ses travaux à la hauteur du prix commun du pain, si ces propriétaires dispersés dans les provinces les vivifient par leurs dépenses ou par leurs libéralités : non, ce n'est point là ce qui les intéresse ; ils s'informent uniquement de la bourse et de la valeur des effets publics. Voilà pour eux le thermomètre de la prospérité générale. Ils ne savent pas que l'opulence de la capitale se mesure toujours sur la misère des provinces, et que ce n'est point dans des portefeuilles arides que consiste la richesse nationale, mais que c'est dans les sillons arrosés de ses sueurs que le laboureur fait germer la grandeur de l'État. »

(1) Le *Point du jour* et les *Etats* de Le Hodey sont encore plus incomplets.

La seconde tirade est une critique véhémente et puérile du crédit, dont alors les plus avisés se défiaient :

« C'est lui que j'accuse devant vous de tous nos malheurs; c'est lui qui a fomenté ces folles dissipations des cours, qui ont enfin tari les sources des richesses publiques; c'est lui qui a fait entreprendre légèrement ces guerres, qui sont si souvent le plus grand des malheurs pour les peuples, et le plus grand des crimes pour les rois; c'est lui qui a entretenu les armées innombrables qui ont tant aggravé le fléau de la guerre, dont elles ont perpétué l'image et la dépense au milieu de la paix, en donnant habituellement à l'Europe entière la forme d'un immense champ de bataille; c'est lui qui a engendré ces ténébreuses complications d'impôts, de dettes, d'anticipations d'offices, d'arrérages, qui rendent aujourd'hui si difficile la simple connaissance des maux dont nous sommes menacés de périr; c'est lui enfin, et lui seul, qui a dévoré d'avance la subsistance des générations futures. Oui, Messieurs, lorsque François Ier ouvrit pour la première fois un emprunt sur l'Hôtel-de-Ville de Paris, en 1521, il créa une nouvelle source de calamités pour le genre humain; il posa la première pierre de cet édifice désastreux qui, en chancelant aujourd'hui, nous fait craindre d'être tous ensevelis sous ses débris. Le plus grand royaume de l'univers n'a pu résister que pendant deux siècles et demi à ce système d'emprunt sans fonds libres affectés aux intérêts, sans extinctions de dettes onéreuses, sans ordre invariable de remboursement, système imaginé par un roi dissipateur, développé par des Italiens concussionnaires, détesté et cité à la chambre ardente par Sully, honteusement renouvelé par les Médicis, flétri par deux infidélités à la foi publique sous le dernier règne, et passé de nos jours à un excès de démence qui a fait regarder le dernier terme de la ruine du royaume comme la plus brillante de nos prospérités pécuniaires. Pour nous, Messieurs, qui sommes chargés d'expier les ravages de

ce crédit ministériel, nous devons soupirer vers le moment
où cette ressource, n'étant plus nécessaire à la chose publique,
sera proscrite par nos successeurs comme le funeste et
infaillible moyen de ruiner la nation et de bouleverser
l'Etat (1). »

Maury fit beaucoup d'impression quand il rappela que
l'abbé de Périgord avait, en 1784, publié un mémoire contre
le duc de Savoie qui revendiquait la possession des biens des
Célestins à Lyon, biens dont il leur avait autrefois fait don
à condition qu'en cas de suppression de l'ordre, ils lui
feraient retour. Or Talleyrand soutenait : « que les dons faits
à l'Eglise sont à jamais irrévocables, quelles que soient les
dispositions des donateurs. » « Son zèle, dit Maury, l'emportait
sans doute au delà des bornes de la justice, puisqu'il ne voulait
alors avoir aucun égard d'une clause formelle de réversibilité ;
mais la morale ne doit pas être versatile selon les circonstances, et il me suffit d'observer dans ce moment que la doctrine
hautement professée par M. l'abbé de Périgord en 1784
forme un étrange contraste avec les principes que M. l'évêque
d'Autun vous a présentés dans cette tribune en 1789. »

Que de fois, à la tribune, on a depuis usé et abusé de ce
procédé ! Maury en offre là le premier exemple parfait (2).

L'abbé Gouttes combattit son opinion par de nobles paroles :

« Les richesses ont fait beaucoup de mal à la religion, ce
sont elles qui ont introduit dans le clergé des personnes qui
n'avaient d'autre vocation que l'amour d'un bénéfice. Ce
sont elles qui ont mérité à l'Eglise les persécutions qu'elle

---

(1) Voici comment le *Moniteur* résume ce passage : « Quand François Ier
a ouvert le premier emprunt, il a posé la première pierre de cet édifice, qui
enfin est sur le point de s'écrouler. Le crédit est si funeste qu'il faut en
effacer jusqu'au mot. » Ce n'est, on le voit, qu'un *sommaire*.

(2) De même, dans le discours sur la constitution du clergé, il retourne
contre Mirabeau ses opinions d'autrefois.

éprouve encore ; ce sont elles qui ont étendu le mépris, dû à quelques individus ecclésiastiques, sur tous les pasteurs sans distinction, classe qui n'est pas la moins utile du clergé. »

Il voudrait cependant que les pasteurs pussent jouir d'un revenu quelconque en biens-fonds, « afin de ne pas s'exposer aux risques que courrait la religion, s'ils étaient payés par le fisc. »

Malouet soutint d'un ton modéré la même thèse que l'abbé Maury.

La discussion reprit le 25 octobre, malgré l'opposition de l'abbé Maury, qui essaya de faire changer l'ordre du jour.

M. de Bonnal, évêque de Clermont, tout en reconnaissant que la religion était le vrai trésor du clergé, déclara que ces biens lui appartenaient en propre, et, après quelques observations de Duport, Thouret établit avec fermeté les vrais principes. « La loi, dit-il, peut prononcer qu'aucun corps ne peut être propriétaire, comme elle a prononcé qu'ils le seraient ; voilà pourquoi la destruction d'un corps n'est pas un homicide ; ainsi l'acte par lequel l'Assemblée nationale anéantira le prétendu droit de propriété que le clergé s'attribue n'est pas une spoliation, il faut donc prononcer que les corps ne pourront plus posséder..... Le clergé a déjà cessé d'être un corps politique, il dépend de la loi de déclarer qu'il ne sera plus un corps dans l'Etat. A l'égard des biens, la nation peut les reprendre, puisque c'est elle qui lui a permis de les posséder. Je pense qu'un des actes les plus efficaces est de retirer à elle toutes les propriétés qui n'ont pas de propriétaires réels. »

L'évêque d'Uzès, M. de Béthisy, essaya vainement d'effrayer l'Assemblée en agitant devant elle le spectre de la loi agraire (1) ; Treilhard et l'abbé Grégoire répetèrent que le

_____

(1) L'égoïsme du clergé se révéla dans une proposition inattendue de

clergé n'est pas propriétaire : il n'est que dispensateur.

Dans la séance du 30 octobre, Mirabeau prononça son grand discours sur la justice et l'opportunité de sa motion. Il demanda seulement que l'on consacrât le principe, que les biens du clergé appartinssent à la nation. Il chercha à faire croire que les conséquences de ce principe ne seraient jamais tirées et que les biens du clergé ne seraient pas mis en vente.

L'abbé Maury répondit par un discours étudié, que le *Moniteur* reproduit plus complètement que les précédents. L'exorde est d'un style pompeux et académique : « Au delà de cette enceinte qui renferme tant de citoyens illustres », l'orateur aperçoit « la France, l'Europe et la postérité ». Il s'attache beaucoup plus au discours de Thouret qu'à celui de Mirabeau. Il a beau se moquer des arguments de ce « jurisconsulte estimable » et de ce qu'il appelle « sa métaphysique », il sent bien que le raisonnement de Thouret est irréfutable, et, avec une prestesse brillante, il met en lumière un nouveau point de vue : « Il n'est pas exact de dire que la nation a créé les corps : elle a reçu les ministres dans son sein ; nous possédions nos biens avant la conquête de Clovis ». Et l'abbé n'hésite pas à rappeler que Rousseau (1)

---

l'abbé Maury : il demande que l'on vende d'abord les biens du roi :

« Si le roi s'est ruiné par tant d'emprunts accumulés, s'il a hypothéqué nos biens à notre insu, par ces mêmes emprunts, qui n'ont jamais été enregistrés dans les parlements de nos provinces, et sur lesquels nous n'avons assurément fait aucun bénéfice d'agiotage, la raison, la justice, l'intérêt commun exigent que les restaurateurs des finances du roi discutent et évaluent d'abord ses propres biens, par le retrait ou la vente de ses domaines engagés. Cette opération, commandée par les circonstances, serait approuvée dans tout le royaume. La garantie de la dette nous est commune à tous. Si nous sommes tous les cautions du roi, il est juste que nous supportions tous également le recours ; mais nous ne devons pas expier notre responsabilité, avant que les créanciers aient épuisé les biens du débiteur. » (Œuvres, t. IV, p. 381.)

(1) Nous avons vu que dans l'*Essai sur l'Éloquence de la chaire* l'abbé Maury n'hésitait pas, au besoin, à faire l'éloge de Rousseau et de Voltaire.

définit la propriété, *le droit du premier occupant par le travail.* Il va même, emporté par son imagination, jusqu'à dire que le clergé était beaucoup plus riche avant Clovis qu'il ne l'est aujourd'hui. Ainsi le clergé possède une patente antérieure à toute loi, et « il serait bien triste que de semblables patentes, qui sont les plus respectables de toutes et les plus antiques, fussent considérées comme inférieures à celles que consacre des lois plus récentes. Malheur à une nation où les propriétaires n'auraient que ces patentes antérieures à la loi pour défendre leurs propriétés ! en trois syllogismes, on les envahirait ».

Arrivent les raisons de sentiment. « A-t-on disputé au clergé sa propriété, lorsqu'il a payé la rançon de François Ier, payé les dettes de Charles IX ? » Il trouve immoral que l'Etat hérite de ce corps qu'il va tuer, et cite le vers de Crébillon :

> *Ah ! peut-on hériter de ceux qu'on assassine?*

Un des procédés oratoires les plus chers à l'abbé Maury, c'est d'inventer et de présenter comme incontestables certains faits ou tableaux historiques, certaines statistiques (1) : « Comparez, dit-il audacieusement, les provinces où l'Église possède des biens, vous verrez qu'elles sont les plus riches ; comparez celles où les ecclésiastiques ont peu de propriétés, vous verrez que la terre s'ouvre à regret pour récompenser les bras languissants de ceux qui la cultivent sans amour ». Cette comparaison, l'orateur se garde bien de l'entreprendre : ce n'est dans sa bouche qu'une figure de rhétorique. Il est plus heureux quand il répond à Mirabeau : « Il vous a proposé de consacrer le principe sans s'occuper des conséquences. Je m'honore d'avoir à combattre un tel adversaire ; mais je ne lui répondrai que quand l'Assemblée nationale sera devenue une école de métaphysiciens. Il ne veut pas qu'on

---

(1) C'est ainsi qu'il a osé dire précédemment : « Il est démontré que le clergé jouissait de la dîme avant Clovis ». Arguments de prédicateur.

discute les conséquences ; mais si elles sont funestes, dangereuses, il faut donc laisser de côté le principe ». La péroraison est violente et déclamatoire. « Le plus terrible despotisme, s'écrie l'abbé, est celui qui porte le masque de la liberté. »

Thouret le jugea bien quand il répondit en ces termes railleurs : « L'abbé Maury m'a accusé, dans sa très anti-patriotique et très pompeuse péroraison, d'avoir arrangé des phrases; je ne m'attribue pas ce mérite : l'honneur en reste, aux yeux des connaisseurs, à M. l'abbé Maury. Il m'accuse d'avoir employé des idées métaphysiques; mais en peut-on employer d'autres sur le clergé, sur des corps qui, par une fiction, partagent les droits des individus ? »

Dans la séance du 31 octobre, l'archevêque d'Aix lut un long mémoire, divisé en trois chapitres : 1° des droits des Églises ; 2° des intérêts de la nation ; 3° des devoirs du clergé. Son principal argument est que, si le clergé n'est qu'un corps moral, la nation n'est pas autre chose ; il cherche à démontrer que la nation ne tirera aucun profit de la vente de ces biens chargés d'une dette immense, et que la spéculation seule en profitera. Il propose la réforme de certains abus et des réductions « convenues avec des formes canoniques ».

Pétion répondit avec plus de bon sens que de finesse et se fit l'interprète des sentiments de la masse de la nation vis-à-vis du clergé. La fin de la séance fut occupée par un long discours de l'abbé de Montesquiou qui, grâce à la sympathie qu'il inspirait à l'Assemblée, sut réveiller l'attention, fatiguée par ce retour monotone des mêmes arguments pour et contre.

La discussion se termina dans la séance du 2 novembre, après une longue et puissante harangue de Mirabeau, par le vote de sa motion ainsi modifiée : « Qu'il soit déclaré, premièrement, que tous les biens ecclésiastiques sont à la disposition de la nation, à la charge de pourvoir d'une manière convenable aux frais du culte, à l'entretien de ses ministres et au soulagement des pauvres, sous la surveillance et d'après les instructions des provinces ; — secondement, que selon les dispositions à faire pour les ministres de la religion, il ne puisse être affecté à la dotation des curés moins de douze cents livres, non compris le logement et jardin en dépendant ».

Cette motion fut votée par 568 voix contre 346 et 40 nulles (1).

V

On voit déjà qu'un des traits de l'éloquence de l'abbé Maury, c'est la ténacité. Il est toujours prêt à gravir les marches de la tribune. Il s'y cramponne. On ne peut l'en arracher. Il a donné de sa personne, et non sans courage, dans toutes les discussions un peu importantes, prononçant une fois jusqu'à treize discours par semaine. Son œuvre oratoire est immense et variée comme les débats de l'Assemblée. Nous avons vu qu'il avait rédigé après coup un grand nombre de discours politiques. Voici la liste de ceux qu'il ne publia pas faute de temps, liste imprimée par lui-même dans une note de son *Opinion* sur le droit de paix et de guerre.

Ces discours roulaient donc (c'est Maury qui parle) « sur toutes les affaires de la religion et du clergé, sur le droit de vote, sur l'intérêt de l'argent remboursable à terme fixe, sur la vérification des pouvoirs, sur l'union des ordres, sur la libre exportation des grains, sur la durée de la Législature, sur la juridiction prévôtale, sur la suppression et le remplacement de la gabelle, sur l'organisation des municipalités, sur la

(1) Un bon curé, dit Ferrières, ne pouvant plus contenir sa vive indignation, s'adressa aux députés des communes et leur dit avec une éloquente naïveté : « Quand vous vîntes dans notre chambre nous conjurer, au nom d'un Dieu de paix, de nous réunir à vous, c'était donc pour nous égorger ».

préséance des officiers municipaux, sur la nouvelle municipalité de Marseille, sur les conditions de l'éligibilité, sur la
formation et la dénomination des départements, sur la législation de nos colonies, sur l'établissement d'un comité colo-
nial, sur l'offre du don des Génevois, sur l'emprisonnement
des officiers de la marine de Toulon, sur les prisons et les
prisonniers d'État, sur la caisse d'escompte, sur l'agiotage,
sur les causes de la rareté et de l'extinction du numéraire,
sur les finances, sur le pouvoir exécutif, sur la constitution
de l'armée, sur les insurrections des provinces, sur l'état des
juifs, sur l'ordre judiciaire, sur la réforme des lois criminelles
et du code pénal, sur les plans partiels du premier ministre
des finances, sur le système et le mode des impositions, sur
la réduction des pensions, sur l'organisation de la municipalité de Paris, sur le privilège exclusif de la Compagnie des
Indes, sur le papier-monnaie, sur les créanciers hypothécaires
du clergé et sur les droits féodaux ; la réplique dans la cause
de M. de Bournissac, prévôt général de la maréchaussée de
Provence ».

Quelle liste ! On dirait, révérence parler, d'un boniment
débité sans souffler par un habile impresario. Spécialité en
tout ! compétence en chaque matière ! telle est la devise de
l'abbé Maury. Il met de la coquetterie à ne laisser passer
aucune discussion, si technique qu'elle soit, sans y prendre
part. On devine combien de tels discours sont vides, que
d'erreurs et d'*à peu près* s'y rencontrent. Mais qu'importe à
l'abbé ? Ce qu'il veut, c'est étaler sa personne à la tribune,
se faire voir en toute occurence et qu'on dise de lui : « Quelle
facilité ! il parle de tout sans avoir jamais rien appris ! »

L'étonnant, c'est qu'on l'ait supporté. Aujourd'hui un semblable rhéteur ferait rire quand il parlerait de finances ou
d'administration, sans autre préparation que des prix académiques, des éloges, des sermons et un traité de rhétorique.
Mais l'abbé Maury bénéficia de la méthode oratoire alors en

usage. Beaucoup d'orateurs écartaient volontiers de leurs discours les statistiques, les documents précis, les chiffres, les dates, comme autant de détails indignes de la majesté de l'art oratoire. Ils ne produisaient que les conséquences générales, les conclusions des études auxquelles ils s'étaient livrés. Ils laissaient leurs dossiers dans leur cabinet. Vienne un charlatan, qui n'a rien comparé, rien cherché, rien lu. Il pourra lire ou débiter à son aise une dissertation sur l'impôt ou sur l'organisation de la justice, dissertation superficielle et composée de lambeaux de phrases mal cousues, de souvenirs indigestes de lectures rapides. Personne ne sera étonné ou scandalisé. On ne lui demandera pas ses documents : ce sont échafaudages que l'orateur jette à bas, le discours construit. Sans doute, on voit qu'il a tort : mais il a tort du même ton que d'autres, les Chapelier, les Lameth, ont raison. La forme est la même, le style est le même, et la masse des badauds écoute, bouche béante, ne s'aperçoit qu'après coup qu'elle a été mystifiée. C'est ainsi que l'abbé Maury parle *de omni re scibili* et qu'on le laisse parler.

Après tout, c'est encore un art de faire illusion de la sorte pendant plusieurs heures et de paraître compétent : il y faut du talent et de l'étude. Ce sont de beaux dons et de sérieux efforts que l'abbé Maury gaspille ainsi par vanité méridionale, par virtuosité pure. Voulons-nous le juger comme il aurait voulu être jugé lui-même ? Citons, de ce styliste, un de ses discours de finances, celui dont il était le plus fier, le meilleur, l'opinion sur les assignats, du 28 septembre 1790. On peut dire qu'il s'y est élevé au-dessus de lui-même. Il a fait un effort parfois heureux pour toucher au fond même du sujet. Cette fois, par une exception remarquable, il a recherché les faits et les chiffres, et il a sérieusement étudié la question. Et pourtant le rhéteur apparaît encore. C'est le châtiment de l'ordinaire légèreté qu'on ne puisse, même le voulant, s'appliquer avec conscience. Voici ce discours :

« On a proposé d'éteindre la dette publique par l'émission
de deux milliards d'assignats-monnaie ; vous avez consulté
les chambres de commerce et les principales villes du
royaume, et en cela vous avez pris un moyen digne de votre
prudence et de votre sagesse. Le commerce a émis son vœu ;
je ne m'en prévaudrai pas ; il vous a fait part de ses alarmes
et de ses vues, il vous a représenté qu'on ne commandait
point à la confiance, qu'il ne fallait pas compromettre votre
autorité par une opération plus que douteuse. La ville de
Paris vous a présenté, ou du moins a paru vous présenter un
vœu particulier pour l'émission des assignats ; je ne vous
dirai point, pour écarter l'importance qu'on pourrait y attacher, que ce vœu n'aurait pas dû être pris à l'improviste,
et que du moins on aurait dû annoncer les séances ; je ne
vous dirai point que les pétitions qu'on vous a présentées ne
contiennent pas de signatures, que quatre sections ont refusé
d'y adhérer, et que ce sont peut-être les plus riches et les
plus peuplées : ce n'est point par des fins de non-recevoir
qu'on peut éluder l'importante question qui nous est soumise. Pour interroger la ville de Paris, il suffisait de demander aux marchands s'ils pouvaient se passer de crédit ;
si une ville consommatrice et non productive peut com-
mercer sans crédit, alors elle peut vouloir des assignats ;
mais si elle a besoin de crédit, elle doit le repousser, car personne ne voudrait lui faire des avances ; elle ferait tous ses
remboursements à perte. Le commerce doit à peu près
300 millions, on lui doit une valeur égale ; si l'Assemblée
décrétait une émission d'assignats, voici le résultat de cette
opération :

« Les 300 millions que le commerce doit aux étrangers, il
serait obligé de les payer en écus, car votre autorité finit à
vos frontières. On pourra cependant recevoir vos assignats,
mais avec une perte très considérable, puisqu'on vous les
rendra au pair. Ainsi vous subirez toutes les pertes. Au mo-

ment où ils auront éprouvé cette réduction, ils ne passeront plus dans les transactions particulières ; votre autorité ne va pas jusque-là ; nulle puissance ne peut commander la souveraineté individuelle, et dès lors plus de manufactures, plus d'ateliers ; les ouvriers sans travail et sans pain s'abandonneront à la tentation des crimes que commande le besoin ; l'agriculture sera ruinée, car le commerce ne lui transmettra plus le numéraire dont elle aura besoin. Voilà les conséquences prochaines de ce système dont je développerai bientôt les intrigues, et, s'il le faut même, les moteurs. Au moment que nous approchons des grands principes, mettons en évidence les grandes vérités qui doivent nous servir de fanal. Le numéraire est rare, dit-on ; ce mot ne signifie autre chose sinon que le commerce languit. Toutes les fois que le numéraire change de mains, il paraît commun. Avec 2 milliards 500 millions l'on a fait en un an pour 25 milliards d'affaires, et pour cela il suffisait que le numéraire changeât dix fois de main. Voilà quel était l'admirable mécanisme auquel on veut substituer une opération ruineuse. Le commerce intérieur a besoin de numéraire ; la loi du change ne lui permet pas d'employer d'autre *medium* que l'argent. On a dit là-dessus de fort belles choses, qui deviennent bien communes, lorsqu'on les dépouille de leurs éloquents alentours. Le change est le commerce extérieur ; s'il est lucratif, vous vous enrichissez ; s'il est désavantageux, vous vous ruinez inévitablement.

« On a fait là-dessus bien des suppositions qui contredisent les éléments du commerce. Pour en voir la fausseté, il ne faut que les pousser à leur résultat, qui tend à établir qu'il importe peu si le change est avantageux ou désavantageux. Il y a trois différentes circulations d'argent : une pour les besoins journaliers, qui exigent du numéraire ; une pour le commerce, qui exige partie numéraire et partie valeur commerciale ; la troisième est la circulation des effets publics, source de l'agiotage ; déplacez les deux premières, et vous les ruinez. C'est par la confusion de ces trois circulations que les Parisiens se sont perdus. Il aurait fallu couper la communication entre le commerce et l'agiotage, comme on coupe une maison pour arrêter l'incendie. On a créé la caisse d'escompte, et bientôt on l'a autorisée à cesser ses paiements ; c'est alors que l'agioteur a pris la place du négociant. C'est cependant la même opération qu'on nous propose d'étendre. Si cent quatre-vingts millions ont déjà bouleversé tant de fortunes, que sera-ce de l'émission qu'on propose ! Sur huit cent seize ateliers qu'il y avait à Paris, il n'y en a plus que quarante et un. C'est le papier circulaire qui a arrêté la circulation du numéraire. D'autres causes s'y sont jointes, j'en conviens ; la confiance, inséparable des circonstances, l'a fait resserrer ; mais, quoi que l'on en dise, il n'est pas sorti 200 millions du royaume. Il ne suffit pas, je le sais, que cet argent soit dans le royaume, il faut encore que la confiance lui ouvre une issue. L'invention du papier-monnaie appartient à notre siècle ; auparavant, on aurait regardé un papier-monnaie comme de la fausse monnaie. C'est en 1720 qu'il a pris naissance.

« On a parlé de celui de l'Amérique, on a confondu les idées et les faits. Je ne veux pas parler du papier du Congrès, mais de celui de la Pensylvanie, hypothéqué sur des biens-fonds à la porte de Philadelphie, sur des biens dont l'Etat jouissait depuis plus de 40 ans, qui étaient en pleine valeur et en pleine production ; il fut émis en très petite quantité. Pour en avoir, il fallait l'hypothéquer sur un bien-fonds à un intérêt de 5 pour cent, et remboursable en huit ans. Le père de famille le plus vertueux n'aurait pas pris de précautions plus sages, et cependant ce papier produit 91 pour cent. Si je suivais le papier-monnaie partout où il a porté ses dégâts, je le verrais toujours traîner après lui des malheurs de tout genre. Qu'on ne dise pas que l'hypothèque le garantira ; ce serait compter

sur l'imbécillité des hommes. Je veux bien oublier les inconvénients du change, ceux de la hausse et de la baisse du numéraire, pour faire beau jeu à mes adversaires, et je leur dis :
S'il est possible que vous mettiez dans la circulation un papier-
monnaie qui ne perde rien, je l'adopte ; mais, si je viens à
démontrer que cela est manifestement impossible, alors vous
ne pouvez pas l'ordonner, car ce serait autoriser la banqueroute. C'est ici que j'appelle l'attention de mes adversaires,
et je les prie de vouloir bien me répondre. La facilité de la
contrefaçon seulement discréditera vos assignats. L'espèce
sonnante, que l'habitant des campagnes est habitué de juger
par le poids et par le son, aura toujours un grand avantage
sur le numéraire fictif.

« Les moyens qu'on emploierait pour tromper particulièrement le peuple porteraient à contrefaire les assignats de la
moindre valeur, plus particulièrement destinés à passer
dans les mains de ceux qui n'ont pas assez de connaissances
pour juger s'ils sont bons ou mauvais. Ce seul danger donne
une grande supériorité à l'argent. Jetez les yeux sur le code
des Américains, vous y trouverez à chaque page des lois contre les faux monnayeurs ; feuilletez les registres des tribunaux, à chaque page vous y trouverez des exécutions de faux
monnayeurs ; ce sont là des crimes créés par les gouvernements. Que sera-ce si le balancier de l'État peut se rencontrer
dans toutes les papeteries ! Avant quatre mois, la face du
royaume sera couverte d'assignats. Pesez bien cette considération ; n'oubliez pas dans quel siècle vous vivez, de quelles
immoralités vous êtes environnés. Les législateurs ne feront
pas moins que n'ont fait des ministres au commencement de
ce règne. Les spéculations des agioteurs fournissent la seconde
raison de la dépréciation des assignats. On joue à la hausse
ou à la baisse ; pourra-t-on jouer à la hausse sur les assignats ? Non, car il faudrait leur attacher d'énormes intérêts
pour tenter la cupidité ; il faudra donc qu'on joue à la

baisse. Qu'arrivera-t-il ? Les agioteurs recevront un papier déprécié qui perd déjà 7 pour 100 ; dès lors leur spéculation est certaine. Ceux qui vous pressent aujourd'hui de décréter des assignats diront alors que la vente des biens nationaux est incertaine ; que l'impôt n'est pas parfaitement établi ; qu'il est onéreux ; qu'on peut avoir de justes craintes pour l'avenir.

« Après avoir déprécié les assignats, ils les achèteront, puis ils leur redonneront un moment de vie. Ils feront, en 1790, en France, comme ils faisaient en Espagne, hausser ou baisser ces papiers, au gré de leur avidité, et vous les verrez bientôt posséder tout à la fois et successivement, vos assignats, votre argent et vos biens nationaux. Ils sont déjà propriétaires de la dette exigible, ils ont acheté des effets à 25 à 30 pour 100 de perte. Au moment de l'émission des assignats, ces effets reviendront au pair. Ainsi, s'ils ont pour 40 millions, ils tiendront de votre munificence 10 millions. Mais ils nous ont dit leur secret, ils ont capitulé, ils nous en ont demandé seulement pour 800 millions. Et c'est là leur proie : ils ont bien vite oublié cette belle prophétie de morale qu'il faut que vous payiez vos dettes ; c'est seulement des leurs qu'ils s'occupent. Ils avaient mis tous leurs créanciers dans leur nacelle ; mais aussitôt qu'ils se sont sentis menacés de quelques dangers, ils ont jeté les passagers à la mer. Ils ont voulu que vous oubliiez le sort des autres, pour que vous ne vous occupiez que d'eux. Voilà tout le secret de leur capitulation. Tous les jours on vous parle d'étrangers qui conspirent contre la liberté publique ; voilà une conjuration véritable contre nos créanciers, contre le trésor public, contre le peuple. Voilà les hommes que vos comités devraient s'occuper de poursuivre. Voyez quels sont les hommes qui sont à la tête de ce projet : ce sont des agioteurs, des hommes endettés qui vous conseillent cette opération désastreuse d'un papier-monnaie, qui a ruiné vos pères il y a soixante ans. Le moyen de ne pas s'indigner contre de pareilles gens, quand on les voit corrompre le peuple, dénoncer à la nation, comme de mauvais citoyens, les hommes qui ont le courage de se dévouer à la mort pour soutenir l'opinion contraire ? Ces manœuvres, ces accusations ne sont pas nouvelles.

« Ecoutez comme on parlait de Law : je tiens à la main le système imprimé (M. l'abbé Maury tient un livre et lit) : « M. Law n'a plus d'ennemis que ceux de tout le genre humain ». Ce sont de pareils échos qui dans ce moment nous dénoncent au peuple. Eh bien ! nous lui dirons à ce peuple : nous n'avons pas paru dans cette tribune quand on nous a dépouillés de nos biens. (*On rit.*) Quel est le membre du clergé ou le noble qui ait fait entendre sa voix ? (On entend dans la partie gauche : *Tous, tous !*) Que le peuple examine de quel côté sont les avantages. Voilà la dette exigible ; quelle est la somme qu'on peut rembourser ? Combien faudra-t-il soustraire pour le salaire des anciens bénéficiers, pour l'entretien des collèges, des hôpitaux, etc. ? Que le peuple examine si c'est par des menaces que l'on commande la confiance ; si les marchands, les négociants, les manufacturiers, tous en un mot, excepté les agioteurs, ne regardent pas ce plan comme la ruine de l'État ; que le peuple se recueille dans son patriotisme ; si les sages ne forcent pas l'opinion, qu'ils se rappellent que nous avons des comptes à rendre. Veut-on nous renvoyer dans nos provinces, désolées comme elles le furent en 1720 ? (M. l'abbé Maury, deux billets de Law à la main :) Le voilà ce papier funeste, couvert des larmes et du sang de nos pères ; j'en ai vu des amas immenses. Regardez ces billets comme des balises sur des écueils, pour vous avertir du naufrage et vous en éloigner.

« L'émission du papier-monnaie serait un désastre public ; elle ruinerait l'agriculture et le commerce. Je dénonce ses partisans comme coupables d'un grand crime, car c'en est un que d'armer les citoyens les uns contre les autres. Cette

calamité est-elle donc nécessaire ? La sagesse de vos décrets
ne peut-elle pas l'éviter ? Après avoir ainsi soulevé le voile,
finirai-je sans vous offrir une planche pour le naufrage ? Si
j'osais vous proposer mes pensées sans craindre qu'elles fussent mal interprétées, si une précaution de ma part ne passait pour une tournure équivoque, pour un moyen dilatoire,
je parlerais. J'ai formé un plan de liquidation qui embrasse
l'universalité des finances ; mais il est impossible de vous le
présenter dans cette tribune ; il faut qu'il soit appuyé de
tout le poids de votre comité. Vous pourrez charger votre
comité des finances de vous en rendre compte dans huit
jours, alors on délibérerait avec sagesse. Je ne puis présu-
mer assez de moi-même pour présenter un plan vaste et compliqué, qui exige des combinaisons et des calculs : je crain-
drais de le discréditer en le présentant. On dit toujours :
Vous ne voulez pas d'assignats, que mettez-vous à la place ?
Que voulez-vous que je mette à la place de la bête féroce qui
va vous dévorer ? J'y mettrai un plan de plusieurs hommes
d'État qui ont médité des finances, et en ont examiné tous
les rapports ; dans le cas où votre sagesse n'adopterait pas
cette proposition, je me souviendrai toujours que j'ai eu le
courage de vous la faire, et en me restreignant avec regret
aux conclusions de la nécessité, j'adopterai avec regret le
projet de M. Dupont (1). »

Que de qualités oratoires dans ce long morceau, malgré l'absence de conclusion : progrès incessant dans les moyens employés, clarté et solide enchaînement des idées, voilà plus qu'il
n'en aurait fallu à un autre pour remporter, ce jour là, devant
un auditoire inexpérimenté encore, un véritable triomphe
parlementaire. Et pourtant il ne convainquit, ne toucha personne et ne prêta aucun argument nouveau à la politique de
son parti. Cette admirable ressource du crédit qui peut régé-

(1) *Moniteur.*

nérer un peuple (l'expérience l'a prouvé), il n'y comprend
rien et n'y veut rien comprendre. Les conditions auxquelles
Law doit son échec, il ne les pénètre pas. Connaît-il seulement les principes du système de Law? Il est permis d'en
douter. S'il n'a pas pénétré le passé, que dire du présent?
Que dire de la France de 1790? La nation avait à trouver de
l'argent ou à périr. Ce fut, pour les patriotes et, je veux le
croire, pour quelques aristocrates une heure d'angoisse formidable. Sortir de cette difficulté, l'une des plus grosses de
la Révolution, et trancher cette question de vie ou de mort,
sans rien risquer, sans rien compromettre, c'était chose impossible. Les esprits de bonne foi n'y songeaient même pas.
Il s'agissait d'escompter l'avenir de la France en le dimi-
nuant le moins qu'on pourrait. Mais cet avenir, quel était-il?
Quel état de choses sortirait-il de la Révolution? Qui suppor-
terait le poids de cette montagne d'assignats dépréciés que
tous entrevoyaient déjà? Devant cet inconnu, ceux qui aimaient la France frémissaient. On ne traitait pas de sang-
froid cette question financière. Chacun y mettait toute son
âme. Eh bien! l'abbé parlait de ces grandes et terribles choses comme un avocat d'un procès. La Révolution n'était pour
lui qu'un dossier, qu'il compulsait pour le plus grand profit
de son renom. Qu'importaient à cet homme né en terre papale les inquiétudes patriotiques de la France? Il ne voyait là
qu'une belle matière à discours. et il traite ce sujet comme le
père de Sénèque traitait dans son école une matière de *sua-
sorie* ou de déclamation. Là aussi il y a de l'éloquence, de
l'esprit, de l'imagination. Mais, si déliés qu'ils soient, ces
rhéteurs ne peuvent faire que la cause qu'ils plaident soit la
leur, et on s'en aperçoit, quelle que puisse être leur habileté,
et par cette habileté même. Il en est de même de l'abbé
Maury. Là où Barnave, par exemple, plaide pour lui, pour
l'avenir de ses idées, pour la liberté, qui est le meilleur de
son âme, Maury parle pour une cause qu'il a adoptée, mais

qui n'est pas sa chair et son sang. Pouvait-il mieux défendre sa noble cliente, la royauté? Je ne le pense pas. Il lui
manque la conviction, non pas celle qu'on se donne (car on
finit toujours par partager les opinions qu'on soutient), mais
celle dans laquelle on est né. Aussi quelle recherche de l'effet! Quels petits moyens tirés de loin et mal amenés! Ces billets de Law qu'il apporte à la tribune, que viennent-ils faire
là? Apportent-ils une preuve nouvelle? En vérité, tout le
discours est fait pour amener cette exhibition théâtrale et ce
geste forcené, effet digne des tréteaux, banale réminiscence
de la chaire.

Cet orateur est né, quoi qu'il fasse, pour l'éloquence lau-
dative, pour l'éloquence qui ne démontre rien, pour le genre
démonstratif, comme il dit dans sa langue classique. Qu'une
occasion se présente de louer la royauté ou les œuvres de la
royauté, il n'a plus besoin de forcer son talent. Il opère avec
grâce. Ecoutez-le plutôt.

Dans la séance du samedi soir 19 juin 1790, Al. de Lameth
avait proposé de faire disparaître les quatre figures enchaînées
placées au pied de la statue de Louis XIV. Maury répondit et
fut éloquent, si l'on veut bien se placer à son point de vue :

« Je crois qu'il ne faut pas toucher à la statue de
Louis XIV (1). La philosophie doit consacrer ce monument
pour montrer à la postérité comment on flattait les rois. Il
fut trop flatté pendant sa vie, mais trop méconnu après sa
mort. C'est un roi qui n'avait peut-être pas autant de grandeur dans le génie que dans le caractère ; mais il est toujours
digne du nom de *Grand*, puisqu'il a agrandi son pays. Quand
vous érigerez des monuments, vous ferez voir la différence
qu'il y a du XVII° au XVIII$_e$ siècle. Vous leur donnerez un but
moral qui élèvera l'âme des rois. Mais il ne faut pas pour

_____

(1) Comparer, dans le discours sur le droit de paix et de guerre, l'apologie de Henri IV dont Lameth avait attaqué la mémoire.

cela dégrader aux yeux du peuple des rois ensevelis dans la
tombe et porter ainsi de terribles atteintes à la majesté
royale. Quant à la question du retour aux noms propres, elle
est juste. Un savant moraliste disait qu'en France on ne reconnaissait plus ni les hommes à leur nom, ni les femmes à
leur visage. Votre patriotisme s'élève contre ces abus de la
vanité, et vous êtes dignes d'éloge; mais il ne faut pas passer
le but. Ce ne sont pas les noms qu'il faut condamner, mais les
usurpateurs de noms. Ceci ne porte point d'atteinte à notre
liberté. Les Romains connaissaient des ordres de chevaliers,
et les Romains se connaissaient en liberté. Je sais bien qu'à
l'avenir on ne s'informera pas de ce qu'ont été les hommes,
mais de ce qu'ils auront fait. Un auteur avait bien raison
quand il a dit que la première question d'un peuple donnait
une idée de la philosophie de la nation. Parlez de quelqu'un
en Allemagne, on vous demande s'il entre au chapitre; en
France, quelle place il occupe à la cour; en Espagne, s'il est
grand de la première classe; en Angleterre, on vous demande
quel homme c'est. Sans doute que cette manière d'exister par
soi-même est bien la meilleure.

« En France, la noblesse est constitutionnelle; s'il n'y a plus
de noblesse, il n'y a plus de monarchie. Cette question est
donc assez importante pour être traitée dans une séance du
matin. Je sais bien que, dans la nuit du 4 août, plusieurs
articles constitutionnels ont été arrêtés; les sacrifices patriotiques se sont multipliés à l'infini; mais ce n'est pas toujours
au milieu de cet enthousiasme qu'on prend les meilleures délibérations. Ne pourrait-on pas dire à ceux qui demandent
avec acharnement toutes ces innovations ce que quelqu'un
répondit à un philosophe orgueilleux : *Tu foules à tes pieds le
faste, mais avec plus de faste encore.* »

Le discours contre la suppression des Invalides est dans le
même ton. Dans ces amplifications historiques, l'abbé est heureux, et cette fois il eut gain de cause. Voici le passage le plus

remarquable de ce discours qui dura plusieurs heures :

« Lorsqu'en 1753 un homme plus distingué par ses qualités militaires que par sa science en administration, ayant plus de caractère que de génie, tourmenté par le désir du changement, prenant souvent son esprit pour sa raison..... (*Plusieurs voix : Au fait*) ; lorsque M. Saint-Germain, qui connaissait assez peu les hommes et les affaires, pour croire qu'on administrait avec des mémoires et des livres; lorsque M. Saint-Germain, auquel on a longtemps cru des moyens, parce qu'il avait des projets (*Les murmures redoublent*); lorsqu'il fit ses mémoires pour la suppression de l'hôtel, il avait si mal conçu ses calculs, qu'ils furent tous combattus, détruits. Parvenu au ministère, il s'obstina toujours à dire que les invalides étaient malheureux dans l'hôtel, et qu'ils sortiraient tous si on leur en donnait la permission. Eh bien! il fit, en 1776, deux ordonnances par lesquelles un assez grand nombre d'entre eux furent renvoyés. Firent-ils paraître des transports de joie à la nouvelle de leur liberté ? Non, ils sortirent consternés; ils demandaient quels crimes ils avaient commis pour être ainsi expatriés ; ils regardaient de loin les murs chéris qu'on les forçait d'abandonner, et, tant qu'ils purent les voir, ils laissèrent échapper des marques d'attendrissement. La file des voitures qui les conduisaient étant arrêtée à la place des Victoires, ils se prosternèrent, les yeux baignés de larmes, devant la statue de Louis XIV; ils levèrent leurs mains tremblantes vers l'effigie de leur généreux fondateur ; ils croyaient n'avoir plus de père... Ils se trompaient, les représentants de la nation leur serviront désormais de pères ; mais ils ne se trompaient pas, quand ils rendaient hommage à l'administration bienfaisante dont on les séparait. Leurs plaintes furent si vives, que M. Saint-Germain, si attaché cependant à ses projets de réforme, fut obligé d'en faire rentrer la même année plus des cinq sixièmes dans l'hôtel (1). »

(1) *Journal logographique :* « Dès 1753, un homme plus distingué par

VI

On remarque, d'après toutes les citations qui précèdent, que l'abbé Maury ne cherche à aucun degré à se concilier les passions populaires. Les autres grands discours, celui sur le *droit de paix et de guerre* et ceux sur les affaires d'Avignon sont empreints d'une haine bruyante pour ce peuple dont il est sorti. Aussi nul, dans la droite, ne fut-il plus chansonné, injurié, menacé que le fougueux abbé. Le plaindrons-nous de ces mésaventures ? Ce n'était pas chez lui courage, mais bravade. Il attendait le succès de l'invasion, nous l'avons dit, avec toute la noblesse. Il injuriait les patriotes en attendant de pouvoir les faire pendre en tête des colonnes prussiennes. Quant à la guillotine, elle n'était pas encore dressée. Le défenseur du trône et de l'autel ne risquait rien que des quolibets et des horions. D'ordinaire il se tirait avec sang-froid de ces représailles de la rue ; mais souvent aussi il entretenait

---

ses qualités militaires que par son talent pour l'administration, un homme né avec plus d'inquiétude dans le caractère que de mesure dans le génie (*murmures à gauche*), en un mot M. de Saint-Germain, qui confondit toujours dans son ministère les conjectures de l'administration avec les calculs de l'économie politique, avait adressé à M. Pâris-Duverney une lettre contre l'établissement des Invalides ; il proposait d'y substituer 36 hôpitaux militaires : il promettait une grande réduction. On lui prouva que son projet serait beaucoup plus dispendieux. Devenu ministre, malheureusement pour la France, ce systématique officier le renouvela ; mais il n'osa braver tout à fait le vœu public ; il ne l'exécuta qu'en partie, en s'obstinant à dire que les invalides étaient malheureux. Voici un fait authentique, consigné dans sa vie et dans sa correspondance avec M. Pâris, t. I, p. 495 :

« M. de Saint-Germain fit rendre, en 1776, deux ordonnances pour renvoyer de l'hôtel, le même jour, un très grand nombre d'invalides : ils en sortirent consternés et gémissants. Ils demandaient, avec douleur, quel crime ils avaient donc commis pour être ainsi, disaient-ils, expatriés à leur âge. Ils regardaient de loin ces murs chéris qu'on les forçait d'aban-

l'Assemblée des pamphlets que l'on criait contre lui, et son éloquence maussade faisait rire les patriotes.

« Je demande la permission, dit-il dans la séance du 9 novembre 1790, d'interrompre la discussion pour rendre compte d'un fait qui m'est particulier. En traversant la rue Jacob, pour me rendre à l'Assemblée, j'ai rencontré un colporteur qui criait en me suivant : *Grande colère de l'abbé Maury, qui a donné, dans l'Assemblée nationale, des coups de poings à un député Corse.* Je n'ai rien dit au premier cri ni au second, mais au troisième, j'ai saisi le colporteur et l'ai conduit au district; il y a dit, pour sa justification, qu'il criait le titre littéral d'un imprimé qu'on lui avait vendu. J'ai demandé qu'on s'assurât de sa personne, et j'ai dit que j'allais rendre plainte contre les auteurs du libelle. Je n'ai qu'à me louer du zèle et de l'honnêteté de la garde nationale, mais en sortant du district, j'ai trouvé 30 à 40 personnes, de celles que l'on voit journellement à la porte de cette salle; elles m'ont hué et menacé du geste. Je demande que l'Assemblée prenne des mesures pour que ses membres ne soient point ainsi exposés dans les rues et presque dans l'avenue de cette auguste en-

donner ; et tant qu'ils purent les voir, ils ne cessèrent de manifester le plus touchant attendrissement. (*Murmures à gauche.*) La file des chariots qui les transportaient fut arrêtée, en traversant Paris, par un embarras de voitures, à l'entrée de la place des Victoires; ces vieux soldats lèvent les yeux ; ils s'attendrissent à l'aspect si accoutumé pour eux de Louis XIV ; ils se précipitent tout à coup, les yeux baignés de larmes, devant l'image de leur fondateur; ils lèvent vers lui leurs tremblantes mains ; ils l'appellent leur père, ils s'écrient, en gémissant, qu'il ne leur reste plus de père. Ils se trompaient : Messieurs les représentants de la nation leur en serviront à jamais; mais ils ne se trompaient pas, ils ne pouvaient pas se tromper, quand ils rendaient un hommage si solennel à l'administration de cet asile, où l'on osait dire, alors comme aujourd'hui, qu'ils étaient malheureux. Pour cela, Messieurs, on nous permettra de nous en rapporter plutôt à leur jugement qu'à toutes les expériences philosophiques ou ministérielles. Eh bien ! Messieurs, M. de Saint-Germain fut obligé de recevoir, peu après, les cinq sixièmes des invalides qu'il avait renvoyés de l'hôtel. » (23 mars 1791.)

ceinte. Les colporteurs se permettent des cris qui sont de véritables cris de haro, qui tendent à appeler le peuple contre les victimes qu'on lui désigne ; je ne sais comment tout cela se serait passé, si je n'avais pas opposé le flegme qui convient à un de vos collègues. Je n'ai point mérité les inculpations de tous les libelles ; je n'ai mis le poing sur le nez de personne ; je n'ai attaqué aucun député de la Corse : je n'ai donc point mérité d'être calomnié. C'est un nouvel exemple des égarements dont le peuple commençait à se corriger, et je somme votre justice, autant que votre sagesse, de prendre des mesures pour que de pareils inconvénients n'arrivent jamais. »

Mirabeau répondit spirituellement : « On ne peut sans doute que louer le calme que le préopinant prétend avoir opposé au tumulte dont il vient de nous faire le tableau ; peut-être pourrait-on saisir cette occasion pour l'inviter à le conserver plus souvent à la tribune ».

L'abbé Maury, spirituel en conversation, manque de saillies à la tribune. Je ne trouve dans tous ses discours qu'un trait plaisant. C'est à propos des affaires d'Avignon. Il a cru surprendre, dans l'opinion d'un membre de la majorité, la théorie immorale de la force primant le droit : « On a mis en avant, répond-il, une théorie qui consiste dans l'usage bien employé de la force. Un homme de ce siècle l'a mise en usage ; il avait une grande ambition ; il voulut s'approprier de grandes richesses : la confiance qu'inspiraient son adresse et ses talents lui firent des partisans nombreux ; il avait pour premier principe de ne jamais attaquer plus fort que lui ; pour second, qu'à égalité de force il était imprudent de se compromettre ; mais il pensait qu'il pouvait dépouiller et exterminer tous ceux qui étaient plus faibles que lui : cet homme s'appelait Pierre Mandrin (1). »

_____

(1) 3 mai 1791. Compte-rendu du *Journal logographique* : « Il a existé

VII

Nous n'en dirons pas plus long sur l'abbé Maury. Nous aurions voulu donner au lecteur une idée plus précise de sa politique ; mais ce sont les vues politiques qui manquent précisément aux développements oratoires de l'abbé Maury. Il mène son parti au hasard, si tant est qu'il le mène et qu'il en soit le maître. Son œuvre parlementaire est un assemblage d'incohérences et de contradictions. Il n'est conséquent avec lui-même qu'en un seul point : la haine de la Révolution. Et encore cette haine chez lui ne vient-elle pas du cœur, mais de l'esprit, et surtout de sa seconde éducation. Rien donc ne semble franc et ingénu dans son éloquence, pas même la haine, qui n'est dans sa bouche que rancune, peur, et souvent artifice de rhétorique. Sait-il au fond du cœur s'il ressent les passions anti-populaires qu'il exprime ? Il suit bruyamment le chemin des honneurs et de la renommée : c'est là tout son système.

Haï lui-même, il ne sut pas trouver de paroles généreuses pour répondre à la haine. Il ne se sentait atteint par aucune passion forte. Il semblait cuirassé contre le mépris (1). Les

dans ce siècle un homme qui a parfaitement exécuté dans sa conduite la théorie de l'usage de la force, que M. le Rapporteur a développée dans cette tribune. Il avait un autre principe : c'est celui que M. le Rapporteur a développé ; il pensait qu'à égalité de force il était très imprudent d'attaquer, parce que bien souvent on succombait. Mais il croyait et il prouvait tous les jours que, toutes les fois qu'il trouvait un adversaire plus faible que lui, il pouvait le dépouiller, l'exterminer. Cet homme, Messieurs, qui avait cette théorie de la force, qu'on vous a indiquée comme la juste politique des États, cet homme s'appelait Pierre Mandrin. »

(1) On disait de lui dans l'entourage de Necker : « C'était un homme méprisable, qu'il fallait chasser. » (Corr. dipl. du baron de Staël-Holstein, p. 110.)

rires moqueurs de l'Assemblée l'exaltaient comme un histrion.

Les effets de son éloquence furent nuls : il ne rallia ni n'instruisit personne. Les manœuvres parlementaires qu'il essaya ne furent jamais décisives. Ce n'était, à aucun degré, un homme d'Etat.

Mais, pour les aristocrates, la suprême éloquence était d'insulter les patriotes (1) : il les ravit par sa faconde injurieuse. Tour à tour rhéteur et populacier dans ses propos, il soulagea par ses déclamations et ses gros mots les âmes gonflées de fiel des nobles et des prêtres. Quand il arriva à Coblentz, six cents gentishommes firent la haie sur son passage et l'applaudirent galamment : il eut le genre de gloire qu'il voulait et qu'il méritait..

Ne fut-il qu'un rhéteur ? Il avait quelques-unes des plus précieuses qualités de l'orateur, l'aisance à la tribune, la facilité, la prestesse à retourner l'objection ; il savait ordonner un discours, y mettre du mouvement, lancer d'une voix sonore une péroraison bien amenée. Mais il ne touchait pas les cœurs, et ce genre d'éloquence persuasive et entraînante qu'il caractérisa dans son *Essai*, il n'y atteignit jamais. Quand il s'échauffait et qu'il voulait être pathétique, on avait envie de sourire.

On l'a comparé à Mirabeau (2). Il s'est comparé lui-même à ce grand homme (3). Il le recherchait comme adversaire,

(1) « Il semblait plus occupé du plaisir d'humilier ses adversaires que du désir de les vaincre. » (Lacretelle.)

(2) M. Poujoulat, *loc. cit.*

(3) C'est à l'abbé Maury et à cette prétention que La Harpe fait allusion quand il écrit : « ... Mirabeau... bien différent de tel autre de nos députés, à qui j'ai entendu donner le nom de grand orateur, du moins par un parti, et qui n'est en effet qu'un rhéteur élégant, quand il n'est pas un sophiste emporté ; qui n'attaque jamais de fond une grande question, mais qui commence par dénaturer ou écarter le principe, et se jette ensuite dans les accessoires et les lieux communs où il brille par l'élo-

quoique Mirabeau se dérobât dédaigneusement. Notre goût
proteste contre une telle assimilation. Mais en admettant que
les deux orateurs se valussent par les dons naturels, l'éloquence de Mirabeau, inspirée par un système, est une éloquence d'homme d'Etat, et chacun de ses discours est un acte
parlementaire. Ceux de Maury, au contraire, ne sont que de
stériles protestations. Et au nom de quoi proteste-t-il contre
la Révolution? Au nom des intérêts de son ordre et de ses
propres intérêts. Son éloquence manque du vrai ressort de
la parole politique, de la flamme qui anime son rival, même
en ses moins bons jours, je veux parler du patriotisme (1).

CHAPITRE II.

CAZALÈS.

I

L'abbé Maury rencontrait dans le sein même de la Droite
un rival, presque un antagoniste, auquel il ne cachait ni sa
jalousie ni sa haine : c'était Cazalès. La rivalité de ces deux
royalistes fut célèbre comme celle de Mirabeau et de Barnave, avec cette différence que si Cazalès valait Barnave,
on ne pouvait guère comparer l'abbé Maury à Mirabeau que

---

cution ; qui, prenant l'audace pour l'énergie, risque à tout moment les
assertions et les déclamations les plus révoltantes, et oublie que l'auteur
ne saurait se discréditer lui-même sans discréditer sa cause, et que l'observation des convenances est une des premières règles de l'art oratoire,
d'autant plus importante que tout le monde en est juge, et que quand
vous la violez, vos adversaires triomphent et vos partisans rougissent. »
(*Mélanges inédits de littérature* de J.-B. de La Harpe, recueillis par J.-B.
Salgues ; pouvant servir de suite au Cours de littérature ; Paris, Chau-
merot, 1810.) La Harpe dit qu'il avait déjà imprimé ce jugement dans le
Mercure d'août 1790.

(1) Voir un très remarquable portrait de Maury dans Thibaudeau,
Biographie et Mémoires, Paris et Niort, 1875, in-8, p. 101.

pour ses vices et ses désordres. Il faut dire qu'entre Cazalès
et Maury il y avait l'incompatibilité la plus absolue. La rhétorique de celui-ci pâlissait auprès de l'éloquence naturelle
de celui-là. L'abbé affectait la violence : Cazalès montrait de
la modération. L'un vivait au jour le jour, improvisant sa
politique qui était toujours une tactique du moment ; l'autre
avait des idées assez précises sur le gouvernement qu'il
souhaitait à la France. Personne ne croyait à la sincérité de
l'abbé Maury : tout le monde estimait le caractère chevaleresque de Cazalès, et Mirabeau disait de lui : « Je cautionne-
rais sa bonne foi. » La gauche, qui interrompait, raillait,
harcelait l'orateur sacré, écoutait volontiers Cazalès, et lui
accordait parfois un murmure flatteur d'approbation. On
conçoit la colère et les rancunes de l'abbé Maury.

Il affecta d'abord de traiter son rival en disciple, de le protéger, de lui donner des conseils et des éloges. Mais ce manège ne trompa personne et amusa tout le monde. Le 7 mai
1790, Cazalès avait remporté un succès dans son second
discours sur l'organisation de l'ordre judiciaire. Avant qu'il
fût descendu de la tribune, l'abbé Maury s'y élança, les bras
ouverts, et embrassa son rival (1). « Voyez l'abbé, dit Cazalès,
il veut me traiter comme un régent traite ses écoliers (2). »

Ce fut entre ces deux hommes une guerre sourde d'épigrammes et de mauvais procédés qui faisait la joie de la petite
presse du temps. Ainsi, dans la séance du 20 octobre 1790,
Maury demandait qu'on envoyât deux officiers aux Tuileries,
pour détromper le peuple, qui lui attribuait les propos injurieux tenus par Guilhermy contre Mirabeau (Guilhermy
avait traité Mirabeau d'assassin). Aussitôt Cazalès réclame la
question préalable sur la proposition de l'abbé Maury : « Car

(1) Madier de Montjau et L'Emullier de Bressey suivirent aussitôt son
exemple.
(2) Montlosier, t. II, p. 236.

rien n'est plus dangereux, dit-il, *plus factieux*, que de mettre l'Assemblée nationale en correspondance avec le peuple. »

Il rappelle souvent son rival, et non sans dédain, au calme et à la modération. Dans la séance du 10 novembre 1790, l'abbé interrompait violemment Danton, admis à la barre comme orateur d'une députation de la commune de Paris. « On doit tout écouter, dit froidement Cazalès, même les absurdités politiques. »

Quel était donc cet orateur dont la gloire éclipsait celle du remuant abbé Maury, et par quels dons, par quelle politique avait-il acquis cette influence chez ses collègues de la Droite et cette estime chez ses adversaires ? Il n'est pas facile de faire revivre les traits de cette figure que les contemporains ont affecté de négliger dans leurs mémoires. La noblesse oublia bien vite les services rendus par ce demi-roturier, anobli d'hier et auquel elle ne laissait pas sans dépit la première place au Parlement. On ne lui pardonna pas son indépendance, son franc parler, ses velléités libérales, son génie. Il y eut à son égard comme une conspiration du silence, à laquelle lui-même prit part, soit indolence, soit modestie. La postérité, qui est si bien informée des faits et gestes de Maury, ne sait presque rien sur la vie privée et même sur la vie publique du plus sympathique des royalistes de la Constituante. Recueillons donc tout ce que nous savons d'un personnage dont le nom seul est célèbre.

C'était un homme à formes épaisses, solidement bâti, aux larges et lourdes épaules, à la figure énorme, marquée de la petite vérole, au front développé, à la tête grosse, à la tournure peu élégante (1). Moitié paysan, moitié soldat, il semblait,

(1) Lamothe-Langon, t. 1er, p. 105. Cf. le duc de Lévis, *Souvenirs et portraits*, in-8, Paris, 1815, 2e édition (la 1re, mutilée, est de 1814) : « M. de Cazalès était grand et robuste ; il avait la voix forte et le geste animé. Sans avoir des manières très nobles, son air franc et délibéré lui donnait quelque chose d'imposant. Sa figure n'aurait point été désa-

à première vue, gauche et embarrassé outre mesure. Sa toilette était négligée jusqu'au débraillé, jusqu'au cynisme. « Je
ne me souviens pas, écrit un de ses amis intimes, de lui avoir
vu un habit passable. Pour ce qui est de son chapeau, je ne
sais si on peut appeler de ce nom un mauvais feutre percé
de toutes parts. Il avait soin de relever de temps en temps
une culotte qui à chaque moment lui tombait sur les genoux.
Dans cet accoutrement et une grosse figure assez laide, le feu
de ses yeux et ce qu'il y avait de noble dans son attitude
commandaient le respect (1). » Tel était don César de Bazan,
joué par Frédéric Lemaître, aussi fier que déguenillé. Avec
cela, paresseux et joueur effréné, Cazalès se laissait aller au
gré de sa fantaisie, hautain avec la noblesse, familier avec le
peuple, courageux d'ailleurs, et faisant bon marché de sa vie,
comme tout le monde à cette époque digne de l'antiquité. Le
trait suivant achèvera de le peindre :

« Quand la foule le suivait, dans les places ou dans les
rues, il s'arrêtait devant les groupes, se laissait entourer et
causait familièrement avec eux sur les affaires du temps,
comme s'il eût été un des leurs. Ils l'écoutaient alors avec
une grande attention, quelquefois ils l'interrogeaient. Il leur
répondait alors aussi sérieusement que s'il avait été avec des
hommes d'État. Ensuite il les quittait en les saluant, et quelquefois ils étaient contents. Un jour cependant, aux Tuileries
même, on s'avisa de l'insulter. « Prenez garde ! leur dit-il,
quand je ne serai plus député vous ferez de moi ce que vous
voudrez, je serai alors, comme tel d'entre vous, un pauvre
bougre ; mais aujourd'hui, comme député, je suis l'homme
de la nation, je lui dois la protection de mes conseils, elle
me doit celle de sa force. Citoyens, vous aimez la liberté ;

---

gréable, si elle n'avait été fort maltraitée par la petite vérole ». Le duc
de Lévis et quelques autres signalent une ressemblance physique entre
Cazalès et Fox.

(1) Montlosier, t. II, p. 252.

l'assemblée qui est là en donne des leçons. Moi, j'en suis un exemple. La preuve que je suis un homme libre, c'est que je ne pense pas comme vous et que j'ose le dire devant vous. » En prononçant ces paroles, il relevait de temps en temps sa culotte qui tombait sur ses genoux. Au-dessus de cette large poitrine toute débraillée, sa figure s'animait, ses yeux étincelaient, toute sa personne était imposante (1). »

On juge si un tel homme était déplacé dans le monde cérémonieux où ses opinions politiques le forçaient de vivre. D'ailleurs, il y réussissait mal. « Les cas exceptés où la conversation roulait sur des questions d'intérêt public, dit Arnault, qui l'a rencontré chez madame d'Esprémenil, Cazalès ne commandait pas, à beaucoup près, dans un salon l'attention qu'on ne pouvait lui refuser à la tribune. Il avait mieux que de l'esprit ; mais il ressemblait en cela à ces figures qui, pour paraître belles, veulent être placées à une certaine hauteur et vues en perspective : de près l'œil, qui ne peut en saisir l'ensemble, leur accorde moins d'attention qu'à une miniature. Aussi Cazalès n'obtenait-il guère en société qu'une faveur de souvenir, et y était-il plus considéré pour ce qu'il avait dit ailleurs que pour ce qu'il disait là. Son esprit grave descendait rarement au niveau de ce ton frivole qu'il y faut prendre même pour traiter avec succès les choses sérieuses. Peu jaloux de ces succès d'ailleurs, Cazalès recherchait moins le monde qu'il n'en était recherché ; il préférait à toutes les prévenances qui lui étaient prodiguées la liberté des clubs et le jeu à tout autre plaisir (2). »

Les héros de cette société mondaine, à laquelle Cazalès se dérobait, n'ont pas cherché à mettre en lumière dans leurs mémoires cette figure si excentrique, et les partisans de la Révolution n'avaient pas de motifs pour fixer l'attention sur

(1) Montlosier, t. II, p. 317-318.
(2) *Souvenirs d'un Sexagénaire*, t. 1er, p. 221.

la vie et les ouvrages d'un dangereux adversaire politique : c'est ainsi que la biographie de Cazalès, négligée par les uns et par les autres, ne nous est parvenue que bien incomplète. Voici cependant ce que nous en savons.

II

Cazalès était né en 1757, à Grenade-sur-Garonne, d'un conseiller au Parlement de Toulouse. Sa famille était de petite et récente noblesse : aussi les grands seigneurs de la Droite le traitèrent-ils de roturier, affectant de rappeler qu'en gascon *Cazalès* veut dire *petite maison*. Le père négligea, paraît-il, l'éducation de son fils, dont les études furent suspendues à l'âge de douze ans. Il entra dans l'armée à quinze ans, et, en 1789, il était capitaine du régiment de dragons des Deux-Ponts (1). « Sa jeunesse, ses passions l'appelaient à des plaisirs bruyants, auxquels il se livrait avec toute l'impétuosité de son caractère ; il passait ordinairement la journée dans la dissipation, le jeu et les exercices militaires ; il se faisait remarquer par sa franchise et des manières aimables (2). »

Il est certain que ses discours ne révèlent pas une grande érudition ; mais on y découvre une remarquable culture intellectuelle, qui serait inexplicable s'il fallait prendre au

(1) Il avait débuté au régiment de Jarnac.

(2) Chare, *Notice sur la vie de Cazalès*, en tête des discours de Cazalès, 1 vol. in-8, Paris, 1821. Cette notice est un modèle de style vague et d'amplification vide. Chare évite avec le plus grand soin tous les détails précis sur la vie privée et publique de Cazalès. Il songe surtout à mettre en lumière le royalisme de son héros et à ne rien dire qui soit indigne de la noble attention de Sa Grandeur monseigneur de Serre, garde des sceaux, auquel il dédie pompeusement son travail. Il semble pourtant avoir eu entre les mains des documents inédits, et il est très probable qu'il avait reçu de nombreuses confidences des contemporains de Cazalès.

pied de la lettre tout ce que disent ses biographes de la dissipation de sa vie. Ils se contredisent d'ailleurs presque en même temps, et Chare nous apprend qu'il étudiait avec soin, dès le régiment, Montesquieu et l'histoire d'Angleterre. Un biographe nous le montre même plongé dans Polybe, dans César, dans Tacite et dans Tite-Live. J'imagine que cette énumération est de pure rhétorique, d'autant plus que l'écrivain anonyme auquel je fais allusion semble déclamer à plaisir (1). On démêle cependant qu'au milieu des plaisirs le jeune officier, par un brusque progrès de sa raison, se tourna vers des distractions plus sérieuses et plus conformes à la nature de son esprit. Sa vocation politique se marqua fortement au moment des élections pour les Etats généraux. Il n'hésita pas, tout inconnu qu'il était, à se présenter comme candidat aux élections de son ordre à Toulouse. Il fut repoussé, à cause de l'indépendance de ses opinions. On n'avait pas encore oublié que pendant les troubles parlementaires qui succédèrent à l'assemblée des notables, « il s'était prononcé si fortement pour les opinions manifestées par les cours souveraines, que le gouvernement avait cru devoir y faire attention ; de sorte que dans l'instant même où un acte arbitraire enlevait son ami l'avocat général de Castellan, et l'enfermait au château de Lourdes, il recevait l'ordre de quit-

---

(1) *Eloge de Cazalès*, par l'auteur de l'ouvrage intitulé : *De l'influence des romans sur les mœurs* (Reynouard d'Avignon, d'après Barbier), brochure in-8, Paris, 1820. Cet éloge n'est qu'un pamphlet royaliste très ardent et très emphatique. — Quant aux lectures préférées de Cazalès, il est certain qu'il aimait Montesquieu, et que ses collègues de l'Assemblée connaissaient cette prédilection. Barnave, à la tribune, avait allégué l'autorité de Montesquieu. « Peut-être est-il extraordinaire que M. Barnave la cite, et que je ne m'y rende pas, » répond Cazalès. (Discours du 7 mai 1790.) Il nomme parfois Montesquieu, notamment à la fin du discours du 19 octobre 1790. Mais en général il est très sobre de citations. M. Louis Blanc dit qu'il « colorait ses harangues de citations héroïques ». J'ai lu à ce point de vue tous les discours de Cazalès, et j'y ai trouvé bien peu de citations de ce genre.

ter sur-le-champ Toulouse et de rejoindre son régiment, qui était en garnison en Alsace (1). »

Sans se laisser rebuter par cet échec, il se présenta à Cahors. Les électeurs de la noblesse de cette ville ayant proposé de voter par procuration, Cazalès combattit cette motion. Il déplut par là et n'obtint que quelques voix.

Comme Mirabeau en Provence et dans le même temps, Cazalès se voyait repoussé par son ordre. Mais ces déboires ne le tournèrent pas vers la cause populaire. Il sollicita une troisième fois les suffrages de la noblesse et fut enfin élu dans le bailliage de Rivière-Verdun.

A Versailles, dès les premiers jours, il se plaça au premier rang par son éloquence dans les discussions qui eurent lieu au sein de l'ordre de la noblesse. Il contribua fortement à l'arrêté du 23 mai 1789, par lequel son ordre renonçait à ses privilèges pécuniaires :

« A quel titre, dit-il à cette occasion, une classe privilégiée de citoyens pourrait-elle prétendre à l'exemption totale ou partielle de cette juste contribution ? Quand ce monstrueux abus serait lié à la constitution de la monarchie ; quand, né avec elle, il aurait été consacré par des siècles de jouissance, que pourraient ces vaines considérations contre les lois éternelles de la justice et de la raison ? Que pourraient-elles contre ces droits sacrés et imprescriptibles du peuple, de ce peuple qui est le tout lui-même et dont vous n'êtes qu'une subdivision, de ce peuple dont le salut et le bonheur sont la seule loi nécessaire des empires ?... Que s'il était parmi vous quelques individus assez dominés par l'intérêt personnel pour qu'ils se fissent entendre au milieu des grands motifs que je viens de présenter, je leur dirais que quand on ne peut plus défendre les droits dont l'injustice est démon-

(1) Chare, *Notice*, p. 8. — La Biographie Didot prétend que Cazalès fut enfermé lui-même à Lourdes : c'est sans doute une erreur.

trée, il faut se faire un mérite de les abandonner ; je leur dirais enfin que, dans ces moments de patriotisme et d'honneur, tout intérêt personnel, tout esprit de corps, doit se taire devant le saint enthousiasme du bien public. »

Pendant les conférences qui précédèrent la constitution de l'Assemblée, il fut nommé commissaire de la noblesse et se montra très hostile à la réunion des ordres. Le rôle qu'il joua est caractérisé par cette page curieuse d'Alexandre de Lameth, témoin oculaire :

« La veille du jour où les quarante-sept de la minorité se réunirent aux communes présenta l'image d'une diétine de Pologne et faillit se terminer de même. On était convenu, dans une assemblée chez le marquis de Montesquiou, que tous ceux auxquels leur mandat le permettait déclareraient hautement à la Chambre leur intention d'effectuer cette réunion. Clermont-Tonnerre, premier député de Paris, devait porter la parole ; mais, dès l'ouverture de la séance, il fut facile de s'apercevoir que la majorité était instruite de notre projet. Les figures n'étaient pas moins hostiles que les discours. On se regardait, on se mesurait, comme au moment d'un combat. Plusieurs orateurs avaient parlé d'une manière détournée du plan qu'on nous supposait, et l'avaient fait avec aigreur : Cazalès le fit sans aucune dissimulation et même avec violence. Il annonça qu'une partie de l'Assemblée devait s'en séparer, en ajoutant *qu'elle ne l'oserait pas.* A ces mots, des cris s'élevèrent du côté de la minorité ; le duc de Caylus, membre de la majorité (depuis pair de France), s'élance au milieu de la salle, porte la main à la garde de son épée et la dégage en partie du fourreau. Aussitôt la majorité tout entière répond par le même geste à cette provocation (1). »

Clermont-Tonnerre n'osa pas faire sa motion et fit passer au président, par un huissier, un billet anonyme où il l'adjurait

_____

(1) *Hist. de l'Ass. Constituante,* t. 1er, p. 112.

de lever la séance. Le duc de Luxembourg crut que l'avis émanait d'un membre de la majorité et fit ce qu'on lui demandait.

Dans la séance du lendemain, M. de Luxembourg communiqua à la noblesse l'invitation que lui faisait le roi de se réunir aux autres ordres.

« Déjà M. de Cazalès s'écriait que la monarchie devait être préférée au monarque, et que la séparation perpétuelle des ordres en était le seul appui, lorsque M. de Luxembourg, jetant un regard douloureux et sombre sur ses collègues : « Il n'est pas question ici de délibérer, Messieurs, mais de sauver le roi. Sa personne paraît en danger. Qui de nous pourrait hésiter un instant ? » A ces mots, on le regarde sans proférer une parole, et, de concert avec la minorité du clergé, on s'achemine d'un pas pénible et lent vers la salle des représentants (1) ».

Cazalès ne semble pas avoir suivi ses collègues dans la salle des Menus. Il avait dès lors tacitement résigné son mandat et, après la prise de la Bastille, il fit une tentative pour émigrer, en même temps que le vicomte de Mirabeau et que d'Espréménil. « On vit disparaître alors et l'ardent Cazalès et le fougueux d'Espréménil, dit le *Moniteur* (2), tous deux champions fanatiques des insolentes chimères des nobles qui les méprisaient tous deux, admis par tolérance au nombre de leurs députés, et croyant sans doute suppléer par l'excès de leur orgueil et l'exagération ridicule de leurs prétentions à l'antiquité de leur race.

« Le premier, arrêté à Caussade par une paresse inconsidérée, échappa avec peine à la vengeance publique, et retourna à l'Assemblée nationale plus aigri que corrigé par ces témoignages de l'animadversion générale... »

---

(1) *Moniteur*, n° 14. — Ces détails manquent dans les autres journaux.
(2) N° 29 (Compte-rendu rétrospectif).

Il est question de cette arrestation dans la séance du mardi 18 août 1789 :

« M. Regnault, dit le *Moniteur*, au nom du comité des rapports, communique à l'Assemblée une lettre écrite de Caussade, le 9 de ce mois, par laquelle MM. les officiers municipaux de cette ville annoncent qu'une jeunesse inconsidérée s'est emparée de M. de Cazalès; qu'ils ont eu beaucoup de peine de l'arracher de ses mains, et qu'il est maintenant détenu dans une auberge et gardé par la milice bourgeoise ; qu'ils attendent la décision et les ordres de l'Assemblée sur la conduite qu'ils ont à tenir.

« Le rapporteur communique en même temps un projet de réponse, portant que M. de Cazalès n'étant accusé d'aucun délit, sa personne était inviolable ; qu'il est nécessaire de le mettre en liberté, pour qu'il vienne prendre dans l'Assemblée la place qui lui appartient. »

III

Cazalès revint donc siéger à l'Assemblée constituante, et surmontant le dépit que lui avait causé la réunion ou plutôt la destruction des ordres, il s'efforça, par une lutte de tous les jours, de faire prévaloir celles de ses idées politiques qui étaient encore réalisables.

Quant aux arguments par lesquels il essayait de démontrer la nécessité des trois ordres, il n'est pas très facile de les deviner d'après les discours qui nous restent. Voici comment Chare, qui a connu les contemporains et les amis de Cazalès, résumait sa politique :

« La manie des innovations existant jusqu'au délire, on paraissait ne plus se souvenir que la nation française ne datait point d'hier, qu'elle avait recueilli, en traversant quatorze siècles, un brillant héritage de gloire, et qu'elle

avait aussi transmis à ses enfants quelques traditions de
la liberté. En déchirant le voile dont un pouvoir usurpa-
teur couvrait depuis longtemps la constitution de l'État,
on eût découvert le dépôt de la sagesse des temps antiques, et il eût suffi, pour rajeunir une vieille monarchie, de
mettre en vigueur ses vieilles institutions. C'est dans cette
vue que Cazalès défendait l'ancienne organisation de la
France, et qu'il s'opposait à la réunion des trois ordres, dans
laquelle il voyait la révolution tout entière, puisqu'une
assemblée unique, dominée par l'enthousiasme, devait se précipiter dans les plus dangereuses innovations, et que ce qui
aurait été l'effet de l'irréflexion, du caprice ou de la passion,
ne pourrait plus être réparé ; et de là résultait pour lui
la nécessité des trois ordres. Le clergé était à ses yeux un
terme moyen, un médiateur entre la noblesse et le tiers-
état ; c'était un tempérament entre l'aristocratie et la
démocratie. Ainsi le sacerdoce, organe du ciel, aurait servi
de contrepoids aux intérêts terrestres ; pensée sublime
que celle qui fait intervenir la justice et la morale dans la
politique (1). »

Cette « pensée sublime » fera sourire plus d'un lecteur et à
bon droit. Mais, dans son style naïf, le biographe exprime une
idée qui, selon toute vraisemblance, était bien celle de Cazalès. Utopie, à coup sûr, mais utopie sincère : Cazalès n'avait
personnellement pas grand'chose à gagner au maintien de la
distinction des ordres.

Moins utopique assurément fut la politique qu'il soutint à
son retour à l'Assemblée jusqu'au jour où il émigra. Il rêvait
une monarchie intermédiaire entre le système absolu et le
système parlementaire. Nul doute qu'il ne fût partisan de la
permanence ou de la périodicité des États généraux. Allait-il
jusqu'à la garantie de la responsabilité ministérielle ? C'est

---

(1) Chare, *Notice*, p. 12.

peu probable. Toutefois il admettait, il voulait le contrôle du Parlement au moyen du consentement de l'impôt. Il allait presque jusqu'à la Charte de 1814. Mais le régime introduit en France par la révolution de juillet lui aurait inspiré de l'épouvante et presque de l'horreur. Il est un des premiers qui ait formulé le principe de la légitimité (1). La théorie du roi *fonctionnaire*, responsable et presque révocable, l'indignait, et il exprimait cette indignation avec éloquence.

Mais il différait des absolutistes en ce qu'il demandait ce respect du pouvoir royal, plutôt dans l'intérêt du peuple que dans celui du monarque. Parlant, dans un de ses discours, de la nécessité de poursuivre la tyrannie populaire comme celle des rois, il s'écriait : « C'est aussi un crime de lèse-nation que de livrer l'autorité royale, qui seule peut défendre le peuple du despotisme d'une assemblée nationale, comme l'assemblée nationale peut seule défendre le peuple du despotisme des rois. » On le voit : ces idées sont à peu près celles que Mirabeau aimait à soutenir, et qu'il exprima notamment dans son discours sur le *Veto*. Comme lui, Cazalès parlait volontiers

(1) Sans aller aussi loin cependant que les fanatiques de 1815 : « L'hérédité du trône (disait-il à la tribune), et je répète ce raisonnement parce que personne n'y répond, a été fondée par le vœu du peuple français, et non pas, comme on a affecté de le dire dans cette tribune, pour tâcher de jeter du ridicule sur l'opinion de ceux qui combattent l'opinion contraire, sur le faux principe que les rois ne tiennent leurs couronnes que de Dieu et de leur épée ; et moi aussi je n'admets point ces contes ridicules. Il m'est démontré que les rois tiennent leurs couronnes du vœu de leur peuple ; mais il y a 800 ans (*Ah! ah! ah! ah!*) que le peuple français (*Ris à gauche*) a délégué au roi (*Murmures à gauche*)... mais il y a 800 ans que le peuple français a délégué à la famille royale son droit au trône : son ordre formel, son droit exprès vous a été donné de le reconnaître ; vous l'avez reconnu, et vous n'avez pu le refuser ; et vous n'avez fait, en le reconnaissant, qu'obéir à une autorité supérieure à la vôtre (*C'est vrai, c'est vrai*). » (*Journal logographique*, séance du 28 mars 1791.)

de l'Angleterre, « ce pays, disait-il, dans lequel la nation est aussi libre que le roi est respecté (1) ».

Aussi Mirabeau, alors qu'il songeait à fonder ce qu'on appellerait aujourd'hui un parti conservateur libéral, avait-il jeté les yeux sur le sympathique orateur. Il rêvait une coalition de douze députés de toute nuance, commençant par Cazalès et finissant par Barnave. Il était souvent question de ce projet dans les négociations secrètes de Mirabeau avec la cour. Cazalès essaya vainement de connaître avec précision des desseins qu'il devinait. Mais il avait trop de franchise et de droiture pour servir dans une intrigue. Il fut tenu à l'écart par Mirabeau et par La Marck (2).

Cependant, et c'est la seule intrigue où il ait trempé, il essaya de se coaliser avec Mirabeau pour être porté à la présidence de l'Assemblée le jour de la première fédération. « J'ai trouvé ce soir (26 juin 1790) Cazalès chez mon frère, écrit Mirabeau à La Marck. Il m'a parlé de la présidence, et voici ce qu'il m'a proposé : Que les aristocrates fissent un président ; 89 (3), un président (c'est-à-dire lui et moi) ; qu'ils tirassent ensemble à pair ou non, et que les deux partis s'engageassent d'avance à se réunir pour celui que le sort aurait favorisé... Vous voyez bien que cela est d'abord mauvais et ensuite impraticable. » Ce plan un peu naïf ne fut accepté par personne.

Nous avons dit que la gauche estimait Cazalès, et nous venons de le surprendre en pourparlers avec Mirabeau (4). Mais,

(1) Mad. de Staël, *Considérations*, II, 19.
(2) *Corr. avec La Marck*, II, 50-51.
(3) Le club de ce nom.
(4) Il témoigne toujours une extrême courtoisie à Mirabeau. Dans la séance du 22 mars 1791, Mirabeau, malade, demandait un ajournement. On murmura. « Le Parlement d'Angleterre, dit Cazalès, se prête mieux aux indispositions de ses membres. Une question importante lui était soumise ; M. Fox était malade, et les Communes, jalouses de ses lumières, ajournèrent unanimement leurs séances. Je conclus à l'ajournement pour après-demain. » (*Moniteur* du 23 mars 1791.)

dans la chaleur de la discussion, on ne se ménageait pas de part et d'autre. C'est à la suite d'une querelle de tribune qu'eut lieu le célèbre duel de Cazalès et de Barnave, duel qui devait être l'origine d'une certaine sympathie entre ces deux hommes que ne séparait aucune opinion essentielle. Le biographe de Barnave raconte en détail, d'après Théodore de Lameth, les péripéties de ce duel. Citons ces pages curieuses (1) : elles caractérisent les mœurs de cette époque presque héroïque.

« Cazalès et Barnave étaient à l'Assemblée dans une complète opposition. A la séance du 10 août 1790, la noble véhémence du premier lui avait fait adresser au côté de l'Assemblée dans lequel siégeait Barnave, quelques mots très vifs, que celui-ci put prendre pour lui et auxquels il répondit avec politesse mais avec fermeté (2). A la fin de la séance, Cazalès vint à Barnave et lui dit : « Au fond, il n'y a rien ; tous deux

(1) Bérenger de la Drôme, *Notice historique sur Barnave*, en tête des *Œuvres*, 4 vol. in-8, Paris, 1843.
(2) Le compte-rendu du *Moniteur* ne nous donne que cette vague indication : « M. Cazalès demande l'impression de ce discours (discours prononcé par trois pétitionnaires). La partie gauche réclame l'ordre du jour. L'Assemblée décide qu'elle passera immédiatement à l'ordre du jour. Aussitôt M. Foucault s'élance à la tribune. La partie droite, en désordre, pousse des cris tumultueux et menace le président. — Une demi-heure se passe au milieu de ces débats scandaleux. » C'est probablement pendant cette *demi-heure* que des propos injurieux furent échangés entre Cazalès et Barnave. (*Moniteur* du 12 août 1790.) Il faut recourir au journal de Camille Desmoulins pour avoir quelques détails précis : « Les noirs étaient hors d'eux-mêmes : c'était comme si un exorciste eût jeté un seau d'eau bénite sur la tête d'un diable sans perruque. Le noir Cazalès s'écria que tous les membres du côté gauche étaient des brigands. Ce mot, qu'il adressait à tous les patriotes, il le fit sonner si fortement à l'oreille de Barnave, en le regardant de travers, que celui-ci ne put s'empêcher de dire au *nègre* : Parlez-vous collectivement ? c'est une sottise à laquelle je ne dois pas prendre garde. Voulez-vous m'insulter personnellement ? c'est ce que je ne souffrirai pas. — Ce que j'ai dit est pour vous, répond Cazalès. Le bouillant patriote ne se possède plus, et lui riposte par le mot le plus énergique de la

nous avons fait nos preuves : si vous le voulez, nous en res-
terons là. » La réponse fut : « Je suis bien aise de votre
jugement, c'était le mien. » — Cependant tout était loin d'être
terminé. Le lendemain, de grand matin, Cazalès, accompagné du duc de Saint-Simon, arriva chez MM. de Lameth,
où demeurait Barnave (1), qu'il réveilla en leur disant : « Je
suis exactement dans la même disposition qu'hier, mais mon
parti ne veut pas que j'en reste là, et à regret je viens vous le
dire. — Je l'avais prévu, » répondit Barnave ; « j'avais pensé
que ce serait comme Labourdonnaye avec Ch. de Lameth (2). »
Cazalès reprit : « J'en suis désolé ; mais enfin, quand ? où ? et
quelle arme choisissez-vous ? — Dans une heure, au bois de
Boulogne, le pistolet, » fut la réponse de Barnave.

« On alla bientôt sur le terrain. Alexandre de Lameth assistait Barnave ; son frère Théodore était allé chercher le célèbre
chirurgien du Fouarre, et l'avait placé, isolé, à peu de distance
du théâtre du combat ; il se tenait lui-même dans l'éloignement. — « C'est à vous, qui avez été provoqué, à tirer le
premier, » dit Cazalès. — « Il n'y a pas eu offense d'intention, » répondit Barnave ; « je le crois de votre part, je l'affirme de la mienne ; nous allons donc tirer au sort. » Au
même instant, Alexandre de Lameth présenta sa main fermée
à Cazalès en disant : « *Pair* ou *non* ? » Après quelque résis-

langue dans ses deux sens. » (*Rév. de Fr. et de Br.*, n° 38.) Enfin on lit
dans le *Recueil d'anecdotes biographiques*, Paris, 1798, in-8° : « Après
une séance orageuse, le 10 août 1790, Barnave, passant à côté de Cazalès,
lui entendit dire très haut, en parlant des membres de la majorité :
ce sont tous des j.... f..... et des f...... gueux. Parlez-vous collectivement ? lui demanda le député dauphinois, ou cette insulte m'est-elle
personnelle ? L'un et l'autre, repart fièrement Cazalès. »

(1) L'hôtel de MM. de Lameth était rue de Fleurus, n° 14. Un marbre
placé au-dessus de la porte d'entrée indique encore, selon l'usage du
temps, le nom des anciens propriétaires. (Note de Bérenger.)

(2) C'était pour une chose frivole : tout était arrangé ; cependant
Labourdonnaye vint trouver Charles de Lameth, et lui dit : « J'en suis
aux regrets, mais ces dames le veulent absolument. » Il fut légèrement
blessé. (Bérenger.)

tance, Cazalès prononça : « Impair », et voyant qu'il s'était trompé, il ajouta : « Vous savez que je suis joueur, et vous avez pensé que je dirais ainsi. »

A treize pas, Barnave tira, mais n'atteignit pas ; Cazalès ajusta à son tour ; son arme fit deux fois faux feu. « Mon Dieu ! » s'écria-t-il, « que je vous fais d'excuses. — Je suis là pour attendre, » dit Barnave. Au troisième essai, le coup partit, mais encore sans résultat. — On aurait dû en rester là ; Alexandre de Lameth le désirait vivement ; mais, soigneux à l'excès de la réputation de son ami, et voyant l'autre témoin, le duc de Saint-Simon, plus âgé que lui, garder le silence, il crut devoir l'imiter.

« On rechargea les armes ; les balles, selon l'usage alors, étaient entourées de rubans, pour les fixer plus exactement ; Cazalès le fit remarquer avec une innocente malignité en disant : « Sommes-nous galants pour vous, Monsieur ! c'est du tricolore. »

« Pendant cette triste opération, les deux adversaires se promenant amicalement, Cazalès dit à Barnave : « Je serais inconsolable de vous tuer, mais vous nous gênez beaucoup ; je voudrais seulement vous mettre hors de la tribune pour quelque temps. — La crainte qui vous occupe », reprit Barnave, « me tourmente à votre égard depuis ce matin ; mais je suis plus généreux que vous en désirant vous atteindre à peine, car vous êtes la toute-puissance de votre côté, peu riche en orateurs, tandis que, dans le mien, à peine s'apercevrait-on de mon absence (1). »

(1) Alexandre de Lameth, d'après M. de Carné, racontait en ces termes cette conversation : « En vérité, M. Barnave, s'écriait Cazalès en préparant son arme, je serais au désespoir de vous tuer ; car je perdrais le plaisir de vous entendre. — Quant à moi, Monsieur, répliquait Barnave en ajustant son pistolet, je regretterais encore davantage de vous mettre sur le carreau : si vous me tuez, j'aurai au moins des successeurs à la tribune ; mais si je vous tue, ce sera à mourir d'ennui lorsqu'il faudra écouter quelqu'un des vôtres. » (L. de Carné, article *Cazalès*, dans le *Dict. de la Conversation*, 1833.)

« Le duc de Saint-Simon fit signe qu'on pouvait s'avancer ; le sort fut de nouveau consulté ; cette fois, il prononça ; Cazalès tomba frappé au front. Son premier cri fut : « Eh bien ! je suis ici pour cela. » Un chapeau à la forme du temps avait heureusement empêché la balle de pénétrer trop avant, mais le sinus frontal était brisé (1). Du Fouarre accourut, il examina la blessure et s'écria : « *Ce ne sera rien !* » Cazalès répéta l'exclamation ; mais craignant d'avoir montré trop d'intérêt pour lui-même, il ajouta aussitôt : « C'est la bête qui parle. » Puis, apercevant M. Théodore de Lameth qui s'était tenu à l'écart dans le bois, il dit à Alexandre : « Pourquoi votre frère n'approche-t-il pas ? — Parce que, répondit celui-ci, vous n'avez qu'un témoin, Barnave ne peut en avoir deux. — Est-ce que, répliqua vivement Cazalès, des gens comme nous ont besoin de témoins, si ce n'est pour les ramasser ? Ne le sont-ils pas d'un côté comme de l'autre ? »

« La voiture d'Alexandre de Lameth, meilleure que la sienne, lui fut offerte ; il la refusa d'abord, puis il reprit vivement : « Oui, je l'accepte ; il faut que ce soit ainsi. » Sa bienveillante pensée fut à l'instant comprise et appréciée.

(1) Voici comment les *Actes des Apôtres* rendirent compte de cet accident :

> Aux vertus le malheur, au crime le succès ;
> Barnave a blessé Cazalès.
> Dans ce siècle fécond en fureurs effroyables,
> Non, ce n'est pas un spectacle nouveau,
> De voir des gens irréprochables
> Passer par la main du bourreau.

Loustallot, dans son journal, blâma ce duel en ces termes : « Que devient la liberté publique, si l'on peut ravir au peuple ses meilleurs défenseurs en les faisant battre en duel ? Que deviendrait la Révolution, si l'épée ou le pistolet nous ôtaient dans ce moment sept à huit des plus sincères amis des droits du peuple ; si l'on peut les écarter de la tribune pendant plusieurs mois par des blessures ; et si, à la veille d'une grande question, qui exige toute leur application, ils peuvent être distraits par des provocations ? » Ce fut en effet une tactique des spadassins royalistes de tenter par calcul ce que Cazalès n'avait fait que par point d'honneur.

« Depuis cette époque, en conservant leurs opinions, Barnave et Cazalès furent liés de la plus étroite amitié (1). »

La plus étroite amitié, n'est-ce pas beaucoup dire? Cazalès et Barnave ne semblent pas s'être ménagés davantage après leur duel. Dans la discussion qui s'éleva à propos des Suisses de Nancy, Barnave tança vertement Cazalès, si vertement qu'on se demande si leur prétendue amitié ne sombra pas dans cette querelle. Qu'on en juge par cet extrait du *Moniteur* (2) :

« M. CAZALÈS..... Peut-être trouverez-vous difficile de pardonner aux assassins du héros de Nancy, à ce jeune Desilles, dont l'action immortelle honore et le siècle et l'ordre dans lequel il était né. (On entend un murmure presque général. — M. Barnave demande la parole. — Il se passe quelques moments dans une grande agitation.)

« M. CAZALÈS : Quoique jamais je n'aie interrompu M. Barnave, je demande que la parole lui soit accordée.

« M. BARNAVE : Je dis, M. le président, que l'Assemblée ne peut laisser continuer l'orateur et passer son discours sans le caractériser : un discours où l'esprit de parti, après avoir osé remuer la cendre des morts pour soulager la haine d'un parti ennemi de la Révolution (Une grande partie de l'Assemblée applaudit), où la malignité la plus acérée a cherché, pour le déchirer, dans le cœur d'un homme qui n'a d'autres torts aux yeux de l'opinant que de différer avec lui de principes, tout ce que la nature a de plus cher ; un discours qui a commencé ainsi par un raffinement de cruauté, et qui finit par l'oubli des principes de la Révolution, par quelque chose de plus odieux

Mirabeau et d'autres se dérobèrent à ces cartels, et firent bien. (*Élysée Loustallot*, par M. Pellet, Paris, 1872, p. 264.)

(1) Président de l'Assemblée constituante, Charles de Lameth avait refusé de recevoir la démission de Cazalès. Sous le Consulat, il fut heureux de parvenir à obtenir sa radiation. (Bérenger.)

(2) Année 1790, n° 343.

encore, par une insulte à l'humanité : car c'est insulter l'humanité que de faire renaître les distinctions, que de vouloir
se faire une gloire et une vertu de la possession des privilèges qui, pour la gloire de la nation et de l'humanité, sont
heureusement détruits. Je ne veux point prolonger la discussion. L'opinant a manqué à ce qu'il devait à son collègue ;
car jamais la diversité d'opinions ne peut justifier des moyens
aussi barbares. Il a manqué, quelle que soit son opinion
intérieure, aux principes immuables de la Constitution. Je
demande qu'à ces deux titres il soit rappelé à l'ordre, et que
le procès-verbal porte ces deux motifs : pour avoir manqué
à son collègue, et pour avoir manqué à l'Assemblée. »

Sympathique néanmoins à ses collègues de la gauche, Cazalès
ne déplaisait même pas à ce peuple de Paris, que les aristocrates ne songeaient qu'à railler et à insulter. Un royaliste
ardent, signataire de la protestation du 29 juin (1), le marquis
de Ferrières, fait en ces termes le plus bel éloge possible et
de ce peuple tant calomnié et de Cazalès lui-même : « Il eût
été facile aux nobles de ramener le peuple à des sentiments
de justice et même de bienveillance, s'ils avaient su employer
des moyens appropriés aux circonstances. Le peuple ne les
blâmait point de défendre avec courage leurs intérêts ; il ne
leur a jamais reproché leurs opinions dans l'Assemblée, quelque contraires qu'elles pussent être au système qu'il avait
adopté ; mais le peuple, en accordant aux nobles toute la
latitude possible au soutien de leurs droits et de leurs prétentions, aurait voulu que, le décret rendu, ils se soumissent
et n'employassent point des manœuvres souterraines pour
s'opposer à son exécution. Le peuple estimait l'abbé Maury,
il aimait Cazalès. Un jour qu'on discutait le code pénal, et
qu'on agitait la question de savoir si l'on abolirait la peine

---

(1) Protestation qu'il blâme éloquemment dans ses Mémoires, comme
nous l'avons déjà fait remarquer, p. 222.

de mort, Cazalès, étant sorti de la salle, aperçut sur la terrasse des Feuillants un groupe nombreux, qui tenait aussi ses séances et examinait la même question. Il s'approche, écoute ce qui se dit. Un des orateurs le reconnaît, lui frappe sur l'épaule d'un air de bienveillance : *Ah ça ! on vient de faire une bonne motion pour nous ; tu es un brave homme, ne va pas parler contre* (1). »

IV

Après la fuite et la suspension du roi, il comprit que ses efforts étaient désormais inutiles, et il émigra le 9 juillet 1791. « Il crut fermement. dit Montlosier, à une Constitution qui ferait le bonheur du pays, jusqu'à la captivité de Varennes : alors, il s'en alla. » Son rôle d'orateur est fini, et nous pourrions arrêter ici cette biographie. Mais, comme les documents n'abondent pas sur cet homme extraordinaire, on sera peut-être curieux de connaître la place qu'il tint ensuite dans son propre parti.

« Arrivé à Coblentz, dit Montlosier , il n'y rechercha aucune faveur. Il y subit, sans se plaindre, tout ce qu'on voulut lui faire subir d'injustice et d'ingratitude ; il vivait fort bien avec des compagnons ou des dévoués ; mais des amis ou des ennemis, il ne s'en occupait pas (2). »

Il est certain qu'il fut très mal reçu par les émigrés. On lit, par exemple, dans une correspondance adressée de Mayence au *Moniteur* et datée du 10 novembre 1791, que *Monsieur* et M. d'Artois « sont si engoués de ceux qui les approchent avec le plus de bassesse, que toutes les bonnes têtes du parti aris- tocratique les ont abandonnés. M. Bouillé est leur ennemi ; M. Lally-Tollendal est passé par Coblentz sans les voir ; ils

(1) Ferrières, t. II, p. 315.
(2) T. II, p. 252.

ont presque chassé M. Cazalès, parce qu'ils l'ont trouvé *démocrate* (1). Mais M. Calonne est à la tête de leurs affaires..... »
L'abbé Maury, au contraire, avait été admirablement reçu par eux, et il avait passé à Coblentz « 24 heures de gloire » avant de prendre la route de l'Italie « pour se rendre *à son chapeau*. »

Cazalès rentra en France pour quelque temps, dégoûté par ces avanies ou même, selon d'autres, expulsé de Coblentz par les princes (2). Il émigra de nouveau après le 10 août, voyagea en Italie, en Espagne, et passa en Angleterre, où il se lia d'amitié avec Burke, l'ennemi de la Révolution française. Mais il fut aussi l'ami de Fox, le grand libéral, auquel il ressemblait pour le caractère, pour l'éloquence et même, dit-on, pour le physique.

---

(1) Montlosier explique finement cette défaveur de Cazalès : « C'était un homme très capable et qu'on n'a pas su employer. Il est vrai qu'il fallait le laisser faire : il ne demandait jamais les idées des autres ; il commandait les siennes. De sa vie il n'a interrogé personne, ni sur ce qu'il avait à penser, ni sur ce qu'il avait à faire. Ses amis étaient des compagnons, quelquefois des instruments, jamais des conseils. » Involontairement, on songe à Berryer.

M. Bardoux raconte en ces termes, d'après les *Mémoires* inédits de Montlosier, quel accueil Cazalès reçut à Coblentz :

« Cazalès n'était pas mieux accueilli [que Montlosier] : il était devenu partisan des deux chambres ; aussitôt qu'on eut connaissance de son arrivée à Coblentz, on n'imagina rien de mieux que de l'outrager. Plusieurs gentilshommes, l'un à la suite de l'autre, vinrent à l'auberge où l'on savait qu'il devait débarquer, prévenir l'hôtelier qu'il fallait absolument *deux chambres* à M. de Cazalès. Coblentz était alors encombrée. Le maître de l'auberge, qui croyait avoir fait beaucoup que de lui avoir ménagé une bonne chambre à coucher, vint à lui, aussitôt qu'il débarqua, lui témoigner son désespoir de n'avoir absolument qu'une chambre à lui offrir. Cazalès comprit très bien le sens de cette recommandation ; il sentit qu'on lui refusait toute marque de confiance. Il garda le silence et demanda seulement à servir aux avant-postes. » (A. Bardoux, *Le comte de Montlosier*. Revue des Deux-Mondes du 15 décembre 1874, p. 874.)

(2) *Biographie nouvelle des contemporains*, par Arnault, Jay, etc.

Il fit la campagne de 1792, perdu dans les rangs de l'armée de Condé.

Il s'embarqua plus tard sur l'escadre anglaise qui alla seconder l'insurrection de Toulon et fut chargé par *Monsieur* de l'administration de cette ville.

Après l'échec de cette entreprise, le gouvernement anglais lui offrit la place de procureur des biens vacants dans l'île de Saint-Domingue. Il refusa cette place lucrative qui rapporta, dit-on, à M. de Bruges plus de cent mille livres sterling (1).

Il sollicita vainement de la Convention un sauf-conduit pour venir en France assister Louis XVI dans son procès. Il composa même le discours qu'il aurait prononcé en cette occasion. On le trouvera dans le recueil de ses discours publié par Chare. Cette pièce d'éloquence, un peu froide, est loin d'être son chef-d'œuvre.

Après le 18 fructidor, les émigrés le chargèrent d'aller sonder les intentions des proscrits réfugiés en Suisse et de tâcher de les rallier à la cause royale. Il n'y réussit pas, et ses avances furent repoussées avec indignation par Carnot qui lui dit : « Que pourrait faire pour moi Louis XVIII ? me permettre de sortir de France ?... d'émigrer ?... Vous savez, monsieur de Cazalès, quel est le sort d'un émigré. Quel serait donc le sort d'un émigré régicide, si Louis XVIII était sur le trône !... (2). »

Rentré en France en 1803, il y fut l'objet des sollicitations de Bonaparte, dont il ne servit pas la cause, quoi qu'en ait dit madame de Staël. Il accepta cependant, d'après la biographie publiée par Arnault et Jay, la croix d'officier de la Légion d'honneur, mais il refusa toutes les places qui lui furent offertes. La même année, il épousa madame de Roquefeuil, veuve d'un capitaine de vaisseau, et il mourut en 1805, dans la retraite et dans l'obscurité. « Ce nouveau

(1) Chare, *Notice*, p. 38.
(2) *Ibid.*, p. 39.

genre de vie l'a tué, écrivait un de ses amis à Chare. Il fallait à mon ami une tribune ou un salon, non qu'il ne fût bien
supérieur au désir de briller ; mais il aimait par-dessus tout
à disserter, à discuter quelquefois même sur ce qu'on appelle
avec raison de *véritables fadaises;* car je n'ai pas connu
d'homme plus simple dans la vie privée ; il était ce qu'on
appelle *bon homme* par excellence ; il paraissait, dans les relations sociales, oublier entièrement sa supériorité ; il se serait
prêté à des jeux d'enfants, sans s'y croire déplacé. Il savait
se mettre à la portée de tout le monde et se plaisait surtout
avec les personnes sans prétentions ; on n'aurait pu trouver un
homme qui fût d'une société plus facile et meilleur camarade (1). »

V

On connait l'homme, ses opinions, sa vie. Quel était l'orateur ? Il se dérobe presque autant à notre curiosité et a souffert plus qu'un autre du temps qui enlève aux gloires de la
tribune la moitié de leurs titres. Il a péri, lui, aux trois quarts,
par sa faute, par la négligence de ses contemporains. Son
discours prononcé, il n'y songeait plus, et il n'était pas de
ceux qui assiégaient l'imprimerie du *Moniteur* pour corriger
leurs épreuves et remanier leurs périodes. « Jamais il ne

(1) On aimerait à en savoir davantage sur cet homme éminent. Mais
son fils unique, M. l'abbé de Cazalès, qui eut son heure de notoriété
comme catholique libéral et collabora à la *Revue des Deux-Mondes,* est
mort depuis 1876. Il avait peut-être entre les mains les papiers de son
père. Il a transmis sans doute à ses héritiers plus d'un renseignement
oral. Mais ceux-ci, respectueusement interrogés par nous, se sont ren-
fermés dans le silence et n'ont même pas répondu à notre lettre. (Sur
l'abbé de Cazalès, voir l'article *Cazalès* dans le *Dict. de la Conversation,*
par L. de Carné, à la fin.)

s'informait de la manière dont les journaux rapportaient ses opinions, » écrit Montlosier (1). Le *Moniteur* abrège parfois ses discours, quoique les analyses qu'il en donne soient remarquablement rédigées. Ceux qu'il reproduit en entier n'ont pas tous été réimprimés dans le recueil publié par Chare en 1821. Ce recueil est très incomplet : il y manque (sans parler des discours peu étendus) au moins trois harangues importantes, prononcées le 11 janvier 1790 (réponse à Mirabeau à propos du Parlement de Rennes), le 5 mai 1790 (premier discours sur l'institution des juges), et enfin le 30 août 1791 (affaires d'Avignon) (2). Comme on ne lit guère que les discours qui ont été réunis en volume, il s'en suit que l'on ne connaît qu'une partie du peu qui nous reste de l'éloquence de Cazalès. Et encore combien de personnes ont eu entre les mains le recueil de Chare, presque introuvable aujourd'hui ? Est-ce trop s'avancer de dire que l'œuvre oratoire de Cazalès est inconnue ?

Notons d'abord qu'il improvisait dans toutes les circonstances, même dans les discussions techniques et compliquées. « Dans ces occasions, dit son collègue le duc de Lévis, ceux qui lisaient des discours écrits, usage que le peu d'habitude de parler en public faisait tolérer en France, quoiqu'il soit proscrit en Angleterre, avaient quelque avantage sur lui. M. de Cazalès, choqué de ne pas être supérieur dans tous les genres, s'appliqua à composer un de ces discours préparés, et, se fiant à sa mémoire, il commença à le réciter comme s'il était improvisé ; mais, à mesure qu'il avançait, la vivacité de son esprit lui présentant des choses nouvelles, il s'embrouilla tellement qu'il lui fut impossible de continuer ; et la petite charlatanerie fut découverte (3). »

(1) Tome II, p. 252.
(2) Ces trois discours se trouvent dans le *Journal logographique*.
(3) *Souvenirs*, p. 232.

Il n'essaya plus d'apprendre par cœur et s'en trouva bien.
Dès son début, il s'imposa en maître, par une facilité de
parole que, dans la droite, Clermont-Tonnerre possédait
seul au même degré. Il eut à lutter d'abord contre la déconsidération que lui valait sa réputation de joueur et d'homme
dérangé. Mais, pour la noblesse de 1789, ce n'étaient pas
vices impardonnables, et il acquit bientôt, non seulement la
célébrité, mais l'estime, cette estime que Mirabeau ne put
jamais, en dépit de son génie et des plus douloureux efforts,
obtenir de ses adversaires et de ses amis. On pouvait jalouser
Cazalès, le haïr même : on rendait justice à la droiture de son
caractère et de ses intentions. Il arriva par là, et presque
d'un coup, à une situation solide et respectée. Grand avantage pour une éloquence comme la sienne, éloquence douce
et grave, qui tirait ses effets les plus pathétiques de nobles
appels aux sentiments élevés de l'âme humaine. Mais c'est
surtout à un improvisateur que la confiance publique vient en
aide. Soutenu par la considération dont il jouissait, Cazalès
pouvait laisser aller sa parole féconde, dont aucune angoisse
secrète, aucun désir fiévreux de briller à tout prix n'altérait
la pureté. Ce travail mystérieux et intime de l'improvisation
oratoire s'opérait d'autant plus aisément dans sa calme intelligence qu'il n'avait pas à conquérir ce que d'autres devaient
poursuivre d'abord, c'est-à-dire la bienveillance de son auditoire. Cette bienveillance le portait, l'encourageait, et il
n'avait qu'à laisser voir les trésors des pensées nobles et
pures dont son âme était pleine.

Le duc de Lévis attribue la timidité des autres orateurs de
la droite à la fausse honte qu'ils avaient contractée dans le
monde, à la crainte du ridicule, à l'habitude de causer à voix
basse dans un salon par groupe de trois ou quatre. Ceux qui
excellent à parler à demi-voix dans un cercle rare et choisi
se trouvent décontenancés au grand jour cru de la tribune.
Cazalès, élevé au régiment, n'avait pas ces habitudes de

réserve et de discrétion factices, et il se présenta avec assurance devant l'Assemblée nationale.

Distinguons cependant. S'il fut dès l'abord éloquent dans la chambre de la Noblesse, il se trouva dépaysé dans la vaste salle des Menus. Aux premiers jours, quand il parlait de sa place, il surmontait son embarras, accru peut-être par la récente mésaventure de son arrestation à Caussade qui risquait de jeter sur sa personne une ombre de ridicule. Mais, les premières fois qu'il parut à la tribune, on ne lui retrouva pas son sang-froid ordinaire. Alors, on l'y envoya à dessein et on l'empêcha de parler de sa place. Il en souffrait et disait à ses amis : « La tribune me tue ». Il se trompait : ces taquineries lui rendirent un grand service et le contraignirent à s'aguerrir. Il s'aguerrit en effet à force de volonté et retrouva par le travail la facilité qu'il avait montrée dans les débats intérieurs de son ordre. Le fidèle Montlosier nous a transmis le secret des exercices préparatoires auquel il se livra dans la période de ses débuts : « Il méditait d'abord son sujet, le tournant ensuite et le retournant dans sa forte tête ; il en dessinait les compartiments, les fixait ; et alors, d'accord avec le baron de Batz et quelques amis, il prononçait tout haut son discours, se laissait ou se faisait interrompre exprès. S'il n'était pas content de lui une première fois, il recommençait une seconde, jusqu'à ce qu'il se sentît imperturbable et qu'il aperçût ses amis satisfaits. Avec une persévérance étonnante pour un homme tout à la fois aussi paresseux et aussi violent, il a fait ce manège chez le baron de Batz environ trois mois. A la fin, il était parvenu à dessiner et à composer ses discours tout seul (1) ».

(1) Tome II, p. 252.

VI

La peine et le temps qu'il prit pour devenir maître de son talent nous expliquent pourquoi nous ne trouvons aucun discours de lui avant le 15 septembre 1789, quoiqu'il eût repris son siège depuis la fin de juillet. Il prit donc la parole pour la première fois dans les débats sur la question de l'hérédité de la couronne, à propos des droits de la maison d'Orléans et de la maison d'Espagne. Il aurait voulu que l'on couvrît cette hypothèse *d'un voile religieux* (1) et que, le cas échéant, c'est-à-dire si les d'Orléans et les héritiers de Philippe V étaient seuls en présence, une *convention nationale* décidât. Son discours fut applaudi, mais le mot de *convention nationale*, qu'il prononça le premier, fut-il du goût de ses amis politiques? Quoi qu'il en soit, il renouvela sa proposition dans les mêmes termes le 17 septembre suivant.

Dès lors, il a l'interruption heureuse et précise. Le mardi 20 octobre, Robespierre parle d'une conspiration des subsistances dans un style qui n'est pas celui de l'Assemblée ; Cazalès s'écrie :

« Je demande que le préopinant donne les notions qu'il a sur la conspiration ; sinon, il est criminel envers le public et l'Assemblée (2). » Il dit toujours le but où il tend, même quand il y a de la candeur à le dire. Par exemple, dans son discours du 28 novembre 1789 sur les finances, il laisse trop voir que son intention est de sauver la fortune du clergé :

« Pour subvenir aux besoins pressants, je propose de créer pour 600 millions de billets d'État, portant intérêt et payables à des termes fixes, qui correspondraient à l'époque de

---

(1) Métaphore qui revient souvent dans les discours des Constituants.

(2) Il fait la même réponse, à Al. de Lameth, le 17 mai 1790.

l'échéance de la contribution patriotique. 250 millions seraient fournis par cet objet, 50 par la vente d'une partie des biens du domaine. Le clergé se chargerait sans doute de payer 300 millions, en vendant ceux de ses fonds qu'il voudrait ne pas conserver : *ainsi il assurerait sa propriété en en sacrifiant une petite partie...* Ce plan n'est ni profond ni ingénieux ; il est conforme à la marche de la franchise et de la bonne foi (1). »

Cette dernière phrase ne pourrait-elle pas servir d'épigraphe aux discours de Cazalès ? Franchise et bonne foi, n'est-ce pas la marque de son éloquence ? Toutefois, au début, il exagère la franchise. Il est agressif et violent à l'égard de Mirabeau, quand il lui répond en ces termes, à propos de la grave affaire du parlement de Rennes révolté et mandé à la barre : « Je ne réponds ni aux diatribes ni aux violentes déclamations que s'est permises M. le comte de Mirabeau. Je n'oublie pas que je discute les intérêts d'un grand peuple en présence des législateurs d'une grande nation. Je prendrai le seul ton digne d'un honnête homme. (*Il se fait quelques murmures et l'opinant est rappelé à l'ordre*). Il est impossible de contester que le ton de la modération et de la justice convient uniquement quand on délibère sur le sort de ses concitoyens et qu'on est leur juge. Qu'il me soit permis de relever trois faits que M. de Mirabeau a altérés... (2) ». Cazalès est encore obsédé par ses rancunes et son dépit. Mais son ton deviendra bientôt plus courtois et plus conciliant pour les personnes.

Cependant quand la droite, soit concert préalable, soit entraînement irréfléchi, en vient à huer un orateur de la

---

(1) Le *Moniteur* ne donne qu'une analyse très-pâle de ce discours. Il a dû cependant être important. Chare le passe sous silence, ainsi que les premiers discours. (Le premier qu'il reproduise est du 13 février 1790.) — Barrère, dans le *Point-du-jour*, le résume en vingt lignes.

(2) *Moniteur.*

gauche, Cazalès, en vrai méridional, oublie ce parti pris de
sang-froid qui a succédé chez lui aux incartades du début, et
il fait sa partie dans le concert d'imprécations et de menaces.
Parfois toute la droite se lève et bondit vers la tribune d'où
part une voix ennemie. Cazalès, en ces circonstances, ne
reste pas en arrière. Ainsi, dans la discussion sur l'organisation judiciaire (6 mai 1790), on ne se borne pas à interrompre Barnave. On envahit la tribune où il est debout. On
l'y presse comme pour l'y étouffer. Derrière l'orateur se
placent de force Cazalès, Maury, Montlosier, et un homme
qui en vaut trois à lui seul, l'énorme vicomte de Mirabeau.

Le lendemain, 7 mai, il prononça, sur le même sujet, un
discours qui, d'après Alexandre de Lameth, témoin oculaire,
fut son triomphe oratoire. « Cazalès, dit-il, déploya une vive
éloquence ; le côté droit applaudit à son opinion : toute l'assemblée applaudit à son talent. » Voici ce discours : nous le
choisissons pour le citer en entier, puisque les contemporains
le préféraient aux autres.

Barnave avait soutenu que le pouvoir judiciaire n'émanait
pas du pouvoir exécutif. Cazalès répondit :

« Il faut donc traiter encore cette question dont la décision
est si importante, dont les suites influeront à jamais sur la
nature du gouvernement français, et en changeront peut-être
la forme ; cette question dont la discussion devrait être facile
dans une assemblée qui a reconnu que le gouvernement français est monarchique, qui a déclaré qu'entre les mains du roi
réside le pouvoir exécutif suprême. J'ai établi, dans ma pré-
cédente opinion, qu'il ne peut exister dans aucune société
que deux pouvoirs politiques réellement distincts, le pouvoir
exécutif et le pouvoir législatif, et que toute espèce de force
politique n'en est qu'une émanation. M. Barnave a cité l'autorité de Montesquieu. Peut-être est il extraordinaire que M.
Barnave la cite, et que je ne m'y rende pas. Je me rends à la
vérité et à la raison ; l'une et l'autre me disent qu'il n'est pas

un seul homme raisonnable et de bonne foi qui puisse reconnaître plus de deux pouvoirs. J'en appelle à M. Barnave lui-même : quand le souverain a distribué tous les pouvoirs, quand il a fixé la loi et les moyens de l'exécuter, que lui reste-t-il à faire? quel serait l'emploi d'un troisième pouvoir politique? M. le président de Montesquieu avait longtemps exercé la magistrature avec gloire ; il a été entraîné par l'esprit de son état ; l'état mixte des parlements en France avait égaré son opinion, dont on pouvait seulement conclure que les parlements avaient réuni à une portion du pouvoir exécutif une portion du pouvoir administratif, et non pas qu'ils exerçaient un troisième pouvoir. Mais aujourd'hui que le jugement n'est plus que l'acte matériel de l'application de la loi, que l'acte qui ordonne l'exécution de la loi, les fonctions judiciaires sont évidemment une partie du pouvoir exécutif. Si le pouvoir exécutif réside uniquement et entièrement dans les mains du roi, le roi doit donc nommer les juges. J'ajoute que depuis les temps héroïques, depuis le roi Persée jusqu'à nos jours, il n'y a pas un seul exemple que les rois n'aient pas institué leurs juges. Si ce fait ne peut être contesté, si l'histoire s'élève pour soutenir des principes incontestables, par quelle étrange témérité, nous, législateurs d'un jour, nous à qui, jusqu'à ce moment, toute question d'économie politique a été inconnue, rejetterions-nous la leçon de l'expérience? Ignorons-nous que le passé est l'école du présent comme de l'avenir? et ne craignons-nous pas que notre fol ouvrage n'écroule avec nous? La fin de l'opinion de M. Barnave ne présente qu'une vaine éloquence, qu'une répétition en phrases plus ou moins sonores des lieux communs qu'on a répétés de tout temps contre les ministres et contre tous les valets qui entourent le trône. Quand il aurait peint avec des couleurs vraies cette classe d'hommes qu'il est peut-être peu généreux d'attaquer quand ils n'ont plus d'autorité, son raisonnement n'aurait pas plus de force, et quand il en aurait davantage, il en résulterait qu'on ne doit accorder nulle fonction, nul pouvoir au roi, car il partagera toujours l'une et l'autre avec les ministres et les courtisans. Si je vous peignais les factions populaires, les effets funestes des intrigues, des prestiges de l'éloquence ; si je nommais les Socrate, les Lycurgue, les Aristide, les Solon immolés par le peuple ; si je citais les illustres victimes des erreurs et des violences du peuple ; si je vous rappelais que Coriolan fut banni, que Camille fut exilé, que les Gracques furent immolés au pied du tribunal ; si je vous disais que les assemblées du peuple romain n'étaient que des conjurations, que les comices n'étaient pleins que de fâcheux ; si je vous montrais la place publique changée en champ de bataille ; si je vous disais qu'il n'y avait pas une élection, pas une loi, pas un jugement qui ne fût une guerre civile, vous conviendriez qu'il y a des inconvénients dans le gouvernement populaire. (*On demande à l'opinant s'il parle du gouvernement représentatif*). Peut-être que cette peinture fidèle des désordres d'une République qui mérita l'admiration de tous les peuples, et qui fut la maîtresse de l'univers, fera sans doute quelque effet sur votre esprit, sur votre cœur, et ne croyez pas que cette digression soit étrangère ; tout peuple qui fait des élections sera sujet aux mêmes inconvénients... (*On observe que l'opinant n'est pas dans la question.*)

« M. l'abbé Maury : On veut vous troubler ; parlez posément, on vous écoutera.

« M. de Cazalès : Mais puisque cette discussion, à laquelle j'attache un bien mince mérite, paraît étrangère, elle l'est en effet. Nous n'avons pas été envoyés pour choisir une forme de gouvernement : la nation a donné ses ordres, il faut obéir. Le gouvernement monarchique existait, il faut le raffermir et non l'attaquer ; il faut voir s'il n'est pas contraire à l'essence de la monarchie de décider que le roi n'aura aucune influence sur l'admission des juges. Je vous prie de vous rappeler

quels embarras ont éprouvés ceux qui ont regardé le roi
comme le premier huissier du pouvoir judiciaire; ils voulaient faire adopter des principes démocratiques; ils n'osaient
pas avouer ces principes à la face du peuple qui m'entend, à
la face de ce peuple qui professe encore l'amour de ses rois;
au milieu de cette assemblée qui ne peut adopter un gouvernement que repoussent nos mœurs, nos usages, l'étendue de
l'empire, le vœu formel du peuple français. Pressés par leurs
adversaires, ils ont dit qu'ils voulaient diviser les branches
du pouvoir exécutif, ils ont proposé de détruire l'unité, cette
base monarchique par excellence, qui produit cet ensemble,
cette rapidité d'exécution nécessaire au gouvernement d'un
grand empire. Il était facile d'apercevoir qu'ils regardaient
le décret par lequel vous avez reconnu le gouvernement français gouvernement monarchique, comme une simple énon-
ciation; mais puisque leur secret a échappé à leur prudence,
puisque leurs projets sont avoués, que tous les bons Français se rallient autour de l'autorité royale, et qu'ils repoussent cette liberté folle qui serait licence, cette autorité populaire qui serait anarchie, qu'ils dissipent cette ivresse au sein
de laquelle, abusant d'un peuple fatigué de vos assemblées
orageuses, on voudrait établir le pouvoir arbitraire dans un
empire ou la destruction du clergé, de la noblesse, des Parlements... (*On applaudit de toutes parts.*) Dans un empire
où il n'existe plus d'intermédiaire entre le peuple et le roi,
où la destruction du clergé, de la noblesse, des Parlements...
(*Les applaudissements redoublent*).

« M. Lavie : Il est bien étonnant qu'on ne veuille pas entendre l'oraison funèbre de tant d'oppresseurs. (*La partie gauche et les spectateurs applaudissent*).

« M. DE CAZALÈS : Je crois que si je voulais répondre aux sarcasmes par lesquels on m'interrompt, il me serait facile de
prouver que c'est l'oraison funèbre de la monarchie... (*La
partie droite de l'Assemblée applaudit à son tour*). Ils veu-

lent établir un pouvoir arbitraire dans un empire où la destruction de la noblesse, du clergé, des Parlements ne laissent
aucune borne au pouvoir d'un seul; ils veulent établir un état
de choses où, si vous n'êtes le plus libre, vous serez le plus esclave des peuples ; ils veulent établir un pouvoir arbitraire plus
despotique que celui d'Orient, dont les fureurs se brisent
encore contre le respect des peuples pour la religion et pour
ses ministres. Tel est cependant le terme inévitable où vous
conduiront les prétendus amis de la liberté, qui ne veulent
pas du gouvernement que veut la nation ; qui veulent rendre étranger à ce gouvernement le pouvoir judiciaire, ce lien
sacré qui unit les rois et les peuples ; ce lien brisé, l'anéantissement de l'autorité royale est nécessaire : cette autorité
n'aurait pas assez de pouvoir pour punir des factieux qui
feraient trembler les juges par les crimes que ces mêmes juges étaient destinés à punir. Mais que veulent donc les ennemis de la prérogative royale ? Espèrent-ils renverser le trône
sur lequel les descendants de Clovis sont assis depuis quatorze siècles ? Une portion considérable de la nation s'ense-
velirait sous ses débris, et vingt ans de crimes ne finiraient
pas cette révolution désastreuse.

« Comment peut-on craindre cette influence royale pour une
nation qui a recouvré le droit de s'assembler pour ses représentants, d'exprimer, de faire valoir directement sa volonté ?
Repoussez-donc loin de vous ces terreurs qu'inspirent les
ennemis de la prérogative royale ; repoussez donc ces faux
principes que prêchent des hommes qui, constamment serviles, flattent l'autorité partout où ils la trouvent ; qui cares-
sent l'autorité populaire, et qui flattaient naguère l'autorité
royale qu'ils calomnient aujourd'hui. Il ne s'agit ici ni d'intérêts particuliers, ni de classes différentes ; c'est l'intérêt
commun, c'est l'autorité royale qu'il faut défendre. Que tous
les amis de la patrie se rallient devant cette sauvegarde ;
persuadons-nous de cette vérité, que le pouvoir exécutif doit

être maintenu dans toutes ses parties pour maintenir le bonheur et la liberté publiques ; cette vérité n'est redoutable que pour les fâcheux qui voudraient usurper l'autorité de leur légitime maître..... (*Le dernier mot excite de grands murmures*). L'autorité royale doit être aujourd'hui la divinité tutélaire de tous les Français, le fanal de ralliement des bons citoyens ; l'autorité royale n'est dangereuse que pour les hommes qui ne voient des dangers que dans le retour de l'ordre. Réunissons-nous tous pour défendre cette autorité sacrée, et demandons que le roi choisisse parmi trois sujets qui lui seront présentés. »

Hâtons-nous de fixer l'impression que ce discours laisse en nous et avouons d'abord que c'est une lecture agréable, qu'on aimerait à entendre ces paroles sortir de la bouche qui les a prononcées, et cette voix « grave et sonore » dont parlent les contemporains. Si nous voulons maintenant analyser et chercher en quoi consiste cet agrément, la première qualité qui s'offre à nous, c'est la clarté, une clarté facile et naturelle, dans laquelle le travail n'est pour rien. Il en est qui corrigent par la méditation l'obscurité de leur parole ou qui, à la tribune même, réparent aussitôt un terme vague par un terme précis, redoublant surtout les verbes et les adjectifs, et ne rencontrant l'expression propre qu'en passant par l'expression déplacée. Cazalès dit ce qu'il veut du premier coup, qualité rare chez un improvisateur. Point de retouches, point de ratures, point de surcharges. C'est surtout dans l'exorde que pèchent ceux qui improvisent. L'exorde, en général, est plutôt pour eux un temps de répit où ils se *mettent en train*, si je puis dire, parlant pour s'exciter à parler, pour éveiller leur esprit par le son même de leur voix, se résignant aux négligences, aux redites, à un style traînant et vague, quittes à racheter plus tard cette faiblesse du début, que les auditoires savent pardonner, par la précision et la facilité du reste, par de beaux morceaux victorieusement enlevés. Si l'improvisateur atteint à des effets de pathétique ignorés de celui qui lit ou récite, il paie et il fait payer ces instants de souffle aux prix de pénibles langueurs. Ces langueurs, Cazalès ne les connut pas (1). Rien de plus juste, rien de plus naturel que son exorde : « Il faut donc traiter encore cette question dont la décision est si importante... » Je trouve la même qualité à chaque entrée en matière de ses discours. On est tout de suite avec lui au cœur même du sujet et les premiers mots nous délivrent du malaise propre à quiconque veut écouter ou lire un discours, je veux parler de cette impatience, de cette crainte de s'ennuyer et d'avoir trop à attendre ou les faits eux-mêmes ou la veine de l'orateur. Ce malaise que nous avons tous connu, ni Mirabeau ni l'abbé Maury ne nous en dispensent toujours. Il est cause parfois que les œuvres des orateurs, même célèbres, ne piquent guère notre curiosité et languissent intactes dans nos bibliothèques.

Si l'exorde est naturel dans le discours sur la magistrature, la péroraison n'est pas moins justement amenée. Elle n'est pas dans Cazalès, comme dans Maury, un air de bravoure, une sorte de fanfare d'assaut, destinée à enthousiasmer et à terrifier, procédé auquel, même en ces temps-là, on ne se laissait guère prendre. Cette péroraison n'est qu'une preuve de plus, présentée avec plus de force que les autres,

_____

(1) Cf. l'exorde de la réponse de Cazalès à Thouret sur la question de la résidence des fonctionnaires. Quoi de plus simple et de plus naturel ? « Messieurs, encore plus ennemi des déclamations que le préopinant, moins jaloux quelui des applaudissements qu'elles obtiennent, j'éviterai avec attention toute personnalité dans une matière aussi essentielle. Je tâcherai de ne pas déparer mon opinion par cet esprit de parti qui atténue les raisons les meilleures ; je tâcherai de ne juger l'intention de personne. Je croirai pures celles de tous les membres de cette assemblée ; je discuterai tranquillement et à froid l'importante question qui vous est soumise. Je vais vous montrer d'abord l'inconvénient des dispositions qu'on vous propose. J'entre en matière... » (_Journal logographique_, séance du 28 mars 1791.)

mais sans emphase et sans éclat de voix. Il s'agit de défendre l'autorité royale contre des factieux : c'est l'argument suprême, c'est la politique de la droite.

Nous avons vu que Cazalès ne surveillait pas l'impression de ses discours. On ne le dirait pas à les lire. La trame du style est solide et serrée, avec un éclat doux comme dans les bonnes pages de Vauvenargues. Il est évident que le rédacteur du *Moniteur* goûtait l'éloquence de Cazalès : il a pris un soin visible, sinon de recueillir exactement toutes ses harangues, du moins de laisser à son style son caractère littéraire.

Est-ce à dire que toute rhétorique fasse défaut ? Le mouvement admiré des contemporains sur les vices du gouvernement démocratique, « Si je vous peignais les factions populaires .. », est-il autre chose qu'une figure un peu factice dont on trouvera le nom et les règles dans les traités scolaires ? Cazalès a une prédilection pour cette figure. On la rencontre en vingt endroits de ses œuvres. Elle forme l'exorde du discours sur le renvoi des ministres, que nous citons plus loin. Dans le discours sur les affaires de Nancy, elle s'étale et se développe avec quelque naïveté :

« *Je pourrais vous rappeler* que c'est en vertu de vos propres décrets qu'a été instruite cette procédure qu'on vous propose d'anéantir ; *je pourrais vous montrer* l'évidente contradiction dans laquelle on cherche à vous faire tomber ; *je pourrais vous demander* comment il se peut que la même instruction criminelle qui vous parut, il y a quelques mois, une mesure juste et prudente, soit devenue une mesure injuste et impolitique, sans qu'aucune circonstance ait changé ; *je pourrais prouver* qu'il n'y a que l'esprit de parti, qu'il n'y a que la crainte de voir jaillir de cette procédure une redoutable lumière, qui puisse en provoquer l'anéantissement. *Mais je négligerai ces moyens* (1).... »

---

(1) Discours du 7 décembre 1790.

Cazalès suivait en cela le goût du temps. L'éloquence politique venait de naître. On était séduit par ces premières adresses de l'art, comme Athènes était séduite par les premiers rhéteurs. Cette figure, qu'on abrège ou évite aujourd'hui, on la recherchait alors et on s'y complaisait. Mirabeau l'aime et en use (1). La plupart des orateurs la trouvent si commode qu'ils l'appellent sans cesse à leur secours, avec moins d'art que Cazalès. Ainsi Robespierre, à propos de la déchéance du roi, s'exprime en ces termes, que je rapporte pour faire voir avec quelle mesure relative Cazalès se servait des moyens oratoires :

« *Je n'examinerai pas*, disait Robespierre, s'il est vrai que la fuite de Louis XVI soit le crime de M. Bouillé, de quelques aides de camp, de quelques gardes du corps et de la gouvernante du fils du roi ; *je n'examinerai pas* si le roi a fui volontairement de lui-même, ou si, de l'extrémité des frontières, un citoyen l'a enlevé par la force de ses conseils ; *je n'examinerai pas* si les peuples en sont encore aujourd'hui au point de croire qu'on célèbre les rois comme les femmes. (*On rit ; on murmure.*) *Je n'examinerai pas* non plus si, comme l'a pensé M. le rapporteur, le départ du roi n'était qu'un voyage sans sujet, une absence indifférente, ou s'il faut le lier à tous les événements qui ont précédé ; s'il était la suite ou le complément des conspirations impunies, et par conséquent toujours renaissantes, contre la liberté politique ; *je n'examinerai pas* même si la déclaration signée de la main du roi en explique le motif, ou si cet acte est la preuve de cet attachement sincère à la Révolution que Louis XVI avait professé plusieurs fois d'une manière si énergique. Je veux examiner la conduite du roi, et parler de lui comme je parlerais d'un roi de la Chine (2)…. »

(1) Cf. Mirabeau, Discours sur les biens du clergé, 30 octobre 1789 : « Je pourrais considérer, etc. », et le discours du 2 novembre de la même année.

(2) 14 juillet 1791. — Discours écrit : le texte est le même dans le *Journal logographique* et dans le *Moniteur*.

Il est évident, que dans cette longue prétermission, Robespierre s'est souvenu du *Conciones* et des amplifications qu'il
faisait au collège. C'est le cas d'ailleurs de plus d'un orateur
de la Constituante, et si Cazalès et quelques autres l'emportent
sur eux, littérairement parlant, c'est qu'ils ont su recourir
plus rarement à ces armes un peu puériles.

S'il n'y avait jamais recouru, il n'aurait pas été de son
temps, il n'aurait pas touché ses contemporains, il aurait
manqué son but. Quand la mode est à la rhétorique, il faut
bien que l'orateur, eût-il le goût le plus pur et le plus sobre,
fasse quelque concession à cette mode, sous peine de n'être
pas toujours écouté et compris.

Quelques artifices sont encore à signaler dans l'éloquence
de Cazalès, qui tiennent plutôt à sa nature méridionale qu'aux
habitudes du temps. Il lui arrive par exemple d'affirmer des
faits historiques plus que contestables, tout comme l'abbé
Maury. Ses erreurs lui viennent de son éducation première,
si négligée ; mais son assurance, il l'a respirée dans l'air natal
et la doit au Languedoc, sa patrie. Il aime à dire, par exemple : « Ce principe ne peut être contesté par aucun de ceux
qui m'interrompent (1), » ou : « Je défie personne de dire le
contraire (2) ». Et c'est précisément quand ses affirmations
sont le plus contestables qu'il élève si haut la voix.

(1) 18 décembre 1790.
(2) 23 mars 1791 : « Je déclare que vingt-cinq aboyeurs qui m'interrompent sans cesse ne m'empêcheront pas de continuer. Il est donc
démontré que dans aucun cas (je défie personne de dire le contraire),
que dans aucun cas les représentants de la nation française ne peuvent
par leur propre autorité, ne peuvent de leur propre pouvoir, sans un
ordre exprès et formel du peuple, commettre une peine, changer la ligne
du trône, intervertir le gouvernement ». (*Journal logographique*.)

VII

Voici d'autres extraits des discours les plus mémorables que prononça Cazalès. Dans la célèbre discussion sur le droit de paix et de guerre, où brillèrent tour à tour les plus grands orateurs de la Constituante, Cazalès puisa dans son incontestable patriotisme une inspiration élevée. Mais il poussa l'amour du pays jusqu'à une exagération et une étroitesse de vue qui confinent à ce *chauvinisme* qu'on nous a tant reproché depuis. Toutefois, si Cazalès fait paraître trop d'égoïsme national, il s'exprime en termes vraiment nobles et, si son *chauvinisme* est l'exagération d'un sentiment juste, il n'en est jamais là caricature :

« Plusieurs orateurs ont dit dans cette tribune qu'il n'y a pas de guerre offensive qui soit juste ; ils ont étalé les principes qu'affiche la philosophie moderne ; mais ce n'est pas sur les principes vagues de l'humanité que les législateurs doivent établir leurs opérations ; ces principes embrassent tous les peuples du monde ; laissez ce sentiment qui n'est qu'ostentation ; la patrie doit être l'objet exclusif de notre amour. L'amour de la patrie fait plus que des hommes, il fait des citoyens. Il a créé les Spartiates, à l'existence desquels nous sommes tentés de ne pas croire, en voyant combien nous sommes indignes de les imiter. Quant à moi, je le déclare, ce ne sont pas les Russes, les Allemands, les Anglais que j'aime, ce sont les Français que je chéris ; le sang d'un seul de mes concitoyens m'est plus précieux que celui de tous les peuples du monde... (*Le murmure devient général.*)

« Pardonnez à la chaleur, et peut-être à l'exagération de mon discours ; il est l'élan d'un citoyen qui idolâtre sa patrie ; il est produit par l'indignation que me font éprouver les manœuvres dont on se sert pour vous circonscrire dans les

adages de la philosophie moderne, cette philosophie qui
flétrit le cœur, qui rapetisse l'esprit... (1). »

L'exorde de son discours sur le renvoi des ministres est un
exemple de dédain noble. Ici encore il emploie cette figure
classique dont nous avons parlé plus haut, mais elle ne choque pas ; elle n'est que l'expression toute spontanée des sentiments de mépris dont l'âme de Cazalès était réellement
agitée :

« Ce n'est pas pour défendre les ministres que je suis
monté à cette tribune : je n'aime pas leur caractère et je n'estime pas leur conduite. Depuis longtemps ils sont coupables,
et depuis longtemps j'aurais dû les accuser d'avoir trahi l'autorité royale ; car c'est aussi un crime de lèse-nation que de
trahir cette autorité, qui seule peut défendre le peuple du
despotisme des assemblées nationales, comme les assemblées
nationales peuvent seules défendre le peuple du despotisme
des rois. J'aurais accusé votre fugitif ministre des finances
de s'être constamment tenu derrière la toile, quand son devoir l'appelait à jouer un rôle important ; je l'aurais accusé
d'avoir bassement calculé les intérêts de sa sûreté et de son
ambition, d'avoir provoqué la révolution sans avoir préparé
les moyens qui devaient en assurer le succès et en prévenir
les dangers ; je l'aurais accusé, enfin, d'avoir constamment dissimulé ses principes et sa conduite, et d'avoir laissé l'Assemblée nationale *s'embarrasser dans sa propre ignorance* (2). »

Suit une comparaison éloquente entre Strafford et Necker :
elle excita dans l'Assemblée un long mouvement d'admiration. Après avoir parlé de ces ministres « qui s'obstinent à
rester à la tête du gouvernement et craignent de rentrer
dans l'obscurité d'où jamais ils n'auraient dû sortir »,
Cazalès ajoute :

(1) 21 mai 1790, *Moniteur.*
(2) 19 octobre 1790.

« Ce n'est pas ainsi qu'agissent les ministres fidèles. Pendant la longue convulsion qui agita l'Angleterre, sous le règne de l'infortuné Charles, Strafford, ce ministre qui joignait tant de talents à tant de vertus, fut traîné sur un échafaud ; mais l'Angleterre le pleura, mais l'Europe entière honora sa mémoire, et son nom est un objet de culte pour tous les sujets de l'empire calmé. Tel est l'exemple que doivent suivre, tel est le modèle que doivent se proposer tous ceux qui sont appelés par la confiance de leur roi, dans ces temps difficiles, au maniement des affaires publiques: s'ils ne se sentent pas le courage de périr ou de rétablir la monarchie ébranlée, ils doivent se refuser à l'honneur qui leur est confié. (*Applaudissements généraux.*) Strafford mourut ; et n'est-il pas mort aussi, ce ministre qui naguère a lâchement déserté la cause publique, abandonnant le royaume aux malheurs que lui-même avait suscités? Son nom n'est-il pas effacé de la liste des vivants ? n'éprouve-t-il pas l'affreux supplice de se survivre à lui-même, et de se voir d'avance dévoué au mépris des générations futures ? Quant aux serviles compagnons de son ministère, quant à ces hommes qui sont aujourd'hui l'objet de votre délibération, on pourrait leur appliquer à juste titre ce vers du poète italien : *Ils allaient encore, mais ils étaient morts* ».

Ce superbe mépris (1) ne nous explique-t-il pas la rancune de Mme de Staël qui poursuivait dans Cazalès l'insulteur de son père ?

Le libéralisme de Cazalès n'allait pas, nous l'avons dit,

---

(1) La droite en fut mécontente. Quoiqu'elle méprisât les ministres d'après Montlosier, elle s'était fait un principe de ne jamais les attaquer. Quant aux modérés, leur dépit fut excessif : « A la lecture des qualifications flétrissantes et des termes méprisants employés par cet orateur, écrivit Mallet du Pan, on reconnaîtra difficilement la mesure qui sied même à la tribune de l'Assemblée nationale, lorsqu'on y parle des personnes; mesure dont M. de Cazalès offre un exemple habituel. » (*Mercure de France*, oct. 1790, n° 38.)

jusqu'à admettre la responsabilité ministérielle. « Si l'assemblée nationale, dit-il dans le même discours, s'attribuait le droit de présenter au roi le vœu de son peuple sur le choix des ministres, comme, quelle que soit la forme sous laquelle ces vœux seront présentés, les vœux des peuples sont à la longue des ordres pour les rois, il est certain que le roi, n'ayant pas encore dans la constitution de moyen légal de connaître quel est le véritable vœu de la nation, serait contraint d'obéir. Il est évident que si l'assemblée nationale acquérait le droit d'exclure des conseils du roi les ministres qu'il a honorés de sa confiance, par le seul fait de son improbation elle parviendrait bientôt à les nommer : alors la réunion des deux pouvoirs dans ses mains serait consommée et nous tomberions dans la plus monstrueuse tyrannie. »

Dans ce discours et dans quelques autres il parle souvent de l'échafaud de Charles Iᵉʳ. D'autres membres de la droite font de même. Quelle maladresse ! Ce n'est pas qu'à cette époque personne songeât à faire périr Louis XVI ; mais, en rappelant ces souvenirs, ne diminuait-on pas d'avance le prestige presque divin dont on voulait entourer la royauté ?

Il prononça, sur des questions de finances, des discours plus remarquables par la pureté du style que par la compétence. Nous ne les analyserons pas. C'est surtout quand il parle du roi que son éloquence paraît : il sait le louer sans courtisanerie, comme à propos du décret sur la résidence des fonctionnaires, où il était dit que, si le roi émigrait, il aurait abdiqué par le fait de cette désertion :

« Quant à moi, s'écrie-t-il, je ne crains pas de le dire, délibérer sur cette matière est une véritable trahison. Si, par une ivresse de pouvoir qui l'a souvent égarée, l'Assemblée voulait délibérer sur cette question, je déclare que je ne prendrais nulle part à sa délibération. (*On murmure, on rit.*) Je jure de lui désobéir, je jure de rester constamment fidèle au sang de Henri IV et de saint Louis ; je jure que, quels

que soient vos décrets et les événements, je ne cesserai pas
de défendre le sang de mes légitimes souverains... (1) »
(Les membres de l'extrémité de la partie droite, debout et la
main levée, s'écrient : *Tous, tous !*)

Lors de la discussion du décret contre les prêtres réfractaires, il trace un tableau prophétique de l'avenir et exprime
des vues vraiment politiques et capables de toucher ses adversaires :

« Vous verrez les catholiques, errants sur la surface de
l'empire, suivre dans les cavernes, dans les déserts, leurs
ministres persécutés, afin de recevoir d'eux des sacrements
valides ; alors, dans tout le royaume, les catholiques seront
réduits à cet état de misère et de persécution dans lequel les
protestants avaient été plongés par la révocation de l'édit de
Nantes, par cet acte dont votre justice a été indignée, et dont
votre humanité a gémi. Jusqu'ici vous êtes insensibles à la
résistance passive d'un clergé fidèle; mais si des factieux,
prenant le masque de la religion (2), cherchaient à soulever

---

(1) *Journal logographique :* « Je ne crains pas de le dire, délibérer
dans quel cas la personne du roi peut être justiciable, délibérer s'il peut
arriver une hypothèse dans laquelle il sera privé du trône, est une véritable trahison.

« Si l'Assemblée nationale, par une suite de cette ivresse de pouvoir qui
nous a tant et si souvent égarés, venait à mettre en délibération cette
matière, je lui déclare que je ne prendrais pas part à sa délibération.
(A gauche : *Ah ! ah !* Quelques applaudissements.) Si, ce que je ne puis
croire, elle oubliait à tel point ce qu'elle doit à la nation, ce qu'elle doit
au roi, que d'adopter un semblable décret, je jure de lui désobéir, je jure
de rester constamment fidèle au sang de Henri IV et de saint Louis.
(*Murmures.*) Quels que soient vos décrets, quels que soient les événements
qui arrivent, je jure de ne pas cesser de reconnaître et défendre la légitime autorité de mes souverains. (Le côté droit se lève presque en totalité, en criant : *Oui, oui, bravo ! oui, oui, nous le jurons !*) » (26 mars 1791).

(2) On sait, en effet, ce qui arriva. « On vit, dit un royaliste, un tas
de femmes sans mœurs, de grands de la cour athées, d'hommes pour
lesquels la religion n'était qu'un mot vague, sans expression et sans

les peuples, s'ils répandaient les brandons du fanatisme au
milieu des hommes avides à les saisir, s'ils s'armaient de l'é-
nergie que produit toujours l'alliance des choses religieuses,
qui ne serait effrayé, qui ne condamnerait pas des législateurs
cruels et impolitiques qui auraient produit tant de maux,
pour le vain orgueil de ne pas revenir sur un de leurs décrets?
Si vous êtes des législateurs sages et humains, si vous êtes les
véritables pères du peuple, vous ne sacrifierez pas tant de
victimes à votre fol orgueil : alors la nation reconnaîtra des
législateurs sages ; alors elle sentira la sagesse du gouvernement de ses représentants (1).... »

Souvent il fait l'éloge de la liberté, qu'il aimait à sa façon,

devoir, déclamer contre le schisme, fréquenter les églises, entendre régulièrement la messe, tant un même intérêt a le pouvoir d'accorder les
passions les plus opposées ! » (Ferrières, t. II, p. 259.)

(1) *Moniteur*, séance du 26 janvier 1791. — *Journal logographique :*
« Les fidèles iront dans les déserts, se cacheront dans les cavernes pour
y recevoir de leurs légitimes pasteurs les sacrements à la validité desquels ils puissent croire ; et les catholiques errants et persécutés (*On interrompt*) sur toute la face de l'empire seront réduits à cet état de
misère et de persécution auquel la révocation de l'édit de Nantes avait
condamné les protestants, persécution dont votre justice s'est indignée
et dont votre humanité a gémi. (*Grands murmures.*)

« Je demande qu'on m'entende ou qu'on m'ôte la parole.

« Jusqu'ici, Messieurs, je ne vous ai peint que les malheurs inévitables
attachés à la résistance passive des fidèles et du clergé, seule résistance
que leur permettent et la loi de l'Église et la loi de l'État; mais si des
hommes séditieux, se couvrant de l'intérêt sacré de la religion, cherchaient
à soulever les peuples, trop faciles à s'enflammer pour des matières religieuses, si des ennemis de leur patrie, secouant les brandons du fanatisme
sur les matières combustibles dont nous sommes environnés, fortifiaient
les querelles politiques qui nous divisent de toute l'énergie et de toute
l'exaltation, de tout le délire que peut leur donner l'alliance des querelles religieuses, qui pourrait calculer les malheurs auxquels nous
sommes destinés ? Quel œil pourrait mesurer sans effroi la profondeur de
l'abîme où vous vous précipitez, et qui pourrait excuser des législateurs
impolitiques et barbares (*Murmures*) qui, pour un vain amour de l'autorité,
qui, pour le fol orgueil de ne pas revenir sur leurs pas, auraient causé de
tels désastres ? »

et, quoi qu'en pense madame de Staël, nul n'a le droit de
suspecter sa sincérité sur ce point et de dire avec l'auteur des
Considérations qu'il cherchait à captiver ses adversaires « afin
d'en obtenir non un acquiescement à ses opinions, mais un
suffrage pour ses talents (1) ». Non, les applaudissements qu'il
obtient de la gauche sont de bon aloi. Ainsi, dans la séance
du 22 juillet 1790, Mirabeau cadet avait parlé contre le projet
de constitution de l'armée et demandé que le nombre des
corps de ligne, des officiers et des sous-officiers ne variât
jamais : « Quelque importantes que soient ces considérations,
répondit Cazalès, elles doivent céder à un plus grand motif,
à l'intérêt de la liberté publique. Cet intérêt exige que chaque
législation puisse réduire ou casser l'armée : je cite l'exemple
de l'Angleterre, qui se conduit ainsi ». (*La partie gauche
applaudit.*)

Il se fit encore applaudir de la gauche dans une circonstance singulièrement mémorable, à propos du décret sur la
non-rééligibilité des Constituants. Ce décret eut les effets les
plus funestes, de l'aveu de tous les historiens. Inspiré par un
scrupule honorable, il entrava la marche de la Révolution en
écartant du pouvoir les plus expérimentés pour le remettre en
des mains neuves aux affaires. Les conséquences de cet acte
d'irréflexion chevaleresque sont incalculables : si la Révolution
a échoué en partie, une des causes premières en est peut-être
dans ce fatal décret, dont la plupart des royalistes affectaient de
se réjouir, puisque, en remettant toutes les réformes en question, il ouvrait la porte à toutes les espérances et leur montrait, au bout d'une ère de violence et d'instabilité, la perspective séduisante d'une dictature. Mais l'âme honnête de
Cazalès ne se repaissait pas de ces coupables espérances. Tout
fourvoyé qu'il était dans un royalisme condamné par la raison et par l'opinion, il souhaitait à la France la paix et la

_____

(1) II, 6. — Al. de Lameth ne veut voir dans le libéralisme de Cazalès
qu'une « forme oratoire ». (*Hist. de l'Ass. Const.*, t. I⁺ʳ, p. 344.)

concorde, fût-ce aux dépens de son parti politique. Nous ne saurions suspecter, pour notre part, ces accents que ne suspectèrent ni la gauche ni les tribunes :

« Quand l'Assemblée nationale a fait une constitution, elle s'est écartée des routes communes tracées jusqu'alors ; elle a dédaigné l'exemple de ses contemporains ; elle a tout oublié, pour ne se souvenir que des principes de justice et de liberté. Comment donc serait-il possible qu'au milieu des pertes considérables qu'elle a occasionnées, au milieu des suppressions nombreuses qui, avec les abus, ont détruit les fortunes particulières; comment, dis-je, serait-il possible qu'aucun d'entre vous eût osé garder une autorité qu'il avait exercée avec une sévérité aussi grande? Il fallait bien que l'assemblée conservât ce caractère de grandeur qui a dicté ses principes ; il fallait bien qu'au milieu des reproches nombreux qu'on vous faisait de toutes parts, vous trouvassiez un moyen franc de les repousser ; il fallait bien que la malveillance et la calomnie fussent au moins obligées de s'arrêter là... (*La partie gauche et toutes les tribunes retentissent d'applaudissements*)....; il fallait bien que vous rendissiez à cette constitution le caractère de désintéressement qui lui appartient. Quand Sylla eut rétabli violemment les lois des Romains, il abdiqua la dictature qu'on regardait comme son seul asile, et il dit : Romains, je vous dois rendre compte du sang que j'ai versé; je rentre au milieu de mes concitoyens, et ne veux pour défense que la justice de ma cause.

« Nos successeurs auront des devoirs bien moins pénibles à remplir; ils n'auront qu'à verser du baume sur les blessures profondes, mais nécessaires, qu'a faites la Révolution.... (*Les membres de la partie droite se regardent.*)... Ils n'auront qu'à consoler l'amour-propre, que la raison commencera à éclairer (1). »

(1) *Moniteur*, séance du 18 mai 1791. — *Journal logographique* : « Enfin l'Assemblée nationale , s'écartant de toutes les routes connues,

La péroraison de ce discours presque révolutionnaire est
très belle et exprime les idées les plus justes :

« La souveraineté du peuple est un droit métaphysique ; c'est
par la réélection qu'il l'exerce réellement, qu'il influe médiate-
ment sur la loi, en distribuant ou la louange ou le blâme sur ceux
qu'il a chargés de la faire. Pour manifester qu'une loi est bonne,
il n'a d'autre moyen que de renommer ceux qui l'ont proposée.
Ainsi décréter la non-réélection, c'est ôter au peuple la partie
directe de sa souveraineté, et au roi la règle de sa conduite ; car
il doit sanctionner une loi quand il pense qu'elle est véritablement le vœu du peuple. Mais c'est une trahison que d'obéir à la

dédaignant et les leçons de l'histoire et les exemples de nos contemporains, vient de faire sur l'empire français une grande, mais dangereuse expérience politique.

« Comment se pourrait-il qu'au milieu d'une révolution qui a détruit la
fortune de tant de citoyens, qu'au milieu d'une révolution où tant d'intérêts particuliers ont été froissés, qu'au milieu d'une révolution qui
nous a entourés d'une foule si nombreuse de mécontents, il y eût un seul
de nous qui osât garder une partie de cette autorité que nous avons
exercée ? Il fallait bien que l'Assemblée nationale gardât, jusqu'au bout,
ce caractère de désintéressement qui l'a distinguée ; il fallait bien qu'à
travers les reproches qui s'élèvent contre elle de toutes parts, qu'à travers
les accusations bien ou mal fondées qu'on portera contre elle, la malveillance, la calomnie même fussent contraintes de s'arrêter et de respecter
son désintéressement ; il fallait enfin que les auteurs de la constitution
lui rendissent le service le plus important qu'elle pouvait en attendre :
celui de la rendre respectable par le désintéressement de ceux qui l'ont
faite.

« Quand Sylla eut violemment ramené les Romains à la liberté il abdiqua la dictature au moment où il n'y avait pas un citoyen dans tout
l'empire qui ne crût que la dictature était son unique asile : Romains,
dit-il, je suis prêt à vous rendre compte de tout le sang que j'ai versé :
fort de la pureté de mes intentions, fort de l'estime du peuple et de
l'amour du Sénat, je ne veux pour ma défense que la justice de ma
cause et l'impartialité de la loi.

« Nos successeurs auront des devoirs moins pénibles à remplir : ils verse-
ront du baume sur les blessures que vous avez faites ; c'est en consolant
l'amour-propre, c'est en dédommageant l'intérêt particulier, c'est en
réparant les malheurs individuels que vous avez faits, qu'ils tâcheront
de réunir tous les Français dans la même opinion... »

législature, quand il croit que la loi qu'elle a portée est mauvaise; alors il met son *veto*. Si le peuple réélit les mêmes représentants, il est évident qu'il approuve la loi ; le vœu du
peuple est clairement manifesté, et le roi sanctionne. Mais,
je le répète, il trahit ses devoirs s'il sanctionne un décret
qu'il croit contraire aux intérêts de la nation ; c'est pour cela
qu'il a été institué ; c'est pour la défendre contre le despotisme de ses représentants. Il faut donc, si vous êtes dans les
principes du gouvernement représentatif, décréter la rée-
lection (1). » *(Le côté gauche et toutes les tribunes applaudissent
à plusieurs reprises.)*

VIII

Ces citations suffisent pour que nous puissions contrôler le
jugements des contemporains. « Les qualités distinctives de
l'éloquence de Cazalès, a dit le duc de Lévis, étaient la chaleur et la véhémence, l'abondance et la justesse. » Ce sont
aussi des qualités qui apparaissent encore dans ces discours,

---

(1) *Journal logographique :* « Enfin, Messieurs, il est une raison puissante,
une raison qui aura une grande influence sur les nombreux partisans qu'a
dans cette assemblée la souveraineté du peuple, cette souveraineté très réelle
quand l'agrégation des citoyens est peu nombreuse, mais qui devient un droit
à peu près métaphysique, un droit dont l'exercice est impossible quand le
peuple se multiplie et se disperse sur la surface d'un vaste territoire ; alors
le seul acte de souveraineté que le peuple puisse exercer, c'est la réélection : c'est par la réélection qu'il conserve une influence directe et immé-
diate sur la formation de la loi ; c'est par là réélection qu'il demeure
le juge et le souverain de ses représentants ; c'est par elle qu'il leur dis-
tribue le blâme ou la louange qu'ils ont mérités ; c'est par la réélection
qu'il vide l'appel porté devant lui, lorsque le pouvoir exécutif s'oppose
aux actes du Corps législatif. Eh ! comment le peuple pourrait-il juger
cet appel ? Comment pourrait-il prononcer entre l'assemblée et le roi ?
Est-il en état de délibérer sur la question qui les divise ? Il n'a qu'un
moyen de décider : il nomme ou il ne nomme pas les membres qui ont
proposé la loi ; et ce choix qu'il fait de ses députés prononce son jugement sur la question agitée. »

tout refroidis qu'ils sont par le temps. Mais ce qui nous
frappe le plus dans l'éloquence de Cazalès, c'est l'honnêteté,
qui en est le véritable ressort. Il puise dans sa conscience,
indignée ou sereine, toujours éveillée et présente, ses mouvements pathétiques et toute son influence sur les hommes. A
sa droiture de cœur s'ajoute une grande rectitude d'esprit qui
l'empêche de tomber dans les exagérations de son parti,
comme le remarque Montlosier. Le poëte Arnault, qui a
connu et entendu Cazalès, analyse avec justesse le pouvoir et
l'effet de son éloquence : « Dans l'intelligence et la sincérité,
dit-il, la nature lui avait donné les deux moyens les plus
puissants par lesquels on agit sur les esprits ; la faculté de se
faire bien comprendre ne tient-elle pas à celle de bien concevoir, et n'est-on pas presque sûr de convaincre quand on ne
parle que de conviction ? Ne soutenant en fait de principes
que ceux qui lui paraissaient incontestables, et n'hésitant pas
à se détacher de ceux qu'il reconnaissait pour mal fondés en
justesse et en équité, comme en défendant un parti il semblait dégagé de tout esprit de parti, il obtenait dès qu'il parlait la déférence, si ce n'est le crédit que la droiture commande même en combattant pour une cause qu'elle ne doit
pas gagner. On l'estimait d'autant plus, qu'on savait que ce
n'était pas pour ce qu'il croyait utile, mais pour ce qu'il trouvait juste qu'il combattait (1). »

Avocat d'une cause qu'il sentait perdue, Cazalès laisse
paraître plus d'une fois sa mélancolie. L'ordre de choses qu'il
défend s'en va pièce à pièce, et celui qu'il rêve, personne n'en
veut, ni à droite, ni à gauche. Lui-même sent l'impossibilité
de sa politique et ne la soutient plus que par devoir. A ces
tristesses d'homme d'Etat méconnu par son parti et déçu par
la réalité, se mêle un grave mécompte pour l'orateur. La joie
de ranger une assemblée à son avis, la volupté de remuer les

(1) Arnault, *Souvenirs*, t. 1er p. 219.

cœurs et de convaincre les esprits ou de les subjuguer, ces triomphes incomparables de la parole, qui en sont le prix et la raison d'être, il ne les connut pas et il vit d'autres en jouir. Le succès a manqué à son éloquence : elle eût gagné dans la victoire plus de force et de plénitude; elle était faite pour exprimer les idées de confiance, d'allégresse, d'audace heureuse. Elle se fût développée tout entière dans l'action, et, ministre ou chef d'une opposition disciplinée et forte, Cazalès eût montré tout ce qu'il valait. Condamné à déplorer ce qu'il ne pouvait empêcher, il ne sentit pas son talent grandir dans ce rôle tout négatif qui était trop étroit pour sa taille. Il se plaint quelque part de ce que ses adversaires se refusent à entendre l'*oraison funèbre de la monarchie*. Oui, c'est une oraison funèbre qu'il lui faut recommencer à chaque discours : c'est à des regrets et à des louanges impuissantes qu'il doit consacrer son éloquence. Elle reçoit de cette contrainte une marque qui a son charme et porte comme un reflet des déceptions intimes de Cazalès, qui, de même que ce Vauvenargues auquel nous l'avons déjà comparé, aima la gloire et ne fut pas aimé d'elle. Dans ces comptes-rendus de discours oubliés, on retrouve un homme qui a lutté et souffert. C'est peut-être le secret de cette sympathie qui nous attire aujourd'hui vers ce champion d'idées qui ne sont pas les nôtres.

CHAPITRE III.

ORATEURS SECONDAIRES : L'ABBÉ DE MONTESQUIOU; LE COMTE DE MONTLOSIER.

Les autres membres de la droite ne parlent guère, sauf les prélats qui sont nombreux à l'Assemblée constituante et s'expriment avec facilité, mais sans talent, sans originalité. Leur air d'autorité, leurs manières dogmatiques, leur impatience de la moindre contradiction les rendent, tout d'abord, insupportables à la majorité. Ils ne renoncent à ces habitudes professionnelles que pour essayer d'un ton pleureur et d'une expression désolée et gémissante, dont les harangues de M. de Boisgelin, archevêque d'Aix, offrent le parfait modèle (1). Cette rhétorique de la chaire, monotone et banale, doit être mentionnée au passage, mais ne mérite aucune étude particulière pas plus que les discours si ternes et si plats du marquis de Bonnay, et les quelques paroles prononcées, en deux ou trois occasions, par le comte de Bouville, absolutistes très estimés à droite, mais auxquels la tradition royaliste a fait une réputation d'orateurs que rien ne justifie.

Toutefois, avant d'arriver au groupe des Monarchiens, il faut dire un mot de deux orateurs distingués, que l'on ne peut classer ni avec les absolutistes, ni avec les amis de Malouet. Je veux parler de l'abbé de Montesquiou et du comte de Montlosier, tous deux sympathiques à la gauche malgré leurs sentiments contre-révolutionnaires, tous deux inféodés à la droite malgré leurs fréquents accès de libéralisme, celui-là remarquable par sa modération, celui-ci célèbre par sa brusque franchise.

I

L'abbé de Montesquiou-Fézensac était né en 1757, près d'Auch. Mais il n'eut du gascon que la finesse et l'entente des affaires. Agent général du clergé depuis 1785, député du clergé de Paris, il se montra hostile à la réunion des ordres, s'y résigna, se préserva avec une sorte de coquetterie des

(1) Ce prélat était le chef reconnu du clergé réactionnaire. Lors de la discussion sur la constitution civile, il publia au nom de ses collègues un manifeste intitulé : *Exposition des principes des évêques de l'Assemblée.* — M. de Bonnal, évêque de Clermont, jouissait aussi d'une grande influence et parlait souvent.

dehors violents de ses amis politiques, se piqua de mesure et de
courtoisie, et, seul dans la droite, montra l'étoffe d'un habile
tacticien. Mirabeau disait de lui avec raison : « Méfiez-vous
de ce petit serpent : il vous séduira ». Il séduisit en effet
l'Assemblée, et si complètement que, malgré son discours
contre la motion relative aux biens du clergé, il fut nommé
membre de la commission chargée d'aliéner ces biens, et
s'arrangea de manière à ce que la gauche n'eût pas à se repentir de cette marque de confiance généreuse. Seul aussi
dans la droite il professait qu'il fallait se soumettre aux lois
une fois rendues et, dans ses deux présidences, il fit paraître
le plus grand respect pour une légalité qu'il avait combattue.
Dans la séance du 8 janvier 1790, quand les magistrats de
la chambre des vacations du Parlement de Rennes, mandés à
la barre, furent introduits, l'abbé de Montesquiou les accueillit par ces paroles qui étonnèrent la droite :

« Messieurs, l'Assemblée nationale a ordonné à tous les
tribunaux du royaume de transcrire sur leurs registres, sans
retard et sans remontrances, toutes les lois qui leur seraient
adressées ; cependant vous avez refusé l'enregistrement du
décret qui prolonge les vacances de votre parlement. L'Assemblée nationale, étonnée de ce refus, vous a mandés pour
en savoir les motifs. Comment les lois se trouvent-elles
arrêtées dans leur exécution? Comment des magistrats ont-
ils cessé de donner l'exemple de l'obéissance ? Parlez : l'Assemblée, juste dans les moindres détails, comme sur les plus
grands objets, veut vous entendre ; et si la présence du corps
législateur vous rappelle l'inflexibilité de ses principes, n'oubliez pas que vous paraissez aussi devant les pères de la
patrie, toujours heureux de pouvoir excuser les enfants, et
de ne trouver dans leurs torts que les égarements de leur
esprit et de simples erreurs. »

Ce langage digne et patriotique fut récompensé par un
honneur dont aucun autre membre de la droite ne fut l'ob-

jet : à l'expiration de chacune des deux présidences de l'abbé
de Montesquiou, l'Assemblée lui vota, à l'unanimité, des remerciements.

Quel fut le caractère de son éloquence? Les contemporains,
qui admirèrent son habileté et apprécièrent son caractère, ne
nous ont pas donné de détails précis sur son attitude à la
tribune ni sur son genre de parole. On entrevoit seulement
un orateur correct, maître de lui, précis et élégant sans affectation. La pureté de ses mœurs et sa probité notoire lui con-
cilièrent, en mainte occasion, la faveur de l'assemblée autant
que son talent de parole. Il sut se faire écouter, à propos des
biens du clergé, même après l'abbé Maury : la simplicité et la
sincérité de sa protestation fit un contraste agréable avec la
fougue un peu voulue du rhéteur sacré. Mais les esprits
étaient trop échauffés et, dans cette question, le clergé montrait trop que pour lui la bourse c'était la vie. Toute l'habileté
de Montesquiou fut inutile : des murmures se mêlèrent aux
applaudissements qui accueillirent son discours (1).

Il fut plus habile dans le débat sur la suppression des
ordres religieux. On voulait qu'il n'y eût plus de couvents en
France. Il eut l'adresse de ne pas heurter de front ce sentiment de l'Assemblée. « Examinons d'abord, dit-il le 13
février 1790, quel est le pouvoir de la société sur les ordres
monastiques, quel est son pouvoir sur les vœux. Qu'est-ce
que c'est qu'un vœu ? Le vœu n'est autre chose que les promesses d'un homme à l'Éternel et à sa conscience de vivre
constamment dans l'ordre religieux qu'il a choisi. Jusque-là
il n'y a rien que de spirituel dans cet engagement sacré;
mais, dans les États catholiques, la loi a cru devoir marcher
à côté du vœu : elle a voulu que la société renonçât à
l'homme qui renonçait à elle. Maintenant, il existe des vœux.
Pouvait-on, a-t-on dû faire des vœux? On a pu faire des

(1) Cf. plus haut, p. 243. — Ce discours a été trop incomplètement
recueilli pour que nous puissions en donner des extraits.

vœux, puisque la loi reconnaissait et autorisait les vœux. Peut-on empêcher les vœux? Oui, sans doute, parce que la société peut ce qu'elle veut. La société peut-elle rompre les vœux déjà faits? Non, parce qu'ils ont été faits sous la sauve-garde de la loi. On ne peut pas rompre les vœux. Je dirai donc aux religieux : Si vous voulez sortir, sortez : si vous ne le voulez pas, demeurez; car votre vœu est un contrat, et je n'ai pas le droit de rompre un contrat. La loi et le religieux, le religieux et la loi, voilà ce que nous devons respecter. Vous êtes hommes, tout ce qui est humain vous appartient; vous êtes hommes, tout ce qui est spirituel n'est pas de vous. » La conclusion du discours de Montesquiou fut qu'on devait se borner *à ne pas empêcher* les religieux de sortir. Cette motion obtint la priorité sur celle de Barnave, qui *supprimait* purement et simplement les ordres et congrégations, et indi-quait que l'Assemblée pourvoirait au sort des religieux. On allait voter, et l'abbé Montesquiou l'emportait, quant Thouret réussit à faire passer la motion de Barnave sous forme d'a-mendement. Il était temps : quelques minutes plus tard, l'adroit orateur faisait consacrer par un vote de l'Assemblée le maintien des couvents en France.

Toutefois, il fit passer la moitié de sa motion. Il sauva les religieuses, et cela d'un mot. « Vous ne pouvez, dit-il, ni ne devez les forcer à renoncer à leurs habitudes; car il ne faut pas oublier que les habitudes font le bonheur, *et vous ne vou-lez pas faire des malheureux.* » Ce genre d'argument avait toujours prise sur le grand cœur de cette assemblée philan-thrope. On vota « que les religieuses pouvaient rester dans les maisons où elles étaient ».

L'abbé de Montesquiou remporta un plus grand succès encore quelques jours plus tard, et, ce qui étonnera, il obtint de l'Assemblée un vote en faveur des Jésuites. En effet, le 19 février 1790, comme on discutait le traitement à payer aux moines sécularisés, le marquis de Foucault demanda que les Jésuites obtinssent la même faveur. « J'ose croire, dit aussitôt Montesquiou, qu'il est de votre humanité de faire ces exceptions demandées. La vieillesse et l'infirmité ont des droits à votre respect et dès lors à votre générosité. Les Jésuites en ont à votre justice. Vous ne la refuserez point à cette congrégation célèbre, dans laquelle plusieurs d'entre vous ont fait sans doute leurs premières études, à ces infortunés dont les torts ont peut-être été un problème, mais dont les malheurs n'en sont pas un. » Quelques membres demandèrent l'ajournement de cette proposition ; mais l'Assemblée décida qu'elle serait discutée séance tenante. Je ne crois pas que le souvenir de ses anciens professeurs l'ait beaucoup touchée en cette affaire. Mais les Jésuites avaient été expulsés par l'ancien régime, et ils bénéficièrent, dans cette occasion, du caractère odieux de ceux qui les avaient justement réprimés. L'Assemblée, candidement chevaleresque, oublia un instant les torts de ces éternels ennemis de la raison pour ne voir en eux que des victimes du plus détesté des gouvernements, et le protestant Barnave s'écria naïvement : « Le premier acte de la liberté naissante doit être de réparer les injustices du despotisme ». L'Assemblée décida « que les Jésuites qui ne posséderaient pas, soit en bénéfices, soit en pensions sur l'État, une somme égale à celle affectée aux autres religieux de leur classe, recevraient le complément de ladite somme ».

C'était un notable succès pour Montesquiou : défendus par l'abbé Maury, les Jésuites auraient sûrement perdu leur cause. Montesquiou, d'ailleurs, n'était pas seulement plus habile que Maury : il était plus libéral, à peu près gallican, au point que, dans une assemblée particulière des ecclésiastiques membres de l'Assemblée où l'on délibéra si le clergé devait prêter le nouveau serment, il se prononça, dit-on (1), pour

(1) *Biographie nouvelle des contemporains*, par Arnault, Jay, Jouy, Norvins, etc.

l'affirmative. Mais la réunion, entraînée par M. de Bonnal, évêque de Clermont, fut d'un avis contraire. Montesquiou, par discipline, parla contre le serment, le 28 novembre 1791, mais non sans embarras. Il demanda que le roi fût prié de demander au pape sa sanction. Son exorde fut assez habile : « Il est donc de la destinée du clergé, dit-il en débutant, de ne voir jamais agiter dans cette Assemblée une question qui l'intéresse, sans voir en même temps s'accumuler les reproches, les sarcasmes et les injures ? Si quelques corps se permettent des protestations, on crie aux violences et aux fureurs ; si des évêques présentent des observations d'un style modéré et digne de leur sagesse, c'est de l'astuce et de la perfidie. Je suis trop loin de ces horreurs pour les soupçonner avec tant de facilité ; car celui qui voit toujours le mal ne le trouve qu'au fond de son cœur. Quant à moi, je blâme tout ecclésiastique qui oublie dans ses expressions la dignité de son caractère ; j'approuve ceux qui disent la vérité, mais je voudrais ne voir applaudir dans cette assemblée que ceux qui sont purs, éloquents et simples comme elle. »

Ces habiletés n'eurent aucun succès, et l'abbé de Montesquiou fut interrompu par les plus violents murmures de la gauche, sans être soutenu par les applaudissements de ses amis. Il était trop sensé, trop politique pour leur plaire sans mélange, ce sympathique et courtois adversaire de la Révolution. Ses réelles qualités de tacticien et d'homme d'État passèrent inaperçues des frivoles gentishommes qui applaudissaient les déclamations de l'abbé Maury. Mais une brillante carrière était réservée dans l'avenir au futur rédacteur de la Charte.

II

Montlosier aurait mérité plus que tout autre cette qualification d'*irrégulier* que l'on donne aujourd'hui aux députés qui ne font partie d'aucun groupe. Il ne suivit d'autre prin-

cipe que les inspirations de sa fantaisie. Ami du vicomte de
Mirabeau et de Malouet, Montlosier était plus rétrograde que
celui-ci, plus libéral que celui-là. Il admirait la féodalité,
quoiqu'il s'en défende dans ses mémoires, et détestait dans
autrui l'esprit d'innovation qui allait chez lui jusqu'à la chimère. Rivarol disait de lui : « Il aime la sagesse avec folie
et la modération avec transport ». Excessif en tout, il n'a-
vait aucune suite dans ses idées politiques et n'essayait
même pas de concilier les deux tendances qui coexistaient
dans son esprit fiévreux. Jeune homme, il était passionné à
la fois pour Rousseau, Voltaire et *Bourdaloue.* Dans ses mémoires, il déclare que tous les patriotes sont bons à pendre,
et dans son *Essai sur l'art de constituer les peuples,* publié
en 1790, en collaboration avec Bergasse, il écrivait cette
pensée hardie et sage : « Le peuple français, dit-on, est peu
sage; donc il ne lui faut pas de liberté; — et moi je réponds : Donc il lui faut de la liberté pour qu'il devienne
sage. »

Nommé par la noblesse de Riom suppléant de M. de Laqueille, le futur auteur du *Mémoire à consulter* séjourna à
Paris en simple curieux jusqu'au 14 juillet et y revint comme
député, après la démission de M. de Laqueille, en septembre
1789. Nous l'avons vu, lors de la discussion sur les biens du
clergé, guerroyer non sans éclat aux côtés de l'abbé Maury.
Mais c'est un tirailleur qui tire parfois sur ses propres troupes. Ainsi lorsque Cazalès, son intime, eut parlé pour la rééligibilité des constituants, il dit avec âpreté : « M. de Cazalès vient sans doute de défendre d'une manière intéressante
la cause des grands talents (*Murmures*) ; mais, je dois le dire
à cette assemblée avec la franchise qui me caractérise (*On
rit*) : la cause des grands talents n'est pas toujours celle de
la liberté (1) ». Il aurait continué sur ce ton si l'Assemblée
ne lui avait pas ôté la parole.

(1) *Journal logographique,* séance du 18 mai 1791.

Cet ennemi des Jésuites, en bon gallican, ne perdait aucune occasion de glorifier le clergé. Lors des discussions, si orageuses, sur le serment ecclésiastique (janvier 1791), il se signala par un trait d'éloquence qui est resté célèbre et qu'il rapporte ainsi dans ses mémoires :

« Les journaux rapportent que je me levai pour demander, par dérision, d'adjoindre à ce comité prétendu ecclésiastique Rabaut de Saint-Etienne et Barnave, tous deux protestants. Cela est vrai; et alors, m'apercevant que l'assemblée m'accordait (ce qui était rare) un peu d'attention, j'ajoutai : « Je ne crois pas, messieurs, quoi qu'on puisse faire, qu'on parvienne à forcer les évêques à quitter leur siège. Si on les chasse de leur palais, ils se retireront dans la cabane du pauvre qu'ils ont nourri. Si on leur ôte leur croix d'or, ils prendront une croix de bois; c'est une croix de bois qui a sauvé le monde. » Ces paroles firent impression ; pendant quelques minutes, l'assemblée demeura en silence (1). »

Cette phrase souvent citée sur la *croix d'or* et la *croix de bois*, les héritiers du comte de Montlosier l'ont gravée sur sa tombe, quoiqu'elle soit un commentaire bien incomplet de sa vie. « L'auteur du *Mémoire à consulter* repose sous les vieux cyprès de Randanne, dans cette terre des volcans qu'il avait fertilisée (2). »

Orateur confus et mêlé, le comte de Montlosier avait parfois du nerf et du trait. Mais sa langue était incorrecte, son style obscur. Il ne préparait pas ses discours dont tout, jusqu'à l'occasion, était improvisé. Il se confesse là-dessus avec ingénuité. « A la tribune, dit-il, où j'allais aussi quelquefois,

(1) *Mémoires*, chap. III.
(2) A. Bardoux, *Le comte de Montlosier*, dans la *Revue des Deux-Mondes* du 15 décembre 1874. (Cf. les nos du 1er mai 1879 et du 1er mars 1881.) Nous renvoyons le lecteur à cette intéressante et très complète monographie, qui vient de paraître en volume : *Le comte de Montlosier et le gallicanisme*, Paris, 1881, in-8. M. Bardoux a eu entre les mains la seconde partie des mémoires de Montlosier, qui est inédite.

non comme d'autres, pour briller, mais toujours de colère et d'impatience pour combattre, quand j'y arrivais, ce n'était pas, sur les matières que j'avais à traiter, les idées ou les impressions qui me manquaient : tout cela était en moi en abondance, mais dans une telle confusion et dans un tel tumulte, que si je voulais improviser sur le sujet même que je savais le mieux, je m'embarrassais dans tout ce bagage, de manière que je ne savais plus par quel bout m'y prendre (1). »

Cet original, cet excentrique fut un écrivain remarquable. Ses mémoires, dont nous avons déjà parlé (2), complètent heureusement ceux de Ferrières. Montlosier a mis tout son talent a observer ses contemporains, à les peindre, à les juger. Son portrait de Cazalès rappelle la manière de Saint-Simon. Il a l'œil et parfois le style du grand mémorialiste. Comme lui, il saccage la grammaire ; mais ses solécismes disent et font voir tout ce qu'il veut, en traits qu'on ne peut oublier, avec un coloris que le temps n'a pas encore pâli.

(1) *Mémoires,* chap. X.
(2) Voir plus haut, p. 189.

LIVRE V

LE CENTRE DROIT

(Les *Monarchiens* ou *Impartiaux*.)

CHAPITRE I.

POLITIQUE DU GROUPE.

Les *Monarchiens* ou *Impartiaux* formaient la partie de l'Assemblée que nous appellerions aujourd'hui le centre droit. Leurs orateurs et leurs guides étaient Malouet, Clermont-Tonnerre, Mounier, Lally-Tollendal, Bergasse. Mais ces trois derniers ayant donné leur démission de députés après les journées d'octobre, Malouet devint le véritable chef du groupe et Clermont-Tonnerre en fut l'interprète autorisé. Nous savons ce qu'il faut entendre par ce mot de *groupe politique* et combien étaient vagues, dans l'Assemblée constituante, les limites des différents partis. Celui dont nous parlons se transforma plus d'une fois, de l'aveu même de son historien Malouet.

Vers le 14 juillet, il se forme un parti dit *modéré*, dont le « comité central », composé de quinze députés, se réunissait tantôt chez l'évêque de Langres, tantôt chez Malouet, à Auteuil, tantôt chez le comte de Virieu, aux Petites-Écuries. A l'origine, ce comité prétendait correspondre, par des subdivisions,

avec plus de trois cents députés des communes. Il réussit
même à faire porter à la présidence Clermont-Tonnerre, qui
fut réélu, l'évêque de Langres et Mounier. Mais tout montre
que les quinze députés dirigeants s'exagéraient le nombre de
leurs adhérents. N'eurent-ils pas l'outrecuidance de se rendre
chez le roi, après la prise de la Bastille, pour l'engager à
transférer l'assemblée à Soissons ou à Compiègne, se faisant
forts de faire approuver cette mesure par la majorité ? Le roi,
toujours apathique et nul, s'endormit pendant que ses ministres lui soumettaient ce projet, et, en se réveillant, répondit brusquement : *Non* (1). Il fit sagement : Malouet et ses
amis n'auraient pas réuni trente adhérents dans le Tiers et
en auraient été pour leur courte honte.

Mais ce qui prouve que ce groupe de trois cents députés
des communes n'existait qu'en imagination, c'est le récit que
donne Malouet d'une réunion tenue le 7 octobre 1789 chez
Bergasse. « Nous nous trouvâmes là trente députés, dit-il,
mais chacun de nous stipulait pour dix au moins (2). » Cela
fait trois cents députés, et nous croyons aussitôt avoir affaire
aux trois cents députés *des communes* dont il est question plus
haut. Or on discuta dans cette réunion s'il ne fallait pas se
démettre en masse, et là-dessus, dit Malouet, vingt-six députés
prirent des passeports. Ces vingt-six députés, nous le savons,
tenaient pour la plupart à la noblesse et au clergé. Il ne s'a-
git donc ici que d'une réunion de la droite et même de l'extrême droite, à laquelle s'étaient adjoints les timides du Tiers,
Malouet, Mounier, Bergasse. Ce groupe des modérés des communes, avec son comité et ses sous-comités, n'a donc pas vécu
plus de vingt-quatre heures, si jamais il a vécu.

Plus tard, en février 1791, dans une conférence tenue avec
Mirabeau chez M. de Montmorin, Malouet dit *qu'il pouvait*

---

(1) Lire tout ce récit curieux dans les *Mémoires* de Malouet, I, 338-343.
(2) Malouet, I, 347.

répondre de cinquante députés qui votaient avec lui (1). Et peu après il avoue à Barnave que ses amis et lui ne disposent que de quarante à cinquante voix (2).

Il en résulte qu'à l'origine, quand les monarchiens votèrent dans un sens libéral, ils eurent la gauche avec eux ou se trouvèrent avec elle, et que, dans leurs votes réactionnaires, ils se confondirent avec les aristocrates. Mais ils furent peu nombreux, une vingtaine peut-être, à suivre la même ligne politique.

Et quelle était cette politique? — Purement réactionnaire? Ils s'en défendaient fort et ne croyaient pas faire cause commune avec les aristocrates. « Ceux-ci, écrit Malouet, inhabiles à toute combinaison de but et de moyens, intolérants pour la moindre offense à l'ancien régime, irrités d'une innovation motivée par les circonstances autant que d'une subversion complète, mettaient les gens raisonnables hors d'état d'embrasser leur parti, et leur en imprimaient la défaveur, lorsque ceux-ci votaient avec eux, ce qui arrivait fréquemment. Ils défendaient avec chaleur les bases fondamentales de la monarchie, de la religion, de la propriété, qu'ils ébranlaient ensuite en y mettant les privilèges et les abus d'un régime dont on ne voulait plus; et la confusion malhabile du principal et de l'accessoire les a rendus, bien malgré eux, complices de la destruction qu'ils redoutaient (3). »

Cependant Malouet resta jusqu'au bout intime avec les aristocrates les plus ardents. « J'ai toujours été lié, dit-il, avec MM. Maury, Cazalès, d'Espréménil (4). » Et le peuple, voyant cette intimité des monarchiens avec l'extrême droite, ne les distinguait pas les uns des autres et les appelait tous *aristocrates.*

(1) Malouet, II, 17.
(2) Id., II, 70.
(3) Id., I, 306.
(4) Id., I, 351.

Cette appréciation trop sommaire n'était pas tout à fait juste. Voulez-vous comprendre la politique et l'éloquence des Malouet, des Mounier, des Lally-Tollendal, des Clermont-Tonnerre? Lisez l'*Esprit des Lois*, au chapitre sixième du livre XI. Ce chapitre est intitulé : *De la constitution d'Angleterre*. Montesquieu y trace le tableau « d'un peuple libre », comme il dit lui-même, et, indirectement, il semble indiquer à la France quelle serait pour elle la meilleure forme de gouvernement. C'est là que les monarchiens avaient puisé leurs théories politiques. Barnave aussi, dira-t-on, et avec lui la gauche. Mais Barnave ne croyait pas qu'il fallût, pour l'instant, créer deux chambres. Les monarchiens, selon une expression pédante de l'époque, étaient avant tout BICAMÉRIS-TES. Ils tenaient aussi pour le *veto* absolu.

En réalité, ils voulaient une réforme, non une révolution. Les intérêts de la couronne les préoccupaient autant et plus peut-être que ceux de la nation. Avec la prise de la Bastille s'écroule leur libéralisme. Ils ont peur. Ils veulent endiguer, arrêter la Révolution. La peur est au fond de toute leur politique, plus encore que Montesquieu. Quand ils fondèrent leur club des Impartiaux, c'est encore la peur qui les décida à cet effort, dont le but secret était de réunir contre la Révolution tous les aristocrates, sauf les casse-cous. Écoutez Malouet : « La spoliation du clergé, dit-il, décrétée partiellement, allait se consommer. Le pouvoir exécutif, miné dans toutes les branches de l'administration, s'effaçait graduellement ; les partisans du clergé, ceux de la cour, plus échauffés, plus bruyants que jamais, employaient toutes leurs forces à grossir celles du parti « populaire ». *J'étais, ainsi que mes amis, dans la consternation ; nous voulûmes sortir de cet état. Je proposai aux chefs de la minorité de nous réunir à la saine majorité, en convenant d'adhérer à tout ce qui était fait, d'arrêter là la révolution et d'en réparer de concert les désordres. Je rédigeai une suite d'articles, dont MM. Cazalès et d'Espré-

ménil rayèrent la moitié ; mais quarante députés de la minorité, parmi lesquels étaient six archevêques ou évêques, se
réunirent pour les accepter (1) ».

Telle fut l'origine du club des Impartiaux dont le programme était approuvé de la cour (2). Mais quand les Impartiaux virent que leurs efforts n'aboutissaient pas, ils jetèrent
le masque et leur club devint, dans les derniers jours de l'année 1790, le club des *Amis de la Constitution monarchique (3)*,
que Malouet lui-même désigne sous le nom de *club monarchique (4)*. Clermont-Tonnerre fut l'âme de cette dernière
incarnation du club des Impartiaux. Il organisa des distributions de pain aux indigents, de ce pain *empoisonné* dont parle
Barnave. Dénoncé à l'Assemblée pour ces tentatives de corruption, le club fut fermé par l'émeute du 28 mars 1791.

D'abord libéraux, puis réactionnaires par peur ; fermes au
Jeu de Paume, puis intimidés, déconcertés après octobre et
juillet, les monarchiens finissent par se rallier aux aristocrates (5), après avoir oscillé entre la droite et la gauche, et
décidé tour à tour dans un sens ou dans l'autre par l'appoint
de leurs quelques voix. Leur éloquence se ressent des vicissitudes de leur politique : elle est incertaine et confuse ; d'a-
bord animée d'un certain souffle, puis languissante et un peu
monotone, elle finit par ne plus émouvoir, quoique deux
d'entre eux, Lally et Clermont-Tonnerre, aient remporté de
grands succès de tribune. C'est une éloquence d'hommes
découragés.

(1) Malouet, I, 374.
(2) Id., 380.
(3) *Corr. dipl. du baron de Staël-Holstein*, p. 187.
(4) I, 374.
(5) « Le parti appelé des *Aristocrates* s'est déjà, en très grande partie, réuni à ces derniers [les *Modérés*]. » (Mallet du Pan, *Mercure de
France*, janvier 1790, p. 164.)

CHAPITRE II.

MALOUET.

I

Malouet, né à Riom en 1740, était intendant de la marine à Toulon en 1789. Dans sa jeunesse, il avait composé des odes et des pièces de théâtre. Lekain, auquel il s'adressa, lui fit comprendre qu'il n'était pas né poète. « Le sujet de ma tragédie, dit Malouet, était *la Mort d'Achille*. Les deux comédies étaient, l'une *la Mode et la Nature*, l'autre les *Remarques sur l'histoire*, pièces en un acte, où il y avait quelques plaisanteries passables, mais sans intrigue. Elles abondaient en mauvais vers. Ma tragédie était mal écrite, sauf une seule scène. La coupe des actes, l'intrigue et le dénouement n'étaient pas sans mérite; j'avais puisé dans la traduction de l'*Iliade* tout ce qu'il y avait de bon (1). » Malouet songea un instant à faire son droit. Mais la protection d'un ministre le fit attacher au comte de Merle, ambassadeur en Portugal. Il séjourna quelque temps à Lisbonne, entra ensuite dans l'administration de la marine et passa sa vie dans de longs voyages, notamment à Saint Domingue et en Guyane. C'est dans un de ces voyages (1767) qu'il composa un poème en prose intitulé les *Quatre parties du jour à la mer* (2). Cet échantillon du genre mis à la mode par Marmontel est remarquable par le soin puéril que prend l'auteur de désigner au moyen d'une périphrase tous les détails techniques de la vie nauti-

(1) *Mémoires*, t. 1, p. 5,

(2) Publié en 1785, réimprimé en 1806 dans les *Mélanges de littérature* de Suard. Le titre et le cadre de l'ouvrage sont imités du *Giorno* de Parini qui parut en 1763 et fut traduit en français (1776) par l'abbé Desprades, sous ce titre : *Les Quatre parties du jour à la ville*.

que. Quelques descriptions de paysage y sont assez précises, mais sans couleur. Malouet, si je puis dire, voyait *pâle*, ce qui ne le préserve pas toujours de l'emphase la plus risible, comme dans ce début de son poème :

« Tranquilles habitants des campagnes fertiles, que nous avons vues fuir sous l'horizon ; diligents laboureurs, qui, dès l'aube du jour, allez, par un travail assidu, arracher à la terre votre modique subsistance ; et vous, infatigables vignerons, qui, courbés sur le cep que vous avez planté, ne cultivez pas pour vous le doux fruit de la vigne; et vous, enfants des arts, qui, répandus dans les villes, préparez pour l'oisive opulence les instruments du luxe et des délices, soit que vos bras robustes, consacrés à la noble architecture, convertissent en palais la masse informe des carrières, soit que vos mains industrieuses rendent malléables les plus durs métaux ; et vous citoyens fortunés, qui, placés dans la classe la plus désirable dans la société, entre l'abondance et le besoin, servez également l'une et l'autre par vos travaux publics ou domestiques...... O hommes ! qui que vous soyez, rendez grâce à la nature bienfaisante qui laisse tous les jours sous vos yeux les lieux chéris où vous êtes nés! Heureux celui qui ignore les merveilles et les périls de la navigation, art sublime, utile autant que funeste, produit de tous les arts et de la cupidité ! »

Si le littérateur est médiocre, l'homme est profondément honnête, plein de raison et de vertu. Ses *Mémoires*, publiés en 1868 (1) par son petit-fils, sont bien supérieurs à ses essais littéraires et à ses discours politiques: il y montre son intelligence nette, son jugement droit, ses facultés distinguées, un peu bornées, sans élan, sans imagination. Administrateur intègre, habile, courageux même contre la routine

----

(1) 2 vol. in-8, Paris, 1868. — Droz en avait eu connaissance. Michelet les cite.

et la bureaucratie de son temps, il fait, malgré sa droiture,
une carrière brillante. Ses notes sont excellentes ; il possède
la confiance et l'amitié de ses chefs, des ministres libéraux,
les Necker et les Montmorin. Il leur écrit, les renseigne et les
conseille, même sur la politique générale. Il rêve une administration moins compliquée, plus honnête, plus économique,
un remaniement des bureaux. C'est à ce point de vue qu'il
conçoit la réforme de 1789 : il voudrait qu'on nettoyât les
rouages, qu'on les graissât mieux, qu'on mit en mouvement
ceux qu'on avait condamnés à l'immobilité, par exemple
l'institution des Etats généraux, négligée depuis 1614. Mais
cette réparation de la machine administrative, qu'on se garde
de la confier aux ignorants, aux électeurs, au peuple ! Que
les travaux soient dirigés par les maitres : les ouvriers ne
seront là que comme ouvriers. Sans doute, on ne repoussera
pas leurs avis; mais le mieux est qu'ils travaillent à la réorga-
nisation, sans chercher à tant la comprendre. Le secret et la
direction de l'opération totale doivent rester aux mains com-
pétentes, les finances à un Necker, la justice aux parlements,
la marine... je ne dis pas à un Malouet (nul ne fut plus
désintéressé), mais en tout cas à un haut administrateur de
la marine. Les Etats contrôleront les dépenses. De la sorte,
sans un rouage nouveau, la vieille machine fonctionnera (1).

Tel était l'idéal politique de cet administrateur de la marine. Il brûlait,... non : il souhaitait de le réaliser. « Je
croyais si fermement, dit-il, à toutes les améliorations pos-

(1) « Je n'ai jamais conçu ce superbe dessein de disperser et de dissoudre tous les éléments d'une vaste monarchie pour les recomposer. Ne
désorganisez rien, m'écriais-je ; réformez, dirigez ; ne brisez point à la
fois tous les ressorts ; que l'un remplace l'autre ; que les chefs com-
mandent et qu'ils soient obéis ; que les ministres gouvernent, car ils sont
responsables des abus d'autorité ; que le roi jouisse le premier des bienfaits d'une constitution libre ; que la splendeur du trône en soit accrue,
que son autorité tutélaire en soit plus respectée. » (*Lettre de Malouet à
ses commettants.* Mémoires, I, 128.)

sibles dans le gouvernement de la France, que j'aurais tout sacrifié, hors l'honneur, pour obtenir une députation. »

Élu député de Riom, il rédigea les cahiers de ses électeurs, non sans avoir consulté les ministres : un fonctionnaire fidèle en réfère toujours à ses chefs. Les cahiers exprimèrent un libéralisme timide. Il s'y trouvait cet article qui annulait d'avance toute réforme : « *Que les prérogatives et possessions légitimes des deux premiers ordres soient inviolables* ». Ainsi Malouet, tout en voulant le vote par tête, entendait maintenir la noblesse et le clergé. Il demandait seulement *que toute loi avilissante pour le tiers état fut abolie* (1). Le ministère ne pouvait qu'applaudir à des vœux aussi modestes, qui lui laissaient la perspective d'un long exercice du pouvoir.

Mais voici en quoi la politique de Malouet différait de celle du gouvernement, de celle du roi : ceux-ci voulaient se faire arracher une à une ces faibles concessions; Malouet voulait que la couronne prît l'initiative de les faire, initiative digne et habile. « Obligés d'invoquer les conseils et lès secours de la nation, écrivait-t-il à Necker et à Montmorin avant les élections, vous ne pouvez plus marcher sans elle; c'est dans sa force qu'il faut puiser la vôtre; mais il faut que votre sagesse gouverne sa force; si vous la laisser agir sans guide et sans frein, vous en serez écrasés... Tout doit être prévu et combiné dans le conseil du roi avant l'ouverture des États généraux... Commencez par faire largement la part des besoins et des vœux publics, et disposez-vous à défendre, même par la force, tout ce que la violence des factions et l'extravagance des systèmes voudraient attaquer (2). »

Mais le gouvernement n'avait aucun plan, aucun programme. Tiraillé entre la reine et les ministres, Louis XVI n'avait, ne suivait aucune idée. En haut lieu, personne ne

(1) *Mémoires*, I, p. 268
2) *Ibid.* I, 251-252.

savait ce qu'il voulait. On ne songeait qu'à ce qu'on ne voulait pas. L'erreur de Malouet et de tous les monarchiens, c'est de croire que la cour les soutiendra, que la cour a des vues politiques. La politique du roi! Voici comment l'ambassadeur de Gustave III la jugeait, un jour qu'il traçait à son maître le tableau des partis en France au début de la Révolution : « Le roi n'est rien, comme à son ordinaire (1) ». Tel était l'homme auquel Malouet s'obstinait à prêter un rôle pour lequel il eût fallu les deux qualités que Louis XVI possédait le moins : l'intelligence et la volonté.

Ce fut une désillusion pour Malouet quand il comprit que le gouvernement n'avait aucun programme. Mais la hiérarchie avait si bien plié cet esprit trop malléable (2) qu'il n'osa juger, apprécier le roi, sonder sa nullité, et qu'il continua, avec honneur et candeur, à combattre pour une politique qui supposait à faux un roi pensant, voulant, existant.

Le plus cruel désenchantement qu'éprouva Malouet, ce fut de voir que les électeurs se croyaient aussi capables de réformer les abus que ceux qui en profitaient. Il avait été élu à Riom en son absence. Quand il se présenta devant ses commettants, il fut écœuré de leur outrecuidance. Son désespoir est vraiment comique : « Je fus au moment de donner ma démission, dit-il, quand je vis de petits bourgeois, des praticiens, des avocats, sans aucune instruction sur les affaires publiques, citant le *Contrat social*, déclamant avec véhémence contre la tyrannie, contre les abus, et proposant chacun une constitution. Je me représentai tout ce que pouvaient produire de désastreux sur un plus grand théâtre de telles extravagances, et je vins à Paris fort mécontent de moi, de mes concitoyens et des ministres qui nous précipitaient dans cet abîme (3). »

(1) *Corr. dipl. du baron de Staël-Holstein*, p. 146.
(2) D'après Biauzat, il répandait toujours l'*odeur ministérielle*.
(3) *Mémoires*, t. I, p. 278.

Il était donc effrayé avant même d'arriver à Versailles, et dans la procession des États, au milieu des figures souriantes des hommes du Tiers, même des Mounier, des Bergasse, Malouet semblait triste et inquiet. Un nuage de chagrin voilait ses traits un peu hautains (1). Seul, parmi les hommes du Tiers, il n'avait pas la foi (2).

Une autre déception, ce fut de voir que sa grande expérience des affaires, ses idées arrêtées et longtemps mûries sur les réformes à opérer, sa gravité de haut fonctionnaire et d'homme de cinquante ans, ne lui donnèrent pas tout d'abord l'autorité à laquelle il croyait avoir droit. Les plus écoutés, parmi ses collègues, étaient des jeunes gens de vingt-huit à trente ans, ignorants, audacieux, beaux parleurs. Il les entendait avec peine trancher d'un mot les questions les plus graves, et blâmait ce feu intérieur, cette sorte de religion politique dont il les voyait animés, égarés. Il n'obtenait pour lui-même que de l'estime et du respect : « Tout ce qui n'est que raisonnable, écrit-il, avec amertume, est terne, sans effet, sans couleur; et le courage, le talent même d'un homme modéré ne trouve d'appui que dans sa conscience (3) ». Il n'avait même pas la satisfaction de prévoir et de prédire les fautes de ses adversaires : les effets de l'enthousiasme révolutionnaire déconcertaient tous ses calculs, et il écrivait à Mallet du Pan en 1791 : « Nous qui raisonnons juste, nous ne rencontrons presque jamais avec précision aucun événement, parce que les actions des hommes ont fort peu de ressemblance aux bons raisonnements. Si

(1) Son ami Montlosier se plaint de ce qu'il portait la tête trop haute *pour un homme du Tiers*.

(2) Au début, Malouet s'éloigne même de Mounier, qu'il trouve trop avancé. Il rompt dès le premier jour avec le parti populaire. (*Mémoires.* I, p. 336.) Il avoue lui-même qu'il était regardé comme un aristocrate par ceux qui célébraient Mounier, Lally, Bergasse, Clermont-Tonnerre, Viricu. (*Opinions*, t. 1er, p. 3.)

(3) *Mémoires*, I, 301.

vous signalez un scélérat habile, audacieux, vous préjugez sa conduite d'après toutes les règles de l'habileté et de l'audace : point du tout, il s'y trouve aussi ! de la sottise et de l'inconséquence. De même pour les sots et les lâches : ils ont des moments lumineux et des accès de courage (1) ».

Le rôle politique de Malouet est connu. Il voulut que les pouvoirs fussent vérifiés en commun, mais qu'on attendît le libre consentement des deux ordres privilégiés. Si on l'avait écouté, on attendrait encore. Il combattit la dénomination d'*Assemblée nationale* et la « métaphysique dangereuse » de la déclaration des droits de l'homme. Il soutint le système des deux chambres et le *veto* royal. Il contribua à fonder ce club des Impartiaux dont nous avons parlé. Ce qui le distingue de Lally et de Mounier, c'est qu'il resta à son poste et lutta jusqu'au bout. « Lorsque la multitude commence à s'agiter, dit-il, le mal devient épidémique, la raison, la modération ne trouvent plus à qui parler, les plus circonspects se taisent ; ceux qui ne le sont pas se dévouent inutilement. J'ai été de ce nombre, mais je n'ai garde d'accuser ceux qui ont gardé le silence et beaucoup d'autres qui par erreur ou par faiblesse se sont laissé entraîner dans le tourbillon (2). »

Nous avons parlé de ses rapports avec Mirabeau (3) et nous le verrons, après le voyage à Varennes, recherché et sollicité par Barnave et par Chapelier. Son rôle oratoire se termina avec l'Assemblée constituante. Il passa en Angleterre en 1792, fut préfet d'Anvers en 1803 et conseiller d'État en 1810. Disgracié pour avoir courageusement déconseillé à l'empereur l'expédition de Russie, il devint ministre de la marine aux premiers jours de la Restauration, et mourut la même année.

(1) Mallet du Pan, II, p. 485.
(2) *Mémoires*, I, 334.
(3) Cf. plus haut, p. 98.

II

Son éloquence fit peu d'impression sur ses contemporains, quoiqu'il ait fréquemment pris la parole. On trouvait, dit Montlosier, qu'il avait peu de talent de tribune. « En général sa manière était pâle, sa parole avait peur d'être forte: mais son attitude était si noble, ses idées étaient si justes, si marquées de cette intention droite qui appartient à l'honnête homme, qu'au premier moment il inspirait la confiance ; il gagnait tout son auditoire pour lui, quand il ne le gagnait pas pour sa cause (1). » C'est là le langage d'un ami. D'autres le jugeaient sévèrement : « Il faisait, dit Ét. Dumont, des gaucheries continuelles dans l'assemblée, dont il ne saisissait point le ton. Jamais il n'était à l'à propos. Il allait souvent se heurter sur le mot qui choquait le plus, et se perdait pour des riens (2) ».

Malouet lisait tous ses discours de longue haleine (3). Il n'improvisait que quand les circonstances l'y forçaient, par exemple quand il dut répondre à l'accusation imprévue que lui intenta Glezen, dans la séance du 21 novembre 1789. Ce jour-là, au dire des contemporains, il s'éleva au-dessus de lui-même.

Le comité des recherches, en instruisant l'affaire du fermier-général Augeard, accusé d'avoir comploté l'enlèvement du roi, avait trouvé une lettre de Malouet au comte d'Estaing où il caractérisait sévèrement l'Assemblée. Au cours d'une discussion sur les émeutes, Glezen, député breton, membre du comité, fut amené, dans la chaleur de la contradiction, à reprocher cette lettre à Malouet et à prétendre que Malouet

(1) Montlosier, t. II, p. 232.
(2) *Souvenirs*, p. 250.
(3) Biauzat dit qu'il parlait *cahier à la main*.

y traitait ses collègues de scélérats. « Un cri général s'élève ; toutes les apparences étaient contre M. Malouet, excepté sa réputation de probité et la noble tranquillité de son maintien. On demande sa lettre ; on va la chercher. Au milieu des cris de la prévention et d'une indignation anticipée, M. Malouet s'achemine à la tribune : il en est repoussé. Soudain, soit par le tumulte qui s'augmente, soit par cette délicatesse de vertu peu jalouse de son rang dès qu'elle est suspectée, il se rend à la barre pour faire entendre de là sa justification ; mais l'Assemblée sait qu'un accusé n'est pas un coupable : plusieurs membres l'appellent à la tribune ; il y monte, et c'est un premier acte de justice de l'Assemblée envers lui (1). »

La déférence habile que Malouet témoigna à l'Assemblée fit tomber la première indignation, et c'est au milieu d'un grand silence qu'il put se justifier :

« Messieurs, dit-il, c'est en me plaçant à la barre que j'ai dû marquer la gravité de l'inculpation qui m'est faite et en demander la réparation ; c'est pour obéir à M. le président, votre organe, que je reparais à la tribune : j'ignore ce que contient la lettre qu'on vous dénonce comme si coupable ; j'ignore à qui elle est adressée. Ce n'est donc pas d'après mes souvenirs, mais d'après mon cœur, où il n'entra jamais un sentiment indigne d'un homme de bien, que je vous annonce qu'une lettre de moi est innocente et pure. Je déclare qu'aucune de mes lettres ne peut être, je ne dis pas coupable, mais même suspectée ; je déclare n'avoir jamais écrit, même à nos amis, que d'après les principes et les opinions que j'ai hautement manifestés dans cette tribune. On dit que cette lettre inculpe des membres de l'Assemblée ; si cela est, si j'ai fait un injure à quelqu'un, elle sera réparée. Il est possible qu'accablé depuis huit mois de libelles, de calomnies atroces, jugé corrompu aussitôt qu'on m'a vu modéré, ayant entendu

(1) *Courrier de Provence.*

des membres dont le patriotisme s'égarait au point de noter sur des listes et de flétrir ceux qui n'étaient pas de leur avis ; il est possible que des mouvements d'indignation, qui m'ont échappé au milieu de vous, se soient reproduits dans mes lettres ; il est possible qu'ayant devancé la Révolution par mon amour pour la vraie liberté, ayant eu, dans les temps du pouvoir absolu, la contenance et le caractère d'un homme libre, j'aie, aux jours de licence, blâmé par écrit, comme je l'ai fait verbalement, l'exagération des principes et les désastres de l'anarchie. Mais une pensée, un sentiment antipatriotique, un crime contre la nation ! Ma vie entière, Messieurs, mes mœurs, ma conduite, ma résistance même à l'autorité arbitraire, quand on pouvait la craindre, tout vous répond du contraire, et si nous sommes maintenant assez malheureux pour que les caractères et les opinions modérés soient jugés antipopulaires, ce n'est plus la liberté qui nous attend, c'est la tyrannie qui nous menace ; car la liberté ne se trouve que là où dominent la raison, l'honneur et la probité.... (1) »

L'Assemblée était désarmée d'avance par cette attitude noble et franche. Quand on donna lecture de la lettre, on s'aperçut que l'expression incriminée ne s'y trouvait pas. Malouet s'était borné à écrire : « Il n'est que trop vrai qu'il existe parmi nous de mauvais citoyens... », voulant désigner par là ses adversaires politiques. Cette phrase passa presque inaperçue, et on fit à Malouet une réparation qui ressemblait plutôt à une sorte d'ovation. Glezen subit la peine de ses exa.

(1) Nous avons reproduit ce discours d'après une lettre de Malouet à ses commettants où il expose sa conduite dans cette affaire. Cette lettre, réimprimée dans la collection de ses *Opinions*, a été reproduite dans ses *Mémoires*, t. I, p. 362. — Malouet s'aida, pour transcrire son discours, de notes prises sans doute par des journalistes ses amis. « Je parlai plus longtemps, dit-il, mais les notes étrangères dont je me suis aidé finissent ici. » — Le *Moniteur*, dans son numéro du 24 nov. 89, qui est cependant un numéro spécimen, particulièrement soigné, ne résume qu'en quelques lignes l'opinion de Malouet.

gérations de parole : c'est lui qui paraissait être sur la sel-
lette. Chaque député faisait d'ailleurs un retour sur lui-
même et songeait à sa correspondance intime. Malouet aurait
pu dire, comme il l'observe lui-même : « Messieurs, que
celui qui n'en a pas écrit autant à ses correspondants me
jette la première pierre (1) ! » L'Assemblée décréta *qu'il n'y
avait lieu à aucune inculpation.*

Les discours écrits de Malouet sont beaucoup moins intéressants. C'est une langue incolore, un style glacial. On voit
que l'auteur a souvent eu à rédiger des rapports administratifs : il y est devenu clair, mais prolixe.

Dans un seul de ces discours, il s'anime un peu et s'exprime avec quelque passion. C'est dans la séance du 29 août
1791. A propos de la motion relative aux conventions nationales, il fait en ces termes le procès à la Révolution :

« Trompés vous-mêmes sur le mécanisme d'une société
politique, vous en avez cherché la régénération sans égard à
sa dissolution ; et, prenant alors les effets pour les causes,
vous avez considéré comme obstacle le mécontentement des
uns et comme moyen l'exaltation des autres. En ne croyant
donc vous roidir que contre les obstacles et favoriser les
moyens, vous renversez journellement vos principes, et vous
apprenez au peuple à les braver ; vous détruisez constamment d'une main ce que vous édifiez de l'autre. C'est ainsi
que, prêts à vous séparer, vous laissez votre constitution sans
appui entre ces obstacles et ces moyens, qui ne sont autres
que les mouvements convulsifs de la Révolution ; et pour
augmenter aujourd'hui l'activité de ce tourbillon, on vous
propose de placer dans sa sphère un nouveau pouvoir constituant : c'est élever un édifice en en sapant les fondements...

. . . .

(1) T. I, p. 367.

« .....La licence qui fait tant de ravages, la lie de la nation qui bouillonne violemment (1), l'insubordination effrayante des troupes, les troubles religieux, le mécontentement des colonies, qui retentit déjà lugubrement dans les ports, l'inquiétude sur l'état des finances, qui s'accroît par toutes ces causes: tels sont les motifs qui doivent vous décider à adopter, dès ce moment-ci, des dispositions générales qui rendent le gouvernement aussi imposant, aussi réprimant qu'il l'est peu ; si l'ordre ne se rétablit tout à la fois dans l'armée et dans les ports, dans l'Eglise et dans l'Etat, dans les colonies comme dans l'intérieur du royaume, l'Etat ébranlé s'agitera encore longtemps dans les convulsions de l'anarchie. »

Quand la parole de Malouet vise à l'énergie, elle est violente, on le voit. Quand il veut s'élever au dessus de l'allure tranquille et monotone qui lui est habituelle, il déclame et parle de *la lie qui bouillonne.*

CHAPITRE III.

CLERMONT - TONNERRE.

I

Le plus éloquent et le plus écouté des monarchiens fut le comte Stanislas de Clermont-Tonnerre (2). Petit-fils du maréchal de ce nom, il était colonel en 1789, et, avant la Révolution, ses opinions libérales étaient déjà connues, quoiqu'il

(1) La collection des *Opinions* de Malouet, à laquelle nous empruntons le texte de ce discours écrit, contient cette note de l'auteur : « *La lie de la nation*. M. le président m'a dit que j'offensais les principes de l'Assemblée par cette expression. On m'a crié qu'il n'y *avait point de lie dans la nation* ; que tout était égal. — J'ose espérer que ces messieurs se trompent. »

(2) Né en 1747.

vécût pauvre, retiré, laborieux. Premier député de la noblesse de Paris, il fut le chef et l'orateur de la minorité le jour où elle se réunit aux communes. Dans le discours si convenable et si mesuré qu'il prononça à cette occasion, on remarqua qu'il ne donnait pas aux députés du Tiers le titre d'*Assemblée nationale*; on vit dès lors les limites de son libéralisme, et on put prévoir qu'il ne siégerait pas au côté gauche.

Son éloquence lui donna tout d'abord un grand ascendant : ses amis se plaisaient à dire qu'il excitait la jalousie de Mirabeau. L'estime qu'il sut acquérir lui valut d'être porté plusieurs fois au fauteuil, et ses présidences furent remarquées.

Anglomane, il fit prévaloir ses idées dans le premier comité de constitution. Mais après l'échec et la démission de ce premier comité, il ne fut pas élu membre du second et perdit sa popularité, qui n'avait jamais été bruyante. Son discours en faveur du *veto* absolu, lui valut bientôt l'inimitié la plus violente du parti populaire, et le Palais-Royal lui écrivit à cette occasion une lettre menaçante. « L'Assemblée patriotique du Palais-Royal, lui disait-on, a l'honneur de vous faire part que, si le parti de l'aristocratie, formé par une partie du clergé, par une partie de la noblesse et cent-vingt membres des communes, ignorants ou corrompus, continue de troubler l'harmonie et veut encore la sanction absolue, quinze mille hommes sont prêts à *éclairer* leurs châteaux, et les vôtres particulièrement, monsieur (1). »

Ces menaces ne le jetèrent pas, comme tant d'autres, dans une réaction aveugle. Il vota libéralement pour les droits des protestants, des juifs, des comédiens. Il regretta même que l'assemblée n'admît le jury qu'au criminel, et composa sur cette question un long discours qu'il ne put prononcer et qu'il fit imprimer (2).

(1) *Moniteur*, séance du 31 août 1789.
(2) 30 avril 1790.

Il fonda, de concert avec Malouet, le *Club des Impartiaux* et le journal du même nom, rédigé par Fontanes. Journal et club disparurent bientôt. Il ouvrit alors le club monarchique, aussitôt fermé par une émeute, pendant laquelle son hôtel fut investi. Lui-même aurait été massacré, sans un décret de l'Assemblée. Rendu prudent, il ne s'occupa plus que de législation et de finances. Arrêté aux Tuileries, il envoya aussitôt son serment de fidélité à l'Assemblée et fut délivré. Arraché de sa demeure, dans la nuit du 10 août, et traîné à la section, sous prétexte d'un amas d'armes qu'il devait avoir cachées, il démontra facilement la fausseté de l'accusation ; mais on ne lui donna pour le reconduire qu'une faible escorte, et elle ne put le soustraire à l'aveugle fureur de la multitude. Un cuisinier qu'il avait renvoyé à cause de ses vols lui porta le premier coup ; mais c'est chez madame de Brassac, où il s'était réfugié, qu'il reçut la mort.

Telle fut la vie de Clermont-Tonnerre. Sa politique, on le voit, fut celle de Malouet, mais avec plus de hardiesse dans les vues, avec moins de défiance pour l'opinion publique. Loin de s'effrayer, comme le pusillanime intendant, du réveil des esprits en 1789, ce conservateur intelligent professe que les maux antérieurs de la France viennent de l'apathie et du sommeil de l'opinion publique. « Ce peuple insouciant et léger, dit-il, ne peut accuser que lui-même de son asservissement, » et il se plaint de ce que les Français se désintéressent trop aisément du gouvernement de leur pays. Toute la politique, à ses yeux, est de faire naître un bon esprit public. « L'esprit public naîtra, dit-il à l'assemblée des électeurs de la noblesse parisienne; mais que de maux peuvent précéder sa naissance ! — Faisons plus, Messieurs, osons le vouloir fortement, et créons-le parmi nous. — Il est dans le caractère français de méconnaître l'impossible : ayons, je le répète, ayons un esprit public ; dirigeons vers le même but nos vertus, nos moyens, nos talents et nos opinions, et marchons dans la carrière

civique avec tous les avantages qui nous ont si longtemps
distingués dans la carrière chevaleresque (1). »

Mais il partage l'illusion de ceux qui croyaient, avant 1789,
à l'existence d'une constitution française, constitution à laquelle il suffirait de revenir. « *Le rétablissement de la constitution* est le vœu général... Avec le *retour de la constitution,*
notre guérison est certaine. » C'est l'illusion de Malouet. Mais
celui-ci croit que ce « retour » doit s'opérer par l'entremise
du gouvernement et de l'administration, à l'exclusion du
peuple, tandis que Clermont-Tonnerre veut s'appuyer précisément sur le peuple pour restaurer la prétendue constitution. Du noble libéral au bourgeois rétrograde, la différence
est grande : l'un veut supprimer l'opinion publique, l'autre
prétend l'éveiller et au besoin la créer.

Il est vrai que le fondateur du club monarchique semble
mal venu à parler du respect et du soin de l'opinion publique,
de cette opinion que ses amis et lui semblèrent malmener,
heurter à plaisir. Mais Clermont-Tonnerre croyait très sincé-
rement (nul ne fut plus sincère) que l'opinion sur laquelle
s'appuyaient les Barnave et les Lameth n'était qu'un cri d'une
minorité bruyante qui empêchait d'entendre la voix calme
de la nation. « Il est, disait-il, deux opinions publiques :
l'une, précipitée, éphémère et fugitive, ne se compose que
de préjugés et de passions ; l'autre, lente, stable, irrésistible,
se compose du temps et de la raison. L'une et l'autre cependant sont ce que l'on appelle l'opinion publique; et quand
par une confusion d'idées on suppose à la première les droits
qui n'appartiennent qu'à la seconde, on expose le salut du
peuple et l'on fait retomber sur lui le châtiment de ses erreurs. »

(1) « Discours prononcé à la dernière séance de l'assemblée de la noblesse
de Paris, *intra muros,* à l'expiration de ma présidence. » Clermont-Tonnerre, *Opinions et discours,* Paris, 1791, 4 vol. in-8.

Cette réflexion ingénieuse, trop ingénieuse peut être, sert
d'épigraphe au recueil de ses discours publié par lui-même
en 1791 (1). Elle est un excellent commentaire de sa politique
dont il a pris à cœur, dans les nombreux éclaircissements et
avertissements de ce recueil, de nous expliquer les apparentes contradictions. Légitimement inquiet du jugement de
la postérité, il brûle de passer, non pour un homme habile,
mais pour un honnête homme. Il n'a que ce désir de commun avec les intrigants politiques qui, tous, veulent aussi se
faire louer non comme habiles, mais comme honnêtes. Ses
scrupules sont infinis et il les exprime avec délicatesse :
« Les opinions suivantes, dit-il, lorsque je les ai relues, m'ont
convaincu de la difficulté de combiner un plan à douze cents
personnes et au milieu de l'influence des circonstances. Du
moment où la décision d'un premier article est portée, tous
ceux qui ne l'ont pas approuvé et qui discutent le second
sont obligés de raisonner dans une donnée qui n'est pas la
leur. Il résulte de là, entre leurs opinions du jour et leurs
opinions de la veille, une sorte d'incohérence ; on la sauverait
dans une assemblée, en rappelant, à chaque opinion, et
l'hypothèse où l'on est forcément placé, et celle que l'on a
quittée forcément ; mais les assemblées sont jalouses et impé-
rieuses. Cette marche si simple et si loyale leur paraît une
coupable affectation. Il faut, si l'on veut réussir à les convaincre, n'employer que les arguments qu'elles adoptent, et
il n'est pas rare de s'y entendre dire : Ce que vous avancez
n'est pas vrai, ce que vous dites n'est pas vrai, car nous
avons décrété le contraire. Cette réflexion n'est peut-être pas
inutile au moment où le lecteur va se trouver transporté
d'hypothèse en hypothèse, et n'aura plus à confronter chacune de mes opinions , à la raison universelle et absolue,

(1) Elle est extraite d'un discours (non prononcé) *sur l'influence que le
monarque doit avoir sur la nomination des juges.*

mais à la somme de raison à laquelle le décret précédent
m'a successivement réduit (1). »

II

Ce parlementaire délié avait le goût le plus vif pour la
tactique et pour les manœuvres politiques, et ce goût se
concilia toujours en lui avec la plus scrupuleuse loyauté,
sauf dans une occasion fameuse, le 31 mai 1791, lorsque la
droite fit lire à la tribune la célèbre remontrance de l'abbé
Raynal. Nous savons maintenant, par les mémoires de Malouet, que ce factum était l'œuvre de Clermont-Tonnerre.
Nous ne le reproduirons pas : on le trouvera dans tous les
historiens. Rappelons seulement les circonstances de cette
mémorable lecture et le premier exemple d'un stratagème
parlementaire que les partis réactionnaires ont souvent copié
depuis lors.

L'auteur hardi de l'*Histoire philosophique des deux Indes*
végétait dans le plus profond oubli et en souffrait, au point
de regretter ses propres opinions. Quand l'anglais Young le
visita en 1789, il le trouva hostile à la Révolution française.
Ses blessures d'amour-propre l'avaient rapproché des ennemis de ses propres idées. Sa liaison avec Malouet le fit tomber tout à fait dans la réaction. « Il profitait, dit Malouet, de
toutes les occasions sûres pour me faire parvenir ses lettres, et
elles étaient remplies d'amertume sur tout ce qui se passait.
Ses conseils, ses éloges auraient soutenu mon courage, s'il
s'était attiédi. Il applaudissait à la mesure avec laquelle je
me conduisais, et il ne concevait pas que cette ligne raisonnable fût aussi déserte. Il en concluait la puissance d'une
faction, qui ne fut jamais que celle de la multitude influencée

(1) *Opinions et discours*, t. II, p. 198.

par des étourdis et des scélérats, mais sans vouloir en élever
aucun au-dessus d'elle. Il me paraissait enfin dans une telle
indignation, *que je crus devoir en tirer parti* (1). » En effet, le
bonhomme était mûr pour le rôle auquel on le destinait,
sans souci de son honneur. On flatta le vieux philosophe, on
l'étourdit de louanges, on le dégoûta de ses théories par le
spectacle de la réalité (que de fois depuis cette scène douloureuse s'est renouvelée!), et on le décida à écrire à l'Assemblée
une lettre où il lancerait l'anathème sur cette révolution
dont il était le précurseur. On l'abusa sur le dédain de ses
contemporains : sa personne était oubliée, mais son nom
était vénéré, son œuvre célèbre. Ce fut un bon tour de mettre
toutes les diatribes des contre-révolutionnaires dans la
bouche de l'émule de Jean-Jacques. Raynal fit ce qu'on voulut. Il alla même trop loin et rédigea un projet d'adresse
« qui débutait trop sévèrement et qu'on n'aurait pas entendu
jusqu'à la fin (2) ». C'est alors que Clermont-Tonnerre prit la
plume et rédigea la lettre qui fut lue en effet. Mais il faut
citer le récit de Malouet, qui est capital. « L'abbé la trouva
trop suppliante, dit-il, et nous eûmes bien de la peine à lui
en faire adopter l'exorde. Il y mêla quelques-unes de ses
phrases roides et sèches, et plusieurs des miennes, qui, sans
l'être autant, n'avaient pas la grâce du style de M. de Clermont-Tonnerre, harmonieux, abondant sans prolixité. L'a-
dresse, en général, avait un ton de censure et une force de
logique qui devaient produire un grand effet de la part d'un
écrivain philosophe aussi célèbre que l'abbé Raynal. Lorsqu'elle fut mise au net, signée et imprimée, j'en fis porter
chez moi les exemplaires dont je craignais la saisie, et nous
allâmes, l'abbé et moi, présenter le manuscrit au président,
qui était M. Bureaux de Pusy, homme spirituel, pensant

(1) Malouet, t. II, p. 35.
(2) Ibid., p. 42.

comme nous, mais qui n'avait pas toujours la force d'être de son opinion. Il eut cependant celle de se charger de la périlleuse commission de proposer cette lecture à l'Assemblée, en nous annonçant l'orage qu'elle allait exciter et les désagréments qui en résulteraient pour lui.

« Le président eut à peine prononcé le nom de l'abbé Raynal et le titre de son adresse à l'Assemblée, que la salle retentit d'applaudissements. Il n'y eut pas moyen d'entendre ce qu'il ajoutait, en tremblant : que l'Assemblée serait peut-être étonnée des censures que l'auteur mêlait à ses hommages. Un bruit affreux d'enthousiasme, d'admiration au nom de l'abbé Raynal ne permettait d'entendre autre chose que : *Lisez ! Lisez vite ! La lecture de l'adresse !* Les patriotes se persuadaient que le côté droit voulait l'empêcher. C'étaient des cris, des gestes de commandement et le piétinement usité dans les grandes occasions. Enfin, l'écrit fatal est remis à un secrétaire ; il monte à la tribune ; un silence profond succéda au tumulte, et la gravité respectueuse, les compliments de l'exorde entretenant les premières dispositions, on voyait le ravissement des spectateurs et des députés patriotes de recevoir cet hommage solennel du patriarche de la démocratie. Le premier paragraphe rétrograde sur les maux, les excès de la révolution rembrunit tout à coup les figures ; on se dresse, on se regarde, on s'indigne ; mais on s'attend à des retours aux bienfaits, aux grands résultats de la régénération sociale. La patience échappe à quelques-uns ; on leur impose silence. Ce n'est plus une adresse, c'est un drame dont chacun veut voir le dénouement : on écoute encore, le secrétaire poursuit ; il arrive à l'effrayant tableau des désordres, des crimes, de la dissolution qui s'avance ; le côté droit, qui avait d'abord été consterné de l'hommage, s'exalte sur la censure. On entend, d'un côté : *Bravo !* et de l'autre : *Quelle audace ! Vengeance ! l'Assemblée est insultée. C'est du Malouet !* Le tumulte s'accroît ; vingt députés se lèvent à la fois pour demander la pa-

role ; on dénonce l'auteur, le président, le secrétaire. On parle
de mettre le premier au Temple, de destituer les deux autres (1). »

III

Quand Clermont-Tonnerre apparaissait à la tribune, sa
figure n'avait d'abord rien d'éloquent. C'était une large face,
un nez un peu aplati, des traits sans expression. Mais lorsqu'il parlait, sa physionomie s'animait, brillait d'esprit avec
un soupçon de fatuité et quelque chose de grand seigneur et
de fringant. Sa parole fut très appréciée, surtout au début.
Il improvisait. « Il a été, dit Montlosier, pendant tout le
temps de sa faveur, le plus facile et le plus brillant de nos
improvisateurs. Aussitôt que sa faveur a disparu, son talent
d'improvisation a disparu de même ; à la fin, il ne lui a plus
été possible de prononcer deux phrases, sinon un cahier à la
main (2). » C'est là sa véritable infériorité : la lutte, qui animait Mirabeau et Maury, le fatiguait, l'abattait. La contradiction le faisait tomber au-dessous de lui-même. Il était né
pour commenter Montesquieu dans une académie.

Un contemporain ajoute qu'il « devait plutôt à l'art qu'à
la nature le talent de la parole : il avait acquis cette aisance
dans les assemblées de francs-maçons, qu'il fréquentait très
assidûment, sans doute dans ce dessein. Ce n'est pas que les
sujets vagues et obscurs que l'on y traite soient utiles pour
se perfectionner dans la logique, base de la véritable éloquence. Mais en parlant devant un grand nombre d'auditeurs, on se guérit nécessairement de cette inexplicable timidité qui nous prive tout à coup de la mémoire et des autres
facultés de l'esprit (3) ».

(1) Pages 43 et suiv.
(2) Montlosier, t. II, p. 233.
(3) Duc de Lévis, *Souvenirs et portraits.*

Que l'art soit apparent dans ses discours, cela n'est pas douteux. On s'en étonne moins quand on a lu le recueil de ses *Opinions*, et les confidences qu'il nous y fait sur sa méthode de travail. Sans doute il improvisait, mais nullement à la manière de Barnave et de Cazalès. Il préparait longuement le fond et même la forme, méditant et apprenant sans doute par cœur les passages à effet. En publiant ses discours prononcés dans la chambre de la noblesse, il nous avertit que « ces opinions ayant été improvisées, il les a rétablies de mémoires ou *sur des notes* ». Deux choses prouvent encore qu'il ne prenait guère la parole *ex abrupto* et qu'il écrivait, au moins en partie, ses discours : c'est d'abord que, si la parole lui était refusée, il publiait aussitôt le discours qu'il aurait prononcé. Je remarque en second lieu que, de tous les orateurs autorisés de l'Assemblée, c'est lui qui a parlé le moins souvent. Le recueil de ses *Opinions*, en quatre volumes in-8°, fait trompe-l'œil : si on en retranche les préfaces, les lettres aux commettants et surtout les discours non prononcés, les vestiges de l'éloquence de Clermont-Tonnerre tiennent en quelques pages.

Le discours sur l'électorat politique fut particulièrement remarqué. Le passage suivant est animé du libéralisme le plus noble et le plus élevé :

« Il n'y a pas de milieu possible : ou admettez une religion nationale, soumettez-lui toutes vos lois, armez-la du glaive temporel, écartez de votre société les hommes qui professent un autre culte, et alors effacez l'article de votre déclaration des droits ; ou bien permettez à chacun d'avoir son opinion religieuse, et n'excluez pas des fonctions publiques ceux qui usent de cette permission. Voilà la justice, voilà la raison ; consultez encore la politique, elle vous dira : attachez les hommes à la loi. Il faut donc détacher de la loi ce qui divise les hommes sans utilité sociale. Elle vous dira : prévenez l'esprit de corps, et si vous opprimez les consciences,

certes les opprimés feront corps, et leur esprit se fortifiera.
Enfin la politique vous dira : éloignez les haines. La haine
est l'état naturel de l'oppresseur et de l'opprimé. Le système
de tolérance, joint à des distinctions avilissantes, est tellement vicieux en lui-même, que l'homme qui est forcé de
tolérer est aussi mécontent de la loi que celui qui n'en obtient
que cette espèce de tolérance. Faites contribuer tous les cultes au maintien de la morale ; vous y parviendrez, quand
chaque prêtre, livré sans crainte à ses fonctions saintes, dégagé de toute jalousie et de toute haine temporelle qu'il ne
pourra plus exercer ni satisfaire, n'aura de moyens de pro-
sélytisme que sa vertu, la sainteté de ses mœurs et la force
de sa doctrine. C'est avec ces armes sacrées que le christianisme a conquis toute la terre ; ce sont les arguments que je
vous présente qu'opposaient à l'intolérance païenne les Ter-
tullien, les Justin et les Origène. Tout culte n'a qu'une preuve
à faire à l'egard du corps social : il n'a qu'un examen à subir,
c'est celui de sa morale (1). »

Clermont-Tonnerre n'est pas moins éloquent lorsqu'il
caractérise son propre rôle dans l'assemblée, lorsqu'il fait
profession d'indépendance et de loyauté. La péroraison du
discours sur le renvoi des ministres est remarquable à ce
point de vue :

« Je n'ajoute rien à ces considérations ; je ne répondrai pas
même aux reproches dont un préopinant (M. de Cazalès) a
poursuivi le ministre qu'il appelle *fugitif* et ses collègues qu'il
appelle *morts*. *Morts* et *fugitif*, quand il a prononcé ces deux
mots, j'ai cru qu'il s'interdisait toute attaque.

« Je passe aux excursions qu'il a faites contre ceux qui n'é-
pousent aucun parti. Je suis un de ces hommes faibles ou

_____

(1) Séance du 23 décembre 1789. Nous citons le texte du recueil
des *Opinions et discours de Cl.-T.* : Barrère, Le Hodey et le *Moniteur*
sont trop incomplets.

changeants qui n'épousent aucun parti, et je ne réponds qu'un mot à ce reproche : Montrez-moi le parti qui a toujours eu raison, et si je l'ai déserté, j'ai tort ; mais ce parti n'est ni ici, ni là. — Et quand je suis arrivé ici, je me suis dit, comme plusieurs de mes collègues : Je combattrai le despotisme, et, s'il succombe, je n'insulterai pas aux vaincus ; je ne dépouillerai pas les morts; je défendrai les droits du peuple, et, s'il triomphe, je ne flatterai pas le vainqueur (1). »

Il avait un grand respect des décisions de l'Assemblée et il savait s'indigner à l'occasion contre l'insolence de la contre-révolution. Ainsi, quand Barrère demanda qu'on châtiât le parlement de Rouen, qui avait protesté avec outrage contre les actes de l'Assemblée, Clermont-Tonnerre s'écria : « Les expressions les plus fortes ne s'élèveraient pas à la hauteur de ce délit ; je rougirais de vous en occuper d'avantage, et j'appuie la motion du préopinant (2). »

Il excelle à développer ses propres théories politiques et sa méthode oratoire, comme dans cet exorde du discours sur les Invalides, moins brillant, mais plus habile peut-être que celui de l'abbé Maury :

« Messieurs, détruira-t-on ou ne détruira-t-on pas l'hôtel des Invalides ? Je m'étonne toujours de la confiance avec laquelle on propose des destructions. J'ai cru longtemps que cette idée de destruction, quand elle n'était pas précédée de l'évidence d'un remplacement équivalent, quand elle n'était pas préparée par une nécessité absolue, était l'apanage du despotisme.

« A chaque destruction proposée, je me suis dit : Examinons d'abord les vices de l'établissement que l'on condamne ; sont-ils intolérables ? peuvent-ils en être détachés ? Réparons et ne détruisons pas. Je me suis encore demandé : Quel remplace-

---

(1) Séance du 20 oct. 1790. Texte du recueil des *Opinions et discours.*
(2) *Moniteur*, séance du 9 novembre 1789.

ment propose-t-on ? est-il suffisant ? est-il exempt d'abus ? atteindra-t-il mieux le but désiré ? Si à toutes ces questions les réponses sont affirmatives, je consens qu'on démolisse ; car alors on peut rebâtir. Appliquons cette théorie à la question qui vous occupe (1). »

Ce ton doctoral ne va pas jusqu'au pédantisme, mais il indique des préoccupations de lettré, de moraliste, d'académicien. De tels discours satisfont l'esprit et ne blessent jamais le goût : il est rare qu'ils touchent le cœur et l'imagination. Diseur élégant plutôt qu'orateur robuste, Clermont-Tonnerre se fait écouter, rarement applaudir. Il exprime des sentiments justes, quelquefois tendres ; il n'a pas de haines aveugles pour le peuple ; il ne s'effraie pas outre mesure des maux de la Révolution ; il espère qu'un ordre harmonieux sortira de ce chaos, et déjà cet ordre règne dans ses conceptions et dans ses discours. Il croit qu'avec une bonne méthode on fera dévier la Révolution jusqu'au point convenable, c'est-à-dire jusqu'aux deux chambres. Mais son optimisme effraie ses amis sans désarmer ses adversaires, et sa modération souriante ne rallie personne. Sa parole se ressent de ces conditions médiocres : brillante au début, elle finit par languir et tomber.

(1) Séance du 25 mars 1791. Nous donnons le texte du *Journal logographique*, identique, à quelques mots près, à celui des *Opinions et discours*, ce qui indique un discours écrit d'avance et confirme les confidences de Montlosier sur le changement de méthode de Clermont-Tonnerre à la fin de sa carrière oratoire.

CHAPITRE IV.

MOUNIER.

Mounier était né à Grenoble en 1758. Son père, selon l'expression noble de Lally-Tollendal, *suivait la profession du commerce* (1). A vingt-cinq ans, il acquit la charge de juge royal à Grenoble et fut un juge modèle. Il apprit l'anglais, pâlit sur Montesquieu et sur Delolme, et son siège était fait quand la Révolution éclata à Grenoble au milieu de la France encore calme. « Privée de son Parlement, dit Lally, craignant d'avoir perdu avec lui toutes ses libertés, la ville de Grenoble demanda une assemblée de ses notables. Mounier, juge royal, y fut appelé ; et la réunion de ses fonctions magistrales, de son caractère personnel et de ses connaissances politiques fit de lui le conseil et le guide de cette assemblée. Il y imprima le premier sceau des principes qu'il ne devait jamais séparer : fidélité aux droits du prince et à ceux des sujets ; législation formée par le concours du monarque et de la nation ; balance du pouvoir et prescription de l'arbitraire. » L'Assemblée demanda au roi de rendre à la province ses états, qui voteraient par tête et non par ordre, et, en même temps, elle inaugura la Révolution en convoquant ces mêmes états, sans attendre la permission royale. Ils se réunirent à Vizille, le 21 juillet 1788. « La séance dura depuis neuf heures du matin jusqu'à minuit ; Mounier en fut le secrétaire et l'orateur On y arrêta de demander au roi la convocation des Etats généraux, le retour des cours de justice et le rétablissement des états de la province. L'Assemblée indiquait encore le principe que les états, capitulations, privilè-

(1) Lally-Tollendal, article *Mounier*, dans la Biographie Michaud, 1re éd.

ges de certaines provinces ne devaient plus être regardés que
comme provisoires, et qu'il fallait se soumettre d'avance à
l'organisation commune que les Etats généraux voudraient
donner à tout le royaume (1). » Brienne accorda les états,
mais sous une autre forme, et il se disposait à faire arrêter
Mounier avec six de ses collègues, quand il fut contraint à
donner sa démission. Les États se réunirent le 1er septembre
à Romans, avec l'autorisation royale. Mounier fut de nouveau nommé secrétaire, rédigea une éloquente adresse au roi
et une lettre à Necker ; il fit adopter par l'Assemblée un plan
d'organisation des états de la province qui fut accepté par le
roi. Aussitôt toute la France tourna ses regards vers le Dauphiné et vers Mounier. De tous les points du royaume on lui
écrivait pour lui demander des conseils, des instructions, une
direction. « On eût pu dire que le Dauphiné régissait toute
la France, et que Mounier régissait le Dauphiné. » Ce fut
l'époque de sa grande notoriété et de sa véritable influence.
Nommé par acclamation député du Tiers aux Etats généraux,
il voulut que ses pouvoirs lui fussent confirmés par un scrutin régulier où il obtint l'unanimité.

A Versailles, il fut l'objet d'une curiosité à laquelle succéda
bientôt la désillusion. On s'attendait à une grande fermeté, à
une éloquence entraînante et hardie. On fut bien surpris de
voir que cette homme, si courageux dans sa province, était
pusillanime au milieu des députés de toute la France. Dès
les premiers jours, il voulut calmer les enthousiasmes, inquiéter les consciences, décourager la Révolution. Il s'opposa
à ce que les communes se déclarassent assemblée nationale,
et au Jeu de Paume, contrairement à la légende, il essaya
plutôt de retenir ses collègues que de les pousser en avant.
Il tremblait que l'Assemblée ne voulût se rendre à Paris, et,
plus tard, dans ses *Recherches sur les causes qui ont empêché*

(1) Lally.

les Français de devenir libres (1792), il regrette le serment du
Jeu de Paume et exalte « l'intrépide fermeté de Martin,
député d'Auch, qui seul osa protester contre ce serment ».

Quel était le motif de ce changement d'attitude ? La concorde politique dont Mounier avait eu sous les yeux le spectacle en Dauphiné l'avait trompé sur la véritable situation
des esprits en France. Il était arrivé à Versailles, convaincu
que la noblesse et le clergé étaient partout aussi patriotes
qu'en Dauphiné. Sa désillusion fut grande et subite. Voilà
un homme déconcerté, découragé et, par suite, décourageant.
A son excès d'optimisme succède un pessimisme politique
qui, sans le distraire des principes, lui ôte sa force de propa-
gande, son éloquence, son prestige. Il ne peut se consoler de
n'être plus l'arbitre national qu'il avait été pendant quelques
mois. La longue et dernière consultation politique qu'il
donna à la France sous la forme d'un rapport présenté au
nom du comité de Constitution fut mal écoutée, froidement
accueillie. L'impopularité commença pour lui ; le Palais Royal
mit sa tête à prix. Les événements d'octobre lui ôtèrent tout
sang-froid. Il s'enfuit, emportant les procès-verbaux de l'Assemblée, et courut jusqu'à Grenoble, poursuivi, disait Camille
Desmoulins, par le spectre de la lanterne. On crut qu'il avait
peur et on fit pleuvoir sur lui les quolibets. Il n'était que
dégoûté, désespéré. Lally-Tollendal nous a conservé le récit
d'une conversation tragique que Mounier eut avec Mirabeau,
et qui prouve que, si son esprit était timide, son cœur était
inaccessible à la crainte. Il présidait, le 5 octobre au matin,
et désignait les membres de la députation qui irait demander
au roi l'acceptation pure et simple des articles de la Constitution déjà votés. Mirabeau s'approche de lui : « Monsieur le
président, dit-il à demi-voix, je vous demande d'être compris
sur la liste que vous écrivez. — Non, vous n'y serez pas. —
Croyez-moi, je puis être utile. — Vous ne pouvez être que
dangereux. — Tout dangereux que vous me croyez, laissez-

moi vous conseiller de presser la délibération, même de lever la séance, même de vous dire malade. — Eh! pourquoi donc, Monsieur ? — Voici une lettre, Monsieur le président : elle m'annonce l'arrivée de quarante mille hommes venant de Paris. — Eh bien! c'est une raison de plus pour que l'Assemblée reste à son poste. — Mais, Monsieur le président, on vous tuera. — Tant mieux : si l'on nous tue tous sans exception, la chose publique ira mieux. — Monsieur le président, le mot est joli ; mais si la famille royale est atteinte, si elle est réduite à fuir, je ne réponds plus des conséquences (1) ». Cependant la foule avait envahi la salle et demandait du pain. « Le seul moyen d'obtenir du pain, dit Mounier aux envahisseurs, est de rentrer dans l'ordre : plus vous menacerez, moins il y aura de pain. »

Non, un tel homme n'avait pas peur pour lui, mais pour ses idées, pour « la balance du pouvoir », pour les deux chambres, pour le *veto*. Réfugié à Grenoble, il tenta d'y réunir les états provinciaux et d'y donner le signal de la contre-révolution, comme il y avait donné, en 1788, le signal de la réforme. Un décret de l'Assemblée mit à néant ses prétentions. En exil, il professa, écrivit, vécut honorablement et fièrement. Il servit un instant l'Empire, mais sans bassesse. Il mourut en 1806, laissant une honnête réputation. Regnault, qui fit son oraison funèbre, dit qu'il qu'*il avait soif de la justice*. Oui, mais il ne comprit pas que le peuple, ignorant et asservi, était excusable de tomber tout d'un coup de la liberté dans la licence, et que lui aussi il avait soif de la justice à sa manière, d'une justice violente, sanglante, semblable à la vengeance. Il n'eut pas pitié de ce peuple égaré et trompé. Il fallait rester pour l'éclairer, le ramener. Mounier crut que

(1) Lally-Tollendal. — Les *Deux amis de la liberté* donnent une autre version. Mounier aurait dit : « Tant mieux ! nous serons plus tôt en république ! » Lally tenait récit de Mounier lui-même ; les *Deux amis* disent tenir le leur de Mirabeau. (Louis Blanc, t. III, p. 210.)

tout était.perdu et, dans le *sauve qui peut* des journées d'octobre, il déserta.

Son caractère n'était pas fait pour la lutte. On en peut dire
autant de son éloquence. Suffisante dans un régime établi,
elle fut incertaine et débile dans ces heures de crise. Ce qu'il
dit avant la réunion des ordres ne frappa personne et fut mal
accueilli. Il faut arriver à son grand rapport du 4 septembre
1789. C'est un traité de politique appliquée, d'après Montesquieu, dont sa mémoire reproduit malgré elle des lambeaux
de phrase. Il dit par exemple, dans les mêmes termes que son
maître : « Communément on distingue la monarchie du despotisme en ce que, dans la première, le prince gouverne suivant les lois. Sa volonté n'y est donc pas une loi ».

Le rapport de Mounier est d'une grande importance historique. Ce sera le programme des monarchiens. Il s'agit de
fortifier le plus possible le pouvoir royal dans la monarchie
parlementaire. Deux chambres et le *veto* absolu, voilà le fondement de tout le système politique de Mounier et ses amis.
C'est pour les droits du roi qu'ils tremblent : ceux de la nation,
si menacés cependant, leur paraissent assurés. Quand la
nation veut être libre, dit-il, la volonté d'un seul ne peut
l'empêcher de l'être. « Pour garantir le pouvoir confié aux
représentants, pour empêcher le monarque de faire des lois
suivant sa volonté et de renverser la Constitution, les moyens
se présentent en foule : la permanence du Corps législatif, la
résistance des représentants, leur droit exclusif de proposer
la loi, le libre octroi de l'impôt, la responsabilité des ministres, les administrations provinciales, les municipalités, les
milices bourgeoises, la liberté de la presse (1). »

On voit que Mounier ne peut admettre l'hypothèse d'un
roi perfide, déloyal, rusant avec la Constitution, la détrui-
sant par elle-même, en en faisant jouer avec excès les res-

(1) *Moniteur*, séance du 4 sept. 1789.

sorts les plus délicats. Il écarte les objections de ses adversaires sans les réfuter.

« Il est inutile sans doute, ajoute-t-il, de prouver que le pouvoir exécutif, dans un vaste royaume, doit jouir d'une grande puissance. Chez un peuple jaloux de sa liberté, cette puissance serait souvent considérée avec envie ou inquiétude. Des ambitieux ou des démagogues lui supposeraient facilement des torts et profiteraient de toutes les circonstances pour l'affaiblir ou la détruire. L'usurpation de l'autorité royale entraînerait la perte de la liberté publique. La démocratie, dans un grand État, est une absurde chimère. Jamais le trône ne perdit son autorité que pour faire place au joug avilissant de l'aristocratie ; et ce sont les invasions successives de ceux qui composaient les assemblées générales, sous la première et la seconde race de nos rois, qui ont produit en France la tyrannie féodale : ainsi, défendre l'indépendance de la couronne, c'est défendre la liberté du peuple (1). »

Raisonnement peu rigoureux, série d'affirmations sans preuve (2). C'est un peu la manière de Mounier. Il faut voir avec quel dédain il raille l'opinion républicaine, qui d'ailleurs, en septembre 1789, était nulle ou muette! « La nation, affirme Mounier, ne peut se gouverner elle-même. » Cependant, on a vu des peuples se gouverner ainsi. Oui, mais « avec quelle facilité on parvenait à séduire la multitude, à briser toutes les limites dont les lois avaient entouré le pouvoir législatif! Avec quel empressement le peuple courbait la tête sous le joug d'un tyran qui l'égarait par ses flatteries ! Avec quelle aveugle fureur il servait les passions de ses en-

(1) *Ibid.*

(2) Il paraissait pourtant à Biauzat « précis comme un professeur de mathématiques et énergique comme un censeur qui parle par sentences ».

nemis et persécutait ceux qui s'étaient dévoués pour son bonheur ! »

La démonstration de l'excellence de la royauté est aussi courte que vague. A quoi bon démontrer ce dont tout le monde est convaincu ? « Une grande nation, dit seulement Mounier, doit préférer la forme du gouvernement qui permet à tous les citoyens d'être libres et de jouir en paix des bienfaits de la nature. »

Ces naïvetés solennelles reviennent souvent sous la plume de Mounier. Car ce rapport, ne l'oublions pas, est un rapport écrit. Nous n'avons pas d'autre monument sérieux de son éloquence, et il serait injuste de juger sur ce seul exemple l'ancien secrétaire de l'assemblée de Vizille : il devait y avoir en lui un orateur supérieur au rapporteur prolixe et diffus, que l'Assemblée écouta sans l'applaudir.

CHAPITRE V.

LALLY-TOLLENDAL.

De tous les *Monarchiens*, un seul avait l'oreille du peuple, un seul se fit applaudir des tribunes ou de la rue. C'était le vertueux Lally-Tollendal, celui qu'on appelait le plus gras des hommes sensibles. Son nom même était éloquent : il rappelait les sanglantes iniquités de l'ancien régime, les monstrueux abus de la justice parlementaire. Les malheurs de l'ancien gouverneur des Indes, sa condamnation, sa réhabilitation trop lente, la bénédiction envoyée par Voltaire mourant au fils courageux de la victime, tous ces souvenirs, aussi vivants que ceux de l'affaire Calas, accompagnaient Lally à la tribune et l'y entouraient d'une auréole dont avaient grand besoin et sa grosse personne et sa parole souvent vulgaire, presque toujours emphatique. Les détails de sa vie étaient connus de tout le monde. On s'attendrissait en le voyant ; lui-même s'attendrissait au son de sa voix.

Fils légitimé du comte Lally, il avait vécu jusqu'à quinze ans dans l'ignorance de son vrai nom. Au collège d'Harcourt, où il était encore lors de l'exécution de son père, il s'appelait Trophime. Il apprit tout d'un coup et son nom et la condamnation de son père. « Je courus, dit-il, pour lui porter mon premier hommage et mon éternel adieu, pour lui faire entendre au moins la voix d'un fils parmi les cris de ses bourreaux, pour l'embrasser sur l'échafaud où il allait périr. J'ai couru vainement. On avait hâté l'instant. Je n'ai plus trouvé mon père : je n'ai vu que la trace de son sang. » Il s'évanouit sur les marches de l'église où l'on avait porté les restes de la victime. Des passants le ramassèrent et le ramenèrent au collège d'Harcourt. Quand il revint à lui, il fit le serment de réhabiliter son père, et, après de longues années et bien des vicissitudes, il y parvint.

Cet effort de volonté accrut et excita au dernier degré sa sensibilité. Il ne sortit pas de cette longue tension plus énergique, mais plus impressionnable. Il resta l'esclave de ses nerfs et traversa la vie « le mouchoir à la main », selon le mot de Michelet (1).

Nommé député de la noblesse de Paris, il se réunit au Tiers avec la minorité, après avoir prononcé, dans le sein de son ordre, les discours les plus libéraux et les plus hardis : « On parle sans cesse, disait-il dans la séance du 15 juin, de se rallier à cette constitution ancienne : Ah ! plutôt perdons de vue ce fantôme, pour y substituer une réalité ». Mais, après la réunion des ordres, des scrupules le prirent. Il se crut autorisé par ses cahiers à vérifier en commun les pouvoirs, mais non à opiner habituellement par tête. Il parla de

(1) *Hist. de la Rév.*, t. II, p. 236.

mandat impératif, et le 25 juin il déposa sur le bureau du président une déclaration qui se terminait ainsi :

« On ne transige point avec sa conscience. C'est elle qui m'a impérieusement ordonné la démarche *douloureuse, consolante et sacrée*, à laquelle je viens de me déterminer ; mais c'est elle aussi qui m'ordonne, non moins impérieusement, de retourner à mes commettants et de leur demander de nouveaux pouvoirs. S'ils sont conformes aux vœux de mon cœur, et, je ne crains pas de le dire, aux besoins de la patrie, je reviens, Messieurs, m'éclairer par vos lumières, m'enflammer par vos vertus et joindre ma faible contribution à ces immenses et glorieux travaux par lesquels vous allez assurer le bonheur de la France, celui de tous les ordres de citoyens et celui du monarque si digne de leur amour. »

Et il ajoutait que sa résolution était *invariable*. Mais l'Assemblée lui rendit le service de lui interdire de revenir devant ses commettants avant qu'elle eût tranché la question des mandats impératifs. Ce débat fut ajourné, et pendant cet intervalle Lally s'abstint de voter. Enfin l'Assemblée décida qu'il n'y avait pas lieu à délibérer sur cette matière (1).

(1) Séance du 8 juillet 1789. Lally prononça un discours à cette occasion. Le Hodey, dans son compte-rendu, exprime naïvement l'enthousiasme que faisait éprouver le seul aspect de Lally et les illusions que l'on se faisait sur son mérite.« M. de Lally-Tollendal, dit-il, a été écouté avec ce recueillement, ce silence respectueux, tribut ordinaire que l'on paye à l'éloquence et au génie ; cependant, lorsqu'il a donné lecture de l'amendement qu'il proposait, l'assemblée a témoigné par un léger murmure le regret que le moindre retard arracherait à son impatience, pour consommer les travaux importants auxquels elle est appelée. — Ce murmure s'est calmé bientôt et a cédé à l'avidité d'entendre encore un aussi grand orateur. A peine a-t-il eu terminé que tout le monde a applaudi avec l'enthousiasme des sentiments que son discours venait d'inspirer ; ceux qui avaient adopté son amendement, ceux même qui ne l'avaient pas approuvé, mais qui l'oubliaient pour ne s'occuper que de ce qu'il avait dit avant, se sont empressés, par des témoignages non suspects, des applaudissements, de récompenser son zèle et son patriotisme. » Tome II (1ᵉʳ de l'ex. de la Bibl. Nat.), p. 399.

Lally voulait les deux chambres et les voulait avec passion. Mais il voulait avec non moins de passion une royauté *paternelle*, un roi justicier assis sous un chêne, comme saint Louis, et rendant la justice à ses enfants. Comment Lally pouvait-il allier cette conception enfantine d'un roi père de famille avec les méfiances légales du gouvernement constitutionnel ? Il ne se l'est jamais demandé lui-même. Ses intentions étaient excellentes, mais un peu vagues. Son idéal politique était un embrassement fraternel aux genoux d'un monarque sensible et une accolade sans fin. Le peuple, en 89, encore dupe et confiant, caressait à peu près le même rêve d'aimer son roi et d'en être aimé. C'est pourquoi, bonnement, il applaudissait Lally.

Ces sentiments se retrouvent dans tous ses discours. Le 6 juillet, par exemple, parlant sur la question des approvisionnements, il propose de décréter « que le roi sera remercié de ses soins *paternels*, au nom de la nation, avec l'effusion de tous les sentiments qu'il a méritée d'elle en pareille circonstance ».

C'est après la prise de la Bastille que Lally remporta son plus grand triomphe oratoire. Il se rendit à l'Hôtel de ville et, au nom de l'Assemblée, y adressa ces paroles au peuple (1) :

« Messieurs, ce sont vos concitoyens, vos frères, vos représentants qui viennent vous donner la paix. Dans les circonstances désastreuses qui viennent de se passer, nous n'avons pas cessé de partager vos douleurs ; mais nous avons aussi partagé votre ressentiment : il était juste.

« Si quelque chose nous console au milieu de l'affliction publique, c'est l'espérance de vous préserver des malheurs qui vous menacent.

« On avait séduit votre bon roi ; on avait empoisonné son

---

(1) Nous donnons ce discours d'après le *Moniteur*. Les autres journaux ne le reproduisent pas intégralement.

cœur du venin de la calomnie ; on lui avait fait redouter cette nation qu'il a l'honneur et le bonheur de commander.

« Nous avons été lui dévoiler la vérité : son cœur a gémi, il est venu se jeter au milieu de nous, il s'est fié à nous, c'est-à-dire à vous ; il nous a demandé des conseils, c'est-à-dire les vôtres. Nous l'avons porté en triomphe, et il le méritait. Il nous a dit que les troupes étrangères allaient se retirer, et nous avons eu le plaisir inexprimable de les voir s'éloigner. Le peuple a fait entendre sa voix pour combler le roi de bénédictions ; toutes les rues retentissent de cris d'allégresse.

« Il nous reste une prière à vous adresser. Nous venons vous apporter la paix de la part du roi et de l'Assemblée nationale. Vous êtes généreux, vous êtes Français, vous aimez vos femmes, vos enfants, la patrie ; il n'y a plus de mauvais citoyens parmi vous : tout est calme, tout est paisible.

« Nous avons admiré l'ordre de votre police, de vos distributions, le plan de votre défense ; mais maintenant la paix doit renaître parmi nous, et je finis en vous adressant, au nom de l'Assemblée nationale, les paroles de confiance que le souverain a déposées dans le sein de cette Assemblée. Je me fie à vous : c'est là notre vœu ; il exprime tout ce que nous sentons. »

On ne peut se faire une idée de l'enthousiasme que soulevèrent ces paroles. Il faut rapporter les expressions mêmes d'un témoin oculaire :

« Ce discours, dit le *Moniteur* (1), interrompu souvent par des transports qu'il était impossible de réprimer, a porté l'Assemblée au dernier degré d'enthousiasme et de sensibilité. Les citoyens qui environnaient M. le comte de Lally-Tollendal l'ont pressé dans leurs bras ; une couronne de fleurs

_____
(1) Réimpr., t. I, p. 582 (Pièces justificatives).

a été jetée sur lui au fond de la salle, on a voulu la placer sur sa tête; il a résisté de toutes ses forces; il a tenté plusieurs fois d'en faire hommage à l'Assemblée nationale, en la dirigeant sur la tête de M. Bailly, son premier président.

« Mais, malgré ses efforts, la couronne a été placée et retenue sur la tête de M. le comte de Lally-Tollendal ; et, dans cet état, il a été porté et présenté à la multitude qui couvrait la place de l'Hôtel-de-Ville, et qui faisait tout retentir de son allégresse. »

Fort de ce triomphe populaire, Lally se trouva, le 17 juillet, à l'Hôtel de ville, aux côtés de Louis XVI, et, tandis que le roi, gauchement silencieux, restait immobile sans chercher ou sans trouver les paroles cordiales que le peuple attendait, il tenta de suppléer à ce mutisme en ces termes :

« Eh bien ! citoyens, êtes-vous satisfaits ? Le voilà, ce roi que vous demandiez à grands cris, et dont le nom seul excitait vos transports, lorsqu'il y a deux jours nous le proférions au milieu de nous. Jouissez de sa présence et de ses bienfaits. Voilà celui qui vous a rendu vos Assemblées nationales et qui veut les perpétuer. Voilà celui qui a voulu établir vos libertés, vos propriétés sur des fondements inébranlables. Voilà celui qui vous a offert, pour ainsi dire, d'entrer avec lui en partage de son autorité, ne se réservant que celle qui lui est nécessaire pour votre bonheur, celle qui doit à jamais lui appartenir, et que vous-mêmes devez le conjurer de ne jamais perdre.

« Ah ! qu'il recueille enfin des consolations ; que son cœur noble et pur emporte d'ici la paix dont il est si digne ; et puisque, surpassant les vertus de ses prédécesseurs, il a voulu placer sa puissance et sa grandeur dans notre amour, ne soyons ni moins sensibles, ni moins généreux que notre roi, et prouvons-lui que même sa puissance, même sa grandeur, ont plus gagné mille fois qu'elles n'ont sacrifié !

« Et vous, Sire, permettez à un sujet qui n'est ni plus fidèle ni plus dévoué que tous ceux qui vous environnent, mais qui l'est autant qu'aucun de ceux qui vous obéissent, permettez-lui d'élever sa voix vers vous, et de vous dire : Le voilà ce peuple que votre seule présence enivre, et dont les sentiments pour votre personne sacrée ne peuvent jamais être l'objet d'un doute.

« Regardez, Sire, consolez-vous en regardant tous ces citoyens de votre capitale. Voyez leurs yeux, écoutez leurs voix, pénétrez dans leurs cœurs qui volent au devant de vous. Il n'est pas ici un seul homme qui ne soit prêt à verser pour vous, pour votre autorité légitime, jusqu'à la dernière goutte de son sang.

« Non, Sire, cette génération de Français n'est pas assez malheureuse pour qu'il lui ait été réservé de démentir quatorze siècles de fidélité. Nous péririons tous, s'il le fallait, pour défendre un trône qui nous est aussi sacré qu'à vous et à l'auguste famille que nous y avons placée il y a huit cents ans.

« Croyez, Sire, croyez que nous n'avons jamais porté à votre cœur une atteinte douloureuse qui n'ait déchiré le nôtre ; qu'au milieu des calamités publiques, c'en est une de vous affliger, même par une plainte qui vous avertit, qui vous implore et qui ne vous accuse jamais. Enfin tous les chagrins vont disparaître, tous les troubles vont s'apaiser, un seul mot de votre bouche a tout calmé. Notre vertueux roi a rappelé ses vertueux conseils.

« Périssent les ennemis publics qui voudraient encore semer la division entre la nation et son chef ! Roi, sujets, citoyens, confondons nos cœurs, nos vœux, nos efforts, et déployons aux yeux de l'univers le spectacle magnifique d'une de ces belles nations, libre, heureuse, triomphante, sous un roi juste, chéri, révéré, qui, ne devant plus rien à la force, devra tout à ses vertus et à notre amour. »

Michelet, avec raison, souligne les maladresses de ce discours.

« Lally , dit-il , toujours éloquent , mais trop sensible et pleureur, avoua *le chagrin du roi, le besoin qu'il avait de consolation...* C'était le montrer vaincu, au lieu de l'associer à la victoire du peuple sur les ministres qui partaient. *Eh bien ! citoyens, êtes-vous satisfaits ! Le voilà, ce roi*, etc. Ce *Voilà*, trois fois répété, fit l'effet d'une triste paraphrase de l'*Ecce homo* (1). » C'est à la réflexion que ces remarques vinrent à l'esprit. Dans le moment, on accueillit avec enthousiasme cette rhétorique brillante.

Les discours parlementaires de Lally avaient mis le comble à sa popularité. La veille du 14 juillet, se séparant de ses amis, il avait demandé avec éclat le rappel des ministres. « Sans doute, disait-il aux applaudissements des tribunes, le roi est maître absolu de composer son conseil comme il lui plaît; mais nous pouvons lui indiquer les bons serviteurs comme le détourner des mauvais. Nous pouvons lui adresser des prières respectueuses, tendres, soumises. Nous pouvons lui dire qu'il est des circonstances où la vertu d'un prince ne suffit pas à elle seule, où elle a besoin de trouver le concours d'autres vertus dans son conseil, et qu'assurément nous sommes dans une de ces circonstances. Nous pouvons le conjurer, par l'amour que nous lui portons, par la fidélité que nous lui garderons toujours, par les entrailles de la patrie déchirée, de rappeler les seuls ministres dignes de sa confiance et les seuls qui possèdent la nôtre (2). »

Ces succès oratoires avaient grisé Lally-Tollendal et l'avaient emporté au delà de sa ligne politique et de son caractère. Quand son grand discours sur l'institution des deux chambres eut échoué, il se réveilla comme d'un rêve, et dans cette brusque chute il perdit son optimisme souriant. Son amour-propre de politique et de lettré fut cruellement

(1) *Hist. de la Rev.*, t. 1er, p. 154.
(2) *Moniteur.* Ce discours ne se trouve pas dans Barrère.

blessé. Du coup, il émigra. « On remarqua avec regret dans la foule des fuyards, dit un contemporain, quelques déserteurs de la cause populaire : l'éloquent, mais faible Lally-Tollendal, qui défendit contre les parlements la mémoire de son père et les droits de la liberté contre les ministres et les tyrans, mais qui, entraîné par l'ascendant de l'amitié et sa prévention exclusive pour le système de la balance des trois pouvoirs et les écarts d'une imagination exaltée, oublia ses devoirs et les principes, et alla sur les bords du lac de Genève pleurer la gloire de ce sénat mort avant que de naître, de ce sénat où ses talents devaient briller avec tant d'éclat, et évoquer dans une brochure les mânes de *Quintus Capitolinus* qui délivra sa patrie des armes étrangères et des discordes civiles, mais n'écrivit point de pamphlets séditieux et incendiaires, et ne chercha point à soulever les tribus du peuple romain contre l'assemblée des comices (1). »

Ce discours, dont l'échec bouleversa Lally et le jeta dans l'émigration, était, à tout prendre, une œuvre remarquable. C'est un texte classique dans l'histoire de nos institutions parlementaires. Là sont réunis tous les arguments en faveur du système des deux chambres; c'est là que tous les orateurs qui jusqu'à nos jours ont traité ce sujet rebattu sont allés puiser leur inspiration (2).

Voici en quels termes, qu'on dirait écrits d'hier, Lally expose sa théorie des trois pouvoirs :

« Un pouvoir unique finira nécessairement par tout dévorer.

« Deux se combattront jusqu'à ce que l'un ait écrasé l'autre.

« Mais trois se maintiendront dans un parfait équilibre, s'ils sont combinés de telle manière que quand deux lutteront

(1) *Moniteur*, Réimpr., t. I, p. 51.
(2) Séance du 19 août 1789.

ensemble, le troisième, également intéressé au maintien de
l'un et de l'autre, se joigne à celui qui est opprimé contre
celui qui opprime, et ramène la paix entre tous. »

Après avoir cité avec excès l'expérience et la sagesse anglaise, Lally exalte l'institution des deux chambres et montre
les dangers d'une Assemblée unique :

« Qu'il existe deux chambres au lieu d'une : la première
portera plus d'attention à ses décisions, par cela seul qu'elles
doivent subir une révision dans la seconde. La seconde, aver-
tie des erreurs de la première et des causes qui les auront
produites, se prémunira d'avance contre un jugement erroné
dont elle connaîtra le principe. Elle n'osera pas rejeter une
décision qui lui présentera le sceau de la justice et de l'approbation publique (1) ; elle n'osera pas en adopter une contre laquelle s'élèveront cette même justice et cette même
opinion publique. Si la question est douteuse, de l'acceptation d'une chambre et du refus de l'autre naîtra un nouvel
examen, une nouvelle discussion ; et dût-on persister quelquefois dans un refus mal fondé, comme, la constitution une
fois établie, il n'y a pas la moindre comparaison entre le
danger d'avoir une bonne loi de moins et celui d'avoir une
mauvaise loi de plus, nous aurons encore atteint à cet égard
le degré de perfection dont les institutions humaines sont
susceptibles.

« Une chambre unique ne sera jamais liée par ses délibérations ; elle aura beau prétendre s'enchaîner, comme elle seule
aura forgé sa chaîne, comme elle seule la tiendra dans ses
mains, elle la rompra toutes les fois qu'elle le voudra. Un
instant d'exaltation va lui faire annuler brusquement ce
qu'elle aura mûri le plus lentement, ce qu'elle aura le plus
sagement décrété. Du jour au lendemain elle révoquera la

____

(1) Avons-nous besoin de rappeler combien de fois l'expérience a
démenti cette affirmation ingénue ?

discussion la plus solennelle ; elle étendra l'une, elle restreindra l'autre. Il suffira que quelques membres, contrariés dans leurs vues, supportent impatiemment le joug auquel l'Assemblée se sera soumise, elle se trouvera tout à coup agitée sans savoir pourquoi, et sera conduite involontairement à secouer ce joug, le plus salutaire peut-être qu'elle aura pu s'imposer. Les maux qu'une telle organisation peut entraîner sont incalculables. La Constitution elle-même sera dans un danger perpétuel, livrée à l'inconstance, au caprice, à toutes les passions humaines. Comme il n'y aura point de lois fixes, il n'y aura point d'habitudes politiques, il n'y aura point de caractère national, il n'y aura point de liberté ; le peuple retombera dans la servitude, dans la plus honteuse de toutes les servitudes, celle qui dévoue la multitude aux passions mobiles d'un petit nombre d'hommes. »

Lally excelle à proclamer des principes, à les glorifier. Il est rare qu'il mette sérieusement son libéralisme en pratique. Ainsi, le 11 juillet 1789, quand La Fayette présente sa déclaration des droits de l'homme, « Messieurs, dit aussitôt Lally, j'appuie la motion qui est présentée, à quelques lignes près, susceptibles de quelque discussion. Tous ces principes sont sacrés ; les idées sont grandes et majestueuses, et l'auteur de la motion parle de la liberté comme il l'a su défendre. Cependant..... »

Et de restrictions en restrictions il conclut qu'il ne faut pas mettre aux voix la motion de La Fayette. Sous la Restauration, il devait se montrer aussi libéral en théorie, aussi timide en pratique. « M. de Lally-Tollendal, dit Châteaubriand, tonnait en faveur des libertés publiques ; il faisait retentir les voûtes de notre solitude de l'éloge de trois ou quatre lords de la chancellerie anglaise, ses aïeux, disait-il ; quand son panégyrique de la liberté de la presse était terminé, arrivait un *mais* fondé sur des *circonstances*, lequel *mais* nous laissait l'honneur sauf sous l'utile surveillance de la censure. »

On voit, d'après nos citations, que les succès oratoires de Lally résultèrent plutôt des souvenirs évoqués par son nom que de ses dons naturels. Il improvisait aisément, il parlait une langue colorée, magnifique, sonore qui répondait aux passions sans les exciter, qui satisfaisait le peuple sans le remuer, mais qu'à l'Assemblée on écoutait sans plaisir, avec une légère impatience. Il agaçait quelquefois ses collègues par sa manie de mêler à tout la mémoire de son père. Quand il parla du meurtre de Foulon et de Berthier, il joua de cette corde avec maladresse : « Ce matin, dit-il, j'ai vu entrer dans ma chambre un jeune homme pâle, défiguré, qui m'a dit en sanglotant : Monsieur, vous avez passé quinze ans à défendre la mémoire de votre père ; sauvez la vie du mien, et qu'on lui donne des juges... C'était le fils du malheureux Berthier. » C'est alors que Barnave, crispé, s'écria : « Le sang qui coule est-il donc si pur (1) ? »

En résumé, l'éloquence de Lally nous paraît, à la distance où nous sommes, un peu vide et emphatique. « Il prononçait, dit Châteaubriand, des discours plus amples et plus joufflus que sa personne. » « Fond ridicule, dit Michelet, belle forme, éloquente, passionnée, langue excellente, de la bonne tradition, abondance et plénitude, un flot du cœur (2). » Nous

(1) Le naïf Biauzat donne une idée fidèle de ce discours que les journaux du temps ne reproduisent pas :

« M. de Lally a pris la parole et nous a déchiré le cœur par des traits d'éloquence qu'un usage de vingt ans lui a rendus familiers. Ce discours était un tableau de couleurs vives, dans lequel on voyait en sujet principal M. de Sauvigny le fils, aux pieds de M. Lally, l'arrosant de ses larmes et le conjurant, au nom de l'amour filial, de lui sauver un père ; dans un lointain trop rapproché par les cris effrayants du peuple l'on voyait M. de Sauvigny père conduit vers Paris par une troupe armée qui se félicitait de sa proie, et l'on distinguait dans l'intervalle, sous une ombre de couleur de sang, des êtres furieux, qui n'avaient que l'habit d'homme, courant présenter à l'intendant la tête de son beau-père. »

(2) Mallet du Pan disait de lui : « Ce n'est pas un homme d'Etat, mais un amoureux de drame. » (Montlosier, II, 231.)

dirions plutôt : Forme ridicule, fond honnête. Ce galant homme était un rhéteur, mais, si on peut s'exprimer ainsi, un rhéteur sincère, convaincu, sympathique.

Sa carrière oratoire ne s'arrête pas avec celle de la Constituante : nous le retrouverons assis sur les bancs de la chambre des Pairs, sous Louis XVIII et sous Charles X. Il ne mourut qu'en 1830, un peu avant la révolution de Juillet, qui aurait excédé son libéralisme.

CHAPITRE VI.

BERGASSE, BOUFFLERS, VIRIEU.

I

Le nom de Bergasse, aujourd'hui presque oublié, était célèbre en 1789. Les Mémoires de cet avocat lyonnais dans le procès Kornmann et sa plaidoirie eurent un retentissement immense. La gloire de Beaumarchais, qui plaidait contre lui, pâlit devant la sienne. Il avait fait de sa cause une cause politique, dédiant hardiment au roi son mémoire le plus violent et disant avec orgueil : « J'ai, au milieu du bouleversement des destinées publiques, fièrement attaché la cause d'un infortuné aux destinées publiques. »

Ce succès des plaidoiries de Bergasse avait été un des signes précurseurs de la Révolution, tout comme le succès du *Mariage de Figaro*. L'avocat se crut un orateur et en conçut de la vanité. On trouve dans ses pamphlets des phrases de charlatan, comme celles-ci : « *La fière et imposante destinée que le ciel m'a répartie...* » Et ailleurs : « *Le ciel m'a destiné à dire toutes les vérités; j'en aurai le courage. Toutes les vérités se pressent dans mon sein.* » Et encore : « *Je porterai l'éloquence humaine jusqu'où elle peut aller....* »

Il ne la porta pas loin. Député de Lyon aux Etats, il y
parla beaucoup et y produisit peu d'effet, sauf le 15 juin 1789,
où il dit :

« Vous avez regardé comme un principe important la délibération par tête ; nous devons tout faire, épuiser nos cou-
rages pour l'obtenir. Et s'il faut s'excuser devant le tribunal
de la nation, vous lui direz que si vous n'avez pas voulu vous
désister de cette opinion, c'est que vous avez compris que,
dans une assemblée solennelle, tous ceux qui en sont membres doivent tendre au même but, à la chose commune ; c'est
qu'il est impossible de faire une constitution solide en isolant
les intérêts, les citoyens, et les rangs et les hommes. C'est que
vous n'avez pu vous dissimuler, quelque promesse que l'on
vous eût faite, que les professions honorables n'auraient pas
été ouvertes pour vous, et que l'on vous aurait condamnés à
un petit nombre de professions humiliantes et méprisées.
C'est qu'enfin il n'y aurait eu que deux classes, l'une qui
aurait subjugué et gouverné, l'autre qui aurait été dans la
servitude et dans l'oppression. C'est qu'enfin c'était l'aristocratie, le pire des gouvernements, que vous vous occupiez de
combattre (1). »

Il eut le sort de beaucoup d'avocats : la tribune politique
fut fatale à sa réputation. Il parut prétentieux, vide, artificiel.
Hier, il était l'homme le plus éloquent de France. Aujour-
d'hui il en est réduit à faire imprimer ses discours, faute
d'obtenir la parole. Membre du comité de constitution, il fait,
le 17 août 1789, un rapport beaucoup trop loué sur l'organisation du pouvoir judiciaire. C'est une pièce de rhétorique
laborieusement travaillée, dont voici l'exorde :

« C'est surtout ici qu'il importe de ne faire aucun pas sans
sonder le terrain sur lequel on doit marcher, de n'avancer
aucune maxime qui ne porte avec elle l'éminent caractère de

(1) Compte-rendu de Le Hodey.

la vérité, de ne déterminer aucun résultat qui ne soit appuyé sur une profonde expérience de l'homme, sur une connaissance exacte des affections qui le meuvent, des passions qui l'entraînent, des préjugés qui, selon les diverses positions où il se trouve, peuvent ou le dominer ou le réduire.

« C'est ici qu'à mesure qu'on avance dans la carrière qu'on veut parcourir, les écueils se montrent, les difficultés croissent, les fausses routes se multiplient, et que le législateur, s'il abandonne un seul instant le fil qui doit le diriger, errant au hasard et comme égaré dans la région orageuse des intérêts humains, se trouve exposé sans cesse ou à manquer ou à dépasser le but qu'il se propose d'atteindre. »

Cette verbosité prétentieuse stupéfia l'Assemblée. Voilà donc ce fameux Bergasse, ce précurseur de la Révolution, un autre Beaumarchais! On attendait un discours et il faut subir une interminable amplification d'écolier. La péroraison acheva le désenchantement. Bergasse y emprunte la plume (1) de Mascarille : « Je ne sais pourquoi, dit-il, je pense que les hommes qui se défient toujours sont nés pour la servitude; que la confiance est l'apanage des grands caractères, et que ce n'est que pour les hommes à grand caractère que la Providence a fait la liberté. »

A coup sûr ce n'était pas pour Bergasse que la Providence avait fait la liberté, car il prit peur en octobre et donna sa démission. Sa mauvaise humeur d'acteur sifflé lui avait d'ailleurs inspiré une haine furieuse pour l'Assemblée. Il dit à Montlosier, quand celui-ci vint siéger, en septembre : « Monsieur, vous êtes peut-être venu ici chercher la liberté; vous trouverez des tyrans : ils sont là. » Et il lui montra l'Assemblée.

Un journal du temps parle du « fougueux Bergasse, tout fier encore d'avoir porté les premiers coups au colosse du

_____
(1) Ce rapport était écrit.

visiriât qui écrasait la France : il combattit avec courage le tyran Brienne et le satrape Lenoir ; mais, aveuglé par son orgueil, il prit son audace pour du génie, et ne put souffrir que l'Assemblée nationale rejetât un plan de constitution qu'il avait sanctionné et un ordre judiciaire qu'il avait créé. Il résolut de la punir par son silence, et ne voulut en demeurer membre que pour protester chaque jour par son absence contre ses décrets, et la décrier dans les provinces par des libelles, au lieu de l'éclairer dans la tribune par ses lumières ».

Retiré à Lyon, il y publia un discours sur les Assignats (1790). Ses essais de contre-révolution ne furent pas redoutables, et cette vanité aigrie ne rallia personne. — Sous la Restauration, il devint l'avocat consultant de Louis XVIII.

II

Tels furent les orateurs du parti monarchien. Les autres membres de ce parti votèrent silencieusement, sauf Boufflers et Virieu. Le premier, plus connu comme littérateur que comme politique, n'avait aucun talent de parole. Le plus important des discours qu'il prononça fut sa défense des privilèges pécuniaires du clergé, dans la séance du 23 juin 1790 ; rien de plus médiocre, rien de plus terne que cette harangue d'académicien. Il ne devint même pas impopulaire.

Moins obscur et moins négligé était le comte de Virieu, plus réactionnaire que Malouet et Mounier, moins ennemi de la Révolution que Maury et Cazalès, encore un *irrégulier* en politique, plus incapable que les autres de se plier à aucune discipline. Fils du colonel de Virieu et de mademoiselle de Tourzel, il était lui-même colonel en 1789 quand la noblesse de Grenoble l'envoya aux États, et passait pour

attaché aux idées libérales, comme d'ailleurs tous les Dauphinois des trois ordres.

Quoiqu'il eût fait partie de la minorité de la noblesse, ses
votes furent en général réactionnaires : il opina avec la droite
dans la question du droit de paix et de guerre, et appuya la
motion de dom Gerle sur la religion nationale. Président le
27 avril 1790, il dut démissionner presque aussitôt (1). Cependant il avait voté pour la déclaration des droits, et, dans
la nuit du 4 août, proposé en termes touchants l'abolition du
droit de colombier : « Je viens comme Catulle, avait-il dit,
apporter mon moineau sur l'autel de la patrie. » Son but
cependant n'était pas si ingénu : sa proposition venant après
toutes les autres, il espérait, dit-on, qu'elle ferait renvoyer la
séance au lendemain, et que tout pourrait être remis en
question.

Moins libéral en somme que ses amis Malouet et Clermont-
Tonnerre, il prit en toute circonstance les ordres du roi par
l'intermédiaire de sa tante, madame de Tourzel, gouvernante
des enfants de France.

En 1793, il participa à l'insurrection de Lyon et y fut tué,
comme il cherchait à se frayer un passage.

Ses discours sont en général insignifiants et résumés, dans
le *Moniteur*, en quelques lignes. Mais il fut le héros d'une
scène grotesque et caractéristique que Montlosier nous raconte en ces termes :

« Un jour (le 9 septembre 1789, lors de la discussion sur
les deux Chambres) le comte de Virieu monta à la tribune, au
sujet de quelque scène de massacre qui venait d'être rap-
portée ; il me semble l'entendre encore avec sa voix douce et
tremblante : « Messieurs, je vous en conjure au nom de la
patrie, rendez au pouvoir exécutif et au pouvoir judiciaire
la force dont ils ont besoin. » Voilà des éclats de rire qui

---

(1) Voir les détails de cette affaire dans Buchez (2e éd.), t. III, chap. 4.

partent de toutes parts. A ce spectacle, Virieu, qui était homme de cœur, se relève et leur dit d'une voix forte : « Eh quoi ! faut-il qu'une assemblée nationale soit emportée par une poignée de démagogues ? » (*Il montre de la main la partie de la salle où siégeaient Mirabeau et Barnave.*) « Non, Messieurs ! » En même temps, il leur lâche un f..... qui retentit dans toute la salle. Ce f..... allait être suivi, comme il me l'a dit depuis, d'un torrent d'imprécations ; on ne lui en donna pas le temps, toute l'Assemblée est aussitôt en tumulte ; une multitude de voix demandent vengeance de l'insulte qui vient de lui être faite. Virieu se contente de descendre de la tribune ; tout est oublié (1). »

Il avait une figure sympathique, un beau front bombé (le front d'André Chénier), avec un air de jeunesse et de gaucherie timide. Les contemporains le représentent obstiné, taquin, naturellement colère. « Tel était son caractère, que l'injustice du jugement des hommes suffisait pour le jeter dans une cause qu'on l'avait accusé à tort de défendre (2). »

(1) Montlosier, II, 252. Barrère est muet sur ce point.
(2) Bonneville et Quénard.

LIVRE VI

LES CONSTITUTIONNELS

CHAPITRE I.

POLITIQUE DU GROUPE.

Les députés qui siégeaient dans la partie de l'Assemblée
que nous appellerions aujourd'hui le centre gauche reçurent
tour à tour le nom de *Patriotes*, qui leur fut commun avec
tous les partisans de la Révolution ; celui de *Constitutionnels*,
lorsqu'ils rédigèrent et firent voter la Constitution ; celui de
Ministériels, quand ils fondèrent, le 13 mai 1790, le *Club
de* 1789 ; enfin celui de *Feuillants* quand, après le 17 juillet
1791, ils ouvrirent le club des Feuillants. Ils représentent
fidèlement l'esprit de la Constituante, et l'histoire de leur
parti est l'histoire même de cette assemblée, dont les événements changèrent, à tant de reprises, l'attitude et les desseins. Quand ils s'appellent, avec toute la gauche, les Patriotes, ils expriment, par la bouche de leurs orateurs, les sentiments unanimes de la nation et le courage confiant de 1789.
Constitutionnels, ils affirment leur royalisme contre l'extrême gauche et leur libéralisme contre les monarchiens, et
ils ont encore la bonne fortune et la force d'être les inter-

prètes de l'opinion publique. Tant que dure cette commu-
nauté d'idées entre la France et les Chapelier, les Thouret,
les Rabaut Saint-Etienne, leur éloquence brille d'un grand
éclat, leur politique est, dans toutes les grandes occasions,
celle de la Constituante. En eux réside l'esprit de l'Assemblée,
cette raison ferme, moyenne et cependant courageuse, qui
animait et retenait tour à tour la bourgeoisie de 1789, qui
commença et lança la révolution et n'eut pas l'audace de
l'achever. Bientôt sonne pour les Constitutionnels l'heure des
timidités, des défaillances. L'institution de la *Société patriotique ou club de* 1789, que présidait Siéyès, n'est dirigée que
contre Barnave et les Lameth, contre les Jacobins. « La
haine entre ces deux sociétés , dit un contemporain, était
plus forte qu'entre les démocrates et les aristocrates (1). »

Mais la rupture de ces hommes modérés avec l'opinion
publique ne date que de la fuite à Varennes. En présence de
l'aveu de mauvaise foi officiellement fait par le roi, il semblait qu'il ne restât que deux partis à prendre : faire un
autre roi ou proclamer la république. Ce fut un moment
d'angoisse cruelle pour les Constitutionnels. Réunis chez le
duc de La Rochefoucauld, le 26 juin 1791, ils mirent en dis
cussion solennelle la forme du gouvernement. D'après La
Fayette, La Rochefoucauld et Dupont de Nemours opinèrent
pour la république, du bout des lèvres peut-être, et avec le
désir d'être battus, d'après Michelet, qui traite Dupont d'*avocat du diable.* Toujours est-il que la presque unanimité de la
réunion se prononça pour la royauté, ce qui, au fond, ne
choquait pas encore l'opinion des masses. Mais la faute des
Constitutionnels fut d'avoir remis sur le trône le roi parjure,
et, en le forçant à régner, d'expliquer d'avance ses trahisons.
Dès lors, leur divorce avec la nation fut consommé : on les
confondit bientôt, et ils se confondirent eux-mêmes avec les

---

(1) *Corr. dipl. du baron de Staël-Holstein,* p. 170.

aristocrates, soit qu'ils conseillassent secrètement le roi, soit qu'ils étalassent dans leur club des Feuillants, fondé après le massacre du Champ-de-Mars, une politique d'hommes effrayés, qui avaient cédé les uns au découragement, les autres à la corruption.

La plupart cependant étaient honnêtes, et plusieurs, nous allons le voir, étaient éloquents. Mais aucun d'eux, dans ses conceptions politiques, n'avait admis, même pour un instant, l'hypothèse d'un roi perfide ou simplement mal conseillé. Dans leur candeur royaliste, ils croyaient à la vérité de la légende inscrite sur la médaille frappée en l'honneur de Louis XVI *restaurateur de la liberté française.* Leur système demandait si impérieusement un « roi juste, bon, sensible, » qu'ils ne voulurent pas admettre que ce roi ne fût pas sur le trône. Quand la vérité les frappa, ils ne se rendirent pas à l'évidence ; ils voulurent forcer Louis XVI à être ce qu'il n'était pas, et, n'y pouvant réussir, ils feignirent de le croire sincère et irréprochable. La nation ne prit pas au sérieux ce brevet de perfection constitutionnelle accordé, imposé au monarque le lendemain précisément de la fuite à Varennes et de sa trahison avouée. Dès lors, les Constitutionnels furent perdus dans l'opinion et entraînèrent dans leur chute Barnave et les Lameth.

Mais ce n'est pas sur ces derniers mois de leur carrière qu'il faut les juger comme politiques et comme orateurs. C'est aux premiers jours de la liberté fondée à leur voix, c'est pendant les grandes discussions sur la constitution qu'il faut les étudier : ils donnent alors toute leur mesure et sont encore dans toute leur force.

Parmi eux, point de chefs, comme nous le savons déjà, point d'orateurs dirigeants. Cependant on se réunissait assez régulièrement en comité chez le duc de La Rochefoucauld. La Fayette, Dandré, Chapelier, Talleyrand, Emery, Crillon, Liancourt, Montmorency, Toulongeon formaient, dit-on, ce

comité (1). Le temps s'y passait en conversations vagues et
générales. On prenait langue, comme on dit, mais on ne
se concertait pas, on n'adoptait aucun plan de campagne. Si
on discutait, on n'arrivait guère à un accord, on ne terminait
pas la séance par un vote. Un des membres du comité, Dandré (d'humeur médisante, il est vrai), avouait à Mallet du Pan
que ses collègues « n'avaient jamais eu aucun plan, qu'ils
vivaient du jour à la journée et de motions en motions. »
Mirabeau, admis à une séance du comité, le 4 juin 1790, écrit
à La Marck : « Je leur montrai, ce qui est très-vrai, qu'ils n'ont
ni dans la tête ni dans l'âme aucun élément de sociabilité....
Il n'y a rien à faire avec ces roquets, qu'à les laisser japper
d'une manière discordante. » En faisant la part du dépit de
Mirabeau éconduit, il faut retenir ce fait que les Constitutionnels sont menés par la Révolution. C'est le caractère de leur
éloquence, avant.la fuite à Varennes ; ils ne disent que ce
que pense la grande majorité de la nation, ils commentent et
expliquent à la tribune les cahiers de 89, dont eux seuls
semblent comprendre et interpréter authentiquement l'esprit.
L'âme de la France libérale, non trompée encore par son roi,
vibre dans leurs discours et donne à leur éloquence un
caractère unique de candeur, d'enthousiasme, et de nette
raison éclairée et échauffée par la foi civique.

CHAPITRE II.

LES LÉGISTES : THOURET.

Nous rencontrons d'abord, parmi les orateurs du parti
constitutionnel, tout un groupe de légistes qui furent l'honneur et la force de l'Assemblée constituante, quoique diverse-
ment éloquents.

(1) Mallet du Pan, II, 488.

Au premier rang de ces légistes, brille Thouret, avocat au parlement de Normandie, procureur syndic de l'assemblée de sa province, député du Tiers-État de Rouen. Dans cette assemblée, il est un des rares orateurs qui ait réussi à la fois au barreau et à la tribune, et qui ait obtenu cette double gloire qui échappa, par exemple, à Target et à Bergasse. C'est à Pont-l'Évêque, puis à Rouen, qu'il avait jusqu'alors vécu; mais sa réputation s'était étendu bien au-delà. Outre ses ouvrages de droit, on connaissait ses brochures politiques, son *Mémoire présenté au roi par les avocats du parlement de Normandie* (1788), où il demandait le doublement du Tiers et la délibération par tête, son *Avis aux bons Normands*, sa *Réponse du vrai patriote*. Dans ces feuilles légères, toute la théorie du gouvernement représentatif était exposée en un style fort et frappant, digne de Siéyès. Thouret rédigea le cahier du Tiers-État de Rouen, qui l'envoya aux Etats généraux.

Formaliste entre les formalistes, l'avocat normand fut d'abord gêné, hésitant, contrariant. L'irrégularité des procédures politiques le choqua, et il se prêta mal au mouvement spontané de la Révolution. Il s'opposa, en légiste, à la constitution des communes en assemblée nationale, objecta à Siéyès des arguments de jurisconsulte, et ferma d'abord son cœur à la grande inspiration populaire qui animait déjà les patriotes. Après la réunion des ordres, les privilégiés, le croyant avec eux, contribuèrent à le nommer président contre Siéyès. La gauche murmura, et Thouret parut comprendre subitement son erreur. Il démissionna le 3 août et prononça ces paroles pleines de dignité:

« C'est en sentant tout le prix de l'honneur que vous m'avez déféré, et qui ne pourrait pas m'être ravi, que j'ai le courage de me refuser à sa jouissance, quand, sous d'autres rapports, il eût peut-être été excusable de penser que le courage était d'accepter. J'aurai encore assez de force en cet instant, je prendrai assez sur moi-même pour sacrifier aux majestueux intérêts de votre séance des détails dont l'objet me serait personnel. Je sens bien que l'individu doit disparaître, où les soins de la cause publique ont seuls le droit de se montrer et de dominer. Qu'il me soit seulement permis de dire que je suis capable et digne de faire à cette grande cause tous les sacrifices à la fois, et que c'est à ce double titre que je viens vous prier de recevoir mes remerciements et ma démission. »

Ce malentendu cessa bientôt. Le 15 septembre, Thouret fut nommé membre du second comité de constitution, et le 29 septembre il présenta au nom de ce comité le rapport le plus important qui ait jamais été présenté dans nos assemblées. Toute l'organisation de notre France contemporaine est dessinée à grands traits dans cet écrit remarquable par l'ampleur et la précision du style. En voici le début:

« Le travail que votre nouveau comité a l'honneur de vous soumettre tient par un double rapport à deux grandes parties de la Constitution.

« D'une part, vous organisez le Gouvernement représentatif, le seul qui convienne à un peuple libre ; mais sa justice et sa stabilité dépendent de l'établissement de l'égalité proportionnelle dans la représentation et d'un ordre fixe et simple dans les élections.

« D'autre part, vous voulez fonder un nouveau système d'administration municipale et provinciale. Cette administration, également représentative, exige de même et la représentation proportionnelle et un ordre pour les élections.

« Cette similitude entre les deux objets établit par la nature de la chose même l'importance de fonder sur des bases communes le double édifice de la représentation nationale et de l'administration municipale et provinciale.

« Cette vérité, si propre tout à la fois à affermir les différentes parties de la Constitution en les liant l'une à l'autre, et

à faciliter pour toujours l'exécution en la simplifiant, est la
première qui nous a frappés. En suivant le fil qu'elle présente, nous sommes arrivés à la conviction que l'organisation de chaque grand district du royaume doit être constituée de manière qu'elle serve en même temps et à la formation du Corps législatif et à celle des diverses classes d'assemblées administratives. C'est ainsi que d'un ressort commun partiront tous les mouvements du corps politique : par
là, la conservation de ce ressort unique sera d'autant plus
chère au peuple, qu'en le perdant, il perdrait tous les avantages de sa constitution ; par là sa destruction deviendrait
inévitable.

« Le comité a pensé que les bases de la représentation doivent être, autant qu'il est possible, er raison composée du
territoire, de la population et des contributions. » (*Moniteur*.)

Thouret passe en revue ces trois bases et propose la création de 80 départements. Toute son organisation électorale
repose sur les assemblées primaires. « C'est sur la même
base, c'est-à-dire sur la même assise des assemblées primaires, qu'il s'agit d'élever un second édifice politique, qui est
la *constitution municipale*. » Le grand levier de la Révolution
a été l'organisation des municipalités : à Thouret revient
l'honneur d'avoir le premier formulé la nécessité de fortifier
la commune. « Combien de municipalités, dans les campagnes, ne sont pas à la merci des seigneurs ou des curés, ou
de quelques notables ? Combien, dans les petites villes, ne
sont pas dominées par le crédit des principaux citadins ?
N'attendons rien de ces administrations trop faibles pour
se conserver indépendantes : l'unique moyen d'émanciper
l'autorité municipale est de la distribuer en plus grandes
masses, et de rendre les corps qui en seront dépositaires plus
éclairés et plus puissants, en les rendant moins nombreux.
Alors ils pourraient devenir utiles, sous une infinité d'autres rapports publics, soit pour la police, soit pour l'admi-

nistration de l'impôt, soit pour l'inspection et l'emploi de la
garde nationale et milice intérieure, puisqu'elles offriraient
en chaque district d'une certaine étendue des centres de pouvoir unique et de régime uniforme. »

Thouret disait en terminant :

« Le comité a cru devoir se borner aujourd'hui à vous présenter ces points fondamentaux de son travail; pressé par
votre juste empressement à vous occuper de cette importante matière, il s'est hâté de vous soumettre ses premières
vues, et il doit attendre le jugement que vous en devez porter,
afin de ne pas continuer peut-être inutilement à bâtir sur
des bases que votre approbation n'a pas consolidées. »

La discussion de ce rapport fut ajournée, mais l'esprit en
fut accueilli. Capital au point de vue politique, il n'est pas
moins important pour l'histoire littéraire. Thouret y donne
un premier et excellent modèle de ce qu'on pourrait appeler
l'*éloquence d'affaires* à la tribune : ni trop sec, ni trop fleuri,
son style exprime des idées de raison et d'expérience de manière à toucher, en même temps que l'esprit, le cœur de
ses auditeurs, à émouvoir sans déclamation les passions
généreuses, à persuader en convainquant. La matière est abs-
traite : questions de statistique, de jurisprudence, de géogra-
phie, ce qu'il y aurait de plus ingrat dans une bouche médiocre, voilà ce que Thouret anime de son éloquence, non par des
artifices oratoires, mais en montrant sans cesse que ces questions sont vitales pour la France. Dans les discussions les
plus techniques, on ne perd jamais de vue, avec un tel guide,
le rapport qui unit le plus petit détail à l'objet principal, qui
est la Révolution française. Un souffle de patriotisme mêlé
à un art savant donne la vie et l'intérêt à tous les discours
et à tous les rapports du grand légiste. Nous savons par
Montlosier qu'il n'improvisait jamais : de si graves arguments
ne pouvaient être confiés au hasard de la parole et de l'occasion. Mais on oubliait, on ne voyait plus le cahier que Thou-

ret tenait à la main : son style avait toutes les qualités que donne l'heure présente, et sa diction réflétait les émotions et les sentiments actuels de ses auditeurs.

Orateur admirable, auditoire plus admirable encore ! On n'en vit jamais de plus sérieux, de plus instruit, de plus intelligent. Ces débats sévères sur l'établissement de la constitution, sur l'organisation, sur tout le détail du nouvel ordre de choses ne lassèrent jamais la patience des Constituants. La trame serrée du raisonnement de Thouret, qu'à la lecture nous ne suivons qu'avec un redoublement d'attention, ne paraît pas avoir fatigué un instant l'esprit des contemporains. Ils écoutaient avec gravité et comprenaient sans efforts. Dans les longs débats sur la magistrature, parfois, il faut l'avouer, notre curiosité s'émousse, et, pour excuser notre paresse d'esprit, nous nous disons que cette argumentation un peu sévère devait être lue au milieu du bruit des conversations, — et tout à coup, aux passages les plus arides, le *Moniteur* enregistre une longue salve d'applaudissements. C'est que, dans cet âge d'or du régime parlementaire, on savait écouter, sans l'appât d'une curiosité frivole. On savait, dans une Assemblée où personne n'avait à espérer d'être ministre ou à craindre de ne plus l'être, on savait goûter les joies désintéressées de la raison satisfaite. Dans ces débats importants, le patriotisme eût soutenu l'attention si elle avait faibli; mais elle ne faiblissait pas. Si l'orateur tardait à tenir ses promesses, on lui faisait crédit. On pardonnait un long discours en faveur d'une seule vérité, même noyée dans l'expression. Je parle toujours des discussions d'affaires. Les jours consacrés à la politique actuelle, aux incidents personnels, ces jours-là, l'Assemblée devenait impatiente, nerveuse, houleuse, tout comme nos assemblées contemporaines. Elle ne passait rien aux orateurs. Elle les huait ou leur fermait la bouche. Mais ce n'est pas sur ces séances trop célèbres qu'il faut juger la Constituante : c'est dans la discussion de son ordre du

jour ordinaire, c'est dans les séances d'affaires dont les historiens ne parlent pas, qu'il faut la regarder et l'étudier. C'est
alors qu'elle est grande, parfois sublime. On dirait un congrès de philosophes... Notre patrie contemporaine est sortie
de ces graves débats.

Ses vrais titres de gloire, la Constituante les doit donc aux
hommes comme Thouret qui, dans les comités, travaillèrent
silencieusement à la reconstitution du pays, et qui, à la
tribune, surent exposer leurs travaux dans une forme éloquente. Suivre Thouret dans sa carrière oratoire, ce serait
refaire l'histoire des grandes fondations de la Constituante.
Rappelons seulement ses deux plus éclatants succès : son
discours sur les biens du clergé et son discours sur le jury.

Nous avons vu, dans notre étude sur l'abbé Maury, comment Thouret établit victorieusement les vrais principes sur
le droit de propriété des *corps* (1). Maury ne put entamer ce
raisonnement solide, et la réplique de Thouret (30 octobre
1789) acheva la défaite de l'abbé. Nous avons cité l'exorde
dédaigneux de Thouret. Voici le passage essentiel de cette
courte et sévère réplique :

« M. l'abbé Maury m'a-t-il réfuté ? Je ne le pense pas. Si je
suivais le plan qu'il a tracé, nous serions toujours hors de la
question : il a posé en question ce qu'il lui incombait à prouver.

« J'ai soutenu que la nation avait le droit de décréter que
la propriété des biens du clergé appartient à l'État, qu'il
était utile que ce décret fût porté. Qu'a dit M. l'abbé Maury
contre ce droit ? Que la nation n'a pas le droit de violer la
propriété : cela est imposant, mais ce n'est qu'un sophisme.
Il prétend que je n'ai pas prononcé positivement contre la
propriété du clergé ; je me suis expliqué, et je m'explique
nettement : le corps du clergé n'est pas propriétaire.

« J'ai distingué les corps et les individus ; c'est là ce que

(1) Cf. plus haut, p. 240.

M. Maury appelle de la métaphysique ; mais je ne sais si les corps moraux, qui n'ont qu'une existence idéale, peuvent être définis par d'autres mots que ceux qui leur sont propres... Ces corps n'existent pas par eux, mais par la loi, et la loi doit mesurer l'étendue dans laquelle elle leur donnera la communication des droits des individus. Tous les corps ne sont que des instruments fabriqués par la loi pour faire le plus grand bien possible. Que fait l'ouvrier lorsque son instrument ne lui convient plus ? il le brise ou le modifie. Je n'en dirai pas davantage, parce que M. l'abbé Maury a rempli son discours d'idées incohérentes et nullement relatives à la question. »

Quelle force et quelle hauteur dans cette réponse méprisante ! Thouret, on le voit, prouva ce jour-là qu'il savait improviser, et que si, d'ordinaire, il écrit ses discours, c'est moins par impuissance oratoire que par scrupule de conscience.

Son autre triomphe oratoire se rapporte à la discussion sur le fonctionnement du jury. *L'instruction criminelle devant le jury sera-t-elle écrite ou non ?* A cette question, l'avocat Tronchet, député de Paris, répondait négativement : « Je prétends, disait-il, que la procédure par écrit est une forme indispensable ; sans cela vous donnez un brevet d'impunité aux faux témoins, car c'est dans leurs dépositions mêmes que se trouve l'indice le plus sûr de leur scélératesse ; je citerai un exemple. Un homme était accusé par deux témoins d'un assassinat ; c'était, disaient-ils, à la faveur du clair de la lune qu'ils avaient vu commettre ce crime. L'accusé allait être condamné au supplice ; on consulte l'almanach : il n'y avait pas de clair de lune ce jour-là. Retranchez les dépositions écrites, et dites-moi comment on aurait pu punir ces deux faux témoins ? Ce n'est pas là ce que nous avons répondu, auraient-ils dit (1). » Dans son amour du passé,

_____

(1) *Moniteur.* Séance du 2 avril 1791.

Tronchet remonte jusqu'à la Bible : « Ne vous imaginez pas
non plus que l'audition séparée des témoins n'offre point
d'avantage. Cette forme sauva l'honneur de Susanne : les
vieillards furent entendus séparément, se contredirent, et elle
fut reconnue innocente. »

La réponse de Thouret à cette argumentation surannée fut
un chef-d'œuvre de dialectique et de style. Il démontra deux
points : d'abord, que l'institution du jury est moralement
impossible avec les lenteurs de la procédure écrite ; en second
lieu, qu'il faut des juges et non des jurés pour juger d'après
les formes judiciaires, d'après les preuves écrites ; car, *quand
les preuves sont écrites, la conviction morale est détruite ou
corrompue.*

Sur ce second point, qui est une question de haute philosophie, Thouret déploie toute son éloquence :

« La conviction du juré, voilà la loi que le juré doit suivre. On redoutera l'indépendance des jurés ; mais la compensation de cette indépendance se trouve partout dans leur
institution ; ils voient et entendent les témoins, l'accusé, les
témoins et l'accusé. A mesure que les débats s'animent, les
jurés s'imprègnent de la conviction par tous les sens ; c'est là
la conviction humaine dans toute sa pureté, dans sa sincérité naturelle. La conviction morale subjugue tout, quand
elle est ressentie ; elle ne peut être ni commandée ni inspirée ; c'est le véritable *criterium* de la vérité humaine. (Une
grande partie de l'Assemblée applaudit.).....

« M. Tronchet soutient que l'écriture des preuves ne nuira
pas à la conviction morale, qu'elle réunit les deux avantages,
que sans elle on n'en a qu'un. Nous avons déjà reconnu
l'impossibilité de l'écriture des preuves en présence des jurés.
Nous avons prouvé qu'avec l'écriture l'institution des jurés
n'aurait pas même un avantage, puisque l'écriture serait la
perte de cette institution. Mais nous avons pensé qu'en sup-
posant la possibilité d'écrire les preuves, la conviction mo-

rale ne serait pas garantie. Voici nos raisons. Les preuves légales qui n'étaient pas reconnues par les lois se sont établies, parceque la difficulté de tirer un résultat obligeait à se faire des règles de convention. Les preuves écrites donnent lieu à de nombreuses considérations ; les juges préféreront les considérations des choses écrites à la conviction morale, dans la crainte que leurs jugements ne soient attaqués : ils seront placés entre leur honneur et leur conscience. Il faudra avec les preuves écrites que l'un des jurés examine ces preuves et en rende compte, il faudra que les autres écoutent. Ainsi voilà un rapporteur ; voilà déjà les jurés transformés en une véritable séance de tournelle. Obligés de s'accorder presque à l'unanimité sur le résultat des procès, la vérité sera mise au hasard du plus ou moins de justesse dans l'appréciation de choses écrites. Des écritures entre les mains des jurés seront une source intarissable de tiraillements, de querelles. La procédure écrite est, pour des hommes qui n'apportent avec eux que les connaissances de la vie privée, ce que sont des armes dangereuses entre des mains qui n'en connaissent pas l'usage. Les jurés aimeront souvent plutôt douter de la justesse de leur conviction que de s'exposer à la flétrissure d'un jugement qui serait attaqué, parce que les preuves resteraient. »

Quant à l'objection tirée de l'anecdote du faux clair de lune, il s'en moque en ces termes : « Il a cité pour exemple les deux témoins qui avaient déposé avoir vu assassiner un homme au clair de la lune ; la fausseté de leur déposition fut constatée par un almanach. Eh bien ! je dis que quand leur témoignage n'aurait point été rédigé par écrit, la fausseté en aurait été aussi facilement constatée et tout de même par un almanach. »

Néanmoins, Thouret et le comité acceptèrent une transaction qui consistait à « faire écrire les dépositions en présence d'un magistrat, et à faire ensuite, devant le jury de jugement, le débat de vive voix, sans écrit, après lecture publique des dépositions. » L'Assemblée vota cette rédaction.

Ce monarchiste était si ferme sur les principes libéraux que, dans son rapport du 28 mars 1791, il donna au roi, malgré les cris de la droite, le titre de fonctionnaire public. Rien ne pouvait intimider son solide bon sens. Les sophismes mêmes qui décidèrent le vote fatal sur l'éligibilité des députés sortants ne l'empêchèrent pas d'attaquer cette motion dans quatre séances consécutives. Mais la passion et le point d'honneur furent plus forts que l'évidence.

Thouret fut le dernier président de la Constituante : il recevait cet honneur pour la quatrième fois.

Il passa les années 92 et 93 à s'occuper de l'éducation de ses fils ; il composa pour eux des grammaires grecque, latine et française, des traités de philosophie, des tableaux chronologiques d'histoire ancienne et moderne (1). Arrêté, il continua ses travaux en prison. Il fut guillotiné en 1794.

En 1800, Beugnot, préfet de la Seine-Inférieure, fit son éloge dans un discours public et l'appela « orateur sans écart, métaphysicien sans obscurité, érudit sans pesanteur, et homme d'État sans système ». Ce jugement, beaucoup trop spirituel, est surtout injuste en ce qu'il transforme Thouret en un homme à la mode de 1800, c'est-à-dire prêt à servir tous les gouvernements. Non, Thouret n'était pas un homme d'État sans système. S'il s'est trompé en croyant à la possibilité de la monarchie parlementaire, il s'est trompé loyalement, en homme profondément convaincu. Cette conviction éclate dans son éloquence ; à tant d'années de distance, elle nous touche encore et nous émeut. Dialecticien pressant et subtil, orateur toujours écouté, légiste et philosophe éminent,

---

(1) *Biographie des Contemporains.* — L'article (non signé) relatif à Thouret est particulièrement remarquable : l'auteur (ce ne peut être Arnault) dit avoir constamment vécu dans l'intimité de Thouret.

Thouret brille sans tache parmi les hommes de 1789 : il est peut-être la gloire la plus pure de l'Assemblée constituante. En tout cas, à notre point de vue spécial, on trouve en lui un don que plus d'un orateur de son temps pourrait lui envier, et qu'il doit à l'unité de sa vie et de sa pensée : il a un style.

CHAPITRE III.

CHAPELIER.

Chapelier (1) fut une des sommités du parti constitutionnel et, parmi les orateurs de second ordre, il doit être mis dans un rang honorable. Né à Rennes, fils d'un avocat, avocat distingué lui-même, il est un des légistes de l'Assemblée, un des rédacteurs de la Constitution, un des rapporteurs les plus écoutés.

Il avait, dans sa ville natale, « une grande réputation pour sa dignité, son éloquence, sa grâce ; il s'était aussi fait remarquer par des satires piquantes qu'il lançait toutes les fois qu'il en trouvait l'occasion (2) ». Il aimait le jeu et les femmes, et s'habillait avec recherche. « Esclave des modes dans ses habillements, sa parure était toujours élégante et recherchée, ce qui l'avait fait nommer à Rennes *le modèle des beaux*; il était toujours bien frisé et bien poudré, et on ne l'a jamais vu sans avoir six ou sept bagues à ses doigts ; il n'était pas moins fastueux dans l'ornement de sa maison, et quoique son ameublement fût cher, il le changeait chaque fois que la mode variait (3). »

---

(1) Son vrai nom était *Le Chapellier*.
(2) *Recueil d'anecdotes*, p. 393.
(3) *Ibid*.

Cette prétention faisait un contraste plaisant avec la vulgarité de sa figure ; teint jaune, nez fureteur, bouche cynique, air de procureur. Mais son front, largement découvert, annonçait l'intelligence, et on eût oublié ses défauts physiques, si son regard n'eût été perpétuellement caché derrière une paire de lunettes (1).

L'homme valait mieux que la mine ; énergique, obstiné, il fut patriote avant la Révolution. Dans la lutte du gouvernement et des Parlements, il se prononça avec hardiesse contre le ministère. En 1788, il se présente, à la tête des avocats de Rennes qui l'ont nommé doyen, devant le Parlement de Bretagne et prononce un discours plein de mesure et de force, où vit le même esprit de liberté qui éclatait alors en Dauphiné. « Permettez-nous, Messieurs, dit-il, de déposer dans votre sein les protestations de notre inviolable attachement aux lois et à leurs ministres essentiels ; notre devoir comme notre gloire est de ne jamais détacher notre sort de celui des magistrats auxquels nous nous faisons honneur d'être inséparablement unis pour le bien commun. » Et il déposa une protestation des avocats, dont il était sans doute l'auteur, et qui débute ainsi : « L'ordre des avocats, partageant avec tous les citoyens l'étonnement et les alarmes que fait naître l'annonce de coups d'autorité, destructifs des lois constitutionnelles de la province et des principes les plus sacrés, regarde en ce moment comme un devoir de déposer dans le sein de la cour la protestation solennelle de son attachement aux maximes sur lesquelles reposent l'ordre et le bonheur public (2). »

Député de Rennes aux États généraux, il arriva à Versailles avec une réputation d'audace et d'habileté, et il fut presque aussitôt un des orateurs dont les paroles répondi-

(1) *Ibid.*
(2) *Moniteur*, introduction.

rent le mieux aux sentiments de la moyenne des constituants. Cette assemblée à l'esprit formaliste et au cœur patriote crut se reconnaître en Chapelier : elle le plaça dans son comité de constitution et l'éleva à la présidence le 3 août 1789 ; c'est ainsi qu'il eut l'honneur de diriger les débats de l'Assemblée dans la nuit du 4 août (1). Le 5 octobre, quand Mounier quitta le fauteuil, il le remplaça provisoirement. Enfin « sa présidence fut remarquable en ce qu'il saisit l'occasion de s'arroger le premier la prééminence sur le roi ». Jusqu'au voyage de Varennes, il vota toujours de la manière la plus libérale. Le premier, il demanda la garantie de la dette publique ; il s'opposa à la violation du secret des lettres ; il provoqua l'institution de la garde nationale (13 juillet 1789) ; il contribua à la loi sur les successions, la loi révolutionnaire par excellence ; il demanda que la nomination des juges émanât du peuple ; enfin il est l'auteur et le rapporteur de la loi du 28 juillet 1791 sur la propriété littéraire. En même temps, il developpait ses idées politiques dans la *Bibliothèque de l'homme public* publiée par Condorcet (2).

Cet homme si occupé était célèbre à l'Assemblée par sa paresse, qui n'avait d'égale que sa merveilleuse facilité. L'une aidant l'autre, il improvisait tous ses discours. « Chapelier, dit Montlosier, peut être mis au premier rang de nos improvisateurs : tant qu'il a eu un peu la disposition de lui-même, il n'a cédé en talent à qui que ce soit, *pas même à Mirabeau* (3). » Ce jugement d'un adversaire politique est considérable.

---

(1) Thibaudeau, qui assistait à cette fameuse séance, décrit en ces termes l'attitude de Chapelier : « Le tiers état ébahi, transporté, n'avait qu'à tendre les mains pour recevoir. Chapelier, président, semblait dire : « Messieurs, y pensez-vous? prenez garde à ce que vous faites! vous le voulez? soyez les bienvenus! donnez, donnez, nous acceptons de grand cœur vos offrandes. » (*Biographie et Mémoires*, p. 95.)

(2) 28 vol. in-8, 1791-1792.

(3) II, 241.

Mais Montlosier avait ses prédilections passionnées que ne
ratifiait pas toujours l'opinion publique. Son admiration pour
l'éloquence de l'avocat breton n'a pas d'écho dans les autres
Mémoires du temps.

Un discours de Chapelier semble pourtant justifier l'enthousiasme de Montlosier : c'est celui qu'il prononça, chose
piquante ! contre ce même Parlement de Rennes, auquel en
1788 il avait juré, à la tête de ses confrères, une loyale fidélité.
Hâtons-nous de dire que les circonstances avaient changé,
que les rôles s'étaient intervertis. En 1788, les Parlements
représentaient le droit et plaidaient la cause de la liberté :
en 1790, ils ne représentaient plus qu'eux-mêmes et plaidaient la cause de leur privilège, faisant à la Révolution le
plus injurieux procès. On sait que la chambre des vacations
de Rennes refusa l'enregistrement et, au nom du roi (disait-
elle), se mit en rébellion ouverte contre l'Assemblée. Mandés
à la barre, les magistrats se justifièrent avec hauteur, alléguant les droits particuliers de la Bretagne et provoquant la
guerre civile. Cette levée de boucliers des Parlements aurait
pu être infiniment dangereuse : le prestige des magistrats
qui avaient lutté contre le despotisme était encore énorme.
Toute la France fut attentive à la protestation du Parlement
de Rennes, comme à celle du Parlement de Rouen. La Constituante n'hésita pas : elle châtia les rebelles, et bientôt la
nouvelle organisation fit disparaître ces magistrats orgueilleux
et têtus. Mais le discours du breton Chapelier contre le Parlement breton fut l'épisode le plus mémorable de cette
lutte:

« J'éprouve quelque embarras, dit-il, en me voyant forcé
de condamner une cour composée de citoyens dont j'ai reçu
des marques d'estime ; mais la reconnaissance, mais les liaisons particulières doivent céder à l'intérêt de la justice, de
la vérité.... » Et plus loin, se rappelant sa protestation de
dévouement : « Je dois dire que les mains de ces magistrats

ont toujours été pures, [comme la justice.... Mais ils ont désobéi. »

Le Parlement demandait une assemblée des Etats de Bretagne, voulant opposer la Bretagne à la France et faire revivre les haines oubliées. Chapelier s'indigne et s'élève très haut : « C'est à la fois insulter à la raison et fronder le vœu du peuple que de demander une assemblée des Etats de Bretagne. A-t-on cru que nous ne dirions pas ce que c'est que ces Etats ? Huit ou neuf cents nobles, des évêques, des députés de chapitre les composent. Voyez-y quarante-deux hommes représentant deux millions d'individus sous le nom modeste, j'ai presque dit avili, du tiers-état. Chaque chambre a un *veto*... Voilà par qui l'on veut que la Constitution soit jugée.... Imaginez ce que les abus ont de plus odieux, l'aristocratie de plus absurde, la féodalité de plus barbare, les *veto* de plus tyrannique, et vous aurez une idée de l'assemblée à laquelle on veut confier le droit de juger les institutions immuables qui doivent faire le bonheur de tous. Vous avez détruit les ordres, proscrit les *veto* ; nous avons coopéré à une constitution et nous n'en jouirions pas ; et ces nobles diraient *veto* sur la félicité publique ! Une telle demande est scandaleuse et coupable !....

« La chambre des vacations s'est rendue coupable d'une désobéissance qui ne peut avoir pour but que de procurer de grands désordres, afin de conserver de grands abus. Elle a dit qu'elle voulait défendre vos franchises ; mais sont-elles attaquées ? sont-elles perdues ? Elles seront augmentées. Nous n'avions stipulé ni avec la nation, ni contre elle, mais avec le roi et contre le despotisme. Les Bretons ont renouvelé leur union à la France, en nous envoyant vers vous. Ils ont adhéré à ce que vous avez fait, et par leurs adresses, et en montrant leur allégresse, et en déployant leurs forces pour soutenir vos opérations...

« Les nobles et les ecclésiastiques, dit-on, n'ont pas consenti. — Où est donc la nation bretonne ? Dans quinze cents gentilshommes et quelques ecclésiastiques, ou dans deux millions d'hommes ? Si les magistrats n'avaient pas voulu que la robe sénatoriale ne couvrît qu'un noble, feraient-ils d'aussi aveugles réclamations ? Ce sont des magistrats nobles qui défendent des nobles pour opprimer le peuple. Voilà ce qu'ils appellent nos franchises et nos devoirs (1). »

Oui, ce jour-là, Chapelier fut éloquent et se rapprocha de Mirabeau. Mais il ne retrouva plus cette veine heureuse, ces traits forts et précis, cette indignation sincère. Plus il va, plus il faiblit, délayant, lambinant, ennuyant, comme accablé lui-même d'une torpeur lourde.

« A la fin, dit Montlosier, énervé de veilles et de plaisir, passant ses nuits dans des maisons de jeu, peut-être dans d'autres maisons encore, il a pu, dans les entractes, se montrer à nos comités ; pour la tribune, il l'a presque entièrement abandonnée (2). » On disait même que chez lui l'énervement alla jusqu'à l'impossibilité de suivre une discussion : au bout d'un quart d'heure il se levait et quittait le comité pour aller... Les royalistes imprimaient en toutes lettres en quel endroit (3).

Il est certain que son grand rapport sur la liberté du théâ- tre et la propriété littéraire est une œuvre diffuse et mal écrite. Parlant de Voltaire, il dit : « Encore il n'avait pas

---

(1) *Moniteur*, séance du 8 janvier 1790. — Les royalistes devaient se venger de la façon la plus odieuse. Il allèrent en nombre attaquer Chapelier dans un café et le jetèrent par la fenêtre (mars 1790). *Les Actes des Apôtres* insérèrent à ce propos cette inepte épigramme :

> « Chapelier sans étonnement,
> Lancé par la fenêtre assez impoliment,
> Dans un tas de fange profonde,
> Comme un poisson jeté dans l'onde,
> Ne s'en porta que mieux : c'était son élément. »
>
> (*Actes des Apôtres*, III, n° 79.)

(2) II, 211.

(3) Mallet du Pan, II, 488.

pu soutenir au théâtre quelques-uns de ses chefs-d'œuvre
que nous reprenons maintenant, et souvent la morgue comique a exigé de lui des sacrifices auxquels le privilège exclusif l'a forcé de s'abaisser (1). » Comprenne qui pourra, et le
reste est dans ce style ! Pas un argument neuf ou décisif ; la
question, si complexe, reste entière. Seules, les intentions de
l'écrivain sont louables. Le caractère curieux de ce discours,
c'est que Chapelier y croit nécessaire de réfuter le paradoxe
de Rousseau sur l'immoralité du théâtre ; c'est la *Lettre à
d'Alembert* à la main qu'il a composé son rapport. « Mais,
dit-on, il y aura trop de spectacles ; les citoyens seront détournés de leurs occupations utiles ; les provinces seront
fatiguées de troupes de comédiens. — Laissez à l'intérêt le
soin de ne former que des établissements qui pourront être
avantageux. »

Bientôt on lui reprocha de mollir, de changer d'opinion, et
la médisance (ou la calomnie) donna aussitôt le mot de ces
variations : « Il n'est que trop vrai, dit un contemporain,
que l'amour du jeu étouffa en lui l'amour de la chose publique et le germe des vertus, sans lesquelles on ne saurait
être un bon citoyen. Un mariage d'intérêt le mit en relation
intime avec des hommes enrichis par l'agiotage, et leur commerce acheva de détruire son patriotisme et sa moralité (2). »

La vraie explication du découragement de Chapelier est
plus naturelle ; comme tous les constitutionnels il eut peur
après Varennes, vit la monarchie perdue et se rapprocha de
Louis XVI. Se rapprocha ? Il est plus vrai de dire qu'il s'abstint d'attaquer le roi, eut des entrevues avec les Impartiaux,
parla des inquiétudes communes, ne s'engagea pas, ou, engagé, se dégagea bientôt.

(1) *Moniteur*, séance du 13 janvier 1791.
(2) Bonneville et Quénard, t. III.

Malouet nous en donne la preuve dans ses *Mémoires*. Au moment de la révision de la Constitution, il eut avec Barnave un entretien dont nous aurons à parler. A la fin de cet entretien, Chapelier survint, fut mis au courant, et Malouet leur proposa à tous deux l'intrigue suivante :

« Voici, leur dis-je, ce que j'ai à vous proposer pour remplir vos vues et les miennes. Les débats sur la révision de l'acte constitutionnel vont commencer ; il ne m'en coûte rien de braver la mauvaise humeur de l'Assemblée ; je vous offre d'attaquer votre acte constitutionnel dans toutes les parties qui en sont susceptibles. Je vous promets des observations sages et conséquentes sur les points mêmes que vous voulez défendre, à plus forte raison sur ceux dont vous connaissez le vice et le danger. Eh bien ! je ne vous demande que de céder sur ceux-là, mais franchement et complètement, et pour le faire avec avantage, vous, monsieur Chapelier, vous me répondrez, vous m'accablerez, si bon vous semble, de sarcasmes, de reproches sur mon irrévérence pour la Constitution ; et quant aux moyens de gouvernement sur lesquels nous sommes à peu près d'accord, vous direz que vous n'aviez besoin ni des lumières ni des censures de M. Malouet pour reconnaître que tel décret était susceptible de telles modifications, qu'il était dans l'intention du comité de les proposer ; et tout de suite vous présenterez les bases d'un nouveau décret tel qu'il en résulte un gouvernement vraiment monarchique (1). »

Chapelier accepta-t-il formellement ? Malouet l'affirme et s'indigne de son manque de parole. En effet, dans la séance du 8 août 1791, Malouet parla dans le sens indiqué. Mais les protestations de la gauche furent si fortes, que Chapelier oublia son rôle convenu et fit retirer la parole à Malouet,

(1) Malouet, II, 272.

qui lui en voulut à mort et resta pris dans sa propre intrigue.

Le talent de Chapelier se releva un peu dans la discussion sur la rééligibilité des Constituants ; presque seul de la gauche, il se prononça pour l'affirmative et exposa avec bonheur les inconvénients d'une interdiction si décourageante pour ses amis et pour lui : « On travaille peu pour la postérité, dit-il ingénument ; on fait plus pour mériter les suffrages actuels de ses concitoyens. Il faut, si vous voulez entretenir l'émulation de la vertu, que la censure de l'opinion publique soit bien marquée, que la nation ait un moyen d'exprimer sa confiance. Prétendez-vous ôter au peuple le droit de récompenser ceux qui l'ont bien servi, ou de couvrir de son blâme ceux qui ont trahi sa cause ?

« Beaucoup d'hommes ne s'exposent à des sacrifices que par l'amour de la gloire. Si vous confondez dans la classe commune les citoyens laborieux et vertueux qui auront bien mérité de la patrie, ne croyez pas qu'ils se livrent à des travaux pénibles et assidus quand ils ne pourront recueillir que des applaudissements d'un jour, bons pour ceux qui ne demandent que de la popularité. Il faut sans doute qu'il y ait dans l'Assemblée législative une opposition constante aux projets ambitieux du ministère ; mais ne devez-vous pas craindre qu'une assemblée toujours nouvelle ne manifeste souvent une opposition terrible qui trouble la tranquillité publique, et qu'elle ne veuille faire en un instant ce qu'il faudrait faire dans un long espace de temps? »

La carrière politique de Chapelier se termine avec les travaux de la Constituante. Il passa en Angleterre à la fin de 1791 et revint bientôt en France, craignant qu'on ne mît le séquestre sur ses biens. Ce voyage le perdit. Accusé de conspiration, il dut se cacher. « A la fin de 93, ne pouvant plus, dit Michelet, supporter sa réclusion, ses angoisses, il écrivit à Robespierre, son ancien collègue, qu'il était caché dans tel lieu et le priait de le sauver. Robespierre, à l'instant, envoya la lettre à l'autorité, qui le fit prendre, juger, guillotiner. Le fait est attesté par M. Pillet, alors commis dans les bureaux du Comité de salut public, par les mains duquel la lettre passa (1). » Chapélier monta sur l'échafaud le 3 floréal an II (22 avril 1794), avec Thouret, d'Espréménil et Malesherbes.

CHAPITRE IV.

TARGET ET TRONCHET.

I

Target, avocat au parlement de Paris, s'était rendu célèbre par l'éclat avec lequel il attaqua les Jésuites dans le procès que leur intentèrent Cazotte et mademoiselle Fouque. Comme tous les grands avocats du XVIIIe siècle, il lutta courageusement contre le despotisme et puisa sa popularité dans son opposition politique. Il refusa de plaider devant le parlement Maupeou, se condamna à la retraite et publia un pamphlet retentissant, *Lettre d'un homme à un autre homme sur l'extinction de l'ancien parlement et la création du nouveau.* Il fit mieux : il provoqua en 1787 l'édit qui rendit l'état civil aux protestants. Il était de l'Académie française depuis 1785.

Moins éloquent, dit-on, que son rival au barreau, le célèbre Gerbier, il le surpassa comme avocat consultant. « Il avait, dit un contemporain, une élocution facile et fleurie, que quelques critiques ont cependant accusée de diffusion, notamment dans un de ses mémoires pour le cardinal de

(1) Michelet, *Hist. de la Rév.*, v. 87.

Rohan, un bel organe, des talents littéraires distingués (1). »

Député de Paris, il provoqua une grande curiosité la première fois qu'il parut à la tribune. Ce fut, comme pour Bergasse, une déception complète. Ces grands yeux vaniteux, cet air glorieux et béat, ce pédantisme de manières, qui n'auraient point déplu au barreau, furent intolérables à la tribune. On trouva sa parole lourde, pénible, prétentieuse. « Il disait bien pesamment et bien pédantesquement des niaiseries (2). » Du coup, il fut ridicule, et les pamphlets royalistes le prirent pour cible de leurs épigrammes. On ne lui pardonna aucun lapsus, aucune négligence de style. Il paraît qu'un jour il dit naïvement : « L'assemblée ne veut que la paix et la concorde, suivies du calme et de la tranquillité. » Cette phrase, que nous n'avons retrouvée dans aucun compte-rendu, devint aussitôt célèbre. Les *Actes des Apôtres* en régalèrent leurs lecteurs plusieurs numéros de suite. On riait aussi des épithètes redondantes de l'ex-avocat, de la *grande nation*, du *grand œuvre* qui revenaient sans cesse dans ses

(1) Beaulieu, Biographie Michaud.
(2) Et. Dumont. — Il dit encore de Target : « Après avoir essayé une ou deux fois ses grands airs boursouflés, je ne fus pas tenté d'y revenir. C'était de lui dont on disait qu'il s'était noyé dans son talent ; les grands mots l'étouffaient. » Montlosier est plus amusant encore quand il parle de Target : « Vous arrivez, me disait-il, monsieur, de votre province, vous n'êtes peut-être pas encore bien au fait de nos hautes matières politiques. En fait de législation, le corps législatif est *demandeur*, le roi est *défendeur*. En fait de finances, c'est tout le contraire : le roi et les ministres procèdent en *demandant*, l'assemblée en *défendant*. » (t. II, p. 251.) « J'ai vu, écrit Robespierre, Target arriver précédé d'une grande réputation ; il a ouvert la bouche pour donner avis..., on s'est apprêté à l'écouter avec le plus grand intérêt. Il a dit des choses communes avec beaucoup d'emphase pour se ranger de l'avis qui avait déjà réuni la pluralité des voix : il a cependant été applaudi. Aujourd'hui il est presque entièrement hors de combat ; on s'est aperçu que son mérite était beaucoup au-dessous de cette première prévention. » (Lettre inédite de Robespierre citée par Ernest Hamel, *Histoire de Robespierre*, 2º édit., 1, 80.)

discours. Le pauvre homme, tombé de son piédestal, perdit tout courage,et ses amis, comme il arrive, furent les premiers à sourire de sa déconvenue. Il abandonna la tribune et n'y parut plus que pour y lire des rapports.

Président et rapporteur ordinaire du comité de constitution, il rendit les plus grands services et contribua notamment à l'élaboration des lois sur les assemblées électorales et sur les municipalités. Mais, dans ce nouvel emploi, il n'évita pas le ridicule. Il écrivait comme écrivent beaucoup d'avocats : très mal. L'habitude de l'improvisation expose,une fois qu'on prend la plume, à la prolixité la plus fastidieuse. Les rapports de Target sont presque illisibles, et la bonté du fond ne peut y faire tolérer l'obscurité de la forme. Les journaux royalistes reprirent contre lui leur guerre de brocards. Les *Actes des Apôtres* dirent que le président du comité tardait à accoucher et que la naissance de la petite Targetine(la Constitution)était bien laborieuse. Sur ce thème innocent et facile, Peltier et ses collaborateurs brodèrent sans pitié, mêlant les obscénités et les outrages à leurs *Targétades*, à leurs *Bulletins des couches de M. Target*. Ils firent même étendre de la paille devant la porte de Target, pour que le bruit des voitures ne troublât pas l'accouchement. « A peine née, la petite Targetine fut violée par un patriote, et la Constitution reçut de quotidiens accrocs.... » Tel était l'esprit des royalistes en 1790 ; et voilà les plaisanteries dont la reine faisait ses délices.

Le bon Target en fut réellement affecté : il ne donna pas sa mesure comme orateur politique. Il avait renoncé à la tribune juste au moment où l'on commençait à recueillir les discours avec soin. Les siens sont particulièrement maltraités dans les journaux du temps : Le Hodey, Barrère, le compte-rendu rétrospectif du *Moniteur* résument ses opinions en quelques lignes, dont il serait impossible d'extraire un passage présentable. Quant aux *rapports* de cet académicien, ils n'appartiennent vraiment pas à la littérature. En lui, l'homme d'état, le légiste valaient mieux que l'orateur et l'écrivain. Target est un des fondateurs des libertés publiques, et, à ce point de vue, il était digne des sarcasmes des royalistes. Mais s'il mérite une place importante dans l'histoire politique, l'histoire littéraire ne peut que mentionner son nom et, en signalant ses échecs oratoires, constater une fois de plus combien l'éloquence du barreau diffère de l'éloquence de la tribune, et combien la première prépare mal à la seconde.

II.

Nous avons vu Tronchet aux prises avec Thouret dans la discussion sur le fonctionnement du jury. Son éloquence un peu surannée ne manquait ni de précision ni même de force. Il se faisait écouter par sa sincérité, sa compétence, ses cheveux blancs. Mais il n'avait jamais été orateur. Avocat, il avait presque renoncé au barreau, faute de pouvoir improviser. C'est comme consultant qu'il était parvenu à une honorable notoriété. Bâtonnier de son ordre et connu pour s'être associé à l'abstention du barreau, lors des parlements Maupeou, il fut député du Tiers-État de Paris. Il avait 63 ans. Cet âge, qui de nos jours est presque la jeunesse pour un homme politique, était exceptionnel dans cette jeune assemblée. Tronchet dut s'y trouver dépaysé : il fallait être soi-même au début de la vie, entre la jeunesse et la maturité, pour commencer cette ère nouvelle de la vie nationale. Tronchet eut peur, peur surtout de manquer aux formes. Il s'opposa de tout son pouvoir à la transformation des communes en assemblée nationale, et s'y résigna après l'événement.

Il s'occupa surtout des conséquences législatives de la nuit du 4 août et de la nouvelle organisation judiciaire.

Membre influent du comité féodal, il y rendit de réels services par son expérience consommée.

Dans les débats sur la nouvelle magistrature, il fit écarter le jury en matière civile, et nous avons vu que pour la question de la procédure écrite, il fit triompher, malgré l'éloquence de Thouret, une partie de son opinion et amena son redoutable adversaire à transiger.

Il avait de l'éloignement pour les patriotes ardents, avec lesquels il ne vota jamais, et pour les monarchiens, lui qui semblait né pour la société de Malouet et de Clermont-Tonnerre. Ainsi, il protesta, le 30 janvier 1791, contre l'insertion de son nom sur les listes du club monarchique. Sa voix était faible, sa parole incolore. Mais quand ce vieillard montait à la tribune, tous ces jeunes hommes de trente ans l'écoutaient avec déférence. Un jour qu'il avait fini par les lasser, Mirabeau, qui présidait, dit heureusement : « Messieurs, veuillez vous souvenir que M. Tronchet n'a pas la poitrine aussi forte que la tête. »

Il redevint avocat après la séparation de l'assemblée. Sous le Consulat, il présida le tribunal de cassation, collabora à la rédaction du Code civil, entra au Sénat et mourut en 1806.

Nous ne donnerons pas d'autre exemple de son éloquence que le passage (cité plus haut) de son discours sur la procédure écrite : il s'y est élevé au dessus de lui-même.

CHAPITRE V.

DANDRÉ.

Dandré, conseiller au parlement d'Aix, député de la noblesse de Provence, membre de la minorité de son ordre, était un homme habile, trop visiblement habile. Son plus

intime ami, Etienne Dumont, l'appelle *un Frontin de comédie* (1). « Ce n'était ni un grand orateur, dit un biographe qui lui
était sympathique, ni un homme de beaucoup de raison.
Son accent méridional et sa figure ignoble ne lui permettaient
pas de grands succès à la tribune ; mais doué d'assez de capacité, de prévoyance et surtout d'une grande flexibilité d'opinions, il conserva toujours sur la majorité une certaine influence; il fut nommé trois fois président et il fit partie de
plusieurs comités (2). »

Il vota et parla généralement avec les patriotes, mais non
sans ménager la Droite. Les contemporains l'appelaient *le
couteau à deux tranchants*. Un jour, à propos du renvoi des
ministres, il déclarait qu'il « défendrait les droits de la liberté
jusqu'à la dernière goutte de son sang ». Le lendemain il
accusait Mirabeau d'avoir provoqué l'émeute d'Aix dont Pas-
calis fut victime.

Son rôle toutefois fut très secondaire jusqu'au moment de
la révision de la constitution. A cette époque, la majorité
voulut se rapprocher du roi, atténuer les réformes commen-
cées, restreindre la Révolution. Les chefs, les orateurs célèbres n'osèrent pas se mettre en avant pour cette œuvre impopulaire. Ils se servirent de Dandré, qui passa grand homme
pendant ces quatre derniers mois. Son rôle et son art étaient
« d'employer les formes jacobines à servir la royauté (3) ».
La droite riait de lui et de ses airs affairés. Un jour, l'abbé
Maury lui demanda s'il prétendait « être un des légataires
de M. de Mirabeau ». Il répondit sans esprit : « Je voudrais
être légataire des talents de M. de Mirabeau pour pouvoir
confondre M. l'abbé Maury et le réduire au silence (4) ».
Brissot, interprète de l'opinion publique, accusait quotidien-

(1) *Souvenirs*, p. 358.
(2) *Biographie Michaud*, 1ʳᵉ édition.
(3) Michelet, III, 189.
(4) *Journal logographique*, séance du 18 avril 1791.

nement, dans son *Patriote*, Dandré d'être vendu à la cour. Etienne Dumont ne nie pas le fait. Il allègue seulement que « si Dandré avait eu sa part des faveurs royales, il n'en faisait pas au moins un usage d'ostentation (1) ». Quoi qu'il en soit, la réputation de Dandré faisait rire jusqu'à l'impassible abbé Siéyès, et l'oracle de la Constituante aimait à réciter (qui l'eût cru?) un dialogue supposé entre Dandré et son valet de chambre :

« *Dandré.* Quel est l'ordre du jour ?

Jean. Monsieur, c'est la question des commissaires du roi auprès des tribunaux.

Dandré. Ote-moi cet habit : donne-moi le vieux.

Jean. Monsieur, il est tout usé par les coudes.

Dandré. Tant mieux, c'est ce qu'il me faut : donne-moi aussi mon vieux chapeau et mes vieux bas.

Jean. Monsieur veut-il ses bottes ? il fait mouillé.

Dandré. Non, elles sont toutes neuves ; je veux mes gros souliers à clous de fer. Un peu de boue ne gâte rien. Ceci est une affaire d'importance. Me voilà bien. Qui diable, en me voyant ainsi équipé, peut penser à la liste civile (2) ? »

Dandré eut le bon sens de s'opposer au décret contre la réélection des constituants, malgré la cour, malgré la reine qui s'obstinait à croire que les futurs députés seraient hostiles à la Révolution. Il présidait quand le décret fut proposé et « vit avec étonnement que tout le côté droit, gagné par la cour, se joignait à la Montagne, pour le faire passer sans discussion. *Aux voix ! aux voix !* criait-on de toutes parts. Il fit tous ses efforts pour donner la parole à ses amis et pour calmer ce funeste enthousiaste : il n'y put jamais réussir ; le décret fut emporté de haute lutte, et les plus char-

(1) Allusion à Mirabeau.
(2) Et. Dumont, p. 336.

més de leurs succès étaient ceux qui venaient de préparer leur perte (1) ».

En septembre 1791, ce politique industrieux se trouva être un très bon négociant. Il s'associa avec une maison de commerce et ouvrit une boutique d'épicerie, croyant flatter le peuple tout en faisant sa fortune. On se moqua de lui. Brissot menait les rieurs. Les caricatures le coiffèrent d'un pain de sucre. Puis on le traita d'accapareur. Il dut fuir et passer en Angleterre. Dans l'émigration, la souplesse de son esprit trouva son emploi : *Monsieur* le chargea de la direction de ses affaires et de ses correspondances avec l'intérieur de la France. Il n'y rentra qu'en 1814, à la suite des alliés : il devint alors directeur général de la police, puis intendant de la maison du roi, puis directeur des domaines de la couronne. Il mourut, oublié, en 1825.

Comme orateur, il n'avait pas de style. Aucun de ses discours ne s'élève au dessous d'une médiocrité uniforme. Prenons-le au moment où il devient un personnage d'importance. On est à la veille du massacre du Champ-de-Mars. La gauche le charge d'attaquer la municipalité de Paris « avec des formes jacobines », et d'exprimer ses craintes au sujet du pétitionnement : « Eh! Messieurs, dit-il, quelle circonstance (2) donnera à ces puissances étrangères dont on voudrait vous faire peur une plus haute idée de votre fermeté et de votre sagesse ? Ne sera-ce pas dire que puisque vous avez su résister au torrent d'une opinion factice, vous saurez encore mieux résister à des menaces et à des attaques que la nation entière voudrait repousser? Ainsi donc, Messieurs, vous devez tenir surtout à ce que des factieux, à ce que des gens qui cherchent à mettre le trouble et l'anarchie à la place de

(1) Dumont, p. 339.
(2) L'Assemblée avait rendu la veille son décret relatif aux complices de la fuite à Varennes.

la Constitution, à ce que des gens qui cherchent à élever leur personne, à parvenir à des places dans un moment de trouble et de désordre, ne puissent pas renverser l'ouvrage que vous avez élevé avec tant de soin. Je demande, Monsieur le président, qu'afin de prévenir les manœuvres perfides des ennemis de la chose publique, l'Assemblée nationale décrète qu'il sera rédigé sur-le-champ une adresse aux Français, que cette adresse sera rédigée et expédiée, séance tenante, par des courriers dans tous les départements du royaume. Je demande de plus que la municipalité de Paris soit mandée, qu'il lui soit enjoint de veiller mieux qu'elle ne l'a fait à la tranquillité publique. (*Applaudissements.*) Il est bien extraordinaire que la municipalité de Paris, que le département, les tribunaux qui sont chargés de veiller à l'exécution des lois, souffrent que tous les jours ces lois soient enfreintes sous les yeux du Corps législatif ; que tous les jours, quand vous avez rendu un décret qui défend des pétitions collectives, on affiche sous vos yeux, sur les portes même de la salle, des pétitions collectives ; que tous les jours, quand vous avez défendu ce qui pouvait exciter le trouble, le désordre et le meurtre, on souffre dans les places publiques des attrouppements, des motions tendant à exciter l'incendie, le pillage et la désolation. (*Vifs applaudissements.*) Je ne parle pas des menaces personnelles qui me sont faites ; nous avons bien su, quand nous venions ici, que nous y venions pour défendre la liberté, et que nous serions en butte à toutes les attaques du despotisme ; nous avons bien su que nous sacrifions notre vie, et ce n'est pas cela que nous regrettons. La tranquillité et le bonheur public, voilà ce que nous avons à soutenir et à défendre (*Bravo, bravo !*), voilà ce que nous regretterons (*Applaudissements*). Je demande que les six accusateurs publics de Paris soient mandée à la barre (*Quelques murmures*) (1). »

_____

(1) *Journal logographique*, séance du 16 juillet 1791.

Tel était Dandré en ses meilleurs jours. On ne peut lui accorder ni plus ni moins que ne lui accorde son ami Dumont : « beaucoup d'esprit, un coup d'œil très prompt, *une facilité à s'expliquer sans être orateur* (1). »

CHAPITRE VI.

LES ECCLÉSIASTIQUES : SIÉYÈS.

Ce serait une entreprise difficile de juger ce remarquable écrivain. Sainte-Beuve l'a essayé sans y réussir pleinement, et son étude, quoique composée avec prédilection, est surtout remarquable par des extraits importants des papiers inédits du célèbre penseur (2). Rappelons seulement qu'à l'Assemblée nationale nul n'avait un mérite littéraire plus éminent, nul ne possédait une autorité morale plus considérable. Sa récente brochure sur le Tiers-État semblait être le catéchisme de la naissante Révolution. A la procession des Etats généraux, tous les regards se tournaient vers cette figure impassible, et c'était une grande et anxieuse attente de savoir ce que ferait, ce que dirait le prophète des jours nouveaux.

On croyait et on disait qu'il apportait un système de gouvernement tout fixé dans sa tête. « Ses collègues le respec-

(I) *Souvenirs*, p. 357.

(2) *Lundis*, t. v. — Il y cite un passage inédit où Siéyès, sous couleur de réformer la langue, caractérise son propre style : « La langue la plus raisonnable devrait être celle qui se montre le moins, qui laisse passer, pour ainsi dire, le coup d'œil de l'entendement et lui permet de ne s'occuper que des choses, et point du tout cette langue coquette qui cherche à s'attirer les regards ; ou, si vous aimez mieux, la langue, ne devant être que le serviteur des idées, ne peut point vouloir représenter à la place de son maître. Pourquoi donc ces longues dissertations sur l'harmonie, sur la période et sur toutes les qualités du style ? Il y a bien du faux dans toutes ces prétentions. »

taient et l'écoutaient comme un oracle (1). Ses moindres paroles étaient recueillies comme l'expression de la raison
même. Mirabeau l'appelait le *Mahomet* (d'autres disaient :
le *Chalcas*) de la Révolution. Dédaigneux pour Rousseau
et pour Montesquieu, il semblait détenir la sagesse dans ses
livres et dans ses manuscrits. Il écrivait dans ses notes intimes : « Je laisse les nations formées au hasard. Je suppose
que la raison tardive va présider à l'établissement d'une société humaine, et je veux offrir le tableau analytique de sa
constitution. On me dira que c'est un *roman* que je vais faire.
Je répondrai : tant pis ; j'aurais mieux aimé trouver dans la
suite des faits ce qu'il m'a fallu chercher dans l'ordre des
possibles. Assez d'autres se sont occupés à combiner des idées
serviles, toujours d'accord avec les événements. La saine politique n'est pas la science de ce qui est, mais de ce qui doit
être (2). »

Voilà pour Montesquieu. Quant à Rousseau et à ses disciples : « Ils prennent, disait-il, les *commencements* de la société pour les *principes* de l'art social.... Que diraient-ils si
l'on entreprenait la construction d'un vaisseau de ligne avec
la seule théorie employée par les sauvages dans la construction de leurs radeaux ? Tous les arts se perdraient en reculant ainsi à leur origine. L'art en toutes choses est venu fort
tard. Il suppose de grands progrès depuis leur premier
âge (3). »

Et plus tard, en 1794, il imprimait : « Hélas ! un écrivain
justement célèbre, qui serait mort de douleur s'il avait connu
ses disciples, un philosophe aussi parfait de sentiment que
faible de vues, n'a-t-il pas, dans ses pages éloquentes, riches
en détails accessoires, pauvres au fond, confondu lui-même

(1) Thibaudeau, *Biographie et Mémoires*, p. 74.
(2) Cité par Sainte-Beuve.
(3) Ibid.

les principes de l'art social avec les commencements de la société humaine ? Que dire si l'on voyait, dans un autre genre de mécanique, entreprendre le radoub ou la construction d'un vaisseau avec la seule théorie, avec les seules ressources des sauvages dans la construction de leurs pirogues (1) ? »

Siéyès ne s'appuyait donc sur aucune des deux grandes autorités qui inspirèrent la Révolution. Il remontait plus haut que Rousseau et que Montesquieu, jusqu'à Descartes, auquel il croit emprunter, en politique, sa méthode de la table rase. Il est populaire néanmoins, parce qu'il a le culte de la faculté dominante de notre race, de la raison. L'expérience l'importune. « Il me semble, écrit-il en 1788, que, juger de ce qui se passe par ce qui s'est passé, c'est juger du connu par l'inconnu. Il est plus juste de juger le passé sur le présent et de convenir que les prétendues vérités historiques n'ont pas plus de réalité que les prétendues vérités religieuses (2). »

Que voulait-il donc, et quelle sera la matière de son éloquence ? « A la démocratie pure de Rousseau, dit un de ses admirateurs, M. Mignet, il préféra la démocratie représentative... Il pensait que l'individu doit être le but et non le pur instrument de l'état ; que l'homme passe avant le citoyen, le droit avant la loi, la morale éternelle avant les règles mobiles et changeantes des sociétés ; il voulait la monarchie, mais il la voulait restreinte, couronnant et ne supportant pas l'édifice.

---

(1) « *Notice sur la vie de Siéyès*, membre de la première Assemblée nationale et de la Convention, écrite à Paris, en messidor, 2e année de l'ère républicaine. — En Suisse; et se trouve à Paris, chez Maradan, libraire, rue du Cimetière-André-des-Arcs, n. 9. » — Le rapprochement du fragment inédit et de ce passage de la *Notice* prouve jusqu'à l'évidence que la *Notice* est bien l'œuvre de Siéyès. On y trouve d'ailleurs ces expressions qui ne peuvent venir que de sa plume : « La raison, qui est la morale de la tête, comme la justice est la morale du cœur..... »

(2) *Vues sur les moyens d'exécution*.

Les vieilles sociétés lui paraissaient des pyramides renversées, qu'il fallait remettre sur leur base. »

Fût-il républicain? Il se proclamait hautement monarchiste, surtout en 1791, à une époque où la mauvaise humeur l'emportait en lui. « Je préfère la monarchie, écrivait-il au *Moniteur*, le 6 juillet 1791, parce qu'il m'est démontré qu'il y a plus de liberté pour le citoyen dans la monarchie que dans la république. »

Serré de près par le républicain Thomas Payne, il répond qu'on entend mal ces mots de république et de monarchie. La vérité, c'est que ses adversaires sont *polyarchistes* et qu'il est *monarchiste*. Dans leur système, toute l'action publique aboutit à un conseil d'exécution délibérant à la majorité et nommé par le peuple ou par l'Assemblée nationale; c'est la république.

« Mettez-vous au contraire à la tête des départements que vous appelez ministériels, et qui doivent être mieux divisés : autant de chefs responsables, indépendants l'un de l'autre, mais dépendants, pour leur vie ministérielle, d'un individu, supérieur par le rang, représentant de l'unité stable du gouvernement, ou, ce qui revient au même, de la monarchie nationale, chargé d'élire et de révoquer, au nom du peuple, ces premiers chefs de l'exécution, et d'exercer quelques autres fonctions utiles à la chose publique, mais pour lesquelles son irresponsabilité ne peut pas avoir de danger : ce sera la monarchie...

« Les personnes qui aiment à revêtir d'une image les notions abstraites pourront se figurer le gouvernement monarchique finissant en pointe et le gouvernement républicain en plate-forme (1). »

Et pourquoi la *monarchie* assure-t-elle mieux la liberté

_____

(1) *Note* publiée par Siéyès dans le supplément du *Moniteur* du 16 juillet 1791.

que la *polyarchie* ? « Les conséquences, répond Siéyès, seront déduites ailleurs. » On les attend encore (1).

Quant à l'hérédité, Siéyès en fait bon marché : c'est à ses yeux une question secondaire. On voit déjà poindre, en 1791, ses rêves avortés de l'an VIII et la théorie du « grand électeur ».

Mais quand Siéyès parut à la tribune, en 1789, on ne connaissait pas encore en lui le métaphysicien subtil et ennuyeux. La nation avait lu son rude pamphlet et en était encore ravie et reconnaissante. C'est dans cet écrit qu'il fut vraiment orateur, c'est alors seulement qu'il remua les esprits, toucha les cœurs : « Les fonctions publiques, écrivait-il, peuvent se ranger sous quatre dénominations connues, l'Epée, la Robe, l'Eglise, l'Administration. Il serait superflu de les parcourir en détail pour faire voir que le Tiers-Etat y forme partout les 19 vingtièmes, avec cette différence qu'il est chargé de tout ce qu'il y a de vraiment pénible, de tous les soins que l'Ordre privilégié refuse d'y remplir..... Cependant on a osé frapper l'ordre du Tiers d'interdiction. On lui a dit : « Quels que soient tes services, quels que soient tes talents, tu iras jusque-là, tu ne passeras pas outre »...... De rares exceptions, senties comme elles doivent l'être, ne sont qu'une dérision, et le langage qu'on se permet dans ces occasions une insulte de plus. »

Il demande l'abolition de la Noblesse : « Si l'on ôtait l'Ordre privilégié, la Nation ne serait point quelque chose de moins, mais quelque chose de plus. Ainsi qu'est-ce le Tiers ? Tout, mais un tout entravé et opprimé. Que serait-il sans

(1) « La liberté de Siéyès, dit Michelet, celle qu'il voulait pour lui, pour les autres, c'était cette liberté passive, inerte, égoïste, qui laisse l'homme à son épicurisme solitaire, la liberté de jouir seul, la liberté de ne rien faire, de rêver ou de dormir, comme un moine dans sa cellule, ou comme un chat sur un coussin. Pour cette liberté-là, il fallait une monarchie. » (*Hist. de la Rév.*, III, 58.)

l'Ordre privilégié ? Tout, mais un tout libre et florissant. Rien ne peut aller sans lui, tout irait infiniment mieux sans les autres. »

La Noblesse « est véritablement un peuple à part, mais un faux peuple qui, ne pouvant, à défaut d'organes utiles, exister par lui-même, s'attache à une nation réelle, comme ces excroissances végétales qui ne peuvent vivre que de la sève des plantes qu'elles fatiguent et dessèchent. — Si la Noblesse vient de la conquête, le Tiers-Etat redeviendra noble en devenant conquérant à son tour. »

A l'objection que ses hardiesses effraieront il répond : « Ignore-t-on que la vérité ne s'insinue que lentement dans une masse aussi grande que l'est une Nation ? Ne faut-il pas laisser aux hommes qu'elle gêne le temps de s'y accoutumer ; aux jeunes gens qui la reçoivent avidement celui de devenir quelque chose et aux vieillards celui de n'être plus rien ? En un mot, veut-on attendre, pour semer, le moment de la récolte ? il n'y en aurait jamais (1). »

Député du Tiers-Etat de Paris, il prend la parole pour la première fois le 10 juin : il conseille de couper le câble et d'envoyer une suprême convocation à la noblesse. Son discours, que les journaux analysent en quelques lignes, semble avoir causé une grande déception. Quoi ! c'était là ce fameux Siéyès, cet éloquent pamphlétaire? Une parole sèche, didactique, obscure, qui ne *portait pas*, qui ennuyait comme un sermon de pédagogue. Avec cela, un air hautain et méprisant. Son insuccès fut complet, et bientôt l'extrême déférence des premiers jours diminua. Sa formule trop mathématique (*Les représentants connus et vérifiés de la Nation française*) ne fut pas adoptée : au dernier moment il accepta la dénomi-

(1) *Qu'est-ce que le Tiers-Etat ?* Janvier 1789. La célèbre épigraphe de cette brochure devint aussitôt populaire : elle a ce tour oratoire qui manque précisément aux discours de Siéyès.

nation d'*Assemblée nationale*, qui fut votée. Mais il fut blessé
et il resta blessé, piqué, mécontent de ses échecs oratoires,
qu'il explique, dans la *Notice sur sa vie*, en ces termes orgueilleux : « La qualité dominante de l'esprit de Siéyès est la passion du vrai, dont la recherche l'absorbe presque involontairement : il n'est point content, s'il tient un sujet, qu'il ne
l'ait approfondi, analysé dans toutes ses parties, et ne l'ait
ensuite reconstruit dans tout son ensemble ; mais, le besoin
de savoir une fois satisfait, il reste avec ses notes et ses
tableaux analytiques, qui ne peuvent être que pour lui. La
mise au net, le remplissage des vides lui sont insupportables :
il a déjà passé à d'autres méditations. » Et il se fait à lui-
même toute une théorie oratoire pour s'expliquer ses échecs
et s'en consoler. « Je voudrais bien savoir, écrit-il, si dans la
Grèce, si dans Rome libre, les orateurs s'occupaient d'un
autre art que de celui d'aller à leur but. Nous qui n'en avons
point, nous avons, nous faisons de la musique pour les sens,
des images, etc. Nous avons de beaux arts, nous produisons
des effets sensitifs, nous communiquons des émotions vagues
ou particularisées, mais nous ignorons l'art d'éclairer un
parti et de pousser à le prendre... Les discours qui se tiennent au parlement d'Angleterre ont un but ; ils ne ressemblent point à notre style oratoire ; il n'y a point cette emphase, ce ton de dignité... Ce sont des gens qui ont des
affaires ; nous sommes oiseux et nous nous arrêtons à faire
les beaux. Ils marchent, nous dansons....

« Vous me parlez des genres démonstratif, judiciaire, etc.
Soit. — Ces genres doivent-ils se ressentir des inégalités
féodales, des préjugées du bon ton ? Faut-il *dorer* sa pensée
afin d'employer une couleur de style digne de gens qui auraient honte d'avoir rien de commun avec le peuple ? Faut-
il ôter aux fleurs leurs couleurs naturelles pour les colorier
avec plus de noblesse (1) ? »

(1) Papiers inédits cités par Sainte-Beuve.

Non, le mauvais goût n'était pas ce qui manquait à Siéyès
pour être un orateur applaudi : il lui manquait d'abord le
don, puis et surtout l'amour de Révolution, l'enthousiasme.
Son âme ne communia pas avec les âmes de ses contemporains : il restait à l'écart, froid et dédaigneux, convaincu de
sa supériorité, satisfait d'avoir arrangé d'avance toute une
révolution politique dans sa cervelle, dépité de voir que la
réalité ne s'accordait pas avec son système. S'il est permis
d'appliquer un mot trivial à un homme aussi grave, on peut
dire que dès lors son rôle politique fut de bouder, ne parlant
plus que rarement, et se rappelant qu'il était prêtre à propos
de la suppression des dîmes. Montlosier raconte plaisamment
quelle fut, en cette circonstance, la mauvaise humeur de
l'abbé :

« L'abbé Siéyès, que j'avais quitté assez coulant sur les
événements du 14 et du 15 juillet, encore qu'il ne parût point
les approuver, je le trouvai indigné et furieux, C'était au
sujet de la dîme ecclésiastique que l'Assemblée venait de
sacrifier. J'ai lieu de croire qu'entre l'évêque de Chartres,
M. Necker et lui, il avait été d'avance disposé de cette dîme
comme d'un fonds rachetable. Soixante-dix à quatre-vingts
millions de revenu, à quoi on estimait cette dîme, auraient
produit un capital de quinze à seize millions, qui aurait effacé
la dette publique, et qui, du reste, aurait assuré l'existence
du clergé. Cet abandon fait gratuitement, et qui par là-même
avait déjoué ses projets, l'avait exaspéré au dernier point.
Peu de jours avant mon arrivée, il avait dit à l'assemblée :

« On a détruit la dîme, sauf les moyen, de subvenir au
clergé. J'aurais désiré qu'on eût avisé aux moyens de subvenir avant d'abolir. On ne détruit pas une ville, sauf à
aviser aux moyens de la rebâtir. J'ai beaucoup entendu dire
qu'il fallait bien aussi que le clergé fît son offrande. J'avoue
que les plaisanteries qui portent sur le faible dépouillé
me paraissent cruelles. » Il ajouta : « Vous voulez être

libres! vous ne savez pas être justes ! » Titre qu'il mit ensuite
à son pamphlet.

« Ce pamphlet, je venais précisément de le lire, j'en étais
charmé ; je comptais, dès ce moment, sur Siéyès. N'ayant pas
eu le temps encore de l'aller voir, je le rencontrai sortant de
l'Assemblée en même temps que j'y entrais ; je lui fis rapidement mon compliment sur son pamphlet et sur tous les bons
sentiments qu'il exprimait. Je lui demandai ensuite : « Que
pensez-vous de cette Assemblée ? » Il balança un moment ;
puis il me dit, en baissant la tête : « *Caverne, s'y jeter, y
demeurer* ». Il poursuivit sa marche. »

Sa mauvaise humeur fut encore accrue par l'accueil que
l'Assemblée fit à la plupart de ses propositions. En septembre, il dépose un projet de constitution : on ne le discute
pas ; en janvier 1790, un projet de loi sur la presse : ajourné.
Il veut établir le jury au civil comme au criminel : on vote
contre. Il garde de ces échecs une grande amertume, et pourtant il avait fait voter son projet de division de la France en
départements et en districts, succès qui aurait dû suffir à
son ambition de législateur. Il ne s'en renferme pas moins
dans un mutisme chagrin ; rien ne peut l'en faire sortir, pas
même les plus flatteuses avances. C'est en vain que Mirabeau,
qui ne l'aimait pas (et qui l'aimait ?), lui adresse, lors de
la discussion sur le droit de paix et de guerre, cette cordiale
objurgation : « Je ne cacherai pas mon profond regret que
l'homme qui a posé les bases de la Constitution et qui a le
plus contribué à votre grand ouvrage, que l'homme qui a
révélé au monde les véritables principes du gouvernement
représentatif, se condamnant lui-même à un silence que je
déplore, que je trouve coupable, à quelque point que ses
immenses services aient été méconnus, que l'abbé Siéyès.....
je lui demande pardon, je le nomme..... ne vienne pas poser
lui-même, dans sa constitution, un des plus grands ressorts
de l'ordre social. J'en ai d'autant plus de douleur..... que je

n'avais pas porté mon esprit sur cette question, accoutumé
que j'étais de me reposer sur ce grand penseur de l'achève-
ment de son ouvrage. Je l'ai pressé, conjuré, supplié au nom
de l'amitié dont il m'honore, au nom de la patrie..... de
nous doter de ses idées, de ne pas laisser cette lacune dans la
constitution; il m'a refusé : je vous le dénonce. Je vous prie
à mon tour d'obtenir son avis, qui ne doit pas être un secret ;
d'arracher enfin au découragement un homme dont je regarde le silence et l'inaction comme une calamité publique. »

Il fut un des principaux membres du Club de 1789 et se
signala au premier rang parmi les délicats et les dégoûtés
qui voulaient revenir en arrière. Il accepta cependant les
fonctions de membre de l'administration du département de
Paris (1). C'est en cette qualité que, dans la séance du 7 mai
1791, il défendit un arrêté pris par lui en faveur de la liberté
des cultes, à la suite d'insultes faites aux non-conformistes.
Il produisit cette fois un assez grand effet par sa dialectique
serrée et il montra quelque chaleur. Voici le passage le plus
important de son discours, celui où il répond à l'accusation
de fédéralisme; ce jour-là seulement il a paru orateur :

« Pour quiconque n'a pas perdu la mémoire, il reste démontré que ceux-là n'ont pas voulu une république fédérative
qui ont proposé de diviser le royaume en 83 départements
plutôt qu'en 9 à 10 grandes provinces..... En tout raisonnement, s'il suffisait de prouver, comme on dit, la majeure ou
la première proposition, il n'est personne qu'on ne pût trouver à son gré innocent ou coupable. Tout le monde convient,
du reste, que les départements ne doivent pas se permettre
de faire des lois, qu'ils ne doivent pas viser à l'indépendance.
Ce n'est point là ce qu'il fallait s'attacher à retourner de vingt
manières. Prouvez la mineure, c'est-à-dire établissez votre se-

_____

(1) Il refusa d'être élu évêque de Paris.

conde proposition,et montrez-nous que le directoire du départment veut se rendre indépendant ; montrez-nous comment ses moyens d'exécution sont de véritables lois réservées par leur nature à la puissance législative. Ce point a été mis à l'écart. Ceux qui connaissent la tactique des grandes assemblées prétendent que cette marche n'est pas malhabile. Ils se sont aperçus, disent-ils, que si les auditeurs entendent soutenir assez longtemps une opinion qui leur est chère, ils deviennent d'autant moins difficiles sur la conclusion ; ils ne songent plus qu'on a oublié de prouver la mineure. »

Prouver la mineure ! Siéyès est tout entier dans ce cri à moitié comique, qui chez lui est le cri du cœur. Cet homme n'était pas un orateur, mais un syllogisme vivant.

CHAPITRE VII.

LES ECCLÉSIASTIQUES (*suite*) : L'ABBÉ GRÉGOIRE.

L'abbé Grégoire ne fut pas un grand orateur, mais son genre de parole tranchait singulièrement avec l'éloquence ordinaire des Constituants. Dans ce milieu raisonnable, presque académique, il parla sans préoccupations littéraires le langage de la passion et de la sincérité. Prêtre, il fut l'interprète indigné de la défiance et de la haine publiques contre le despotisme. Il voulut être et resta l'avocat du peuple, non du peuple des sections, mais du paysan et de l'ouvrier français, du monde disgracié qu'il consolait, dans sa paroisse d'Emberménil , moins par les prescriptions du catholicisme que par son ardent amour pour l'humanité. Ces sentiments plébéiens et justes, que les délicats trouvent si bas, la haine de l'oppression, la soif de la justice et de l'égalité, cet idéal éternel de la pauvre humanité, il l'exprima,

l'exalta, le défendit à la tribune avec une éloquence colorée,
chaude, emphatique et sincère, s'adressant aux Constituants
du même ton qu'il sermonnait, du haut de sa chaire de village, ses ouailles ignorantes. Cette éloquence n'était pas chez
lui un art, un ensemble de procédés appris, une attitude volontairement plébéienne de lettré et de raffiné, comme le style
de Marat et d'Hébert. Grégoire était peuple de cœur. Le beau
mot de patriote semble avoir été inventé pour lui. Ce qu'on
publie de nos jours de ses papiers inédits (1) nous le montre
aimant la patrie jusque dans son vieux langage, jusque
dans ses patois. Rien de ce qui était français ne lui était
étranger, et ce cœur vaste et aimant s'éclairait de
l'intelligence la plus haute et la plus noblement curieuse.
La religion n'avait pas, en cela, rétréci son esprit, et, s'il
votait avec les jansénistes de l'Assemblée, il n'avait pas leur
fanatisme étroit, leurs vues sectaires. Élève des Jésuites de
Nancy, il n'avait gardé de cette éducation première qu'une
certaine déférence pour ses anciens maîtres. Tout son christianisme semble avoir tenu dans le dogme de la fraternité.
Là est aussi l'inspiration de son éloquence.

En lui, toutefois, l'homme politique et le prêtre ne sont pas
assez étroitement confondus pour qu'on ne puisse et qu'on
ne doive les distinguer. Si larges que fussent ses doctrines,
il n'oubliait jamais sa condition de membre du clergé, et
dans le député de Nancy on retrouvait, à de certains jours,
le curé, comme à la Convention on devait retrouver en lui
l'évêque. Certaines timidités qu'il montra dans les questions
ecclésiastiques et dont il fut toujours exempt dans les questions politiques nous indiquent qu'il faut, pour être équitable, ne pas mêler ces deux parties de son éloquence.

En politique, il embrasse dès le premier jour la cause populaire. S'il n'accompagne pas, le 13 juin, les trois curés du

(1) Voir les intéressantes publications de M. Gazier (*Revue historique*.)

Poitou (1) qui vinrent, les premiers du clergé, se réunir au
Tiers, c'est que ceux-ci firent cette démarche sans entente
préalable avec la minorité de leur ordre. Mais, dès le 14 juin,
il se réunit avec cinq autres curés, et le président de leur
députation s'excusa auprès de l'Assemblée de ce retard involontaire.

C'est au moment des discussions sur le renvoi des troupes
qu'il fait entendre pour la première fois sa parole colorée et
exubérante : « On ne peut se dissimuler que ceux qui craignent la réforme des abus dont ils vivent épuisent toutes les
ressources de l'astuce et font mouvoir tous les ressorts pour
faire échouer les opérations de l'Assemblée nationale. Si les
Français consentaient actuellement à recevoir des fers, ils
seraient l'opprobre du genre humain et la lie des nations ;
en conséquence, non seulement j'appuie la motion, mais je
demande qu'on dévoile, dès que la prudence le permettra,
les auteurs de ces détestables manœuvres ; qu'on les dénonce
à la nation comme coupables du crime de lèse-majesté nationale, afin que l'exécration contemporaine devance l'exécration de la postérité (2). »

Le dimanche 12 juillet, jour du renvoi de Necker, il présida, en l'absence de l'archevêque de Vienne, l'Assemblée
réunie en séance extraordinaire. Rien n'était porté à l'ordre
du jour. Mais les députés, au milieu de l'émotion générale et

(1) Lecesve, Balard et Jallet. Nous ne savons rien des deux derniers,
qui retombent ensuite dans l'obscurité. Quant à Lecesve, curé de Sainte-
Triaise, il fut élu évêque constitutionnel de Poitiers, et mourut douze
jours après son installation, à l'âge de 58 ans. « Le clergé réfractaire, dit
Thibaudeau (p. 135), répandit que c'était une punition du ciel. » Chose
curieuse ! ces trois prêtres, qui furent presque héroïques le 13 juin 1789,
étaient des hommes hésitants et timorés. Ils n'accomplirent l'acte qui a
fait vivre leurs noms que sur les vives instances des députés du Tiers-
État poitevin. Lire dans Thibaudeau (p. 73) le petit discours que son
père, député du Poitou, adresse au curé Lecesve pour lever ses scrupules.

(2) *Moniteur*, séance du 8 juillet 1789.

des menaces de coup d'Etat, sentaient le besoin d'affirmer l'existence et l'unanimité de l'Assemblée. Grégoire dit « que l'Assemblée était très incomplète ; que le président était absent ; qu'enfin la séance était indiquée à demain ; qu'en conséquence il n'y avait lieu à délibérer ; que d'ailleurs les ennemis du bien public regarderaient, appelleraient cette séance illégale ; qu'au reste, ce n'était pas la peur qui lui faisait tenir ce langage :

> Si fractus illabatur orbis,
> Impavidum ferient ruinæ (1). »

Cette citation, conforme au goût du temps, plut beaucoup, fut répétée et se trouva exprimer comme il fallait l'héroïsme intime de ces hommes imbus d'études classiques. Ce discours, brièvement analysé par les journaux du temps, ne fit pas peu d'honneur à l'abbé Grégoire.

Néanmoins, il parla rarement. Il sentait bien que son langage détonnait dans une telle Assemblée. Il prit l'habitude d'exprimer en quelques paroles les sentiments d'indignation ou d'amour qu'il ne pouvait contenir. Nul ne fut plus opposé que lui à l'institution du cens électoral. Mais il ne dit guère que ces mots : « Pour être électeur ou éligible dans une assemblée primaire, il suffit d'être bon citoyen, d'avoir un jugement sain et un cœur français (2). »

Le 14 juillet 1791, sur la question de savoir si l'on devait présenter au roi la Constitution : « Le roi, s'écria-t-il, acceptera, il jurera ; mais quel compte ferez-vous sur ses serments ? » Cette franche parole ne fut pas du goût des avocats, des hommes d'Etat de la gauche convertis depuis Varennes : on l'accueillit par des murmures et une agitation générale.

(1) *Moniteur.*
(2) *Ibid.*

Le lendemain, Grégoire se prononça hardiment contre l'inviolabilité royale : « J'entends déjà, dit-il, autour de moi qu'il ne convient pas à un prêtre de traiter une pareille question. Cela ne doit pas m'arrêter ; au lieu de comparer mon opinion avec mon état, je demande que l'on réfute mes raisons. Au reste, quand l'Assemblée aura prononcé, je me soumettrai à sa décision. *(Quelques voix s'élèvent* : Cela est bien heureux !) Le projet qui vous est présenté par le Comité me paraît réfuté par l'intérêt national. Il est impossible de séparer la fuite du roi des circonstances qui y sont attachées, du faux passeport dont il s'est muni, du mémoire qu'il nous a laissé, et des projets évidemment hostiles de M. Bouillé. On a dit qu'il ne pouvait être mis en jugement, et que, quand bien même cela serait possible, il faudrait une loi préexistante au crime qu'il a commis. Avez-vous donc oublié que le salut public est la suprême loi ? et le salut public réclame que les attentats contre la liberté publique soient vengés. On nous a représenté tous les dangers qu'il y aurait à mettre sans cesse le roi en jugement sur la simple dénonciation d'un homme peut-être calomniateur. Mais d'après vos lois il faudrait que préalablement le juré eût déclaré qu'il y a lieu à accusation. On a beaucoup parlé de la nécessité de maintenir la dépendance des pouvoirs ; on pourrait soutenir que le pouvoir exécutif est dépendant du pouvoir législatif : car il ne peut agir que d'après lui. *(Quelques voix s'élèvent* : Vous n'y êtes pas du tout, monsieur !)

« On ne cesse de répéter que la majesté du trône est avilie, si le roi n'est pas inviolable : c'est comme si l'on disait qu'un homme est avili, parce que la loi le punit quand il est coupable. Le bonheur du peuple exige bien plutôt que la tranquillité publique soit inviolable. On l'a dit avant moi, s'il est un seul homme dans le royaume qui ne soit pas soumis à la loi, cet homme est un despote ; je ne sais rien que ce despote ne puisse entreprendre. On n'a point encore répondu à ceux qui vous ont dit que l'inviolabilité du roi exigeait l'absolution de ses complices ; le roi peut-il invoquer le bénéfice d'une loi qu'il a voulu anéantir, d'une constitution dont il s'est formellement déclaré l'ennemi ? Nous avons déjà été exposés à bien des dangers ; prenons-y garde, il peut y avoir une chance de malheurs. Les contre-révolution· naires ne se découragent pas ; au contraire, ils redoublent d'ardeur. Je conclus à ce que l'activité soit rendue aux corps électoraux pour choisir les députés, et qu'il soit nommé une convention nationale qui jugera Louis XVI. Si, par malheur, le projet du comité est adopté, pour être consé- quents, vous devez punir la garde nationale de Varennes et tous ceux qui ont concouru à l'arrestation du roi (*Les tri- bunes applaudissent*) (1). »

Dès le 14 juillet 1789, il avait fait prévoir ces sentiments démocratiques, en exprimant, seul dans l'Assemblée, la juste colère qu'excitaient en lui les affronts faits par la cour. Citons encore ; le bon et le mauvais de l'éloquence de Grégoire sont dans ce discours plus visibles encore que dans le précédent :

« Depuis l'ouverture des Etats, nous avons vécu au milieu des divisions, parce qu'on voulait ensevelir la raison sous les usages et faire taire la justice devant l'orgueil.

« Nous avons vécu au milieu des vexations.... vexations même de la part des subalternes. On vous a ravi la police de votre salle ; des infidélités à la poste ont supprimé des envois qui devaient être sacrés, quel qu'en fût le contenu ; on a voulu soumettre au compas de la censure les opérations de vos séances ; en ce moment même sont affichées à l'entrée de cette salle des prohibitions attentatoires à vos droits ; vous avez trouvé sans cesse des intermédiaires entre le souverain et vous, tandis que vous devez travailler immédiatement avec celui à qui la nation a confié les rênes du gouvernement.

_____

(1) *Moniteur*, séance du 15 juillet 1791.

« Il y a donc, Messieurs, des êtres si vils qu'ils feraient
rougir d'être hommes, si dans cette assemblée on ne s'honorait de l'être ! Il y a donc des êtres atroces qui ont l'oreille fermée à la pitié, et dont le cœur n'admet jamais les remords !......

« Ah ! s'il fallait de nouveau nous courber sous le joug, il
vaudrait mieux sans doute fuir avec un ministre chéri au
sein de l'Helvétie ou vers les rivages de Boston, sur lesquels
d'illustres chevaliers français ont aidé à planter l'étendard de
la liberté (1). »

Ces paroles, tantôt éloquentes, tantôt emphatiques, étonnèrent l'Assemblée, et on soupçonna en Grégoire une sorte
d'homme bien rare en 1789 : un républicain.

Il l'était à coup sûr, mais sans le savoir, et quand il portait,
à deux ans d'intervalle, ces coups furieux à la royauté, il
n'avait pas encore l'intention de détruire l'institution même.
S'il fut un républicain inconscient, il n'oublia jamais les
intérêts de sa religion, telle qu'il la comprenait, et ce démocrate, avons-nous dit, resta prêtre (2).

Ainsi, le 21 septembre 1789, c'est en cette qualité qu'il fit
un affront à la mémoire de Voltaire. Palissot, la veille, avait
fait accepter de l'Assemblée la dédicace de l'édition des
œuvres choisies de Voltaire qu'il préparait et qu'il devait plus
tard dédier de même à la Convention. Mais le clergé se sentit
blessé, et tous les prêtres de l'Assemblée s'unirent docilement,
à la voix des évêques, pour faire revenir l'Assemblée sur sa
décision. Un curé, que le *Moniteur* ne nomme pas, fit une
homélie contre ces œuvres « entachées d'impuretés ». Grégoire le soutint, et déclara qu'il ne fallait pas délibérer avant
de savoir si l'édition serait « purgée ou non ». Finalement
l'Assemblée décréta qu'elle n'accepterait aucune dédicace.

---

(1) *Moniteur*, séance du 14 juillet 1789.
(2) Voir, dans Quinet, un curieux portrait de Grégoire « embrassant
les portes sacrées ». *Révolution*, l. v, ch. 9.

C'est encore comme ecclésiastique qu'il demanda que les droits de l'homme « fussent déclarés venir de la divinité » ; qu'il soutint, le 19 février 1790, les droits des jésuites (1), et surtout que le 8 octobre 1789, lors des débats sur la translation de l'Assemblée à Paris, il se fit l'interprète pusillanime des terreurs du clergé. Il voulut que l'Assemblée inventât une sûreté spéciale pour les députés-prêtres, qu'elle fît « de nouvelles proclamations pour la sûreté des personnes du clergé ».

« Ce qui m'étonna le plus dans cette occurrence, dit Montlosier, ce fut l'indignation du curé Grégoire. A ses dispositions démocratiques connues, nous nous attendions, quand il se leva, qu'il allait combattre ou atténuer ces faits. Peu de jours auparavant, nous l'avions entendu s'emporter avec fureur contre quelques circonstances du repas des gardes du corps. Il avait espéré peut-être que cette diatribe profiterait à sa popularité. Elle ne lui profita pas du tout. Il fut assailli, comme ses confrères, des titres d'aristocrate et de calotin ; et alors la raison sembla lui être revenue :

« Sans parler, dit-il, des alarmes que des personnes mal
« intentionnées pourraient répandre dans les provinces, en
« voyant leurs représentants livrés à la merci d'un peuple
« armé, pense-t-on que les députés du clergé puissent se
« rendre à Paris et braver en sûreté les outrages et les per-
« sécutions dont ils sont menacés ? Cependant, messieurs,
« quel est le délit des ecclésiastiques de cette assemblée ? Ils
« ont partagé avec vous les périls de cette régénération. Quel
« est le prix qu'ils en reçoivent ? Le peuple de Paris les
« outrage et leur fait les menaces les plus effrayantes ; il n'y
« a pas de jour que les ecclésiastiques ne soient insultés à

_____

(1) « Parmi les cent mille vexations de l'ancien gouvernement qui a tant pesé sur la France, dit-il, on doit compter celle qui a été exercée sur un ordre célèbre, sur les jésuites ; il faut les faire participer à votre justice. » (*Moniteur.*)

« Paris. C'est à l'Assemblée à prendre les mesures néces-
« saires, non seulement pour nous préserver d'outrages,
« mais encore pour nous faire accorder les égards qui nous
« sont dus et comme ministres des autels, et comme minis-
« tres du peuple. »

« Ces paroles, improvisées, prononcées non à la tribune,
mais de sa place, d'une voix sonore, avec un ton de dignité
et d'autorité, frappèrent l'assemblée ; pour mon compte,
elles me surprirent beaucoup. J'allai tout ému à M. Grégoire lui faire mon compliment. Pendant quelque temps
il demeura dans nos rangs : je pensais que nous avions fait
une acquisition. »

Il se prononça contre le droit de propriété du clergé, mais
avec tant de réserves que son embarras et ses scrupules se
trahirent malgré lui.

Il contribua, avec les jansénistes, au vote de la constitution civile, mais il proposa un amendement libéral et peu
janséniste : « Que les non-catholiques ne pussent élire les
pasteurs. » On n'adopta pas cette mesure si juste. On ne
sembla pas admettre qu'on ne pût être catholique.

Lors de la prestation du serment civique, il joua un rôle
considérable en prêtant ce serment le premier, avec un
commentaire rassurant pour les consciences dévotes. Mais
on sait qu'il n'entraîna que peu d'adhésions. Quelques jours
plus tard (4 janvier 1791), il prononça un discours solennel
où il fit aux opposants d'habiles concessions, afin de les
désarmer et de leur indiquer (l'ancien élève des Jésuites
s'était-il retrouvé ?) une restriction mentale qui leur permit
de jurer sans jurer, de se soumettre pour la forme seulement.
Ne soyons pas sévère pour cette trop grande habileté de cet
ardent patriote : il sentait venir la guerre civile et voulait
l'éviter à tout prix.

« Vous avez bien voulu, dit-il, m'écouter quelquefois avec
une indulgence que je réclame en ce moment. La religion,

la patrie et la paix sont chères à mon cœur ; c'est en leur nom que je vais articuler quelques mots. Parmi les ecclésiastiques fonctionnaires publics, qui se trouvent dans cette Assemblée, les uns ont prêté leur serment, les autres s'y sont refusés. De part et d'autre nous devons supposer des motifs respectables. Il ne s'agit que de s'entendre : nous sommes tous d'accord; il est certain que l'Assemblée n'a pas entendu toucher à ce qui est purement spirituel. (*On applaudit.*) Il est certain que tout ce qui est purement spirituel est hors de sa compétence ; personne ne contredira cette assertion : l'Assemblée a déclaré formellement le principe ; elle l'a toujours reconnu ; elle a toujours applaudi ceux qui l'ont professé. (*On applaudit.*) C'est un premier motif pour calmer les inquiétudes. L'Assemblée ne juge pas les consciences, elle n'exige pas même un assentiment intérieur. (*Il s'élève beaucoup de murmures.*)

Je suis bien éloigné de prétendre justifier des restrictions mentales, mais je veux dire seulement que l'Assemblée entend que nous jurions d'être fidèles, d'obéir, de procurer l'obéissance à la loi ; voilà tout ce que l'Assemblée exige, voilà tout ce qu'elle demande par le serment qu'elle a prescrit. (*On applaudit.*) Il se peut qu'une loi civile ne soit pas conçue et rédigée comme beaucoup de citoyens l'auraient désiré ; cependant par le serment civique ils se sont engagés à obéir et à procurer l'obéissance à la loi ; je ne pense donc pas que le serment demandé puisse effrayer les consciences. Attaché par une union fraternelle, par un respect inviolable à mes respectables confrères les curés, à nos vénérables supérieurs les évêques, je désire qu'ils acceptent cette explication, et si je connaissais une manière plus fraternelle, plus respectueuse de les y inviter, je m'en servirais (1). » (*On applaudit.*)

---

(1) *Moniteur*, séance du 1 janvier 1791.

Les conseils de Grégoire, on le sait, ne furent pas écoutés, et son éloquence fut sans écho. Mais on peut dire que dans cette circonstance le prêtre et le patriote ne font qu'un dans son cœur. Ajoutons que si parfois sa robe le gêne, elle lui prête aussi une singulière autorité, et les coups portés sur le trône par un homme de l'autel furent les plus meurtriers. Une telle éloquence avait, dès la Constituante, une singu- lière originalité : elle frappa les contemporains, et voici comment le jeune Thibaudeau (1), qui accompagnait pres- que quotidiennement son père aux séances, apprécie l'abbé Grégoire et l'éloquence des prêtres libéraux à la Constituante:

« Je voyais souvent Grégoire avec nos curés du Poitou. Quoi- que prêtre jusqu'au bout des ongles et au fond de l'âme, il était un des députés pour lesquels j'avais le plus de sympathie et de respect. Il était avec tant de bonne foi, de candeur, de courage et de dévouement, patriote et révolutionnaire ! Sa figure était ouverte ; il avait le sourire de la bonté et de la bienveillance ; son regard, quoique légèrement louche, était fin et spirituel ; ses habits et sa frisure d'abbé étaient soignés. Sans se dire hautement républicain, il en avait toute l'allure et la réputa- tion. Sans être précisément orateur, il parlait avec hardiesse, chaleur et facilité. Le bas-clergé en était fier. L'ordre, en général, n'était pas aussi fertile en orateurs qu'on se le serait imaginé, pas autant que les deux autres ordres, et surtout que le Tiers-Etat. C'est que la tribune était un théâtre bien au- trement brûlant que la chaire, où il n'y avait pas de contra- dicteurs, et où l'auditoire ne pouvait ni murmurer, ni ap- plaudir. Le prêtre, surtout dans le bas-clergé, n'était pas mêlé au temporel comme le séculier. Les curés avaient des mœurs et des sympathies populaires, mais ils ne savaient rien des matières d'Etat ; dans l'Assemblée, le bruit et la hardiesse des opinions contrastaient avec leur caractère et

(1) *Biographie et Mémoires*, p. 100.

leurs habitudes. Excepté un très petit nombre, Grégoire, Thibaud, curé de Souppes, Dillon, curé du Vieux-Pouzauges, Massieu, curé de Sergy, les autres ne parlaient pas et se bornaient à bien voter. Mon bon curé Lecesve était dans ce cas. »

CHAPITRE VIII.

LES ECCLÉSIASTIQUES (*suite*) : RABAUT SAINT-ÉTIENNE.

C'est tout un livre qu'il faudrait consacrer à la mémoire de Rabaut Saint-Étienne. Ce bon citoyen, cet écrivain de talent, ce pasteur à l'esprit large et nullement sectaire, mériterait mieux que l'insuffisant article de la *France protestante* de Haag, et même que la notice émue placée par Boissy-d'Anglas en tête du recueil de ses discours. Comment se fait-il que la biographie de l'auteur du *Vieux Cévenol*, cette histoire drama-tique des misères des réformés au XVIIIᵉ siècle, n'ait pas sollicité la plume de quelqu'un de ces pasteurs érudits de la ville de Nîmes, où Rabaut et ses deux frères ont été si célèbres, où leur père, l'héroïque Paul Rabaut, a laissé des souvenirs encore vivants ? J'ai bien sous les yeux une courte brochure de M. A. Borrel, pasteur à Nîmes, sur Paul Rabaut et ses trois fils (1). C'est peut-être assez sur le père, c'est trop peu sur le fils, qui illustra le nom de Rabaut, et dont la vie n'est encore qu'imparfaitement connue. Il y aurait là un beau livre à écrire.

Nous n'avons à nous occuper ici que de l'orateur. Rabaut Saint-Étienne arriva aux États-généraux précédé d'une grande réputation d'éloquence et d'héroïsme. Son *Vieux Cévenol*, ses *Lettres à Bailly sur l'histoire primitive de la Grèce*,

---

(1) *Le pasteur Rabaut et ses trois fils*, par A. Borrel, pasteur à Nîmes. Nîmes, librairie protestante, 1854, in-18.

et surtout ses *Considérations sur les droits et sur les devoirs du Tiers-Etat* lui avaient fait un nom dans les lettres et dans la politique, ce qui alors était souvent la même chose. Pasteur du désert, comme son père, il s'était fait une grande réputation de tolérance et de savoir. Ce jeune homme, à peine revenu de Lausanne, où il avait été recevoir les leçons de Court de Gébelin, se trouva être, presque au sortir de l'adolescence, un politique avisé : il comprit que les temps étaient mûrs pour l'abrogation des lois odieuses portées contre les protestants, mais qu'on n'obtiendrait du pouvoir la justice déjà accordée dans l'opinion que par une conduite propre à dissiper les derniers préjugés. Cette objection populaire : « Les protestants ne sont pas bons Français, ce sont des *séparatistes*, » Rabaut la détruisit autant qu'il fut en lui. Sa prédication recommanda le respect des lois, l'obéissance au prince. Quand celui qui devait être Louis XVI épousa Marie-Antoinette, Rabaut fit un sermon très politique en l'honneur de ce mariage, et il agit de même lors du sacre de Louis XVI. Il fit plus : l'évêque de Nîmes, Bec-de-Lièvre, qui venait de mourir, avait montré quelque tolérance envers les protestants : Rabaut composa et imprima un éloge de ce prélat. Enfin, délégué par ses coréligionnaires, il se rend à Versailles, et là, par l'entremise de La Fayette et de Malesherbes, il approche du trône et obtient de Louis XVI l'édit de novembre 1787 qui rend l'état civil aux protestants.

Cette grande victoire valut à Rabaut d'être envoyé aux Etats généraux par le tiers-état de la sénéchaussée de Nîmes, dont il fut le premier député. Deux autres protestants le suivaient sur la liste. Accueilli, fêté par ses collègues des communes, il parut être la personnification du droit de penser longtemps persécuté, enfin victorieux. Il fut, lors des pourparlers, un des orateurs les plus écoutés. Il contribua à débrouiller un peu les discussions qui précédèrent et amenèrent la réunion des trois ordres. De ces discussions, dit-il noblement dans son *Précis de l'histoire de la Révolution*, « il sortit de si grandes lumières et une si grande énergie, que les députés se réunirent presque tous à une même opinion ».

C'est surtout pendant l'année 1789 qu'il se signale par son influence et son éloquence. Habitué par sa naissance et son éducation à lutter paisiblement contre la violence, le fils de Paul Rabaut montra, dans ces premières heures de la Révolution où l'Assemblée était à la merci des baïonnettes (1), un courage calme, une confiance souriante et imperturbable. Il semblait né et formé exprès pour prêter contre la tyrannie le serment du jeu de paume.

Il eut la joie et la gloire de couronner, en quelque sorte, sa carrière en faisant adopter à l'Assemblée le principe de la liberté des cultes. Son discours causa une vive impression, et c'est là que nous trouverons toutes les qualités de son éloquence plus forte que brillante, plus raisonnable encore que pathétique. En voici, d'après le texte qu'il publia lui-même, les passages les plus remarquables :

« Je ne cherche pas à me défendre de la défaveur que je pourrais jeter sur cette cause importante, parce que j'ai intérêt à la soutenir, et je ne vois pas que personne doive être suspecté dans la défense de ses droits.... ; d'ailleurs, je remplis une mission sacrée, j'obéis à mon cahier, j'obéis à mes commettants. C'est une sénéchaussée de 360 000 habitants, dont plus de 120,000 sont protestants, qui a chargé ses

---

(1) Sur les dangers personnels que coururent alors les députés, voir Thibaudeau, p. 82 : « Le bruit se répandit qu'on devait arrêter un certain nombre de députés, que des lits étaient préparés à la Bastille, à Vincennes, que les ordres étaient signés, que leur exécution était imminente. — Les uns s'armèrent pour résister ; d'autres découchèrent ; la terreur était dans l'Assemblée. Le soir, on se séparait en se disant : *A demain, si nous y sommes.* » La nation doit savoir gré aux hommes énergiques qui, comme Rabaut, s'élevèrent au dessus de ces alarmes, rassurèrent et entraînèrent la masse flottante et hésitante.

députés de solliciter auprès de vous le complément de l'édit de novembre 1787....

« Les non-catholiques (quelques-uns de vous l'ignorent peut-être) n'ont reçu de cet édit que ce qu'on n'a pu leur refuser, oui, que ce qu'on n'a pu leur refuser ! Je ne le répète pas sans quelque honte ; mais ce n'est pas une inculpation gratuite ; ce sont les propres termes de l'édit. Cette loi, plus célèbre que juste, fixe les formes d'enregistrer leurs naissances, leurs mariages et leurs morts ; elle leur permet, en conséquence, de jouir des effets civils et d'exercer leur profession... et c'est tout... Et encore ces formes auxquelles la loi les a soumis sont-elles accompagnées de gêne, d'entraves, et l'exécution de cette loi de grâce a porté la douleur et le désordre dans les provinces où il existe des protestants... Cependant ces protestants sont privés de plusieurs avantages de la société ; cette croix, prix honorable du courage et des services rendus à la patrie, il leur est défendu de la recevoir ; car, pour des hommes d'honneur, pour des Français, c'est être privé du prix de l'honneur que de l'acheter par l'hypocrisie : enfin, pour comble d'humiliation et d'outrages, proscrits dans leurs pensées, coupables dans leurs opinions, ils sont privés de la liberté de professer leur culte ; les lois pénales (et quelles lois que celles qui sont posées sur ce principe que l'erreur est un crime !), les lois pénales contre leur culte n'ont point été abolies ; en plusieurs provinces ils sont réduits à le célébrer dans les déserts, exposés à toute l'intempérie des saisons, à se dérober comme des criminels à la tyrannie de la loi, ou plutôt à rendre la loi ridicule, en l'éludant, en la violant chaque jour....

« Ainsi, messieurs, les protestants font tout pour la patrie, et la patrie les traite avec ingratitude ; ils la servent en citoyens, ils en sont traités en proscrits ; ils la servent en hommes que vous avez rendus libres, ils en sont traités en esclaves. Mais il existe enfin une nation française, et c'est à elle que j'en appelle en faveur de deux millions de citoyens utiles qui réclament aujourd'hui leur droit de Français. Je ne lui fais pas l'injustice de penser qu'elle puisse prononcer le mot d'intolérance; il est banni de sa langue, ou il n'y subsistera que comme un de ces mots barbares et surannés dont on ne se sert plus, parce que l'idée qu'il représente est anéantie. Mais, Messieurs, ce n'est pas la tolérance que je réclame, c'est la liberté. La tolérance! le support! le pardon! la clémence! Idées souverainement injustes envers les dissidents, tant qu'il sera vrai que la différence d'opinion n'est pas un crime. La tolérance! je demande qu'il soit proscrit à son tour, et il le sera, ce mot injuste qui ne nous présente que comme des citoyens dignes de pitié, comme des coupables auxquels on pardonne, ceux que le hasard souvent et l'éducation ont amenés à penser d'une autre manière que nous (1). »

Dans ce discours, Rabaut donna tout ce qu'il pouvait donner, eut tout le succès qu'il pouvait avoir. Quand il remonta à la tribune, on le trouva moins éloquent, et il paraît avoir compris que, malgré sa grande expérience de la parole, il resterait un orateur de second rang, bien au-dessous des Mirabeau et des Barnave. Ce héros des premiers jours s'effaça-t-il lui-même, ou le négligea-t-on? L'un et l'autre arriva sans doute. Président de l'Assemblée et membre du comité de constitution, il passe dans la catégorie des bons rapporteurs, des travailleurs utiles. Il fait un remarquable rapport sur l'organisation de la garde nationale, mais il renonce à l'improvisation. La gloire de l'éloquence, à laquelle il avait sans doute cru pouvoir prétendre, lui échappe.

Éloquent, il l'a été cependant, mais la plume à la main, dans son *Précis de l'histoire de la Révolution française*, publié d'abord en 1791 sous le titre modeste d'*Almanach*. Dans cet admirable petit livre qu'on devrait réimprimer, Rabaut a mis

(1) Séance du 23 août 1789.

toute son âme, tout son patriotisme, toute sa vertu. Modeste
à l'excès, il n'y parle jamais de lui : seulement, aux événements auxquels il a pris part, le ton s'anime, le style s'élève.
S'agit-il de préciser le rôle utile joué par la garde nationale ?
Il n'a garde de mentionner son rapport, mais il parle de la
milice civique avec confiance et admiration :

« La France, dit-il, était comme un vaste chaos dans
lequel tous les éléments de l'ordre subsistent encore et n'attendent que la main du Créateur. Les pouvoirs étaient sus-
pendus, les autorités méconnues, et les débris de la féodalité
ajoutaient encore à ce monceau de décombres. Tout faisait
craindre que le royaume ne fût en proie à l'anarchie ; et, si
c'était la crainte des bons citoyens, c'était l'espoir de ceux
qui ne se lassaient pas d'espérer de ramener le despotisme.
Mais un peuple qui a veilli dans l'habitude de l'ordre en
sent le besoin et ne peut plus s'en passer. Les propriétaires
étaient tous armés, et ce fut le salut de la France; car cette
classe d'hommes qui n'a rien à perdre et tout à gagner
dans le désordre des révolutions ne pouvait se rassembler
nulle part, dans la crainte d'être réprimée. Les armes devinrent la passion d'un peuple naturellement guerrier. Paris
leur donnait un grand éclat par l'ordre et la beauté de ses
milices nationales ; et, cette émulation se répandant partout,
la France était couverte de trois millions d'hommes revêtus
de l'uniforme de la nation. Tous ces hommes devinrent les
protecteurs des propriétés et la véritable force publique, et
quoiqu'en plusieurs lieux ils aient causé eux-mêmes des
désordres partiels, quoiqu'en d'autres les mécontents les
aient employés pour arrêter la révolution, la totalité des gardes nationales forma dans le royaume une telle masse de
résistance, que la France en fut sauvée. C'était la nation qui
protégeait la nation, et cette grande force était aussi une
grande sagesse. »

Quoi de plus remarquable que cette grande foi dans la

Révolution, que ce libéralisme sincère, exempt des petites
peurs et des défiances d'un Malouet et d'un Mounier ? Le
pauvre Rabaut, qui pourtant devait périr sur l'échafaud, ne
voyait en 1791 que sujets de joie et d'espérance. Le roi a accepté la Constitution ; la Révolution est finie. Telle est sa
naïve conviction, et à la fin de son livre, qui n'est autre chose
qu'une noble apologie de l'œuvre de la Constituante, il
exprime toute sa confiance en une généreuse péroraison :

« La Révolution française a été le produit des lumières
qui avaient pénétré, plus que chez d'autres peuples, dans
toutes les classes de citoyens. Elle a commencé du moment
où les hommes ont réfléchi, les fautes de trois règnes l'ont
mûrie, la résistance des privilégiés l'a accélérée et l'impétuosité française l'a consommée. Lorsque Bacon faisait ses
premières expériences, lorsque Montaigne doutait, lorsque
Bayle se faisait l'avocat général de la philosophie, ils prépa-
raient la Révolution de France. Mais les lumières de la raison
appartiennent à tous les peuples et à tous les pays, et il n'est
au pouvoir d'aucun potentat et d'aucun corps d'en retarder
aujourd'hui les progrès. Elle continuera donc son ouvrage
avec cette lenteur et cette sagesse qui font mûrir les événements sans les précipiter ; et, tandis que la France achèvera
la lutte pénible dans laquelle elle est engagée, les peuples de
l'Europe ne verront pas sans émotion s'accomplir ces destinées étonnantes de qui dépendront les destinées de l'univers. »

Nous retrouverons à la Convention Rabaut-Saint-Etienne
déçu, irrité de la perte de son beau rêve, chagrin et violent
contre la violence officielle. A la Constituante, son éloquence
se distingue par l'onction, par le calme, par une argumentation forte et toujours courtoise. Ce qui manque à son style
oratoire, c'est la couleur et la passion.

CHAPITRE IX.

LES JANSÉNISTES : CAMUS.

Les jansénistes étaient nombreux et influents à l'Assemblée constituante, et il ne faut pas s'en étonner. Si leur doctrine sur la grâce, prise à la lettre, semble aboutir au fatalisme, et par conséquent à la résignation passive en politique, leur passé historique les avait destinés à un rôle d'opposition, et leur morale pratique les disposait à accepter avec enthousiasme quelques-uns des principes de 1789. « La morale du jansénisme, dit M. Havet, est austère, et, comme telle, elle est à la fois noble et chagrine : noble, par la pureté et la sainteté à laquelle elle aspire ; chagrine, parce que l'honnête homme ne peut guère jeter les yeux autour de lui sans être attristé et irrité par le spectacle de la corruption et de l'injustice. — Ce chagrin s'en prend particulièrement aux puissants, car les puissants sont rarement purs. Ils vérifient l'aphorisme d'Aristote : *En général, les hommes font le mal quand ils le peuvent.*

« Ils mettent d'ailleurs au service de leurs convoitises celles d'une foule de gens qui se font leurs ministres et leurs complaisants, tandis que les justes sont méprisés et victimes. Les justes protestent plus ou moins haut, et c'est ainsi que la morale sévère tourne volontiers à ce que nous appelons l'opposition. — Tels étaient les stoïques aux temps des Césars, et, au XVIIe siècle, les jansénistes (1). » S'ils attaquèrent les Jésuites, c'est que ceux-ci « étaient responsables, aux yeux des purs, de tous les vices de cette société qu'ils conduisaient et de tout le mal qui se faisait sous leur influence (2). »

(1) Introduction aux *Provinciales*, p. XXII.
(2) *Ibid.*

Alors, comme dit Boileau, *vertu* et *jansénisme* étaient deux mots synonymes (1). Port-Royal détruit, la doctrine survécut et grandit dans la bourgeoisie. Au milieu des querelles religieuses de la Régence, le jansénisme devint le refuge à la mode de l'opposition libérale.

La bourgeoisie éclairée était janséniste et les parlements furent les organes officiels de cette doctrine. On était loin alors des fameuses propositions et de l'*Augustinus,* et en devenant plus populaire, sans être jamais plébéienne, l'opinion des solitaires de Port-Royal servit de formule aux légitimes mécontentements de toutes les âmes oppressées par le despotisme. Vint ensuite la philosophie qui sembla étouffer cette voix prudente, mais ferme, des bourgeois lettrés. Le jansénisme ne fut plus alors un drapeau ; mais il se perpétua dans certaines familles, surtout de robe, dans les parlements, dans la bourgeoisie gallicane et instruite; on conciliait ainsi sa dévotion, son horreur de l'Encyclopédie, avec un certain libéralisme politique. Et la France qui en 1789 avait oublié ces formules surannées, mais qui choisit pour députés les plus modérés, les plus sages, les plus savants, comme la fleur de la bourgeoisie, se trouva, bien à son insu, avoir envoyé au parlement tout un groupe de jansénistes, entre autres Fréteau, Martineau, et surtout Camus.

Camus, ancien avocat du clergé de France, député du Tiers de Paris, fut le chef et l'orateur de ces sectaires attardés. Nous avons vu que la morale janséniste s'attaquait volontiers aux puissants, aux rois, et les invectives ironiques de Pascal contre les grands corps de l'Etat, contre la magistrature et la noblesse, sont dans toutes les mémoires. De même Camus s'élève à la Constituante contre toutes les inégalités sociales avec une âpreté et un emportement que ne dépassèrent aucun des orateurs de la gauche. Il attaque tous les privilèges avec

(1) Sat. XI.

un zèle *religieux*. Nul ne fut plus dur que lui pour les
gens en place, principalement pour Necker. Nul ne
démasqua plus violemment toutes les hypocrisies politiques,
laissant de côté tout ménagement, tout respect humain, forçant l'Assemblée à réclamer communication du *Livre rouge*,
au risque d'y lire à la première page les noms les plus populaires. Quand il fut question d'acquitter les dettes du comte
d'Artois : « Voudrait-on, s'écria-t-il, faire payer à la France
les dettes d'un particulier (1) ? » L'Assemblée se plaisait à
entourer le mystère de la royauté « d'un voile sacré ». Camus, en disciple de Pascal, lève hardiment le voile : le roi
n'est pour lui qu'un homme, qu'un fonctionnaire à surveil-
ler. Aujourd'hui, il demande la réduction de la liste civile ;
demain, à propos du départ des tantes du roi, il veut que
Louis XVI ordonne à sa famille de ne pas se séparer de lui.
C'est sur sa proposition que, le 30 juillet 1791, l'Assemblée
supprime, sous des peines sévères, tous les titres de noblesse.
La morale janséniste pense que ces titres risquent d'abuser
le peuple qui croit, selon Pascal, « que la noblesse est une
grandeur réelle, et qui considère presque les grands comme
étant d'une autre nature que les autres (2). » Quand les jansénistes de 89 parlent du roi, on songe à cette phrase que
Nicole prête à Pascal : « Que diriez-vous de cet homme qui
aurait été fait roi par l'erreur du peuple, s'il venait à oublier
tellement sa condition naturelle, qu'il s'imaginât que ce
royaume lui était dû, qu'il le méritait, et qu'il lui appartenait
de droit? Vous admireriez sa sottise et sa folie (3). »

L'égalité, tel est le but de la politique janséniste à l'Assemblée ; j'entends l'égalité des hommes en tant qu'hommes:
en présence de la grâce et de ses effets, l'inégalité reparaîtra.

(1) *Biographie des contemporains*.
(2) Pascal, II, 352, éd. Havet.
(3) *Ibid.*

Cette égalité politique que l'on veut fonder est destinée à faciliter l'action de cette grâce, à établir le triomphe de la religion telle que l'entendait Port-Royal. Voilà le secret des apparentes contradictions de la politique de Camus et de ses amis. Ils marchèrent d'un pas assuré à la réalisation de leurs plus chers desseins, d'une réforme religieuse.

L'Assemblée ne vit en eux que des politiques intègres et particulièrement compétents dans les questions religieuses : elle les introduisit dans son comité ecclésiastique, où ils régnèrent en maîtres, et firent commettre à la Révolution sa faute capitale, irréparable : la constitution civile du clergé. De là est sortie, par les prêtres et les femmes, la contre-révolution.

Ce n'est pas la liberté de conscience que veut établir le janséniste Camus, et sur ce point, dès l'origine, il se sépare nettement des Voltairiens de la gauche. Le 21 août 1789, Mirabeau avait demandé l'insertion de la liberté de conscience dans la déclaration des droits. Un curé, que le *Moniteur* ne nomme pas, se leva et déclara qu'il fallait se contenter de la *tolérance*. Camus approuva.

Le 13 octobre, il se sépara encore de la gauche et soutint que le clergé possédait justement ses biens, que l'État n'avait pas le droit d'y toucher, quoique le plus illustre des jansénistes eût déclaré que la propriété n'était pas « un droit naturel », mais « un ordre fondé sur la seule volonté des législateurs (1). »

Aux yeux de Camus, l'Assemblée nationale est un concile, et un concile janséniste. Le 1er juin 1790, dans son orgueil de janséniste triomphant, il prononce cette parole mémorable : « Nous sommes une convention nationale ; *nous avons assurément le pouvoir de changer la religion, mais nous ne le ferons*

_____

(1) Pascal, II, 351, éd. Havet.

pas (1). » Ce n'est plus un orateur politique qui parle, c'est un théologien. Il allègue les textes sacrés et défend l'élection des pasteurs par des arguments de dogme :

« Je trouve, dit-il, dans saint Cyprien ces mots : *de clericorum testimoniis, de plebis suffragiis.* Ainsi, pour l'élection, les clercs sont consultés ; ils témoignent qu'un tel a vécu parmi eux, qu'il leur a paru digne des fonctions épiscopales ou pastorales ; mais l'élection est faite par le suffrage du peuple. Je cite celle de saint Martin de Tours, qui fut rejetée par les évêques, parce qu'il avait l'air trop humble et trop peu relevé; le peuple le nomma. Dans la suite on prétendit que les électeurs étaient trop nombreux. Les rois dirent au peuple qu'ils représentaient le peuple, et ils nommèrent. Bientôt les chapitres s'arrogèrent ce droit. Les cardinaux, dans le conclave, élisent le pape, tandis qu'autrefois il ne pouvait être élu sans le consentement des rois de France. Adrien écrit à Charlemagne, et ne prit le titre de pape qu'après avoir obtenu son suffrage. On dit qu'il n'en est pas de même des curés. On vous a dissimulé les titres : les curés n'étaient pas des bénéficiers ; les évêques envoyaient dans tel ou tel lieu des prêtres qui n'y exerçaient que des fonctions passagères, et qui revenaient ensuite former le conseil de l'évêque. Ce fait est attesté par les Pères de l'Eglise, par saint Cyprien et par saint Augustin. Le patronage lui-même n'est qu'une voix d'élection du peuple. Les seigneurs s'arrogèrent les droits du peuple, parce qu'ils prétendaient représenter le peuple. A présent qu'il n'y a plus de seigneurs, le peuple rentre dans ses droits. Ainsi rien n'est plus conforme à la religion que l'élection des évêques et des curés (2). »

Il commente théologalement (3) le latin du concile de

(1) *Moniteur.*
(2) *Ibid.*, séance du 31 mai 1790.
(3) S'il pousse parfois la gravité jusqu'au pédantisme, c'est qu'il avait à lutter contre un physique fâcheux. « Il avait, dit Et. Dumont (p. 296),

Trente. Le concile a-t-il voulu que les curés fussent approuvés par les évêques? « Le texte du concile, dit-il, porte ces mots : *Sacerdotes etiam regulares;* mais on dit qu'il y a des textes où le mot *etiam* ne se trouve pas (1). » Voilà un *etiam* dont ne s'inquiétait guère la France de la Fédération !

Mais il se fait applaudir quand il s'élève, avec une âpreté de sectaire, contre la puissance papale :

« Les évêques, dit-il, déclarent qu'ils attendent la sanction de celui qu'ils appellent souverain pontife de l'Eglise, comme s'il y en avait un autre que Jésus-Christ, son fondateur. (*La partie gauche applaudit.*)

« *Un membre du côté droit :* Nous demandons de quelle religion est M. Camus.

« *M. Camus :* Quelle est donc cette querelle que nous font les évêques ? Ce n'est pas de savoir si la religion catholique continuera d'être respectée, nous n'en avons jamais douté ; mais si tel évêché qui contenait mille paroisses doit être rétréci, et si la partie excédante doit être réunie à un évêché qui n'en avait que soixante-quinze, afin que toutes puissent être également surveillées. Ne serait-ce pas aussi parce qu'un évêque n'aura plus 300,000 livres de rentes ? (*La partie gauche applaudit.* — La partie droite: *Ce n'est pas cela !*) Eh bien ! serait-ce parce qu'on a rendu au peuple le droit d'élection ? (La partie droite : *Ce n'est pas cela !*) Eh ! qu'avons-nous besoin de l'intervention du successeur de saint Pierre, puisque c'était l'usage consacré dès le berceau de l'Eglise ? A Jérusalem les apôtres délibèrent avec tous les fidèles. (*On applaudit.*) Depuis trois cents ans nous avons combattu contre un ultramontain : nous n'avons pas voulu souffrir ces privilèges qui

une physionomie enflammée et son nez était couleur de sang. » Mirabeau l'avait nommé, pour ce motif, le *Drapeau rouge.* — Rien ne rend sérieux et grave comme la conscience d'un ridicule physique.

(1) *Moniteur,* séance du 16 juin 1790.

donnaient à des religieux une supériorité contraire à l'esprit
de l'Evangile, et nous le consulterions lorsqu'il s'agit d'une
constitution civile ! Nous avons tous les pouvoirs nécessaires
pour distribuer les diocèses de manière qu'ils participent tous
également aux bienfaits de l'Eglise. (1) » (La partie droite :
On ne s'oppose pas à cela.)

Ce langage semble moins d'un philosophe que d'un sectaire :
l'homme d'une religion paraît toujours en Camus. Il faut, dit-
il, contraindre par la force ceux qui ne veulent pas obéir aux
décrets de l'Assemblée-concile et supprimer l'hérésie naissante :
« Puisque le clergé n'a pas le bon esprit, n'a pas assez d'a-
mour pour la religion pour exécuter des décrets qui n'ont
d'autre but que l'affermissement de cette même religion, il
faut que la force intervienne. D'après ces considérations je
vais vous présenter mon projet de décret. Je le répète, je ne
le propose que pour le maintien de la religion catholique (2). »

En résumé, l'éloquence de Camus, âpre, fanatique, chagrine, toujours honnête et sincère, interpréta non sans éclat
les revendications du jansénisme mourant. Nous la retrouverons, aussi convaincue, mais moins écoutée, à la tribune
de la Convention

Tels furent ces jansénistes, ces prêtres, ce pasteur qui siégeaient sur les bancs de la gauche. Leur vertu jeta un grand
lustre sur les débuts de la Révolution : cette vertu est le ressort de leur éloquence, et leur talent donne moins de prestige
à leur parole que leur autorité morale. Cette autorité, la
droite s'en dépitait et enrageait de ne pouvoir traiter de démagogues un Grégoire, un Camus, un Rabaut Saint-Etienne.
Le haineux Malouet dit dans ses *Mémoires* (3) un mot qui

(1) *Moniteur,* séance du 23 décembre 1790.
(2) *Ibid.*
(3) I, 305.

honore infiniment ces hommes religieux et patriotes : ne pouvant nier leur haute valeur morale, il écrit qu'ils avaient une *conscience factieuse.*

CHAPITRE X.

LES GRANDS SEIGNEURS PATRIOTES.

La Rochefoucauld, Montmorency, Beaumetz, La Fayette.

I

L'hôte du comité constitutionnel, le bon duc de la Rochefoucauld, n'était certes pas un orateur. Mais ce grand seigneur avait été, avant la Révolution, « l'ami, le père des philosophes, le centre et l'appui de toutes les sociétés philantropiques. Il avait poussé vivement au mouvement de 89 (1). » Il ne faut pas croire cependant qu'il manquât totalement d'esprit et d'à-propos. Un jour, à l'assemblée des Notables, il était question de la dîme : « *La dîme,* disait l'archevêque d'Aix d'un ton pleureur, *cette offrande volontaire de la piété des fidèles...* — *La dîme,* reprit le duc de la Rochefoucauld, avec son ton simple et modeste qui rendait le trait plus piquant, *la dîme, cette offrande volontaire de la piété des fidèles, sur laquelle il existe maintenant quarante mille procès dans le royaume* (2). »

Le duc Mathieu de Montmorency, qui, sous la Restauration, devait se signaler par un esprit de réaction aveugle, était alors libéral. En le voyant « si noble, si jeune, si candide, si

(1) Michelet, III, 58.
(2) Et, Dumont, p. 21.

patriote, » selon les expressions d'un témoin oculaire (1),
on ne pouvait s'empêcher d'accueillir avec sympathie ce
qu'il disait. « Il n'avait pas de talent, dit Thibaudeau; on
n'y regardait pas de si près avec un grand seigneur. On lui
savait gré de ce qu'il employait ses petits moyens à la défense de la cause populaire. On le disait inspiré et poussé par
Siéyès (2). »

Quant à M. de Talleyrand, les mémoires du temps s'accor-
dent à lui refuser toute espèce de talent de tribune (3). Le
peu qu'il disait, il le lisait et le faisait rédiger, dit-on, par
des collaborateurs. Assidu aux séances du comité, chez le
duc de la Rochefoucauld, il y prenait rarement la parole et
affectait de s'endormir bientôt, d'après son collègue Dandré (4). Il est visible qu'il se réservait.

II

Il faut dire un mot du chevalier de Beaumetz, figure incertaine et changeante, à demi-obscure, mais que l'on rencontre
à chaque pas dans l'histoire de la Constituante. C'était un
orateur médiocre, mais abondant et imperturbable, quoiqu'il
improvisât rarement (5).

Avant la Révolution, premier président au Conseil supérieur de l'Artois, il tenait chez lui des conférences de jeunes
avocats, où on discutait, dans un sens libéral, des questions
de droit et de politique.

(1) Thibaudeau, *Biographie et Mémoires*, p. 95.
(2) *Ibid.*
(3) « Ce n'était ni un orateur, ni un homme de tribune; quand il y
paraissait, il débitait sans art et sans chaleur ce qu'il avait écrit. » Thibaudeau, *Biographie et Mémoires*, p. 101.
(4) Mallet du Pan, II, 488.
(5) Mont losier, II, 244.

Député de la noblesse d'Artois, il fut d'abord défavorable
à la réunion des ordres ; puis il se laissa convaincre et siégea
à gauche.

Le 29 septembre 1789, il eut l'honneur d'être rapporteur
du comité de jurisprudence criminelle. On vante beaucoup
ce rapport, qui manque cependant d'ordre et de lumière.
On loue, dans les biographies, l'éloquence déployée par Beaumetz, pour demander l'abolition complète de la torture. Voici
ce passage, qui ne semble pas avoir frappé les contemporains.

« Il reste encore, dans votre code, une torture préalable ; si
les raffinements de la cruauté la plus inouïe ne sont plus
employés à forcer les hommes de s'accuser eux-mêmes, ils
sont encore mis en usage pour obtenir des révélations de
complices. Fixer vos yeux sur ce reste de barbarie, n'est-ce
pas, Messieurs, en obtenir de vos cœurs la proscription ?
Ce sera un beau, un touchant spectacle pour l'univers, de
voir un roi et une nation, unis par les liens indissolubles
d'un amour réciproque, rivaliser de zèle pour la perfection
des lois, et élever comme à l'envi des monuments à la
justice, à la liberté, à l'humanité. »

Rien de plus insignifiant et de plus banal que ce court
morceau. Le discours sur les biens du clergé fait mieux con-
naitre l'homme. C'est le chef-d'œuvre de l'indécision politique. Les uns voulaient qu'on vendît ces biens, les autres
qu'on ne les vendît pas. Beaumetz arrive à se former, chose
invraisemblable ! une opinion intermédiaire. Il annonce, en
débutant, deux maximes ; 1° *La nation n'est pas propriétaire* ;
2° *Le clergé ne l'est pas non plus.*

« Le premier principe, en fait de propriété, est que celui
qui n'est pas possesseur prouve sa propriété ; or, la nation ne
possède pas : donc elle doit prouver et produire ses titres. On
a dit : le clergé n'est pas propriétaire, donc c'est la nation.
Ce n'est pas là une preuve. Ce n'est pas à ceux qui disent que

la propriété n'appartient pas à la nation à prouver qu'elle n'a point de titre.

« La propriété est le droit d'user e d'abuser. Or, la nation n'a jamais usé des biens du clergé ; elle n'a donc pas le droit d'en abuser... (1). »

Ces sophismes curieux arrivent à cette conclusion plus curieuse encore :

« A qui appartiennent donc les biens du clergé ? Quel en est le propriétaire ? Personne : ils sont *res sacræ, res religiosæ, res nullius.* »

Mais que faut-il faire ? Rien. Ajourner la question « jusqu'à ce que les assemblées provinciales aient donné leur avis ». L'Assemblée supporta patiemment ces plaisanteries de légiste. Mais on se méfia désormais de Beaumetz. Il eut beau suivre la fortune des Constitutionnels, voter avec eux, on lui prêta des arrière-pensées, un masque, un rôle secret. Homme à tout faire, il fit ce qu'on voulut, parlant aujourd'hui contre la création des petits assignats, parlant pour le lendemain, colorant des contradictions de son parti, jouant à la Constituante un rôle semblable à celui que Barrère devait jouer à la Convention.

Après la session, Beaumetz fut nommé membre du directoire du département de Paris et favorisa les prêtres inassermentés. Aussi, il émigra et voyagea beaucoup et loin, jusqu'à Calcutta, où il mourut, dit-on, vers 1809. D'autres le font rentrer et mourir en France. Cette obscurité de ses derniers jours et l'oubli au milieu duquel il s'éteignit montre combien son rôle à la Constituante fut au-dessus de son mérite. L'orateur était facile, mais sentait fort le sophiste.

(1) *Moniteur*, séance du 30 octobre 1789.

III

» La Fayette, dit M. de Cormenin, n'était pas orateur, si l'on entend par oraison ce parlage emphatique et sonore qui étourdit les auditeurs et qui ne laisse que du vent dans leur oreille. C'était une manière de conversation sérieuse et familière, grammaticalement incorrecte si vous voulez, et un peu surabondante, mais coupée d'incises et relevée par des tours heureux. Pas de figures ni d'images colorées, mais le mot propre, le mot juste qui exprime l'idée juste : pas de mouvements passionnés, mais une parole émue par l'accent de la conviction : pas de logique forte, pressante, travaillée, mais des raisonnements tout unis, qui s'enchaînaient sans efforts l'un à l'autre, et qui sortaient naturellement de l'exposition des faits. — Il y avait dans les habitudes de sa personne et sur son visage je ne sais quel mélange de grâce française, de flegme américain et de placidité romaine (1). »

Tel apparaissait La Fayette, à la fin de sa vie, dans l'éclat un peu confus de sa gloire passée. L'orateur de la chambre des députés de 1818 sut parler, en pleine Restauration, le langage de 89 et protesta en républicain contre toutes les lois d'exception. Dans un tel rôle, il ne pouvait pas ne pas paraître éloquent, et peut-être le fut-il en effet. Mais l'orateur révolutionnaire ne semble guère avoir mérité les louanges dont, sous Louis-Philippe, devait le combler l'opposition libérale. Son rôle parlementaire fut assez effacé. Député de la noblesse de Riom, il siégea à gauche, et une fois commandant de la garde nationale, il parut rarement à l'Assemblée, si rarement que, quand il assiste à la séance, le *Moniteur* mentionne le fait. Par exemple, il note, à la date du 4 janvier 1790, que « MM. Bailly, maire de Paris, et le marquis

_____

(1) *Le livre des orateurs*, II, 151.

de La Fayette, commandant de la garde nationale, viennent assister à la séance en qualité de membres. Des applaudissements réitérés leur marquent la satisfaction de l'Assemblée nationale de les voir dans son sein. »

Le 11 juillet 1789, La Fayette présenta un projet de déclaration des droits qui devint le point de départ et la base de celui qui fut adopté.

Dans la discussion sur le droit de paix et de guerre, La Fayette vota pour la motion de Mirabeau amendée par Chapelier et motiva son vote avec emphase et orgueil :

« Je ne dirai qu'un mot sur la priorité ; je l'ai demandée pour le projet de M. de Mirabeau tel qu'il a été amendé par M. Chapelier, parce que j'ai cru voir dans cette rédaction ce qui convient à la majesté d'un grand peuple, à la morale d'un peuple libre, à l'intérêt d'un peuple nombreux dont l'industrie, les possessions et les relations étrangères exigent une protection efficace.

« J'y trouve cette distribution de pouvoir qui me paraît la plus conforme aux vrais principes constitutionnels de la liberté et de monarchie, le plus propre à éloigner le fléau de la guerre, la plus avantageuse au peuple ; et dans le moment où l'on semble l'égarer sur cette question métaphysique, où ceux qui, toujours réunis pour la cause populaire, diffèrent aujourd'hui d'opinion, en adoptant cependant à peu près les mêmes bases ; dans ce moment où l'on tâche de persuader que ceux-là seuls sont ses vrais amis qui adoptent tel décret, j'ai cru qu'il convenait qu'une opinion différente fût nettement prononcée par un homme à qui quelque expérience et quelques travaux dans la carrière de la liberté ont donné le droit d'avoir un avis.

« J'ai cru ne pouvoir mieux payer la dette minime que j'ai contractée envers le peuple, qu'en ne sacrifiant pas à la popularité d'un jour l'avis que je crois lui être le plus utile.

« J'ai voulu que ce peu de mots fût écrit pour ne pas livrer

aux insinuations de la calomnie le grand devoir que je rem
plis envers le peuple à qui ma vie entière est consacrée (1) ? »

Il dit quelques mots insignifiants dans la discussion sur
les colonies, et, le 20 février 1791, il prononça ces paroles
qui eurent un retentissement considérable :

« Les troubles excités dans les provinces ont alarmé votre
patriotisme ; plusieurs décrets ont été proposés ; je me contenterai de dire que, la révolution étant faite, il ne s'agit
plus que d'établir la constitution. Pour la révolution, on
peut dire qu'il a fallu des désordres, car tout était à détruire.
Dans ce cas, si *l'insurrection est le plus saint des devoirs*, il n'en
est pas de même lorsqu'il faut établir une constitution. L'ordre alors doit renaître, et les lois doivent être respectées (2). »

La phrase soulignée n'est pas au *Moniteur ;* mais tous les
assistants l'entendirent. Elle passa proverbe. On la transforma, on négligea l'hypothèse mise en avant par La Fayette
et, contrairement à la pensée du prudent général, on en fit
un axiome révolutionnaire.

La Fayette garda le silence jusqu'en septembre 1791. Lors
de la discussion sur l'établissement des assemblées de révision,
il voulut parler. Mais on ne l'écouta guère, et, quand il allégua
l'Amérique, on l'interrompit. Déjà sa popularité déclinait.

Il ne fut éloquent, pendant la Révolution, que dans la rue,
au milieu de l'émeute. Il savait parler au peuple : il avait le
mot juste, le trait, comme au 5 octobre, quand il dit à ses
soldats : « Messieurs, j'ai donné ma parole d'honneur au roi
qu'il ne serait fait aucun tort à tout ce qui appartient à Sa
Majesté ; si vous laissez égorger ses gardes, vous me ferez
manquer à ma parole d'honneur et je ne serai plus digne d'être
votre chef (3). » Il parlait toujours de lui, de sa gloire, de
'Amérique. Or le *moi* n'est haïssable que dans un cercle

(1) *Moniteur.*
(2) Cité par Montlosier.
(3) *Moniteur*, réimpr., 11, 12.

distingué. Le peuple aime l'orgueil, même la vanité chez ses
héros. L'influence de cet orateur à cheval était considérable.
La droite craignait et recueillait ses moindres paroles. Mirabeau, qui l'appelait *Grandisson*, l'appelait aussi *Cromwell*. La
cour, qui n'eut pas de chevalier plus fidèle, tremblait quand
le général populaire lançait au peuple quelque parole généreuse, toujours calmante. C'est au milieu de sa garde nationale, dans les grandes journées, qu'il était vraiment orateur :
à la tribune de l'Assemblée, il trompait l'attente et restait au-
dessous de sa renommée.

CHAPITRE XI.

ORATEURS SECONDAIRES : BAILLY, BARRÈRE, ETC.

Comme le parti constitutionnel dirigea les débats de l'Assemblée, comme il se chargea dans les comités et dans les
séances publiques de tout le poids des affaires, il n'est pas
étonnant qu'il ait envoyé à la tribune un très grand nombre
de ses membres, qui néanmoins ne méritent ni le titre d'orateurs ni une étude spéciale dans une histoire de l'éloquence
parlementaire : tels sont Goupil de Préfeln, Rœderer, Bureau
de Puzy, Emery, Dupont de Nemours, Bailly, Regnaud de
Saint-Jean-d'Angely, Treilhard et Merlin de Douai, éminents
jurisconsultes, Defermon (1), Boissy-d'Anglas, Desmeuniers,
et plusieurs autres. On vit quelquefois aussi apparaître à la
tribune la grosse face placide et matoise d'un paysan breton,
Michel Gérard, député de Saint-Martin de Rennes, à qui les Jacobins devaient emprunter son habit et ses cheveux plats. On l'appelait « le bon paysan », et on se plaisait à personnifier en lui

---

(1) Sur Treilhard, Merlin et les légistes dont nous n'avons rien dit, à
cause de la médiocrité de leur parole, voir *Les légistes et leur influence
sur la société française*, par Bardoux, Paris, 1877, in-8.

la sagesse populaire : de là tant d'almanachs placés sous son nom.

C'était un riche cultivateur , qui regretta bien vite ses champs : « Que puis-je faire, écrivait-il à ses commettants, au milieu d'une foule d'avocats et de petits praticiens qui croient tout savoir, qui se regardent comme membres du Haut-Tiers, quoique la majeure partie d'entre eux ne possède pas un pouce de terre sous le soleil, et qui ne peuvent que gagner à la subversion totale de la France? — Aussi ne fit-il rien. Il parle même très peu, parce qu'on se plaisait à le tourner en ridicule (1). »

Restent, parmi les constitutionnels, Bailly et Barrère. Le premier, une fois maire de Paris, n'assista que rarement aux séances, comme nous l'avons vu à propos de La Fayette. Il n'était pas orateur et il se sentait assez savant pour être modeste. Les allocutions qu'il débita comme président de l'Assemblée sont des modèles de convenance et de dignité. Voici, par exemple, en quels termes il souhaita la bienvenue, le 22 juin 1789, à la majorité des membres du clergé :

« Messieurs, vous voyez la joie et les acclamations que votre présence fait naître dans l'assemblée. C'est l'effet d'un sentiment bien pur : l'amour de l'union et du bien public. Vous sortez du sanctuaire, Messieurs, pour vous rendre dans cette assemblé nationale, où nous vous attendions avec tant d'impatience. Par une délibération où a présidé l'esprit de justice et de paix, vous avez voté cette réunion désirée. La France bénira ce jour mémorable ; elle inscrira vos noms dans les fastes de la patrie, et elle n'oubliera point surtout ceux des dignes pasteurs qui vous ont précédés, et qui vous avaient annoncés et promis à notre empressement. Quelle satisfaction pour nous, Messieurs! Le bien dont le désir est dans nos cœurs, le bien auquel nous allons

(1) *Recueil d'anecdotes*, p. 25.

travailler avec courage et avec persévérance, nous le ferons
avec vous, nous le ferons en votre présence : il sera l'ouvrage
de la paix et de l'amour fraternel.

« Il nous reste encore des vœux à former. Je vois avec peine
que des frères d'un autre ordre manquent à cette auguste
famille; mais ce jour est un jour de bonheur pour l'Assemblée nationale ; et s'il m'est permis d'exprimer un sentiment
personnel, le plus beau jour de ma vie sera celui où j'ai eu
l'honneur de répondre au nom de cette assemblée et de vous
adresser ses sentiments et ses félicitations. »

Quant à Barrère, son éloquence mériterait une étude à part :
ce souple gascon, sans principes et sans sincérité, séduisait
par la facilité de sa parole, sa bonne grâce, et l'art avec
lequel, d'un air crâne et dégagé, il savait flatter les secrètes
passions de son auditoire (1). Mais ce n'est qu'à la Convention
qu'il montra toutes les qualités de son esprit, toute l'élasticité
de son caractère. C'est devant les Montagnards qu'il faut le
placer pour l'étudier dans son vrai jour. A la Constituante, il
ne joua qu'un rôle secondaire et fut négligé par les Barnave
et les Mirabeau. Il votait d'ordinaire avec les Constitutionnels ;
mais il était plus connu comme journaliste que comme orateur.
Son *Point du Jour*, si médiocrement rédigé et renseigné, lui
avait valu une certaine réputation d'écrivain. C'est d'ailleurs

---

(1) « J'ai rencontré quelquefois à dîner Barrère de Vieuzac, dit Et.
Dumont ; c'était à une table d'hôte de Versailles où se rendaient plusieurs
députés : je le jugeais d'un caractère doux et aimable; ses manières
étaient polies ; il semblait n'aimer la révolution que par un sentiment
de bienveillance. Je suis persuadé que son association avec Robespierre
et tous les partis qu'il a successivement courtisés et désertés n'était pas
l'effet d'un mauvais naturel, mais d'une faiblesse qui le rendait timide et
versatile, et d'une vanité qui lui faisait un besoin de jouer un rôle : ses
talents, uniquement d'un genre déclamatoire, sont médiocres ; on aurait
compté cinquante personnes avant lui dans l'assemblée ; on l'a surnommé
l'Anacréon de la guillotine ; mais quand je le connus, il n'était que l'A-
nacréon de la révolution, sur laquelle il faisait dans son *Point du Jour*
de jolies petites phrases d'amoureux. » *Souvenirs*, p. 247.

le genre de renommée auquel l'ancien lauréat des Jeux Floraux de Toulouse ne cessa de prétendre.

Il sut se faire écouter dans le débat sur la liberté de la presse: « Je moment est venu, dit-il à ce propos, où aucune vérité ne peut être dérobée aux regards humains. » Cette formule eut du succès. Quand le roi tardait à accepter certains articles constitutionnels, Barrère, traduisant le sentiment intime de l'assemblée, établit que le roi était *obligé* d'acquiescer à ces articles. En 1790, il publia la Déclaration des droits avec une Épître aux nations, morceau d'apparat sorti de sa plume, et il intitula le tout *Etrennes au peuple.* Il se mêla à la plupart des discussions, sans influence réelle : il est un peu la *mouche du coche* de l'Assemblée constituante.

Soyons justes, cependant : dans les derniers mois, il avait grandi singulièrement, non pour l'importance, mais pour le talent de parole. Lors de la discussion sur la rééligibilité des députés, il proposa, comme amendement, que les « membres d'une législature pourront être réélus à la législature suivante, mais ils ne pourront l'être de nouveau qu'après un intervalle de deux années. »

Et il défendait avec beaucoup d'esprit ce paradoxe de tribune, que la rééligibilité indéfinie provoque la tyrannie :

«.... L'État, dit-il, serait perdu avec des réélections indéfinies. Songez que vous n'avez pas, comme en Angleterre, une chambre héréditaire et un roi colégislateur ; vous n'avez pas, comme en Angleterre, des corporations et des institutions politiques qui arrêtent le despotisme. Notre salut, notre sûreté est dans la constitution fidèlement conservée. Si elle s'altère, la liberté est perdue ; et la constitution s'altère si la réélection est indéfinie. Vous avez voulu des législatures permanentes, et non des législateurs permanents. Ce sont des institutions et non des hommes sur qui vous avez compté. Eh bien, la réélection indéfinie amène nécessairement des dictatures législatives. La réélection indéfinie fait perdre l'esprit de citoyen,

et votre constitution tend sans cesse à rejeter parmi les citoyens ceux qui ont exercé quelque temps des fonctions
publiques ; elle crée les flatteurs du peuple, qui deviennent
bientôt ses maîtres et ses tyrans ; elle tend à établir l'inégalité
entre ceux qui gouvernent et ceux qui sont gouvernés. La
même inégalité ne tarde pas à s'introduire entre les différents
membres du Corps législatif. L'orateur connu et continué est
un obstacle à la réputation, aux talents du nouveau représentant. La réélection indéfinie appelle la corruption ministérielle, et devient tour à tour son principal travail et son
principal appui : elle corrompt à la fois le gouvernement et
la législation ; elle corrompt le législateur qui se vend, et le
ministre qui l'achète.

« Enfin, la réélection indéfinie forme de la souveraineté
nationale le patrimoine de quelques orateurs, de quelques
charlatans politiques. Qui connaissez-vous dans le parlement
d'Angleterre ? les Fox, les Pitt, les Burke, les Shéridan ; voilà
les hommes perpétuels des deux partis. Eh ! que serait-ce
lorsque les traités de commerce avec les nations étrangères
appelleront vos délibérations ? C'est alors qu'il faut de la probité plus que de l'éloquence ; c'est ici surtout que le danger
de la réélection indéfinie se présente. Le droit de paix et de
guerre est dans le patrimoine du Corps législatif ; en Angleterre, il est dans la prérogative royale, et l'élection indéfinie
des orateurs ne peut pas influer sur le sort de la nation,
comme elle pourrait influer en France sur la paix et la
guerre. Du moins, en Angleterre, une chambre haute peut
arrêter le vœu de la guerre par le vote des impôts ; il y a un
contrepoids à la volonté des orateurs des communes.

« Supposez un département formidable par sa population
et par ses moyens ; donnez-lui l'intention de gouverner le
royaume par des députés qu'il réélira sans cesse, et qui
joindraient à une grande réputation de popularité des moyens
d'intrigue et d'éloquence : vous avez alors établi une vérita-

ble autocratie ou plutôt une sorte de Sénat réélu par le même département. Que serait-ce encore si ce département environnait ce Corps législatif d'une opinion imposante ? Par la réélection limitée, le peuple apprendra que son salut ne dépend pas de tel ou tel homme, mais que ses représentants dépendent entièrement de lui (1). »

Ce style est facile, précis, sobrement coloré : la pensée est *presque* juste, et l'orateur paraît *presque* convaincu. On entre-voit déjà le très habile rhéteur qui, à la Convention natio-nale, saura, sans trop de mauvaise grâce, changer d'opinion à chaque grande journée, et prêter aux puissants du jour les ressources inépuisables de sa rhétorique complaisante.

(1) *Moniteur*, séance du 19 mai 1791.

LIVRE VII

LE TRIUMVIRAT.

Duport, Lameth, Barnave.

CHAPITRE I.

POLITIQUE DU GROUPE.

Un seul groupe, dans la gauche, fut vraiment compact, ne se désunit en aucune circonstance, n'aborda aucune discussion sans s'être concerté. Ce fut ce triumvirat que Brissot et Mirabeau appelaient, dans leur antipathie, le *triumgueusat*, et où les aristocrates affectaient de voir le *camp des Tartares*. Les triumvirs, Duport, Lameth, Barnave, état-major sans armée, ne furent constamment suivis que par trente à quarante députés, et Mirabeau était dans le vrai quand il leur jeta l'apostrophe célèbre : « Silence aux trente voix ! » Aux trois orateurs dirigeants s'ajoutaient Charles de Lameth, qui ne faisait qu'un avec son frère Alexandre; le libéral duc d'Aiguillon, qui vota bien et parla convenablement à l'occasion, malgré le ridicule dont le couvrirent les journaux royalistes (1); le gros Menou, causeur spirituel, plus tard médiocre

---

(1) On l'accusait d'avoir pris part, déguisé en femme, aux journées du 5 et du 6 octobre. D'où le surnom d'*homme-femme* et les plaisanteries cyniques des *Actes des Apôtres*.

général, et enfin Beauharnais. C'était en réalité un *septem-
rirat*, comme le faisait remarquer Camille Desmoulins. « Il
est remarquable, dit Barnave en parlant de ses amis et de
lui-même, qu'ayant été placés au centre des plus grandes
affaires, ayant vu se former et se dissoudre tant de coalitions,
il n'y ait jamais eu entre eux un seul instant de mésintelli-
gence. » Ajoutons que leur jeunesse les rapprochait : Duport
était né en 1759, Alexandre de Lameth en 1760, Charles en
1757, Barnave en 1761.

Les triumvirs furent d'abord les principaux meneurs du
club des Jacobins. Robespierre se cache dans leur ombre, et,
comme dit Michelet, les regarde *tuer Mirabeau*, sans souffler
mot. Bientôt leur popularité, si grande lors de la discussion
du droit de paix et de guerre, décroît au moment où ils
votent pour La Fayette et Bouillé dans l'affaire des Suisses de
Nancy. Après avoir interdit à Mirabeau l'accès du ministère,
ils entreprennent des démarches pour que la cour demande à
l'Assemblée de désigner elle-même les ministres. Mirabeau
se venge et fait échouer leurs secrets desseins. Ils semblent
alors s'être tournés du côté du duc d'Orléans. Du moins il
est sûr qu'ils donnent la rédaction du *Journal des amis de la
Constitution* à un séide du duc d'Orléans, à Laclos. Leurs
intentions intimes, s'ils en ont, sont difficiles à démêler.
Toujours est-il qu'ils tiennent à rester à l'avant-garde du
parti révolutionnaire. Ils mènent bruyamment la guerre
contre le clergé et restent parmi les plus zélés pour la constitution civile.

Ils ont même, aux Jacobins, un dernier instant de triomphe
et de toute-puissance, quand ils y attaquent Mirabeau pour
son discours contre la loi relative aux émigrés. Mais pour
eux, de même que pour les Constitutionnels, l'affaire de
Varenne fut comme un avertissement providentiel de revenir
sur leurs pas et de se rallier à la personne du roi pour sauver
la royauté. Tout, plutôt que la république : tel fut le cri de

ces esprits étroits et timorés. Bientôt ils deviennent, directement ou indirectement, les conseillers de Louis XVI. Ils sont
dépopularisés quand l'Assemblée se sépare.

On a été sévère pour ces hommes, trop habiles peut-être
et trop louvoyants. Michelet les exécute plutôt qu'il ne les
juge. Rien n'indique que, dans l'ensemble de leur carrière
politique, ils aient manqué de sincérité, et tout accuse en
eux un défaut de prévoyance qui leur était commun avec
leurs collègues de la gauche. En quoi d'ailleurs se distinguent-
ils de leurs voisins les Constitutionnels, si ce n'est par leur
opposition plus énergique au début, par leur ardeur patriotique un peu plus vive, par leur habitude de s'entendre
avant de voter, par leur caractère et leur organisation ? Leurs
opinions politiques sont les mêmes. Leur fortune est la
même et leurs orateurs parlent à peu près du même ton. En
vérité, ce sont seulement des habitudes, des antipathies particulières, un certain esprit de coterie qui les distinguent des
Chapelier et des Thouret : aux yeux de l'historien, ils se
confondent dans le grand parti des patriotes.

Leur éloquence refléta les vicissitudes, non de leurs
opinions, mais de leur fortune, et leur parole fut tantôt
hardie, tantôt timide, selon que la bataille révolutionnaire
atteignait la royauté même ou ménageait encore une
autorité qu'ils voulaient sacrée. Je ne crois pas que des
hommes imprégnés d'aristocratie, les uns par leur naissance,
les autres par leur éducation, pussent pousser plus loin
l'amour de la liberté que ne le firent les deux Lameth, Barnave et Duport. Alerte et bien française, leur parole est à
l'origine un juste écho du patriotisme révolutionnaire : dans
leur discours comme dans ceux des Constituants on retrouve
l'état d'âme de cette nation généreuse et confiante avant
qu'elle eût été trompée par son roi.

Le plus éloquent des trois était Barnave, le plus intelligent,
Duport, le plus actif, Alexandre de Lameth. De là le dicton

populaire : « Ce que Duport pense, Lameth le fait, Barnave le dit. » Avant d'arriver à Barnave, disons un mot de l'inspirateur et des hommes d'action de ce groupe célèbre.

CHAPITRE II.

DUPORT.

Adrien Duport, conseiller au parlement en la chambre des requêtes, fut, au sein de cet ordre privilégié, parmi ceux qui résistèrent le plus énergiquement au despotisme. Il recevait chez lui plusieurs des futurs révolutionnaires et prévoyait la Révolution, comme semble le prouver ce mot que lui attribue un contemporain. Louis XVI venait de tenir son lit de justice du 8 mai 1788 pour l'enregistrement des édits bursaux. « Ils ont ouvert une mine bien riche, aurait dit Duport au sortir de la séance; ils s'y ruineront, mais nous y trouverons de l'or. »

Député de la noblesse de Paris, il fut un des quarante-six qui se réunirent aux Tiers, et siégea sur les bancs extrêmes de la gauche, à côté de Barnave, des Lameth, de Laborde-Méréville, du duc d'Aiguillon.

C'était peut-être l'homme le plus habile du côté gauche. Il comprit que le pouvoir devait être remis aux mains d'un petit nombre de libéraux énergiques, et il proposa la formation d'un comité de *quatre* membres « chargé de rendre compte à l'Assemblée de toutes les affaires sur lesquelles il croirait utile d'appeler son attention. » En réalité, c'était une commission administrative, que Duport et ses amis auraient dirigée. Dandré fit tout manquer en demandant que le comité fût nombreux. Des membres de toutes les fractions de l'Assemblée le composèrent.

Le 29 mars 1790, il présenta son célèbre rapport sur l'organisation de la magistrature, et il se signala dans les discussions relatives à l'établissement du jury. Les discours qu'il prononça à cette occasion sont des mémoires écrits, plus remarquables par la profondeur et la justesse des idées que par le tour oratoire.

Il fut un des trois commissaires chargés de recueillir les déclarations du roi à son retour de Varennes. Il s'acquitta de sa mission avec une indulgence qui était l'indice d'un changement d'attitude. En effet, à partir de ce moment, il devint un des conseillers intimes de Louis XVI.

Une fois, il fut vraiment éloquent et égala les maîtres de la tribune. C'est quand il attaqua la motion funeste relative à la non-rééligibilité des Constituants (17 mai 1791). Il prévit tous les maux qui résulteraient de cet abandon de l'œuvre de l'Assemblée. Il fut prophète, mais prophète impuissant et désolé. Ce discours est comme le testament politique de ceux qui avaient cru pouvoir fonder la liberté sur la royauté. On y sent la mélancolie d'un homme désabusé, désenchanté, qui a perdu sa foi révolutionnaire et dont le rôle politique est fini :

« Encore un pas, dit-il, et le gouvernement ne peut plus exister, ou se concentre totalement dans le pouvoir exécutif seul ; car je vois dans l'éloignement le despotisme sourire à nos petits moyens, à nos petites vues, à nos petites passions, et y placer sourdement le fondement de ses espérances. (*On entend des applaudissements partiels dans les divers côtés de la salle.*) Ce qu'on appelle la Révolution est fait ; les hommes ne veulent plus obéir aux anciens despotes ; mais, si l'on n'y prend garde, ils sont prêts à s'en faire de nouveaux, et dont la puissance plus récente et plus populaire serait mille fois plus dangereuse. (*Une légère agitation recommence. — Le silence succède.*) Tant que l'esprit public n'est pas formé, le peuple ne fait que changer de maîtres ; mais ce changement ne valait assurément pas la peine de faire une révolution. (*On entend quelques applaudissements.*) Les idées de liberté et d'égalité se sont répandues sur tout l'empire ; elles ont pénétré dans toutes les classes de la société, les partisans des anciens abus ont seuls été insensibles à ces noms si touchants et aux doux sentiments qu'ils réveillent dans les âmes.

« La raison s'est retrouvée sous les décombres de ces vieilles institutions qui la tenaient captive ; tout le monde s'est employé à consacrer un temple à la liberté ; elle est devenue le culte de la nation entière ; mais les dogmes de cette religion politique ne sont pas encore bien connus, et il est à craindre que dès son berceau un grand nombre de sectes différentes n'en obscurcissent la pureté. »

Il annonce les luttes futures, la terreur, et, après la guerre civile, l'avènement du despotisme : « Partout on se battrait pour un homme ou pour un autre, et tel qui se dévoue aujourd'hui au noble métier de payer des libelles, et de réduire en système la calomnie, serait tout à coup l'effroi et le tyran de ses concitoyens. Enfin, après de longs et inutiles essais, le despotisme voudrait se présenter comme un asile favorable à toutes les âmes épuisées, fatiguées, et ne voyant plus de bonheur que dans le repos. »

Il caractérise en termes amers le rôle de Robespierre, qui a toujours dit ce qu'il fallait faire pour être parfaitement juste, mais qui, prudemment, n'a jamais indiqué comment il fallait le faire : « Daignez ouvrir les yeux sur le système assez adroit de certains hommes qui n'ont pris sur eux aucune responsabilité personnelle ; car ce n'en est pas une que d'avoir combattu tout ce qui est raisonnable, et d'avoir tenu sans interruption une chaire de droit naturel ; c'est ce système qu'on veut continuer encore. »

« Duport, dit excellemment Michelet, honora sa chute par un discours admirable contre la peine de mort (31 mai 1791), où il atteignit le fond même du sujet, cette profonde objection : « Une société qui se fait légalement meurtrière n'enseigne-t-elle pas le meurtre ? » Cet homme éminent, dont le nom reste attaché à l'établissement du jury en France et à toutes nos institutions judiciaires, eut, comme Mirabeau, le glorieux bonheur de finir sur une question d'humanité. Son discours, supérieur en tout sens, au petit discours académique que Robespierre prononça aussi contre la peine de mort, n'eut pourtant aucun écho. Personne ne remarqua ces paroles, où l'on n'entrevoit que trop un sombre pressentiment : « Depuis qu'un changement continu dans les hommes a rendu presque nécessaire un changement dans les choses, faisons au moins que les scènes révolutionnaires soient le moins tragiques... *Rendons l'homme respectable à l'homme.* » Grave parole, qui malheureusement n'avait que trop d'à-propos. L'homme, la vie de l'homme n'étaient déjà plus respectés. Le sang coulait. La guerre religieuse commençait à éclater (1). »

Après la dissolution de la Constituante, Duport devint membre du tribunal criminel de Paris. Au 10 août, il s'enfuit, fut arrêté, puis relâché, grâce à Danton. Il mourut à Appenzell, en Suisse, en 1798.

CHAPITRE III.

LES LAMETH.

I

Les Lameth étaient trois frères. Nous ne parlerons pas de l'aîné, Théodore, né en 1756, mort en 1854, qui n'entra que plus tard dans la vie politique : nous le retrouverons sur les bancs de l'Assemblée législative.

(1) Michelet, *Hist. de la Rév.*, II, 463-464.

Charles, né en 1757, prit part avec ses deux frères à la guerre d'Amérique. En 89, il était colonel des cuirassiers du roi et gentilhomme d'honneur du comte d'Artois. Cette dernière place pouvait lui donner une grande influence : il n'hésita pas à la quitter, une fois député.

Il occupa fréquemment la tribune et parla notamment sur l'institution du marc d'argent, sur la liberté de la presse, sur les affaires ecclésiastiques, sur l'extension du jury aux matières civiles, sur la suppression des cours prévôtales, sur l'abolition des distinctions honorifiques, sur le droit de grâce.

En mars 1790, il est chargé, comme membre du comité de surveillance, de rechercher l'ex-garde des sceaux Barentin, qui s'était caché dans le couvent des Annonciades de Pontoise. Cette mission jeta sur lui quelque ridicule. Les journaux royalistes le criblèrent à ce propos d'épigrammes et supposèrent qu'il s'était déguisé en nonne pour cette perquisition.

Son duel avec le duc de Castries et l'émeute qui en résulta en firent un personnage populaire, et cette popularité fut portée à son comble par son attitude dans la discussion sur le droit de paix et de guerre.

Son premier échec fut la découverte du *Livre rouge* où sa mère était inscrite pour la somme de 60,000 livres. Il eut beau rembourser aussitôt cette somme au Trésor, il sentit sa faveur diminuer, malgré la lutte qu'il soutint contre Mirabeau devenu impopulaire.

Après la fuite de Louis XVI, il proposa et fit voter les mesures les plus énergiques. Mais bientôt, comme Duport, il changea d'attitude et se signala par son ardeur royaliste dans les discussions sur la déchéance.

En 92, il commanda une division de cavalerie à l'armée du Nord.

Arrêté après le 10 août, puis relâché, il se réfugia à Hambourg où son frère Alexandre le rejoignit, en 1795. Avec le duc d'Aiguillon, ils fondèrent une maison de commerce qui prospéra. Il servit l'Empire et la Restauration, mais couronna dignement sa carrière, un peu mêlée, en signant l'adresse des 221. Il mourut en 1832.

Il est difficile de dire si Charles de Lameth méritait vraiment le nom d'orateur. Les contemporains ne semblent pas avoir beaucoup goûté sa parole et n'ont pas pris la peine de la juger. Écrivait-il ? improvisait-il ? Montlosier lui-même, si curieux de ces renseignements, n'en dit pas un mot. A côté de longs discours visiblement écrits, le *Moniteur* nous offre de courtes opinions dont le sujet est amené par un incident fortuit survenu au cours de la séance. Celles-là sont à coup sûr improvisées. Les unes et les autres donnent un parfait modèle du style terne, de la phrase incolore, des dissertations abstraites et diffuses auxquelles se complaisaient les orateurs de second ordre. C'est une lecture fatigante, puis fastidieuse. La pensée n'avance pas : l'excès de mots l'arrête et la noie.

Mais si l'orateur était médiocre, l'homme était passionné, intelligent, d'une vivacité originale. Deux ou trois occasions se présentèrent où il eut l'expression juste et topique, où il dit précisément ce qu'il fallait dire et ce qu'on attendait, improvisant, ne cherchant pas à bien parler, et faisant de l'effet. Ainsi, dans la discussion sur les biens du clergé (12 avril 1790), Dom Gerle avait proposé de décréter « que la religion catholique, apostolique et romaine, est et demeurera pour toujours la religion de la nation, et que son culte sera le seul autorisé. » La droite appuya fortement cette motion. Charles de Lameth la combattit avec l'ironie la plus spirituelle :

« A Dieu ne plaise, dit-il, que je vienne combattre une opinion et un sentiment qui sont dans le cœur de tous les membres de cette Assemblée. Je viens seulement proposer quelques réflexions sur les circonstances et sur les conséquences qu'on pourrait tirer de la motion qui a été proposée. Lorsque l'Assemblée s'occupe d'assurer le culte public, est-ce le moment de présenter une motion qui peut faire douter de ses sentiments religieux ? Ne les a-t-elle pas manifestés quand elle a pris pour base de tous ses décrets la morale de la religion ? Qu'a fait l'Assemblée nationale ? Elle a fondé la Constitution sur cette consolante égalité, si recommandée par l'Évangile ; elle a fondé la Constitution sur la fraternité et sur l'amour des hommes ; elle a, pour me servir des termes de l'Écriture, « humilié les superbes » ; elle a mis sous sa protection les faibles et le peuple dont les droits étaient méconnus ; elle a enfin réalisé, pour le bonheur des hommes, ces paroles de Jésus-Christ lui-même, quand il a dit : « Les premiers deviendront les derniers, les derniers deviendront les premiers. » Elle les a réalisées ; car certainement les personnes qui occupaient le premier rang dans la société, qui possédaient les premiers emplois, ne les posséderont plus. »

Une autre fois, à l'origine de la discussion sur le droit de paix et de guerre, il rencontra des expressions patriotiques, enflammées, qui soulevèrent l'Assemblée :

« Daignez réfléchir, daignez observer dans quelle circonstance et de quelle manière est venu le différend entre l'Espagne et l'Angleterre ; c'est un vieux motif de guerre qu'on a réchauffé. Vous avez appris hier des préparatifs qui sont déjà une déclaration de guerre ; vous ne pouvez ignorer les liaisons de l'Espagne : on sait bien que notre Constitution épouvante les tyrans ; on connaît les mesures que l'Espagne a prises pour empêcher que les écrits publiés en France parviennent dans cet empire. Une coalition s'est faite entre une puissance qui craint la révolution pour elle, entre une puissance qui voudrait anéantir notre Constitution et une famille qui peut être mue par des considérations particulières. En voilà assez pour vous faire pressentir les motifs de cette guerre. Si vous déclarez que le roi peut faire la guerre, la Constitution sera attaquée et peut-être détruite ; le royaume sera ensanglanté dans toutes ses parties. Si une armée se rassemble, les mécontents qu'a faits notre justice iront s'y réfugier. Les gens riches, car ce sont les riches qui composent le nombre des mécontents, ils s'étaient enrichis des abus, et vous avez tari la source odieuse de leur opulence, les gens riches emploient tous leurs moyens pour répandre et pour alimenter le trouble et le désordre : mais ils ne seront pas vainqueurs, car s'ils ont de l'or, nous avons du fer, et nous saurons nous en servir. (*Toutes les tribunes, toutes les galeries applaudissent avec transports.*) »

Éloquence grossière, provocante, mais chaude et vivante, que je préfère cent fois aux discours *travaillés* du même orateur. Il a été visiblement préoccupé, un peu comme l'abbé Maury, de la gloire littéraire, de l'opinion de la postérité. Il lui manquait le talent, et il resta loin de son but. Mais il eut, à défaut de talent, de l'énergie, de la violence, qualités de second ordre, auxquelles n'atteint pas qui veut.

III

La biographie d'Alexandre de Lameth, né en 1760, se confond avec celle de son frère Charles. Il fit avec lui la campagne d'Amérique, et vota, parla comme lui, partagea avec Barnave et lui l'ovation populaire qui récompensa leurs discours dans les débats sur le droit de paix et de guerre, modifia sa conduite après le voyage de Varennes, en 1792 servit sous Luckner, puis sous La Fayette, fut décrété d'accusation avec La Fayette, partagea pendant trois ans sa captivité, se retira à Londres, puis à Hambourg, où il retrouva son frère et le duc d'Aiguillon. Préfet et baron sous l'Empire, il devint député libéral sous la Restauration et mourut en 1829.

Il joua un rôle plus considérable que son frère. On esti-

mait ' davantage sa capacité politique. Quand on disait
« Lameth » tout court, c'était d'Alexandre qu'on entendait
parler. C'est lui, qu'après la mort de Mirabeau, Montmorin
vint trouver pour lui proposer de succéder au grand homme
dans les conseils du roi. Quand sonna l'heure de la réaction,
c'est sur lui, plutôt que sur son frère, que retomba le poids
de l'impopularité.

Ce grave personnage parle gravement, posément, copieu-
sement. Il est rare qu'il s'abandonne. Il est rare, quand nous
le lisons aujourd'hui, qu'il ne nous ennuie pas. Son rapport
et son opinion sur l'organisation de l'armée, l'œuvre importante de sa vie parlementaire, défient la patience du lecteur
le plus zélé. Pas un accent personnel, pas un mot où l'homme se montre : une suite monotone de pensées sensées et de
phrases traînantes et ternes. C'est la langue parlementaire
dans toute sa laideur. La critique littéraire y perd ses
droits. A quoi bon citer? Mieux vaut renvoyer à son *Histoire de
l'Assemblée constituante* (1), livre utile, indispensable, mais
d'un style pâle et impersonnel. De tous les *Mémoires* des Constituants, ce sont les plus pitoyablement rédigés. — Alexandre
de Lameth avait le don de mal écrire.

Il eut cependant son jour ou plutôt son heure. Une fois, il
terrassa Mirabeau, il le vit à ses côtés suant d'angoisse, touché à mort. C'était aux Jacobins. La veille, à l'Assemblée,
Mirabeau avait jeté son *Silence aux trente voix* ! et Lameth
avait dû contenir sa rage. Il prend sa revanche à la tribune
du club : « Quel est maintenant le centre de vos ennemis ?
Mirabeau, toujours Mirabeau. Voilà encore qu'il a rédigé la
proclamation du département ; et c'est vous qu'il y désigne
comme factieux à exterminer. » Et il ajoute cette parole
haineuse : « Je ne suis pas de ceux qui pensent que la bonne
politique veut qu'on ménage M. de Mirabeau, qu'on ne le dé-

(1) Paris, 1828-1829, 2 vol. in-8.

sespère pas... » Il faut lire toute cette scène dans le merveilleux récit de Michelet (1) : la haine y transfigure Lameth et
lui prête pour une seconde ce qu'il n'avait pas : l'éloquence.

CHAPITRE IV.

BARNAVE.

I.

Nous ne referons pas en détail la biographie de Barnave,
qui se trouve partout, notamment dans les *Causeries du
Lundi* de Sainte-Beuve et dans les *Esquisses historiques et littéraires* de M. de Loménie. Ces deux études ne sont que l'analyse de la notice publiée en 1843 par M. Bérenger (de la
Drôme) en tête des œuvres de Barnave (2). M. Bérenger avait
reçu de madame de Saint-Germain, sœur de Barnave, les
renseignements les plus authentiques et avait eu entre les
mains tous les papiers de famille. Il composa de la sorte une
histoire du célèbre orateur qui est définitive, quoique mal
écrite et difficile à lire. Sainte-Beuve et M. de Loménie se sont
bornés à la mettre en meilleur français et à l'abréger ; c'est là
tout le mérite de ces deux biographies écrites de seconde
main et au courant de la plume.

Voici seulement les faits propres à mieux faire connaître
l'éloquence de Barnave :

Né à Grenoble en 1761, fils d'un avocat, tenant à la noblesse du pays par sa mère, protestant, il fut donc élevé
dans un pays libéral qui devança la Révolution , dans une
religion persécutée qui trempa encore son caractère, dans
une famille où le goût de la parole était de profession, par
une mère à qui sa naissance ne pouvait faire souhaiter une

(1) ii, 434.
(2) Paris, 1843, 4 vol. in-8.

complète rénovation sociale. Sans essayer, par ces rapproche-
ments, une de ces explications puériles et faciles de la manière d'être des hommes remarquables, comment ne pas
remarquer cependant que les conditions dans lesquelles
grandit Barnave sont en parfaite harmonie avec les qualités
et les défauts qu'il devait montrer plus tard, l'amour de la
liberté, l'énergie du caractère, l'éloquence et, dans les conceptions politiques, de l'étroitesse et de la timidité ?

Madame Barnave donna à son fils le goût de la politique,
en faisant elle-même de l'opposition au gouverneur de la province dans une circonstance restée célèbre à Grenoble. Ses
deux fils et ses deux filles, qu'elle ne pouvait envoyer dans
les institutions toutes fermées alors aux protestants, reçurent
d'elle-même une éducation virile. Barnave écrivait à ses
sœurs, peu de temps avant de monter à l'échafaud : « C'est
ma mère qui doit élever vos enfants. Elle leur communiquera cette âme courageuse et franche qui fait des hommes,
et qui avait été plus pour mon frère et moi que le reste de
notre éducation. »

A dix-sept ans, il a un duel pour un frère plus jeune qu'il
va perdre bientôt après l'avoir pieusement soigné. Mondain,
élégant, adroit, beau causeur, joli garçon, un peu plus grave
que son âge, il se livre, malgré sa frivolité apparente, à des
lectures et à des écritures immenses. Avocat à dix-neuf ans,
un peu malgré lui, il craint de sentir l'avocat. « En faisant
bien mon état, écrit-il sur son carnet intime, en saisissant
son esprit pratique, j'aurai soin de ne pas laisser ravaler mon
goût, mes idées, non plus que mon caractère et mes mœurs. »
Très préoccupé de maintenir la pureté de son goût et la délicatesse de son esprit, après chaque plaidoirie il se juge lui-
même par écrit. Ainsi, un jour qu'il a plaidé pour des enfants mineurs, il met sur ses tablettes en rentrant chez lui :
« Trop de longueur surtout dans les moyens ; il fallait les
traiter avec précision, simplicité, et non les filer en périodes ;

cela même eût produit plus d'effet... Les mêmes choses, et
surtout celles d'intérêt, ont été trop répétées. J'ai tant parlé
de mes pupilles, qu'à la fin, loin de les plaindre, les juges
les auraient peut-être battus, tant ils en étaient ennuyés. »
Et une autre fois : « Travailler, mûrir davantage mes causes,
et puis les traiter d'abondance ou avec des extraits fort
courts, en homme rompu... Exercer ce genre dans ma chambre, m'attacher essentiellement à la netteté, à la brièveté, c'est
la passion des juges. » La prolixité sera en effet le défaut de
son éloquence politique. Mais n'est-il pas étonnant que ce
tout jeune homme se juge si juste, tout en gardant sa foi en
lui-même ?

En 1783, chargé par son ordre de prononcer le discours de
clôture, en présence du Parlement, il traita de la *Division
des pouvoirs*, en s'appuyant sur Montesquieu, sans le copier.
Il fut député à cette mémorable assemblée de Vizille, où
Mounier, nous l'avons vu, joua un rôle si éclatant, et dont
les décisions, prises à l'unanimité, formèrent le cahier des
24 députés du Dauphiné. Cette unanimité montre que, dans
cette province, les deux ordres privilégiés avaient, sur
les réformes désirables, les mêmes idées que le Tiers, et que
celui-ci voulait le maintien de l'état social et politique dans
la même mesure que le clergé et la noblesse. C'est pourquoi, quand Barnave fit paraître un royalisme ardent après
le voyage à Varennes, il put prétendre qu'il restait fidèle à
ses cahiers. Mais il en observait plutôt la lettre que l'esprit,
puisque, de retour en Dauphiné, il était royaliste encore
quand déjà ses concitoyens allaient à la République.

II

Dans son *Introduction à la Révolution française*, écrite en
prison, Barnave se peint tel qu'il était à son arrivée aux États :
« Je n'étais point exalté au delà de la raison ; mes principes

politiques étaient, à quelques nuances près, ce qu'ils sont aujourd'hui, ce qu'ils n'ont jamais cessé d'être : passionné pour la liberté, je la voulais sous des formes capables de lui imprimer un caractère durable ; je désirais qu'on fît, non le plus, mais le mieux ; je pensais et j'imprimais que la liberté française ne pouvait exister que sous un gouvernement monarchique; je regardais le droit de sanction comme l'attribut caractéristique de la monarchie; j'étais assez nourri d'idées politiques pour savoir que la ruine de la liberté était toujours dans son excès ; j'avais reçu de la nature une âme assez forte pour penser que le véritable courage n'existe jamais sans mesure, que la puérile exaltation est un des attributs de la fausseté. Tous ceux avec qui j'ai vécu ont vu par mes actions et par mes discours, que je faisais surtout consister l'élévation du caractère dans ces deux choses, la franchise et la mesure ; et si, dans le cours de la Révolution, j'ai quelquefois oublié celle-ci, je déclare que c'est alors seulement que j'ai cessé d'être moi-même. »

La politique de Barnave fut celle de la majorité de l'Assemblée constituante jusqu'au 21 juin 1791. Il s'efforça d'établir en France une monarchie constitutionnelle en remaniant tout l'édifice social et en ne laissant debout que la royauté. Tandis que son collègue Mounier espérait améliorer l'ancien régime (1), il voulait le détruire et le remplacer par un état de choses analogue à celui qui existait en Angleterre. Seul, le pouvoir royal devait subsister dans sa pensée (2),

---

(1) « M. Mounier et ses partisans semblent ne s'être point aperçus qu'il y eût une révolution ; ils voulurent construire avec des matériaux qui venaient d'être brisés... » (*Introd. à la Rév.*, p. 103).

(2) « Le plus grand nombre se détermina à conserver tout à la fois le trône et le prince qui l'occupait, et à renouveler toutes les autres parties en les prenant, pour ainsi dire, en sous-œuvre et les plaçant à l'abri de cette pièce principale. Je m'attachai à ce dernier parti que la grande majorité adopta, et que les événements semblent avoir condamné. » (*Ibid* p. 203.)

pendant ce remaniment de toutes choses ; mais il fallait que ce pouvoir fût puissant, respecté, incontesté. Dans la royauté, Barnave voyait une garantie contre le rétablissement des ordres privilégiés: le trône était pour lui le fondement même de la liberté ; le détruire, c'était courir à la dictature par la licence.

Un autre motif de conserver la royauté, d'après Barnave, c'était son ancienneté même. Elle a pour elle l'autorité que donne la durée, elle est le résultat des conditions physiques et morales dans lesquelles s'est développée la nation ; vouloir changer ces conditions, c'est, selon lui, faire œuvre d'écervelé. « La volonté de l'homme, écrit-il à la fin de sa carrière, ne fait pas les lois; elle ne peut rien, ou presque rien sur la forme des gouvernements. C'est la nature des choses, le période social où le peuple est arrivé, la terre qu'il habite, ses richesses, ses besoins, ses habitudes, ses mœurs, qui distribuent le pouvoir ; elles le donnent, suivant les temps et les lieux, à un, à plusieurs, à tous, et le partagent en diverses proportions. »

Aussi Barnave se pique-t-il sans cesse de ne tenir compte que des faits, et conseille-t-il avec affectation une politique pratique, raillant à l'occasion, comme Mirabeau, les métaphysiciens et la métaphysique. C'est même là le trait particulier de son éloquence (1) dont la source est le bon sens, le sentiment juste de la réalité. Son tort est peut-être de le dire un peu trop souvent. Ainsi, dans le discours sur l'inviolabilité royale, il nous apprend qu'il n'est pas de ces hommes qui

(1) « Barnave, dit Michelet, ne semblait nullement un homme à se laisser mener par le cœur et l'imagination. Sa suffisance habituelle, sa parole noble, sèche et froide, n'étaient point du tout d'un rêveur. Il ne se piquait aucunement de thèses sentimentales, et donnait plutôt au sens opposé (par exemple, dans l'affaire des noirs). On ne trouve jamais, je crois, dans les discours de Barnave, le mot qui revient si souvent dans tous ceux des hommes de l'époque, depuis Louis XVI jusqu'à Robespierre : *Ma sensibilité, mon cœur.* » (*Hist. de la Rév.*, t. III, p. 179.)

« cherchent à faire en politique du roman, parce qu'il est
plus facile de travailler ainsi que de contribuer à l'utilité
réelle et positive de son pays (1). » Et plus loin : « Messieurs,
les hommes qui veulent faire des révolutions ne les font pas
avec des maximes métaphysiques : on séduit, on entraîne
quelques personnes de cabinet, quelques hommes savants en
géométrie, incapables en politique : on les nourrit sans doute
avec des abstractions ; mais la multitude, dont on a besoin
de se servir, la multitude sans laquelle on ne fait pas de
révolution, on ne l'entraîne que par des réalités, on ne la
touche que par des avantages palpables (2). » Et, dans le discours du 11 août 1791 sur la loi électorale, il interpelle dédaigneusement « ceux qui professent ici des idées métaphysiques, parce qu'ils n'ont point d'idées réelles ; ceux qui
nous enveloppent des nuages de la théorie, parce qu'ils
ignorent profondément les connaissances fondamentales des
gouvernements positifs (3). »

Chaque orateur a ainsi une pensée favorite à laquelle il
revient malgré lui, qu'il répète un peu partout presque dans
la même forme. Retrouver cette phrase, c'est souvent caractériser l'éloquence et la politique d'un homme, et c'est le
cas pour Barnave. L'éloge de l'expérience, la satire de la
théorie, voilà son épée de chevet. Et ce moyen oratoire,
dont il abusait, ne déplaisait pas aux Constituants : ils craignaient, ces patriotes ardents, de paraître irréfléchis, impru-
dents, enthousiastes. La plus délicate flatterie qu'on pût
faire à cette jeune Assemblée, c'était de railler devant elle les
défauts de la jeunesse. Barnave, qui fut à tout prendre son
orateur préféré, la flattait donc par cette perpétuelle apologie
de l'expérience et de la froide raison. Il se flattait lui-même :

(1) *Journal logographique.*
(2) *Ibid.*
(3) *Ibid.*

n'était-il pas moins qu'un autre à l'abri des entraînements du cœur et de l'esprit, lui qui ne pourra résister au sourire de Marie-Antoinette ?

III

Dès le début, il se détache de son compatriote Mounier, résiste aux avances de Mirabeau, aux compliments de Siéyès si recherchés et si rares, et se lie d'une étroite amitié avec Duport et les Lameth, amitié que rien ne refroidira et qu'il ne désavouera jamais, même pour sauver sa tête : « Jamais, s'écrie-t-il devant le tribunal révolutionnaire, jamais je n'aurai la bassesse de désavouer mes amis. J'ai aimé, j'aime encore les Lameth. Certes. ils avaient des défauts, et je n'ai pas été le dernier à les leur reprocher. Ils conservaient un reste de manières de la cour : incapables de ménager la médiocrité, dont cependant la haine est si dangereuse, ils versaient à pleines mains le ridicule sur cette foule de petits êtres qui se croyaient quelque chose au sein des grands mouvements politiques. Mais que de qualités profondes et réelles ne leur ai-je pas connues ! une franchise, une loyauté à toute épreuve. un attachement sincère à leur pays, un amour des hommes de mérite absolument pur de toute basse jalousie, une noble ambition, celle de faire le bien, une fidélité inviolable à leurs amis (1). »

Cette étroite liaison avec Duport et Lameth permit à Barnave de parler avec compétence sur les sujets les plus divers. La matière de ses discours était préparée de concert avec ses deux amis. Cela explique la solidité et la variété de son éloquence. Grâce à cette association féconde, il évita (souvent, sinon toujours) l'écueil des improvisateurs, cette facilité

(1) Œuvres, II, 384.

banale et vide dont on ne tarde pas à se contenter, quand les autres ne s'en contentent plus.

A sa première apparition à la tribune, il produisit un certain effet, quand on le vit parler sans notes et correctement (1). Dans la suite tous ses discours, sauf quelques rapports, furent également improvisés. Cette supériorité lui valut de nombreux ennemis. On lui trouva une morgue insupportable. Il parut trop bel homme et on parla de Barnave-Narcisse. On taxa d'ambition son réel patriotisme. On lui prêta ce mot : « Si je me sépare de Mounier, c'est que j'ai ma fortune à faire. » Au fond, dès le début, les royalistes le craignent et les monarchiens voudraient l'avoir avec eux. « C'est un jeune arbre, disait Mirabeau, qui deviendra un mât de vaisseau. »

Aux premiers jours, son influence est considérable (2). Le 14 mai, il est nommé commissaire du Tiers pour les négociations relatives à la fusion des ordres. Le 12 juin, il rédige une adresse au roi qui obtient la priorité sur celle de Malouet,

---

(1) Séance du 14 mai. « Il est impossible, écrivit Barrère dans le *Point du Jour*, de parler mieux, avec plus de raison et d'énergie que ne l'a fait à cette occasion M. Barnave, jeune député du Dauphiné. » Barnave avoue lui-même qu'il fut « remarqué, dès les premières séances des communes, par quelque facilité dans l'expression ». (*Intr. à la Rév.*, p. 100.) Biauzat écrit à ses électeurs que Barnave parla « avec méthode et solidité, toujours avec des expressions nerveuses et brillantes ».

(2) « Ma position personnelle dans ces premiers moments, dit Barnave, ne ressemblait à celle d'aucun autre : trop jeune pour concevoir l'idée de diriger une assemblée aussi imposante, cette situation faisait aussi la sécurité de tous ceux qui prétendaient à devenir chefs ; nul ne voyait en moi un rival, et chacun pouvait y apercevoir un élève, ou un sectateur utile ; car, déjà, je commençais à exercer, dans l'assemblée, un ascendant que je devais surtout à la franchise et à la bonté de mes opinions ; je fus donc accueilli avec bienveillance par la plupart des chefs ; j'employai l'espèce d'influence qu'ils paraissaient me donner sur eux à tenter de les réunir. Ainsi je fis de vains efforts pour rapprocher Mounier et l'abbé Siéyès, entreprise bien digne d'un jeune homme à l'égard de ces hommes impérieux, qui étaient arrivés pour faire prévaloir des systèmes opposés. »

jugée trop complimenteuse. « Il en est parmi nous, s'écria un député, oui, il en est qui se laissent fasciner les yeux ; fasse le ciel que la contagion ne gagne pas jusqu'à leur cœur ! » Et cependant voici en quels termes Barnave exprimait les sentiments de l'Assemblée pour le roi : « Les députés de vos communes, pénétrés de la sainteté et de l'étendue de vos devoirs, sont impatients de les remplir Déjà ils ont mis sous les yeux de Votre Majesté quelques-uns des principes qui les dirigent. Ils font le serment de se dévouer sans réserve à tout ce qu'exigera d'eux l'importante mission dont ils sont chargés ; ils jurent de seconder de tout leur pouvoir les généreux desseins que Votre Majesté a formés pour le bonheur de la France, et afin d'y concourir avec plus de succès, afin que l'esprit qui vous anime, Sire, puisse être sans cesse au milieu d'eux et conserver entre leurs vœux et vos intentions la plus sainte harmonie, ils supplient Votre Majesté de vouloir bien permettre à celui qui remplira les fonctions de doyen et de président dans leur assemblée d'approcher directement de votre personne sacrée, et de lui rendre compte de leurs délibérations et des motifs qui les auront déterminées. »

Tel était l'amour des députés pour leur roi, amour qui allait jusqu'à l'enthousiasme et s'exprime, dans cette adresse préférée pourtant comme moins flatteuse que celle de Malouet, avec toutes les formes d'un culte religieux. Que dire d'un prince qui ne sut pas tirer parti de ce dévouement et de cette affection, et qui découragea, par sa faiblesse et sa simplicité, une nation si fidèle à son pouvoir, si confiante en sa personne ?

Le roi ne reçut même pas la députation. On répondit au doyen que Sa Majesté chassait. Au dédain succédèrent bientôt les menaces et les voies de fait. La salle des Etats généraux fut environnée de troupes, et Barnave se fit l'interprète de l'indignation de l'Assemblée (24 juin) : « Il est étrange et surprenant, s'écria-t-il, que l'on veuille défendre à la nation l'entrée de la salle nationale ! C'est dans ce lieu auguste où l'on stipule ses intérêts, où l'on décide de son sort : c'est donc sous ses yeux que nous devons agir ; c'est en face de la nation que nous devons opérer. Nous environner de gardes, comme on fait, c'est manquer à la nation, c'est l'insulter dans ses représentants. Peut-on délibérer en liberté au milieu des armes ? Sommes-nous au milieu d'un camp ? Doit-on s'étonner, après cela, que les têtes se montent, que les esprits s'échauffent et s'aigrissent, que le peuple se révolte et que les émeutes soient fréquentes ? Tout rentrerait dans le calme et dans l'ordre, si les représentants de la nation n'étaient plus environnés de soldats. »

IV

On connaît le mot célèbre de Barnave à propos du meurtre de Foulon et de Berthier : « Le sang qui coule est-il donc si pur ! » Les aristocrates s'en indignèrent bruyamment, oubliant que leurs journaux en disaient chaque jour cent fois pis. Malouet voit là « une tache indélébile (1) », et ce devint une mode d'attribuer à Barnave les instincts les plus sanguinaires : il fut « la hyène du Dauphiné, le boucher, le bourreau Barnave, Barnave-Néronet (2). » De nos jours, Sainte-Beuve écrivit : « Mot inexcusable et fatal…. Il fallut toute sa vie et surtout sa mort pour le racheter (3). » Quelle indignation de commande ! Que de bruit pour une boutade échappée dans un accès de mauvaise humeur ! Fallait-il renoncer à la Révolution parce qu'on avait tué un Foulon et un Berthier ? Voilà la pensée de Barnave, et voici les nobles

(1) Mémoires, t. 1ᵉʳ p. 328.
(2) *Actes des Apôtres*, passim.
(3) *Lundis*, t. II.

aveux, les touchants regrets qu'il exprime au sujet de cette maladresse oratoire :

« Il est une circonstance sur laquelle il ne m'est pas permis de passer aussi légèrement, c'est une opinion que j'ai prononcée après les assassinats de Foulon et de Berthier, et dans laquelle j'articulai (1) ces mots : « Le sang qui vient de se répandre était-il donc si pur ! » Je pense qu'il est impossible de justifier cette expression considérée comme ayant été prononcée dans une assemblée publique, et que, si elle eût été réfléchie, elle serait absolument inexcusable. Mais voici, avec la même vérité, le mouvement qui se passa en moi, et comment elle me fut arrachée.

« J'ai toujours regardé comme une des premières qualités d'un homme la faculté de conserver sa tête froide au moment du péril, et j'ai même une sorte de mépris pour ceux qui s'abandonnent aux larmes quand il faut agir ; mais ce mépris, je l'avoue, se change en une profonde indignation quand je crois m'apercevoir qu'un certain étalage de sensibilité n'est qu'un peu de théâtre.

« Voici maintenant le fait :

« Avant qu'on parlât, dans l'Assemblée, de cet événement, Desmeuniers me montra une lettre qui le lui annonçait ; j'en fus fortement ému, et je l'assurai que je sentais, comme lui, la nécessité de mettre un terme à de tels désordres. Un moment après, M. de Lally fit sa dénonciation. On aurait cru qu'il parlerait de Foulon et de Berthier, de l'état de Paris, de la nécessité de réprimer les meurtres. Non, il parla de lui, de sa sensibilité, de son père (2) ; il finit par proposer une proclamation.

(1) On a souvent nié que Barnave eût prononcé ce mot, même dans des publications récentes (Cf. M. Pellet, *Les Actes des Apôtres*, Paris 1873, in-18, p. 91, livre bien fait d'ailleurs). On voit que le doute n'est pas possible.

(2) Voir plus haut, p. 369.

« Je me levai alors. J'avoue que mes muscles étaient crispés, et que le sentiment dont j'ai rendu compte m'entraînait peut-être trop loin dans le sens contraire. Je dis que je m'affligeais de ces événements, mais que je ne pensais pas qu'il fallût, pour cela, renoncer à la révolution ; que toutes les révolutions entraînaient des malheurs, et qu'il fallait peut-être se félici-ter que celle-ci n'eût à se reprocher qu'un petit nombre de victimes et le sang, etc. ; qu'au surplus il convenait mieux à des législateurs de chercher des moyens réels d'arrêter ces maux, que de s'abandonner au gémissement ; qu'il était dou-teux que la partie du peuple qui commettait des assassinats fût capable de sentir toutes ces beautés d'une proclamation, et fût efficacement contenue par de si faibles moyens ; et que, si l'on voulait prévenir les sanglantes calamités dont le royaume entier semblait menacé, il fallait se hâter d'armer les propriétaires contre les brigands, et donner momentané-ment une grande extension à la puissance des municipalités. Je rédigeai un projet de décret dans ce sens. Telle est, avec exac-titude, cette circonstance dont la haine et l'esprit de parti se sont emparés avec tant de succès, que j'ai vu, depuis, beau-coup de gens qui, s'étant formé, sur ces deux mots, une idée complète de ma personne, s'étonnaient de ne trouver en moi ni la physionomie, ni le son de voix, ni les manières d'un homme féroce (1). »

Malouet, dans ses mémoires, assimile à la phrase sur le sang de Foulon et de Berthier une apostrophe que Barnave lui adressa, dans la séance du 25 janvier 1791, à propos d'une distribution de pain faite au peuple par le club monarchique, qui était alors le centre de la contre-révolution. Voici les expressions de Malouet : « *Vous distribuez au peuple un pain empoisonné*, me dit-il. C'en était assez pour me faire assassiner, et ce n'est pas la première fois qu'on le tenta à cette époque.

(1) Œuvres, I, 107.

Barnave n'était cependant pas un assassin; il n'avait ni le projet de renverser la monarchie, ni aucun intérêt à le tenter. C'était un jeune homme ardent, présomptueux, qui prétendait à la gloire de fonder la liberté en France, et qui a toujours marché en avant, jusqu'à ce que les crimes et les malheurs publics aient fait cesser son ivresse en excitant ses remords (1). »

Voici maintenant les paroles de Barnave d'après le *Moniteur* (2) : « Tandis que les uns regrettent des abus irréligieux, s'appuient du nom sacré de la religion, une autre secte s'élève; elle invoque la constitution monarchique; et sous cette astucieuse égide, quelques factieux cherchent à nous entourer de divisions, à attirer les citoyens dans les pièges, en donnant au peuple un pain empoisonné.... (La partie droite entre dans une grande agitation. MM. Murinais, Malouet et plusieurs autres membres cherchent à se faire entendre et ne peuvent y parvenir.) Ce n'est pas ici le moment de traiter ce qui concerne cette insidieuse, perfide et fâcheuse association. (Les agitations et les cris de la droite augmentent; les applaudissements de la gauche y répondent. — Chaque fois que MM. Murinais, Malouet et autres membres veulent prendre la parole, ces applaudissements redoublent. M. Malouet quitte sa place, s'élance vers la tribune et parle à M. Barnave, en gesticulant d'une manière très-vive.) »

Ce sont là de violentes et d'agressives paroles, je le veux

---

(1) Malouet, *Mémoires*, t. I, p. 3?8.

(2) Le texte du *Journal logographique* est visiblement incomplet, peut-être tronqué par Barnave. L'expression de *pain empoisonné* ne s'y trouve même pas : « Votre comité des recherches, y dit seulement Barnave, vous instruira bientôt de ces manœuvres factieuses, de ces distributions de pain à moitié prix, destinées à soulever le peuple. » Clermont-Tonnerre, qui était l'âme du club monarchique, se défendit dans un *Compte-rendu à ses concitoyens*, 28 janvier 1791 (Cf. *Opinions et discours de Cl.-T.*, t. IV, p. 54.)

bien. Mais prétendre que Barnave voulait faire croire au
peuple que le pain distribué par le club monarchique était,
réellement et sans métaphore, empoisonné, n'est-ce pas une
insigne mauvaise foi ? N'est-ce pas un procédé de cette tactique provoquée par la célèbre phrase sur *le sang qui coule*,
par laquelle on déconsidérait Barnave systématiquement, on
l'égalait aux plus vils agents de massacre ? Les contre-révolutionnaires le désignaient chaque jour comme une victime
toute marquée pour le lendemain de leur victoire. Leurs
journaux ne parlaient que de le faire pendre. Contre de tels
ennemis la colère n'était-elle pas excusable ?

V.

Il ne prit pas une part très importante à la discussion de la
constitution. Cependant il se prononça pour le *Veto*, et il
paraît avoir été vivement préoccupé par la question des deux
chambres, dont nous avons parlé à propos de Mounier et de
Malouet. Comme Mirabeau, comme toute la gauche, il vota
pour une assemblée unique, mais sans prononcer de discours.
Sa véritable pensée sur cette question se trouve dans ses
écrits posthumes. On y voit que dans le fond il est partisan
de la création d'une chambre haute. « La fonction d'une
seconde chambre, dit-il, est de donner du poids et de la lenteur à la machine, de concilier les deux pouvoirs et d'empêcher que l'un ne pût subjuguer l'autre (1). » Pourquoi donc
ne vota-t-il pas dans ce sens ? Il nous l'apprend en ces termes remarquables :

« Le bicamérisme anglais et le bicamérisme américain,
quels que fussent leurs éléments, nous étaient également
interdits. La constitution anglaise s'est caractérisée dans un

(1) Œuvres, t. II, p. 39.

temps où il existait une distance immense entre les pairs du royaume et la petite noblesse; celle-ci, réunie aux communes, s'était identifiée avec elles, et avait cessé de former un corps séparé; tout le principe aristocratique de la constitution s'était concentré dans quelques familles et était moins une distinction de place dans la nation, qu'une magistrature héréditaire. Mais une pareille combinaison, quels que fussent ses avantages ou ses inconvénients, ne pouvait pas même être examinée; une chambre de pairs peut se trouver introduite dans la constitution par les événements, il est absurde de penser qu'elle puisse se créer. Depuis la révolution du 14 juillet, tout en France était devenu égal, et même, avant cette époque, la qualité de pair du royaume n'était plus qu'un honneur; la noblesse s'était considérée comme ne formant qu'un seul corps, et eût consenti plus facilement au sacrifice de ses privilèges en faveur du peuple, qu'à s'en dépouiller pour les voir réunis sur un petit nombre de familles choisies dans son sein.

« Quant à une organisation de deuxième chambre imitée des Américains, c'est-à-dire non héréditaire et fondée sur toute autre distinction que celle de la naissance, elle avait été possible en Amérique où ces distinctions n'existaient pas; mais, parmi nous, on craignait que, les trouvant établies, l'institution ne s'y liât, et ne servît à leur donner une nouvelle force et à les perpétuer.

« J'ai vu quelques personnes, passionnées pour le système Américain, penser, alors, qu'avant de l'établir, il était indispensable de fondre et de réduire à un seul élément le pouvoir représentatif, et n'y voir d'autres moyens que l'institution d'une chambre unique pendant quelques années; et c'est d'autant plus indispensable, que si l'on considérait le bicamérisme comme la seule forme solide et raisonnable d'organiser la représentation du peuple dans un grand pays, on y arriverait beaucoup plus sûrement en le considérant comme le terme et le remède des secousses inévitables de la révolution, qu'en l'exposant, presque infailliblement, à périr par ces mêmes secousses, si l'on s'obstinait à l'établir quand les préjugés de la nation et la situation des choses y étaient contraires ; que si l'instinct de l'égalité le repoussait aujourd'hui, l'expérience et l'amour de l'ordre l'établiraient quand l'égalité n'aurait plus à en concevoir les mêmes alarmes ; que, si dès aujourd'hui, on faisait une fausse expérience de cette institution, on l'exposait à la voir décrier pour jamais, et la nation à ne trouver de remède à l'anarchie que dans le pouvoir absolu (1). »

Dans la discussion sur l'organisation judiciaire, Barnave voulut faire admettre le jury même en matière civile. Son discours, très libéral et imbu des véritables principes de la Révolution, fut applaudi, mais ne persuada pas l'Assemblée. Barnave demanda aussi que la Cour de cassation circulât dans les départements. Il voyait dans cette « ambulance » du tribunal, comme il disait, une garantie pour les justiciables. « Des magistrats réunis dans le même lieu, disait-il, institués pour un temps considérable et remplis d'un même esprit, seraient une puissance formidable : cette puissance sera désarmée par l'ambulance. » C'est le moment où l'enthousiasme révolutionnaire de Barnave est à son plus haut degré. C'est l'instant de sa plus grande popularité.

VI

Le 10 décembre 1789, à la séance célèbre où Target annonça que le grand œuvre de la constitution administrative était terminé, Barnave prononça un discours contre une proposition de Mirabeau « relative à une marche graduelle de

(1) *Introd. à la Rév.* p. 111.

la députation aux assemblées ». Mirabeau voulait qu'on ne
pût être député à une assemblée supérieure qu'après l'avoir
été à une assemblée inférieure. Barnave démêla très bien le
but secret de Mirabeau, qui était de mettre les fonctions élec-
tives aux mains d'un petit nombre de personnes riches, qui
seules auraient eu le loisir de suivre cette filière. Mais l'intérêt de son discours est dans l'aigreur qu'il témoigne au grand
orateur. L'exorde est particulièrement vif :

« Si, pour anéantir la constitution, il suffisait d'envelopper
des principes contraires de quelque idée morale et de quelque
preuve d'érudition, le préopinant pourrait se flatter de produire de l'effet sur vous ; mais heureusement il vous a aguerris
contre les prestiges de son éloquence, et plusieurs fois nous
avons eu l'occasion de chercher la raison et le bien parmi les
traits élégants dont il avait embelli ses opinions. Cette occasion se présente aujourd'hui d'une manière plus éclatante. »

En somme, il traite Mirabeau de déclamateur ; il ose même
le plaisanter sur ce que son projet n'est applicable que dans
dix ans et s'attire cette réplique terrible : « Le préopinant
parait oublier que, si les rhéteurs parlent pour vingt-quatre
heures, les législateurs parlent pour le temps. »

Les deux orateurs, on le voit, se traitent avec une acrimo-
nie qui semble indiquer une antipathie réciproque. Cependant
Mirabeau ne haïssait pas Barnave. Nous avons dit qu'il l'accueillit avec amitié et, dans la séance du 16 juin 1789, il
avait dit à la tribune en parlant de lui : « Sa jeunesse ne fait
qu'ajouter à mon estime pour ses talents. » Barnave s'était
dérobé à ces éloges, dont il se méfiait, et à ces avances, qu'il
trouvait compromettantes. Il craignait, non sans raison peut-
être, que Mirabeau ne voulût l'enrôler dans sa suite. On peut
croire qu'il éprouvait de l'éloignement pour l'élasticité de
conscience et la négligence morale de celui dans lequel on ne
voyait encore qu'un aventurier, et qu'on ne traita jamais en
honnête homme. Barnave avait vécu pur, honoré, maitre de

lui-même, au sein d'une famille unie et intelligente. Comme
la foi ignore la tolérance, l'extrême vertu d'un jeune homme
ignore l'indulgence. Barnave ne vit pas qu'aux fautes de Mirabeau se mêlait une excuse : le malheur, et que lui-même
devait en partie sa bonne renommée aux facilités d'une naissance heureuse, d'une éducation bien réglée, d'une fortune
faite. Il fut impitoyable pour l'ex-prisonnier de Vincennes,
comme l'est la jeune ' ierge de bonne famille pour la fille
déchue. Quelque jalousie se mêla sans doute aussi à cette antipathie naturelle. Il avait le sentiment de son infériorité vis-
à-vis de son grand rival. Plus honnête que celle du tribun
vendu, son éloquence n'avait pas pour ressort la vertu haute
et chevaleresque d'un Cazalès : c'était plutôt une vertu rap-
prochée de la terre, appuyée sur le bon sens, une vertu bourgeoise. Les coups d'aile de Mirabeau, les visions subites, les
gestes sublimes qui soulevaient l'Assemblée, Barnave ignorait
tous ces dons du génie. Quoiqu'il improvisât, il n'y avait pas
pour lui d'imprévu. Point de ces rencontres hardies, où Mirabeau est si heureux, point de ces alliances de mots et de ces
familiarités triviales. C'est une raison solide et claire qui s'exprime paisiblement dans une langue facile, élégante. Mirabeau
jugeait le jeune avocat d'un mot cruel : « Il n'y a pas de
divinité en lui. »

Un jour, cependant, la droiture et le bon sens de Barnave
prirent une revanche éclatante. Ce fut quand Mirabeau, déjà
payé, prononça son premier discours sur le droit de paix et
de guerre (21 mai 1790) et s'égara en voulant égarer l'Assemblée. Tous ses sophismes furent impitoyablement montrés
et réfutés par Barnave. Ainsi il avait affecté de confondre le
commencement des hostilités avec la guerre, les faits de
guerre avec les cas de guerre :

« Si le commencement des hostilités, lui répondit Barnave,
constituait les nations en état de guerre, ce ne serait plus ni
le pouvoir législatif, ni le pouvoir exécutif qui la déclarerait ;

ce serait le premier capitaine de vaisseau, le premier mar-
chand, le premier officier, qui, en attaquant un individu, ou
en résistant à son attaque, s'emparerait du droit de faire la
guerre. »

Mirabeau avait insisté sur les causes d'erreur et d'égare-
ment qui existent dans les assemblées. Eh bien ! et le pouvoir
exécutif ? « La législature pourra s'égarer ; mais elle revien-
dra, parce que son opinion sera celle de la nation, au lieu
que le ministre s'égarera presque toujours, parce que ses
intérêts ne sont pas les mêmes que ceux de la nation. Le
gouvernement dont il est agent est pour la guerre, et par
conséquent opposé aux intérêts de la nation : il est de l'intérêt d'un ministre qu'on déclare la guerre, parce qu'alors on
est forcé de lui attribuer le maniement des subsides immenses
dont on a besoin ; parce qu'alors son autorité est augmentée
sans mesure ; parce qu'il crée des commissions, parce qu'il
nomme à une multitude d'emplois ; il conduit la nation à
préférer la gloire des conquêtes à la liberté ; il change le
caractère des peuples et les dispose à l'esclavage ; c'est par
la guerre surtout qu'il change le caractère et les principes
des soldats. Les braves militaires, qui disputent aujourd'hui
de patriotisme avec les citoyens, rapporteraient un esprit
différent, s'ils avaient suivi un roi conquérant, un de ces
héros de l'histoire, qui sont presque toujours des fléaux pour
les nations. »

Si ce droit est aux mains du Corps législatif, les guerres
seront plus rares et plus heureuses : « Le Corps législatif se
décidera difficilement à faire la guerre. Chacun de vous a des
propriétés, une famille, des enfants, une foule d'intérêts personnels que la guerre pourrait compromettre. Le Corps législatif déclarera donc la guerre plus rarement que le ministre ;
il ne la déclarera que lorsque le commerce sera insulté, persécuté, les intérêts les plus chers de la nation attaqués. Les
guerres seront presque toujours heureuses. L'histoire de tous

les siècles prouve qu'elles le sont lorsque la nation les entre-
prend. Elle s'y porte avec enthousiasme ; elle y prodigue ses
ressources et ses trésors : c'est alors qu'on fait rarement la
guerre et qu'on la fait toujours glorieusement. »

C'est par cette raison rigoureuse que Barnave sut vaincre.
Il ne montra pas moins heureusement que l'argument tiré
de la responsabilité des ministres ne vaut rien. C'est pour
sauver leur responsabilité que les gouvernements font la
guerre. « Périclès entreprit la guerre du Péloponèse quand il
se vit dans l'impossibilité de rendre ses comptes. Voilà la
responsabilité (1) ! »

On sait comment, sur ce point, Mirabeau triompha : « Il a
cité Périclès faisant la guerre pour ne pas rendre ses comptes :
ne semblait-il pas, à l'entendre, que Périclès ait été un roi ou
un ministre despotique? Périclès était un homme qui, sachant
flatter les passions populaires et se faire applaudir à propos
en sortant de la tribune par ses largesses ou celles de ses
amis, a entraîné à la guerre du Péloponèse.... qui ? l'Assemblée nationale d'Athènes. »

A la mort de Mirabeau, Barnave s'honora en allant prendre
des nouvelles du grand homme et en faisant partie de la députation envoyée par les Jacobins. Lameth avait refusé et
Mirabeau avait dit : « Je savais bien qu'il était un factieux,
mais je ne savais pas qu'il fût un sot. »

Quand une députation du département de la Seine vint demander à l'Assemblée les honneurs du Panthéon pour Mirabeau,

(1) « Après la lecture de ce discours, en se rendant compte de l'étendue
des rapports qu'il embrasse, de la série si heureusement enchaînée des
principes et des idées, de la sagesse austère de la composition, de la justesse des prévisions dont l'expérience a si hautement justifié l'annonce
presque prophétique, le lecteur sera à même de juger quelle étendue de
capacité, quelle force de logique, quel talent oratoire, suppose une improvisation si remarquable par tant de vues élevées, tant de raisonnements
solides, tant de perspicacité et de généreux sentiments. » (Alex. de Lameth., II, 312.)

Barnave se leva et dit noblement : « Les détails auxquels nous obligerait dans ce moment une discussion troubleraient et dégraderaient le sentiment profond dont nous sommes pénétrés. Ce sentiment juge M. Mirabeau, puisqu'il est le souvenir de tous les services qu'il a rendus à la liberté de sa patrie. Je propose de décréter qu'il a mérité les honneurs qui seront décernés par la nation aux grands hommes qui l'ont bien servie, et de renvoyer pour l'exécution au comité de constitution. »

VII

Nous avons raconté plus haut le duel de Barnave et de Cazalès et nous n'y revenons pas. Barnave regretta toujours ce duel, et plus tard, à propos de celui de Charles de Lameth et du duc de Castries. il condamna hautement ces querelles indignes d'hommes politiques : « S'il est un véritable moyen de prévenir les vengeances personnelles et d'ôter de la main des citoyens les armes qu'ils dirigent contre leurs concitoyens, c'est d'armer la loi contre eux. Qu'on punisse les injures, et bientôt on cessera d'en faire. Que ce soit vous, députés, qui donniez l'exemple de la modération dans cette Assemblée, et bientôt vous la verrez régner partout (1). »

Nous ne parlerons pas des discours qu'il prononça à propos des affaires de Nancy, et du projet d'imposer les rentes sur l'État : ils n'ajoutent rien à l'idée que nous avons pu déjà nous faire de son éloquence. On en peut dire autant des discours sur les affaires des colonies. Il fut même, comme on sait, assez mal inspiré dans cette circonstance. Il s'opposa à l'affranchissement des noirs tant que cet affranchissement ne serait pas demandé par les blancs. Dans cette circonstance,

(1) *Moniteur*, séance du 13 nov. 1790.

il montra une animosité singulière contre les patriotes qui,
d'accord avec les principes de 89, soutenaient les droits des
hommes de couleur. La malignité publique lui répondit en
rappelant que ses amis, les Lameth, possédaient de grandes
propriétés dans l'île de Saint-Domingue, et on fit courir le
bruit que Barnave aspirait au poste lucratif de gouverneur
de cette île. Cette seconde hypothèse était absurde : peut-on
en dire autant de la première ? Barnave, qui avait le culte
de l'amitié, ne fut-il pas aveuglé dans cette circonstance par
son affection pour les Lameth ?

Ce fut là le premier écueil qu'il rencontra sur sa route, le
premier échec de sa popularité. Brissot, membre de la société
des Amis des Noirs, attaqua si violemment Barnave que celui-
ci, au pied de l'échafaud, en était encore tout saignant et tout
ulcéré. Etait-il sans excuse? Il s'était persuadé que le brusque affranchissement des noirs serait la perte des colonies
françaises. Ce n'est pas lui qui se serait écrié : « Périssent les
colonies plutôt qu'un principe ! » Et pourtant c'est à lui
qu'on a attribué ce mot célèbre et apocryphe, ce mot qui est
démenti et par sa conduite et par ce dédain de la « métaphysique » et de la sensibilité qui est un des traits de son éloquence.

A partir de ce moment, sa popularité décroît aux Jacobins
presque aussi vite que celle des Lameth. Les accusations les
plus injustes commencent à circuler contre lui. On répand le
bruit, par exemple, que ses discours esclavagistes ont fait
hausser le prix du sucre. Il répond à ces calomnies sans les
faire taire. « On dit et on dira peut-être toujours, écrit-il dans
ses *Réflexions politiques* (1), que j'ai fait *payer le sucre cher.*
Ecrivez dix volumes, vous persuaderez très bien ceux qui
savent la vérité, mais pas un de plus. Quand je fis imprimer
dans les journaux une note en réponse à Guadet, beaucoup

(1) Chap. XXIX.

de personnes trouvaient que j'avais raison ; mais huit jours après les mêmes disaient, tout en prenant intérêt à moi : *Il est bien fâcheux qu'il ait contre lui cette affaire des colonies.* Car le dire d'un honnête homme passe comme le vent ; mais Brissot, Gorsas et Carra sont articles de foi. »

Au moment où il était si violemment attaqué, il commit l'imprudence de ne plus paraître à l'Assemblée et de se confiner dans les comités. La même faute devait être fatale plus tard à Danton et à Robespierre. Quand il reparut, il se vit déconsidéré, perdu dans l'opinion. Il fit d'impuissants efforts pour reconquérir la faveur publique. Son discours sur la Régence fut applaudi, mais ne releva pas son prestige. Sur l'état de son âme à cette époque, sur ses fautes, sur ses échecs, il nous a laissé de nobles aveux, qu'il faut citer :

« Peut-être, ceux qui ont vécu dans les affaires publiques, et qui ont connu, par expérience, non seulement tout le charme de la popularité, mais tous les moyens qu'elle donne de faire le bien, m'excuseront d'y avoir fait alors quelques sacrifices, en songeant surtout avec quelle énergie j'ai résisté depuis. Cette époque de ma vie publique est la seule où je n'aie pas été parfaitement moi-même. Une faute m'entraînait dans une autre. Je m'opposai au départ de Mesdames, je me livrai à une dénonciation violente contre le club monarchique, je pris une part très subordonnée, mais enfin je pris quelque part à cette malheureuse affaire du serment des prêtres. Par un malheureux enchaînement qui était ou l'effet naturel d'une opinion violente sur l'esprit du peuple, ou, peut-être, l'ouvrage de ceux qui s'emparaient de chacune de mes fautes pour travailler à me rendre odieux, quelques-unes de ces motions véhémentes furent suivies immédiatement après de mouvements populaires : avec la même franchise que je mets à avouer mes fautes, je puis assurer, non seulement que je n'y eus aucune part, mais qu'ils servirent même, plus que toute autre chose, à me faire

apercevoir de la fausse route que j'avais prise. Je voulais
parer à l'effet de la calomnie, et ma conduite lui donnait quelque réalité. »

VIII

On a appelé souvent Barnave l'*avocat général* de la Constituante. Il lui arrivait en effet de prendre la parole le dernier
et de résumer les débats. « Depuis quelque temps, écrit
Camille Desmoulins , dans les grandes délibérations de
l'Assemblée nationale, c'est toujours la harangue de M. Barnave qu'on garde pour le bouquet, et la discussion est fermée
après lui. » Ce rôle presque officiel, ce ministère honoraire
dont il était comme le titulaire, cet accord parfait avec la
majorité, donnaient à son éloquence un caractère de gravité
soutenue et de confiance autorisée. Tout cela va cesser ou
changer après le voyage à Varennes, qui transformera cet
homme plus impressionnable qu'il ne voulait le paraitre.

On sait que, le jour où l'Assemblée apprit l'arrestation du
roi à Varennes, elle délégua trois de ses membres, Barnave,
Pétion et Latour-Maubourg, pour aller chercher et ramener
le roi. Les trois commissaires firent le voyage dans la même
voiture que la famille royale : ils ne se quittèrent pas, de
l'aveu même de Pétion, et aucun d'eux ne put avoir d'entretien secret avec les fugitifs (1). Cependant la légende s'em-
para de cet incident et y mêla les intrigues les plus romanes-
ques. Barnave aurait senti naître en lui un tendre attache-

(1) Sauf chez le maire de la Ferté-sous-Jouarre, où le roi s'arrêta. Pétion
y causa quelques instants avec madame Elisabeth, dans le jardin du
maire. « Barnave, dit-il, causa un instant avec la reine, mais, à ce qu'il
me parut, d'une manière assez indifférente. » *Voyage de Pétion au retour
de Varennes,* dans les *Mémoires inédits de Pétion,* etc., par C. A. Dauban,
Paris, 1866, in-8. Dans ce récit naïf, l'honnête Pétion se montre singulièrement présomptueux et sot.

ment pour la reine, et celle-ci aurait répondu à la tendresse
du chevaleresque révolutionnaire. Tout un plan de contre-
révolution aurait été convenu pendant ces entretiens galants
dont Barnave serait sorti, non seulement amoureux, mais
aristocrate. Tout ce roman tombe devant l'assertion de Pétion, qui reconnaît n'avoir pas perdu Barnave de vue, et qui,
aux Jacobins, lui rappelait cette circonstance pour sa justification. Non, Barnave ne manqua pas à son mandat : il ne
trahit pas l'Assemblée ; mais, tandis que Pétion traitait gros-
sièrement le roi et la reine, il redoublait d'attention et
d'égards pour Louis XVI et Marie-Antoinette. Il caressait
l'enfant royal, marquait par sa contenance l'embarras respectueux que lui causait sa mission, et surtout, chose qui dut
singulièrement plaire, ne commettait pas la plus légère infraction à l'étiquette des cours. Madame Campan note et loue
cette tenue, et il faut la croire quand elle dit que Barnave
gagna la confiance de la reine et même de la dévote Elisabeth. La famille royale fut plus d'une fois insultée, menacée.
Barnave, dans ces occasions, s'élançait hors de la voiture et,
tant que ce fut possible, dissipa les attroupements hostiles.
En retour, on lui témoigna de l'estime, on voulut bien le
traiter en homme comme il faut, et il eut la récompense de
son savoir-vivre. Comment croire que Marie-Antoinette ait
été insensible à l'idée de s'attacher, politiquement parlant, le
personnage le plus en vue de l'Assemblée nationale ? Elle
avait trouvé à Mirabeau rallié « la face d'un ange ». Quelle
répugnance pouvait lui faire éprouver ce beau jeune homme
à l'air fier et aux yeux bleus, et dont l'attitude démentait si
agréablement la réputation terrible ?

Laissons donc les romans et constatons que ce qui arriva
devait forcément arriver. Il était naturel que la reine saisît
avidement cette occasion de rallier ou de désarmer un adversaire important. Il était naturel que Barnave, écœuré par le
récent échec de sa popularité, humilié par les épigrammes et

les sarcasmes de Brissot et des pamphlétaires, se trouvât flatté de la bienveillance des personnes les plus capables d'apprécier ses belles manières, et, aveuglé par l'amour-propre, en vint à compatir à leur infortune, à oublier leurs mensonges et leur perfidie, à ne voir que leurs ennuis, que la beauté et les larmes de Marie-Antoinette. Car ce n'est pas Louis XVI qui le séduisit : rebuté par Pétion, ce gros homme indifférent se tut, mangea et dormit.

Quelles furent les conséquences de cette séduction de Barnave ? Est-il vrai qu'il soit devenu le correspondant et le conseiller de la reine ? Madame Campan l'affirme et donne à ce sujet des détails tellement circonstanciés qu'on ne peut croire que tout soit mensonge dans ses affirmations. D'autre part, Barnave a protesté en ces termes devant le tribunal révolutionnaire : « *J'atteste, sur ma tête, que jamais, absolument jamais je n'ai eu avec le château la plus légère correspondance : que jamais, absolument jamais, je n'ai mis les pieds au château* (1). » Sainte-Beuve, qui n'aimait pas les hommes de la Révolution, a expliqué cette contradiction entre le récit de madame Campan et le serment de Barnave au moyen d'une anecdote qu'il dit tenir du marquis de Jaucourt. D'après M. de Jaucourt, la poche du chevalier de Jarjayes servait de boîte aux lettres commune à Marie-Antoinette et à Barnave. Leur correspondance était anonyme et rédigée à la troisième personne. Voilà pourquoi Barnave a pu dire à la rigueur qu'il n'avait jamais écrit à la reine. D'ailleurs, ajoute M. de Jaucourt, « tel tribunal, telle disposition ». Cette justification déshonorante repose sur une hypothèse certainement fausse : Barnave ne disputait pas sa tête au tribunal révolutionnaire. Il avait fait, par lassitude et par fierté, le sacrifice de sa vie. Sa défense n'est pas adroite : c'est un noble aveu de son antipathie pour les hommes alors au pouvoir. Danton

(1) Œuvres, t. II, p. 385.

lui avait fait savoir qu'une lettre de lui à la Convention lui
vaudrait la liberté. Il refusa de l'écrire. Il eut vingt occasions
de s'évader : il resta en prison. Comment croire qu'un tel
homme ait voulu mentir, lui qui se perdit volontairement
par excès de franchise ? Jarjayes, Jaucourt, Sainte-Beuve,
trois ennemis de la Révolution, sont les trois intermédiaires
par lesquels nous est parvenue l'histoire de *la boite aux lettres*.
En passant par de telles mains, la vérité n'a-t-elle pas pu,
chemin faisant, s'altérer ?

Il est incontestable, toutefois, que Barnave servit les intérêts de la cour après ce voyage qui fut son chemin de
Damas, « époque à jamais gravée dans sa mémoire », comme
il s'exprime lui-même (1). Qu'avait-il besoin de conventions
secrètes, d'entrevues mystérieuses, de correspondances furtivement échangées ? Il descendit de la berline royale avec des
sentiments nouveaux, avec un tendre attachement pour les
fugitifs qu'il ramenait bien malgré lui. En voyant la douleur
d'une femme, il crut que la Révolution allait trop loin ; il
voulut *enrayer*, selon l'expression de Michelet. Il crut sincèrement n'avoir pas changé de ligne de conduite. Royaliste il
était, royaliste il resta. Seulement, avant le voyage à Varennes, il était surtout partisan de la royauté : après le voyage,
il est partisan du roi. A la fidélité aux institutions s'ajoute
dans son cœur la fidélité aux personnes royales, fidélité anti-
révolutionnaire. Il était permis en effet, même en 91, d'allier
l'amour de la Révolution au culte de la royauté. Mais le patriotisme des hommes nouveaux était-il compatible avec la fidélité
à un roi qui n'était fidèle lui-même ni aux hommes ni aux
choses, qui trahissait ses serments au moment où il les renouvelait, d'autant plus coupable qu'il était né honnête homme ?

Mais, si Barnave se trompa, il resta loyal. Les récits des
aristocrates qui l'accusent d'avoir poussé plus loin son

(1) *Introd. à la Réc.*, p. 129.

dévoûement à la reine sont œuvres de parti ; les courtisans cherchaient à déshonorer même ceux dont ils se servaient le plus.

Aussi l'éloquence de Barnave ne fut-elle nullement altérée par la nouveauté de son rôle. Le son de ses paroles est toujours franc et juste, et il n'y a point d'hypocrisie dans les sentiments qui inspirent ses discours. Son procès nous apprend qu'il causait librement avec les ministres et leur donnait, sans s'en cacher, les avis qu'il croyait les meilleurs. Il devint le champion du roi et de la reine sans les voir ni leur écrire, et il combattit pour eux ouvertement, en pleine lumière, disant à tous qu'il était temps de relever et de fortifier la royauté, et croyant, dans son imprudence sincère, que la Révolution était faite.

Son premier soin fut de se rapprocher des monarchiens, des impartiaux. Si son compatriote Mounier eût été encore en France, l'occasion était toute trouvée pour faire cesser le divorce politique des deux Dauphinois. C'est avec Malouet que Barnave voulut s'entendre, et Malouet nous a laissé dans ses Mémoires le curieux récit de cette conversation : « J'ai dû vous paraître bien jeune, me dit-il, mais je vous assure que j'ai beaucoup veilli depuis quelque mois. — Je lui répondis qu'en effet je le croyais maintenant arrivé à la maturité de l'âge dont il lui restait la vigueur, qu'il était temps d'en faire un bon usage et qu'il en avait les moyens. Nous entrâmes aussitôt en matière. Voici ce qu'il me dit : « Sauf une douzaine de députés tels que Pétion, Rewbel, Buzot, Robespierre, Dubois de Crancé, etc., tous les Constitutionnels ont le même désir que moi de terminer la révolution et de rétablir l'autorité royale sur les plus larges bases. La révision des décrets nous en donnera les moyens, si le côté droit veut y prendre part sans humeur, sans enflammer le côté gauche par une opposition absolue, si enfin vous voulez reconnaître franchement les points principaux de la Constitution. Nous élaguerons tout ce qu'il nous sera possible d'élaguer sans trop alarmer les démocrates ; mais que pensez-vous des projeis du côté droit ? Que veut-il ? Que fera-t-il ? » Je lui dis : « La minorité n'a point de projet arrêté et malheureusement elle n'en a jamais eu. Son état habituel est l'exaspération que vous avez excitée, l'humeur, le dégoût de tout ce qui se fait, et une espérance vague que tout cela croulera. Ils n'attendent rien de votre révision, parce que tout ce que vous voudriez conserver comme nécessaire nous paraît, sauf les vrais principes de la liberté, dangereux et insoutenable. — Oh oui ! me dit-il, en êtes-vous là aussi ? — Oui, avec la différence que je compte pour beaucoup ce que vous voulez et pouvez faire, et que j'y concourrai de tout mon pouvoir par moi et mes amis. — Mais combien de voix cela fait-il ? — Quarante ou cinquante, pas davantage, et cela suffit. Ce qui restera d'opposition servira à constater la liberté des suffrages, et vous êtes bien sûr de la majorité. »

Voilà donc Barnave revenu à résipiscence et cherchant de concert avec Malouet à distribuer au peuple ce *pain empoisonné* qu'il avait lui-même dénoncé à la tribune quelques mois plus tôt. Chapelier, nous l'avons vu, vint prendre part à l'entretien et aux conventions qui le terminèrent ; mais ce projet de création d'un *centre conservateur* ne devait pas aboutir. La parole et l'influence étaient désormais à l'extrême droite et à l'extrême gauche, aux républicains et aux absolutistes ; la fuite du roi et les conséquences de cette fuite avaient justifié l'antipathie des uns et des autres pour la monarchie constitutionnelle.

Cependant l'impopularité de Barnave alla croissant. Le rapport qu'il fit sur le retour de Varennes n'était qu'une justification déguisée de Louis XVI, moins par ce que Barnave y disait que par ce qu'il n'y disait pas. Il résultait de ce rapport une impression favorable à la famille royale. Barnave quitta le

club des Jacobins avec 300 députés, et ils fondèrent de concert le club des Feuillants.

IX

Bientôt il prononça son grand discours sur l'inviolabilité
royale, qui devait achever de le perdre, et qui le désignera
au tribunal révolutionnaire, l'heure venue, plutôt que la
fameuse pièce trouvée aux Tuileries, et qui ne fut qu'un
prétexte. En voici les principaux passages recueillis par les
procédés logographiques, avec toutes les négligences, les répé-
titions de mots, les incorrections échappées à l'improvisation :

« La nation française vient d'essuyer une violente
secousse ; mais, si nous devons en croire tous les augures qui
se manifestent déjà, ce dernier événement, comme tous ceux
qui l'ont précédé, ne servira qu'à presser le terme, qu'à
assurer la solidité de la révolution que nous avons faite. Déjà
la nation, en manifestant son unanimité, en constatant l'immensité de ses forces au moment de l'inquiétude et du péril,
a prouvé à nos ennemis ce qu'ils auraient à craindre du
résultat de leurs attaques. Aujourd'hui, en examinant attentivement la constitution qu'elle s'est donnée, elle va en
prendre une connaissance approfondie, qu'elle n'eût peut-
être pas acquise de longtemps, si les principes de la moralité,
paraissant en contradiction avec ceux de la politique, si un
sentiment profond, contraire dans ce moment à l'intérêt
national, n'eussent pas obligé l'Assemblée à creuser ces
grandes et importantes questions, et à démontrer à toute la
France ce que savaient déjà par principe ceux qui l'avaient
examiné, mais ce que la foule peut-être ne savait point
encore, je veux dire la nature du gouvernement monarchique ; quelles sont ses bases, quelle est sa véritable utilité
pour la nation à laquelle vous l'avez donné. . . . . . .

« Quelques hommes dont je ne veux pas accuser les intentions, à qui même, pour le plus grand nombre, je n'en ai jamais cru de malfaisantes ; quelques hommes, qui peut-être cherchent à faire en politique des romans parce qu'il est plus facile de travailler ainsi que de contribuer à l'utilité réelle et positive de son pays, cherchant dans un autre hémisphère des exemples à nous donner, ont vu en Amérique un peuple occupant un grand territoire par une population rare, n'étant environné d'aucun voisin puissant, ayant pour limite des forêts, ayant toutes les habitudes, toute la simplicité, tous les sentiments d'un peuple presque neuf, presque uniquement occupé à la culture ou aux autres travaux immédiats qui rendent les hommes naturels et purs, et qui les éloignent de ces passions factices qui font les révolutions des gouvernements ; ils ont vu un gouvernement républicain établi sur ce vaste territoire : ils ont conclu de là que le même gouvernement pouvait nous convenir. Ces hommes dont j'ai déjà annoncé que je n'attaquais pas les intentions, ces hommes sont les mêmes qui contestent aujourd'hui le principe de l'inviolabilité : or, s'il est vrai, que sur cette terre une population immense est répandue ; s'il est vrai qu'il s'y trouve une multitude d'hommes exclusivement occupés à ces spéculations de l'esprit qui exercent l'imagination, qui portent à l'ambition et à l'amour de la gloire ; s'il est vrai qu'autour de nous des voisins puissants nous obligent à ne faire qu'une seule masse pour leur résister avec avantage ; s'il est vrai que toutes ces circonstances sont positives et ne dépendent pas de nous, il est incontestable que le remède n'en peut exister que dans le gouvernement monarchique. Quand le pays est peuplé et étendu, il n'existe, et l'art de la politique n'a trouvé que deux moyens de lui donner une existence solide et permanente : ou bien vous organiserez séparément les partis, vous mettrez dans chaque section une portion de gouvernement, et vous fixerez ainsi la stabilité, aux dépens de l'unité, de la puissance et de tous les avantages qui résul-

tent d'une grande et homogène association ; ou bien, si vous
laissez subsister l'union nationale, vous serez obligé de placer
au centre une puissance immuable, qui, n'étant jamais
renouvelée que par la loi, présentant sans cesse des obstacles à l'ambition, résiste avec avantage aux secousses ,
aux rivalités, aux vibrations rapides d'une population immense, agitée par toutes les passions qu'enfante une vieille
société.....

« La responsabilité doit se diviser en deux branches, parce
qu'il existe pour le roi deux genres de délits ; le roi peut
commettre des délits civils, le roi peut commettre des délits
politiques : quant au délit civil (j'observe que cela est hors
du cas que nous traitons maintenant), quant au délit civil,
il n'existe aucune espèce de proportion entre l'avantage qui
résulte pour le peuple de la tranquillité conservée, de la
forme de gouvernement maintenue, et l'avantage qui pourrait
résulter de la punition d'une faute de cette nature. Que doit
alors le gouvernement au maintien de l'ordre et de la morale? Il doit seulement prévenir que le roi, qui a fait un délit
grave, ne puisse le répéter ; mais il n'est pas obligé de sacrifier évidemment le salut du peuple et le gouvernement
établi à une vindicte particulière. Ainsi donc pour le délit
civil du monarque la constitution ne peut établir sagement
qu'un remède, je veux dire la supposition de démence ; par
là, sans doute, elle jette un voile sur un mal passager ; mais,
par là, en prévenant par les précautions que la démence
nécessite, la répétition du délit, elle conserve la forme du
gouvernement, et assure au peuple la paix qui, dans une
hypothèse opposée, pourrait être troublée à tout moment,
non seulement par les jugements, mais même pas les accusations auxquelles le prince serait en butte.

« Quant au délit politique, il est d'une autre nature, et je
remarquerai seulement ici que nos adversaires se sont étrangement mépris sur ce point ; car ils ont dit que c'était sur

l'exercice du pouvoir exécutif que portait l'inviolabilité. Il est parfaitement vrai que c'est sur cette seule fonction-là qu'il n'y pas d'inviolabilité ; il ne peut pas exister d'inviolabilité sur les fonctions du pouvoir exécutif, et c'est pour cela que la constitution, rendant le roi inviolable, l'a absolument privé de l'exercice immédiat de cette partie de son pouvoir ; le roi ne peut exécuter, aucun ordre exécutif ne peut émaner de lui seul, le contre-seing est nécessaire ; tout acte exécutif qui ne porte que son nom est nul, sans force, sans énergie ; tout homme qui l'exécute est coupable ; par ce seul fait la responsabilité existe contre les seuls agents du pouvoir : ce n'est pas là qu'il faut chercher l'inviolabilité relativement aux délits politiques, car le roi, ne pouvant agir en cette partie, ne peut pas délinquer.

« La véritable inviolabilité du délit politique est celle qui porte sur des faits étrangers à ses fonctions exécutives et constitutives. Cette inviolabilité-là n'a qu'un terme : c'est la déchéance. Le roi ne peut cesser d'être inviolable qu'en cessant d'être roi ; la constitution doit prévoir le cas où le pouvoir exécutif devient incapable et indigne de gouverner : la constitution doit prévoir les cas de déchéance, doit clairement les caractériser ; car s'il n'en était pas ainsi, le roi, essentiellement indépendant, deviendrait dépendant de celui qui jugerait la déchéance.

« J'examinerai bientôt ce moyen de convocation nationale que l'Angleterre a momentanément adopté, par la raison que sa constitution, qui est faite pour les événements, n'a jamais prévu les cas qui n'étaient pas encore arrivés ; par la raison que, n'ayant pas un gouvernement de droit, mais de fait, elle est obligée de tirer toujours ses lois des circonstances ; j'examinerai, dis-je, bientôt, ce mode des conventions nationales qui peut avoir peu de dangers dans un pays tel que l'Angleterre, mais qui, chez nous, les présente en foule.

« Je dis que, parmi nous, l'inviolabilité des délits politiques

ne peut avoir de terme que par la déchéance ; que la déchéance
ne peut arriver que par un cas prévu par la constitution, et
formellement énoncé par elle ; de sorte que, le cas échéant,
le jugement soit prononcé par la loi même.

« Si ce sont là les principes que nous avons admis jusqu'à
ce jour, et qui doivent déterminer notre décision, il est facile
de les appliquer à la circonstance.....

« Ou bien vous avez fait une constitution vicieuse, ou celui
que le hasard de la naissance vous donne, et que la loi ne
peut pas atteindre, ne peut pas être important par ses
actions personnelles au salut du gouvernement, et doit trouver dans la constitution le principe de sa conduite et l'obstacle à ses erreurs. S'il en était autrement, messieurs, ce ne
serait pas dans les fautes du roi que j'apercevrais le plus
grand danger, ce serait dans ses grandes actions ; je ne me
méfierais pas tant de ses vices que de ses vertus : car je pourrais dire à ceux qui s'exhalent en ce moment en plaintes justes peut-être en moralité, mais bien puériles en politique ;
qui s'exhalent avec une telle fureur contre l'individu qui a
péché ; je leur dirais : Vous seriez donc à ses pieds si vous
étiez contents de lui !

« Ceux qui veulent ainsi sacrifier la constitution à leur ressentiment pour un homme me paraissent trop sujets à sacrifier la liberté par enthousiasme pour un autre ; et puisqu'ils aiment la république, c'est bien aujourd'hui le moment de leur dire : comment voulez-vous une république
dans une nation où vous vous flattez que l'acte, toujours facilement pardonné, d'un individu qui a en lui-même de
grands moyens de justification, que l'acte d'un individu qui,
quoiqu'on juge en lui certaines qualités, avait eu longtemps
l'affection du peuple ; quand vous vous êtes flattés, dis-je,
que l'acte qu'il a commis pourrait changer notre gouvernement, comment n'avez-vous pas craint que cette même mobilité du peuple ému par l'enthousiasme envers un grand

homme, par la reconnaissance des grandes actions (car la nation française, vous le savez, sait bien mieux aimer qu'elle ne sait haïr), ne renversât en un jour votre absurde république ; comment, leur dirais-je, vous avez en ce moment fondé tant d'espérances sur la mobilité de ce peuple, et vous n'avez pas senti que, si votre système pouvait réussir, dans cette même mobilité était le principe de sa destruction ; que bientôt le peuple agité dans un autre sens aurait établi, à la place de la monarchie constitutionnelle que vous aurez détruite, la plus terrible tyrannie, celle qui est établie contre la loi, créée par l'aveuglement ?....

« Je déclare que la crainte des puissances étrangères ne doit plus influencer nos opérations. Je déclare que ce n'est pas à nous à redouter des débats avec les rois, qui, peut-être, par les circonstances, ne seraient pas heureux pour nous, mais qui seront toujours plus menaçants pour eux. Quelqu'exemple qu'on puisse donner des peuples devenus libres par leur énergie, et rétablis sous le joug par les coalitions des tyrans, une telle issue n'est point à craindre pour nous. Des secousses trop répétées ont fait pénétrer jusqu'au fond du peuple l'amour et l'attachement à la Révolution. On ne change plus l'état des choses, on ne rétablit plus des usurpations et des préjugés quand une telle masse s'est émue, et quand elle a dit toute entière : Je sais être libre, je veux être libre, et je serai libre. Cela est profondément vrai en politique, comme juste en philosophie, et si on le veut, comme pompeux en déclamation. Il est parfaitement vrai que si quelque puissance voulait nous ôter notre liberté, il pourrait en résulter des désastres passagers pour nous, de grandes plaies pour l'humanité, mais qu'en dernière analyse la victoire nous est assurée. Aussi n'est-ce pas là, messieurs, le motif révolutionnaire du décret....

« Tout changement est aujourd'hui fatal, tout prolongement de la révolution est aujourd'hui désastreux ; la question, je la place ici, et c'est bien là qu'elle est marquée par l'intérêt national. Allons-nous terminer la révolution, allons-nous la recommencer? Si vous vous défiez une fois de la constitution, où sera le point où vous vous arrêterez, et où s'arrêteront surtout nos successeurs ?....

« Aujourd'hui, messieurs, tout le monde doit sentir que l'intérêt commun est que la Révolution s'arrête. Ceux qui ont perdu doivent s'apercevoir qu'il est impossible de la faire rétrograder, et qu'il ne s'agit plus que de la fixer ; ceux qui l'ont faite et qui l'ont voulue doivent apercevoir qu'elle est à son dernier terme, que le bonheur de leur patrie, comme leur gloire, exige qu'elle ne se continue pas plus longtemps. Tous ont un même intérêt : les rois eux-mêmes, si quelquefois de profondes vérités peuvent pénétrer jusque dans les conseils des rois ; si quelquefois les préjugés qui les environnent peuvent laisser passer jusqu'à eux les vues saines d'une politique grande et philosophique ; les rois eux-mêmes doivent apercevoir qu'il y a loin pour eux entre l'exemple d'une grande réforme dans le gouvernement et l'exemple de l'abolition de la royauté. Que si nous nous arrêtons ici, ils sont encore rois ; que, même l'épreuve que vient de subir parmi nous cette institution, la résistance qu'elle a apportée à un peuple éclairé et fortement irrité, le triomphe qu'elle a obtenu par les discussions les plus approfondies ; que toutes les circonstances, dis-je, consacrent pour les grands états la doctrine de la royauté ; que de nouveaux événements en pourraient faire juger autrement, et que, s'ils ne veulent pas sacrifier à de vaines espérances la réalité de leurs intérêts, la terminaison de la révolution de la nation française est aussi ce qui leur convient le mieux. »

Ce ne fut pas le dernier discours de Barnave. Il participa aux débats sur la révision de la constitution et il parla contre le décret relatif à la non-rééligibilité des Constituants. Il se sépara dans cette circonstance de la majorité de l'Assemblée et c'est la plus grande preuve de clairvoyance politique qu'il ait donnée (1). Ce funeste décret compromit en effet la Révolution française et la fit avorter à moitié. On se demande par quel aveuglement les Constituants abandonnèrent ainsi leur œuvre et la sacrifièrent de gaîté de cœur. Barnave explique ainsi ce vote monstrueux : « Le côté droit, dit-il, se flattait que la non-rééligibilité donnerait dans la législature la majorité aux partisans de son système ou préparerait la ruine de la Constitution, en la remettant à des mains inexpérimentées ; tandis que cinq ou six républicains, mûs par une impulsion dont les chefs étaient en dehors de l'Assemblée, opéraient pour l'exclusion afin de laisser la place libre à ceux de leurs chefs qui devaient dominer la législature. La majorité des membres de la gauche était mue par de bien moindres motifs : les uns ne s'attendaient pas à être réélus ; d'autres, fatigués de leurs longs travaux, étaient effrayés de l'idée de les continuer : tous étaient convaincus que les membres les plus connus et les plus éminents seraient renommés ; la non-rééligibilité, en effaçant toutes les distinctions, rassurait l'amour-propre des uns, favorisait la lassitude des autres, et faisait rentrer dans la foule tous ceux qu'on était fatigué de suivre et d'entendre nommer. »

X

L'Assemblée dissoute, la majorité des Constituants tomba dans le plus profond discrédit et sentit l'amertume de n'être plus rien. Barnave séjourna quelque temps encore à Paris. « Le troisième ou quatrième jour de l'Assemblée légis-

(1) Et aussi d'énergie. La fatigue et le découragement des Constitutionnels ne l'atteignit pas, même après le massacre du Champ-de-Mars. « Lui seul, dit Michelet (t. III, p. 178), semblait conserver la vie, l'entrain et l'espoir. »

lative, dit-il, je fus la voir. Toutes les tribunes se tournèrent
de mon côté avec un grand sentiment de bienveillance, et,
si une main avait commencé, il y aurait eu peut-être un applaudissement général. Trois semaines après, j'y retournai
pour la seconde fois et je fus complètement hué, surtout en
sortant par la porte des Feuillants (1). »

Nous ne suivrons pas Barnave en Dauphiné, nous ne ra-
conterons ni son arrestation, ni son procès, ni sa mort. Ce
récit serait hors de notre sujet, et il se trouve partout. Nous
avons cité deux passages de sa défense, celui où il avoua
hautement son amitié avec les Lameth et celui où il jure
qu'il n'a jamais eu de rapports avec la cour. Ce sont les
meilleurs endroits. Le reste est terne et languissant. Ce discours est un acte d'honnêteté, d'héroïsme si l'on veut. Mais
on s'attendait à d'autres mouvements, à une autre éloquence
de la part d'un tel homme dans une telle circonstance.
Ajoutons que ce discours, rédigé d'après des notes prises à
l'audience par l'avocat de Barnave, est souvent défiguré. Les
différents paragraphes y sont placés dans un ordre peu naturel. On dirait que les feuillets du copiste ont été brouil-
lés. Ainsi, je trouve au milieu même du discours un passage
qui devait être, qui était certainement la péroraison (2). Les
dernières lignes sont le développement d'une idée qui n'était
qu'ébauchée dans la première partie. Les transitions manquent souvent. Il ne faut attribuer à Barnave qu'avec une
extrême réserve certaines parties de ce discours.

Si maintenant nous voulons résumer l'impression que nous
laisse l'éloquence de Barnave, nous voyons qu'elle s'inspire
constamment du bon sens et de l'équité. Dialecticien habile,
s'il ne raisonne pas *serré*, il raisonne toujours juste. L'esprit

(1) *Réflexions politiques*, chap. XXIX. — Le club des Feuillants se
trouvait dans les mêmes bâtiments que l'Assemblée.
(2) Œuvres, t. II, p. 39.

se fatigue rarement à suivre une argumentation qui est
si bien enchaînée et si bien ordonnée. L'effet de cette éloquence devait être un sentiment de calme moral, un désir de
justice, un apaisement des passions. Nul ne poussa plus loin
que Barnave l'art de dire facilement des choses plausibles.

Cependant son œuvre oratoire ne nous intéresse pas aujour-
d'hui autant que celle de Mirabeau, de Cazalès, de l'abbé
Maury. Pourquoi ? Ses idées sont cependant celles du jour.
Sa politique est celle de la majorité libérale actuellement au
pouvoir. Dans le détail, il a presque toujours raison. Il évite
avec soin l'utopie qui plaît dans sa nouveauté et qui est fastidieuse à cent ans d'intervalle. Si nous ne revenons pas plus
volontiers à ses discours, ce n'est donc pas qu'ils heurtent
les sentiments de notre époque, c'est plutôt qu'il y manque
la passion et par conséquent la vie. Sa parole éclaire; elle
n'échauffe pas. Ses démonstrations sont justes : elles ne touchent que notre esprit. Son style manque de force et de nerf.
Il s'embarrasse souvent et nous égare dans de longues périodes obscures. Les phrases démesurées par lesquelles débute
le discours sur l'Inviolabilité se composent de termes si vagues
qu'il faut s'y reprendre à deux fois pour en deviner le sens.
Il aime les expressions abstraites. « Si la nature m'a départi
quelques talents, dit-il au tribunal révolutionnaire, n'étaient-
ils pas tous *en rapport avec l'espace et la publicité?* » Il n'évite
pas toujours la prolixité et la banalité. Les idées qu'il exprime, on le voit trop, ne viennent pas toujours de lui, mais de
Lameth et de Duport. On lui a fait la leçon et, certes, il ne
répète pas ce qu'on lui a dit : il rédige, il arrange, il compose.
Mais enfin le fond, plus d'une fois, est emprunté à autrui.
C'est un avocat (1).

(1) Michelet, qui est injuste pour lui, l'appelle *l'avocat des avocats.* Il
le montre aussi *se battant les flancs,* comme lorsqu'il « donne le coup de
trompette pour célébrer la victoire » de Bailly au Champ-de-Mars.
(*Hist. de la Rév.,* t. III. p. 165).

Les contemporains l'ont apprécié ; ils ne l'ont jamais admiré. On fut surpris la première fois qu'il improvisa, et on s'habitua ensuite à ce tour de force tant de fois répété. L'orateur parut, à de certains moments, un peu vide, à coup sûr trop aisément satisfait. Camille Desmoulins, au sortir des débats sur la responsabilité ministérielle, disait que les discours des patriotes (Barnave avait parlé ce jour-là) « ressemblaient trop aux cheveux plats et sans poudre ». Et il ajoutait : « Où étais-tu, Mirabeau, avec ta chevelure élégante et bien nourrie ? » Non, la facilité de Barnave n'allait pas jusqu'à la platitude, et il le prouva bien, le jour où il tint en échec le grand Mirabeau. Mais son éloquence ne s'élevait pas au dessus des idées qu'il défendait ; sensée, claire, honnête elle manquait de couleur et d'énergie. Oublions, pour juger l'orateur, sa mort tragique, et reconnaissons qu'il n'est jamais tragique dans ses discours, et qu'il ne remue pas les passions, mais les apaise ; qu'il ne crée pas, mais dispose les idées courantes, merveilleux *debater* à la manière anglaise, mais orateur de second ordre. En somme, il faut en revenir au mot de son puissant rival : « Il n'y a pas de divinité en lui. »

LIVRE VIII

L'EXTRÊME GAUCHE.

CHAPITRE I.

PÉTION ET BUZOT.

L'extrême gauche de la Constituante était composée de ceux qui, sans faire profession ouverte de républicanisme, se conduisaient néanmoins comme s'ils étaient républicains et attaquaient, à chaque occasion, les principes constitutifs de toute monarchie. Les plus connus étaient Buzot, Pétion de Villeneuve, Robespierre, Dubois-Crancé, Prieur (de la Marne), Rewbell. Aucun lieu commun ne réunissait ces hommes distingués qui devaient, peu d'années ensuite, s'entre-déchirer. Hommes de principes, ils ne prenaient d'inspiration que de leur conscience, et chacun d'eux méritait ces épithètes de *vertueux* et d'*incorruptible* que la foule appliquait à Pétion et à Robespierre. Ils n'eurent pas, à proprement parler, de politique : leur rôle, à la Constituante, est d'attendre, de se recueillir, de prendre date, comme si leur heure n'était pas venue. Ils n'entrent tous en scène et ne se mettent au premier plan qu'après la fuite du roi, qui donne raison à leur pessimisme et à leurs défiances. Alors le désarroi et l'effarement des Constitutionnels illustrent leur fermeté et leur vertu.

Ni Dubois-Crancé, ni Prieur, ni Rewbell, malgré leur probité
et leur patriotisme, ne méritent le nom d'orateurs. Quant à
Pétion, il aspirait ardemment à ce titre ; mais il ne dut qu'à
ses droites intentions, à l'agrément de sa figure et à la sonorité
de son organe les demi-succès qu'il remporta quand il
s'attaqua à Mirabeau et défendit contre ses sarcasmes le projet
de déclaration des droits, et quand il soutint que le droit de
paix et de guerre appartenait à la nation. Rien de banal et de
platement emphatique comme les discours de lui que le
Moniteur nous a conservés. Cependant, dit un contemporain,
« il était vain et se regardait comme le premier des orateurs,
parce qu'il improvisait toujours comme Barnave ; peu d'esprit,
rien de saillant, aucune force d'expression ni de pensée (1) ».
Il ne faudrait cependant pas juger Pétion d'après ses mésaventures oratoires, ni même d'après la fatuité niaise dont il
fit preuve dans la berline royale : dans sa vie publique il porta
quelquefois la vertu jusqu'à l'héroïsme.

Buzot, député d'Evreux, était plus orateur. Mais il ne se
révéla qu'à la Convention. Les Constituants ne firent pas grand
cas du talent de celui qui devait être l'ami de madame
Roland. Lui-même à cette époque, de son propre aveu, se
défiait de lui et des autres. Cet auditoire lui semblait incapable de partager son enthousiasme généreux, et il restait
de longs mois sans aborder la tribune. « Le devoir d'un
citoyen, dit-il le 20 juillet 1789, est d'exposer son opinion
telle qu'elle est dans son cœur, avec la franchise et le courage qui doivent le mettre au-dessus de toutes les censures. »
Franchise et courage : l'homme tout entier est dans ces deux
mots. Il dédaigne les circonlocutions parlementaires et jette
brusquement et sans dire gare les propositions les plus
hardies. Ainsi, dans la séance du 6 août 1789, des ecclésiastiques voulurent revenir sur l'abandon de la dîme consenti

(1) Étienne Dumont, p. 249.

par le clergé dans la nuit du 4 août. Buzot, irrité, se leva et déclara, quand personne n'y songeait encore, que le clergé n'était pas propriétaire : « Je crois, dit-il, devoir attaquer directement les propositions des préopinants ecclésiastiques, et d'abord je soutiens que les biens ecclésiastiques appartiennent à la nation. (*Violente agitation dans une partie de l'Assemblée ; applaudissements dans l'autre.*)

« Je m'appuie même sur les cahiers des ecclésiastiques, qui demandent à la nation les augmentations des portions congrues ; donc ils ont reconnu les droits incontestables de la nation sur les biens de l'Eglise. Ils n'auraient pas proposé à ceux qui n'avaient aucun droit de partager des biens qui ne leur appartiennent pas. (*On applaudit.*) »

Le 7 août 1789, on discutait sur le droit de chasse. L'évêque de Chartres avait demandé que le gibier ne pût être détruit qu'avec des *armes innocentes.* Cette proposition fit beaucoup rire. Mais Buzot en sentit toute la gravité et vit qu'elle ne tendait au fond qu'à ôter aux citoyens le droit de posséder une arme à feu. « Faudra-t-il couvrir son champ, dit-il, d'engins, de pièges, de filets ? Les voyageurs ne courront-ils pas autant de risques que si tous les propriétaires étaient armés ? Pourquoi ces distinctions ? quel sera celui à qui vous la refuserez ? Ce privilège ne sera-t-il pas humiliant, et ne sera-t-il pas aussi injuste que l'injustice à laquelle vous voulez remédier ?

« Sans doute, dans un moment de liberté, l'effervescence peut emporter les citoyens au delà des bornes ; c'est l'effet d'un ressort trop longtemps comprimé. Mais ces moments passés, le calme renaîtra bientôt. Il est des provinces où la liberté de la chasse n'a jamais été méconnue, où tous les citoyens sont armés, et où jamais il n'arrive aucun désordre ; d'ailleurs, un fusil est une arme défensive, est une arme nécessaire à celui qui voudra pendant la nuit garder son champ pour éloigner les bêtes fauves ; et l'Assemblée nationale n'a pas le droit d'ordonner à un citoyen de ne pas défendre sa propriété. »

C'est du même ton brusque que, le 3 mars 1791, il répondit à l'abbé Gouttes, qui proposait une œuvre de bienfaisance populaire sous le titre de *Projet de tontine viagère et d'amortissement,* et à Mirabeau qui, défendant cette proposition, demandait que chaque député abandonnât à cette œuvre cinq jours de son traitement : « Le plan que l'on vous présente, dit Buzot, me paraît plus séduisant qu'avantageux. Il faut que le malheureux trouve dans ses labeurs un profit de 9 livres pour nourrir les actionnaires d'une Compagnie. Il serait possible qu'au bout de dix ans celui qui se serait gêné, pour assurer un revenu à lui et à ses enfants, n'en retire aucun avantage. Songez à l'immoralité d'une Compagnie qui spéculerait sur la misère du peuple et qui s'approprierait le fruit de son travail. Je ne dirai qu'un mot sur l'amendement de M. Mirabeau. Il s'était flatté que les représentants de la nation concourraient à l'aliment du peuple : mais de cette idée il en naît une autre. J'entends toujours parler du mot *peuple, populariser*; mais ne sommes-nous pas le peuple aussi ? Et en lui donnant une portion de nos émoluments, ne serait-ce pas faire une charité à nos propres commettants ? *Populariser, peuple !* mais nous sommes peuple nous-mêmes. Il faut mettre à l'écart ces idées qui tendraient à isoler les représentants de la nation. Indépendamment de la représentation qui nous est déléguée, nous nous représentons nous-mêmes, et nous sommes peuple aussi..... »

Cette sortie un peu chagrine contre la langue démagogique fait déjà deviner le futur antagoniste de la Montagne. Dès la Constituante, d'ailleurs, Buzot prend le contre pied des idées politiques de Robespierre, et rien ne marque la diversité d'opinions des quelques hommes qui siégeaient à l'extrême gauche, comme le discours que le député d'Evreux prononça le 21 mai 1791. Ce jour là, devant Robespierre, il fit, tout en protestant contre le reproche de *bicamérisme*, l'étrange proposition de diviser le Corps législatif en deux sections, tirées au sort, qui discuteraient séparément les questions importantes :

« Une seule assemblée, dit-il, est sujette à tous les vices, à toutes les fragilités de la nature humaine. (*Il s'élève de violents murmures dans l'extrémité gauche.*) Elle peut naturellement se laisser entraîner à des excès d'humeur, aux élans des grandes passions, à l'enthousiasme, à la partialité et à la prévention ; elle est donc sujette à donner des résultats qui participent de tous ces défauts. La division d'une chambre unique en deux sections, en nécessitant plusieurs discussions, calme les passions, refroidit l'enthousiasme et dissipe la prévention... Ces formes, dit-on, entraîneront des longueurs. Eh bien, c'est encore là, selon moi, un grand avantage. Les peuples les plus libres sont ceux qui ont le moins de lois. Une seule bonne loi, sagement combinée, vaut mieux qu'une multitude de lois imparfaites. De la multiplicité des lois résultent l'ignorance des lois et leur non-exécution ; le moyen le plus sûr d'assurer à la nation de bonnes lois, et aux bonnes lois la stabilité qui leur est nécessaire, c'est de rendre leur confection lente et difficile ; on fait alors moins de lois, mais on les fait bonnes. Je pourrais citer Montesquieu et les législateurs américains, qui tous ont préféré deux chambres homogènes..... »

CHAPITRE II.

ROBESPIERRE.

La biographie de Robespierre, comme celle de Mirabeau, est assez connue pour nous permettre de supposer que le lecteur n'ignore ni les antécédents, ni les opinions politiques, ni la physionomie du célèbre orateur (1). Ce n'est même pas le lieu d'apprécier à fond cette éloquence trop oubliée et trop légèrement jugée. La place de Robespierre est au club des Jacobins et à la Convention : c'est là, dans son vrai milieu, à son heure d'épanouissement complet, qu'il faudra l'étudier et commenter les monuments de sa parole. Aujourd'hui, nous ne signalerons que le caractère général de son talent et les circonstance de ses débuts oratoires.

I

Quelque opinion que l'on ait sur l'éloquence et sur la poli-tique de Robespierre, une remarque s'impose d'abord : c'est que son caractère ne fut pas sympathique à ses contem-porains. Il eut des séides, et pas un ami, comme dit très bien M. Louis Blanc (2). Il manquait, dit-on, de cordialité, éloi-gnait toute confiance familière et, quand il descendait de la tribune, vainqueur ou vaincu, aucune main empressée ne se tendait vers la sienne : une atmosphère glaciale l'entourait et faisait le vide autour de lui. Sauf au club des Jacobins, si son éloquence touchait les esprits et ne laissait pas les cœurs insensibles, sa personne ne bénéficiait jamais des mouve-ments généreux que provoquaient ses discours. Cet ami de l'humanité semblait nourrir contre les hommes une sombre et mystérieuse rancune, et on se demandait, on se demande encore d'où lui venait cette misanthropie cachée sous ses paroles les plus nobles et les plus confiantes. C'est là le trait le plus frappant de son éloquence ; c'est le premier point qu'il nous faut élucider.

(1) Voir notamment Ernest Hamel, *Histoire de Robespierre, d'après des papiers de famille et des documents entièrement inédits,* 3 vol. in-8.
(2) *Histoire de la Révolution française,* t. V, p. 273.

Etait-ce, comme l'a dit Michelet, la misère qui lui donnait
de l'amertume ? Mais Robespierre touchait, comme tous les
députés, dix-huit livres par jour. Ces appointements, aujour-
d'hui modestes, constituaient, en 1789, une aisance très
large : c'était une fortune pour un homme de goûts simples.
Oui, Robespierre était riche comparativement à Brissot, à
Camille Desmoulins, à Loustallot et à tant d'autres qui, en
1789, ne gagnaient peut-être pas, avec leurs succès d'écrivains, la moitié de l'indemnité d'un député. La légende de
l'habit noir emprunté par l'avocat d'Arras pour un deuil officiel ne repose, que nous sachions, sur aucun témoignage
sérieux. Comme tant d'autres, à cette époque, Robespierre
n'avait pas de fortune personnelle ; mais sa profession (chose
rare en ce temps-là) lui donnait amplement de quoi vivre.

On l'a représenté orphelin dès son enfance, déjà chef de
famille, préoccupé et inquiet de sa vie avant l'âge : de là,
dit-on, ce pli de gravité et ce visage sombre. Sans doute, il
perdit sa mère à sept ans et son père à neuf ans. Mais il
fut recueilli et élevé, avec son frère, chez ses aïeux mater-
nels. Les soins de la famille ne lui manquèrent donc pas.
On le mit au collège d'Arras et il n'y fut pas l'écolier taci-
turne qu'on veut trouver dans le futur héros de la Terreur :
ses biographes nous l'y montrent bon élève, insouciant et gai
comme les autres enfants, jouant volontiers à la chapelle,
élevant des oiseaux, se plaisant aux récréations de son âge.
Bientôt l'évêque d'Arras obtient pour ce bon sujet une des
bourses dont l'abbé de Saint-Waast disposait au collège
Louis-le-Grand. C'est ici que s'assombrit, dans quelques
écrits, la légende de l'orphelin. Pauvre boursier raillé, ex-
ploité, victimé, comment pouvait-il éviter la misanthropie ?
On oublie que jamais les boursiers des grands collèges officiels ne furent traités autrement que leurs camarades.
Camille Desmoulins était lui aussi, en même temps, boursier
à Louis-le-Grand, et il resta optimiste et souriant jusqu'à

l'échafaud. Sans doute Robespierre perdit alors son correspondant vénéré, l'abbé de Laroche, et sa jeune sœur Henriette. Mais
ces deuils l'affectèrent sans modifier son caractère : il resta,
la douleur passée, un enfant comme les autres. Déjà il a le
bonheur de sentir se former ses opinions : « Un de ses professeurs de rhétorique (dit M. Hamel), le doux et savant
Hérivaux, dont il était particulièrement apprécié et chéri, ne
contribua pas peu à développer en lui les idées républicaines. Épris des actes et de l'éloquence d'Athènes, enthousiasmé des hauts faits de Rome, admirateur des mœurs
austères de Sparte, le brave homme s'était fait l'apôtre d'un
gouvernement idéal, et, en expliquant à ses jeunes auditeurs
les meilleurs passages des plus purs auteurs de l'antiquité,
il essayait de leur souffler le feu de ses ardentes convictions.
Robespierre, dont les compositions respiraient toujours une
sorte de morale stoïcienne et d'enthousiasme sacré de la
liberté, avait été surnommé par lui le *Romain* (1). » Il était
donc aimé, estimé de ses maîtres. Quand Louis XVI vint
visiter le collège, c'est lui qui fut chargé de le haranguer, et
le principal corrigea avec indulgence le discours du *Romain*
où les remontrances politiques se mêlaient aux louanges
obligées. Il faut n'avoir pas vécu dans cette république en
miniature qu'on appelle un collège pour s'imaginer qu'un
fort, comme l'était Robespierre, qu'un héros des concours
scolaires, ait pu y jouer, de près ou de loin, le rôle d'un
souffre-douleur.

Ses études finies, connut-il de précoces épreuves capables
de le porter au noir ? Après avoir obtenu pour son frère
Augustin la survivance de sa bourse, il fit son droit, sous le
patronage du collège Louis-le-Grand, qui lui accorda une
gratification pécuniaire avec un certificat élogieux. Alors âgé
de vingt ans, en 1778, il eut avec Jean-Jacques Rousseau une

(1) Hamel, *Hist. de Robespierre*, 2ᵉ édit. I, 14.

entrevue qui décida peut-être de sa vocation et de sa destinée. Reçu avocat, il retourne à Arras, y plaide, s'y fait connaître, est nommé juge au tribunal civil et criminel de l'évêque d'Arras, résigne ses fonctions pour ne pas avoir de condamnations capitales à prononcer et éprouve toutes les joies de la popularité. Il rédige, en 1789, à la nouvelle de la convocation des Etats généraux, une adresse très hardie sur la nécessité de réformer les Etats d'Artois, et, mis en lumière par cette publication, il est nommé, à trente et un ans, député du tiers-état artésien aux Etats généraux.

Est-ce là, je le demande, une jeunesse malheureuse, une carrière manquée ? Admettons que Robespierre, avocat à Arras, fût déjà grave : était-il, comme on le veut, triste ou amer ? Membre de la joyeuse académie des *Rosati*, il rimait, en rieuse compagnie, d'aimables bouquets à Chloris, de petits vers galants, se montrant gai et frivole quand il le fallait, ne laissant rien paraître d'un *être à part*, d'un Timon. Ce n'est ni dans la retraite ni au milieu des disgrâces du sort ou des hommes que l'orateur de la Convention se prépara à ses tragiques destinées : son enfance et sa jeunesse ressemblèrent à celles des plus favorisés d'entre ses contemporains. Dans les rangs du tiers-état d'avant la Révolution, il était, à tout prendre, un des heureux.

Ce n'est donc pas dans sa condition antérieure qu'il faut chercher la cause de sa visible amertume et de cette noire rancune dont il semblait rongé ; il n'apportait aux Etats généraux aucun grief personnel contre la société et contre les hommes. Mais il fut profondément blessé des sourires railleurs avec lesquels on accueillit sa première apparition à la tribune, d'autant plus que les moqueries s'adressèrent moins à ses opinions politiques qu'à sa personne. Son habit olive, sa raideur, sa gaucherie provinciale furent, à première vue, ridicules. Le style travaillé et suranné des discours qu'il lisait à la tribune mit en gaîté les assistants. Les députés de la no-

blesse d'Artois, Beaumetz et les autres, commencèrent contre
lui une petite guerre de quolibets, de sourires, de hausse-
ments d'épaules qui piquèrent et firent saigner son amour-
propre. Il fut, pendant les premiers mois, le bouffon malgré
lui et le plastron de l'assemblée. L'homme politique eût peut-
être dédaigné ces sarcasmes ; mais le lettré en demeura
profondément ulcéré, outragé dans sa dignité.

C'est que, sauf l'abbé Maury, personne à la Constituante
ne fut plus jaloux que lui de sa renommée d'homme de
lettres. Académicien de province, il était habitué à faire applaudir son talent d'écrivain et d'orateur, et à ses couronnes
d'élève du lycée de Louis-le-Grand il avait ajouté, à la mode
du temps, des lauriers cueillis à différents concours. L'année
1783 avait été une date mémorable dans sa vie : en même
temps que l'académie d'Arras l'admettait dans son sein, l'académie de Metz le couronnait pour un mémoire sur la réversibilité du crime, où se trouvent déjà quelques-unes des formules
qu'il répétera volontiers à la Convention. En 1785, il n'obtint
de l'académie d'Amiens qu'un accessit pour un éloge de Gresset.
Ce demi-insuccès le porta à réserver ses œuvres à l'académie
d'Arras, dont il devint l'orateur habituel et préféré, bientôt
le président. A cette tribune pacifique, il exerça et fixa ses
aptitudes à l'éloquence d'apparat, débitant de longues dissertations d'un style facile, un peu mou, un peu fleuri, pâle
reflet de Rousseau, d'une composition sage, bien ordonnée,
très classique, presque scolaire, toujours sur des sujets de
droit naturel et de morale. Il prit là son habitude de généra-
liser, de disserter en dehors du temps présent et de glorifier
en beau style les principes innés. Bien écrire et bien dire, ce
fut sa peine et son souci quotidien. Sa correspondance n'est
pas moins travaillée que ses mémoires académiques : il badine
dans l'intimité avec un art laborieux, avec un apprêt qui va
jusqu'au pédantisme. Remerciant une demoiselle d'un envoi
de serins, il lui dit avec effort : « Ils sont très jolis ; nous

nous attendions qu'étant élevés par vous, ils seraient encore les plus doux et les plus sociables de tous les serins. Quelle fut notre surprise, lorsqu'en approchant de leur cage, nous les vîmes se précipiter contre les barreaux avec une impétuosité qui faisait craindre pour leurs jours ! et voilà le manège qu'ils recommencent toutes les fois qu'ils aperçoivent la main qui les nourrit. Quel plan d'éducation avez-vous donc adopté pour eux, et d'où leur vient ce caractère sauvage? Est-ce que la colombe, que les Grâces élèvent pour le char de Vénus, montre ce naturel farouche ? Un visage comme le vôtre n'a-t-il pas dû familiariser aisément vos serins avec les figures humaines ? Ou bien serait-ce qu'après l'avoir vu ils ne pourraient plus en supporter d'autres (1) ? » Il semble, même dans ses lettres familières, concourir pour un prix de littérature.

On comprend maintenant quelle fut la déception du bel esprit d'Arras quand son beau style, si apprécié dans sa province, lui valut, aux Etats généraux, un succès de ridicule. Les journaux firent chorus avec les députés, et, dès qu'on eut constaté cette susceptibilité aiguë et cet amour-propre maladif de lauréat, ce fut une cible à laquelle chacun visa. La pire malignité fut de défigurer son nom dans les comptes-rendus. On l'appelait *Robetspierre* ou *Robert-Pierre*, ou, par une cruauté plus raffinée, on le désignait par *M...*, ou simplement par : *Un membre*, ou : *Un député des communes*, et on lui ôtait ainsi jusqu'à la consolation de faire lire sa prose dans l'Artois. D'ordinaire, on résumait ses opinions en quelques lignes. Parfois même on ne soufflait mot de son discours, et quand l'infortuné se cherchait le lendemain dans la feuille de Barrère ou dans celle de Le Hodey, il y trouvait tous les discours de la séance, sauf le sien. Les rancunes littéraires sont vivaces : la sienne fut inexorable et éternelle. Il ne rit

_____

(1) Hamel, *Hist. de Robespierre*, 2e éd., I, 34.

plus, il fixa sur sa figure un masque sombre et, ne pouvant se faire prendre au sérieux, il se fit prendre au tragique. Par l'effroi qu'il inspira, il devait regagner, à Paris, la faveur et les applaudissements goûtés jadis à Arras. Lui dont on avait ri sans pitié, il vint un moment où on n'osa plus ne pas l'applaudir...

Voilà, selon nous, l'explication de l'amertume farouche que fit paraître Robespierre. C'est ainsi qu'en lui les humiliations du lettré firent tort à l'orateur et à l'homme d'État. Il lui manqua ce don de la cordialité (1), qui donnèrent du charme à Mirabeau, à Cazalès, à Vergniaud et à Danton. Accueilli par les sifflets, il garda une attitude défiante et soupçonneuse, même au milieu de ses plus grands succès de tribune.

Mais est-ce là tout Robespierre ? Sa politique et son éloquence ne furent-elles que la revanche d'un amour-propre littéraire grièvement blessé ? Cet homme remarquable eut

(1) Rien ne caractérise mieux sa morgue pédante que le trait suivant. Son camarade de collège et ami, Camille Desmoulins, avait supposé· dans son journal, qu'en voyant le petit Dauphin battre des mains à une fenêtre des Tuileries, après le décret sur le droit de paix et de guerre, Robespierre avait dit à la foule : « Ce marmot sait mieux que nous ce qu'il fait. » Aussitôt Robespierre écrivit à son ancien condisciple :

« Je dois, monsieur, relever l'erreur où vous avez été induit, écrit-il après avoir cité le passage qui le concernait. J'ai dit à l'Assemblée nationale mon opinion sur les principes et sur les conséquences du décret qui règle l'exercice du droit de paix et de guerre ; mais je me suis borné là. Je n'ai point tenu dans le jardin des Tuileries le propos que vous citez. Je n'ai pas même parlé à la foule des citoyens qui se sont assemblés sur mon passage au moment où je le traversais. Je crois devoir désavouer ce fait : 1° parce qu'il n'est pas vrai ; 2° parce que, quelque disposé que je sois à déployer toujours dans l'Assemblée nationale le caractère de franchise qui doit distinguer les représentants de la nation, je n'ignore pas qu'ailleurs il est une certaine réserve qui leur convient. J'espère, monsieur, que vous voudrez bien rendre ma déclaration publique par la voie de votre journal, d'autant plus que votre zèle magnanime pour la cause de la liberté vous fera une loi de ne pas laisser aux mauvais citoyens le plus léger prétexte de calomnier l'énergie des défenseurs du peuple. »

assurément d'autres visées, un autre génie. La manière d'être
que nous venons d'expliquer ne fut qu'un aspect de sa personnalité, qu'une apparence : il fallait néanmoins s'y arrêter,
puisqu'un orateur n'est en général que ce qu'il paraît être,
puisque même un rictus involontaire, même un *tic* de sa
physionomie font partie de son éloquence, et qu'à la tribune
l'homme intérieur n'est connu et jugé que d'après l'homme
extérieur.

Etait-il vraiment ridicule à ses débuts ? Les journaux donnent peu de détails sur son compte à cette époque, et les auteurs
de mémoires, qui pour la plupart écrivirent après avoir subi
la terreur qu'il inspira, se vengent trop visiblement de leur
peur en défigurant leurs premières impressions. Malgré eux,
ils le représentent, dès juin et juillet 1789, comme un mons-
tre à figure de coquin. « J'ai causé deux fois avec Robespierre,
dit Etienne Dumont ; il avait un aspect sinistre ; il ne regardait point en face; il avait dans les yeux un clignotement
continuel et pénible (1). » Nous chercherions vainement,
chez les contemporains, un souvenir juste et vrai de Robespierre débutant. Ce qui est certain, c'est qu'il dut s'imposer
et devint l'orateur qu'il fut au milieu des difficultés les plus
décourageantes. Excellente école : il s'y débarrassa 'de son
air et de son style d'Arras ; à force de raturer et de limer, il
rencontra l'expression juste et frappante. Les quolibets de
ses ennemis l'empêchèrent de se contenter trop aisément. Lui
qui d'abord, de son propre aveu, « avait une timidité d'enfant, tremblait toujours en s'approchant de la tribune et ne
se sentait plus au moment où il commençait à parler (2), »
il s'enhardit bientôt, se fit une manière personnelle, dont il
était maître aux derniers mois de l'Assemblée constituante. Ses
collègues procédaient de Montesquieu : chez lui le fond et la

(1) Et. Dumont, p. 260. — (2) *Ibidem.*

forme sont inspirés de Rousseau. Il parle déjà, à la tribune
de la Constituante, la langue de la Convention, et il exprime
en 1790 les idées de 1793.

Qui ne connaît sa politique ? Dans la Constituante, il re-
nonça à toute influence présente ou prochaine. Il se fit
« l'homme des principes, » l'homme de l'avenir. Il comprit,
presque seul, que la Révolution ne faisait que commencer,
qu'elle userait et rejetterait ses premiers instruments. Son
souci fut de se réserver, intact et fort, pour les luttes terribles auxquelles on ne faisait que préluder. Dès l'origine il
rompt avec les constitutionnels et les triumvirs. « Son rôle,
dit très justement Michelet, fut dès lors simple et fort. Il
devint le grand obstacle de ceux qu'il avait quittés. Hommes
d'affaires et de parti, à chaque transaction qu'ils essayaient
entre les principes et les intérêts, entre le droit et les circonstances, ils rencontrèrent une borne que leur posait Robespierre, le droit abstrait, absolu. Contre leurs solutions bâ-
tardes, anglo-françaises, soi-disant constitutionnelles, il pré-
sentait des théories, non spécialement françaises, mais générales, universelles, d'après le *Contrat social*, l'idéal législatif
de Rousseau et de Mably.

« Ils intriguaient, s'agitaient, et lui, immuable. Ils se mêlaient à tout, pratiquaient, négociaient, se compromettaient
de toute manière ; lui, il professait seulement. Ils semblaient
des procureurs ; lui, un philosophe, un prêtre du droit. Il ne
pouvait manquer de les user à la longue.

« Témoin fidèle des principes et toujours protestant pour
eux, il s'expliqua rarement sur l'application, ne s'aventura
guère sur le terrain scabreux des voies et moyens. Il dit *ce
qu'on devait* faire, rarement, très rarement, *comment on
pouvait* le faire (1). »

(1) Michelet, *Hist. de la Rév.*, II, 321-325.

II

En effet, quand on passe des discours de Mirabeau et de
Barnave à ceux de Robespierre, on est transporté dans un
monde tout différent, monde idéal où les difficultés et les
contradictions de la vie réelle n'ont pas d'écho. Ce n'est pas
Robespierre qui se moquerait, comme ces deux orateurs, de la
théorie et la métaphysique. Il ne voit, ne glorifie qu'une
chose : le droit pur. Le premier avant 89, dans ses écrits, il
emploie usuellement les mots d'égalité, de liberté et surtout
de fraternité. Il ne suppose pas un instant qu'on puisse transiger avec les exigences de la morale : obéir à la morale,
c'est pour lui toute la politique. « Comment l'intérêt social,
dit-il à propos de l'éligibilité des juifs, pourrait-il être fondé
sur la violation des principes éternels de la justice et de la
raison, qui sont les bases de toute société ? » Il se pose comme
l'Alceste de l'Assemblée, irrité du sarcasme des Philintes
politiques, mais se roidissant et allant néanmoins son chemin,
sans se gêner pour rompre en visière avec les compromis et
les défaillances. Sa rhétorique, c'est d'être honnête envers et
contre tous, et, s'il l'est avec pédantisme, est-ce une raison
pour suspecter sa sincérité ? Oui, la plupart riaient ; mais
Mirabeau ne s'y trompait pas et répétait : « Il ira loin : il
croit tout ce qu'il dit. » Voyez de quel ton vraiment indigné
il apostrophe, en juin 1789, la députation envoyée par le
clergé aux communes pour leur demander de délibérer sur
la rareté des grains, et leur faire consacrer, par cette délibération isolée, la séparation des ordres :

« Allez, et dites à vos collègues que, s'ils ont tant d'impatience à soulager le peuple, ils viennent se joindre dans
cette salle aux amis du peuple ; dites-leur de ne plus retarder nos opérations par des délais affectés ; dites-leur de ne
plus employer de petits moyens pour nous faire abandonner

les résolutions que nous avons prises, ou plutôt, ministres de la religion, dignes imitateurs de votre maître, renoncez à ce luxe qui vous entoure, à cet éclat qui blesse l'indigence; reprenez la modestie de votre origine; renvoyez ces laquais orgueilleux qui vous escortent; vendez ces équipages superbes, et convertissez ce vil superflu en aliments pour les pauvres (1). »

Mais il se sent encore ridicule, et ce n'est que le 20 octobre qu'il se fait enfin écouter à propos de la loi martiale.

Bientôt les rieurs commencent à se taire, et le 16 janvier 1790 il peut défendre, sans être interrompu, le peuple de Toulon qui avait incarcéré illégalement des fonctionnaire hostiles à la Révolution.

Dès lors, il est en possession de sa méthode oratoire et d'un genre d'argumentation dont il ne sortira pas pendant toute la durée de la Constituante. Quelle que soit la réforme que proposent ses collègues de la gauche, il la combat comme trop modérée, comme trop peu favorable au peuple. Quels que soient les excès et les sévices commis par la multitude, il les excuse et les présente comme de faibles taches à un beau tableau. Que parle-t-on de la violence populaire ? Le peuple montre plutôt une patience inconcevable ; après tant de siècles de servitude et de tortures, il se contente, au jour de sa victoire, de brûler quelques châteaux et de pendre quelques aristocrates. Y a-t-il là matière à tant s'indigner ? « Qu'on ne vienne donc pas, dit-il le 9 février 1790, calomnier le peuple! J'appelle le témoignage de la France entière ; je laisse ses ennemis exagérer les voies de fait, s'écrier que la Révolution a été signalée par des barbaries. Moi, j'atteste tous les bons citoyens, tous les amis de la raison, que jamais révolution n'a coûté si peu de sang et de cruautés. Vous

(1) Texte donné par Et. Dumont, qui assistait à la séance. (*Souvenirs*, p. 61.)

avez vu un peuple immense, maître de sa destinée, rentrer
dans l'ordre au milieu de tous les pouvoirs abattus, de ces
pouvoirs qui l'ont opprimé pendant tant de siècles. Sa douceur, sa modération inaltérables ont seules déconcerté les
manœuvres de ses ennemis ; et on l'accuse devant ses représentants ! » Tel est le thème que Robespierre ne cesse de développer à la tribune, affectant de planer plus haut que les
accidents et les crimes isolés, jugeant l'ensemble de la Révolution alors que ses contemporains n'en regardaient que le
détail. Cette placidité étonnait et scandalisait les Constituants,
mais elle commençait déjà à plaire aux tribunes et à la rue.
Aux Jacobins, Robespierre fait de rapides progrès. Assidu
aux séances, parleur infatigable, il s'impose à la célèbre
société, s'en fait aimer, s'y dédommage des premières rebuffades de ses collègues. Bientôt les Jacobins ont la primeur
des discours destinés à la Constituante, et, en 1791, ils sont
déjà séduits, conquis, sous le charme et sous le joug : Robespierre peut se croire encore à la tribune et devant l'auditoire
de l'Académie d'Arras. Il triomphe et jouit d'unanimes et
constants applaudissements qui ne s'adressent pas moins au
lettré qu'au politique.

Cependant, depuis le jour où il a fait taire les rieurs, il n'a
cessé de parler à l'Assemblée. Il a dit son mot dans toutes
les discussions à l'ordre du jour. Éligibilité des comédiens
et des juifs, égalité politique (marc d'argent), établissement
des jurés en toute matière, permanence des districts, droit
de paix et de guerre, tribunal de cassation, constitution
civile du clergé, réunion d'Avignon, affaire de Nancy, résistance des parlements, organisation du jury, droit de tester,
extension de la garde nationale, droit de pétition, droits
politiques des hommes de couleur, réélection des Constituants, abolition de la peine de mort, licenciement des
officiers de l'armée, liberté de la presse, inviolabilité royale,
établissement des conventions nationales, révision de la

Constitution, il parle longuement sur toutes ces questions si variées, sans qu'on puisse l'accuser, comme l'abbé Maury, de déclamation : car son but est moins de traiter à fond ces sujets que de montrer dans quels rapports ils sont avec les principes de la morale. Il excelle à dégager le côté théorique des questions, à élever le débat.

Il aime aussi, nous l'avons dit, à prendre la défense du peuple, à justifier ses erreurs, à confondre ses détracteurs. Il a mis toutes ses qualités et tous ses défauts dans ses opinions sur les troubles des provinces, sur l'adjonction des simples soldats aux conseils de guerre, sur l'admission des indigents aux fonctions politiques. Il veut être, à la Constituante, l'avocat des pauvres et des humbles. Quoi d'étonnant que sa popularité devienne formidable, et que sa toute-puissance aux Jacobins finisse par lui donner de l'autorité, même à l'Assemblée constituante ?

Cette autorité devint telle qu'il décida l'Assemblée à voter sa propre mort. C'est en effet sur sa proposition que fut porté le décret relatif à la non-rééligibilité des Constituants, et voici en quels termes il défendit sa motion le 16 mai 1791. Nous citons son discours intégralement. On va voir que le Robespierre ridicule des premiers jours, s'il a jamais existé, était devenu un orateur consommé. La faiblesse de sa cause ne fait que mieux ressortir son talent :

« Avant d'être convaincu de l'utilité de la motion que j'ai faite, de grands exemples m'avaient frappé. Tous les législateurs dont les hommes ont conservé le souvenir se sont fait un devoir de rentrer dans la foule des citoyens et de se dérober même à la reconnaissance. Ils pensaient que le respect des lois nouvelles tenait au respect qu'inspirait la personne des législateurs. Ceux qui fixent les destinées des nations doivent s'isoler de leur propre ouvrage. Je n'ai pas besoin de me perdre dans des raisonnements subtils pour trouver la solution de la question qui vous est soumise.

« Cette solution existe dans les premiers principes de ma
droiture et de ma conscience. Nous allons délibérer sur une
des principales bases de la liberté et du bonheur public, sur
l'organisation du Corps législatif, sur les règles constitutionnelles des élections ; faisons que ces grandes questions nous
soient étrangères. Dépouillons-nous de toutes les passions
qui pourraient obscurcir la raison ; je crois ce principe généralement bon ; mais je vais un moment l'appliquer personnellement à moi. Je suppose que je ne fusse pas insensible
à l'honneur d'être membre du Corps législatif, et je déclare
avec franchise que rien ne me semble plus digne de l'ambition d'un homme libre. Je suppose que les chances qui
pourraient me porter à cet honneur fussent liées aux grandes questions que nous allons résoudre : serais-je dans l'état
d'impartialité et de désintéressement absolu qu'elles exigent ? Puisqu'il n'existe, dans tous les hommes, qu'une même
morale, une même conscience, j'ai cru que mon opinion
serait celle de l'Assemblée. (*On applaudit.*)

« C'est la nature même des choses qui a élevé une barrière
entre les auteurs de la Constitution et l'autorité législative,
qui doit exister par eux et après eux.

« En fait de politique, rien n'est juste que ce qui est honnête, rien n'est utile que ce qui est juste, et rien ne s'applique
mieux à la cause que je discute que les avantages attachés au
parti que je propose. Quelle autorité imposante va donner à
votre constitution le sacrifice que vous ferez vous-mêmes des
plus grands honneurs auxquels les citoyens puissent prétendre !
Que les ressources de la calomnie seront faibles, lorsqu'elle ne
pourra pas reprocher à un seul d'entre vous d'avoir voulu
mettre à profit, pour prolonger votre mission, le crédit que
vous donnerait près de vos commettants la manière dont vous
l'avez remplie ; d'avoir voulu étendre votre empire sur des
assemblées nouvelles, lorsqu'elle verra que vous avez sacrifié

tout intérêt personnel au respect religieux pour les grandes délibérations qui vous restent à prendre !

« Si l'on m'opposait quelque scrupule relatif à l'intérêt public, il ne me serait pas difficile de répondre. Désespère-t-on de nous voir remplacés par des hommes également dignes de la confiance publique ? *(Il s'élève des murmures.)* En partageant le sentiment, honorable pour cette assemblée, qui fait la base de cette idée, je crois exprimer le vôtre, en disant que nos travaux et nos succès ne nous donnent pas le droit de croire qu'une nation de 25 millions d'hommes libres soit réduite à l'impossibilité de trouver 720 défenseurs dignes de recevoir et de conserver le dépôt sacré de ses droits. Mais si, dans un temps où l'esprit public n'existait pas encore, où la France était loin de prévoir ses destinées, la nation a pu faire des choix dignes de cette révolution, pourquoi n'en ferait-elle pas de meilleurs, lorsque l'opinion publique est éclairée et fortifiée par une expérience de deux années, si fécondes en grandes leçons ? *(On applaudit.)*

« Les partisans de la réélection disent encore qu'un certain nombre, et même que certains membres de l'Assemblée sont nécessaires pour éclairer, pour guider la législature suivante par les lumières de l'expérience, et par la connaissance plus parfaite des lois qui sont leur ouvrage.

« Je pense d'abord que ceux qui, hors cette Assemblée, ont lu, ont suivi nos opérations, qui ont adopté et défendu nos décrets, qui ont été chargés par la confiance publique de les faire exécuter, connaissent aussi les lois et la Constitution. *(On applaudit.)* Je crois qu'il n'est pas plus difficile de les connaître qu'il ne l'a été de les faire. *(Les applaudissements recommencent.)* Je pourrais même ajouter que ce n'est pas au milieu de ce tourbillon immense d'affaires et d'événements qu'il a été plus facile de reconnaître l'ensemble et de lier dans sa mémoire les détails de toutes nos opérations. Je pense d'ailleurs que les principes de cette Constitution sont gravés dans

le cœur de tous les hommes et dans l'esprit de la majorité
des Français; que ce n'est point de la tête de tel ou tel orateur qu'elle est sortie, mais du sein même de l'opinion
publique qui nous a précédés et qui nous a soutenus; c'est à
la volonté de la nation qu'il faut confier sa durée et sa perfection, et non à l'influence de quelques-uns de ceux qui la
représentent en ce moment. Si elle est votre ouvrage, n'est-
elle plus le patrimoine des citoyens qui ont juré de la défendre contre tous ses ennemis ? N'est-elle pas l'ouvrage de la
nation qui l'a adoptée ? Pourquoi les assemblées de représentants choisis par elle n'auraient-elles pas droit à la même
confiance ? Et quelle est celle qui oserait la renverser contre
sa volonté ? Quant aux prétendus guides qu'une Assemblée
pourrait transmettre à celles qui la suivent, je ne crois point
du tout à leur utilité. Ce n'est point dans l'ascendant des
orateurs qu'il faut placer l'espoir du bien public, mais dans
les lumières et dans le civisme des assemblées représenta-
tives. L'influence de l'opinion publique et de l'intérêt général
diminue en proportion de celle que prennent les orateurs;
et quand ceux-ci parviennent à maîtriser les délibérations, il
n'y a plus d'Assemblée, il n'y a plus qu'un fantôme de représentation. Alors se réalise le mot de Thémistocle, lorsque,
montrant son fils enfant, il disait : « Voilà celui qui gouverne
la Grèce; ce marmot gouverne sa mère, sa mère me gouverne, je gouverne les Athéniens, et les Athéniens gouvernent la Grèce. » Ainsi une nation de 25 millions d'hommes
serait gouvernée par l'Assemblée représentative, celle-ci par
un petit nombre d'orateurs adroits; et par qui les orateurs
seraient-ils gouvernés quelquefois ? (On applaudit.) Je n'ose
le dire, mais vous pourrez facilement le deviner. Je n'aime
point cette science nouvelle qu'on appelle la tactique des
grandes Assemblées, elle ressemble trop à l'intrigue; et la
vérité et la raison doivent seules régner dans les Assemblées législatives. (On applaudit.)

« Je n'aime pas que des hommes puissent, en dominant une assemblée par ces moyens, préparer, assurer leur domination sur une autre, et perpétuer ainsi un système de coalition qui est le fléau de la liberté. J'ai de la confiance en des représentants qui, ne poussant au delà de deux ans les vues de leur ambition, seront forcés de la borner à la gloire de servir leur pays et l'humanité, de mériter l'estime et l'amour des citoyens dans le sein desquels ils sont sûrs de retourner à la fin de leur mission. Deux années de travaux aussi brillants qu'utiles sur un tel théâtre suffisent à leur gloire; si la gloire, si le bonheur de placer leurs noms parmi ceux des bienfaiteurs de la patrie ne leur suffit pas, ils sont corrompus, ils sont au moins dangereux; il faut bien se garder de leur laisser les moyens d'assouvir un autre genre d'ambition. Je me défierais de ceux qui, pendant quatre ans, resteraient en butte aux caresses, aux séductions royales, à la séduction de leur propre pouvoir, enfin à toutes les tentations de l'orgueil ou de la cupidité.

«Ceux qui me représentent, ceux dont la volonté est censée la mienne, ne sauraient être trop rapprochés de moi, trop identifiés avec moi; sinon, loin d'être la volonté générale, la loi ne sera plus que l'expression des caprices ou des intérêts particuliers de quelques ambitieux; les représentants ligués contre le peuple, avec le ministère et la cour, deviendront des souverains, et bientôt des oppresseurs. (On applaudit.) Ne dites donc plus que s'opposer à la réélection, c'est violer la réélection, c'est violer la liberté du peuple. Quoi! est-ce violer la liberté que d'établir les formes, que de fixer les règles nécessaires pour que les élections soient utiles à la liberté? Tous les peuples libres n'ont-ils pas adopté cet usage? N'ont-ils pas surtout proscrit la réélection dans les magistratures importantes, pour empêcher que, sous ce prétexte, les ambitieux ne se perpétuassent par l'intrigue, par l'habitude et la facilité des peuples? N'avez-vous pas vous-mêmes déterminé des conditions d'éligibilité? Les partisans de la réélection ont-ils alors réclamé contre ces décrets? Or, faut-il que l'on puisse nous accuser de n'avoir cru à la liberté indéfinie en ce genre, que lorsqu'il s'agissait de nous-mêmes, et de n'avoir montré ce scrupule excessif que lorsque l'intérêt public exigeait la plus salutaire de toutes les règles qui peuvent en diriger l'exercice ?

« Cette restriction injuste, contraire aux droits de l'homme, et qui ne tourne point au profit de l'égalité, est une atteinte portée à la liberté du peuple ; mais toute précaution sage et nécessaire que la nature même des choses indique pour protéger la liberté contre la brigue et contre les abus du pouvoir des représentants n'est-elle pas commandée par l'amour même de la liberté? Et d'ailleurs, n'est-ce pas au nom du peuple que vous faites les lois ? C'est mal raisonner que de présenter vos décrets comme des lois dictées par des souverains à des sujets. C'est la nation qui les porte elle-même par l'organe de ses représentants. Dès qu'ils sont justes et conformes aux droits de tous, ils sont toujours légitimes. Or, qui peut douter que la nation ne puisse convenir des règles qu'elle suivra dans ses élections pour se défendre elle-même contre l'erreur et contre la surprise ? Au reste, pour ne parler que de ce qui concerne l'assemblée actuelle, j'ai fait plus que de prouver qu'il était utile de ne point permettre la réélection ; j'ai fait voir une véritable incompatibilité fondée sur la nature même de ses devoirs. S'il était convenable de paraître avoir besoin d'insister sur une question de cette nature, j'ajouterais encore d'autres raisons. Il importe de ne point donner lieu de dire que ce n'était point la peine de tant presser la fin de notre mission pour la continuer, en quelque sorte, sous une forme nouvelle. Je dirais surtout une raison qui est aussi simple que décisive. S'il est une assemblée dans le monde à qui il convienne de donner le grand exemple que je propose, c'est sans contre dit celle qui, durant deux années entières, a supporté des travaux dont l'immensité et la continuité semblaient être au-dessus des forces humaines.

« Il est un moment où la lassitude affaiblit nécessairement les ressorts de l'âme et de la pensée ; et lorsque ce moment est arrivé, il y aurait au moins de l'imprudence pour tout le monde à se charger encore pour deux ans du fardeau des destinées d'une nation. Quand la nature même et la raison nous ordonnent le repos, pour l'intérêt public autant que pour le nôtre, l'ambition ni même le zèle n'ont point le droit de les contredire. Athlètes victorieux, mais fatigués, laissons la carrière à des successeurs frais et vigoureux, qui s'empresseront de marcher sur nos traces, sous les yeux de la nation attentive, et que nos regards seuls empêcheraient de trahir leur gloire et la patrie. Pour nous, hors de l'Assemblée légis- lative, nous servirons mieux notre pays qu'en restant dans son sein. Répandus sur toutes les parties de cet empire, nous éclairerons ceux de nos concitoyens qui ont besoin de lumières ; nous propagerons partout l'esprit public, l'amour de la paix, de l'ordre, des lois et de la liberté. (*On applaudit à plusieurs reprises.*)

« Oui voilà, dans ce moment, la manière la plus digne de nous, et la plus utile à nos concitoyens, de signaler notre zèle pour leurs intérêts. Rien n'élève les âmes des peuples, rien ne forme les mœurs publiques, comme les vertus des légis- lateurs. Donnez à vos concitoyens ce grand exemple d'amour pour l'égalité, d'attachement exclusif au bonheur de la patrie ; donnez-le à vos successeurs, à tous ceux qui sont destinés à influer sur le sort des nations ; que les Français comparent le commencement de votre carrière avec la manière dont vous l'aurez terminée, et qu'ils doutent quelle est celle de ces deux époques où vous vous serez montrés plus purs, plus grands, plus dignes de leur confiance.

« Je n'insisterai pas plus longtemps ; il me semble que pour l'intérêt même de cette mesure, pour l'honneur des principes de l'assemblée, cette motion ne doit pas être décrétée avec trop de lenteur. Je crois qu'elle est liée aux principes généraux de la rééligibilité des membres de la législature ; mais je crois aussi qu'elle en est indépendante sous d'autres rapports ; mais je crois que les raisons que j'ai présentées sont tellement décisives, que l'Assemblée peut décréter dès ce moment que les membres de l'assemblée nationale actuelle ne pourront être réélus à la première législature. (*L'Assemblée applaudit à plusieurs reprises. — La très grande majorité demande à aller aux voix.*) (1) »

Le 31 mai 1791, après la lecture de la lettre insidieuse de l'abbé Raynal (2), ce n'est ni Barnave, ni Thouret, ni Chapelier, ni aucun des chefs de la gauche qui répond au nom de l'Assemblée : c'est Robespierre. Et il le fait avec infiniment de tact et de dignité :

« J'ignore, dit il, quelle impression a faite sur vos esprits la lettre dont vous venez d'entendre la lecture ; quant à moi, l'Assemblée ne m'a jamais paru autant au-dessus de ses ennemis qu'au moment où je l'ai vue écouter avec une tranquillité si expressive la censure la plus véhémente de sa conduite et de la révolution qu'elle a faite. (*La partie gauche et les tribunes applaudissent à plusieurs reprises.*) Je ne sais, mais cette lettre me paraît instructive dans un sens bien différent de celui où elle a été faite. En effet, une réflexion m'a frappé en entendant cette lecture. Cet homme célèbre, qui, à côté de tant d'opinions qui furent accusées jadis de pécher par un excès d'exagération, a cependant publié des vérités utiles à la liberté, cet homme, depuis le commencement de la révolution, n'a point pris la plume pour éclairer ses concitoyens ni vous ; et dans quel moment rompt-il le silence ? dans un moment où les ennemis de la révolution réunissent leurs

---

(1) Texte du *Moniteur.* — (2) Voir plus haut, p. 344 et suiv.

efforts pour l'arrêter dans son cours. (*Les applaudissements recommencent.*) Je suis bien éloigné de vouloir diriger la sévérité, je ne dis pas de l'assemblée, mais de l'opinion publique, sur un homme qui conserve un grand nom. Je trouve pour lui une excuse suffisante dans une circonstance qu'il vous a rappelée, je veux dire son grand âge. (*On applaudit.*)

« Je pardonne même, sinon à ceux qui auraient pu contribuer à sa démarche, du moins à ceux qui sont tentés d'y applaudir, parce que je suis persuadé qu'elle produira dans le public un effet tout contraire à celui qu'on en attend. Elle est donc bien favorable au peuple, dira-t-on, elle est donc bien funeste à la tyrannie, cette constitution, puisqu'on emploie des moyens si extraordinaires pour la décrier, puisque, pour y réussir, on se sert d'un homme qui, jusqu'à ce moment, n'était connu dans l'Europe que par son amour passionné pour la liberté, et qui était jadis accusé de licence par ceux qui le prennent aujourd'hui pour leur apôtre et pour leur héros (*Nouveaux applaudissements*), et que, sous son nom, on produit les opinions les plus contraires aux siennes, les absurdités mêmes que l'on trouve dans la bouche des ennemis les plus déclarés de la révolution ; non plus simplement ces reproches imbéciles prodigués contre ce que l'Assemblée nationale a fait pour la liberté, mais contre la liberté elle-même ? Car n'est-ce pas attaquer la liberté que de dénoncer à l'univers, comme les crimes des Français, ce trouble, ce tiraillement qui est une crise si naturelle de la liberté que, sans cette crise, le despotisme et la servitude seraient incurables ?

« Nous ne nous livrerons point aux alarmes dont on veut nous environner. C'est en ce moment où, par une démarche extraordinaire, on vous annonce clairement quelles sont les intentions manifestes, quel est l'acharnement des ennemis de l'Assemblée et de la révolution ; c'est en ce moment que je ne

crains point de renouveler en votre nom le serment de suivre
toujours les principes sacrés qui ont été la base de votre constitution, de ne jamais nous écarter de ces principes par une
voie oblique et tendant indirectement au despotisme, ce qui
serait le seul moyen de ne laisser à nos successeurs et à la
nation que troubles et anarchie. Je ne veux point m'occuper
davantage de la lettre de M. l'abbé Raynal; l'Assemblée s'est
honorée en en entendant la lecture. Je demande qu'on passe
à l'ordre du jour. (*M. Robespierre descend de la tribune au
milieu des applaudissements de la partie gauche et de toutes les
tribunes.*) (1) »

Ce beau discours déjoua les intrigues des monarchiens, et
Malouet lui-même, dans ses Mémoires, reconnaît que Robespierre fut éloquent ce jour-là. Remarquons aussi qu'il improvisa, lui qui était habitué à écrire ses opinions : son talent
n'avait pas moins grandi que son autorité politique.

Après le départ du roi, cette autorité s'accrut encore. Tous
les yeux se tournèrent vers celui qui n'avait cessé de flétrir
les transactions hypocrites et qui n'avait jamais cru à la sincérité de Louis XVI. Le soir même du 21 juin, il prononça
aux Jacobins un long discours, qui malheureusement n'a pas
été recueilli. Il osa y englober l'Assemblée dans la conspiration ourdie pour faire partir le roi. « Il entra alors dans un
sujet tout personnel, son propre péril, fut ému et éloquent;
il s'attendrit sur lui-même; l'émotion gagna l'auditoire. Alors,
pour enfoncer le coup, il ajouta cette parole : « Qu'au reste,
il était prêt à tout; que si, dans les commencements, n'ayant
encore pour témoins que Dieu et sa conscience, il avait fait
d'avance le sacrifice de sa vie, aujourd'hui qu'il avait sa
récompense dans le cœur de ses concitoyens, la mort ne serait
pour lui qu'un bienfait (2). »

(1) *Moniteur* du 2 juin 1791.
(2) Michelet, III, 23.

Soudain, Camille Desmoulins s'écria : « Nous mourrons tous avant toi.... ! »

« Cette sensibilité naïve, ajoute Michelet, eut plus d'effet que le discours ; ce fut une explosion de cris, de pleurs, de serments : les uns, debout, s'engagèrent à défendre Robespierre ; les autres tirèrent l'épée, se jetèrent à genoux et jurèrent qu'ils soutiendraient la devise de la société : *Vivre libre ou mourir*. Madame Roland, qui était présente, dit que la scène fut vraiment surprenante et pathétique. »

Il ne se prononça pas immédiatement pour la république ; il suivit les hésitations de l'opinion et des Jacobins auxquels il disait, le 13 juillet : « On m'a accusé d'être républicain ; on m'a fait trop d'honneur : je ne le suis pas. Si l'on m'eût accusé d'être monarchiste, on m'eût déshonoré : je ne le suis pas non plus. »

Et, le 14, il prononça un éloquent discours contre l'inviolabilité royale. Nous en avons déjà cité l'exorde (1), comme un exemple d'une figure de rhétorique trop à la mode en ce temps-là. Voici le reste de ce discours, un des plus puissants que la Constituante ait entendu :

« ...Le crime légalement impuni est en soi une monstruosité révoltante dans l'ordre social, ou plutôt il est le renversement absolu de l'ordre social. Si le crime est commis par le premier fonctionnaire public, par le magistrat suprême, je ne vois là que deux raisons de plus de sévir : la première, que le coupable était lié à la patrie par un devoir plus saint ; la seconde, que comme il est armé d'un 'grand pouvoir, il est bien plus dangereux de ne pas réprimer ses attentats.

« Le roi est inviolable, dites-vous ; il ne peut pas être puni : telle est la loi... Vous vous calomniez vous-mêmes ! Non, jamais vous n'avez décrété qu'il y eût un homme au-dessus des lois, un homme qui pourrait attenter impunément

_____

(1) Voir plus haut, p. 300.

à la liberté, à l'existence de la nation, et insulter paisiblement, dans l'opulence et dans la gloire, au désespoir d'un peuple malheureux et dégradé ! Non, vous ne l'avez pas fait : si vous aviez osé porter une pareille loi, le peuple français n'y aurait pas cru, ou un cri d'indignation universelle vous eût appris que le souverain reprenait ses droits !

« Vous avez décrété l'inviolabilité ; mais aussi, messieurs, avez-vous jamais eu quelque doute sur l'intention qui vous avait dicté ce décret ? Avez-vous jamais pu vous dissimuler à vous-mêmes que l'inviolabilité du roi était intimement liée à la responsabilité des ministres ; que vous aviez décrété l'une et l'autre parce que, dans le fait, vous aviez transféré du roi aux ministres l'exercice réel de la puissance exécutive, et que, les ministres étant les véritables coupables, c'était sur eux que devaient porter les prévarications que le pouvoir exécutif pourrait faire ? De ce système il résulte que le roi ne peut commettre aucun mal en administration, puisqu'aucun acte du gouvernement ne peut émaner de lui, et que ceux qu'il pourrait faire sont nuls et sans effet ; que, d'un autre côté, la loi conserve sa puissance contre lui. Mais, messieurs, s'agit-il d'un acte personnel à un individu revêtu du titre de roi ? S'agit-il, par exemple, d'un assassinat commis par un individu ? Cet acte est-il nul et sans effet, ou bien y a-t-il là un ministre qui signe et qui réponde ?

« Mais, nous a-t-on dit, si le roi commettait un crime, il faudrait que la loi cherchât la main qui a fait mouvoir son bras... Mais si le roi, en sa qualité d'homme, et ayant reçu de la nature la faculté du mouvement spontané, avait remué son bras sans agent étranger, quelle serait donc la personne responsable ?

« Mais, a-t-on dit encore, si le roi poussait les choses à certain excès, on lui nommerait un régent... Mais si on lui nommait un régent, il serait encore roi ; il serait donc encore

investi du privilége de l'inviolabilité. Que les comités s'expliquent donc clairement, et qu'ils nous disent si, dans ce
cas, le roi serait encore inviolable.

« Législateurs, répondez vous-mêmes sur vous-mêmes, Si
un roi égorgeait votre fils sous vos yeux, s'il outrageait votre
femme ou votre fille, lui diriez-vous : Sire, vous usez de votre
droit, nous vous avons tout permis ?... Permettriez-vous au
citoyen de se venger ? Alors vous substituez la violence particulière, la justice privée de chaque individu à la justice
calme et salutaire de la loi ; et vous appelez cela établir
l'ordre public, et vous osez dire que l'inviolabilité absolue
est le soutien, la base immuable de l'ordre social !

« Mais, messieurs, qu'est-ce que toutes ces hypothèses
particulières, qu'est-ce que tous ces forfaits auprès de ceux
qui menacent le salut et le bonheur du peuple ! Si un roi
appelait sur sa patrie toutes les horreurs de la guerre civile
et étrangère ; si, à la tête d'une armée de rebelles et d'étrangers, il venait ravager son propre pays, et ensevelir sous ses
ruines la liberté et le bonheur du monde entier, serait-il inviolable ?

« Le roi est inviolable ! Mais, vous l'êtes aussi, vous ! Mais
avez-vous étendu cette inviolabilité jusqu'à la faculté de
commettre le crime ?

« Messieurs, une réflexion bien simple, si l'on ne s'obstinait à l'écarter, terminerait cette discussion. On ne peut
envisager que deux hypothèses en prenant une résolution
semblable à celle que je combats. Ou bien le roi, que je
supposerais coupable envers une nation, conserverait
encore toute l'énergie de l'autorité dont il était d'abord
revêtu, ou bien les ressorts du gouvernement se relâcheraient
dans ses mains. Dans le premier cas, le rétablir dans toute
sa puissance, n'est-ce pas évidemment exposer la liberté
publique à un danger perpétuel ? Et à quoi voulez-vous qu'il
emploie le pouvoir immense dont vous le revêtez, si ce n'est

à faire triompher ses passions personnelles, si ce n'est à attaquer la liberté et les lois, à se venger de ceux qui auront constamment défendu contre lui la cause publique ? Au contraire, les ressorts du gouvernement se relâchent-ils dans ses mains, alors les rênes du gouvernement flottent nécessairement entre les mains de quelques factieux qui le serviront, le trahiront, le caresseront, l'intimideront tour à tour, pour régner sous son nom.

« Messieurs, rien ne convient aux factieux et aux intrigants comme un gouvernement faible ; c'est seulement sous ce point de vue qu'il faut envisager la question actuelle : qu'on me garantisse contre ce danger, qu'on garantisse la nation de ce gouvernement où pourraient dominer les factieux, et je souscris à tout ce que vos comités pourront vous proposer.

« Qu'on m'accuse, si l'on veut, de républicanisme : je déclare que j'abhorre toute espèce de gouvernement où les factieux règnent. Il ne suffit pas de secouer le joug d'un despote, si l'on doit retomber sous le joug d'un autre despotisme. L'Angleterre ne s'affranchit du joug de ses rois que pour retomber sous le joug plus avilissant encore d'un petit nombre de ses concitoyens. Je ne vois point, parmi vous, je l'avoue, le génie puissant qui pourrait jouer le rôle de Cromwell ; je ne vois non plus personne disposé à le souffrir. Mais je vois des coalitions plus actives et plus puissantes qu'il ne convient à un peuple libre ; mais je vois des citoyens qui réunissent entre leurs mains les moyens trop variés et trop puissants d'influencer l'opinion ; mais la perpétuité d'un tel pouvoir dans les mêmes mains pourrait alarmer la liberté publique. Il faut rassurer la nation contre la trop longue durée d'un gouvernement oligarchique.

« Cela est-il impossible, messieurs, et les factions qui pourraient s'élever, se fortifier, se coaliser, ne seraient-elles pas un peu ralenties, si l'on voyait dans une perspective plus prochaine la fin du pouvoir immense dont nous sommes

revêtus, si elles n'étaient plus favorisées en quelque sorte
par la suspension indéfinie de la nomination des nouveaux
représentants de la nation, dans un temps où il faudrait pro-
fiter peut-être du calme qui nous reste, dans un temps où l'esprit public, éveillé par les dangers de la patrie, semble nous
promettre les choix les plus heureux ? La nation ne verra-
t-elle pas avec quelque inquiétude la prolongation indéfinie
de ces délais éternels qui peuvent favoriser la corruption et
l'intrigue ? Je soupçonne qu'elle le voit ainsi, et du moins,
pour mon compte personnel, je crains les factions, je crains
les dangers.

« Messieurs, aux mesures que vous ont proposées les comités, il faut substituer des mesures générales évidemment
puisées dans l'intérêt de la paix et de la liberté. Ces mesures
proposées, il faut vous en dire un mot : elles ne peuvent que
vous déshonorer ; et si j'étais réduit à voir sacrifier aujour-
d'hui les premiers principes de la liberté, je demanderais au
moins la permission de me déclarer l'avocat de tous les accusés ; je voudrais être le défenseur des trois gardes du corps,
de la gouvernante du Dauphin, de M. Bouillé lui-même.

« Dans les principes de vos comités, le roi n'est pas coupable ; il n'y a point de délit !.... Mais partout où il n'y a pas
de délit, il n'y a pas de complices. Messieurs, si épargner un
coupable est une faiblesse, immoler un coupable plus faible
au coupable puissant, c'est une lâche injustice. Vous ne
pensez pas que le peuple français soit assez vil pour se repaî-
tre du spectacle du supplice de quelques victimes subalternes;
vous ne pensez pas qu'il voie sans douleur ses représentants
suivre encore la marche ordinaire des esclaves, qui cherchent toujours à sacrifier le faible au fort, et ne cherchent
qu'à tromper et à abuser le peuple pour prolonger impunément l'injustice et la tyrannie ! Non, messieurs, il faut ou
prononcer sur tous les coupables ou prononcer l'absolution
générale de tous les coupables.

« Voici en dernier mot l'avis que je propose.

« Je propose que l'Assemblée décrète : 1° qu'elle consultera le vœu de la nation pour statuer sur le sort du roi ; 2° que l'Assemblée nationale lève le décret qui suspend la nomination des représentants ses successeurs ; 3° qu'elle admette la question préalable sur l'avis des comités.

« Et si les principes que j'ai réclamés pouvaient être méconnus, je demande au moins que l'Assemblée nationale ne se souille pas par une marque de partialité contre les complices prétendus d'un délit sur lequel on veut jeter un voile (1) ! »

Les aristocrates furent tellement épouvantés de ce discours qu'ils firent passer Robespierre pour fou. L'ambassadeur de Suède transmet gravement, le 18 juillet, ce bruit à son maître, et le dément avec la même gravité le 23 juillet (2).

Nous n'en dirons pas plus long ici sur l'éloquence de Robespierre : nous le retrouverons aux Jacobins, pendant la Législative, puis à la Convention, et nous compléterons alors cette première esquisse.

(1) Texte publié par Robespierre.
(2) *Corr. diplomatique du baron de Staël-Holstein*, p. 218.

CONCLUSION

On connait maintenant les principaux orateurs de l'Assemblée constituante, et on les connaît non plus d'après les jugements passionnés et sommaires des historiens, mais d'après leurs discours mêmes et les souvenirs des contemporains. On voit combien sont fausses tant de pages écrites de verve sur l'emphase, le mauvais goût, la négligence de ces orateurs. L'habitude était prise de les juger d'après les Montagnards et les Terroristes auxquels la haine refusait (bien à tort d'ailleurs) tout mérite littéraire. C'est un lieu commun que la parole de Saint-Just et de Danton échappe à toute appréciation critique : sans discuter aujourd'hui cette opinion banale, remarquons que, depuis La Harpe, on prêtait à l'éloquence de 89 tous les défauts qu'on croyait trouver dans l'éloquence de 93 (1). En réalité, on ne lisait les discours ni des uns ni des autres ; on ne daignait pas critiquer : le bon goût littéraire s'unissait à l'orthodoxie politique pour lancer l'anathème. L'étude que nous venons de faire aura du moins montré que

(1) Voici, à ce sujet, un aveu piquant de Nodier : « On a, dit-il, beaucoup écrit contre la langue *inepte et barbare* des temps révolutionnaires, et je n'ai pas été un des derniers à sauter après les moutons de M. La Harpe, le Dindenaut de la littérature routinière, lorsque cette question nous a été jetée, au profit d'un parti, avec toutes ses conséquences politiques. La vérité du fait est que nous n'y entendions pas un mot. » (Ch. Nodier, article *Langue française,* dans le *Dictionnaire de la conversation,* 1ʳᵉ éd., 1836.)

cette sentence trop brève est sujette à révision, et que, si
l'éloquence des Constituants n'est pas pour plaire à tout le
monde, elle exprime avec justesse les idées et les passions
contemporaines.

Plusieurs, nous le sentons, dédaigneront Mirabeau et Cazalès
et réserveront toute leur attention à Démosthène et à Cicéron. Les uns sont-ils en effet moins grands que les autres ?
Discussion oiseuse ! Les Constituants parlèrent dans des conditions tout autres que les anciens. D'abord, Démosthène et
Cicéron furent presque les derniers d'une longue suite d'orateurs, et ils héritèrent de l'expérience de leurs devanciers : nos
tribuns de 89 inaugurèrent la parole publique en France.
Les Grecs et les Latins discouraient dans une cité constituée
et sur des questions restreintes : les Constituants parlent
dans un état ruiné, bouleversé, sur des questions qui embrassent toute la science politique et sociale ; ils ont la France à
refaire au point de vue gouvernemental et toute la société à
reconstituer sur d'autres fondements. Ces appels au passé et
ces évocations des ancêtres et des mœurs d'autrefois qui font
si bel effet dans la rhétorique ancienne leur sont interdits par
la situation même, et par un mandat formel de leurs électeurs. « Le premier caractère des cahiers du Tiers-État, en
89, c'est qu'aucun de ces vœux ne s'appuie sur un précédent
de l'ancienne France. Tous reconnaissent que le passé n'a
rien à enseigner ni à léguer au présent. Une nation obligée
de renier son histoire, voilà le point de départ (1). » Le
Constituant n'atteste pas, comme l'orateur grec, les morts
de Marathon : c'est le présent et l'avenir qu'il prend à témoin.

Laissons donc de côté les Grecs et les Romains : artistes plus
consommés, ils s'exercèrent sur une matière moins haute
et moins vaste, et, si leur œuvre fut plus parfaite, leur tâche
fut moins abrupte.

(1) Quinet, *La Révolution*, liv. I, ch. 10.

Quelle est donc, d'après les discours que nous venons d'étudier, l'inspiration oratoire des Constituants ? Sans doute, ils s'inspirent de Montesquieu et des philosophes ; mais ce n'est pas directement qu'ils s'éclairent et s'échauffent à ces écrivains célèbres. Ce sont bien leurs idées qu'ils expriment à la tribune, mais telles que le peuple les a comprises et simplifiées pour se les approprier. Les textes relégués dans les bibliothèques, l'esprit s'était répandu dans les villes, dans les campagnes, par mille canaux secrets. Bourgeois, ouvriers et paysans avaient pris insensiblement conscience de leurs besoins et de leurs droits à cette lumière venue d'en haut, et une croyance politique très sommaire avait uni leurs esprits. « Qu'il n'y ait qu'une loi pour tous ! » Voilà le *credo* de la France de 89 ; voilà la formule qui résume tous les cahiers acceptés par les députés aux Etats. Sur la question de la forme même du gouvernement, le peuple est muet encore : ce qu'il veut, c'est la fin de l'arbitraire. « Si nous sommes des hommes, disent les serfs du mont Jura, les lois doivent nous protéger comme eux. » En ce vœu s'étaient résumés, dans l'esprit populaire, tous les vœux des philosophes et des économistes, et la première tâche des Constituants fut d'exprimer cette pensée unanime du pays.

Leur éloquence y puisa un courage incomparable. Le courage, jusqu'en 1791 ce fut le trait dominant de leur parole. Comment trembler quand on parle au nom de tant de millions d'hommes qui veulent devenir des citoyens ? Nul ne joue du spectre rouge ni du spectre noir. On n'a de prise qu'en exprimant des sentiments élevés et hardis : la prudence et l'égoïsme, qui se réveilleront demain, ne parlent encore par aucune bouche.

On rit des baïonnettes et on croit à la toute-puissance de l'idée. Qu'on se rappelle les discours de Thouret, de Grégoire, de Rabaut-Saint Etienne: de quoi s'agit-il pour ces orateurs? de tourner les difficultés ? d'éviter les dangers ? de ne pas mécontenter la cour ? Non : d'avoir raison. Si on a raison, pensent-ils, on a vaincu.

Au courage s'ajoute la probité, une probité rigide et qui s'ignore. Dans les rangs serrés du Tiers-État est-il un seul député qui songe à faire sa fortune ? à obtenir une place pour lui ou pour ses fils, ou pour ses électeurs ? Ils ne veulent même pas, et à tort, gouverner eux-mêmes. Ils s'interdisent le ministère. La parole de ces hommes incorruptibles et indépendants est d'autant plus nette, d'autant plus solide : à la tribune, ils font entendre, selon l'expression d'un contemporain, le son pur de la vérité (1).

Le courage, la probité, l'indépendance ne sont pas les seules qualités de leur éloquence : on y remarque aussi une fierté juvénile, et dans les yeux des députés du Tiers brille le sentiment de l'honneur : « Il est (avaient dit les cahiers de Toul) une monnaie idéale, mais puissante, bien précieuse et bien chère dans un royaume comme la France : c'est le trésor de l'honneur, trésor inépuisable, si l'on y sait puiser avec sagesse. Les États généraux rendront au peuple et à la postérité un service signalé s'ils trouvent moyen de refrapper cette monnaie nationale. » Ce mandat fut exécuté fidèlement au Jeu de Paume, et dans tous les discours des patriotes en 89 et en 90, une bonne foi rayonnante embellit leurs parole, et rien ne marque mieux leur rare élevation morale que le mé-

---

(1) « Ce son pur de la vérité qui fait éprouver à l'âme un sentiment si doux et si exalté, ces expressions justes et nobles d'un cœur content de lui, d'un esprit de bonne foi, d'un caractère sans reproches, on ne savait à quels hommes, à quelle opinion les adresser, sous quelle voûte les faire entendre.... » (Mad. de Staël, *De la littérature.*) C'est de l'époque de la Terreur que Mad. de Staël veut parler sans doute. Car l'éloquence qu'elle regrette et caractérise si bien est précisément celle des Constituants. Elle même écrit ailleurs : « Dans aucun pays ni dans aucun temps l'art de parler sous toutes ses formes n'a été aussi remarquable que dans les premières années de la Révolution. » (*Considérations sur la Révolution*, liv. II, ch. IV.)

pris constamment temoigné par eux à l'homme qu'ils admirèrent le plus, à Mirabeau. Aujourd'hui, quoique nous ayons contre l'honorabilité du grand orateur des preuves qui manquaient
aux Constituants, nous ne pouvons, tant l'idéal a baissé, comprendre ce mépris : que Mirabeau vînt à reparaître parmi
nous, et nos mains chercheraient la sienne !

C'est la gloire de la philosophie au xviii° siècle d'avoir
maintenu de la sorte, au milieu du despotisme, la force et la
pureté des âmes. En 1789, dit noblement Edgard Quinet,
« le long esclavage n'a laissé aux Français aucune vile empreinte. Un moment de fierté naïve, un noble aveu ont tout
effacé. Dans l'expression réfléchie de ce qu'ils veulent être,
ils commencent par se dépouiller de la vanité, ils se montrent
à nu ce qu'ils sont. Ils ont de la fierté, ce qui a manqué à
presque toutes les autres époques. Ils avouent que la
France a toujours été esclave, mais ils sont résolus à ne plus
l'être. C'est absolument le contraire de ce que l'on a vu plus
tard, quand les Français, par un faux point d'honneur et
une érudition plus fausse encore, ont voulu tirer vanité de
leur servitude passée (1) ».

Tel est le fonds de l'éloquence des Constituants. Tel était
le caractère des hommes courageux, probes, indépendants et
fiers qu'un écrivain d'esprit a traités récemment de « comédiens » et de « cuistres à l'ivresse malsaine et grotesque (2) ».

(1) *La Révolution*, liv. I, ch. 10.
(2) Taine, *la Révolution*, I, 153. — Quel est donc le grief de M. Taine
contre la Constituante? Il n'y avait pas sur ses bancs, dit-il, un seul
maréchal de France (p. 153). Il l'eût voulue composée d'intendants,
de commandants militaires, de prélats (p. 154). La belle révolution
qu'ils eussent faite! — Il ne peut pardonner aux Constituants de ne pas
avoir écouté les conseils de Morris, Jefferson, Romilly, Dumont, Young,
Pitt, Burke, tous Anglais ou Suisses (p. 159), et ailleurs il raille Clootz
et son groupe d'étrangers de se mêler à la politique française. — Il compare les Constituants aux théologiens du Bas-Empire; il renouvelle
contre eux tous les sarcasmes des aristocrates, et il ajoute : « Sans
doute, les nôtres sont d'autres hommes, jeunes de cœur, sincères, enthousiastes, généreux même, et de plus appliqués, laborieux, parfois doués

Nuls n'exprimèrent, au·contraire, des idées plus nobles et plus hautes. Et ils avaient conscience de leur beauté morale, ces hommes calomniés, le jour où ils applaudirent Buzot leur disant du haut de la tribune : « Vous êtes à l'aurore du patriotisme (1) ! »

Quelque chose de la noblesse de leur conception se retrouve dans la composition de leurs discours, comme nous l'ont montré ceux que nous avons cités intégralement. Ils développent méthodiquement un certain nombre d'idées générales disposées dans un ordre rigoureux. Leurs plans sont très nets, leurs divisions frappantes : toute la disposition de leurs harangues a été mûrie à loisir et, s'ils improvisent la forme, le fond est toujours fixé dans leur tête quand ils montent à la tribune. Rien ne fait apprécier cet ordre lucide qui brille chez eux comme la lecture des discours des orateurs de second ordre en 1881 : aujourd'hui, la disposition même des idées semble improvisée, et, sous l'inspiration de l'heure présente, ces praticiens de la parole ajoutent ou retranchent tout un développement. L'étendue de leurs discours semble déterminée, moins par le sentiment de la proportion oratoire que par le degré d'attention dont l'auditeur, vu du haut de la tribune, semble encore capable. Un constituant aurait rougi de faire disparaître soudain dans son portefeuille des monceaux de notes, au bruit des conversations hostiles ou indifférentes. Il débitait jusqu'au bout, jusqu'à la péroraison, son discours, improvisé ou non, mais toujours agencé d'avance et préparé dans toutes ses parties.

---

de talents rares. Mais ni le zèle, ni le travail, ni le talent ne sont utiles quand ils ne sont point employés pour une idée vraie : et, si on les met au service d'une idée fausse, ils font d'autant plus de mal qu'ils sont plus grands ». On le voit : M. Taine critique surtout l'*idée* révolutionnaire. Il se place toujours au point de vue des émigrés dont il collige les témoignages avec prédilection.

(1) 21 mai 1791.

Autre différence : aujourd'hui un raisonnement oratoire est une série de faits ou de citations juxtaposés ; il n'est si mince détail qui ne trouve sa place et ne plaise, s'il est précis. Telle grande harangue prononcée à notre Chambre des députés est comme une mosaïque ingénieusement composée d'extraits des discours ou des livres de la partie adverse. L'idée générale ne vient qu'en dernier lieu, écourtée et modestement présentée. Souvent même on laisse à l'auditeur le soin de tirer la conclusion. En ce temps-là, on procédait de la manière opposée : d'abord les idées générales, les principes, puis quelques faits, rares et savamment choisis, présentés comme à regret. Plus d'une fois, on les supprime, on les suppose connus, et jamais l'auditeur ne les réclame. Ces interruptions, si fréquentes aujourd'hui : « *Citez ! La lettre ! La pièce ! Au fait !* » ne se produisent presque jamais à l'Assemblée constituante. Il suffit, pour y être applaudi, d'y exprimer les idées de justice et de liberté qui faisaient alors battre tous les cœurs.

La langue, nous l'avons vu, était d'accord avec la pensée ; c'était la langue classique dans toute sa noblesse, dans sa généralité un peu vague. On s'est étonné du peu d'originalité du style des orateurs constituants. « Grande, immense différence avec le xvi⁰ siècle, a dit Michelet, où chacun a une langue forte, une langue sienne, qu'il fait lui-même, et dont les défauts énergiques intéressent , amusent toujours (1). » Sans doute ; mais en 1789 il n'y eut nulle éclosion d'idées nouvelles, comme au xvi⁰ siècle. La Révolution n'était pas seulement faite dans les esprits ; on l'avait, si on peut dire, ressassée et comme rabâchée dans les livres et dans les pamphlets. Les formules étaient déjà vieilles et usées, quand les Constituants les portèrent à la tribune. Quoi d'étonnant qu'on garde le « vieux moule classique, »

(1) *Hist. de la Rév.*, II, 437.

comme dit un détracteur récent de la Révolution ? L'antiquité même des idées qu'on exprimait faisait leur force et
leur éloquence. — Que des sentiments nouveaux viennent à
naître, on changera aussitôt de style : si 1790 n'a pas sa langue, 1793 aura la sienne.

Mais ces remarques sur l'éloquence de la Constituante ne
sont justes que pour les deux premières années de la Révolution. Tant que les orateurs exprimèrent à la tribune les idées
formulées dans leurs cahiers, les mêmes qualités parurent
dans leur style. Après la fuite à Varennes, leur confiance
chancelle, la matière habituelle de leur éloquence se dérobe.
Ce ne sont plus les mêmes hommes: sauf un petit nombre,
ils balbutient, s'interrompent, s'injurient (1). Où est la confiance et la concorde des premiers mois ? Où est la bonne foi ?
Ce sont les intrigants, les Dandré, qui occupent la scène et
amusent la galerie. Alors l'Assemblée sembla s'abandonner.
« Elle ne comptait habituellement, dit Michelet, pas plus de
cent cinquante membres présents ; au jour le plus critique,
au lendemain du 17 juillet, elle ne vit siéger dans son sein
que 253 députés. Les autres étaient ou partis, ou bien toujours enfermés au fond des bureaux. Plusieurs, on l'assurait,
abattus, corrompus par le découragement même, passaient
les nuits et les jours dans les maisons de filles et de jeu : l'évêque d'Autun, Chapelier, d'autres encore, étaient, à tort ou à
droit, accusés d'y avoir élu domicile (2). »

C'est que les orateurs de la Constituante n'étaient pas seu-

---

(1) « Tu raisonnes comme la fin d'une législature, » disait-on peu de
temps avant la fin de l'Assemblée, et il parut en Angleterre une caricature représentant un Constituant à la tribune, avec cette légende : « Je
dis... — Monsieur le président... — C'est à moi à parler. — Je dis.... —
Monsieur.... — Diable ! — Mon Dieu ! — On ne saurait s'entendre parler. — Écoutez-moi, je vous prie, monsieur. — Je dis.... — Messieurs....
— Ne vaudrait-il pas mieux que ?... — Il n'importe. — Je ne dis rien. »
(2) III, 183.

lement découragés : ils étaient fatigués physiquement. « La
vie des hommes, importants de l'Assemblée, de la presse, dit
encore Michelet, avait été si laborieuse, qu'elle nous semble
un problème ; deux séances de l'Assemblée, sans repos que
les séances des Jacobins et autres clubs, jusqu'à onze heures
ou minuit ; puis les discours à préparer pour le lendemain,
les articles, les affaires et les intrigues, les séances des comités,
les conciliabules politiques.... L'élan immense du premier
moment, l'espoir infini, les avaient d'abord mis à même de
supporter tout cela. Mais enfin l'effort durait, le travail sans
fin ni bornes, ils étaient un peu retombés. Cette génération
n'était plus entière d'esprit ni de force ; quelque sincères que
fussent ses convictions, elle n'avait pas la jeunesse, la fraî-
cheur d'esprit, le premier élan de la foi..... Ils attendaient
impatiemment l'heure bénie qui allait les rendre au repos.
Cette Assemblée, en deux ans et demi, avait vécu plusieurs
siècles ; elle était, si j'ose dire, rassasiée d'elle-même, elle
aspirait passionnément à sa fin. Lorsque Dandré lui proposa
les nouvelles élections qui allaient la délivrer, elle se leva
tout entière, et salua l'espoir de son anéantissement d'applaudissements frénétiques (1). »

Mais, quelles qu'aient pu être, à partir du voyage à
Varennes et de la ruine de leurs desseins, les défaillances de
ces orateurs, un des caractères de leur éloquence, qu'il faut
noter en terminant, c'est que cette éloquence, pendant tout
le règne de la Constituante, fut libre. Elle ne s'inspira que de
l'opinion publique. Plus tard, elle prendra son mot d'ordre
dans les clubs, qui en viennent peu à peu à ne représenter
l'opinion que d'un petit nombre d'hommes énergiques. Enfin
la liberté disparaîtra pendant la Terreur, et l'éloquence
subira la même éclipse, mais non sans avoir lancé du haut
de la tribune de suprêmes et sublimes protestations. Pendant

(1) III, 36, 178.

le Directoire, la parole sera aux hommes d'affaire et aux intrigants, aux avocats diserts plutôt qu'aux orateurs, dont le plus grand nombre aura péri de mort violente. Enfin, le 18 brumaire réglera et asservira la parole, et l'Empire fera le silence.

FIN.

APPENDICE

———•••———

RÈGLEMENT DE L'ASSEMBLÉE CONSTITUANTE

CHAPITRE I.

DU PRÉSIDENT ET DES SECRÉTAIRES.

1° Il y aura un président et six secrétaires.

2° Le président ne pourra être nommé que pour quinze jours ; il ne sera point continué, mais il sera éligible de nouveau dans une autre quinzaine.

3° Le président sera nommé au scrutin en la forme suivante :

Les bureaux seront convoqués pour l'après-midi, on y recevra les billets des votants, et le recensement et le dépouillement des billets se feront dans les bureaux mêmes, sur une liste particulière qui sera signée par le président et le secrétaire du bureau.

Chaque bureau chargera ensuite un de ses membres de porter sa liste dans la salle commune, et de s'y réunir avec deux secrétaires de l'Assemblée, pour y faire le relevé des listes, et en composer une générale.

Si aucune des personnes désignées n'a la majorité des voix, savoir, la moitié et une en sus, on retournera au scrutin une seconde fois dans les bureaux, et les listes seront également rapportées dans la salle commune.

Si dans ce second scrutin personne n'avait la majorité, les deux sujets qui auront le plus de voix seront seuls présentés au choix des bureaux pour le troisième scrutin.

Et, en cas d'égalité de voix entre les deux concurrents, le plus âgé sera nommé président.

4° Les fonctions du président seront de maintenir l'ordre dans l'Assemblée ; d'y faire observer les règlements, d'y accorder la parole, d'énoncer les questions sur lesquelles l'Assemblée aura à délibérer; d'annoncer le résultat des suffrages, de prononcer les décisions de l'Assemblée, et d'y porter la parole en son nom.

Les lettres et paquets destinés à l'Assemblée nationale, et qui seront adressés au président, seront ouverts dans l'Assemblée.

Le président annoncera les jours et les heures des séances; il en fera l'ouverture et la clôture, et, dans tous les cas, il sera soumis à la volonté de l'Assemblée.

5° En l'absence du président, son prédécesseur le remplacera dans les mêmes fonctions.

6° Le président annoncera à la fin de chaque séance les objets dont on devra s'occuper dans la séance suivante, conformément à l'ordre du jour.

7° L'ordre du jour sera consigné dans un registre dont le président sera le dépositaire.

8° On procédera dans les bureaux à l'élection des secrétaires par un seul scrutin ; chaque bureau portera six noms ; et pour être élu, il suffira d'avoir obtenu la simple pluralité des suffrages dans la réunion des listes particulières.

9° Les secrétaires répartiront entre eux le travail des notes, la rédaction du procès-verbal, lequel sera fait en doubles minutes collationnées entre elles, celles des délibérations, la réception et l'expédition des actes et des extraits, et généralement tout ce qui est du ressort du secrétariat.

10° La moitié des secrétaires sera changée et remplacée tous les quinze jours; on décidera au sort quels seront les premiers remplacés, et ensuite ce sera les plus anciens de fonctions.

11° Les secrétaires ne pourront être nommés pour aucun comité ni pour aucune députation pendant leur exercice.

CHAPITRE II.

ORDRE DE LA CHAMBRE.

1° L'ouverture de la séance demeurera fixée à huit heures du matin, néanmoins la séance ne pourra commencer s'il n'y a deux cents membres présents.

2° La séance commencera par la lecture du procès-verbal de la veille.

3° La séance ouverte, chacun restera assis.

4° Le silence sera constamment observé.

5° La sonnette sera le signal du silence ; et celui qui continuerait de parler malgré le signal sera repris par le président au nom de l'Assemblée.

6° Tout membre peut réclamer le silence et l'ordre, mais en s'adressant au président.

7° Tous signes d'approbation ou d'improbation sont absolument défendus.

8° Personne n'entrera dans la salle ni n'en sortira que par les corridors.

9° Nul n'approchera du bureau pour parler au président ou aux secrétaires.

10° MM. les suppléants qui voudront assister aux séances de l'Assemblée nationale auront une place distincte, et qui sera exclusivement affectée dans une tribune.

11° Le banc de la chambre sera réservé pour les personnes étrangères qui auront des pétitions à faire, ou pour celles qui seront appelées ou admises devant l'Assemblée nationale.

12° Il est défendu à tous ceux qui ne sont pas députés de se placer dans l'enceinte de la salle ; et ceux qui y seront surpris seront conduits dehors par l'huissier.

CHAPITRE III.

ORDRE POUR LA PAROLE.

1° Aucun membre ne pourra parler qu'après avoir demandé la parole au président ; et quand il l'aura obtenue, il ne pourra parler que debout.

2º Si plusieurs membres se lèvent, le président donnera la parole à celui qui se sera levé le premier.

3º S'il s'élève quelque réclamation sur sa décision, l'Assemblée prononcera.

4º Nul ne doit être interrompu quand il parle. Si un membre s'écarte de la question, le président l'y rappellera. S'il manque de respect à l'Assemblée, ou s'il se livre à des personnalités, le président le rappellera à l'ordre.

5º Si le président néglige de rappeler à l'ordre, tout membre en aura le droit.

6º Le président n'aura pas le droit de parler sur un débat, si ce n'est pour expliquer l'ordre ou le mode de procéder dans l'affaire en délibération, ou pour ramener à la question ceux qui s'en écarteraient.

CHAPITRE IV

DES MOTIONS.

1º Tout membre a droit de proposer une motion.

2º Tout membre qui aura une motion à présenter se fera inscrire au bureau.

3º Toute motion sera écrite, pour être déposée sur le bureau, après qu'elle aura été admise à la discussion.

4º Toute motion présentée doit être appuyée par deux personnes ; sans quoi elle ne pourra pas être discutée.

5º Nulle motion ne pourra être discutée le jour même de la séance dans laquelle elle sera proposée, si ce n'est pour une chose urgente, et quand l'Assemblée aura décidé que la motion doit être discutée sur-le-champ.

6º Avant qu'on puisse discuter une motion, l'Assemblée décidera s'il y a lieu ou non à délibérer.

7º Une motion admise à la discussion ne pourra plus recevoir de correction ni d'altération, si ce n'est en vertu d'amendements délibérés par l'Assemblée.

8º Toute motion sur la législation, la constitution et les finances, sur laquelle l'Assemblée aura décidé qu'il y a lieu à délibérer, sera donnée à l'imprimeur sur-le-champ, pour qu'il en soit distribué des copies à tous les membres.

9. L'Assemblée jugera si la motion doit être portée dans les bureaux, ou si l'on doit en délibérer dans l'Assemblée, sans discussion préalable dans les bureaux.

10e Lorsque plusieurs membres demanderont à parler sur une motion, le président fera inscrire leurs noms, autant qu'il le pourra, dans l'ordre où ils l'auront demandé.

11o La motion sera discutée selon la forme prescrite pour l'ordre de la parole au chapitre III.

12o Aucun membre, sans en excepter l'auteur de la motion, ne parlera plus de deux fois sur une motion, sans une permission expresse de l'Assemblée ; et nul ne demandera la parole pour la seconde fois, qu'après que ceux qui l'auraient demandée avant lui auront parlé.

13o Pendant qu'une question sera débattue, on ne recevra point d'autre motion, si ce n'est pour amendement ou pour faire renvoyer à un comité, ou pour demander un ajournement.

14o Tout amendement sera mis en délibération avant la motion ; il en sera de même des sous-amendements, par rapport aux amendements.

15o La discussion étant épuisée, l'auteur joint aux secrétaires réduira sa motion sous forme de question, pour en être délibéré par oui ou par non.

16o Tout membre aura le droit de demander qu'une question soit divisée lorsque le sens l'exigera.

17o Tout membre aura le droit de parler pour dire que la question lui parait mal posée en expliquant comment il juge qu'elle doit l'être.

18o Toute question sera décidée à la majorité des suffrages.

10o Toute question qui aura été jugée, toute loi qui aura été portée dans une session de l'Assemblée nationale, ne pourra y être agitée de nouveau.

ORDRE DE LA DISCUSSION D'UNE QUESTION RELATIVE A LA CONSTITUTION OU A LA LÉGISLATION.

Toute motion relative à la constitution ou à la législation sera portée trois fois à la discussion, à des jours différents, dans la forme suivante.

La motion sera lue et motivée par son auteur; et après qu'elle aura été appuyée par deux membres au moins, elle sera admise à la discussion.

On examinera ensuite si elle doit être rejetée ou renvoyée à la discussion des bureaux ; en ce cas, on fixera le jour auquel la discussion, après avoir été discutée dans les bureaux, sera reportée dans l'assemblée générale pour y subir la dernière discussion.

Toute motion de ce genre sera rejetée ou adoptée à la majorité des suffrages, savoir, la moitié des voix et une en sus, et l'on ne pourra plus revenir aux voix.

Les voix seront recueillies par assis et levé ; et s'il y a quelque doute, on ira aux voix par l'appel, sur une liste alphabétique par baillages, complète, vérifiée et signée par les membres du bureau.

CHAPITRE V.

DES PÉTITIONS.

1º Les pétitions, demandes, lettres, requêtes ou adresses, seront ordinairement présentées à l'Assemblée par ceux de ses membres qui en seront chargés.

2º Si les personnes étrangères qui ont des pétitions à présenter veulent parvenir immédiatement à l'Assemblée, elles s'adresseront à un des huissiers qui les introduira à la barre, où l'un des secrétaires, averti par l'huissier, ira recevoir directement leurs requêtes.

DES DÉPUTATIONS.

Les députations seront composées sur la liste alphabétique, afin que les membres soient députés par tour ; et les députés conviendront entre eux de celui qui devra porter la parole.

DES COMITÉS.

Les comités seront composés de membres nommés au scrutin par listes ; et dans les bureaux, comme il a été dit des secrétaires.

Personne ne pourra être membre de deux comités.

CHAPITRE VI.

DES BUREAUX.

1° L'Assemblée se divisera en bureaux, où les motions seront discutées sans y former des résultats.

Les bureaux seront composés sans choix, mais uniquement selon l'ordre alphabétique de la liste, en prenant le 1er, le 31e, le 61e, et ainsi de suite.

Ils seront renouvelés chaque mois, et de manière que les mêmes députés ne se retrouveront plus ensemble. Pour cet effet, le premier de la liste sera avec le 32e, le 64, le 116e, en sorte qu'à chaque renouvellement, le second sera reculé d'un nombre ; et de lui au 3e, 4e, 5e, etc., jusqu'au 30e, on comptera autant de membres qu'il en aura été compté du 1er au 2e.

Ce travail sera fait par les secrétaires, qui le tiendront toujours prêt pour le jour du renouvellement des bureaux.

2° Tous les jours de la semaine, hors le dimanche, il y aura une assemblée générale tous les matins, et bureaux tous les soirs.

3° Lorsque cinq bureaux s'accorderont pour demander une assemblée générale, elle aura lieu.

CHAPITRE VII.

DE LA DISTRIBUTION DES PROCÈS-VERBAUX.

1° L'imprimeur de l'Assemblée nationale communiquera directement avec le président et les secrétaires ; il ne recevra d'ordre que d'eux.

2° Le procès-verbal de chaque séance sera livré à l'impression le jour qu'il aura été approuvé, et envoyé incessamment au domicile des députés. La copie remise à l'imprimeur sera signée du président et d'un secrétaire.

3° Outre cet exemplaire, l'imprimeur délivrera à la fin de chaque mois, à chaque député, dans son domicile, un exemplaire complet et broché, en format in-4°, de tous les procès-verbaux du mois.

4° Si l'Assemblée nationale ordonne l'impresssion de pièces autres que les procès-verbaux, il sera suivi, pour leur impression et leur distribution, les mêmes règles que ci-dessus.

CHAPITRE VIII.

DES ARCHIVES ET DU SECRÉTARIAT.

1° Il sera fait choix, pour servir durant le cours de la présente session, d'un lieu sûr pour le dépôt de toutes les pièces originales relatives aux opérations de l'Assemblée; et il sera établi des armoires fermantes à trois clefs, dont l'une sera entre les mains du président, la seconde en celles d'un des secrétaires, et la troisième en celle de l'archiviste, qui sera élu entre les membres de l'Assemblée, au scrutin et à la majorité.

2° Toute pièce originale qui sera remise à l'Assemblée sera d'abord copiée par l'un des commis du bureau, et la copie, collationnée par un des secrétaires et signée de lui, demeurera au secrétariat. L'original sera aussitôt après déposé aux archives et enregistré sur un registre destiné à cet effet.

3° Une des deux minutes originales du procès-verbal sera pareillement déposée aux archives; l'autre minute demeurera entre les mains des secrétaires, pour leur usage et celui de l'Assemblée.

4° Les expéditions de pièces et autres actes qui seront déposés au secrétariat y seront rangés par ordre de matières et de dates, en liasses et cartons; un des commis du bureau sera chargé spécialement de leur garde, et ne les communiquera qu'au président et aux secrétaires, ou sur leurs ordres donnés par écrit.

5° Tous les mois, lors du changement des secrétaires, et avant que ceux qui seront nouvellement nommés entrent en fonction, il sera fait entre eux et les anciens secrétaires un récolement des pièces qui doivent se trouver au secrétariat.

6° L'Assemblée avisera, avant la fin de la session, au choix du dépôt et à la sûreté des titres et papiers nationaux.

INDEX

MARET 17,8, 20, 23, 24

TABLE DES MATIÈRES

LIVRE QUATRIÈME

LA DROITE.

LIVRE CINQUIÈME

LE CENTRE DROIT *(Les Monarchiens ou Impartiaux).*

LIVRE SIXIÈME

LES CONSTITUTIONNELS.

LIVRE SEPTIÈME

LE TRIUMVIRAT *(Duport, Lameth, Barnave).*

LIVRE HUITIÈME

L'EXTRÊME GAUCHE.

POITIERS. — TYPOGRAPHIE OUDIN.

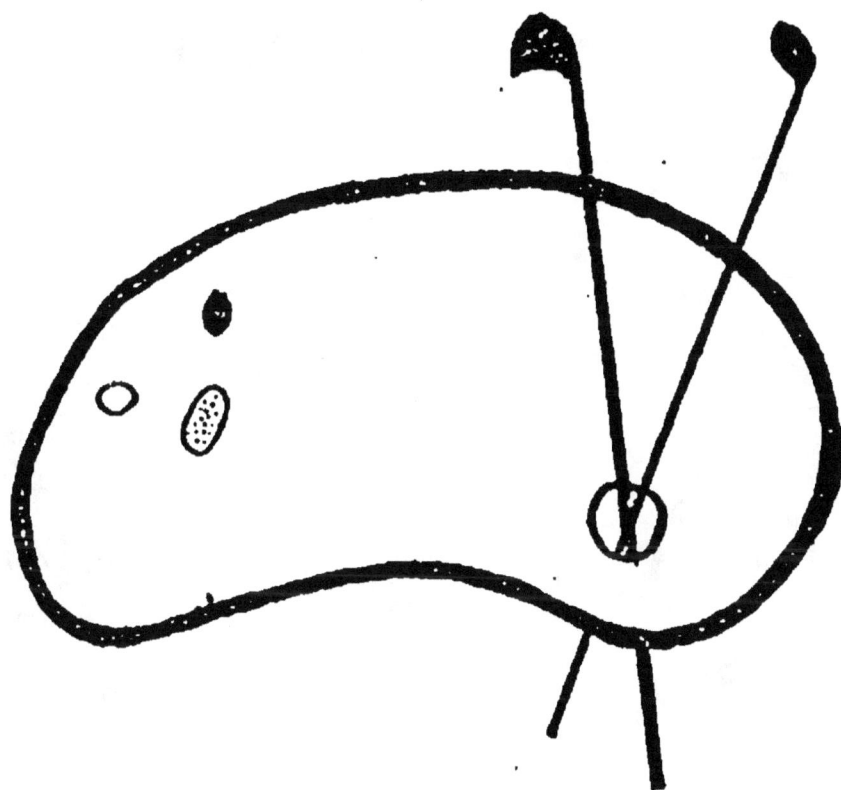

ORIGINAL EN COULEUR
NF Z 43-120-8